국가경제의
흥망성쇠

The Rise and Fall
of Nations' Economies

국가경제의 흥망성쇠

이지순

문우사
MoonWoo

프롤로그

대한민국은 경제발전에 성공하였다. 1960년대 초에 평균수명 50세의 2,000만 명이던 인구가 현재는 평균수명 80세의 5,000여만 명으로 증가했으며, 당시에는 현재의 구매력기준으로 1,700달러 정도였던 1인당소득이 지금은 3만 6,600달러가 되었다. 이는 한국 사람들의 가치(value of Korean people)가 지난 60여 년에 걸쳐서 86배 증가했음을 나타낸다. 이런 정도의 국민가치증가를 시현한 나라는 세계의 200개가 넘는 나라 가운데 소수에 불과하다. 이는 대한민국이 흥성하였기에 달성할 수 있었던 일이다.

21세기에 들어와서 우리 경제가 흥성하던 힘이 약화되는 조짐을 보이고 있다. 1960년대 초반부터 1997년 말에 발발한 외환위기 이전까지의 기간에 연 7%대에 이르렀던 1인당소득 증가율이 외환위기 이후로는 3%대 그리고 2010년대에 들어와서는 2%대로 하락한 데서 그런 조짐을 볼 수 있다. 어떤 이들은 이러한 성장능력 감퇴를 성숙한 경제의 자연스러운 현상이니 걱정하지 않아도 된다고 말하지만 필자는 그렇게 생각하지 않는다. 우리들보다 잘살아야 될 미래의 대한민국 국민 그리고 어려운 환경 속에서 살아가는 북한 동포의 처지를 개선하는 데 힘을 보태야 할 일을 생각하면 성장률 하락 현상은 보통 심각한 문제가 아니다. 멀리 갈 필요도 없다. 성장둔화가 가져온 취업난만 보더라도 경제성장의 중요성을 실감하게 된다.

우리나라의 성장 동력이 약화되는 것은 무엇 때문일까? 몇 가지 이유를 생각할 수 있다.

사유, 자유, 경쟁 그리고 변화와 혁신이 경제발전의 궁극적인 힘 즉, 원동력이다. 우리나라가 남들보다 뛰어난 경제발전을 이룩할 수 있었던 것은 이 네 가지 원동력을 강화시키는 방향으로 국가를 운영해 온 덕택이다. 그러나 외환위기 이후 그러한 긍정적인 움직임이 정체되거나 반전되고 있다.

사유를 제한하고 공유의 영역을 확대하자는 경제사회화의 목소리가 높으며, 여론을 앞세워서 반대 목소리를 잠재우고, 승자독식은 안 된다면서 경쟁을 제한한다. 본인들이 선호하는 변화와 혁신은 옳다고 관철하려 들지만 남들이 주장하는 변화와 혁신은 거부한다. 사유, 자유, 경쟁, 변화와 혁신 모두가 도전을 받고 있다.

고전적 자유주의의 원칙이 퇴조하고 있다. 이 땅에 제대로 꽃피워본 적도 없는 고전적 자유주의가 비판의 대상이 되고 있다. 비판자들은 사회주의, 공동체주의, 국가주의 등을 대안으로 제시한다. 이 대안들은 개인의 자유로운 선택이 아니라 사회, 공동체 또는 국가가 결정한 대로 따르는 것을 이상으로 삼는다. 사회, 공동체, 국가를 내세우지만 정작 의사결정의 주체는 소수의 엘리트들이다. 즉, 비판자들이 고전적 자유주의에 대한 대안으로 내세우는 것은 엘리트주의이다.

경제발전에의 의지가 약화되고 있다. 성장은 그만하면 되었으니 이제 분배개선에 힘쓰자고 주장한다. 소득이 수십 배 늘어났어도 그에 비례해서 행복이 수십 배 커진 것도 아닌데 예서 소득을 더 늘려봐야 무슨 소용이냐는 것이다. 경제성장을 강조하는 사람들은 삶의 질을 향상시키는 데는 관심이 없는 것처럼 묘사한다. 그러나 경제가 성장하지 않는데 삶의 질이 개선될 수 있을까?

많이 배우고 많이 가진 사람들이 성장회의론을 펼치는 경우가 많다. 일자리 걱정에 노심초사하는 사람들에게는 성장회의론이 달갑지 않다. 모든 것이 열악하던 산업시대를 살아온 사람들에게는 성장회의론이 '배부른' 소리로 들린다. 경제성장의 양이 아니라 질이 중요하다는 데 이의를 달기는 어렵다. 경제성장의 질을 높이려면 분배개선에 더 신경을 써야 한다는 주장이 힘을 얻고 있다.

21세기에 들어와서 분배가 강조되면서 두 가지 새로운 흐름이 형성되고 있다. 하나는 자조자립정신이 약화되고 있다는 사실이고 다른 하나는 지금 정도로는 부족하니 더 많이 나누자는 주장이 힘을 얻고 있다는 사실이다.

예전에는 가능하면 모든 일을 스스로의 힘으로 해결하려던 사람들이 이제는 무슨 문제만 생기면 국가더러 해결하라고 요구한다. 왜 그런 일을 국가더러 해결하라고 하느냐고 물으면 국민의 어려움을 해결해주는 게 국가의 책무 아니냐고 반박한다. 어려움을 해결하는 가장 좋은 방법은 국가가 나서서 분배 상태를 개선하는 것이라고 주장한다. 현재의 복지 프로그램은 복지선진국과 비교하면 흉내 내기에 불과하니 더욱 확대하자는 것이다. 말하자면 국가가 가진 자에게서 더 많은 세금을 거둬서 어려운 사람들의 고충을 해소하는 데 쓰라는 것이다.

수월성을 추구하는 일을 이기적인 행위라고 비판한다. 남보다 월등하게 잘하는 사람을 좋아하지 않는다. 잘난 사람도 없고 못난 사람도 없으며 많이 가진 자도 없고 적게 가진 자도 없는 세상을 꿈꾸는 사람들이 많다. 다 같이 소중한 사람들인데 그저 오순도순 살면 되지 얼마나 잘살겠다고 남을 괴롭히면서 경쟁해야 하는가 하고 반문한다. 그렇게 하면 발전할 수 없다고 말하면 무엇이 진정한 발전이냐면서 핀잔을 준다. 하향평준화가 좋으냐고 반문하면 비록 가난할망정 모두가 똑같이 살면 좋지 않느냐고 되묻는다.

국가를 올바른 길로 인도하고자 헌신하는 정치인을 찾아보기가 어렵다. 세금, 다시 말하면, 남의 돈으로 유권자들의 환심을 사려는 사람이 많다. 더 나은 미래를 위해 현재를 희생하자고 말하는 용기 있는 지도자가 없다. 솔선수범해서 자기를 희생하는 지도자들은 더더욱 만나기 어렵다.

국정을 담당하는 관료들도 예전처럼 공공지출에서의 기율을 잡겠다는 생각을 잘 하지 않는다. 어차피 세금을 더 거둬서 해결하면 될 일인데 정치인들이나 시민단체의 원성을 살 필요가 없다는 생각이 확산되고 있다. 나라의 곳간을 헐어 사람들에게 돈을 나누어주는 일만큼 신나는 일도 없다. 곳간이 빈 다음에 누가 그것을 채울 것인지에 대해서는 별로 관심을 두지 않는다. 예산을 집행하던 관료가 그 자리를 떠나면 그만이라고 생각한다.

이러한 현상들은 쇠망하는 국가의 특징이다. 이대로 가다가는 대한민국도 쇠퇴의 길로 들어설 것이다. 사유, 자유, 경쟁, 변화와 혁신의 힘을 약화시키고도 성공하는 나라는 하나도 없다. 자조자립정신이 약화되고 근검절약의 미덕이 빛바랜 사회가 잘될 수 없다. 발전에의 의지가 약화되고 투자를 통한 성장보다는 분배를 더 중요시하는 나라가 성장할 수 없다. 평준화된 세상을 꿈꾸면서 수월성을 추구하지 않는 나라가 잘된다면 이상한 일이다. 대중 영합적인 정치인들이 득세하는 나라가 성공한 적은 한 번도 없다.

대한민국, 여기서 주저앉을 수는 없다. 그간 이루어온 성공을 예서 그르칠 수는 없다. 우리가 당장의 만족과 안일함에 정신을 쏟느라고 국운이 쇠퇴하는 것을 방치한다면 아무도 우리를 구해주지 않는다. 우리가 하지 않는 일을 남이 대신해줄 리가 없다. 모든 옳은 일에는 희생과 극기가 따른다. 개인이건 가계건 기업이건 국가건 고귀한 희생 없이 더 나은 미래를 갖겠다는 생각은 망상이다. 이제라도 마음을 가다듬어 흐트러진 나라의 근간을 바로 세우는 일이 시급하다. 그래야 더욱 성공하는 대한민국을 건설할 수 있다.

지금 우리가 해야 할 일은 게임의 규칙을 재정비하는 것이다. 정부가 주도해오다가 근래에는 정치인과 시민단체를 비롯한 엘리트들이 주도하고 있는 게임의 틀을 수만 개의 경쟁적 시장이 주도하는 새로운 틀로 확실하게 바꾸는 게 급선무다. 반세기 이상 길들여져 온 관치를 청산하는 일이나 이제 막 맛 들이기 시작한 정치인과 시민단체의 주도권을 시장에게 돌려주는 일은 매우 어렵다. 시장자본주의의 주역이 되어야 할 기업 및 기업가들조차 정부에게 손을 내미는 게 현실이다. 정치인이나 정부가 일이 되게 하기는 어려워도 일이 되지 않게 하기는 매우 쉽다고 한다. 세계의 초일류 기업들과 경쟁하는 거대기업조차 정치인이나 정부 또는 시민단체에게 밉보여서는 아무 일도 할 수 없다면 결코 잘되는 나라가 아니다.

이렇게 된 데에는 기업의 책임도 크다. 기업이 모든 면에서 떳떳하다면 내외부로부터의 부당한 요구에 응하지 않으면 된다. 그가 누구이건 부당한 일을 요구할 때 그것을 거부할 수 있어야 일류 기업이다. 그러나 다수의 기업과 기업가들이 편법으로 경영해온 죄과가 있어서 불합리한 압력에 대항하지를 못한다. 이제부터는 흔들림 없는 정도경영으로 모든 것을 제자리에 돌려놓기로 하자. 왜 기업경영만 정도이겠는가? 정치, 행정, 사법, 교육, 언론, 노동 등 나라 살림의 전 분야에 걸쳐서 정도(正道)를 따라야 한다.

이 책은 더 성공하는 대한민국을 만들기 위한 방안을 찾는 노력을 기록한 저자의 연구노트를 정리한 것이다. 도움을 주신 여러분께 감사드린다. 원고를 처음부터 끝까지 정독한 후 유익한 논평을 보내 준 장오현, 노석재 두 분 선생께 깊이 감사드린다. 이병욱은 자료정리와 편집과 관련하여 도움을 주었다.

일러두기

이 책은 2017년에 발간한 대한민국학술원 학술연구총서 제6권『경제발전: 성공과 실패』를 수정한 것이다. 책의 제명을 바꾸었을 뿐 아니라 여러 장에 걸쳐서 그 내용을 크게 수정하였다. 가장 크게 고친 부분은 제1장, 제7장, 제8장, 제9장, 제10장 그리고 제11장이다.

이 책에서 가장 많이 이용한 데이터는 옥스퍼드대학교의 맥스 로저가 관리하는「데이터로 본 우리들의 세계」에서 인용한 것이다. 유용한 데이터를 한군데 모아서 관리함으로써 연구자에게 편의를 제공하고 있는 맥스 로저에게 감사드린다. www.ourworldindata.org가 해당 웹사이트이다.

세계은행, 국제통화기금, 한국은행의 데이터도 자주 인용하였다. 우리가 사용한 데이터에서 한 가지 유념할 것은 구매력기준 소득에 관한 것이다. 이것은 각국의 통화가치로 평가한 소득자료를 해당국가의 시장 환율을 써서 미국의 달러화로 변환한 다음에 동일한 1달러를 갖고서 나라마다 구매할 수 있는 재화의 양이 다르다는 사실을 반영해서 조정한 수치이다. 예를 들어서 미국에서는 1달러로 재화 한 개를 살 수 있는데 한국에서는 미국 돈 1달러로 동일한 재화 1.2개를 살 수 있다면, 한국의 시장 환율 소득 1달러는 구매력을 기준으로 할 때 1.2달러가 되는 식이다.

몇 개의 장에는 부록이 실려 있다. 이 부록은 본문에서 다룬 내용의 배경이 되는 경제모형을 제시하고 그 해답을 찾는 과정을 서술한 것이다. 이는 본문에서 저자가 주장한 바가 근거가 없는 공리공론이 아니라 엄밀한 모형분석을 통해 얻은 결론임을 보이기 위함이다.

부록을 포함한 전체 내용은 경제학을 전공하는 학부생이나 대학원생들이 참고자료로 사용할 만한 내용이다. 부록을 제외한 본문은 약간의 문장 이해력을 지닌 일반 독자들을 대상으로 서술한 것이다.

차례

표 차례

그림 차례

제 1 장

왜 국가경제의 흥망성쇠인가?

이 책에서 우리가 관심을 갖는 두 가지 핵심 질문은 '왜 어떤 나라는 잘살고 어떤 나라는 못사는가?'와 '왜 어떤 나라는 점점 더 잘살게 되고(흥성하고) 왜 어떤 나라는 가난에서 벗어나지 못하거나 점점 더 못살게 되는가(정체하거나 쇠락하는가)?'이다. 전자는 경제발전에 성공한 나라와 실패한 나라의 차이가 무엇인지에 관한 물음이고, 후자는 흥성하는 경제와 쇠락하는 경제의 차이점이 무엇인지에 관한 물음이다. 우리가 이러한 질문에 대해 관심을 갖고 그에 대한 해답을 찾고자 하는 이유는 경제발전의 성공과 실패 그리고 그것과 연관된 국가의 흥망성쇠가 그 나라에서 살아가는 사람들의 삶에 직접적이고도 중대한 영향을 주기 때문이다.

흥성을 거듭해서 성공하는 나라가 그렇게 할 수 있는 비결이 무엇인지 알아내는 일과 정체나 쇠락을 거듭해서 실패하는 나라가 그렇게 되는 이유가 무엇인지를 알아내는 일은 참으로 중요하다. 국가가 쇠락해서 실패하게 되는 원인을 알아내어 그것을 제거해 나가고 국가가 흥성해서 성공하게 되는 비결을 알아내어 그것을 실행에 옮겨 나가는 게 국리민복을 증진시키는 일의 핵심이다. 이 세상에서 정체하거나 쇠락하는 나라에서 살기를 희망하는 사람은 많지 않을 것이다. 이미 성공한 나라 사람들 중에는 현상유지에 만족해 할 사람도 있을 것이다. 그러나 그들도 자기 나라가 쇠락하기를 바라지는 않을 것이다. 반면에 아직 잘살지 못하는 나라 사람치고 자기 나라가 흥성하기를 바라지 않을 사람은 아무도 없을 것이며, 이미 잘사는 나라 사람이라도 자기 나라가 더 흥성하기를 바라는 사람이 많을 것이다.

1.1 성공한 나라와 실패한 나라

경제발전에 성공한 나라의 국민은 잘살고 실패한 나라의 국민은 못산다. 무엇이 잘사는 것이고 무엇이 못사는 것인가? 사람이 잘산다는 말에는 참으로 여러 가지 의미가 내포되어 있다. 어떻게 살아야 잘사는 것인지를 묻는 것은 철학적이며 윤리적인 탐구의 대상이지만 이 책에서는 경제적인 측면에 국한해서 논의를 전개한다.

경제적 측면을 고려하더라도 여러 가지를 살펴야 하겠으나 여기에서는 주로 국민소득 또는 국내총생산(GDP) 그리고 그와 연관된 1인당소득과 1인당 GDP를 중심으로 논의를 전개한다. 국민소득과 국내총생산이 차이가 나는 것은 전자는 그 나라 사람들이 번 소득을 나타내고 후자는 그 나라 안에서 생산된 부가가치를 나타내기 때문이다. 국가 간 교류로 인해서 국민이 번 것과 국내에서 생산된 것 사이에 차이가 생기게 된다. 국제교역의 규모가 작은 나라의 경우에는 국민소득과 국내총생산이 같다.

국가 간 비교를 위해서는 달러화로 나타낸 소득이나 생산 수치를 활용하게 되는데, 동일한 1달러를 갖고서 살 수 있는 재화와 서비스의 양이 나라마다 차이가 나므로, 시장 환율로 나타낸 수치를 써서 각국의 사정을 평가하면 정확성이 떨어진다. 이러한 점을 교정하기 위해서 각국의 시장 환율로 표시한 소득이나 생산 수치를 구매력을 감안한 국제달러로 변환해서 나타내는 게 관행으로 되어 있다. 예를 들어서 세계은행 자료를 보면 2016년에 대한민국이 창출한 시장 환율로 나타낸 1인당소득 2만 7,600달러가 구매력기준 국제달러로는 3만 6,570달러가 되는 식이다. 앞으로 이 책에서는 별도의 설명이 없는 한 구매력기준 국제달러로 표시한 데이터를 쓰기로 한다.

총량인 국민소득과 평균치인 1인당소득 모두 중요한 정보를 제공하지만 개개인의 삶의 질과 좀 더 밀접하게 관련되는 것이 평균치이므로 이 책에서는 주로 1인당소득을 중심으로 논의를 전개한다(통계자료가 없는 경우에는 1인당 GDP 자료도 활용하게 된다). 1인당소득과 주민의 삶의 질 사이에는 매우 강한 상관관계가 성립한다. 즉, 1인당소득이 큰 나라가 더 잘사는 나라일 가능성이 높다. 1인당소득이 5만 달러인 나라의 주민과 2,000달러인 나라의 주민 가운데 누가 더 잘사는지 판단하는 것은 어렵지 않다. 그러나 1인당소득이 3만 달러인 나라의 주민과 3만 5,000달러인 나라의 주민 중에서 누가 더 잘사는지 판단하는 것은 쉽지 않다. 이러한 어려움에도 불구하고 이 책에서는 1인당소득의 순위대로 잘사는 나라가 정해지는 것으로 단순화해서 논의를 전개한다.

1인당소득이 아주 큰 중동지역의 산유국 국민들이 정말 잘사는지에 대해서는 의문이 생긴다. 그러므로 필요에 따라서는 산유국들은 논의의 대상에서 제외하는 것이 나을 수도 있다. 또한 1인당소득이 큰 나라 가운데는 인구가 아주 작은 맨섬(Isle of Man), 모나코, 리히텐슈타인, 룩셈부르크, 아이슬란드 등이 있는데 이들을 함께 고려하는 것이 좋은지도 의문이 든다. 비슷한 맥락에서 중국의 특별행정구인 홍콩과 마카오를 독립적으로 보는 게 좋은지도 의문이다. 또 하나 문제가 되는 경우는 타이완이다. 한국인 대다수는 타이완을 독립국가로 간주하지만 중국이 이를 인정하지 않기 때문에 세계은행 통계에는 타이완이 누락되어 있다. 그러나 국제통화기금에서는 타이완을 포함해서 통계자료를 발표한다. 이 책에서도 타이완에 대해 설명할 때는 국제통화기금의 자료를 사용하게 된다.

이 책 말미에 있는 [부표]에는 2016년 현재 시장 환율과 구매력기준 환율로 계산한 각국의 1인당소득이 가장 큰 나라에서 가장 작은 나라까지 순서대로 나열되어 있다. 빈칸으로 남아있는 나라는 자료가 없거나 있더라도 신빙성이 결여된 경우에 해당된다. 이를 보면 각국의 1인당소득이 그야말로 천차만별임을 알 수 있다. 구매력기준 1인당소득이 4만 달러 이상이어서 아주 잘사는 나라가 있는가 하면 같은 기준으로 5,000달러도 안 되어서 못사는 나라도 있다. 그중에는 구매력기준 1인당소득이 2,000달러가 안 되는 아주 못사는 나라도 많다. 구매력기준 1인당소득이 가장 컸던 나라는 카타르로서 12만 4,760달러를 기록하였음에 비해서 가장 작았던 나라는 라이베리아와 중앙아프리카공화국으로서 700달러를 기록하였다.

[표 1-1]은 이 책 말미에 있는 [부표]의 자료를 소득 그룹별로 분류한 것이다. 각 그룹에 속한 나라를 모두 표시할 수가 없어서 주요 국가만 나열하고 있다. 경제발전에서의 성공과 실패라는 관점에서 보면, [표 1-1]에서 2016년 현

재 1인당소득이 3만 달러 이상인 국가들이 성공한 나라이고, 1만 달러 이하인 국가들이 실패한 나라가 된다. 그중에서도 연간 1인당소득이 5만 달러 이상인 국가들은 아주 크게 성공한 나라이고 3만 달러에서 5만 달러 사이의 국가들은 보통 정도로 성공한 나라라 할 수 있다. 비슷한 맥락에서 1인당소득이 5,000 달러가 안 되는 국가는 아주 크게 실패한 나라이고 5,000달러 이상 1만 달러 미만인 국가들은 보통 정도로 실패한 나라가 된다.

[표 1-1] 구매력기준 1인당소득의 국가별 분포표(2016년)

소득구간	국가 수	주요 국가 이름	성공 여부
자료 없음*	31	쿠바, 북한, 리비아, 푸에르토리코, 베네수엘라	초저소득 대실패
~ 5,000 미만	49	온두라스(4,410), 가나(4,150), 방글라데시(3,760), 캄보디아(3,510), 네팔(2,520), 세네갈(2,170), 짐바브웨(1,810), 말라위(1,140), 라이베리아(700)	초저소득 대실패
5,000 ~ 1만 미만	33	필리핀(9,390), 부탄(8,160), 인도(6,490), 라오스(6,270), 베트남(6,040), 미얀마(5,530)	저소득국가 실패
1만 ~ 2만 미만	42	아르헨티나(19,500), 이라크(17,210), 멕시코(17,160), 태국(16,070), 중국(15,470), 브라질(14,810), 몽골(11,420), 인도네시아(11,220)	하위중소득 그저 그럼
2만 ~ 3만 미만	23	포르투갈(29,940), 에스토니아(29,160), 그리스(26,920), 말레이시아(26,900), 헝가리(25,360), 칠레(22,540), 파나마(20,980), 이란(20,010)	상위중소득 약간 성공
3만 ~ 4만 미만	11	이탈리아(38,460), 뉴질랜드(37,190), 이스라엘(36,810), **대한민국(36,570)**, 스페인(36,300), 몰타(35,710), 체코(32,530), 슬로베니아(31,810)	하위고소득 성공
4만 ~ 5만 미만	12	독일(49,690), 타이완(48,095)**, 호주(45,210), 캐나다(44,230), 핀란드(43,720), 일본(43,630), 프랑스(42,000), 영국(41,640)	고소득 대성공
5만 ~ 6만 미만	6	아일랜드(59,070), 미국(58,700), 아이슬란드(51,170), 오스트리아(50,530), 덴마크(50,270)	상위고소득 대성공
6만 이상	10	카타르(124,760), 마카오(96,570), 싱가포르(85,050), 쿠웨이트(83,150), 브루나이(83,010), 아랍에미리트(72,830), 룩셈부르크(69,640), 스위스(64,480), 노르웨이(61,620), 홍콩(60,090)	초고소득 초대성공

주: 괄호 안의 주요 숫자는 경상 국제달러로 표시한 1인당 소득임

* '자료 없음' 국가 중에는 모나코, 리히텐슈타인, 지브롤터처럼 잘사는 나라도 있다.

** 타이완은 국제통화기금에서 발표하는 1인당 GDP이다.

출처: 세계은행. (2018). 「세계개발지표」.

1인당소득이 1만 달러에서 3만 달러 사이에 있는 국가들은 크게 성공하지도 못하고 그렇다고 해서 크게 실패한 것도 아닌 나라들이다. 부연 설명할 필요도 없이 이러한 분류는 다분히 자의적인 것이다. 성공과 실패가 확연하게 구별되는 경우도 있지만 경계선 부근에 놓여 있어서 애매한 경우도 많다. 또한 2016년 한 해의 수치만 보고서 성패를 판별하는 것도 문제가 된다. 이러한 한계점에도 불구하고 [표 1-1]을 보면 성공과 실패를 나눈 것에 상당한 정도 공감할 수 있다.

경제발전에서의 성공과 실패를 보다 정확하게 파악하려면 적어도 50년 정도의 기간을 두고서 그 나라 경제가 어떻게 변화해왔는지를 검토해 보아야 한다. 그러한 비교가 우리가 다음 절에서 알아보게 될 흥성하는 나라와 쇠락하는 나라에 관한 논의이다. 성공은 흥성한 결과이며 실패는 정체되거나 쇠락한 결과이므로 다음 절에서의 논의를 함께 고려해야 경제발전에서의 성공과 실패를 보다 더 정확하게 판별할 수 있다.

2016년 현재 아주 잘사는 나라는, 소수의 산유국을 제외하면, 대부분 비교적 오래전(적어도 100년 전)부터 경제성장의 길로 접어든 나라들이다. 영국을 비롯한 대부분의 서구 및 북구 국가들, 미국과 캐나다와 호주와 일본이 여기에 속한다. 이들보다 늦게 시작했지만 고소득국가가 된 싱가포르, 홍콩, 타이완도 이 그룹에 속한다. 구매력으로 평가한 1인당소득이 4만 달러 이상 되는 나라들이다. 이 중 미국, 캐나다, 호주는 영국에서 갈라져 나온 나라들로서 모국이었던 영국보다 늦게 경제발전의 대열에 합류하였으면서도 영국을 능가하였거나 대등한 위치에 놓여 있다. 독일은 두 차례에 걸친 세계 대전의 당사국으로 엄청난 전쟁의 피해를 경험했을 뿐 아니라 나라가 동서로 분리되는 아픔을 겪었음에도 지금은 유럽에서 가장 강한 나라로 부상하고 있다. 이 그룹에 속한 나라들이 소위 선진국인데 그 가운데서 싱가포르, 홍콩, 타이완, 일본은 비서구권 국가라는 점이 돋보인다.

아주 잘사는 나라들 바로 아래 속하는 나라로는 이탈리아, 뉴질랜드, 이스라엘, 대한민국, 스페인, 몰타, 체코. 슬로베니아 등이 있다. 1인당소득이 3만 달러에서 4만 달러 사이에 있는 나라들이다. 이탈리아와 스페인은 서유럽 국가로서 정상적으로 발전했더라면 아주 잘사는 나라로 분류되어야 하지만 최근 여러 해 동안 성과가 좋지 않아서 두 번째 그룹에 편입되었다. 뉴질랜드 역시 최상위 그룹에 랭크되곤 했으나 근년에는 부진한 성과를 나타내고 있다.

대한민국을 비롯한 몰타, 체코, 슬로베니아는 20세기 중후반부터 성장하는데 성공해서 최빈국 또는 하위 중진국 수준에서 초기 선진국으로 변신하는 데 성공한 나라들이다. 이 중에서 대한민국은 서유럽과 문화 지리적으로 동떨어진 나라이면서도 경이로운 경제발전을 이룩한 경우로서 소득수준으로 보면 보통 정도로 성공한 나라로 분류되지만 크게 성공한 나라들보다 짧은 기간에 그들을 상당한 정도로 따라잡았다는 점에서 크게 성공한 나라로 볼 수 있다.

비교적 잘사는 나라들의 정반대 편에는 아주 가난한 나라들이 있다. 2016년 현재 구매력으로 평가한 1인당소득이 5,000달러 이하인 나라인데 자료 미상인 최빈국들을 포함에서 73개 국가가 여기에 해당된다. 산업혁명이 발발한 지 260년 이상 지난 이 시점에도 아직 경제발전의 대열에 합류하지 못한 채 빈곤에 허덕이는 나라들이다. 사하라사막 이남에 위치한 아프리카 국가의 거의 모두, 중앙아시아의 여러 나라들, 서남아시아 여러 나라들, 산유국을 제외한 중동의 빈국들, 방글라데시, 북한, 캄보디아, 네팔 등의 아시아 국가 그리고 적도 부근 태평양의 많은 섬나라들이 여기에 속한다.

구매력기준 1인당소득이 5,000달러 미만인 나라의 국민들이 얼마나 어렵게 살아가는지 짐작해보려면, 오늘날의 대한민국에서 살고 있는 우리가 한 달에 50만 원 정도의 소득으로 살아야 하는 상황을 생각해보면 된다. 그런 적은 돈으로 한 달에 걸친 의식주를 해결하고 공과금을 낼 수 있는 사람은 극소수에 불과할 것이다. 이보다 더 어려운 경우는 구매력기준 1인당소득이 700달러인 중앙아프리카공화국이나 라이베리아 사람들의 생활 형편이다. 한 달에 6만 원 정도의 '푼돈'을 갖고서도 살아갈 수 있는 사람은 우리들 중에는 아마도 아무도 없을 것이다.

아주 가난한 나라보다는 낫지만 결코 잘산다고 할 수 없는 나라로서 2016

년 현재 구매력으로 평가한 1인당소득이 5,000~1만 달러인 나라가 있다. 하위 중진국 또는 상위 후진국으로 분류할 수 있는 나라들이다. 아시아 국가로서는 필리핀, 인도, 부탄, 라오스, 베트남, 미얀마 등이 여기에 속한다. 이 그룹에 속한 나라가 33개이므로 앞서 본 나라들과 합치면 후진국의 숫자가 세계 217개국 중 절반가량인 106개에 이름을 알 수 있다. 이 가운데서 인도와 베트남은 현재의 발전상을 유지한다면 중진국으로 부상할 날이 그렇게 먼 미래의 일이 아닐 것으로 유추된다.

이들을 제외한 나머지 국가들은 지난 60여 년 동안의 경제 성적이 그저 그런 나라들이다. 2016년 현재 1인당소득이 1만~3만 달러인 나라들로서 65개 국가가 여기에 속한다. 그러나 이들 중에서도 1인당소득이 2만 5,000달러 이상인 슬로바키아, 포르투갈, 에스토니아, 리투아니아, 폴란드, 라트비아, 헝가리 등은 수년 내에 3만 달러 이상으로 성장할 전망이다. 그리스와 말레이시아도 이 부류에 속하지만 두 나라의 경제적 장래는 구 공산권 국가들보다 어둡다.

전망이 가장 불투명한 곳은 1만~2만 달러 초반대에 포진해 있는 중남미 국가들이다. 칠레, 우루과이, 파나마, 아르헨티나, 멕시코, 베네수엘라, 바베이도스, 코스타리카, 콜롬비아, 도미니카공화국, 그레나다, 페루, 에콰도르, 도미니카 등이 그들인데 한동안 잘하다가 원래대로 후퇴하기를 반복해온 그동안의 경험에 비추어볼 때 이들이 그러한 횡보를 끝내고 지속적인 성장의 길로 나아갈 수 있을지 확신하기 어렵다.

중위 중진국 가운데서 중국은 예외적이다. 중국은 1980년대 초만 하더라도 세계 최빈국의 하나였는데 그 이후 고속성장을 지속해서 2016년 현재 구매력기준 1인당소득이 1만 5,470달러인 중진국으로 변신하는 데 성공했다. 중국경제가 성장하는 속도를 감안하면 중국이 구매력기준 1인당소득 2만 달러를 돌파하는 데는 그리 많은 시일이 소요되지 않을 전망이다.[1]

경제수준이 낮아서 하위 후진국으로 분류된 나라는 대부분 아프리카 국가

1 중국의 통계가 과장되어 있다고 주장하는 사람들도 많다. 또한 중국경제도 수년 내에 중진국 함정에 빠져서 어려움을 겪게 될 것으로 전망하는 사람도 많다.

인데 현재로서는 이들이 후진국 상태를 탈피할 수 있을지 판단하기가 어렵다. 니제르, 부룬디, 콩고민주공화국, 중앙아프리카공화국, 라이베리아 등은 모두 1,000달러 이하의 1인당소득을 지닌 나라인데 이들이 경제발전의 길로 나아가서 수년 내에 5,000달러대를 돌파한다는 것은 상상하기 어렵다. 다만 후진국으로 분류된 나라 가운데서 수단, 가나, 방글라데시, 캄보디아 등은 향후 십 년 이내에 최빈국의 처지를 벗어날 가능성이 높다.

[표 1-1]의 마지막 열(칸)에는 경제발전에서의 성공 여부를 표시했는데 이는 필자의 자의적인 분류이다. 스위스, 미국, 스웨덴 등이 크게 성공한 나라이며 라이베리아, 말라위, 세네갈 등이 크게 실패한 나라라는 데는 누구나 쉽게 동의할 것이다. 필리핀, 라오스, 콩고, 미얀마 등이 실패한 나라라는 데 대해서도 큰 이견이 없을 것이다. 그러나 최근 수십 년에 걸쳐서 중국, 인도, 베트남 등이 발전해온 역사를 보고서 베트남과 인도를 실패한 나라로 분류하거나 중국을 그저 그런 나라로 분류하는 것에 대해서 이의를 제기하는 사람이 있을 것이다. 이는 성공과 실패가 정적(靜的, static)인 분류이기 때문에 일어나는 혼선이다.

1.2 흥성하는 나라와 쇠락하는 나라

국가도 개인이나 기업처럼 흥성하기도 하고 쇠퇴하기도 한다. 해를 거듭하면서 더욱 더 흥성하는 국가가 있는가 하면 좀처럼 형편이 나아질 기미를 보이지 않다가 속절없이 쇠망하는 국가도 있다. 그런가 하면 한동안 흥성하다가도 쇠망의 길로 추락하는 나라도 있으며 쇠망의 길에서 흥성하는 길로 과감하게 방향을 전환하는 나라도 있다.

국가의 흥망성쇠 여부를 판별하는 데 사용되는 여러 가지 잣대 중에서 이 책에서는 삶의 질을 판단의 기준으로 삼는다. 국민이 누리는 삶의 질이 꾸준하게 개선되는 나라가 흥성하는 나라이고 그것이 정체되거나 퇴보하는 나라가 쇠망하는 나라이다. 이때 판단 기준은 어느 특정 계층의 삶이 아니라 평균적인 국민 즉, 보통 사람의 삶이 된다. 삶의 질이 나아지는 사람이 국민의 다수를 이루면 보통 사람의 삶의 질은 틀림없이 개선된다.

삶의 질(quality of life)이란 건강, 가정, 교육, 일, 안전, 환경, 문화, 자유, 평화 등 우리네 삶에 직간접으로 영향을 주는 제반 요소들의 양적 질적 측면을 종합적으로 반영하는 개념이다. 정신과 육체와 영혼이 건강한 사람이 그렇지 않은 사람보다 질 좋은 삶을 누리며, 화목하고 건실한 가정에서 사는 사람이 그렇지 않은 사람보다 질 좋은 삶을 누린다고 말하는 식이다. 많이 배운 사람이 그렇지 않은 사람보다 질 좋은 삶을 누릴 가능성이 높으며, 전망이 밝고 근무 환경이 좋은 일에 종사하는 사람이 그렇지 못한 사람보다 높은 삶의 질을 누릴 가능성이 크다. 안전하고 쾌적한 자연 및 사회 환경 속에서 살아가는 사람이 그렇지 못한 환경 속에서 살아가는 사람보다 높은 삶의 질을 누리는 게 틀림없다. 자유롭고 평화로우며 풍성한 문화생활을 즐기거나 참여할 수 있는 곳에서 사는 사람이 그렇지 못한 형편에서 살아가는 사람보다 높은 삶의 질을 누리는 것 역시 틀림없어 보인다. 전쟁의 위협이 없는 나라 국민이 내우외환에 시달리는 나라의 국민들보다 훨씬 더 질 좋은 삶을 산다.

그런데 위에서 열거한 삶의 질을 구성하는 요소들은 대개의 경우 우리가 지닌 소득과 아주 밀접하게 연관되는 경향을 지닌다. 삶의 질을 높이는 데는 소득이 크다는 게 충분조건은 아닐지 몰라도 필요조건임에는 틀림없어 보인다. 부유한 나라의 국민들이 빈한한 나라의 국민들보다 양질의 삶을 누리는 경우가 그 반대의 경우보다 훨씬 더 많음을 보면 그렇다. 사정이 그러하다면 각국의 평균 소득을 기준으로 해서 그 나라 사람들이 누리는 삶의 질이 높고 낮음을 가늠할 수도 있다.

소득을 기준으로 하면, 국민 대다수의 소득이 장기간에 걸쳐서 꾸준하게 증가하는 나라가 흥성하는 나라이고 국민 대다수의 소득이 정체되거나 줄어드는 나라가 쇠락하는 나라이다. 평균 소득이 증가하는 나라라 하더라도 국민

[표 1-2] 1인당 GDP 증가율의 분포표(1960~2017년)

증가율 범위	나라 수	나라 이름
4.5% 이상	18	중국(3.70: 9.98: 6.84)*, 대한민국(7.50: 3.42: 6.07)**, 보츠와나(5.46), 싱가포르(5.10), 베트남(4.93), 홍콩(4.50)
3~4.5%	31	태국(4.30), 미얀마(4.16), 아일랜드(3.97), 슬로바키아(3.93), 캄보디아(3.90), 말레이시아(3.88), 폴란드(3.71), 스리랑카(3.44), 인도(3.38), 일본(3.14), 세르비아(3.09), 모잠비크(3.03), 몽골(3.02)
2~3%	59	포르투갈(2.98), 터키(2.84), 우즈베키스탄(2.72), 에티오피아(2.70), 불가리아(2.69), 스페인(2.68), 이집트(2.67), 스와질란드(2.66), 이스라엘(2.65), 칠레(2.55), 카자흐스탄(2.51), 슬로베니아(2.50), 파키스탄(2.49), 노르웨이(2.45), 핀란드(2.45), 우간다(2.32), 그리스(2.26), 헝가리(2.25), 브라질(2.12), 프랑스(2.12), 스웨덴(2.05), 미국(2.03), 르완다(2.03), 멕시코(2.20), 영국(2.01)
1~2%	52	덴마크(1.92), 체코(1.89), 호주(1.89), 독일(1.88), 필리핀(1.82), 가봉(1.78), 페루(1.59), 수단(1.53), 케냐(1.46), 알제리(1.43), 나이지리아(1.40), 뉴질랜드(1.38), 온두라스(1.28), 아르헨티나(1.25), 볼리비아(1.22), 가나(1.05)
0~1%	32	카메룬(0.94), 남아프리카공화국(0.92), 스위스(0.92), 나미비아(0.85), 러시아(0.73), 니카라과(0.68), 시에라리온(0.59), 베네수엘라(0.31), 짐바브웨(0.30), 잠비아(0.26), 세네갈(0.15), 부룬디(0.13)
0% 이하 (감소)	18	아이티(-0.15), 니제르(-0.60), 우크라이나(-0.73), 중앙아프리카공화국(-0.80), 소말리아(-0.82), 콩고민주공화국(-1.45), 남수단(-9.71), 북한(-0.40)***
자료 미상	7	큐라소, 앙골라, 아프가니스탄

주: 나라 이름 중 볼드체는 1960(간혹 1961)년부터 통계가 있는 경우를 표시함.
* 중국의 수치는 각각 개혁개방 이전, 개혁개방 이후, 전 기간을 나타낸다.
** 한국의 수치는 각각 외환위기 이전, 외환위기 이후, 전 기간을 나타낸다.
** 북한의 수치는 한국은행에서 발표한 1990년 이래 북한 GDP 성장률의 평균치이다.

출처: 세계은행, 「세계개발지표」 중 1인당 실질GDP 증가율.

중 다수의 소득은 정체되거나 줄어드는데 소수의 소득이 아주 크게 증가해서 평균치가 증가하는 나라는 흥성하는 나라로 보기가 어렵다.

장기간에 걸친 성장률을 비교해 보면 나라마다 차이가 많이 난다. [표 1-2]는 1960년부터 2017년에 걸친 주요 국가의 1인당 GDP 증가율을 보여준다. 이를 보면 이 기간 중에 연평균 4.5% 이상의 1인당 GDP 증가율을 기록한 고성장국가로서 중국, 대한민국, 싱가포르, 홍콩, 타이완[2] 등이 있는 반면에 나

2 타이완은 세계은행 통계에 잡히지 않지만 국제통화기금 통계를 보면 고성장국가임을 알 수 있다.

제르, 소말리아, 중앙아프리카공화국, 콩고민주공화국 등 마이너스 성장률을 기록한 나라도 30개나 된다.

마이너스 성장률을 기록한 나라의 경제적 처지는 출발 당시인 1960년대보다 열악해졌다. 그런 의미에서 많은 논자들이 경제성장에 실패한 나라들을 가리켜 성장파탄(growth disasters)이라고 부른다. 비슷한 맥락에서 1960년 이래 줄곧 연 4.5% 이상의 1인당 GDP 증가율을 기록한 국가들을 성장기적(growth miracles)이라고 부르기도 한다.

[표 1-2]를 보면 연평균 4.5% 이상의 1인당 GDP 증가율을 기록한 나라는 모두 18개가 됨을 알 수 있다. 이들이 모두 성장기적에 해당되지는 않는다. 이들 중에서 1960년 이래 통계가 있는 나라로는 중국, 대한민국, 보츠와나, 싱가포르, 홍콩이 있다. 세계은행 통계에는 없지만 국제통화기금 자료에는 있는 타이완을 포함하면 6개국이 성장기적 후보국이 된다. 싱가포르, 홍콩, 타이완은 2016년 구매력기준 1인당소득이 4만 달러를 상회하므로 흔히 선진국으로 분류되지만 그중 도시국가인 싱가포르와 홍콩을 진정한 의미의 선진국으로 보는 데는 논란의 여지가 있다. 보츠와나는 아프리카의 예외라고 불리던 나라인데 근래에는 경제사정이 별로 좋지 않다(이 나라의 1인당소득 증가율은 2000년 이후 2.48%로 낮아졌다).

중국을 성장기적을 이룬 나라로 볼 것인지 논란이 될 수 있다. 아직은 진행형으로 보는 게 맞을 것이다. 그렇더라도 중국은 매우 경이로운 성과를 보이고 있다. [표 1-2]에는 중국의 자료가 세 가지로 나와 있는데, 3.70%는 1960~1979년, 9.98%는 1980~2017년 그리고 6.84%는 전 기간의 성장률을 나타낸다. 이를 보면 중국이 개혁개방 이전에는 3.70%로 성장하다가 개혁개방과 더불어서 무려 9.98%로 1인당 GDP 증가율이 높아졌음을 알 수 있다.

위에서의 논의를 종합하자면, 20세기 중반 이후의 사정만을 고려할 때 성장기적에 해당하는 국가는 타이완과 대한민국 두 나라밖에 없다는 결론을 얻게 된다. 그렇지만 시야를 좀 더 멀리 잡으면 미국, 영국, 프랑스, 독일, 일본 등 우리에게 익숙한 선진국은 모두 다 성장기적을 이룬 나라라 할 수 있다. 이들은 모두 18세기 중엽 또는 19세기 중엽부터 국가 흥성의 길을 걸어온 나라로서 출발 당시에는 지금의 최빈국과 유사한 처지에 놓여 있었으나 100년 이상 흥성을 거듭한 결과 지금은 최선진국으로 발전한 나라들이다.

성장률을 기준으로 할 때 아시아의 네 마리 용보다 한 단계 아래에는 태국, 아일랜드, 미얀마, 말레이시아, 스리랑카, 인도네시아, 일본이 있다. 이들 중 아일랜드와 일본은 이미 선진국이 되었고 다른 나라들은 아직 중진국 또는 후진국의 처지에 머물러 있다.

성장기적 대열에 합류할 가능성이 큰 국가들이 있다. 중국, 인도, 베트남 등이 여기에 속한다. 1970년대 후반에서 1990년대에 걸쳐서 경제발전 경로에 진입한 나라들이다. 그동안의 지속적인 경제성장에 힘입어서 중국은 이미 중진국이 되었다. 인도와 베트남 역시 십여 년 이상 지속해온 성장에 힘입어서 최빈국의 처지를 벗어나고 있다. 중국을 위시한 이들 국가가 계속해서 고속성장경로를 따라가는 데 성공할 것인지 아직은 분명하지 않다. 1960년대 초만 하더라도 발전 가능성이 가장 높다고 평가받던 필리핀은 오랜 세월 동안 발전이 정체되어 있었으나 2010년대에 들어와서 성장 경로로 진입하는 조짐을 보이고 있다. 그러나 필리핀의 성공 여부 역시 아직 미지수이다.

리투아니아, 라트비아, 코소보, 에스토니아 등의 경제발전 추세가 매우 놀랍다. 통계에는 작게 나타났지만 체코, 슬로베니아, 슬로바키아, 폴란드, 헝가리의 최근 성장세도 두드러진다. 이들이 현재의 추세를 유지한다면 대한민국을 추월할 수도 있다. 20세기 중엽까지만 하더라도 우리나라보다 잘살던 나라로서, 옛 소련이 주도하던 공산권에 강제로 편입되어 극심한 경제후퇴를 겪다가, 현재는 소련체제 붕괴 이후 빠른 속도로 본래의 자리를 찾아가는 중이다. 경제 강국인 독일, 오스트리아, 핀란드와 국경을 공유하고 있다는 점과 근래에 제2기 EU 회원국이 되었다는 사실이 강점이다. 이들도 성장기적을 이룩한 나라로 분류될 가능성이 높다. 한 가지 흥미로운 점은 이들 국가 중 경제체제와 정치체제에서 소련의 후신인 러시아의 것을 따라가겠다는 나라가 하나도 없다는 사실이다.

성장과 후퇴를 되풀이하면서 아주 오랫동안 중진국 상태에 머물러 있는 나라들이 있다. 대부분의 중남미 국가들이 그러한데 멕시코, 칠레, 브라질이 그 대표적인 사례가 된다. 이 중 멕시코는 북미자유무역협정 체결 이후에 빠른 속도의 성장세를 보일 것으로 예상되었으나 현실은 그러하지 못하다. 한때 남미에서 가장 성공적이라던 칠레는 현재 상대적인 정체 상태에 놓여 있다. 남미대륙의 유일한 선진국이던 아르헨티나는 20세기 초반을 지나면서 국력이 쇠퇴하기 시작해서 현재는 중진국 수준에 머물러 있다. 코스타리카는 성장 속도가 빠르지는 않으나 천혜의 환경 속에서 평화롭게 살아가는 나라로 유명하다. 국토 면적으로 보아서 대국인 브라질은 엄청난 양의 천연자원을 보유하고 있으면서도 이를 잘 활용하지 못한 채 성장과 퇴보를 반복해오고 있다. 콜롬비아는 오랜 내전 상태를 끝내고 도약을 준비 중이나 내전종식 상태가 얼마나 지속될지 아직은 미지수이다.

한때 빠른 속도로 성장하던 태국, 말레이시아, 인도네시아가 중진국 함정을 벗어날 수 있을지 현재로서는 확실하지 않다. 그렇지만 중남미의 중진국들보다는 가능성이 높다고 평가된다.

성장의 대열에서 이탈하거나 이탈할 조짐을 보이는 나라들이 있다. 중남미의 쿠바, 아이티, 베네수엘라가 그렇고 유럽의 스페인과 그리스가 그러한 조짐을 보인다. 북아프리카의 리비아, 이집트, 튀니지도 어려움을 겪고 있으며 서아시아의 시리아와 이라크 그리고 이란도 고전 중이다. 남아공은 흑백 인종분리 상태가 평화적으로 종식된 후 아프리카의 희망으로 부상했었으나 지난 십여 년 동안에는 상대적인 퇴보를 경험 중이다.

가장 어려운 케이스는 1950년 이래 현재에 이르기까지 주민들의 경제 상태가 나아지지 않은 최빈국의 경우이다. 라이베리아, 중앙아프리카공화국, 콩고민주공화국, 부룬디, 니제르, 말라위, 모잠비크, 시에라리온, 토고, 남수단, 에티오피아, 소말리아 등 우리가 알고 있는 거의 모든 사하라 이남 아프리카 국가가 여기에 해당된다. 아프리카 밖의 국가로서는 아이티, 아프가니스탄, 우크라이나, 예멘, 네팔, 파푸아뉴기니, 키르기스스탄, 타지키스탄, 방글라데

[그림 1-1] 1인당 GDP 증가율의 분포도(1960~2017년)

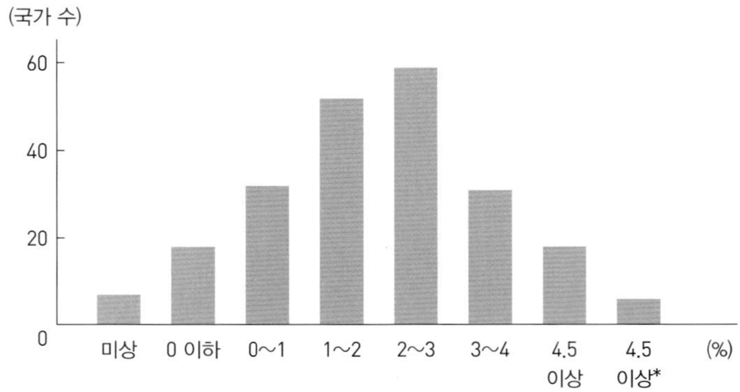

주: 막대 위의 숫자는 나라의 수를 나타내며, *는 조사기간 내내 자료가 있는 국가의 수임.
출처: 세계은행, 「세계개발지표」 중 1인당 GDP 증가율.

시 등도 이 그룹에 들어간다. 사정이 어려워서 통계조차 갖지 못한 나라로서 북한과 큐라소 역시 경제성장의 대열에 합류하지 못한 나라들이다.

[그림 1-1]은 1인당 GDP 증가율의 분포도를 보여준다. 이를 보면 분포도가 매우 대칭적인 모습을 보임을 알 수 있다. 연평균 성장률이 1~3% 사이에 있는 국가가 절반을 넘는 가운데 고성장 국가와 저성장 국가의 수가 비슷하게 분포되어 있는 것이다. 연평균 성장률이 4.5% 이상인 국가가 18개로 나오는데 그 가운데서 1960년 이래 한 해도 빠지지 않고 자료가 있는 나라는 중국, 보츠와나, 싱가포르, 대한민국, 홍콩과 타이완뿐이다. 대한민국은 전 기간에 걸쳐서 연평균 6.13%의 성장률을 보였는데, 2016년까지 전 기간과 1960년부터 외환위기 이전의 기간에 대해서 보면 각각 6.13%와 7.50%로 확실하게 4.5% 이상 그룹에 속하지만 외환위기 이후만 보면 3.46%로 한 단계 하락하며 2011년 이후만 보면 2.40%로 두 단계 하락한다.

1.3 국가의 흥망성쇠와 삶의 변화

국가의 흥망성쇠는 우리의 삶에 직접적인 영향을 준다. 흥성하는 나라에서 살아가는 사람의 인생은 시간이 흐를수록 살기가 좋아진다. 계속해서 더 행복해지지는 않을지 몰라도 삶은 틀림없이 더 윤택해진다. 반면에 쇠락하는 나라에서 살아가는 사람의 인생은 시간이 흐를수록 살기가 어려워진다. 그렇다고 해서 반드시 불행해지는 것은 아니지만 삶은 틀림없이 더 궁색해진다. 이는 한 시점에서 잘사는 나라와 못사는 나라에서 살아가는 사람들의 삶을 비교해 보거나, 흥성하는 나라 혹은 쇠망하는 나라에서 살아가는 사람들의 삶이 시간이 흐름에 따라서 어떻게 변화되는지 살펴보면 금방 알 수 있는 일이다.

1.3.1 쇠락하는 나라의 모습

[그림 1-2]는 쇠락하는 나라의 모습을 보여준다. 여기에는 1960년 이래 2014년에 이르기까지 최빈국인 니제르, 라이베리아 그리고 중앙아프리카공화국의 2014년 구매력기준 1인당 GDP가 변화해온 모습이 나타나 있다. 이를 보면 이 세 나라는 1960년대에도 1인당 GDP가 1,500달러 내외로서 매우 가난했었는데 그 이후 지속적으로 쇠락해서 지금은 그때보다 형편이 더 나쁜 1인당 GDP 700달러 내외의 국가로 추락했음을 알 수 있다.

정체되거나 쇠락한 나라에서 살아가는 게 얼마나 어려운 일인지 이해하려면 구매력기준 1인당소득이 2,000달러 이하인 나라 사람들의 삶을 살펴보면 된다. 그러한 하나의 사례가 중앙아프리카공화국의 모습이다. 이 나라는 1960년에 프랑스의 식민지배로부터 해방된 이래 폭압적인 독재자들이 통치해오고 있다. 남한의 여섯 배에 달하는 국토 면적을 지녔으나 인구는 600만 명이 되지 않는다. 국토의 8%만이 경작 가능한데 농업용수를 활용할 수 있는 땅은 10평방킬로미터에 불과하다. 그 결과 이 나라는 해마다 극심한 식량난에 허덕인다. 보급률이 매우 낮은 상수도물마저 안심하고 마실 수 없고, 자력으로 살아

[그림 1-2] 쇠락하는 나라의 모습

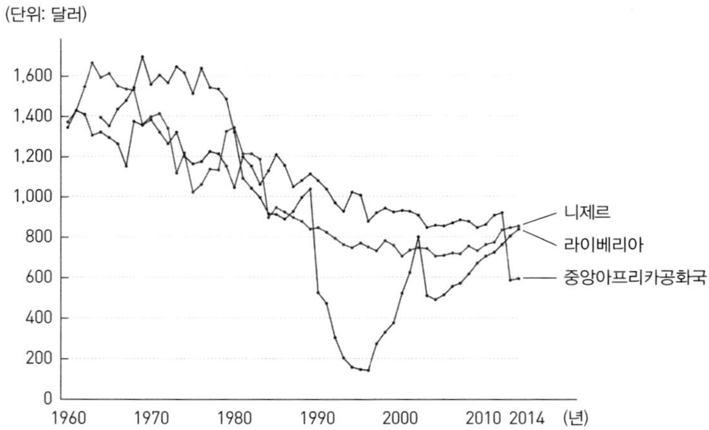

주: 니제르, 라이베리아, 중앙아프리카공화국 세 나라의 1960년 이래 2014년에 이르기까지 (2014년 국제달러기준) 1인당 GDP가 변화해온 모습을 나타낸다.

출처: Our World in Data(www.ourworldindata.com)에서 추출함.

갈 수 없는 사람이 인구의 90%에 이르며, 해마다 새로 태어나는 아기의 8.6%가 사망하고 전 인구의 평균수명은 53세에 불과하다. 인구 십만 명당 다섯 명의 의사밖에 없으며, 무방비 상태로 오폐수에 노출된 인구가 78%에 이르고, 에이즈 보균자의 비율이 성인만 4%에 이른다. 15세 이상 인구의 73%가 문맹이며, 전 국민의 평균수학연수는 7년에 불과하다. 국민 100명당 1명이 유선전화를 갖고 있으며, 100명당 22명이 무선전화를 사용하고, 인구의 4.6%인 24만 6,000명만이 인터넷을 사용하고 있다. 두 개의 항공사가 각각 한 대의 항공기를 보유하고 있으며 총수송객수는 연 5만 명 미만이다.

1.3.2 흥성하는 나라의 모습

이제 지속적으로 흥성하는 나라의 사례를 보기로 하자. [그림 1-3]은 1270년부터 현재에 이르기까지 (2013년의 구매력으로 평가한) 영국의 1인당국내총생산이 변화해온 모습을 보여준다. 그림에서 보듯이 1700년경까지 영국은 초장기 정체 상태에 놓여 있었다. 1270년에 805파운드이던 1인당 GDP가 1700년에는 1,705파운드로 늘었는데 이는 연 증가율이 0.17%에 해당하는 것으로 성장세가 극히 미약한 것이었다. 사실 이 시기까지는 초장기 정체 현상이 영국에만 국한된 것이 아니라 지구상의 모든 나라가 공통적으로 경험하던 것이었다(이에 관해서는 제2장에서 자세히 설명한다). 이렇게 정체되었던 영국이 17세기 후반부터 흥성하기 시작했다. 1700년도에 1,705파운드였던 1인당국내총생산이 그로부터 246년이 경과한 2016년에 3만 281파운드로 매년 1.47%씩 증가해온 데서 영국이 얼마나 크게 흥성했는지 알 수 있다.

이 책 제9장에서 제시한 경제모형을 보면 한 국가의 엘리트들은 그 나라의 서민들보다 대략 열 배 정도 잘사는 것으로 추정된다. 이로부터 1770년경에 영국의 귀족들은 많게 잡아서 1만 7,050파운드 정도의 소득을 갖고 있었다고 추정할 수 있는데 이는 2016년도 전 영국인 평균소득의 56%에 해당한다. 이

[그림 1-3] 흥성하는 국가의 예: 영국

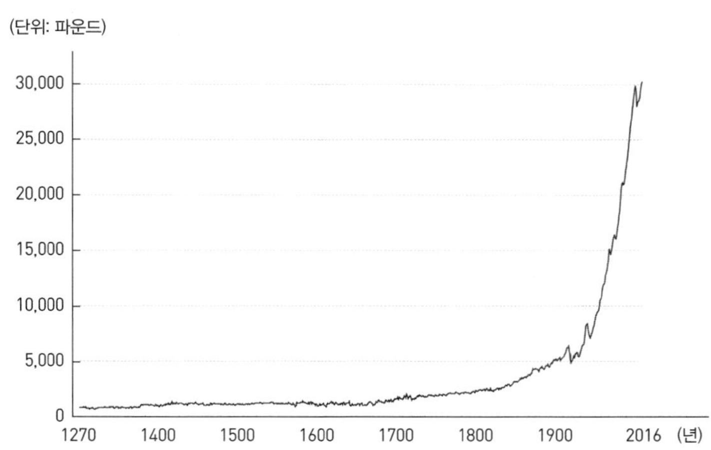

주: 이 그래프는 1270~2016년 기간 동안 영국의 1인당국내총생산이 변화해온 모습을 보여준다. 모든 수치는 2013년 가격으로 평가한 것이다.

출처: Our World in Data(www.ourworldindata.com)에서 추출함.

사실로부터 현시대 영국의 평민이 산업혁명 발발 당시의 귀족보다 훨씬 더 풍요롭게 살고 있음을 유추할 수 있다. 하나의 예로서 지금은 누구나 당연시하는 수세식 화장실이 불과 100여 년 전만 하더라도 대단한 부자나 누리던 사치품이었음을 생각해보면 그동안 일반인의 삶이 개선된 정도를 짐작할 수 있다. 이와 같이 대다수 영국인의 삶의 질이 획기적으로 향상된 것은 1700년경 이래 영국 경제가 그때까지의 정체상태를 벗어나서 지속적으로 흥성하는 길을 걸어왔기에 가능했던 일이다.

1.4 대한민국의 흥성

한국인은 현재의 구매력으로 평가한 1인당소득이 3만 6,570달러($27,600)인 나라에서 살아가고 있다([부표 1-1] 참조).[3] 이는 대한민국이 본격적인 경제발전의 길로 접어든 1962년의 1인당소득 약 1,700달러($488)의 21.5배에 해당한다.[4] 이를 보면 1962년부터 2016년 사이에 우리나라의 1인당소득이 연평균 5.66%씩 증가해왔음을 알 수 있다.[5] 연 5.66%에 이르는 1인당소득 증가율은 이 기간 중에 세계의 여러 나라가 달성한 성장률 중에서 가장 높은 편에 속한다. 이를 보면 대한민국은 흥성한 국가임이 분명하다.

21세기를 살아가고 있는 대한민국의 젊은 세대는 요즈음의 우리가 사는 모습을 당연하게 여긴다. 그러나 1950년대와 1960년대의 생활상을 기억하는 사람들에게는 우리나라가 지금처럼 살게 된 것이 쉽게 믿어지지 않는 '꿈 같은'

3 이는 세계은행에서 발표한 자료를 인용한 것이다. 수치는 구매력기준(시장 환율기준) 달러표시 1인당소득을 나타낸다. World Bank, World Development Indicators, 2018.

4 1962년도의 값은 「데이터로 본 우리의 세상」에 제시된 자료를 사용해서 계산한 것이다. 상세한 사항은 www.ourworldindata.com을 참조하라. 한국은행에서 발표한 당시의 환율을 반영한 1인당소득은 68달러였다.

5 한국은행에서 공표한 실질성장률의 1954~2016년 단순 평균은 6.12%이다. 이것에서 인구증가율을 차감한 것이 1인당소득 증가율이 된다.

일이다. 그들의 눈으로 볼 때 대한민국은 분명히 성공한 나라다. 그것도 그냥 성공한 정도가 아니라 그야말로 대단히 크게 성공한 나라다. 이러한 평가에 대해 비판적인 사람들은 눈을 밖으로 돌려서 다른 나라들의 사정이 어떠한지 살펴볼 필요가 있다.

세계의 220여 개 국가 중에서 경제발전에 성공한 나라는 그렇게 많지 않다. 세계은행이 발표한 것을 보면, 2016년도에 (구매력을 기준으로) 3만 달러 이상의 1인당소득을 지녔던 비산유국은 모두 32개다. 그중 우리나라는 25번째로 잘산다. 우리나라가 1962년에 기록했던 현재의 구매력기준 1,700달러의 1인당소득은 지금의 에티오피아, 르완다, 니제르, 짐바브웨와 유사한 수준이다.

1.4.1 20세기 후반에 시작된 대한민국 흥성의 역사

이제 대한민국 흥성의 역사에 관해 좀 더 자세하게 알아보기로 하자. [그림 1-4]는 2011년도의 미국 달러화 가치로 평가한 대한민국의 1인당 GDP가 1820년 이래 2016년에 이르기까지 어떻게 변화해왔는지를 보여준다.[6] 대한민국은 1820년에서 1960년에 이르는 140년 동안에는 1인당소득을 462달러에서 1,487달러로 증가시켰으나, 1960년부터 2016년에 이르는 56년 동안에는 1,487달러에서 3만 6,151달러로 증가시켰다. 이를 성장률로 환산하면 1820년 이래 처음 140년 동안에는 연 0.83%씩 성장했으나 1960년 이래 2016년에 이르는 56년 동안에는 연 5.70%씩 성장한 것이 된다. [표 1-2]의 분류에서 보듯이 연 0.83%의 성장률은 정체된 나라의 속성이고 연 5.70%의 성장률은 크게 흥성하는 나라의 속성이다.

[그림 1-4]에는 비교적 최근의 데이터밖에 표시되어 있지 않아서 대한민국이 정체되었던 것이 마치 1820년부터 1960년경까지의 일인 것처럼 보인다.

6 1.4.1 및 1.4.2에서 사용한 데이터는 Our World in Data에서 추출한 2011년 구매력기준 수치이어서 부표에 실린 세계은행의 2016년 구매력기준 수치와 상이하다.

그러나 한국사를 기록한 문헌 어느 것에서도 1960년대 초반 이전의 시기에 우리나라가 지속적으로 흥성했었다는 기록을 찾을 수 없다. 그렇다면 대한민국이 흥성하기 시작한 것은 1960년대에 들어와서 비롯된 일임이 분명하다. 이렇게 보면 1960년대 초반은 그때까지 잠자고 있던 대한민국이 수천 년간 계속된 긴 잠에서 깨어나 웅비하기 시작한 역사의 대전환점이라고 할 수 있다.

[그림 1-4]에 표시된 그래프의 모습이 [그림 1-3]에 표시된 것과 유사하다는 사실이 흥미롭다. 이는 영국과 대한민국 모두 오랜 기간 정체되었다가 (어떤 일이 계기가 되어) 흥성하는 길로 방향을 전환한 이래 지속적으로 그 길을 따라오고 있음을 나타낸다. 영국은 1700년경까지 정체되었다가 제1차 산업혁명을 계기로 방향을 튼 이후 300년 이상 흥성해오고 있다. 대한민국은 1960년대 초까지 정체된 모습을 보이다가 그 이후 경로를 변경해서 60년 가까운 동안 흥성해오고 있다. 세계에서 가장 먼저 산업혁명에 돌입한 것이 영국이 흥성한 계기가 되었으며 수출주도형 경제발전전략을 통해서 우리보다 앞선 나

[그림 1-4] 대한민국은 20세기 후반부터 흥성했다

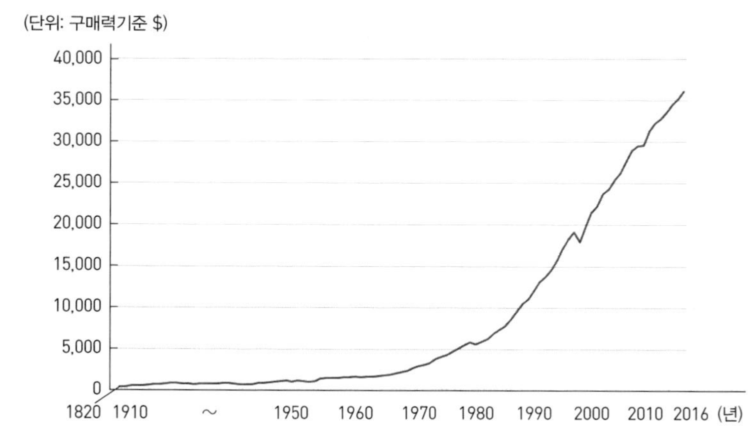

주: 그래프는 2011년 국제가격으로 평가한 대한민국(1945년 이전은 조선 및 일제강점기의 한국, 그 이후는 남한)의 1인당소득을 나타내고 있다.

출처: Our Wold in Data(www.ourworldindata.come)에서 인용함.

라들을 따라잡으려는 노력이 대한민국이 흥성한 계기가 되었다.

대한민국은 영국보다 250년 이상 뒤늦게 국가 흥성의 길로 들어섰으나 흥성의 속도가 대단히 빨라서 지금은 영국을 거의 다 따라잡았다. 동일한 잣대로 계산한 1인당 GDP를 보면, 영국은 1960년의 1만 3,512달러에서 2016년의 3만 9,162달러로 2.9배 증가했음에 비해 대한민국은 1960년의 1,487달러에서 2016년의 3만 6,151달러로 24.3배 증가하였다. 1960년에는 영국의 11.0%에 불과하던 대한민국의 1인당 GDP가 2016년에는 92.3%로 상승한 데서 대한민국이 영국을 상당한 정도로 따라잡는 데 성공했음을 알 수 있다.

대한민국이 흥성해온 양상을 다른 나라의 그것과 견주어 보면 우리나라가 선발주자를 따라잡는 데 성공했을 뿐 아니라 후발주자를 따돌리는 데도 성공했음을 알 수 있다. 이제 이에 관해 알아보기로 하자.

1.4.2 선발주자 따라잡기와 후발주자 따돌리기

먼저 [그림 1-5]를 이용해서 우리나라가 행해온 선발주자 따라잡기에 관해 알아보자. [그림 1-5]에는 미국, 영국, 일본 그리고 한국의 2011년의 달러 가치로 평가한 1인당 GDP가 변화해온 양상이 나타나 있다. 이를 보면 영국과 미국은 1820년도에 이미 흥성의 길을 걷고 있었으며, 일본은 1860년경에 흥성의 길로 들어섰으며, 대한민국은 1960년이 되어서야 흥성의 길로 들어섰음을 알 수 있다.

대한민국이 흥성의 길로 들어선 1960년경에는 남한의 1인당 GDP가 미국의 그것에 비해 8.2%에 불과했으나 2016년에는 68.2%가 되었다. 이는 대한민국이 미국을 따라잡는 데 어느 정도 성공하고 있음을 보여준다. 미국을 완전하게 따라잡거나 더 나아가서 추월하는 데는 아직 더 많은 시간이 필요해 보인다. 그러나 영국과 일본에 대해서는 사정이 다르다. 1960년도에는 영국이나 일본에 비해 대한민국이 현저하게 뒤떨어져 있었으나 [그림 1-5]에서 보듯이 2014년에 이르러서는 이들 국가와의 차이가 크게 좁혀졌다.

미국은 현재 세계 최고의 경제대국이지만 1800년 이전에는 후진국의 하나였다. 그렇지만 19세기부터 본격적인 경제발전을 이룩한 결과 1820년에 (2011년 가치로) 3,400달러이던 1인당 GDP를 2016년의 5만 3,015달러로 15.6배 증가시키는 데 성공하였다. 미국이 1인당 GDP에서 영국을 앞서기 시작한 것은 1920년대의 일이다.

영국은 세계에서 가장 먼저 산업혁명에 돌입하여 18세기 중반부터 20세기 초반까지 약 150년간 세계의 최강자로 군림했었다. 그러다가 1920년대에 미국에게 추월당한 이후 미국과 일정한 간격을 두고 성장해오고 있다. [그림 1-5]에서 보듯이 영국과 미국의 1인당 GDP는 일정한 차이를 둔 채 평행하게 움직여오고 있다. 2016년 현재 영국의 2011년 구매력기준 1인당 GDP는 3만 9,162달러이다.

일본은 영국보다 100년 이상 늦은 1860년경에 이루어진 메이지유신의 개혁을 계기로 서구를 모방하는 산업화의 길로 들어선 이래 성장을 거듭해서

[그림 1-5] 선발주자 따라잡기

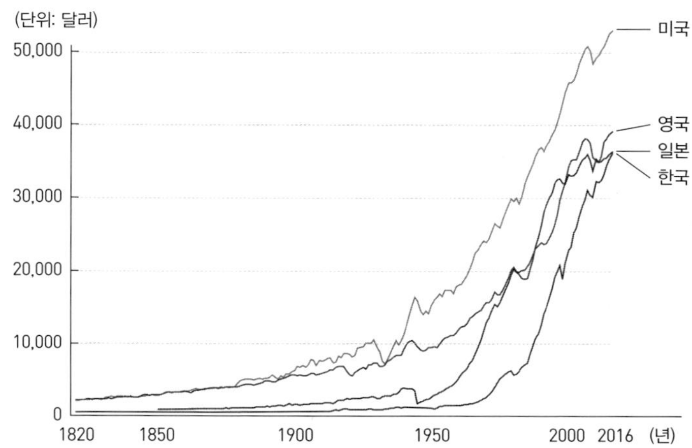

주: 그래프들은 1820년부터 2016년에 이르기까지 미국, 영국, 일본, 한국의 (2011년도의 달러가치로 계산한) 1인당 GDP가 변화해온 모습을 보여준다.

출처: Our World in Data(2017)

후진국에서 선진국으로 탈바꿈하는 데 성공했다. 개항 당시만 해도 1,000달러가 채 안되던 1인당 GDP를 지녔던 일본이 지금은 국내총생산 기준 세계 3위의 경제대국이 되었다. 2016년 현재 일본의 2011년 구매력기준 1인당 GDP는 3만 6,452달러이다.

대한민국이 흥성의 길로 들어선 1960년대 초반의 2011년 구매력기준 1인당 GDP는 1,500달러 정도였다. 그러던 것이 2016년에는 같은 기준으로 측정할 때 3만 6,151달러가 되었다. 2016년 현재 미국, 영국, 일본의 1인당 GDP는 대한민국의 1인당 GDP보다 각각 1.5배, 1.1배 그리고 1.0배 많다. 이 데이터로 보면 대한민국이 영국과 일본을 거의 다 따라잡은 것으로 판단된다.[7]

다음으로 [그림 1-6]을 통해서 우리나라가 행해온 후발주자 따돌리기에 관해 알아보자. [그림 1-6]은 1820년 이래 중국, 인도, 말레시아, 베트남 그리고 대한민국의 1인당 GDP가 변화해온 양상을 보여준다. 이를 보면 1960년경까지는 다섯 나라 모두 정체상태에 놓여 있었음을 알 수 있다. 이 당시 다섯 나라 중에서는 말레시아가 가장 부유했으며 대한민국은 말레시아는 물론이고 인도나 베트남보다도 가난했음을 알 수 있다. 당시에는 중국만이 대한민국보다 가난하였다.

[그림 1-6]을 보면 우리나라는 1960년대 중반부터 아주 빠른 속도로 흥성의 길로 들어섰음을 알 수 있다. 국가가 흥성의 길로 들어서면서 1960년대 중반에는 베트남과 인도를 따돌렸으며 1980년대 초반에는 말레시아를 따돌렸다. [그림 1-6]에서 보듯이 중국은 1970년대 말부터, 인도는 1980년대 후반부터 그리고 베트남은 1990년대 초반부터 국가 흥성의 길로 들어섰다. 그중에서 중국과 인도와 베트남의 발전 속도가 매우 빠르다. 그럼에도 불구하고 대한민국은 나머지 네 나라보다 훨씬 앞서 있다.

[그림 1-6]에 나타난 자료를 보면 2016년 현재 우리나라는 말레시아의 1.6배, 중국의 2.9배, 베트남의 6.0배 그리고 인도의 6.1배에 해당하는 1인당

7 이는 2011년의 구매력으로 평가한 데서 오는 착시현상이다. 2016년의 구매력으로 평가하면 미국, 영국, 일본과의 소득차가 각각 1.6배, 1.1배 및 1.2배로 확대된다.

[그림 1-6] 후발주자 따돌리기

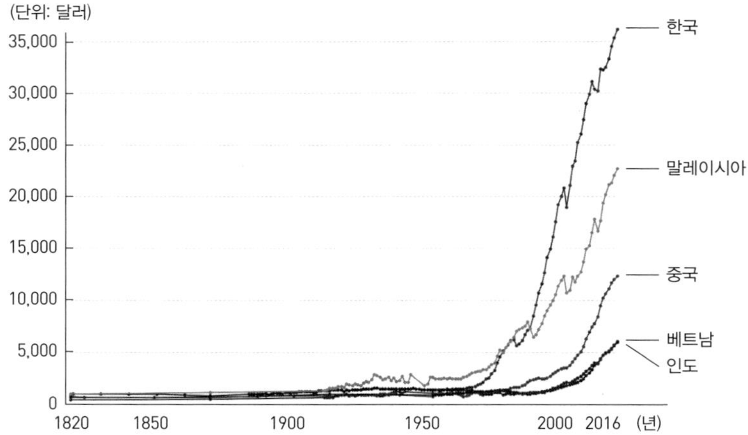

주: 그래프들은 1820년부터 2016년에 이르기까지 한국, 말레이시아, 중국, 베트남, 인도의(2011년도의 달러 가치로 계산한) 1인당 GDP가 변화해온 모습을 보여준다.

출처: Our World in Data(2017)

GDP를 지니고 있음을 알 수 있다. 이런 정도의 소득차는 그렇게 쉽게 극복할 수 있는 것이 아니다. 그러므로 우리나라가 중국, 인도, 베트남 등에게 쉽사리 추월당할 것 같지는 않다. 소득차가 1.6배인 말레시아가 대한민국을 따라잡을 가능성을 배제할 수는 없지만, 양국의 소득차가 시간이 흐를수록 더 크게 벌어지고 있음을 보면 그럴 가능성은 매우 낮은 것으로 판단된다.

[그림 1-5]와 [그림 1-6]을 통해 알 수 있는 사실은, 대한민국이 미국, 일본, 영국 등의 선발주자를 따라잡는 데 상당한 정도로 성공했다는 것과 중국, 인도, 베트남 등의 후발주자들을 따돌리는 데 성공했다는 것이다. 말레이시아는 전통적으로 대한민국보다 앞선 나라였다. 그러나 1980년대 중반에 처지가 역전된 이래 해가 갈수록 양국의 소득차가 확대되고 있음을 볼 때 말레이시아 역시 대한민국에게 따돌림을 당한 것으로 보인다.

1.5 북한의 쇠락

한국은행 자료인 [표 1-3]을 보면 북한의 2016년도 1인당소득은 남한의 화폐가치로 환산해서 146만원이라고 한다. 같은 해에 대한민국의 1인당소득은 북한보다 22배가 많은 3,212만원이었다. 세계은행 자료를 보면 남한의 2016년도 구매력기준(시장 환율기준) 1인당소득이 3만 6,570($27,600)달러로 나온다. 이는 한국 돈 3,212만원이 3만 6,570국제달러가 됨을 의미한다. 동일한 논리를 적용하면 북한의 남한 원화표시 1인당소득 146만원은 1,662국제달러에 해당된다. 즉, 2016년에 북한은 구매력기준으로 1,662달러에 달하는 1인당소득을 창출하였다. 이는 2016년 구매력기준 1인당소득 1,810달러의 짐바브웨, 1,790달러의 우간다 그리고 1,730달러의 에티오피아와 유사한 값이다. 참고로 같은 방식으로 계산하면 북한의 시장 환율기준 1인당소득은 1,255달러가 된다.[8]

북한은 1970년대 전반까지만 하더라도 남한보다 큰 1인당소득을 지녔었다.[9] 그러나 1970년대 후반에 남한에게 추월당한 이후 1990년에는 5.7배이던 양자 사이의 차이가 지속적으로 확대되어 지금은 22배로 확대되었다. 이러한 차이가 나게 된 것은, 남한은 계속해서 경제를 성장시켜 왔음에 비해서 북한의 경제는 이 기간 내내 정체되었기 때문이다.

1990년 이래 북한은 연평균 -0.4%의 경제성장률을 기록하였다. 같은 기간 중에 북한 인구가 연 0.8%씩 증가하였으므로, 1990년 이래 북한의 1인당소득 증가율은 연 -1.2%가 되는 셈이다. 세계에서 경제성장률의 측면에서 북한보다 성적이 나쁜 비산유국으로는 -9.7%를 기록한 남수단과 -1.5%를 기록한 콩고민주공화국밖에 없다. 1인당소득이 매년 1.2%씩 줄어든다는 것은 해가 갈수록 살림살이 형편이 나빠짐을 의미하는데 그게 바로 쇠락하는 국가의 속성이다.

---

8 1962년도에 대한민국의 현재 구매력기준 1인당소득은 1,729달러였다. 2016년도 북한의 1인당소득은 남한이 1962년에 가졌던 1인당소득보다 작다.

9 1990년 이전의 자료는 [부표 9-1]을 참조하라.

[표 1-3] 남한과 북한의 GNI(총량, 1인당, 성장률)

연도	남한			북한		
	명목GNI (남한 십억원)	1인당GNI (남한 만원)	경제성장률 (%)	명목GNI (남한 십억원)	1인당GNI (남한 만원)	경제성장률 (%)
1990	197,414.7	460.5	9.8	16,407.3	81.1	-4.3
1991	238,470.3	550.8	10.4	16,766.7	81.8	-4.4
1992	272,708.5	623.4	6.2	16,446.6	79.1	-7.1
1993	309,371.3	700.0	6.8	16,430.5	77.9	-4.5
1994	364,789.3	817.2	9.2	17,025.5	79.5	-2.1
1995	427,012.2	947.0	9.6	17,169.5	79.1	-4.4
1996	479,122.5	1,052.4	7.6	17,255.5	78.5	-3.4
1997	527,077.3	1,147.0	5.9	16,814.2	75.7	-6.5
1998	517,262.1	1,117.5	-5.5	17,597.2	78.7	-0.9
1999	570,154.8	1,223.1	11.3	18,741.0	83.3	6.1
2000	630,614.3	1,341.5	8.9	18,977.9	83.6	0.4
2001	683,447.1	1,442.8	4.5	20,287.0	88.6	3.8
2002	758,862.6	1,592.8	7.4	21,330.7	92.4	1.2
2003	807,778.0	1,686.7	2.9	21,946.6	94.4	1.8
2004	874,238.7	1,818.2	4.9	23,767.1	101.5	2.1
2005	912,608.6	1,894.0	3.9	24,791.6	105.2	3.8
2006	962,446.6	1,987.0	5.2	24,429.2	103.0	-1.0
2007	1,040,091.8	2,136.4	5.5	24,826.8	104.1	-1.2
2008	1,104,414.3	2,251.4	2.8	27,347.2	114.3	3.1
2009	1,148,981.8	2,330.2	0.7	28,634.6	119.0	-0.9
2010	1,266,579.8	2,556.0	6.5	30,048.7	124.2	-0.5
2011	1,340,529.8	2,684.5	3.7	32,438.3	133.4	0.8
2012	1,391,595.5	2,772.1	2.3	33,479.0	137.1	1.3
2013	1,439,644.4	2,854.8	2.9	33,844.0	137.9	1.1
2014	1,490,763.9	2,937.7	3.3	34,236.0	138.8	1.0
2015	1,568,383.1	3,074.4	2.8	34,512.0	139.3	-1.1
2016	1,646,209.4	3,212.1	2.9	36,373.0	146.0	3.9

출처: 한국은행. (2018).「경제통계시스템」.

1.6 소결론

국가도 개인이나 기업과 마찬가지로 흥성하기도 하고 쇠락하기도 한다. 정체되어 있는 나라도 있고 흥성과 쇠락을 반복하는 나라도 있다. 일부러 정체되거나 쇠락하는 나라에서 살기를 바라는 사람은 많지 않을 것이다. 반면에 흥성하는 나라에서 살기를 바라는 사람은 많을 것이다. 대한민국 사람이라고 해서 예외가 될 리가 없다.

대한민국은 1960경부터 흥성하기 시작하였다. 우리가 흥성의 역사를 쓰기 시작한 지 이제 60년이 되어 간다. 18세기 중반 이래 260여 년에 걸쳐서 흥성해온 영국, 19세기 초부터 210여 년에 걸쳐서 흥성해온 미국 그리고 19세기 중반 이래 160여 년에 걸쳐서 흥성해온 일본에 비하면 대한민국 흥성의 역사는 비교적 짧은 편이다. 그런데도 대한민국 흥성의 역사가 이제 수명을 다한 게 아닌가 하고 걱정하는 사람이 있다. 그러나 국가 흥망성쇠의 역사에서 50년 이상 흥성하던 나라가 어느 날 갑자기 정체되거나 쇠락의 길로 들어선 선례를 찾아보기는 힘들다. 지나치게 비관적일 필요는 없겠으나 그렇다고 해서 모든 게 잘 될 것이라고 근거 없이 낙관할 일도 아니다.

대한민국이 계속해서 흥성하기 위해서는 국가를 흥성하게 만드는 비결이 무엇인지를 알아내어서 우리가 잘하는 점은 더욱 잘하고 우리가 잘못하는 점은 고쳐나가야 한다. 국가를 정체하게 만들거나 쇠락하게 만드는 요인이 무엇인지 알아내는 일도 흥성의 비결을 알아내는 일만큼 중요하다. 대한민국이 흥성을 지속하려면 국가를 정체시키거나 쇠락하게 만드는 요인들을 알아내서 아예 이 땅에 그런 것들이 발붙이지 못하도록 해야 한다.

이 책을 통해서 저자는 그러한 작업을 수행하고자 한다. 제1장 부록에는 국가의 흥망성쇠와 관련된 다수의 의미 있는 질문들이 수록되어 있다. 그 질문에 대한 답을 찾아가는 것이 이 책에서 수행할 저자의 학문여정이 된다.

부록

우리가 알고 싶은 것들

이 책에서 우리가 알고 싶은 사항은 다음 두 가지 물음과 관련된 것이다. 왜 어떤 나라는 잘살고 어떤 나라는 못사는가? 왜 어떤 나라는 성장하고 어떤 나라는 정체하거나 퇴보하는가? 두 가지 물음을 하나로 표현하자면, '왜 어떤 나라는 경제발전에 성공하고 왜 어떤 나라는 경제발전에 실패하는가?'로 나타낼 수 있다. 경제발전에 성공하는 나라는 흥성하고 실패하는 나라는 쇠망한다. 따라서 우리의 물음을 '무엇이 국가경제의 흥망성쇠를 좌우하는가?'로 바꿀 수도 있다. 이 책은 국가경제의 흥망성쇠 또는 경제발전의 성공과 실패의 비밀을 찾는 여정을 기록한 것이다.

이 책을 통해서 해답을 얻고자 하는 핵심적인 질문은 다음과 같다.

1A.1 국가 간 빈부차와 발전 양상의 차이

사실 1.1 2016년 현재 구매력을 기준으로 한 인류의 평균 소득은 1만 6,176달러이다. 통계자료가 있는 전 세계 187개 국가 중에서 구매력기준 1인당소득이 3만 달러 이상인 나라가 39개[10], 1만에서 3만 달러 사이가 65개, 1만 달러 미만이 82개이다. 그중에서 23개 국가는 구매력기준 1인당소득이 2,000달러 미만이어서 그 나라의 보통 사람들이 목숨을 유지해 나간다는 게 기적이다.

질문 1.1 왜 이 세상에는 아주 부유한 국가가 있는가 하면 극도로 가난한 나라가 존재하는가? 모든 나라가 비슷하게 잘살 수는 없는 것일까?

사실 1.2 제1차 산업혁명이 시작된 1750년경에는 잘사는 나라와 못사는 나라 사이의 소득차가 3~4배 정도였다. 지금은 잘사는 나라와 못사는 나라의

10 IMF 자료에 포함된 타이완을 포함하면 40개국이 된다.

소득차가 100배도 더 된다. 이렇게 차이가 벌어지게 된 것은 잘사는 나라들은 어떤 일이 계기가 되어 상당한 기간 동안 경제성장을 지속해오는 데 성공했으나, 못사는 나라들은 무엇 때문인지 그렇게 하지 못한 결과이다.

질문 1.2 왜 어떤 나라는 장기간에 걸쳐서 경제를 성장시키는 데 성공하고 왜 어떤 나라는 그렇게 하는 데 실패하는가? 무엇이 경제를 성장하게 만들고 무엇이 경제를 정체하거나 퇴보하게 만드는가?

사실 1.3 각국의 경제성장 과정을 좀 더 자세히 들여다보면 국가 간의 경제적 순위가 뒤바뀌는 경우를 많이 본다. 예를 들면 제1차 산업혁명의 진원지였던 영국은 근 한 세기 반 동안 최선두의 위치를 유지했으나 20세기 초중반에 미국에게 역전당한 후 지금은 프랑스나 독일에게도 역전당했다. 미국은 독립 당시(1776년) 후진국이었으나 그 후 경제성장에 성공해서 20세기 초중반에 영국을 따라잡은 후 이제까지 줄곧 앞서서 달리고 있다. 일본은 19세기 중반까지 서구에 한참 뒤진 후진국이었으나 메이지유신의 개혁 이후 경제성장에 성공해서 20세기 초중반에는 아시아의 강자로 부상하였다. 1980년대 초반에는 당시 최강자이던 미국을 앞지를 수도 있을 만큼 강성해졌다. 그러나 1980년대 중반 이후 장기 침체에 빠져서 어려움을 겪은 결과 지금은 1인당소득에서 미국, 독일, 스웨덴, 호주, 핀란드 등보다 낮은 순위를 보인다.

질문 1.3 1인당소득을 기준으로 할 때 1960년에는 미국의 8%에 불과하던 대한민국이 2016년에는 68% 수준으로 따라잡았다. 무엇이 이러한 추격을 가능하게 하였을까?

1A.2 산업혁명 전후의 세상

서술 2.1 인류는 농경목축시대가 시작된 때부터 제1차 산업혁명이 일어난 18세기 중반까지 거의 1만 년 동안 연평균 소득이 지금의 화폐가치로 환산해서 약 600달러 수준이어서 겨우 목숨을 부지하는 삶(subsistence life)을 영위하고 있었다. 이 기간 중 1인당소득 증가율은 0%에 가깝다. 한 마디로 요약하자면 인류는 초장기침체상태에 놓여 있었다고 할 수 있다. 한편 제1차 산업혁명이 시작될 무렵의 세계 인구는 약 7억 명이었다.

질문 2.1 인류가 역사 이래 1750년경에 이르기까지 수천 년 동안 초장기침체상태를 벗어나지 못한 것은 무슨 연유에서인가?

서술 2.2 인류가 현재의 구매력으로 약 1,000달러의 1인당소득을 지녔던 1750년경을 시발로 해서 산업혁명의 시기에 진입한 이래 몇 차례에 걸친 혁명적 성장을 거듭하면서 그로부터 약 260여 년이 지난 지금은 전 세계의 평균소득이 시장 환율로는 약 1만 달러 그리고 구매력기준 환율로는 약 1만6,000달러가 되었다. 이는 인류가 제1차 산업혁명 이후 현재에 이르기까지 약 16배 더 잘살게 되었음을 의미한다. 한편 1750년경에 약 7억 명이던 세계 인구가 지금은 약 76억 명으로 약 11배 증가했다.

질문 2.2 역사 이래 초장기 침체 상태에 놓여 있던 인류가 제1차 산업혁명을 계기로 해서 지난 260여 년에 걸쳐서 무려 176배나 되는 총소득증가를 이룬 것은 도대체 어떤 힘들이 작동해서인가?

1A.3 경제발전의 1차적 동인

서술 3.1 근면성실, 근검절약, 투자가 경제발전의 1차적 동인이다.

질문 3.1 왜 어떤 나라는 국민들로 하여금 근면성실하게 노동하도록 부추기고, 근검절약을 바탕으로 하는 합리적인 소비를 유도하며, 각종 자본에 투자하게 만드는데 왜 어떤 나라들은 그렇게 하지 못하는가?

가설 3.2 경제를 성장시키는 1차적인 힘은 노동투입량을 증가시키는 데서 나온다. 노동투입량은 정해진 기간 동안 투입된 총유효노동시간으로 측정된다. 노동에 임하는 사람(고용자의 수)이 많을수록, 각각의 노동자가 일하는 날의 수가 많을수록, 매 노동일당 노동시간이 길수록 그리고 각각의 노동자가 투입하는 노동의 질이 좋을수록 노동투입량이 늘어난다.

질문 3.2 한국과 같은 경제에서 총유효노동시간을 늘리는 방안에는 어떤 것이 있는가? 만일 그런 방안이 없다면 노동력 증가를 통해 경제성장을 꾀하는 것은 성공 가능성이 매우 낮은 일이 될 것이다. 정말 그러할까?

서술 3.3 사람들은 소득을 소비하거나 투자하는 데 사용한다. 소비는 현재의 만족을 위한 것이고 투자는 미래의 더 큰 만족을 얻기 위한 것이다.

질문 3.3 소비지향적인 경제와 투자지향적인 경제 가운데 어떤 경제가 더 발전하겠는가?

가설 3.4 경제성장의 두 번째 힘은 물적자본 투자에서 나온다. 왕성한 투자활동을 통해 물적자본을 지속적으로 증가시켜 나가면 경제는 성장하게 마련이다. 이것을 1인당생산량을 기준으로 설명하면, 노동자 한 사람이 갖고 일하는 물적자본의 투입량을 꾸준하게 늘려나가면 1인당생산량도 꾸준하게 증가하게 된다고 할 수 있다. 이렇게 보면 각각의 노동자가 갖고 일하는 도구와 장비와 설비와 운송수단과 공장건물과 사무실 등 고정자본의 양을 늘리는 것이 경제성장을 견인하는 또 하나의 힘이 됨을 알 수 있다.

질문 3.4 투자의 주체는 누구이며 투자는 어떤 원리에 의해서 이루어지는가?

가설 3.5 경제성장의 세 번째 힘은 인적자본에서 나온다. 인적자본이란 근로자가 지닌 지력, 체력, 숙련도, 교육의 양과 질, 건강 등을 재는 척도이다. 인적자본이 많은 근로자는 그렇지 않은 근로자보다 같은 시간 일을 하더라도 더 많은 양의 산출물을 생산한다. 인적자본도 물적자본과 마찬가지로 투자활동을 통해서 축적해 나갈 수 있다. 경제구성원의 인적자본의 양이 늘어나면 그 경제가 창출하는 생산물의 양도 늘어난다.

질문 3.5 모든 면에서 동일한 두 나라가 있는데 그중 한 나라는 전쟁으로 물적자본이 반 토막 나고 다른 한 나라는 인적자본의 양이 절반으로 줄었다고 하자. 어느 나라가 더 빠르게 회복하겠는가?

가설 3.6 경제성장의 네 번째 힘은 기술진보에서 나온다. 기술이 진보하면 같은 양의 생산요소를 투입하고서도 더 많은 양의 산출물을 얻게 된다. 기술은 모방과 개선, 선진기술 학습, 전문가 초빙, 기술도입, 선진기술보유기업의 국내진출, 자체 연구개발 활동 등을 통해서 발전해나간다. 기술후진국이 기술선진국을 배워서 추격하는 단계에서는 기술진보율이 비교적 높게 정해지지만, 선진국과의 기술격차가 줄어들수록 기술진보율이 하락하게 된다. 기술선진국이 되면 타인의 기술을 답습할 기회가 사라지고 오직 연구개발 활동을 통해서만 기술을 진보시켜 나갈 수 있다. 그러나 어느 한 나라가 모든 기술에 걸쳐서 최선진국이 되는 경우는 아직 없다. 상이한 분야에서 기술우위를 지닌 소수의 국가들이 기술경쟁을 펼치는 게 일반적인 현상이다.

질문 3.6 기술은 어떤 방식을 통해서 변화되어 가는가? 기술변화의 주체는 누구인가?

서술 3.7 세상에는 적극적인 투자를 통해서 발전을 이룩한 나라가 있는가 하면 부진한 투자 때문에 가난을 극복하지 못한 나라도 많다. 물적자본, 인적자본, 기술자본, 자연자본, 사회자본 등 생산력의 원천이 되는 각종 자본을 꾸준히 늘리면 경제는 발전하게 마련이다. 어찌 보면 참으로 단순한 처방이다. 그런데도 이 세상에는 그 '쉬운 일'을 하지 못해서 가난을 벗어나지 못하는 나라가 많다.

질문 3.7 왜 어떤 나라는 투자에 성공하고 어떤 나라는 실패하는가?

1A.4 개방, 문화, 사회자본, 자연자본

서술 4.1 이 세상에 폐쇄경제체제를 유지하면서도 경제발전에 성공한 나라는 하나도 없다. 폐쇄경제에서는 비록 사유가 보장되더라도 경제발전의 원동력인 자유, 경쟁, 변화와 혁신이 힘을 제대로 발휘할 수 없어서 그렇게 된다. 그러나 개방경제라고 해서 모두 성공하는 것은 아니다. 개방이 주는 이득을 소수가 독점하면서 그에 따르는 비용은 다수에게 전가시키는 국가는 발전할 수 없다. 경제주체 누구나 개방이 주는 기회를 이용할 자유가 보장되지 않으면 소용이 없다. 사유, 자유, 경쟁, 변화와 혁신을 장려하는 국가의 근간을 지닌 나라가 개방하면 반드시 성공한다. 그러나 개방하면서도 공유, 명령과 통제, 계획을 통한 자원배분, 현상유지와 기득권 보호를 선호하는 나라는 성공하지 못한다.

질문 4.1 개방은 어떤 경로를 통해서 경제발전에 공헌하는가?

서술 4.2 우리가 가난하던 50~60년 전에는 비합리적인 민족성 때문에 경제발전에 성공할 수 없다고 좌절하다가 경제발전에 성공하니까 이제는 한국인의 우수성을 자랑한다. 이처럼 문화와 역사 또는 국민성이 경제발전에 지대한 영향을 준다는 생각이 널리 퍼져 있다.

질문 4.2 문화의 속성 가운데 발전친화적인 것은 어떤 것이며 발전저해적인 것은 어떤 것인가?

서술 4.3 구성원들 간의 신뢰, 인간관계, 공동체 정신 등 유형의 실체는 없지만 사회유지에 반드시 필요하면서 어느 개인의 소유가 아닌 것을 총칭해서 사회자본이라고 부른다. 사회의 주류를 이루는 이념이나 믿음, 사회구성원 누구나 지켜야 하는 규범 그리고 많은 사람들의 행동을 제약하는 관행과 관습 등이 인간 행동에 영향을 줌이 분명하다.

질문 4.3 어떠한 이념, 믿음, 규범, 관행 등이 경제를 흥하는 길로 인도하고 또 어떠한 것들이 경제를 쇠퇴하는 길로 인도하는가?

사실 4.4 대한민국은 지하자원이 빈약한 작은 나라다. 몽골은 지하자원이 풍부하며 대한민국의 열여섯 배나 되는 국토면적을 가진 큰 나라다. 그런데 대한민국에는 구매력기준 1인당소득 3만 6,000달러를 가진 5,000만 명이 살고 있고 몽골에는 구매력기준 1인당소득 1만 1,000달러를 지닌 303만 명이 살고 있다.

질문 4.4 자원이 풍부하면 좋을 것 같은데 자원부국들이 어려움을 겪는 것은 무슨 까닭인가?

1A.5 소유권의 연원과 불평등의 기원

서술 5.1 대한민국에 사는 우리들은 개인이 재산을 소유한다는 사실에 대해서 별반 거부감을 갖지 않는다. 우리나라는 다른 자유국들처럼 헌법으로 사유재산을 보호하고 있다. 국가나 공공기관이 소유한 공유재산도 있지만 우리나라에 있는 재산의 절대 다수는 사인의 것이다.

질문 5.1 사유와 공유 가운데 어느 것이 자연의 섭리에 더 부합하는가?

서술 5.2 사람들은 균일(homogeneous)하지 않으며 평등하지도 않다. 이것은 실증적 명제이다. 현실을 돌아보면 이 명제가 참인지 거짓인지 판별할 수 있다. 그러나 사람은 누구나 똑같이 중요하며 그래서 평등해야 한다. 이는 규범적 명제이다. 규범적 명제이므로 사실(facts)을 갖고 참과 거짓을 판별할 수 없다. 그저 그래야 한다는 가치관일 뿐이다. 이렇게 실제와 이상이 같지 않아서 평등과 불평등은 항상 논란이 된다.

질문 5.2 무엇이 인간을 불평등하게 만드는가? 인간불평등의 역사적 기원은 어디에 있는가? 인간은 평등해야 하는가?

1A.6 정치와 정부와 경제

가설 6.1 정치가 경제를 좌우한다. 아직 국가의 근간이 확고하게 자리 잡지 못한 나라일수록 정치가 경제를 좌우하는 정도가 크며, 그런 나라일수록 정치가 경제발전에 방해가 될 가능성이 높다. 발전친화적인 속성을 지닌 국가의 근간이 확고하게 정립되어 있는 선진국에서는 정치가 경제를 좌우하는 정도가 약하다. 그런 나라에는 정치가 경제를 망치는 일을 견제하는 장치가 잘 갖추어져 있기 때문이다.

질문 6.1 어떤 정치가 경제를 흥성하게 하고 어떤 정치가 경제를 쇠퇴하게 만드는가?

가설 6.2 정부가 어떤 정책을 펼치는가에 따라서 경제발전이 촉진될 수도 있고 지장을 받게 될 수도 있다. 경제발전의 관점에서 볼 때 발전친화적인 정책을 펼치는 게 좋은 정부이고 그렇지 않은 게 나쁜 정부이다. 좋은 정부를 갖고도 경제발전에 실패할 수는 있지만 나쁜 정부를 갖고 경제발전에 성공할 수는 없다.

질문 6.2 나라를 흥하게 만드는 정책의 속성은 무엇인가? 나라를 망하게 만드는 정책의 속성은 어떤 것인가?

1A.7 경제발전의 궁극적인 힘

서술 7.1 현대에는 대부분의 국가에서 재산의 사적소유가 허용되지만, 수렵채취시대에는 모든 것이 공유였다. 농경목축시대나 절대군주국가시대에는 소수가 모든 것을 소유하고 다수는 아무 것도 소유하지 못했다.

질문 7.1 사유재산이 허용되지 않았으면 산업혁명이 불가능했을 것이고 산업혁명이 없었으면 사유재산의 증식이 불가능했을 것이라는 주장은 맞는 말인가?

가설 7.2 인간은 자유를 갈망하는 존재이다. 전지·전능·전선(全善)한 절대자를 믿는 신학자들조차 인간의 자유의지를 강조하는 것을 보면 그런 생각이 더 든다. 인간이 때로는 에리히 프롬이 말한 것처럼 자유에서의 도피를 꿈꾸기도 하지만 그래도 더 큰 경향은 가능하면 자유롭고 싶어지는 것이다.

질문 7.2 경제활동의 자유가 허용되지 않으면 어떤 일이 벌어지는가?

서술 7.3 우리는 기질적으로 나보다 잘난 사람을 싫어하며 남들과 피땀 흘려서 경쟁하는 것도 별로 마음 내키는 일이 아니다. 그저 남들 신경 쓰지 않고 혼자서 편안하게 살 수 있으면 얼마나 좋을까? 그렇지만 그것은 헛된 꿈이다.

우리는 평생을 경쟁하면서 살아갈 운명을 타고 태어났다. 살아있는 것 자체가 생존경쟁이다. 피할 수 없다면 경쟁을 사랑하면서 사는 게 낫다. 적어도 인생의 어느 단계까지는 그렇다. 사실 경쟁은 발전의 원동력이다. 경쟁이 없는 곳에서는 발전이 일어나지 않는다. 현자들은 그게 무슨 발전이냐고 힐문하겠지만 우리 보통 사람들에게는 그게 답이다. 설령 그게 헛된 꿈일망정 좀 더 잘해보려고 경쟁하는 과정에서 진보가 이루어진다.

질문 7.3 경쟁의 장점과 단점은 무엇인가?

서술 7.4 우리는 때때로 '좋았던 옛 시절'을 꿈꾼다. 우리 인간에게는 옛날을 그리워하는 DNA가 있는 듯하다. 그래서 옛날에는 모든 게 다 좋았던 것으로 착각한다. 우리가 지금부터 수백 년 전의 조선시대 사람처럼 살면 행복할까? 많은 사람들이 그렇게 생각한다. 심지어는 1960년대나 1970년대가 좋았다고 옛날을 생각하며 눈물을 흘리기도 한다. 모두가 망상에 불과하다. 우리가 좋아하건 말건 세상은 변화하게 마련이다. 변화와 혁신을 추구하는 사람들이 끊임없이 출현하기 때문이다. 다만 사회가 그것을 억제하면 변화와 혁신의 속도가 현저하게 떨어지거나 엉뚱한 방향으로 나아가게 된다. 올바른 방향으로 변화하고 혁신해야 발전한다.

질문 7.4 성공하려면 끊임없이 변화하고 혁신해야 한다고 한다. 왜 그럴까?

1A.8 자원, 환경 그리고 경제발전

사실 8.1 산업혁명 이래 인간이 지구상에서 행하는 연간 경제활동의 총규모가 적어도 176배 증가하였다. 그만큼 자원을 많이 사용하기도 하고 환경을 파괴하거나 변형하고 또한 오염시키기도 한다. 지난 260여 년에 걸쳐서 인류가 해마다 자연환경에 대해 미친 영향은 호모 사피엔스가 등장한 이래 근 20만 년에 걸쳐서 해마다 자연환경에 대해 미친 영향의 수백 배가 된다. 이런 경향은 20세기 후반부터 가속화되었다. 21세기에 들어와서도 인류가 행하는 경제생활의 패턴은 크게 변화되지 않고 있다. 그래서 이대로 가다가는 지구자원이 고갈되고 기상이변으로 인류사회가 멸망할지도 모른다는 경고가 나오고 있다.

질문 8.1 지난 260여 년에 걸쳐 이룩해온 성장이 머지않은 장래에 한계에 부딪히는 것은 아닐까?

사실 8.2 NASA의 기후자료를 보면 20세기 초반 이래 지구의 평균온도가 섭씨 1도쯤 상승했다고 한다. 이는 얼마 안 되는 수치 같지만 이 정도의 온도상승으로도 벌써 세계 곳곳에서 기상이변으로 인한 피해가 속출하고 있다. 유엔의 산하기구인 기후변화정부간패널(IPCC)이 전망한 것을 보면 현재의 상황이 그대로 지속되는 경우에는 21세기가 다 가기 전에 지표면 온도가 지금보다 2도 이상 올라갈 것이라고 한다.

질문 8.2 지구온난화현상은 얼마나 심각한가?

서술 8.3 물리적인 실체로서의 지구는 유한하다. 그러나 지구상에서 살아가는 인간의 욕심은 끝이 없다. 인간이 끝없는 욕망을 채우기 위해서 유한한 지구가 지닌 자원을 쓰고 지구환경을 파괴하고 오염시키며 온실가스로 대기를 채워나가면 과연 유한한 지구가 그것을 감당할 수 있을까? 그렇지 않다면 성장을 멈추거나 인구증가를 억제해야 하는 것 아닌가?

질문 8.3 성장에 한계가 있는가? 있다면 무엇이 성장을 제약할 것인가?

1A.9 북한의 좌절과 희망

사실 9.1 한국전쟁 종료 당시 남북한의 현재의 구매력기준 1인당소득은 모두 1,500달러 정도로서 오늘날의 사하라 이남 아프리카의 최빈국들과 같은 처지에 놓여 있었다. 인구는 남한이 2,000만 명 북한이 1,000만 명 정도이었으므로 경제의 총량규모로는 남한이 북한의 두 배 정도 되었다. 그로부터 60여 년이 지난 지금 남한의 구매력기준 1인당소득은 3만 6,570달러(세계은행 2016년)이고 인구는 약 5,000만 명이다. 2016년 현재 북한의 구매력기준 1인당소득은 1,662달러로 추정되며 인구는 약 2,500만 명이다. 그 결과 당초 비슷한 수준에 있던 1인당소득이 지금은 22배 차이로 벌어졌다. 그러나 인구수는 여전히 2대1의 비율을 유지하고 있다.

질문 9.1 남한은 경제성장에 성공하고 북한은 실패한 까닭은 무엇인가?

가설 9.2 2016년에 북한은 3%가 넘는 경제성장률을 기록하였다. 2015년에는 마이너스 경제성장률을 기록했던 것을 생각하면 2016년의 실적이 추세반전을 나타내는 것으로는 보이지 않는다. 그렇지만 최근에 이루어진 시장화의 진전으로 북한경제가 나아졌다는 보도를 아주 무시하기도 어렵다.

질문 9.2 북한 경제가 성장 발전의 길로 나서려면 북한의 무엇이 어떻게 변화되어야 할까? 가령 북한이 베트남이나 인도 또는 중국이나 더 나아가서 남한이 그랬던 것처럼 지속적인 경제성장의 길로 나아가려면 북한 경제의 어떤 측면을 어떤 방향으로 변화시켜야 하겠는가?

서술 9.3 한때 남북한 통일에 대한 기대가 높아지기도 하였으나 2018년 현재 이에 대한 전망은 그리 밝지 않다.

질문 9.3 남한과 북한은 통일될 것인가? 남북한은 통일해야 하는가?

1A.10 지능정보시대의 경제

서술 10.1 21세기는 인공지능이 인간지능과 대등해지거나 인간지능을 능가하게 되는 지능정보시대이다. 인공지능이 발달하면서 산업혁명 이후 지금까지 유지되어 왔던 인간과 기계 간의 관계에 본질적인 변화가 일어나게 될 것으로 예상된다.

질문 10.1 인공지능이 인간지능을 능가하게 되면 어떤 세상이 전개될 것인가?

서술 10.2 지능정보기술이 경제 곳곳에 스며들어 인간이 행하는 경제활동의 내용과 규모를 변화시킬 지능정보시대가 도래하고 있다. 학자들이 예측하는 것을 보면 지능정보시대에는 우리가 일하고 살아가는 모습 전체가 달라질 것이라고 한다.

질문 10.2 지능정보시대가 되면 경제발전 과정과 내용이 어떻게 변화될 것인가?

가설 10.3 지능정보사회가 되어도 정부가 할 일은 여전히 중요하다. 다만 여기에서도 정부가 해야 할 일과 해서는 안 될 일을 명확하게 구분해야 한다.

질문 10.3 지능정보시대에서 정부가 해야 할 일과 하지 않아야 할 일이 산업시대의 그것들과 어떻게 다른가?

1A.11 더 흥성하는 대한민국

사실 11.1 대한민국은 1960년대 초까지 현재의 화폐가치로 평가한 구매력기준 1인당소득이 1,700달러 정도의 지극히 가난한 나라였다. 당시만 해도 한국이 경제성장에 성공할 것으로 여긴 사람은 아무도 없다. 동아시아 국가 중에서 성장 가능성이 가장 낮은 나라라는 평가를 내린 국제기구 조사보고서가 그런 형편을 잘 보여 준다. 그러던 대한민국이 1960년대 중반 이래 갖가지 우여곡절을 겪으면서도 경제성장에 성공해서 통계를 구할 수 있는 가장 최근인 2016년 현재 구매력기준 1인당소득이 3만 6,570달러가 되었다. 성장 가능성이 전무하다던 평가를 받던 최빈국이 그로부터 56년 만에 구매력기준 1인당소득 3만 6,300달러의 스페인을 추월할 만큼 발전했다.

질문 11.1 한두 해에 걸쳐서 뛰어난 경제성과를 거두기는 쉽지만 거의 반세기에 걸쳐서 성장을 지속하기는 매우 어렵다. 대한민국은 어떻게 해서 그런 일을 가능하게 만든 것일까?

서술 11.2 경제발전이라는 측면에서 대한민국은 대단히 성공한 나라이다. 그러나 대한민국이 성공했다고 해서 모든 게 다 만족스러운 것은 아니다. 대한민국이 이제까지의 성공을 이어나갈 수 있을지도 미지수이다.

질문 11.2 대한민국 경제, 무엇이 문제인가?

서술 11.3 근년에 들어와서 성장 속도가 눈에 띄게 낮아진 결과 한국 경제의 앞날을 걱정하는 목소리가 높아가고 있다. 출산율저하와 인구고령화로 인한 인구구조 변화가 성장잠재력을 낮출 것이라는 우려도 제기된다. 게다가 주변국의 동향도 심상치 않다.

질문 11.3 대한민국, 어떻게 해야 더 성공할 수 있을까?

서술 11.4 세상에는 경제발전에 성공한 나라도 있고 실패한 나라도 있다. 크게 성공한 나라도 있고 작게 성공한 나라도 있다. 실패했다가 성공한 나라도 있고, 성공하다가 실패한 나라도 있다. 그런가 하면 아주 오랜 동안 성쇠를 반복하는 나라도 많다.

질문 11.4 세상의 모든 나라들이 다 흥성할 수는 없는가?

서술 11.5 대한민국은 진정한 시장자본주의(market capitalism) 국가가 아니다. 우리가 가진 것은 사회주의 이념이 가미된 국가자본주의(state capitalism)에 가깝다. 1980년대 중반 이후에 자율화와 개방화를 통해서 국가자본주의를 시장자본주의로 전환하려는 시도를 전개한 바 있으나, 외환위기를 겪으면서 국가자본주의로 회귀하려는 움직임과 공유를 중시하는 사회자본주의를 향한 움직임이 동시에 일어나고 있다.

질문 11.5 이상적인 시장자본주의는 어떤 속성을 갖는가?

[부표 1-1] 주요국의 구매력기준 1인당소득(1990~2016년) (단위: 국제달러 및 시장 환율)

국가	1990	1995	2000	2005	2010	2015	2016	2016
대한민국	8,260	13,240	17,950	24,010	30,410	34,520	36,530	27,600
북한	1,474	1,113	1,118	1,657	1,482	1,577	1,662	1,255
아르헨티나	6,680	9,950	11,500	13,290	17,710	19,950	19,500	11,970
캄보디아	n/a	790	1,050	1,670	2,360	3,290	3,510	1,140
중국	990	1,840	2,900	5,060	9,290	14,390	15,470	8,250
체코	n/a	13,590	15,840	20,920	25,580	31,530	32,530	17,630
이집트	3,720	4,600	5,910	7,100	9,470	10,720	10,980	3,410
에티오피아	420	420	490	650	1,050	1,630	1,730	660
핀란드	**17,830**	**18,970**	**26,570**	**32,130**	**39,340**	**42,630**	**43,720**	**45,040**
프랑스	**17,720**	**20,940**	**26,680**	**31,140**	**36,760**	**41,600**	**42,000**	**38,720**
독일	**19,740**	**23,520**	**27,100**	**32,350**	**40,040**	**49,040**	**49,690**	**43,940**
그리스	**13,580**	**15,810**	**19,640**	**25,620**	27,630	26,450	26,920	18,880
홍콩	**16,950**	**23,800**	**27,180**	**36,630**	**48,130**	**58,010**	**60,090**	**42,940**
헝가리	n/a	8,870	11,270	16,100	20,470	25,200	25,360	12,570
인도	1,120	1,470	1,960	2,810	4,270	6,050	6,490	1,670
인도네시아	2,840	4,260	4,300	5,780	8,040	10,680	11,220	3,400
아일랜드	**12,760**	**17,290**	**26,280**	**35,020**	**36,190**	**54,180**	**51,170**	**53,970**
일본	**19,590**	**23,620**	**27,180**	**32,350**	**35,900**	**42,230**	**42,830**	**38,000**
멕시코	5,840	7,700	10,200	11,990	14,910	17,120	17,160	9,040
니제르	560	560	590	680	790	950	970	370
페루	3,210	4,330	5,060	6,310	9,010	12,020	12,480	5,950
필리핀	2,550	2,980	3,920	5,360	7,310	8,850	9,050	3,580
폴란드	n/a	7,410	10,600	13,650	20,030	25,850	26,300	12,880
루마니아	5,240	5,420	5,830	9,440	16,920	21,550	22,370	9,480
러시아	8,000	5,560	6,650	11,540	19,860	23,060	24,120	9,720
르완다	560	490	620	910	1,320	1,780	1,860	700
싱가포르	**21,970**	**32,980**	**40,730**	**51,520**	**70,240**	**82,300**	**85,020**	**51,880**
슬로바키아	n/a	8,680	11,290	16,160	24,450	29,420	30,040	17,010
남아공	6,160	6,570	7,520	9,660	11,530	12,900	12,830	5,480
스페인	**13,520**	**16,130**	**21,440**	**27,300**	**31,540**	**34,670**	**36,300**	27,580
스웨덴	**19,880**	**22,410**	**29,260**	**34,480**	**42,890**	**48,560**	**49,680**	**54,770**
타이완	**10,048**	**15,535**	**21,590**	**28,915**	**38,593**	**46,909**	**48,095**	22,453
태국	4,240	6,710	7,140	9,800	12,660	15,380	16,070	5,640
터키	6,040	7,340	9,440	11,760	17,310	23,780	24,980	11,230
우간다	500	670	830	1,070	1,480	1,770	1,790	630
영국	**16,800**	**19,600**	**26,210**	**33,040**	**36,200**	**41,190**	**41,640**	**42,370**
미국	**23,730**	**28,550**	**36,930**	**44,740**	**48,880**	**57,640**	**58,700**	**56,850**
베네수엘라	9,190	10,880	11,290	13,110	16,010	n/a	n/a	n/a
베트남	910	1,470	2,070	3,050	4,230	5,720	6,040	2,060
짐바브웨	1,620	1,720	1,930	1,400	1,340	1,930	1,810	890
세계	5,372	6,393	7,867	10,018	12,791	15,664	16,176	10,321

주: 볼드체는 우리나라보다 큰 값을 나타내며, 동그라미는 1순위 국가를 나타낸다. 마지막 행은 시장 환율로 나타낸 값이다. 타이완은 IMF가 발표한 1인당 GDP 수치이고, 북한의 구매력기준 1인당소득은 한국은행 통계를 바탕으로 필자가 계산한 값이다.

출처: 세계은행. (2018). 「세계개발지표」.

제 2 장

세계의 경제지도

전 세계를 대상으로 하는 경제지도(map of economies)를 그려보면 몇 가지 흥미로운 사실을 발견하게 된다.

2018년 현재 아주 잘사는 나라는 북아메리카, 서부 및 북부 유럽, 오세아니아 그리고 동아시아에 분포되어 있다. 반면에 아주 못사는 나라는 사하라 사막 이남의 아프리카, 중동 및 서남아시아, 중앙아시아, 동남아시아, 카리브해 등에 분포되어 있다. 중남미의 모든 나라와 러시아 및 러시아에서 갈라져 나온 나라들, 그리고 지중해 연안의 북아프리카 국가들은 아주 잘살지도 않고 그렇다고 해서 아주 못살지도 않는다.

이러한 현재의 경제지도를 20세기 중반부로 옮겨서 그리면 어떤 모습이 될까? 서유럽과 북유럽 그리고 북아메리카와 호주와 일본 등지를 제외하면 거의 모든 나라가 못사는 상태였다. 예외라면 중남미의 일부 국가가 중진국 수준의 생활상을 보여주고 있었던 것이다.

이제 이 경제지도를 산업혁명이 발발한 18세기 중반으로 옮겨서 그리면 어떤 모습을 보게 될까? 이 경우 우리가 보게 될 것은 세계의 모든 나라가 매우 못사는 상태에 놓여 있음을 보여주는 그림이다.

모든 나라가 가난한 상태에 놓여 있었던 산업혁명 당시의 그림은 사실 그 이전의 시기 인류 역사 전체에 걸쳐서도 동일하게 적용되는 것이다. 현생 인류인 호모 사피엔스가 지구상에 등장한 게 약 20만 년 전의 일인데, 이 짧지 않은 역사의 거의 대부분을 보통의 인류는 겨우 목숨을 부지할 정도의 삶을 살아 왔다. 소위 기층민들이 사람다운 삶을 살게 된 것은 산업혁명 이후의 일이다. 이는 20만 년 인류 역사에서 길게 잡아도 300년 정도밖에 안 되는 최근세에 일어난 일이다. 산업혁명이 모든 것을 바꾸어 놓은 것이다. 이제 이러한 사실에 관하여 조금 더 자세하게 알아보기로 하자.

2.1 산업혁명 이전의 세계

2.1.1 만성적 침체

인류의 역사는 얼마나 될까? 호모 사피엔스[1]의 출현을 현생 인류사의 시작으로 보는 견해에 의하면 인류가 지구상에 둥지를 틀고 살아온 세월이 20만 년 정도라고 한다. 그중에서 어렴풋이나마 우리의 기억 속에 남아 있는 역사는 나일강, 황하강, 갠지스강과 인더스강 그리고 유프라테스강과 티그리스강 유역에서 꽃피웠던 하천문명의 시대에서 비롯된다. 지금부터 5,000~6,000년 전의 일이다. 지구가 생성된 지 약 50억 년 그리고 호모 사피엔스가 지구상에 출현한지 약 20만 년이라는 긴 역사에 견주어 보면 이는 그야말로 눈 깜짝할 사이에 불과하다.

인류가 '겨우 목숨을 부지하는, 짐승보다 조금 나은 상태'를 벗어난 것은 산업혁명이 일어난 18세기 중반 이후부터이다.[2] [그림 2-1]은 서기 1년부터 2015년까지 2011년도의 구매력으로 계산한 세계총생산(World GDP)이 변화해온 양상을 보여준다. 여기에서 우리가 눈여겨보아야 할 것은 구체적인 수치가 아니라 그래프의 전체적인 모양이다. 이를 보면 서기 1년부터 1650년경에 이르기까지는 거의 수평선에 가깝던 그래프가 그때부터 경미한 상승 움직임을 보이다가 1750년 이후에 본격적으로 상승하고 있음을 알 수 있다. 1750년을 전후해서 인류사에 혁명적인 변화가 일어난 것이다. 경제사 또는 좀 더 넓게 인류사의 관점에서 볼 때 산업혁명 이전의 세계와 그 이후의 세계는 전혀 다르다. 단순화해서 말하자면 전자는 초장기침체의 시대이고 후자는 지속성장의 시대이다.

잘 알려져 있듯이 산업혁명은 영국에서 시작되어 서유럽과 북유럽 국가들

1 호모 사피엔스란 자유자재로 두뇌를 사용하는 영장류를 나타낸다. 호모 사피엔스가 출현하기 전까지는 호모 에렉투스(직립보행인)가 지구를 누비고 다녔다고 한다.

2 이는 왕이나 귀족이 아닌 일반인의 삶을 지칭한다.

[그림 2-1] A.D. 1년 이후의 세계총생산(World GDP)

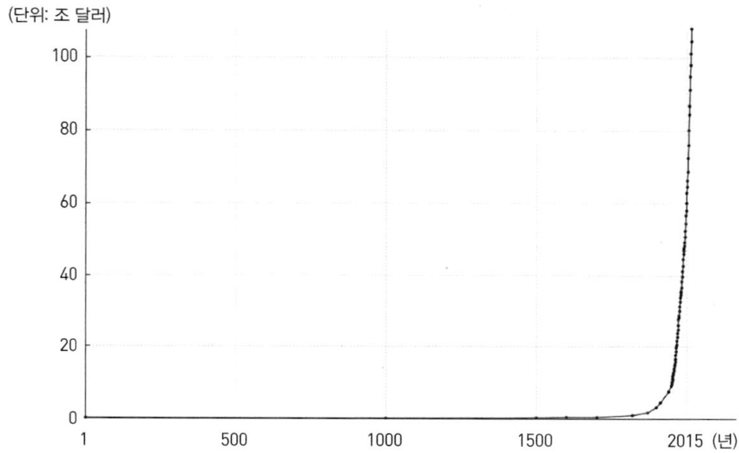

주: 서기 1년부터 2015년까지 2011년의 구매력으로 계산한 세계총생산이 변화해온 양상을 보여준다.
출처: Our World in Data(2018)

을 거쳐서 신대륙의 미국과 캐나다로 퍼져 나갔으며 호주와 뉴질랜드로도 확산되었다. 이들 국가는 200년 이상에 걸쳐서 산업혁명의 불꽃을 이어온 결과 1750년경에 현재가치로 2,500달러 정도이던 1인당소득을 현재의 4만 달러 이상으로 증가시키는 데 성공하였다. 우리가 흔히 선진국이라고 지칭하는 나라들은 서유럽 국가 및 서유럽에서 파생된 나라들이 대부분이다.

산업혁명이 일어나기 이전 기록된 역사의 대부분의 기간에 걸쳐서 보통 사람들은 현재의 구매력으로 계산해서 600달러 내외의 연간소득으로 삶을 영위해왔다. 당시에도 국가나 지역 간에 빈부차이가 있어서 잘사는 곳과 못사는 곳 사이에는 3~4배 정도의 1인당소득 차이가 존재하였다.

지금 돈으로 쳐서 연간소득이 600달러라는 것은 하루에 2달러가 안 되는 금액으로서 성인 한 사람이 겨우 연명할 수 있는 수준이다.[3] 그런데 이것마저 사실은 과대평가된 수치였다. 왜냐하면 이는 아주 호화롭게 살았던 왕과 그

3 경제학자들은 이를 subsistence income(연명수준소득 또는 자급소득)이라고 부르기도 한다.

신하들의 소득까지 포함한 평균치이기 때문이다. 소수의 엘리트를 제외한 대다수의 평민은 600달러보다 훨씬 적은, 예를 들어서, 400달러 정도의 소득으로 살아가야 했을 것이다. 물질적인 측면에서 보면 보통의 인류는 역사의 대부분에 걸쳐서 참으로 고단하게 살아왔다고 하겠다.

연간 600달러 정도의 소득으로는 겨우 목숨을 부지할 수 있을 뿐이지 건강한 삶을 영위하는 데 필요한 영양분을 섭취하기에는 부족하다. 산업혁명 이전의 시기에 영아와 산모의 사망률이 높았으며 전 연령대의 인구가 전염병에 대해 취약하였고 평균수명이 40년을 넘기지 못했던 것은 영양결핍 때문이었다.[4]

산업혁명 이전의 시대는 1인당소득의 지속적 증가라는 의미에서의 경제성장은 일어나지 않았던 시기이다. 그러므로 산업혁명이 발발하기 직전인 18세기 중반에 인류가 누렸던 약 1,000달러의 평균소득은 그보다 아주 오래전에, 예를 들어서 1만 년 전에, 인류가 누렸던 평균소득 600달러 정도에서 '조금' 증가된 수치이다. 이를 연평균 증가율로 환산하면 거의 0%에 가까운 수치가 된다. 새로운 영토와 자원의 발견, 새로운 기술의 출현이나 발견과 발명, 전쟁, 기근과 질병 등 외부적 충격이 있었을 때 상당한 기간에 걸쳐서 소득이 늘어나거나 줄어드는 일이 일어났지만, 그런 일이 있은 후부터 오랜 시간이 지나면 다시 생계수준의 소득으로 회귀했던 것이다. 즉, 인류 역사의 거의 전 시기에 걸쳐서 산업혁명이 일어나기 이전까지는 1인당소득이 현재가치로 약 600달러를 중심으로 해서 한동안 그보다 커지거나 작아지는 변화는 보였으나(순환 변동), 장시간의 세월이 흐르면서 600달러를 넘어서서 꾸준하게 증가하거나 그 반대로 계속해서 감소하는 일은 일어나지 않았다. 말하자면 1인당소득의 추세 변화는 없었다.

[그림 2-2]는 영국, 미국, 중국, 인도, 칠레, 대한민국 그리고 세계 전체의 1인당 GDP의 장기변화를 보여준다. 수치는 모두 2011년의 구매력으로 계산한 값이다. 영국은 서기 1년부터, 미국은 1650년부터, 대한민국과 중국은

4 Deaton, Angus. (2003). *The Great Escape*. Princeton University Press.

[그림 2-2] 1인당 국내생산의 초장기 변화

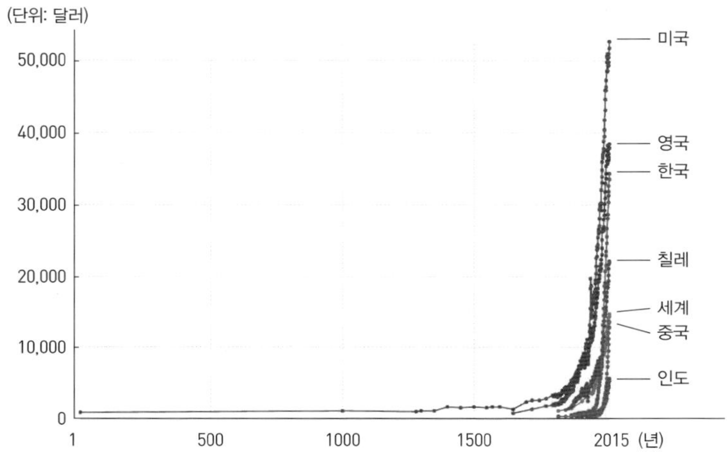

주: 2011년 구매력으로 계산한 미국, 영국, 대한민국, 칠레, 중국, 인도 그리고 세계 전체의 1인당 GDP가 변화해온 양상을 보여준다.

출처: Our World in Data(2017)

1820년부터, 칠레는 1850년부터, 인도는 1870년부터 그리고 세계전체는 1820년부터 자료가 존재한다(영국과 미국의 경우에도 연도별 데이터는 1800년부터 존재한다).[5]

[그림 2-2]가 보여주는 가장 극명한 사실은, 인류가 1인당 GDP의 지속적인 증가를 경험하게 된 것은 18세기 중반에 시작된 산업혁명 이후라는 것이다. 서기 1년부터 시작해서 1700년경에 이르는 동안에 1인당 GDP를 나타내는 그래프가 기울기가 0에 가까운 직선으로 표시되어 있다가 산업혁명을 계기로 해서 지수곡선(exponential curve)의 형태로 바뀐 것이 이러한 사실을 보여준다.

산업혁명이 발발한 지 한 세기 정도가 지난 1870년에 우리 인류는 1,230달러에 달하는 부가가치를 창출하고 있었다. 그러던 것이 그로부터 250년 정도

5 자료의 출처는 「데이터로 본 우리 세계(Our World in Data)」이다. 수치들은 모두 2011년의 구매력으로 계산한 것이다.

가 지난 2016년에는 1만 4,574달러에 달하는 부가가치를 창출하게 되었다.[6] 1870년 이래 인류가 창출하는 부가가치가 12배 정도 증가한 셈이다. 부가가치 즉, 소득이 몇 배 증가했느냐 하는 것보다 더 중요한 것은 해마다 소득이 증가해왔다는 사실이다. [그림 2-2]에서 보듯이 산업혁명 발발 이전에는 소득이 지속적으로 늘어난다는 것은 아무도 상상하지 못한 '꿈 같은' 일이었다.

산업혁명 이전의 시기에 경제 여건이 호전되거나 혹은 악화된 경우에 1인당소득이 추세 상승하거나 추세 감소하는 변화를 보이지 않은 이유는 경제여건의 변화가 소득은 변화시키지 않은 채 인구만 변화시켰기 때문이다. 경제여건이 호전되면 소득이 증가하고 소득이 늘면 성인들의 영양 섭취량이 늘고 출산율이 높아지는 한편 영유아사망률이 낮아지게 된다. 그 결과 인구가 증가하게 되고 사람 수가 많아지면서 잠시 증가했던 평균소득은 다시 원래의 수준으로 돌아가게 된다. 그 반대의 경우에도 유사한 일이 벌어진다. 전염병이 돌아서 인구가 줄어들면 생존자 한 사람당 경작면적이 늘어나게 되어 1인당소득이 증가한다. 그 결과 전염병을 이기고 살아남은 자들은 전보다 더 풍족하게 살게 된다. 그러나 그런 상태는 오래 지속되지 않는다. 소득이 늘어난 데 영향을 받아서 출산율이 상승하고 영아사망률이 하락함에 따라서 인구가 늘게 되고 그렇게 되면 평균소득은 다시 원래의 상태로 회귀하게 된다.

[그림 2-3]은 1230년부터 1750년경까지 영국에서 인구와 GDP 또는 인구와 1인당 GDP가 어떤 모습을 보이면서 변화해왔는지 보여준다. 이를 보면 1230년부터 1300년경까지 1인당 GDP는 감소하면서 인구는 증가하던 데서 1300년경부터 1400년경에 이르기까지는 인구가 790만 명에서 330만 명 수준으로 격감하는 가운데 1인당 GDP는 연 700파운드 수준에서 연 900파운드 수준으로 상승하였음을 볼 수 있다. 이것은 흑사병으로 영국의 인구가 절반 이상 줄면서 생존자들의 소득이 증가한 모습을 보여준다. 그런데 1400년 이후부터 1600년경에 이르기까지에는 1인당 GDP는 600파운드에서 1,000파운드 사

6 2016년 구매력기준 세계평균소득은 1만 6,176달러이다.

이에서 소폭 등락하는 가운데 인구는 330만 명에서 900만 명 가까이 증가하였음을 볼 수 있다. 이는 1인당소득은 상대적으로 정체된 채 인구는 꾸준하게 증가한 모습을 잘 보여준다.

[그림 2-3]의 상단은 GDP 그리고 하단은 1인당 GDP를 보여주는데, 1300~1400년 사이에 흑사병으로 인구가 격감하면서 GDP는 감소하는데 1인당 GDP는 증가한 현상을 볼 수 있다. 인구가 급격히 줄면서 생존자의 평균소득은 증가했으나 인구감소의 효과가 더 커서 국가의 총소득은 감소한 것이다. 한편 1400~1650년 사이에는, 1인당 GDP(하단 그래프)는 순환변동만 보이면서 정체되어 있었으나 GDP(상단 그래프)는 증가한 것을 볼 수 있다. 이는 평균소득은 정체되어 있었으나 인구가 꾸준하게 증가한 데 기인한 것이다.

[그림 2-3] 영국의 GDP와 인구의 변화(1230~1750년)

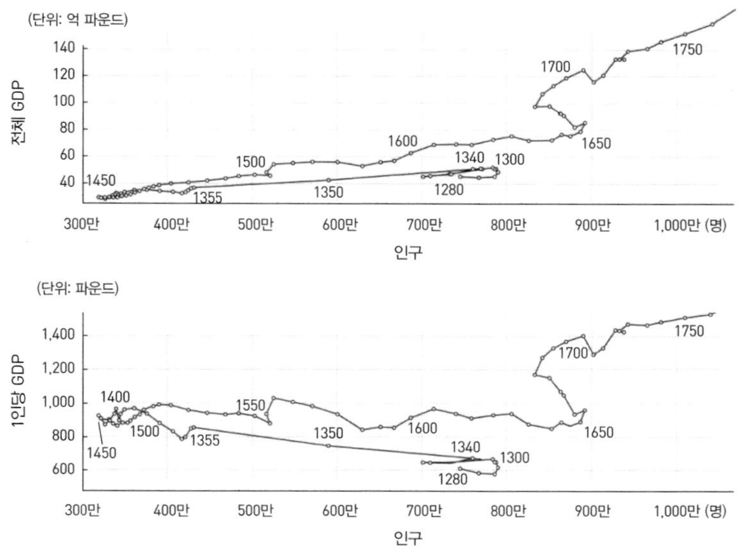

주: 상단의 그래프는 GDP와 인구의 조합을 보여주고 하단의 그래프는 1인당 GDP와 인구의 조합을 보여준다. 국내총생산은 영국의 2013년도 화폐가치로 계산한 값이다. 그래프에 표시된 숫자는 해당 연도를 의미한다.

출처: Our World in Data(2017)

그러나 1650년경부터는 사정이 근본적으로 달라진다. 이제까지 없었던 일이 일어났다. 해마다 1인당 GDP가 늘어나기 시작했을 뿐 아니라 인구 역시 꾸준히 증가하기 시작했으며 그 결과 GDP는 한층 더 빠른 속도로 증가하기 시작하였다. 종전에는 1인당소득은 생계수준에서 소폭 등락하면서 인구만 증가하던지, 인구가 감소하면서 1인당소득이 증가하는 경우만 관찰되었는데 이제는 소득과 인구가 동반해서 증가하는 모습을 보이게 된 것이다. 이런 현상은 산업혁명의 진전과 더불어서 더욱 가속화되었다. 산업혁명 이후의 경제사정에 관해서는 아래에서 더 자세히 설명한다.

2.1.2 노예경제

산업혁명 이전의 시기에 인류가 600달러 정도의 평균소득을 지닌 채 겨우 목숨을 부지하는 삶을 영위해왔다는 위의 설명은 이집트, 그리스, 로마, 바빌론, 무굴, 명 등이 '찬란한' 문명국가였다는 역사적 사실에 부합하지 않는 듯하다. 현재가치로 연 600달러 정도의 소득을 지닌 인류가 어떻게 그렇게 찬란한 문명을 이룰 수 있었겠는지 의아해함이 당연하다. 그런 의문은 아마도 지역에 따라서는 평균소득이 600달러보다 훨씬 컸을 것이라는 인상을 갖게 만든다. 전 항에서 언급했듯이 지역 간 소득 분포가 300~1,200달러로 차이가 있었던 것은 사실이다. 그렇더라도 최대치인 1,200달러 역시 '찬란한' 문명을 건설하기에는 크게 부족한 것이 아닐까?

이 물음에 대한 답은 산업혁명 이전 농경목축시대에 인류가 영위해온 삶의 모습에서 찾을 수 있다. 경제적으로 보면 농경목축시대는 노예경제의 시기이다. 인류는 농경목축시대에 들어서면서부터 본격적인 정주생활에 돌입했는데, 그때부터 무리의 규모가 빠른 속도로 확대되어 이내 국가로서의 면모를 갖추게 되었다. 국가는 태생부터 군왕과 신하 그리고 그들에게 봉사하는 자들로 이루어진 소수의 엘리트 집단과 대다수의 평민으로 이루어진 계급사회를 바탕으로 세워졌다. 계급사회가 등장한 배경에는, 공동체의 규모가 커지면서 그것을 다스리고 이끌어 갈 '전문가' 그룹이 필요해진 데다(수요 측 요인) 통치를 전업으로 하는 자들을 먹여 살리고도 남을 만큼 팽창된 경제력(공급 측 요인)이 있다.

수렵채취 활동에 비해서 노동생산성이 현저하게 높아지자 농경목축사회가 생산하는 물자의 양과 종류가 크게 늘어났다. 게다가 이 시기가 되면서 우리 조상들은 산출물을 저장하는 방법을 알아내게 되었다. 그 결과 공동체의 구성원 모두가 기본적인 생활을 영위하는 데 쓰고도 남는 여유물자 즉, '잉여산출물'이 생기게 되었다. 그렇게 되자 해마다 나오는 잉여산출물을 어떻게 나누어 가질 것인가가 새로운 문제로 대두되었다. 농경목축사회가 찾아낸 해결 방안은 공동체의 구성원들을 소수의 엘리트와 일반 대중으로 나누어서, 대중은 생산 활동에 종사하고 엘리트는 통치 활동에 전념하도록 하는 것이었다. 이것은 대중을 보호하고 인도하는 대가로 그들이 생산한 물자를 엘리트들이 가져다 쓰는 것을 전제로 한 암묵적인 계약이다. 대중이 그러한 암묵적 계약에 동의한 이유는 소수 엘리트들에 의한 통치 행위가 없으면 국가가 유지될 수 없음을 자각했기 때문으로 보인다.[7]

그런데 문제는 생산물이 구성원들 사이에 평등하게 배분된 것이 아니라 권력을 독점한 소수 엘리트가 생산물의 대부분을 갖고 구성원의 절대 다수를 이루는 기층민들에게는 겨우 목숨을 유지할 만큼만 나누어 주었다는 데 있다. 왜 그런 일이 벌어졌을까? 그것은 국가를 다스리는 엘리트들이 기층민들을 '노예'처럼 취급하는 일이 가능했기 때문이다.

농경목축시대의 통치 이념은 군왕이 모든 것의 주인이라는 의식을 주입시키는 데 초점이 맞추어져 있었다. 모든 게 왕의 것이어서 고위 신하들조차 왕이 나누어주는 것을 가져야 되고 백성은 왕과 신하들이 갖고 남은 것을 균등하게 나누어 갖는다는 것이 지배 이념이 되었던 것이다. 예를 들어 이집트에서는 파라오가 살아 있는 신이라는 사실이 그리고 중국에서는 황제가 하늘의

7 이는 오로지 하나의 가설이다. 아마도 무수히 많은 폭력적 사태를 겪고서 왕정이 성립되었을 것이다.

아들 즉, 천자라는 생각이 커다란 저항 없이 받아들여졌다. 그리스는 왕이 지배하는 사회는 아니었지만 소수의 자유시민이 다수의 노예를 부려서 살아가던 사회였다. 로마 역시 계급사회였다. 초기 공화정 시기에는 자유시민이 노예를 부리며 살다가 황제가 제국을 다스리기 시작한 이후에는 황족과 소수의 귀족 계층을 제외한 제국 내의 모든 구성원들이 노예의 처지로 전락했었다.

노예경제에서는 소수 엘리트가 거대한 부를 독점할 수 있었다. 필자가 제9장 부록에서 제시한 이론모형을 분석해보면, 노예경제에서 '주인'은 6,300달러의 1인당소득을 향유함에 반해서 '노예'는 630달러의 1인당소득밖에 누리지 못함을 알 수 있다(이것은 동 부록에서 사용한 파라미터 예에서 그렇다는 얘기이고 파라미터의 값을 조금씩만 바꾸더라도 노예와 주인의 소득 격차는 더 크게 벌어질 수 있다). 이것은 연간소득의 개념인데 이것을 약 30년에 걸친 일생으로 환산하면 주인의 평생 소득은 18만 9,000달러가 된다(동일한 조건하에서 노예의 평생소득은 1만 8,900달러가 된다). 이제 구성원의 총수가 10만 명인 어떤 고대사회가 있는데 그중 1,000명이 주인이고 9만 9,000명이 노예라고 하자. 이 경우 주인은 도합 1억 8,900만 달러의 '재산'을 갖고 노예는 도합 18억 7,110만 달러의 '재산'을 가지게 된다. 주인이 지닌 재산만 갖고서도 왕궁이나 신전 또는 무덤을 축조하는 데 별다른 어려움이 없을 것이다. 게다가 주인은 노예가 가진 '재산' 18억 7,110만 달러 중 상당한 부분을 '착취'할 수 있었다.[8] 그래서 주인들은 자기들의 삶을 크게 희생하지 않으면서도 피라미드, 파르테논, 자금성 같은 거대한 구조물을 축조할 수 있었다.

여기에서 중요한 것은 산업혁명 이전 농경목축시대에는 절대 다수의 인류가 '노예'로 살아왔다는 사실이다. 구성원의 절대 다수가 노예인 사회에서는 경제발전을 기대할 수가 없다. 이것이 인류가 산업혁명이 일어날 때까지 아주 오랜 세월 동안 장기 침체에서 벗어나지 못한 근본적인 이유이다.[9]

그렇다면 구성원 모두가 평등한 지위를 누리면 사정이 달라질까? 수렵채취

8 주인의 입장에서는 착취가 아니라 자기 몫을 더 챙기는 행위였다.

9 노예사회에서 경제발전이 일어나지 못하는 이유에 관해서는 제7장에서 상세하게 밝힌다.

시대에도 경제성장이 부재했음을 보면 이 물음에 대한 대답도 부정적이다. 인류학자들의 조사에 의하면 호모 사피엔스는 약 20만 년 전에 지구상에 등장한 이래 근 19만 년 동안 수렵채취시대를 살아왔다고 한다. 수렵채취시대에는 구성원들 간에 신분상의 차등이 없었다. 즉, 이 시기에는 재산이나 권력을 독점한 채 그렇지 않은 사람들을 지배하는 세력이 존재하지 않았다고 한다. 말하자면 구성원 모두가 매우 평등한 삶을 살았던 것이다. 그도 그럴 것이 이 시기에는 내 것과 네 것의 구분이 없었으며 누구든지 수확하거나 채취한 것을 공동으로 나누어 먹는 것이 일상이었다. 촌장이나 웃어른이 있기는 했지만 그렇다고 해서 특별한 대우를 받거나 또한 그 지위가 세습되는 것도 아니었다. 수확물을 저장하는 노하우가 없었기에 동물을 잡거나 곡물이나 과일을 채취하면 며칠 내에 다 함께 먹어버리는 게 상수였다. 사정이 그러하니 수확이 풍성하면 배불리 먹고 수확한 게 적으면 배를 줄이기가 다반사였다. 수확물을 저장하기 어려웠던 수렵채취시대에는 잉여물자를 갖기 어려웠으며 따라서 물자를 동원해서 커다란 신전이나 무덤 또는 왕궁을 축조하기가 어려웠다. 기껏해야 공동 노동을 통해서 좀 큰 규모의 초막을 짓는 게 전부였다.

그렇다면 수렵채취시대에는 그 누구도 노예가 아니었는데 왜 경제발전이 이루어지지 않았을까? 그 대답은 소유권의 유무에 있다. 수렵채취시대는 공유의 시대이다. 사냥터나 낚시터 수풀과 들판 등은 공동체의 소유이지 어느 개인의 소유물이 아니었다. 토지나 자원이 개인의 소유물이 아니므로 후손에게 특정한 재산을 남겨줄 수도 없었다. 이런 상황에서는 경제 여건이 나아져서 소득이 증가하면 그것을 저축해서 투자하는 데 쓰기보다는 자녀를 더 낳는 선택을 하게 된다. 내 것이 없으므로 소득이 증가해도 그것을 투자로 돌릴 유인을 갖지 못하고 소비를 늘리거나 아이를 더 낳아 기르는 데 쓰게 되는 것이다. 투자를 하지 않으니까 경제가 성장하지 못하고 아이를 많이 낳아 인구가 늘어나니까 증가되었던 소득은 다시 원래의 상태로 돌아가게 되는 것이다.[10]

---

10 사유재산권이 없으면 경제가 발전할 수 없음도 제7장에서 상세하게 설명한다.

2.1.3 단순한 생산함수

산업혁명 이전의 시대는 경제적 측면에서 보면 수렵채취와 농경목축의 시대였다. 이 시기에는 노동력과 자연자원이 가장 중요한 생산요소였으므로 수렵채취시대와 농경목축시대를 관통하는 생산함수로서 노동력과 자연자원을 결합해서 산출물을 만드는 형태를 고려할 수 있다. 이제 어떤 경제 공동체가 일정한 기간 동안에 생산하는 산출물의 크기를 Y, 그 공동체 구성원의 수를 L 그리고 공동체가 활용할 수 있는 자연자원의 크기(이를 토지로 볼 수 있다)를 X라 할 때 수렵채취·농경목축시대를 설명하는 생산함수로 아래와 같은 형태를 고려할 수 있다.

$$Y=AX^{\alpha}L^{1-\alpha} \tag{2.1}$$

이는 경제학 이론에서 자주 사용하는 콥·더글러스 함수인데 위 식에서 A는 이 공동체가 생산활동에 활용하는 기술 또는 지식의 수준을 나타내며(이를 생산성이라고 부른다), α는 0과 1 사이의 값을 갖는 생산함수의 파라미터로서 자연자원(토지)이 생산에 기여하는 정도를 나타낸다($1-\alpha$는 노동력이 생산에 기여하는 정도를 나타낸다).[11]

식 (2.1)로 주어진 생산함수를 1인당산출량(1인당소득)을 나타내는 식으로 변형하면 아래와 같이 된다.

$$y=Ax^{\alpha} \tag{2.2}$$

이 식에서 y는 1인당산출량 즉, $y=\dfrac{Y}{L}$을 나타내고 $x=\dfrac{X}{L}$ 즉, 1인당 경작지의 양을 나타낸다. 이를 보면 수렵채취 또는 농경목축시대에서는 생산성 A가 개선되거나 1인당 토지의 양 x가 늘어나면 1인당산출량 y가 증가하게 됨을 알 수 있다. 이 중 1인당 경작면적 또는 수렵채취 영역은 새로운 지역을 발

11 자연자원 X에 대한 보상을 지대로 보고 노동력 L에 대한 보상을 임금(wage)으로 보면, 전통사회에서는 α의 크기가 대략 1/2 정도 되는 것으로 나타난다.

견하거나, 예를 들면 신대륙의 발견이나 새로운 지역으로의 이동, 산림을 농지로 개발하거나, 개펄을 막아 경지를 조성하면 늘어나게 되는데 그런 일이 그리 흔하게 일어나지는 않았다. 한편 이 시기에는 새로운 종자를 개발하거나, 수리관개 시설을 보강하거나, 철제 농기구를 사용하는 등의 기술진전을 통한 생산성 A의 향상 역시 간헐적으로만 이루어졌다.

이처럼 A나 x가 변화하면 1인당소득 y도 변화하게 된다. 그럼에도 불구하고 이 시기에 1인당소득이 정체되었던 것은, y가 증가하면 인구 L이 늘어나게 되어서 1인당 경작면적 x를 축소시키는 힘이 작용하기 때문이다. 다시 말하자면 인구 L이 1인당소득 y의 증가함수이므로 즉, 1인당소득이 증가하면 출산율이 높아지고 영아사망률이 낮아져서 인구가 늘어나므로, A나 x의 증가로 y가 증가하더라도 L이 증가하게 되어 y가 증가된 상태에 머물지 못하고 다시금 생계수준으로 감소하게 되는 것이다. 이와는 반대의 경우로서, 1인당소득이 생계수준 아래로 떨어지는 일이 생기면 인구가 줄어들면서 소득은 다시 생계수준으로 되돌아가게 된다.

2.2 산업혁명의 시대

2.2.1 지속적인 성장: 맬서스 함정에서 탈피

[그림 2-4][12]의 그래프는 영국(초기 데이터는 잉글랜드 지방, 후기 데이터는 통일된 영국)에서 1270년 이래 1인당 GDP(2013 실질가격)가 변화해 온 모습을 보여준다. 이 그래프의 횡축은 연도를 나타내고 종축은 파운드화로 표시한 1인당 GDP를 나타낸다. 그래프를 보면 1270년에서 1400년에 이르는 기간에 2013년 화폐가치로 추산한 1인당 GDP가 652파운드에서 930파운드로 증

12 이 그림은 [그림 1-3]과 동일한 것이다.

[그림 2-4] 영국의 1인당 GDP 장기추이

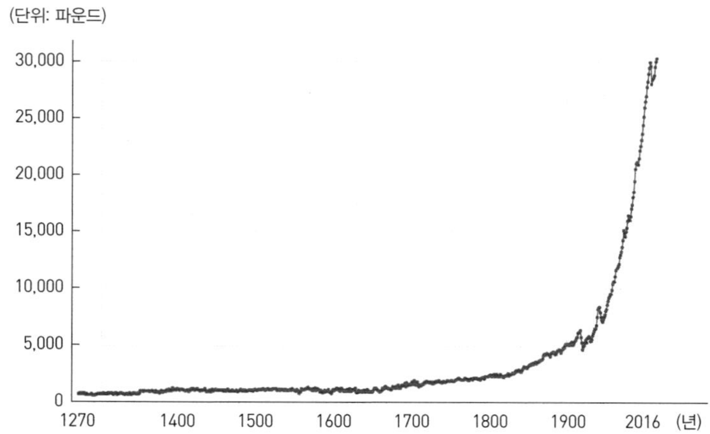

주: 그래프는 1270년부터 2016년에 이르는 기간 동안에 2013년 가격으로 계산한 영국의 1인당 GDP가 변화해온 모습을 보여준다.

출처: Our World in Data(2017)

가한 이후 1675년경까지 1,000파운드를 상회하지 않는 수준에서 정체되어 있었음을 알 수 있다.

이렇게 오랫동안 정체되어 있었던 1인당 GDP가 17세기 말경부터는 거의 매해 꾸준하게 증가하기 시작하였다. 처음에는 증가속도가 그리 크지 않았다. 1700년에 1,351파운드이던 것이 1750년에는 1,513파운드 그리고 1800년에는 1,872파운드가 되었는데 이는 처음 100년 동안에 39% 증가한 실적이다. 그 이후 1850년에는 2,562파운드로 증가했다가 1900년에는 4,715파운드가 되었는데 이는 두 번째 100년 동안에 152%가 증가했음을 보여준다. 그다음에는 1950년의 7,155파운드를 거쳐서 2000년에 2만 4,084파운드가 되었는데 이는 세 번째 100년 동안에 무려 497%가 증가한 실적이다. 1700년부터 처음 100년에는 39%, 그다음 100년에는 152% 그리고 그다음 100년에는 497%가 증가한 것이다. 한편 2015년에는 2013년 화폐가치로 평가한 1인당 GDP가 2만 8,161파운드였으므로, 21세기 처음 15년간의 소득증가율은 17.3%로 나타난다(이 상태가 지속되면 네 번째 100년에는 1인당 GDP가 115% 정도밖에 증가하지 않게 된다).

인류가 평균소득의 지속적인 증가를 경험하게 된 것은 산업혁명이 일어난 1750년경 이후의 일이다. 산업혁명이 가능했던 것은 여러 가지 요인 중에서도 증기기관을 광범위하게 활용하게 된 기술발전에 힘입은 바가 크다.[13] 인류는 아주 오래전부터 물을 이용해왔다. 무엇보다도 우리 인체의 70% 정도가 물로 채워져 있으므로 물이 없으면 살아갈 수가 없다. 우리는 대부분의 경우에 액체의 형태로 물을 활용해왔지만 간혹 필요에 따라서 얼음을 활용하기도 했고 또한 식재료를 찌거나 찜질할 때 기체인 수증기를 이용하기도 해왔다. 그렇지만 산업혁명 이전의 시기에는 수증기를 동력의 원천으로 인지한 사람이 없었다.

증기기관의 발명은 실로 획기적인 기술의 진전이었다. 당초 갱도에 고이는 물을 퍼내는 고된 노동을 대체하는 발명품으로 증기기관을 고안했으나 사람들은 이내 증기기관의 용처가 실로 무궁무진함을 깨닫게 되었다. 물레방아를 대체해서 공장의 기계를 돌리기 시작했고, 바람이나 사람의 힘을 써서 움직이던 선박을 증기기관이 돌리는 활차를 써서 움직이게 되었으며, 말이나 사람이 끌던 수레를 증기기관으로 가동하는 기차로 대체하게 된 것이다.

증기기관은 동력의 원천으로서 사람이나 동물의 힘 그리고 자연이 제공하는 풍력이나 수력보다 유리한 점이 많았다. 우선 기계가 내는 힘의 크기가 사람이나 짐승 또는 자연이 주는 바람과 물의 힘과는 비교할 수 없을 정도로 커졌다. 또한 사람과 짐승은 주기적으로 휴식을 취해야 하고 병이 나면 가동할 수가 없음에 비해 기계는 연료를 공급해 주는 한 얼마든지 돌릴 수가 있었다. 게다가 작업조건이 나쁘다고 불평하는 일도 없고 마음에 안 든다고 태업하는 일도 없었다.

기계의 등장으로 경제구조가 근본적으로 변화하기 시작했다. 수만 년간 농업이 생산의 근간을 이루던 상태에서 공업이 중요해지는 시기로 변화하게 된

---

13 이는 여러 가지 요인 중의 하나일 뿐이다.

것이다. 가장 큰 변화는 공장의 출현으로 대량 생산이 가능해졌다는 사실과 농촌 인구가 대량으로 도시의 공업부문으로 이동하게 되었다는 사실이다. 이는 사회경제구조를 근본적으로 변화시켰다. 대량의 임금노동자가 출현하고, 도시화가 이루어졌으며, 거대한 부를 축적한 자본가가 등장하게 되었으며, 생산력의 획기적인 증대에 힘입어서 관료, 군인, 학자, 사무원, 의사, 변호사 등의 화이트칼라 노동자가 생겨나기 시작하였다.

산업혁명 발발 당시 세계의 평균소득은 약 1,000달러였는데 이는 이미 설명한 바대로 수만 년 전에 살던 인류의 평균소득에서 약간 증가한 수치였다. 한편 산업혁명 발발 당시의 세계 인구는 약 7억 명이었는데 이는 수만 년 전의 인구보다 대폭 증가된 수치이다. 즉, 산업혁명이 일어나기까지 인류는 평균소득은 거의 정체된 채 인구만 늘어나는 변화를 경험하며 살아왔던 것이다. 산업혁명은 이런 상태를 근본적으로 변화시키기 시작하였다.

가장 큰 변화는 수만 년간 정체되었던 평균소득이 꾸준하게 증가하기 시작했다는 사실이다. IMF에서 발표한 최신 자료를 보면 2016년도에 우리 인류는 평균 약 1만 6,000달러에 해당하는 부가가치를 창출했다고 한다. 이를 보면 1750년 이후 인류의 평균소득이 약 16배 증가했음을 알 수 있는데 증가한 크기도 중요하지만 그보다 더 중요한 것은 거의 20만 년 동안 정체되어 있던 소득이 지속적으로 증가했다는 사실이다. 이처럼 인류의 평균소득이 초장기 정체상태를 깨고 나와 지속적인 증가추세에 돌입했다는 사실은 가히 '혁명적'인 사건이다. 지금 이 시기에 대한민국에서 살아가는 우리는 경제란 성장하는 게 당연하다고 여기지만, 산업혁명이 일어나기 전까지만 해도 세계 어디에서고 1인당소득이 꾸준하게 증가한 나라가 하나도 없었다는 사실을 상기하면 지난 260여 년 동안에 일어난 변화는 인류 역사 최초의 대사건이다.

산업혁명으로 1인당소득만 증가한 것이 아니다. 인구 역시 산업혁명 이전의 시기보다 훨씬 더 빠르게 증가했다. 1750년경의 세계 인구는 약 7억 명이었다고 한다. 2018년 현재 세계 인구는 약 76억 명이다. 지난 260여 년 동안에 세계 인구가 11배 정도 증가한 셈인데, 호모 사피엔스가 지상에 출현한 이후 1750년경에 7억 명이 되는 데까지 적어도 20만 년이 걸린 것을 생각하면 그야말로 눈 깜짝할 사이밖에 안 되는 260년 동안에 7억 명의 인구가 76억 명으로 증가한 것 역시 인류사에 유례가 없는 대사건이다. 이렇게 인구가 증가한 것은 소득이 늘어난 덕분에 질 좋은 영양분을 충분하게 섭취할 수 있게 된 한편 보건의료 기술이 발달되었기 때문이다. 출산율이 높아지고 영아사망률이 감소했으며 질병이나 사고로 사망하는 빈도가 낮아졌던 것이다. 이 중에서도 영아사망률 감소가 인구증가와 평균수명 연장에 가장 크게 기여하였다.[14]

호모 사피엔스가 등장한 이래 20만 년 동안 정체되어 있었던 1인당소득이 불과 260년 만에 16배나 증가하고, 7억 명이 되는 데에 20만 년이나 걸렸던 인구가 불과 260년 만에 7억 명에서 76억 명으로 늘어난 것은 다시 말하거니와 분명히 대사건이다. 우리 인류가 지난 260여 년에 걸쳐서 경험한 경제변화는 말 그대로 전대미문의 것이다. 이는 단순한 구조단절(structural break)의 정도가 아니라 새로운 세상(new world)이 도래한 것과 같다. 도대체 무엇이 이러한 변화를 가능하게 하였을까? 진화론적 시각에서 인류사를 조망하고 있는 이스라엘의 역사학자 하라리에 의하면 호모 사피엔스가 '과학혁명'에 성공한 것이 그 비결이라고 한다.[15] 하라리의 이러한 설명은 인간이 과학기술을 발전시킨 것이 산업혁명을 일으킨 가장 큰 힘이었음을 강조하는 것으로서 다소 기술결정론에 경도된 시각이다. 경제적인 측면에서 보면 우리 인류가 산업혁명에 성공한 것이 1인당소득과 인구의 지속적인 증가를 가져온 가장 큰 원동력이다.

2.2.2 인간해방

산업혁명이 가져온 또 하나의 대변화는 그것이 근대 유럽의 문예부흥기 이후 시작된 인간해방의 흐름을 가속화시켰다는 사실이다. 21세기를 살아가는

14 자세한 설명은 Deaton (2013), *The Great Escape*를 참조하라.

15 하라리에 의하면 호모 사피엔스가 지구를 지배하게 된 것은 인지혁명과 과학혁명 덕분이라고 한다. 그중 산업혁명을 가능하게 한 것은 과학혁명이다. Harai, Yuval Noah. (2015). *Sapiens*. Harper; 조현욱 옮김. (2015). 『사피엔스』. 김영사.

한국인들을 비롯한 선진국 국민들은 '인본주의', '인권', '자유', '자유의지', '민주주의', '만인평등', '양성평등', '노예해방' 등을 지극히 당연한 일로 받아들인다. 그러나 절대 신과 절대 군주의 영향력 아래서 '노예'처럼 살아가던 대다수의 인류가 진정으로 사람답게 살아가게 된 것은 문예부흥기를 거친 인류가 산업혁명에 성공하면서부터의 일이다.

당연한 이야기이지만 인간해방이 순식간에 이루어진 것은 결코 아니다. 산업혁명이 진행되면서 도시로 이주한 농민들이 임금노동자로 변신함에 따라서 수천 년 동안 이어져 오던 영주의 지배를 벗어나게 된 것이 인간해방의 계기가 되었다. 토지에 예속되어서 이동이 자유롭지 않던 '농노'들이 도시의 공업이나 서비스업 부문에서 비교적 자유롭게 일자리를 선택할 수 있는 임금노동자로 변신하게 된 것이 자유화의 시초였다. 산업화의 진전과 더불어 소시민계층이 빠른 속도로 성장한 것도 자유화의 과정을 촉진시켰다.[16]

농경목축시대에 정치권력을 독점해 오던 군주와 귀족들도 산업화와 도시화가 진전됨에 따라서 새로 부상하는 시민들과 정치권력을 나누어 갖는 게 유리함을 깨닫게 되었다. 노동자들에게 납세와 병역의 의무를 지우는 대신에 참정권을 주게 된 것이다. 일반 시민들이 1인 1표의 권리를 행사할 수 있는 참정권을 갖는다는 것은 그때까지 소수 엘리트가 독점해오던 정치과정에 보통 사람들도 참여할 수 있게 되었음을 의미한다. 군주와 귀족으로 대표되는 엘리트들이 결정한 대로 순응하던 시민들이 그들 스스로 앞길을 개척할 수 있는 힘을 지니게 되었다는 사실 역시 놀라운 변화이었다.

참정권을 행사할 수 있는 기회가 처음부터 모든 시민에게 부여된 것은 아니다. 초기에는 군주와 귀족들이 산업화 그리고 국제무역을 통해 부를 형성한 기업가나 자본가들을 의회에 받아들이는 것으로 시작해서 도시 지역에서 급부상한 부르주아 계층에게 투표권을 주는 단계로 이행했다가 급기야는 세금을 내는 모든 성인 남성들에게 투표권을 부여하였다. 이때만 하더라도 여성에

16 이는 지나친 단순화다. 근세 이전에도 자유농민이 있었고 베니스에서 보듯이 비교적 자유를 누린 상인도 있었다.

게는 투표권이 주어지지 않았다. 여성에게 투표권이 주어진 것은 세계대전을 치르면서 여성 노동력을 동원할 필요성이 증대된 이후이다. 이 점은 미국에서 흑인들에게 참정권을 부여한 과정과도 유사하다. 흑인들이 백인들과 동등한 지위를 획득하게 된 것은 제2차 세계대전 중에 흑인들을 병사로 징집하기 시작한 이후이다.

비록 단계적으로 이루어져 오기는 했지만 모든 성인 남녀가 동등한 가치를 지니는 투표권을 갖게 되고 또한 그들 중 유자격자는 피선거권까지 갖게 된 일은 왕이나 귀족과 같은 소수 엘리트가 아니라 보통 사람들이 나라의 주인이 되는 시대가 되었음을 알려준다. 이 역시 20만 년에 이르는 호모 사피엔스의 역사에서 보면 길어야 500년 정도밖에 되지 않는 근세에 이루어진 일로서 전 항에서 설명한 1인당소득의 지속적인 증가로 대표되는 경제력의 팽창이 없었더라면 일어나기 힘든 변화이다.[17] 인류가 농경목축시대 약 1만 년을 살아오는 동안에 극히 소수만이 모든 것을 소유한 채 절대 다수를 이루는 민중을 노예나 머슴처럼 부리며 살아오던 세상이, 일반 민중도 주인이 되는 세상을 갖게 된 것은 과학혁명으로 촉발된 산업혁명 덕분이다. 과학혁명이 우리에게 알려준 것은 인간은 무궁무진한 잠재능력을 지닌 존재인데 그러한 인간이 그가 지닌 잠재능력을 가장 잘 발휘하도록 유도하려면 그에게 자유를 주는 게 제일 좋은 방안이라는 사실이다.

우리는 어떠한가? 평민의 입장에서 보면 1948년에 대한민국이 건국되기 이전 시기의 우리 사회는 실질적인 노예사회(de facto slavery)와 다름없었다. 삼국시대, 통일신라시대, 고려시대, 조선시대를 거치는 동안 왕과 그 측근 신하들을 제외한 보통 사람들은 '나라의 주인인 왕'의 충직한 신하로서 살아야 했었다. 일제강점기에도 일본인 통치자들과 그들에게 협조하는 소수의 조선인을 제외한 보통사람들은 노예나 다름없는 삶을 살아야 했다. 주인만 바뀌었을 뿐 삼국시대부터 일제강점기에 이르기까지 보통 사람들이 머슴 또는 노예

17 자유화 또는 민주화가 진전되었기에 경제발전이 가능했다는 주장도 있다. 정치발전과 경제발전 사이에는 쌍방향 인과관계가 존재하는 것으로 판단된다.

의 처지를 벗어나본 적이 한 번도 없었다. 천부적 인권을 보장하고 개인의 자유로운 선택을 허용하는 것을 근간으로 하는 민주주의와 법치주의의 원칙 그리고 재산권을 보호하고 자유로운 경제활동을 보장하는 것을 근간으로 하는 시장경제의 원칙 위에 세워진 대한민국의 건국을 계기로 해서 이 땅의 보통 사람들이 비로소 노예나 머슴이 아닌 주인으로 변신하게 되었다.

인간해방과 산업혁명 사이의 인과관계는 상호적인 것으로 판단된다. 한편에서는 인간해방이 일어나면서 사적소유와 의사결정의 자유가 보편적인 가치가 되었으며 그것이 산업혁명을 촉발한 원동력이 되었다. 다른 한편에서는 산업혁명이 보통 사람들의 '가치'를 획기적으로 증가시킴에 따라서 노예의 처지에 놓여 있었던 일반 대중도 재산을 가질 수 있으며 자유롭게 행동할 수 있는 인간해방을 맞게 되었다.

2.2.3 생산함수의 고도화 진행

산업혁명이 이루어지면서 인류의 생산함수에도 근본적인 변화기 일어나기 시작하였다. 이 변화는 적어도 여섯 가지 방향에서 이루어졌다.

첫째, 농경목축시대에는 토지 X와 노동력 L이 가장 중요한 생산요소였으나 산업화시대가 되면서부터는 토지의 중요성은 상대적으로 낮아지고 기계로 대표되는 자본재(capital goods)가 중요한 생산요소로 새로이 등장하게 되었다. 자본재 K는 투자를 통해서 그 양과 성능을 늘려나갈 수 있는데 생산과정에서 마모되거나 쓸모가 적어지는 부분 즉, 감가되는 부분보다 더 많은 투자가 이루어지면 자본재가 증가하게 된다.

둘째, 농경목축시대에는 단순 노동력 L이 생산요소로서 중요했으나 산업시대에는 단순 노동력 L은 물론이거니와 각각의 근로자가 지닌 노동능력 즉, 인적자본 h가 중요한 생산요소가 된다. 경제전체로 보면 모든 노동자들이 지닌 인적자본의 합 Lh가 자본재 K와 대등하거나 더 나아가서 자본재보다 우월한 역할을 하는 생산요소가 된다. 노동자의 수 L이 변화하거나 각각의 노동자가 지닌 인적자본 h의 크기가 변화하면 경제의 인적자본 총량 $H=Lh$도 변화하게 된다. 교육과 건강이 인적자본의 가장 중요한 두 구성요소인데 산업혁명이후 보건의료와 교육이 획기적으로 발달한 결과 한 경제가 지닌 인적자본의 총량 H가 지속적으로 증대되어 왔음은 익히 알려진 사실이다.

셋째, 한 경제의 생산성 A는 그 나라가 지닌 전반적인 기술수준 T와 그 나라 경제가 얼마나 효율적으로 운영되는지를 나타내는 척도 E에 의해서 정해지는데, 경제학자들의 연구에 의하면 $A=T \cdot E$의 형태로 표현될 수 있다고 한다. 산업혁명이 진전되면서 생산성에도 근본적인 변화가 생기기 시작하였다. 우선 연구개발 활동을 통해서 나라의 전반적인 기술수준 T를 지속적으로 발전시켜 나갈 수 있게 되었다. 그 결과 농경목축시대에는 오직 간헐적으로만 변화했던 기술수준 T가 산업시대에 들어서면서부터는 연구개발 활동을 통해서 꾸준하게 변화시켜 나갈 수 있는 시간의 함수가 되었다. 즉, $T=T(t)$가 되었다. 산업시대에 들어와서 기술 T가 지속적으로 발전하게 된 것은 무엇보다도 연구개발 활동에 대한 보상체제가 정비되어 R&D에 종사하는 연구개발 인력의 양과 질이 획기적으로 늘어나고 개선된 덕택이다.

넷째, 산업시대에 들어와서 더욱 활발하게 전개된 국제무역의 발달이 교역에 참여하는 나라의 생산함수를 더욱더 효율적인 것으로 만들었다. 이것은 전항에서 본 효율성의 척도 E가 개방과 더불어서 종전보다 더 큰 값을 갖게 된 것에 해당한다. 효율성의 척도 E는 가장 비효율적인 상태를 나타내는 0에서 가장 효율적인 상태를 나타내는 1 사이의 값을 갖는 것으로 이해할 수 있다. 폐쇄경제일 때는 E가 작은 값을 지녔으나 국제무역을 통해서 개방경제로 전환하면서 E가 작은 값에서 큰 값을 향해 옮겨간 것이다.

다섯째, 산업시대가 되면서 정부의 경제적 역할이 중요해졌다. 정부가 행하는 가장 중요한 두 가지 일은 세금을 거둬서 공공지출을 집행하는 것이다. 전자를 Tax 그리고 후자를 G로 표기하면, 얼마만큼의 조세를 어떤 방식으로 거두는가 하는 것과 얼마만큼의 공공지출을 어떤 데 쓰느냐 하는 것이, 경제의 생산활동에 중요한 영향을 미치게 된다. 균형재정을 유지하면 $Tax=G$가 되므로, 얼마만큼의 세금을 어떤 방식으로 거둬서 그것을 어떤 데 쓰느냐 하는 것이 문제가 된다. 편의상 소득세를 상정하여 $Tax = \tau Y$로 나타내면 재정정책을 소득세율 τ와 공공지출 G의 조합으로 나타낼 수 있다.

여섯째, 정부는 세금을 거두어서 공공지출을 집행하는 일 이외에도 규제를 통해서 경제에 영향을 미친다. 정부의 규제가 얼마나 효율적이냐에 따라서 경제의 전반적인 효율성의 척도 E의 값이 달라진다. 비효율적인 규제정책을 남발한 결과 부정부패가 만연하고 지대추구행위가 창궐하게 되면 E는 아주 작은 값을 갖게 된다. 또한 발전의 원동력인 사유, 자유, 경쟁, 변화와 혁신의 힘을 약화시키는 방향으로 정책이 흐르면 E의 크기는 틀림없이 0에 근접한 값을 갖게 된다.

이상에서 본 여섯 가지 변화를 반영해서 산업시대의 생산함수를 아래와 같이 나타낼 수 있다.

$$Y(t) = T(t) \cdot E \cdot F[L(t)h(t), K(t), X(t) : G, \tau] \tag{2.3}$$

위의 식 (2.3)에 포함된 함수 $F[\ ]$에 대한 적절한 가정하에서 1인당 생산함수를 식 (2.4)와 같이 표현할 수 있다. 식 (2.4)에서 변수 k는 노동자 한 사람이 갖고 일하는 자본재의 양 즉, 자본노동비율(capital labor ratio)을 나타낸다.

$$\frac{Y(t)}{L(t)} \equiv y(t) = T(t) \cdot E \cdot f[h(t), k(t), x(t) : G, \tau] \tag{2.4}$$

식 (2.4)를 보면 1인당산출량(소득)을 증가시키는 요인이 무엇인지 알 수 있다.

첫째, 노동능력 즉, 노동자가 지닌 인적자본 h의 크기가 증가하면 y가 증가하게 된다. 교육, 훈련, 건강증진 등을 통해서 사회구성원 각자의 인적자본을 증가시켜 나가는 것이 성장의 동력이 된다.

둘째, 자본노동비율 k 즉, 노동자 한 사람당 갖고 일하는 자본재의 양을 늘려나가면 y가 증가하게 된다. 이처럼 물적자본과 인적자본에 대한 투자를 통해서 k와 h의 크기를 확대해나가는 것이 1인당산출량 증가의 가장 기본적인 동인이 된다.

셋째, 1인당토지 또는 더 정확하게 1인당자연자본의 양 x가 생산에 대해 미치는 영향은 x가 증가할 것인가 감소할 것인가에 따라 달라진다. x가 증가하면 y도 증가할 것이고 x가 감소하면 y도 감소할 것이다. 그러나 x의 증감은 그렇게 간단하게 정해지지 않는다. 이에 대해서는 추후 제8장에서 자세하게 알아본다.

넷째, 연구개발을 통해서 기술수준 T를 높여 나가면 y가 증가하게 된다.

다섯째, 경제운영의 효율성을 높이면 즉, 효율성의 척도 E를 그 최대치 1에 근접시켜 나가면 y가 증가하게 된다. 효율성의 척도 E를 높이는 방안으로는 개방의 이점을 살리는 일, 금융의 효율성을 높이는 일, 정부 규제의 효율성을 높이는 일, 조세의 효율성을 제고시키는 일, 공공지출의 생산성을 높이는 일, 정치의 효율성을 높이는 일 등이 있다.

여섯째, 정부는 공공지출 G와 조세율 τ의 결정을 통해서 경제에 영향을 준다. 그 영향은 경제성장에 대해 긍정적일 수도 있고 부정적일 수도 있다.

우리는 앞으로 제3장부터 제11장까지의 논의를 통해서 상기 여섯 가지를 중심으로 경제성장의 표면적인 동인과 환경적인 동인 그리고 진정한 동인이 무엇인지에 관해 상세하게 알아보게 된다.

2.3 오늘날의 세계: 평평하지 않은 세상

경제성장이론이 획기적으로 발전하게 된 계기 가운데 하나가 각국의 경제사회상을 일목요연하게 파악할 수 있는 여러 가지 데이터를 이용할 수 있게 되었기 때문이다. 그중 몇 가지를 들자면, 세계은행의 「세계개발지표」(World Development Indicators, 각 연도), 국제통화기금의 「세계경제전망」(World

Economic Outlook, 각 연도), 데이비스/그로닝엔 대학교의 「펜-월드 테이블 9.0」(Penn-World Table 9.0), OECD의 「경제개발지표」(Economic Development Indicators, 각 연도), Maddison(2007), Kremer(1993), 그리고 옥스퍼드 대학교의 「데이터로 본 우리의 세계」(Our World in Data, 각 연도) 등이 있다. 물론 개별 국가의 거시경제지표도 활용가능하다.

[표 2-1]은 IMF 통계에서 추출한 주요국의 1980년부터 2016년 사이의 2016년 구매력으로 평가한 1인당 국내생산량 변화추이와 2020년 전망치를 보여준다. 이를 보면 몇 가지 흥미로운 사실을 발견할 수 있다.[18]

우리나라는 1980년도에 1인당 2,184달러에 해당하는 국내생산을 기록하였는데 이는 표에 포함된 40개 국가 중 24번째에 해당하는 수치이다. 2016년에는 3만 7,740달러의 1인당 국내생산을 달성해서 순위가 12번째로 높아졌다.

[표 2-1]에 포함된 나라들 중에서 1인당 GDP를 기준으로 할 때 1980년에는 우리나라보다 앞섰지만 2016년에는 뒤로 밀린 나라로서는 스페인, 그리스, 폴란드, 루마니아, 헝가리, 터키, 이집트, 남아공, 멕시코, 페루, 베네수엘라, 아르헨티나 등이 있다. 이 중 스페인은 1980년 이래 줄곧 우리나라를 앞섰다가 2015년부터 뒤로 처진 경우로서 우리나라가 스페인을 추월했다고 단정하기에는 아직 이르다. 그리스도 2005년까지는 우리나라보다 앞섰으나 2010년에 추월당한 후 2016년에는 2만 6,669달러의 1인당 GDP를 기록하여 우리나라보다 1만 달러 이상 작아졌다. 아르헨티나와 멕시코와 베네수엘라는 1980년도에 우리나라보다 두세 배 이상 잘사는 나라였으나 아르헨티나는 1990년 그리고 멕시코와 베네수엘라는 1995년에 우리나라에게 추월당한 이후 2016년에 아르헨티나 2만 47달러, 멕시코 1만 8,938달러 그리고 베네수엘라 1만 3,762달러의 성적을 보인 데서 알 수 있듯이 현재는 우리나라에 크게 뒤처져 있다.

일본은 1980년도에 8,795달러의 1인당 GDP를 기록해서 우리나라보다 4배

18 표에 포함된 국가의 선정은 순전히 자의적이다. [부표 1-1]과 수치가 다른 것은 작성기관이 상이할 뿐 아니라 국내총생산(GDP)과 국민총소득(GNI)이 상이한 때문이다.

[표 2-1] 주요국의 구매력기준 1인당 GDP(1980~2016년: 2020년) (단위: 국제달러)

	1980	1985	1990	1995	2000	2005	2010	2015	2016	2020
한국	2,184	4,116	7,519	12,079	16,452	22,720	29,738	36,390	37,740	*45,349*
북한	n/a	n/a	1,474	1,113	1,118	1,657	1,482	1,577	1,634	*n/a*
아르헨티나	**6,318**	**6,746**	7,255	10,193	11,898	14,016	18,529	*20,474*	20,047	*23,037*
캄보디아	n/a	n/a	611	796	1,084	1,742	2,462	3,498	3,737	*4,978*
중국	310	619	979	1,861	2,918	5,061	9,252	14,328	15,399	*20,814*
체코	n/a	n/a	n/a	**13,874**	**16,564**	**22,732**	27,498	32,076	33,232	*39,405*
이집트	**2,246**	3,497	4,426	5,170	6,699	8,132	10,851	12,041	12,554	*15,044*
에티오피아	312	327	416	419	517	661	1,111	1,808	1,946	*2,655*
핀란드	**9,428**	**13,644**	**18,542**	**19,956**	**27,404**	**34,546**	**38,741**	*41,164*	*42,165*	*47,993*
프랑스	**10,764**	**14,640**	**19,662**	**23,161**	**28,515**	**33,571**	**37,284**	**41,431**	**42,314**	*48,321*
독일	**11,273**	**15,548**	**20,724**	**25,012**	**29,834**	**34,481**	**40,849**	**47,255**	**48,111**	*55,079*
그리스	**9,083**	**11,398**	**13,859**	**15,977**	**20,312**	**27,121**	**28,962**	**26,304**	**26,669**	*31,864*
홍콩	**6,771**	**10,602**	**17,169**	**23,001**	**26,776**	**36,306**	**46,948**	**56,907**	**58,322**	*68,285*
헝가리	**6,322**	**8,991**	**10,997**	11,162	14,208	19,940	21,906	26,537	27,482	*33,623*
인도	557	830	1,165	1,522	2,019	2,907	4,445	6,193	6,616	*9,183*
인도네시아	1,250	1,874	2,880	4,363	4,647	6,127	8,433	11,155	11,720	*14,940*
아일랜드	**7,423**	**9,997**	**14,360**	**19,712**	**32,332**	**43,423**	**44,888**	**65,482**	**69,231**	*82,381*
일본	**8,795**	**13,520**	**19,695**	**23,642**	**26,850**	**31,755**	**35,157**	**40,312**	**41,275**	*47,021*
멕시코	**5,631**	**7,171**	**8,123**	9,194	11,999	13,767	15,629	18,463	18,938	*21,699*
니제르	569	545	616	555	599	723	*867*	*1,077*	*1,107*	*1,346*
페루	3,105	3,591	3,379	4,584	5,245	6,728	9,517	12,389	12,903	*15,564*
필리핀	1,886	2,016	2,635	2,947	3,401	4,306	5,550	7,282	7,728	*10,170*
폴란드	**4,753**	**5,466**	6,569	8,152	11,630	15,157	21,084	26,623	27,764	*34,281*
루마니아	**4,793**	**7,051**	7,355	7,624	8,010	12,490	16,719	20,934	22,348	*28,686*
러시아	n/a	n/a	n/a	9,370	11,170	17,231	22,639	26,208	26,490	*30,699*
르완다	453	618	614	541	667	938	1,358	*1,879*	*1,977*	*2,544*
싱가포르	**8,852**	**14,015**	**22,195**	**32,747**	**40,978**	**55,173**	**70,647**	**86,218**	**87,855**	*101,242*
슬로바키아	n/a	n/a	n/a	9,642	12,296	17,755	24,555	29,975	31,139	*39,184*
남아공	**4,631**	**5,634**	6,398	6,691	7,709	9,846	11,786	13,230	13,225	*14,444*
스페인	**7,883**	**10,561**	**15,293**	**18,495**	**24,053**	**29,649**	**32,252**	34,751	36,416	*43,449*
스웨덴	**10,516**	**15,582**	**19,891**	**22,693**	**29,257**	**36,735**	**42,022**	**48,310**	**49,836**	*59,414*
타이완	**4,056**	**5,834**	**10,048**	**15,535**	**21,590**	**28,915**	**38,593**	**46,909**	**48,095**	*56,219*
태국	1,605	2,423	4,264	6,842	7,358	10,305	13,188	16,180	16,878	*20,733*
터키	**3,653**	**5,088**	7,326	8,834	10,509	14,019	16,900	24,227	24,912	*29,612*
우간다	374	457	573	742	912	1,248	1,723	*2,009*	*2,068*	*2,512*
영국	**8,851**	**12,783**	**17,501**	**21,095**	**26,425**	**33,246**	**35,869**	**41,478**	**42,481**	*48,298*
미국	**12,576**	**18,232**	**23,914**	**28,763**	**36,433**	**44,218**	**48,310**	**56,175**	**57,436**	*69,194*
베네수엘라	**7,838**	**8,499**	**9,557**	11,397	11,468	13,480	16,497	*16,784*	*13,761*	*12,329*
베트남	435	715	952	1,459	2,058	3,103	4,396	*6,037*	*6,429*	*8,577*
짐바브웨	n/a	n/a	n/a	n/a	2,138	1,569	1,541	1,985	1,970	*1,966*

주 : 이탤릭체 숫자는 추정치이며, 볼드체 숫자는 우리나라보다 큰 수치를 보여준다. 동그라미는 1순위 국가를 나타낸다.

출처 : 국제통화기금, 「세계경제전망」(IMF, World Economic Outlook, 2017)

이상 더 많은 부가가치를 창출했다. 그러나 2016년에는 일본의 1인당 GDP가 4만 1,275달러였음에 비해 대한민국은 3만 7,740달러가 되어 양자 간의 차이가 현저하게 줄어들었다. IMF가 추정한 바를 보면 2020년에는 일본 4만 7,021달러 대 대한민국 4만 5,349달러가 되어 양국의 1인당 GDP 차이가 2016년보다 더 줄어들 것이라고 한다.

홍콩, 타이완, 싱가포르 등은 우리나라와 함께 1960년대 초부터 본격적인 경제발전의 길로 접어든 나라이다. 이들은 한동안 우리나라와 비슷한 속도로 발전하기도 하였으나, [표 2-1]에서 보듯이 1980년도가 되면서 이들 세 나라는 대한민국을 따돌린 채 훨씬 더 앞서서 달리기 시작하였다. 이 셋 중에서도 싱가포르의 경제성장은 참으로 놀랍다. [표 2-1]을 보면 알 수 있듯이 1990년도까지는 미국의 1인당 GDP가 싱가포르의 그것을 능가했으나, 양자 간의 순위가 역전된 1995년 이래 지금까지 줄곧 싱가포르가 미국에 앞서 있다.

[표 2-1]에 포함된 국가 중에서 1980년 이래 지금까지 계속해서 우리나라보다 큰 1인당 GDP를 기록한 나라로서는 핀란드, 프랑스, 독일, 홍콩, 아일랜드, 일본, 싱가포르, 스웨덴, 타이완, 영국 그리고 미국이 있다. 이 중에서 미국, 일본, 독일, 영국, 프랑스, 스웨덴이 우리나라보다 잘사는 데 대해서는 누구나 수긍하기 쉽다. 그러나 핀란드와 아일랜드가 우리나라보다 잘사는 나라라는 데 대해서는 의아해 할 사람도 많을 것이다. [표 2-1]에서 보듯이 이러한 관점은 편견에 불과하다. 특히 놀라운 것은 1995년까지만 하더라도 영국보다 가난했던 아일랜드가 2000년에 3만 2,332달러 대 2만 6,425달러로 영국을 큰 폭으로 추월하더니 2016년에는 6만 9,231달러 대 4만 2,481달러로 그 차이를 더 크게 만들었다는 사실이다. IMF가 추정하기로는 2020년에는 아일랜드가 미국과 홍콩까지 따돌릴 것이라고 한다.

[표 2-1]에 포함된 나라 가운데 그리스와 베네수엘라는 근년에 들어와서 1인당 GDP가 감소한 매우 예외적인 나라다. 그리스는 2000년의 2만 8,962달러에서 2015년의 2만 6,304달러로 감소하였다가 2016년에는 2만 6,669달러로 전년보다는 약간 증가했으나 여전히 2000년도보다 작다. 베네수엘라는 2000

년에 1만 6,497달러에서 2015년에 1만 6,784달러로 정체되더니 2016년에는 1만 3,761달러로 전년보다 18%가 감소하였다. 1년 사이에 1인당 GDP의 거의 1/5이 사라진 것이다. IMF의 예측으로는 베네수엘라의 경제적 쇠퇴는 2020년이 되어도 멈추지 않을 것이라고 한다.

2.4 1950년 이후의 경제발전

Penn-World Table을 활용해서 1950년 이후 현재에 이르기까지 세계 각국의 1인당 GDP가 어떻게 변화해왔는지 살펴보면 우리 지구가 완만하지만 지속적으로 성장하는 나라들, 비교적 오랜 기간에 걸쳐서 매우 빠른 속도로 성장하는 나라들, 성장과 후퇴를 반복하는 나라들, 경제발전이 정체되어 있는 나라들 그리고 과거보다 후퇴한 나라들로 나뉘게 됨을 알 수 있다. 주요 지역별로 1950년 이후의 경제성장 실상을 살펴보면 다음과 같다.

2.4.1 서유럽 및 북유럽 국가들

벤치마크 케이스인 미국을 포함시킨 서유럽 및 북유럽 주요국가의 1인당 GDP 변화추이를 나타내는 [그림 2-5]를 보면 몇 가지 특징이 드러난다.

가장 두드러진 특징은 이 그룹에 속한 나라들이 '함께' 움직여 오고 있다는 사실이다. 즉, 서유럽 및 북유럽 국가들은 1950년 이래 매우 유사한 양상을 보이면서 변화해오고 있다. 각국의 1인당 GDP를 나타내는 선들이 하나의 무리를 이루면서 변화하는 데서 그런 사실을 알 수 있다. 또 다른 두드러진 특징은 이 나라들의 1인당 GDP가 1950년 이래 현재에 이르기까지 지속적으로 증가해오고 있다는 사실이다. 1950년에 (2005년도의 구매력기준 환율로 산정한) 9,263달러이던 영국의 1인당 GDP가 그림에 포함된 자료의 끝인 2014년에 4만 242달러로 기간 중에 434% 증가한 데서 그러한 사실을 엿볼 수 있다.

[그림 2-5] 서유럽 및 북유럽 국가들의 경제발전

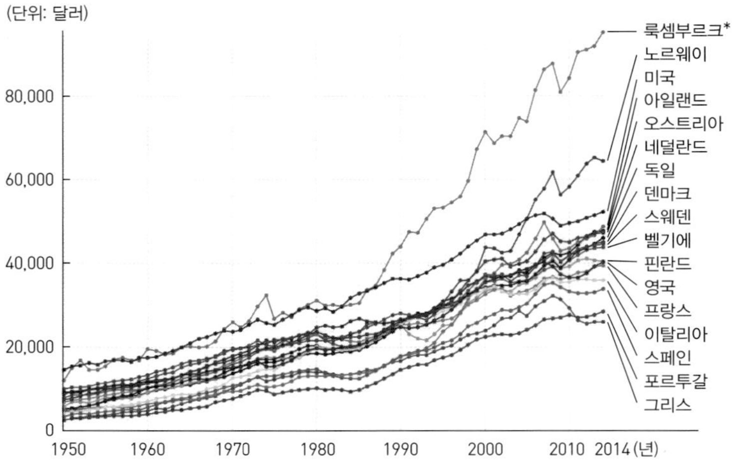

주: 그래프들은 1950년부터 2014년에 이르기까지 해당 국가들의 2005년 구매력으로 계산한 1인당 GDP의 변화양상을 보여준다.

* 여기에 표시된 룩셈부르크의 데이터는 세계은행 자료와 아주 큰 차이를 보이므로 그 수치 해석에 신중할 필요가 있다.

출처: Our World in Data(2017)

그런 가운데서도 몇 가지 예외적인 현상을 발견할 수 있다. 하나의 예외는 룩셈부르크, 노르웨이, 핀란드 그리고 아일랜드가 다른 국가들보다 훨씬 빠른 속도로 성장하고 있다는 사실이다. 예를 들면 아일랜드는 1950년에 5,126달러의 1인당 GDP를 지녀서 유럽 국가 중 하위 그룹에 랭크되었는데 2014년에는 4만 8,767달러로 3위로 부상하였다. 다른 종류의 예외는 스페인, 이탈리아 그리고 그리스에서 찾을 수 있는데 이들은 기간 중 줄곧 하위 그룹을 벗어나지 못했다. 더구나 21세기에 들어와서는 1인당 GDP의 절대치가 줄어드는 현상을 경험하기도 하였다. 포르투갈은 1950년 이래 유럽 국가 중에서 가장 가난한 나라였으나 느리지만 후퇴함이 없이 성장을 지속해온 결과 지금은 그리스보다 나은 처지로 올라섰다.

2.4.2 영국에서 파생된 나라들

[그림 2-6]은 호주, 캐나다, 홍콩, 인도, 뉴질랜드, 미국 그리고 영국의 1인당 GDP가 변화해온 모습을 보여준다. 이를 보면 역사상 영국의 식민지였거나 영연방이던 나라들은, 인도를 예외로 하면, 모두 선진국에 속함을 알 수 있다. 미국, 호주, 캐나다는 이 기간 중 줄곧 '모국'이었던 영국보다 더 큰 소득을 지녔었다. 뉴질랜드는 1950년부터 1976년 사이에 지녔던 영국에 대한 우위를 지켜내지 못하고 1977년부터 영국에 뒤처지기 시작해서 아직까지도 영국은 물론이거니와 캐나다나 호주와의 소득차이를 좁히지 못하고 있다.

홍콩은 긍정적인 점에서 예외적인 지역이다. 1960년에만 하더라도 홍콩은 매우 가난한 상태를 벗어나지 못했다. 그렇지만 1960년대 초반부터 고도 경제성장궤도에 진입한 이래 1986년에 뉴질랜드를 추월하더니 1990년에는 영국, 1991년에는 호주 그리고 1992년에는 캐나다를 추월하였고 2014년에는 미국

[그림 2-6] 영국의 식민지 또는 영연방국가이던 나라의 경제발전

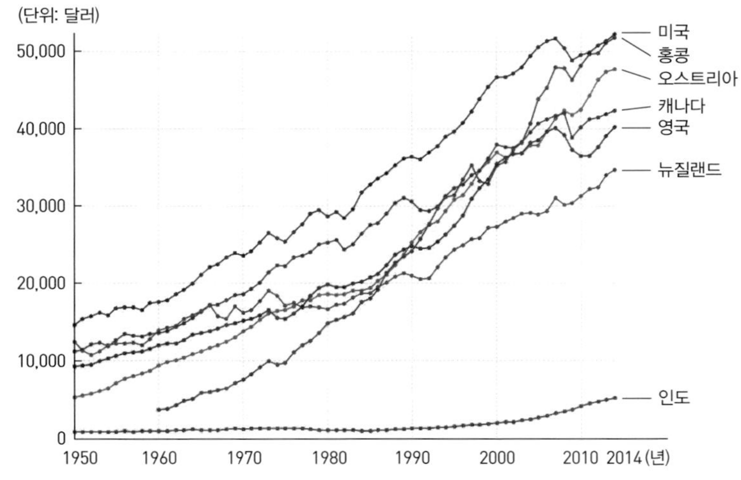

주: 그래프들은 1950년부터 2014년에 이르기까지 해당 국가들의 2005년 구매력으로 계산한 1인당 GDP의 변화양상을 보여준다.

출처: Our World in Data(2017)

과 타이를 이루게 되었다(2016년에는 홍콩이 미국을 앞서고 있다). 이를 보면, 인도를 예외로 하면, 영국에서 파생된 나라들은 하나같이 선진국이 되었으며 더구나 영국보다 뒤처진 상태에서 출발해서 지금은 모국인 영국보다 더 잘사는 나라가 되었음을 알 수 있다(뉴질랜드는 선진국이지만 영국보다 우월한 위치를 유지하다가 지금은 영국보다 뒤처져 있다).

인도는 18세기부터 영국의 식민통치를 받았음에도 불구하고 식민통치 기간에도 그랬지만 독립을 이룬 1945년 이후에도 경제를 성장시키는 데 실패했다. 위 그림에서 보듯이 인도 경제는 1990년에 이르기까지 정체상태를 탈피하지 못하였다. 그러나 1990년 이후에는 개혁과 개방을 추진하면서 성장궤도에 진입하는 데 성공한 결과 1990년에 1,200달러 수준에 있던 1인당 GDP를 2014년에 5,200달러 수준으로 늘리는 데 성공하였다.

미국과 인도는 영국의 식민지였다는 점에서 동일하다. 그러나 두 나라의 경제성장 성과는 아주 다르다. 왜 그럴까? 미국은 1776년에 독립했음에 반해 인도는 1945년에 독립한 차이일까? 미국의 주도 세력은 영국계 이민자였음에 비해 인도의 주도 세력은 인도인이었기 때문일까? 초기의 미국은 프로테스탄트의 영향을 크게 받았음에 비해 인도는 힌두교나 불교의 영향을 크게 받았기 때문일까? 인도 대륙에는 이미 엄청난 수의 '원주민'이 살고 있었음에 비해 미국은 수많은 유럽계 '이주민'이 세운 나라였기 때문일까? 이 모든 주장은 조금씩이나마 일리가 있다. 그렇지만 그것들로 인도와 미국의 차이를 모두 다 설명하기에는 부족하다.

2.4.3 동아시아 및 아세안 국가들

아시아 여러 나라의 경제성장 경로를 나타내는 [그림 2-7]을 보면, 1950년 이래 1990년대 말에 이르기까지 아시아 지역의 경제 리더는 일본이었음을 알 수 있다. 그러나 1990년대 말에서 2000년대 초반에 이르는 기간에 일본은 그보다 훨씬 늦게 성장에 나선 싱가포르, 홍콩, 타이완에 의해 추월당한 후 지금은 아시아 지역에서 네 번째로 잘사는 나라가 되었다. 대한민국 역시 1960년대 초에 성장궤도에 진입해서 발전을 거듭해온 결과 싱가포르, 홍콩, 타이완보다는 뒤처지지만 일본을 거의 다 따라잡을 만큼 성공했다.

싱가포르, 홍콩, 타이완, 일본, 대한민국 등 상위 그룹 아래에는 말레이시아, 태국, 중국, 몽골, 인도네시아 등이 자리하고 있다. 아시아 지역에서 최하위 그룹을 이루는 나라로는 필리핀, 인도, 라오스, 베트남, 미얀마, 캄보디아 등이 있다.

동아시아 및 아세안 지역 역시 1950년에 비해서 2014년에는 국가 간 소득차가 대폭 확대되어 적어도 현재까지는 소득수렴 현상이 일어나지 않고 있음을 볼 수 있다. 앞에서도 지적했지만 훨씬 뒤처진 상태에서 출발했음에도 싱가포르가 2004년에 그리고 홍콩이 2014년에 미국의 1인당 GDP를 추월한 것은 매우 놀라운 사실이다. 이는 어느 나라이건 잘하면 미국을 추월할 수 있음을 보여주는 사례이다. 우리나라가 싱가포르와 홍콩 그리고 타이완과 비슷한

[그림 2-7] 동아시아 및 아세안의 경제발전

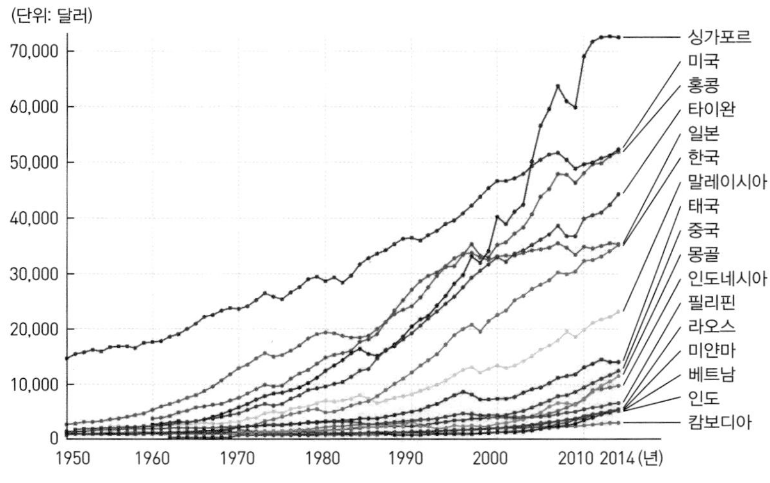

주: 그래프들은 1950년부터 2014년에 이르기까지 해당 국가들의 2005년 구매력으로 계산한 1인당 GDP의 변화양상을 보여준다.

출처: Our World in Data(2017)

시기인 1960년대 초에 성장경로에 진입해서 한때는 아시아의 네 마리 용이라는 칭송을 들으며 그들과 유사한 속도로 경제를 발전시키는 데 성공했으나, 분명한 사실은 지금은 싱가포르, 홍콩, 타이완 등에 크게 뒤처져 있다는 점이다. 더욱이 그림에서 보듯이 우리나라의 1인당 GDP 경로는 미국의 그것과 평행선을 이루고 있음을 알 수 있는데 이는 이대로 간다면 우리나라가 미국을 추월하는 일이 일어날 수 없을 것임을 말해준다.

2.4.4 중남미 국가들

[그림 2-8]은 미국을 벤치마크로 포함한 중남미 여러 나라의 경제성장 경로를 나타낸다. 이를 보면 미국과 중남미 국가 사이에는 아주 커다란 차이가 존재함을 알 수 있다. 미국은 중남미 국가들에 비해 아주 잘살며 시간이 흐를수록 그들과의 차이가 점점 더 커진다.

[그림 2-8] 중남미 국가의 경제발전

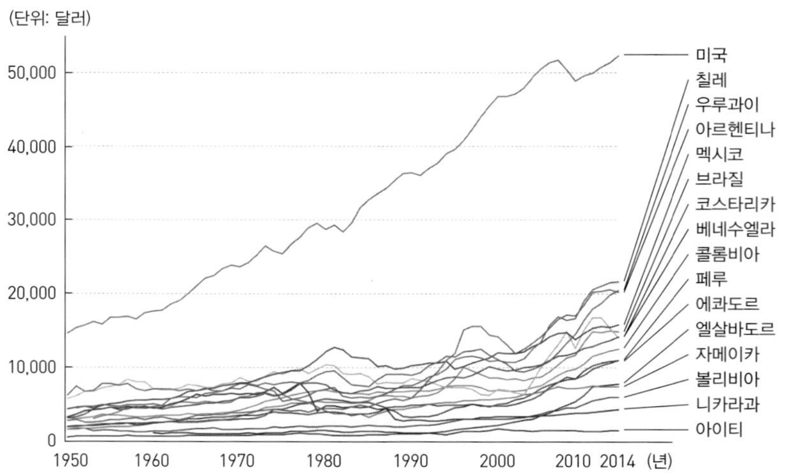

주: 그래프들은 1950년부터 2014년에 이르기까지 해당 국가들의 2005년 구매력으로 계산한 1인당 GDP의 변화양상을 보여준다.

출처: Our World in Data(2017)

중남미 국가 중에서는 칠레, 우루과이, 아르헨티나, 멕시코, 브라질, 코스타리카 등이 상위 그룹에 속한다. 상위권에 속하던 베네수엘라는 1990년대 후반에 중하위 그룹으로 퇴보했다가 2000년에 들어와서 상위 그룹으로 이동하는 모습을 보이기도 하였으나 현재는 경제위기를 맞아서 하위 그룹으로 낙하 중이다. 중남미 국가들은 대부분 경제의 부침을 경험하고 있는데 그중 코스타리카, 페루, 도미니카 등은 완만하지만 꾸준하게 성장해오고 있다는 점에서 예외가 된다. 볼리비아, 엘살바도르, 아이티 등이 중남미 국가 중에서는 가장 열악한 형편에 놓여 있다(쿠바는 자료가 없는 나라 가운데 하나이다).

[그림 2-9]는 북미의 캐나다, 미국 그리고 멕시코의 성장경로를 보여준다. 그림에서 보듯이 세 나라 중에서 미국이 가장 잘살며 캐나다가 그 뒤를 따르고 있는데 두 나라는 상당히 유사한 성장 경로를 보이고 있다. 그러나 1980년대 중반 이후 미국과 캐나다 사이의 차이는 해가 지날수록 조금이나마 더 벌어지고 있다. 이는 미국의 성장 속도가 빨라져서가 아니라 캐나다의 성장 속

[그림 2-9] 북미 3국의 경제발전

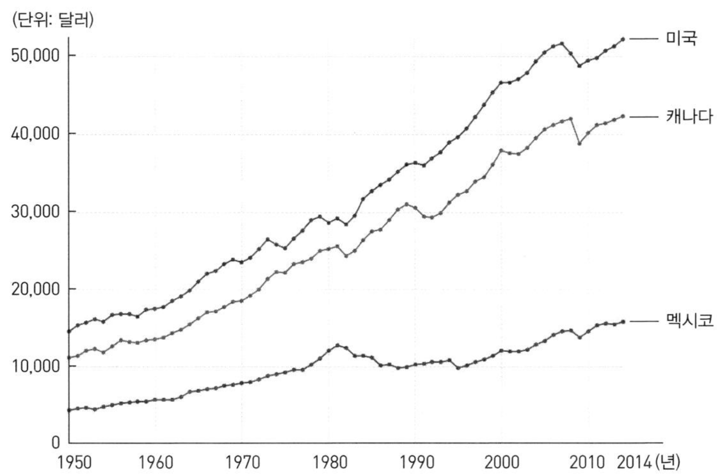

주: 그래프들은 1950년부터 2014년에 이르기까지 해당 국가들의 2005년 구매력으로 계산한 1인당 GDP의 변화양상을 보여준다.

출처: Our World in Data(2017)

도가 떨어진 탓인 듯하다. 그렇더라도 미국 그리고 캐나다와 멕시코 간에는 아주 큰 간격이 존재한다.

멕시코는 미국보다 훨씬 뒤떨어진 상태에서 출발했으면서도 성장속도마저 낮아서 1980년대 초에 이르러서는 1950년도보다 양국 간의 소득차가 더 크게 벌어졌다. 게다가 1981년을 기점으로 1995년에 이르기까지 멕시코 경제는 정체상태를 벗어나지 못했다. 1990년대 후반부터 성장경로에 재진입했으나 그 속도는 여전히 미국이나 캐나다의 성장속도보다 느리다. 그 결과 2014년에는 멕시코와 미국 또는 캐나다와의 1인당 GDP 차이가 그 어느 때보다도 확대되었다. 멕시코, 캐나다 그리고 미국이 북미자무역유협정(NAFTA)을 체결한 해가 1992년이다. 그로부터 25년이 경과했는데도 멕시코 경제가 캐나다나 미국과의 차이를 좁히기는커녕 오히려 더 뒤처지고 있다.

2.4.5 아프리카 국가들

세계에서 아프리카, 그중에서도 사하라 이남의 아프리카가 가장 가난하다. [그림 2-10]은 대부분의 아프리카 국가들이 1950년 이래 밟아온 성장경로를 보여준다.

아프리카 국가 중에서 1인당 GDP로 상위 그룹에 속하는 나라는 모리셔스, 가봉, 보츠와나, 알제리, 남아공 등이 있다. 그 가운데서 가장 안정적인 성장 패턴을 보인 나라는 모리셔스이다. 가봉과 알제리는 롤러코스터를 탄 것처럼 큰 변동을 보이고 있다. 남아공은 1950년도에는 아프리카에서 가장 부유한 나라였으나 2014년에는 그 순위가 다섯 번째로 밀렸다.

중위그룹에 속한 나라로는 튀니지, 이집트, 스와질란드, 모로코가 있다. 이 중에서는 2000년대에 들어와서 부상하기 시작한 이집트와 스와질란드가 주목할 만하다.

그러나 무엇보다도 중요한 특징은 대다수의 아프리카 국가들이 [그림 2-10]에서 보듯이 '바닥을 기고 있다'는 점이다. 이들은 1950년에 336~1,839

[그림 2-10] 아프리카의 경제상황

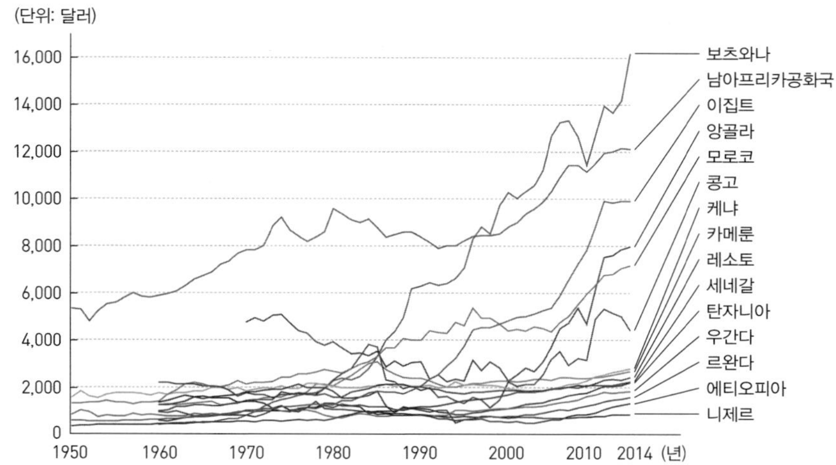

주: 그래프들은 1950년부터 2014년에 이르기까지 해당 국가들의 2005년 구매력으로 계산한 1인당 GDP의 변화양상을 보여준다.

출처: Our World in Data(2017)

달러의 1인당 GDP를 지녔었는데 2014년에는 838~3,781달러를 기록해서 편차는 확대되었지만 평균은 별로 증가하지 않았다. 즉, 대다수의 아프리카 국가들은 1950년이나 지금이나 여전히 매우 가난하다.

2.4.6 옛 소비에트연방 및 동유럽 국가들

[그림 2-11]은 옛 소비에트연방 및 그 영향권에 있었던 동유럽 여러 나라의 경제상황을 보여준다. 헝가리, 폴란드, 불가리아, 루마니아, 알바니아를 제외한 나머지 국가들은 1990년부터 자료가 수록되어 있다. 이들이 소련체제 붕괴 이후에야 현재와 같은 면모를 갖게 되었기 때문이다.

2014년 현재 이 그룹에 속한 나라 가운데서 체코, 슬로베니아, 슬로바키아, 에스토니아, 리투아니아 등이 가장 부유한 측에 속한다. 그중에서도 체코와 슬로베니아의 약진이 눈에 띈다.

[그림 2-11] 옛 공산권 국가들의 경제상황

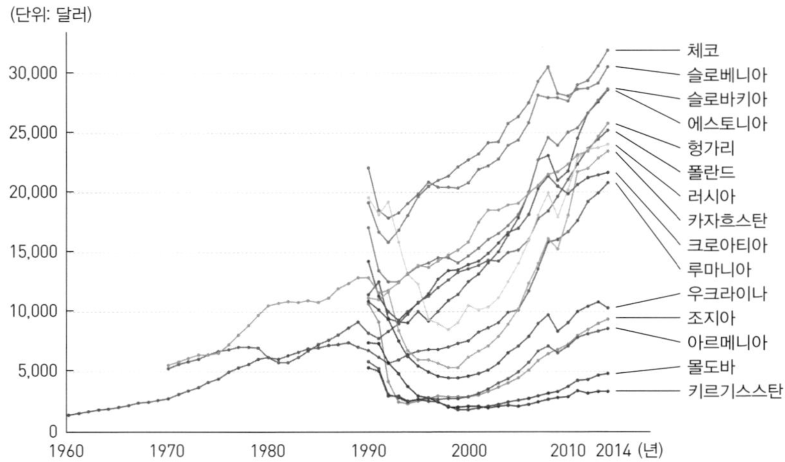

주: 그래프들은 1950년부터 2014년에 이르기까지 해당 국가들의 2005년 구매력으로 계산한 1인당 GDP의 변화양상을 보여준다.

출처: Our World in Data(2017)

이들 다음으로는 헝가리, 폴란드, 러시아, 라트비아, 카자흐스탄, 크로아티아, 루마니아, 벨라루스 등이 자리 잡고 있다. 독일과 국경을 맞대고 있는 폴란드와 체코 그리고 오스트리아와 국경을 공유하는 슬로베니아와 슬로바키아와 헝가리는 향후 이십 년 이내에 서유럽 국가들과 비슷한 수준까지 추격할 것으로 예상된다. 러시아는 체제 붕괴 당시만 해도 종주국답게 가장 부유한 측에 속했으나 체제 붕괴와 더불어서 급격히 후퇴했다가 2000년대 후반부터 회복 중이다. 카자흐스탄 역시 체제 붕괴 후 어려움을 겪었으나 풍부한 산유량을 바탕으로 지금은 구 공산권 국가 중 중상에 속하게 되었다.

구 공산권 국가 가운데서 아주 어려운 형편에 놓여 있는 나라로는 키르기스스탄, 몰도바, 우즈베키스탄, 아르메니아, 조지아, 알바니아, 우크라이나가 있다. 이들은 사하라 이남 아프리카 국가들보다는 형편이 좋지만 후진국 또는 하위 중진국으로 분류될 정도로 취약한 경제력을 지니고 있다.

2.4.7 기타 지역의 빈한한 국가들

우리가 아직 살펴보지 않은 지역으로는 서남아시아, 중동 그리고 태평양의 섬나라들이 있다. 이 그룹에 속한 나라로서는 방글라데시, 부탄, 네팔, 스리랑카, 파키스탄, 아프가니스탄, 투르크메니스탄, 이란, 이라크, 터키, 시리아, 레바논, 요르단, 이스라엘, 예멘, 사우디아라비아, 쿠웨이트, 아랍에미리트, 카타르, 바레인, 오만 그리고 파푸아뉴기니를 비롯한 태평양의 작은 섬나라들이 있다. 이 중 이스라엘과 중동 산유국들은 고소득국가로서 경제적인 면에서는 큰 어려움 없이 살아가고 있으며, 터키는 유럽 국가를 지향하면서 발전을 이루어서 중진국 대열에 속한다. 그러나 이들을 제외하면 동쪽으로는 방글라데시에서 서쪽으로는 예멘에 이르기까지 위에 열거한 나라들은 하나같이 빈한한 처지에 놓여 있다.

2.5 국가 간 소득차이

2.5.1 국가 간 소득분포의 변화

산업혁명이 발발한 1750년경에는 부유한 국가와 빈한한 국가 간의 소득차가 별로 크지 않았다. 매디슨과 디튼에 의하면 이 시기에 잘사는 나라와 못사는 나라 사이의 소득차이는 많아야 네 배 정도였다고 한다. 1820년경에도 당시에 세계에서 가장 잘사는 지역인 서유럽과 가장 못사는 지역인 사하라 이남 아프리카의 소득차이가 많아야 다섯 배 정도였다는 보고를 보면 산업혁명이 곧바로 국가 간 빈부차를 벌여놓은 것은 아닌 것으로 판단된다.

앞서 인용한 세계은행의 자료를 보면 지역별 평균소득의 분포상태를 알 수 있다. [표 2-2]를 보면 2016년도에 지역 내의 구매력기준 평균소득이, 동아시아 및 태평양 지역 1만 7,038달러, 유럽 및 중앙아시아 지역 3만 1,042달러,

[표 2-2] 지역별 평균소득(2016년) (단위: 국제달러)

	시장 환율 기준 소득	구매력기준 소득
동아시아·태평양	9,852	17,038
유럽·중앙아시아	23,168	31,042
라틴아메리카·카리브	8,272	14,847
중동·북아프리카	7,654	19,566
북미	55,552	57,246
남아시아	1,616	6,052
사하라 이남 아프리카	1,516	3,605
세계평균	10,321	16,176

출처: 세계은행. (2018). 「세계개발지표」.

라틴아메리카 및 카리브 지역 1만 4,847달러, 중동 및 북아프리카 지역 1만 9,566달러, 북아메리카 지역 5만 7,246달러, 남아시아 지역 6,052달러 그리고 사하라 이남 아프리카 지역 3,605달러임을 알 수 있다. 한편 2016년에 세계의 평균소득은 1만 6,031달러(세계은행자료)였다. 이를 보면 가장 부유한 지역인 북아메리카는 세계 평균에 비해 3.6배 더 잘살며, 가장 빈한한 지역인 사하라 이남 아프리카는 세계 평균의 22% 정도의 소득밖에 갖지 못함을 알 수 있다. 한편 우리가 사는 동아시아 및 태평양 지역은 세계 평균보다 약 6% 정도 더 부유하다.

지역별로 가장 부유한 지역인 북미지역의 평균소득과 가장 빈한한 지역인 사하라 이남 아프리카 지역의 구매력기준 평균소득차는 2016년 현재 약 15.9배가 된다.[19]

세계은행은 평균소득을 기준으로 국가를 고소득국가, 중상소득국가, 중하소득국가, 저소득국가로 분류하기도 한다. [표 2-3]을 보면 2016년의 구매력기준 평균소득은 저소득국가 1,666달러, 중하소득국가 6,771달러, 중상소득국가 1만 6,649달러 그리고 고소득국가 4만 7,208달러로 나타난다. 이로부터

19 시장 환율로 계산하면 양자 간의 차이가 37배가 된다.

[표 2-3] 소득수준별 평균소득(2016년) (단위: 국제달러)

	시장 환율	구매력평형 환율
저소득(low income)	616	1,666
하위 중소득(lower middle income)	2,077	6,771
상위 중소득(upper middle income)	8,176	16,649
고소득(high income)	41,254	47,208

출처: 세계은행. (2018). 「세계개발지표」.

고소득국가와 저소득국가 사이에 28배의 소득차이가 있음을 알 수 있다.[20] 한편 2016년에 가장 부유한 국가로 랭크된 카타르와 가장 가난한 국가로 랭크된 라이베리아 사이에는 무려 178배의 소득차이가 존재한다. 카타르가 산유국인 점을 고려해서 산유국이 아니면서 소득이 가장 컸던 싱가포르와 라이베리아를 견주어 보아도 그 차이는 121배로서 여전히 아주 크다.[21]

2.5.2 세계 소득분포함수의 변화 양상

세계 전체의 소득분포상태를 보여주는 [그림 2-12]를 보면 몇 가지 중요한 사실을 발견할 수 있다. 그래프의 횡축은 1990년도의 구매력으로 나타낸 '국제달러' 표시 1인당소득을 나타내고 종축은 백만 명 단위로 표시한 인구를 나타낸다. [그림 2-12]에는 1820년, 1970년 그리고 2000년도에 해당하는 세 개의 소득분포도가 표시되어 있다. 1820년이면 산업혁명이 발발한 지 약 70년이 지난 시점이고, 1970년이면 산업혁명 발발 이후 약 220년이 지난 시점이며, 2000년은 21세기의 원년이다.

산업혁명이 발발한 지 70년 정도 지난 1820년의 소득분포상태를 보면 500달러 내외의 소득을 가진 사람이 제일 많았으며, 적게는 100달러 그리고 많게

20 이 경우에도 시장 환율로 계산하면 차이가 약 67배로 커진다.

21 흔히 부자 나라와 빈자 나라 사이의 소득차가 50배 정도라고 일컫는데 이는 20세기 종반부의 수치이고 지금은 그 차이가 100배도 더 된다.

[그림 2-12] 세계의 소득분포 변화(1820년, 1970년, 2000년) (단위: 국제달러)

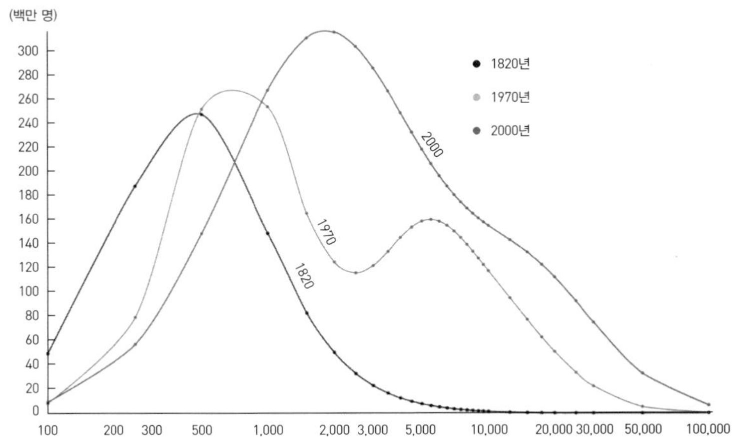

주: 세 개의 그래프는 각각 1820년, 1970년 그리고 2000년에 세계 전체의 소득분포도를 보여준다. 원 그래프에는 1820년은 '가난한 세상', 1970년은 '발전된 부유한 나라와 발전 중인 가난한 나라로 분명하게 나누어진 세상' 그리고 2000년은 '훨씬 부유하면서 좀 더 평등한 세상'이라는 설명문구가 들어 있다.

출처: Our World in Data(2017)

는 10만 달러의 소득을 지닌 사람도 있었다. 그러나 대부분의 사람들은 100달러에서 2,500달러 사이의 소득을 지녔었으며, 2,500달러에서 10만 달러 사이의 소득을 지닌 사람은 소수였다. 그렇더라도 그들의 영향이 커서 당시의 평균소득은 600~700달러 정도 되었던 것으로 판단된다. (1990년도의 화폐가치로) 600~700달러 정도의 평균소득을 지녔다는 것은 산업혁명이 발발한 지 70여 년이 지났어도 인류의 경제적 처지는 여전히 형편없었음을 나타낸다. 아직은 산업혁명의 효과가 극히 소수 국가에 한정되어 있었기에 그러한 결과가 나온 것으로 판단된다.

산업혁명이 발발한 지 200년이 더 지난 1970년의 소득분포상태는 매우 특이한 모습을 보인다. 우선 분포함수 전체가 오른쪽으로 이동하였다. 이는 소득분포의 평균과 모드가 전보다 커졌음을 의미한다. 그래프에서 보듯이 모드는 800달러 내외로 이동하였다. 그런데 특이한 점은 8,000달러 근방에 또 하나의 봉우리가 형성되었다는 사실이다. 즉, 1,000달러에서 3,000달러에 이르기까지는 그만한 소득을 지닌 사람들의 수가 줄어들다가 3,000달러를 넘어서면서 다시 증가하기 시작해서 8,000달러 근방에서 피크를 이룬 후에 다시 감소하고 있다. 이를 보면 1970년경의 세상은 연 800달러 정도의 저소득을 지닌 아주 큰 한 무리와 연 8,000달러 정도의 중간소득을 지닌 비교적 큰 한 무리로 이루어져 있었음을 알 수 있다.

산업혁명이 발발한 지 200여 년이 지난 1970년경의 세계는 산업혁명에 동참해서 중진국 내지 선진국으로 발전한 나라들과 아직도 산업혁명의 대열에 끼지 못한 더 많은 수의 후진국들로 양분된 세상이었던 것으로 판단된다(당시에도 아주 부유한 나라와 극도로 빈한한 나라도 있었지만 그들의 수는 상대적으로 적었다). 이 당시의 세상은 '발전을 이루어서 부유해진 국가들과 아직도 발전의 대열에 참가하지 못해서 가난한 나라들'로 양분되어 있었다.[22] 그래프에서 보듯이 이 시기에는 소득분포의 표준편차가 전 시기보다 증가하였다. 그만큼 국가 간의 소득분포상태가 산업혁명 초기 때보다 더 불평등해진 것이다.

20세기에 21세기로 넘어가는 해인 2000년에는 세계의 소득분포상태가 또 한 번 큰 변화를 경험하게 된다. 우선 분포함수 자체가 1970년도의 그것에 비해서도 상당히 많이 오른쪽으로 이동했다. 모드가 2,500달러로 이동했으며, 평균은 이보다 큰 수치인 4,000달러 내외로 이동하였다. 1970년 이후 30년에 걸쳐서 세상 사람들이 평균적으로 전보다 훨씬 더 부유해졌음을 알 수 있다. 또 하나의 특이점은 1970년에 존재했던 소득분포의 양봉이 사라지고 분포도의 형태가 전보다 더 대칭적이 되었다는 사실이다. 소득분포함수가 이처럼 오른쪽으로 이동하고 양봉이 사라진 데다 분포도의 비대칭성이 완화된 것은 20세기 후반에 중국과 인도가 비교적 빠른 속도로 경제발전을 이룩한 것에 힘입은 바가 크다. 두 나라 합쳐서 근 30억 명에 이르는 인구가 만성적인 빈곤의 함정에서 빠져나오게 된 것이 세계의 소득분포상태를 변화시킨 것이다. 소득분포도의 비대칭성이 완화된 것은 1970년에 비해서 국가 간 소득분포의 불평등도가 완화되었음을 말해준다.

22 이는 원래의 그래프에 삽입된 설명문이다.

2.5.3 산업혁명의 국가 간 전파와 세계 소득분포의 변화

제2장 제1절에서 알아보았던 [그림 2-2]는 서기 1년부터 2015년에 이르기까지의 기간 동안 칠레, 중국, 인도, 대한민국, 영국, 미국의 1인당소득과 전 세계의 평균소득이 변화해온 모습을 보여준다. 이를 보면 서기 1년부터 1000년에 이르는 기간 동안에 아주 조금이나마 증가하던 영국의 1인당소득이 1000년부터 1300년에 이르는 기간 동안에는 감소세를 보였음을 알 수 있다. 1300년에서 1400년에 이르는 기간에는 당시로서는 상당히 큰 폭의 소득증가가 있었다.[23] 그러나 이러한 증가는 1회성으로 그쳐서 1400~1650년에는 그 상태에 머물러 있었다가 말기에는 오히려 약간 하락하였다. 이렇게 보면 산업혁명이 발발하기 이전에는 비교적 긴 세월에 걸쳐서 사람들의 경제적 처지가 별로 개선되지 않았음을 알 수 있다.

이러한 소득정체 상태는 영국의 경우에 1650년을 시발점으로 해서 변화의 조짐을 보이더니 1750년경에 시작된 산업혁명을 계기로 해서 본격적인 상승추세가 정착되었다. 영국 역사상 처음으로 (그리고 인류 역사상 처음으로) 인류의 평균소득이 정체상태를 벗어나서 꾸준하게 증가하기 시작한 것이다. 산업혁명의 불길이 영국의 이웃 나라로 번져가면서 정체상태를 탈피한 나라 수가 늘어나기 시작하였다. 처음 산업혁명의 대열에 합류한 것은 프랑스, 독일, 덴마크, 스웨덴, 이탈리아 등이었으나 혁명의 불길은 금방 서유럽의 다른 나라들로 퍼져나갔다. 1800년경에는 산업혁명의 불길이 대서양을 건너 미국과 캐나다로 번지지 시작했으며 그로부터 얼마 되지 않아서 태평양 한복판의 호주와 뉴질랜드도 혁명의 대열에 동참하게 되었다. 이렇게 산업혁명에 동참하는 나라가 늘어남에 따라서 인류의 평균소득도 지속적으로 증가하기 시작하였다.

산업혁명이 발발한 지 100여 년이 경과한 1860년경에는 그 불길이 드디어 서구와 별 관련이 없던 동양의 끝나라 일본으로 번졌다. 메이지개혁을 통해서

23 이는 위의 [그림 2-2]에 관한 설명에서 했듯이 흑사병으로 인한 인구감소에 따른 소득증가현상이었다.

부국강병을 기치로 내건 일본이 국가주도 아래 서구화·산업화에 박차를 가하기 시작한 것이다. 그로부터 40여 년이 지난 20세기 초에 일본은 청나라와 러시아와 싸워서 이길 정도로 경제력을 키웠으며 그 여세를 몰아서 조선을 강제로 병합하기도 하였다.

산업혁명의 불길이 세계로 번져나가면서 드러난 한 가지 흥미로운 현상은 혁명 대열에 늦게 참가한 나라의 경제 성적이 혁명에 앞섰던 나라의 그것보다 나은 경우가 많았다는 사실이다. 가령 미국은 영국보다 상당히 늦게 산업화의 길로 들어섰으나 후발주자로서의 이점을 살려서 영국보다 빠른 속도로 성장하였다. 그 결과 1920년경이 되면서 영국을 추월하고 그 여세를 몰아서 현재까지 세계 제일의 경제대국의 위치를 견지하고 있다. 일본은 영국이나 미국보다 훨씬 늦게 산업화의 길로 들어섰으나 고속성장을 이루어서 영국을 추월하고 미국까지 추월할 기세로 치고 올라가다가 지금은 주춤하고 있다.

1750년경에 시작된 산업혁명은 그로부터 200년이 지난 1950년경에 이르러서도 거기에 동참한 나라가 많지 않았다. 그 당시 앞선 나라라면 영국, 프랑스, 독일, 룩셈부르크, 덴마크, 네덜란드, 이탈리아, 스페인, 스웨덴, 노르웨이, 오스트리아, 스위스, 벨기에, 미국, 캐나다, 일본, 호주, 뉴질랜드 등 많이 잡아야 20개국이 되지 않았다. 소련을 비롯한 동구의 여러 나라들과 포르투갈, 그리스, 아일랜드, 핀란드 등을 포함하더라도 광의의 선진국은 30개국이 안 되었다. 이 당시 선진국 국민은 비교적 잘살았지만 절대 다수의 인류가 산업혁명에 동참하지 못하고 있었기에 세계인의 평균소득은 1,100달러 내외에 불과하였다.

그러나 20세기 후반부로 들어서면서 경제지평에 커다란 지각변동이 일어났다. 그동안 경제발전에 동참하지 못했던 국가들이 속속 산업화의 길로 들어선 것이다. 1960년대 초반에 만성적인 침체를 탈피하여 지속적인 발전경로로 들어선 대한민국, 타이완, 싱가포르, 홍콩을 필두로 해서, 1970년대 초반에 시작한 인도네시아, 말레이시아, 태국, 1979년부터 바뀌기 시작한 중국, 1990년대에 들어와서 변화하기 시작한 베트남과 인도 그리고 근래에 들어와서 잠에서 깨어나기 시작한 몽골, 캄보디아, 라오스, 미얀마 등의 아시아 국가들이 그 대표적인 사례이다. 유럽에서도 아일랜드, 핀란드, 체코, 폴란드, 슬로바키아 등이 약진하고 있고, 중남미의 일부 국가들도 성장 대열에 합류할 기세를 보이고 있다. 21세기에 들어와서는 그동안 절망의 대륙이라고 불리던 아프리카의 이곳저곳에서도 희망의 불씨가 보이기 시작했다.

20세기 후반부 이래 이루어진 이러한 변화는 인류의 경제사 전체에 비추어 볼 때 말 그대로 혁명적인 사건이다. 무엇보다도 중국과 인도가 경제발전의 대열에 합류한 결과 세계의 평균소득이 대폭 증가하였을 뿐만 아니라 국가 간 소득불평등도도 크게 완화되었다. 이것이 우리가 위에서 본 바대로 1970년에는 상당히 불평등하던 소득분포가 2000년에 들어와서는 그 정도가 크게 완화된 까닭이다.

2.6 소결론

산업혁명은 호모 사피엔스가 이 지구상에 등장한 지 20만 년 그리고 농경목축생활을 시작한 지 약 1만 년 동안의 거의 대부분을 '짐승보다 조금 나은' 삶을 살아오던 인류에게 인간해방과 물질적 번영을 가져다 준 대사건이다. 산업혁명 전야에 현재의 구매력으로 1,000달러 내외의 소득을 지녔던 인류가 지금은 1만 6,000달러의 소득을 지니게 되었고, 7억 명이던 인구가 76억 명으로 늘어난 데다 40년도 안 되던 평균수명이 60년 이상으로 확대된 것은, 실로 경이로운 변화이다. 예전에는 신의 영역인 것으로 여겼던 일들을 불과 260여 년 만에 현생 인류가 만들어낸 것이다.

그러나 산업혁명으로 촉발된 경제적 진보가 전 세계에서 골고루 일어난 것은 아니다. 지역별로 또한 국가별로 경제발전의 성과가 천차만별이다. 그 결과 산업혁명 전야에는 많아야 네 배 정도이던 국가 간 소득차가 지금은 100배 이상으로 확대되었다. 미국처럼 아주 잘사는 나라가 있는가 하면 사하라 이남 아프리카의 에티오피아나 니제르처럼 아주 못사는 나라가 있다. 도대체 왜 잘사는 나라와 못사는 나라가 생겨나는 것일까? 현재 이 세상에는 경제발전에 성공한 나라와 실패한 나라가 혼재되어 있다. 성공한 나라들은 영국이 선도했던 산업혁명에 동참한 나라들이고 실패한 나라들은 영국에서 산업혁명이 발발한 지 260년이 더 지나도록 산업혁명의 대열에 동참하지 못한 나라들이다.

산업혁명 이후의 세계 경제사를 보면, 이 세상에는 계속해서 흥성하는 나라, 쇠퇴했다가 흥성하는 나라, 성쇠를 반복하는 나라, 흥성했다가 쇠퇴하는 나라, 계속해서 쇠퇴하는 나라가 있음을 알 수 있다. 미국과 독일 등은 계속해서 흥성하는 나라이고, 대한민국은 쇠퇴했다가 흥성하는 나라이며, 멕시코는 성쇠를 반복하는 나라이고, 베네수엘라는 흥성했다가 쇠퇴하는 나라이며, 북한은 계속해서 쇠퇴하는 나라이다. 무엇이 국가의 흥망성쇠를 좌우하는가? 흥성하는 나라인 대한민국은 앞으로도 계속해서 흥성할 것인가? 쇠퇴를 거듭하는 북한이 흥성하려면 무엇을 어떻게 해야 할까?

산업혁명 이래 1인당소득은 16배 증가하고 인구는 11배 증가했으므로 인류가 이 지구상에서 영위하는 경제활동의 총량규모는 180배 가까이 증가한 셈이다. 지난 260여 년 동안 인류가 지구에 미친 영향은 수십억 년 전에 지구가 생성된 이래 지구상에 존재하던 생물들이 가해왔던 부담을 훨씬 능가하는 것이다. 그동안은 지구가 베풀어주는 것을 사용하더라도 지구의 자생적인 복원력에 힘입어서 문제가 되지 않았으나, 산업혁명 이후 특히 20세기 후반 이후 폭발적으로 늘어난 인류의 경제활동으로 인해 이제는 지구의 종말을 염려하게 되었다. 경제활동의 부산물인 온실가스와 그로 인한 지구온난화가 인류를 멸망시킬 수도 있다는 우려가 대두된 것이다. 지금의 구매력으로 1만 6,000달러인 인류의 평균소득이 10만 달러가 되고 76억 명인 인구가 120억 명으로 증가해도 이 지구가 견디어 낼 수 있을까? 아니면 소득증가와 인구증가를 억제해야 할까? 이처럼 인간과 자연 사이의 이상적인 관계에 관한 본질적인 질문이 끊임없이 제기된다.

지능정보기술이 발전함에 따라서 인간과 기계 사이의 관계가 변화될 전망이다. 지금까지는 기계가 인간의 머슴이었으나 앞으로는 기계가 인간과 대등해지거나 더 나아가면 인간의 주인이 될지도 모른다. 기계가 인간을 노동으로부터 해방시켜 줄 것인가 아니면 기계가 인간을 쓸모없는 존재로 만들어 버릴 것인가? 이 역시 매우 흥미로운 질문이다.

제 3 장

노동과 투자 그리고 경제발전

사회구성원 누구나가 생업에 매진하여 소득을 창출하고, 창출한 소득 중 적지 않은 몫을 저축하며, 저축한 자원을 각종 투자 활동에 효율적으로 활용하는 게 번영의 첫걸음이다. 이때 투자의 대상은 물적자본, 인적자본, 기술자본, 자연자본 그리고 사회자본[1]이 된다. 한편 사람들이 필요로 하거나 원하는 재화와 서비스를 생산하는 주체가 기업이므로 기업이 잘돼야 일자리가 많아지고 물산이 풍부해진다. 기업은 또한 투자와 혁신의 주역이 되므로 기업하기 좋은 나라가 흥성하는 나라가 된다.

말하자면 일하기 좋고, 공부하기 좋으며, 투자하기 좋고, 기술개발하기 좋으며, 기업하기 좋은 나라는 흥성하고 그렇지 못한 나라는 쇠락한다. 흥성하는 나라들은 효율적으로 작동하는 금융시스템을 지니고 있으며, 효과적으로 작동하는 사회간접자본 시설을 갖추고 있고, 대내외적으로 개방되어 있으며, 변화와 혁신을 두려워하지 않아 창조적 파괴가 일상적으로 일어난다는 공통점을 지닌다.

흥성하는 나라의 또 다른 공통점은, 만인평등의 법치가 확립되어 있으며, 발전친화적인 이념이 주류를 이루는 가운데 그것을 뒷받침할 규범과 제도가 정립되어 있고, 정치와 행정이 투명하고 포용적으로 이루어지며, 기회평등의 원칙이 확립되어 있는 가운데 결과의 지나친 불평등을 시정하는 장치를 갖추고 있고, 자조자립과 근검절약이 국민정신의 기둥이 되고 있다는 사실이다.

위의 설명을 아래에 주어진 식 (3.1)을 활용해서 살펴보면 논점이 더 명확해진다.

$$Y(t) = E \cdot T(t) \cdot F[L(t)h(t), K(t), X(t) : G, \tau] \tag{3.1}$$

이 식에서 Y는 이 경제가 한 기간 동안에 생산하는 산출물의 총량 즉, 국내총생산 또는 국민소득을 나타낸다.

식 (3.1)은 한 나라의 국내총생산량이 요소 투입량의 함수 $F[\cdot\cdot]$, 기술수

1 여기에서 기술자본이라고 표현한 것은 한 나라가 지닌 기술진보와 관련된 총체적 능력을 지칭하는 말이다.

준 T 그리고 효율성의 척도 E에 의해서 정해짐을 보여준다. 투입하는 생산요소의 양이 많고 성능이 좋으며 기술이 앞서 있고 경제운영 방식이 효율적이면 국내총생산이 커지고, 투입하는 생산요소의 양이 적고 성능이 좋지 않으며 기술이 낙후되어 있고 경제운영 방식이 비효율적이면 국내총생산이 작아진다.

한편 요소투입량의 역할을 나타내는 $F[\cdot\cdot]$는 그 경제가 생산에 투입하는 인적자본량 $H=Lh$, 물적자본량 K(여기에는 사회간접자본도 포함됨) 그리고 그 경제가 사용하는 자원의 총량 또는 좀 더 넓게는 그 경제가 보유한 자연자본 X의 함수로 정해진다. 당연한 말이지만 $F[\cdot\cdot]$는 H, K, X의 증가함수이다.

식 (3.1)에 포함된 변수 G는 공공지출 그리고 τ는 조세율을 나타내는데 이는 정부가 경제에 미치는 영향을 파악하기 위해 포함시킨 것이다. 정부는 일차적으로는 재정정책, 통화정책, 경쟁정책 등을 통해서 경제에 영향을 주며 보다 근본적으로는 규범을 제정하여 집행하고 제도를 만들며 체제와 이념에 영향을 줌으로써 나라의 진로를 결정하는 데 핵심적 역할을 수행한다. G와 τ는 생산요소의 활용방식 $F[\cdot\cdot]$에 영향을 주기도 하고, 기술 T의 변화과정에 영향을 주기도 하며 효율성 E에 영향을 주기도 하는 특별한 존재이다. 끝으로 G는 물적자본 K에 포함되는 사회간접자본의 크기에 영향을 주는 것을 통해서 생산요소의 일부가 되기도 한다.

식 (3.1)포함된 재정지출 G와 세율 τ는 좁게는 정부의 역할을 반영하고 있지만 좀 더 넓은 의미로 이를 사회자본(social capital)의 역할을 나타내는 대리변수(proxy variable)로 이해할 수도 있다. 사회자본에 관해서는 제4장에서 상술하기로 한다.

이 식은 한 나라의 국민소득이, 다양하고 질이 좋은 생산요소를 얼마나 많이 투입하는가, 기술이 얼마나 발달되어 있는가, 경제사회 운영의 효율성이 얼마나 높은가에 의해서 정해진다는 가설을 정형화한 것이다.

이것을 기준으로 하면 다양하고 질 좋은 생산요소를 다량 투입하고, 기술이 앞서 있으며, 경제사회운영의 효율성이 높은 나라는 잘살고, 몇 안 되는 질 낮은 생산요소를 적게 투입하고, 기술이 낙후되어 있으며, 경제사회운영의 효율성이 낮은 나라는 못산다는 결론을 얻게 된다. 이러한 가설을 활용해서 잘살고 못사는 나라의 처지를 비교하고 이해할 수 있다.

2016년에 미국이 구매력을 기준으로 할 때 한 사람당 5만 8,030달러에 달하는 부가가치를 창출하여 같은 시기에 한 사람당 1,662달러의 부가가치를 창출한 북한보다 35배나 더 잘사는 것은, 미국 경제가 북한 경제에 비해서 생산과정에 투입하는 생산요소의 종류와 양과 질에서 현저하게 우월한 데다, 미국의 기술수준이 북한의 그것보다 월등하게 앞서 있고, 미국이 경제를 조직하고 운영하는 방식이 북한이 그렇게 하는 방식보다 비교할 수 없을 정도로 효율적이기 때문이라고 할 수 있다.

동일한 논리를 적용하자면, 남한의 (역시 구매력으로 평가한) 1인당소득이 미국의 그것보다 작은 3만 6,570달러밖에 안 되는 이유는, 남한 경제가 생산과정에 투입하는 생산요소의 종류와 양과 질이 미국의 그것에 비해 적은 데다 성능이 떨어지고, 남한의 기술수준이 미국의 그것보다 낙후되어 있으며, 남한이 경제를 조직하고 운영하는 노하우가 효율성 측면에서 미국의 그것보다 떨어지기 때문이라고 할 수 있다.

이러한 논리는 남한 경제와 북한 경제를 견주어볼 때도 그대로 적용된다. 2016년 현재 남한의 구매력기준 1인당소득은 3만 6,570달러이고 북한의 그것은 1,662달러로서 양자 사이에는 22배 정도의 차이가 존재한다.[2] 무엇이 이러한 차이를 낳는가? 표면적인 요인들만 보자면, 생산과정에 투입하는 생산요소의 종류와 양과 질에 있어서 남한이 북한의 그것보다 월등하게 많고 좋으며, 경제의 전반적인 기술수준에 있어서 남한이 북한보다 비교할 수 없을 정도로 앞서 있으며, 남한의 경제 운영 방식이 북한의 그것보다 훨씬 더 효율적이기 때문이다.[3]

---

2 UN은 구매력기준 북한의 1인당소득을 1,800달러로 보고 있다. 이 수치를 적용하면 남한과의 차이는 20배로 줄어든다.

3 이러한 설명은 표면적인 설명일 뿐이다. 남한은 발전에 성공했는데 북한은 실패한 근본적인 이유가 무엇인지를 밝히는 일이 중요하다. 이에 관해서는 제9장에서 상세하게 설명한다.

이를 동태적인 견지에서 보면, 어떤 나라이건 (종류와 질을 감안한) 생산요소의 투입량을 늘리고, 기술을 발전시키며, 경제사회 운영의 효율성을 높이는 데 성공하는 나라는 점차 더 잘살게 된다는 결론에 이르게 된다. 즉, 생산요소 투입량이 적고, 기술이 낙후되어 있으며, 경제사회가 비효율적이어서 빈곤상태에 놓여 있는 나라라 하더라도 어떤 일이 계기가 되어 생산요소 투입량을 늘려 나가고, 기술을 발전시켜 나가며, 효율성을 개선하는 데 성공하면 빈곤을 탈피하여 경제발전 궤도에 진입하게 되며, 그러한 일을 지속적으로 수행하는 데 성공하면 후진국에서 중진국을 거쳐 선진국으로 발전할 수 있음을 시사한다.

결국 사람들로 하여금 더 열심히 더 많은 시간 일하도록 유도하고, 창출된 소득의 더 많은 몫을 저축하게 만들며, 저축한 재원을 자본(물적자본, 인적자본, 기술자본, 자연자본, 사회자본)을 축적하는 데 투자하도록 유도하고, 금융발전과 개혁과 개방 그리고 형평성 증진을 통해 경제사회 운영의 효율성을 높여나가는 데 성공하면 경제를 발전시킬 수 있다는 결론을 얻게 된다.

3.1 노동의욕labor motivation 촉발과 그 충족

3.1.1 노동의욕 촉발

번영의 첫 번째 결정인자는 노동에 있다. 노동투입량이 많을수록 산출물의 양도 많아진다. 그러므로 더 많은 사람이 더 많은 시간 동안 더 열심히 일하는 나라가, 일하는 사람이 적은 데다 노동시간이 짧으며 노동에 임하는 자세가 좋지 않은 나라보다, 잘살게 마련이다. 놀고먹으려는 사람이 많고, 겨우 몇 시간 일하다가 한눈파는 사람이 많으며, 무슨 일이건 건성으로 처리하는 사람이 많은 경제가 잘될 리 없다.

사람들은 그가 노력한 것에 대해 합당한 대가를 받는다고 생각할 때 열심히 일하는 경향을 지닌다. 노력한 것에 비해 적게 받는다고 생각하면 처음에는 열심히 일할지 몰라도 시간이 흐를수록 노동에 임하는 자세가 불성실해지게 마련이다. 이러한 경향을 방지하려고 감시원이나 감시 카메라를 두기도 하지만 그래보아야 별 소용이 없다. 너무 많이 받아도 좋은 게 아니다. 노력에 비해서 과분한 대접을 받으면 처음에는 평소보다 더 열심히 일하겠지만 그 효과가 오래 지속되지 않는다. 많이 받는다고 생각되던 것이 점차 그만큼 받는 게 당연하다는 생각으로 바뀌기 때문이다.

합당한 대가를 받아야 한다는 말에는 내가 노력해서 얻은 것을 부당하게 빼앗기지 않아야 한다는 명제가 포함된다. 피땀 흘려 일해서 만들어 놓은 것을 엉뚱한 사람이 가로채 간다면 그보다 힘 빠지는 일은 없을 것이다. 나의 노동이 허사로 돌아가기 때문이다. 가로채 가는 자가 강도이든 권력자이든 상관없다. 누가 되었건 내가 노력해서 얻은 것을 부당하게 빼앗아 간다면 그는 원망의 대상이 된다. 정부는 징세권을 동원해서 민간이 생산한 것을 거두어 가지만 그것을 공공 서비스를 통해서 되돌려 준다는 점에서 다른 무법자들과는 상이한 위치에 놓여 있다. 그러나 수많은 후진국의 사례를 보면 종종 권력자가 가장 강력한 '강도'로 등장하는 것을 볼 수 있다. 그 어떤 경우이건 내가 힘들여서 이룬 것을 부당하게 빼앗기게 되면 열심히 일할 의욕을 잃게 된다. 그러니 그런 경제가 잘될 리 없다.

문제의 근원은 내가 일한 것과 그 대가로 내가 받는 보상 사이의 연결 관계가 단절되는 데 있다. 일과 보수 사이의 긴밀한 관계가 단절될 때 근로의욕이 저하되는 사례를 공동노동·균등분배에서 볼 수 있다. 다 함께 같이 일하고 그렇게 해서 생산한 과실을 참여한 사람이 균등하게 나누어 갖는 방식이 그것이다. 이는 '능력에 따라 일하고 필요에 따라 나누어 갖자'는 공산주의 이념을 구체화한 것이다. 공동체 구성원 모두가 최선을 다해서 일하고 그렇게 해서 수확한 산출물을 각자의 필요에 따라서 나누어 갖자는 주장으로서 인간 선(善)의 극치를 보는 것 같은 매우 이상적인 모토이다. 필요에 따라서 나눈다는 초기의 모토는 이내 똑같이 나눈다는 모토로 바뀌었는데 이는 아마도 사람들은 다 똑같으니(똑같아야 하니) 필요도 똑같아야 한다는 생각에서 그렇게 된 듯하다.

공동으로 일하되 산출물을 똑같이 나누어 갖자는 주장이 매우 이상적인 것처럼 보이지만 사실 투입한 노력과 그에 대한 보상 간에 이만큼 큰 단절을 보이는 보상체계도 없다. 이는 노동능률을 저하시키는 지름길이다. 공동체 정신이 예외적으로 강하거나 사명감이 투철하지 않은 보통 사람이, 내가 일한 것을 남과 똑같이 나누어 가져야 하고 내가 일하지 않아도 남이 생산한 것을 나누어 가질 수 있는데 구태여 열심히 일할 필요가 있을까? 사람들이 보이는 그러한 태도를 비도덕적이라고 비난할 수 있고 실제로 도덕심이나 공동체 의식을 강조함으로써 군중 동원에 성공하기도 하지만 그 효과는 지속되지 못한다. 대약진운동이나 새벽별보기운동과 천리마운동 등은 모두 군중을 동원하려는 시도였으나 그 결과는 참담한 실패일 뿐이었다.

공동노동·균등분배 체제를 유지하기 위해 군중동원과 병행해서 등장한 것이 상시 감시체제이다. 십장, 마름, 감독, 관리인 등 다양한 이름으로 불리는 계층이 등장해서 사람들이 일하러 나오는지, 작업 시간을 채우는지, 열심히 일하는지, 수확물을 훔쳐가지 않는지, 제대로 나누는지 등 세세하게 간섭하고 감시하는 것이 관행인 나라가 적지 않다. 그러나 이러한 감시체제가 효과를 본 예는 거의 없다.

노력동원 운동이나 작업 감시체제가 효과적인 것은 그것이 사람들이 지닌 유인체계에 부합할 때뿐이다. 그 외의 경우에는 모두 반짝 효과로 끝난다. 소비에트연방국가와 마오쩌둥 치하의 중국 그리고 북한이 채택했던 집단농장 정책이 실패한 데서 공동노동·균등분배라는 이상이 얼마나 현실과 동떨어진 것인지 유추해 볼 수 있다.

위에서의 논의는 일 즉, 노동을 중심으로 설명했지만 노동에 대해 적용되는 원리는 실은 우리 삶의 전 국면에 대해서 적용되는 본질적인 것이다. 인간은 이 세상에 태어나서 죽기에 이르기까지 참으로 다양한 일들을 한다. 우리가 일생에 걸쳐서 하는 일들이 자신과 가족과 사회와 국가의 발전에 공헌하는 것이 주를 이룬다면, 그리고 그런 일이 사회구성원 모두에게서 동일하게 이루어진다면 그러한 나라는 반드시 번영하게 된다. 우리가 일생에 걸쳐 매사에 열과 성을 다하는 것은 천성이나 관습의 영향을 받아서 그렇게 하는 측면도 있지만 그보다는 그렇게 하는 것이 우리 인생의 목표를 달성하는 최선의 길이 되기 때문이다. 이때 인생의 목표는 명예일수도 있고 권력일수도 있으며 재산일수도 있고 행복일수도 있다. 목표가 어떤 것이 되었건 나의 노력이 내가 설정한 목표 달성과 직결될 때 우리는 매사에 최선을 다하게 된다.

경제적인 측면을 부각시켜서 설명하자면, 각자가 행한 노동에 대해 정당한 대가를 받으며, 받은 대가를 소유하고, 소유한 것을 자유롭게 사용할 수 있을 때, 가장 열성적으로 노동에 임하게 된다. 인간을 움직이게 만드는 가장 강한 힘이 이기심이어서 그렇다.[4] 바로 이런 점 때문에 사적소유가 보편적인 현상으로 등장한 사회에서 인류사에 전례가 없던 경제발전이 시작된 것이다. 그 가장 대표적인 사례가 지구상에서 가장 처음 산업혁명에 성공한 영국이다. 시민들이 이룩한 것을 군왕이나 귀족들이 함부로 빼앗지 못하도록 정치경제제도를 변화시키는 데 성공한 것이, 영국이 자신보다 앞서 있던 프랑스, 이탈리아, 스페인, 독일을 따돌리고 한 세기 이상 세상에서 가장 강력한 국가로 군림할 수 있었던 토대이다.[5]

3.1.2 노동의욕을 충족시킬 기회 제공 – 기업의 번성

제아무리 열심히 일하고자 해도 일할 기회가 없으면 소용이 없다. 농부가 열심히 일해서 가족을 먹여 살리고자 해도 경작할 토지를 확보할 수 없거나 필요한 농자재를 조달할 능력이 없으면 낭패를 보기 쉽다. 여기에서 중요한

4 Dawkins(1976)에 의하면 우리가 이타적인 행위를 하는 것도 이기심의 발로라고 한다.

5 영국의 사례에 관해서는 정치체제와 경제체제가 상호 연동하면서 '착취적'인 것에서 '포용적'인 것으로 변화했기에 가장 먼저 산업혁명에 성공했음을 설파하고 있는 Acemoglu & Robinson(2012)를 보라.

것은 토지나 농자재 같은 생산요소의 소유 여부가 아니다. 토지를 임대해 쓰거나 농자재를 구매할 돈을 빌릴 수 있으면 된다. 또한 농부가 농업 경영인이 될 필요도 없다. 다른 사람에게 노동력을 제공하고 그 대가를 받을 수 있으면 된다. 즉, 토지나 농자재를 투입할 능력이 있는 사람을 도와서 일을 할 수 있으면 된다.

이러한 점은 농부뿐 아니라 일하려는 모든 사람에게 적용된다. 노동에 대해 합당한 대가가 주어지고 그 대가를 노동력을 제공한 사람이 소유하고 사용할 수 있는 환경이 되어 있어서 열심히 일하려는 의욕을 가지게 되었더라도 막상 일할 데가 없으면 소용이 없다. 그래서 일자리가 중요하다.

의욕이나 욕구를 구현할 기회가 있어야 원하는 바를 달성할 수 있다는 사실은 우리 인생의 모든 측면에 대해 적용되는 보편적인 진리이다. 공부하고 싶어도 공부할 기회가 없고, 신제품이나 신기술을 개발하고 싶어도 여건이 마련되어 있지 않으며, 사업을 일으켜서 돈을 벌고 싶어도 환경이 그것을 불가능하게 하면 뜻을 펼치기가 어렵다.

기업이 잘되어야 경제가 잘된다는 말은 일하려는 사람에게 일자리를 제공하는 것이 기업이라는 점을 강조한 주장이다. 생산활동을 조직하고 운영하며 관리하는 주체가 기업이다. 우리가 통상적으로 알고 있는 기업체는 물론이거니와 학교나 학원, 연구소, 병원, 법률사무소, 여행사, 크고 작은 가게들, 정비업소나 경비업체, 심부름센터가 모두 기업이다. 현대 경제에서는 기업을 통해서 생산활동을 조직하고 운영하는 것이 일반적이다. 그런 의미에서 기업이 우리가 지닌 욕구를 펼칠 기회의 장이 된다. 우리는 직접 기업경영에 참여하거나 다른 이가 경영하는 기업에 노동력을 제공하면서 살아간다. 그것이 어떤 이에게는 자아를 실현하는 길이 되기도 하지만 대부분의 사람들은 노동을 통해 번 소득을 사용해서 자아를 실현하려고 노력한다. 그러므로 기업이 번성해야 나라가 잘된다는 말은 일리가 있는 주장이다.

유능한 인재를 구하기가 용이하고, 원자재 조달과 부품 구입이 쉬우며, 전기와 가스·통신·물 등 유틸리티와 운송수단을 확보하는 데 어려움이 없으며,

운영과 투자를 위한 자금조달이 용이하며, 새로운 제품이나 공정을 개발하는 능력이 뛰어나고, 광범위한 시장에서 판로를 확보하며, 변화와 혁신을 두려워하지 않는 기업가가 운영하는 기업은 성공하기 마련이다. 바로 그러한 조건이 들어맞아야 기업이 번영하게 되고 그래야 일자리가 풍부해져서 노동욕구를 충족시키기가 용이해진다.

3.2 소비와 저축과 투자

3.2.1 소비와 저축: 현재인가 미래인가

힘써서 벌어들인 소득을 어떤 데 사용하느냐에 따라서 우리의 미래가 달라진다. 소득을 현재의 삶을 영위하는 데 모두 써버린다면 우리의 장래가 지금보다 나아지기 어렵다. 그렇지만 더 나은 미래를 만드는 데 도움이 되는 일에 소득을 사용하면 현재보다 개선된 미래를 맞이할 수 있다. 그래서 저축과 투자가 중요하다. 이러한 점은 개인과 기업은 물론이거니와 나라 전체에 대해서도 적용되는 원리이다.

여기에서 중요한 것은 우리가 번 소득을 당장의 만족을 위해 입고 먹고 즐기는 일에 모두 사용하지 않고 더 나은 미래를 만드는 데 도움이 되는 일에 사용하는 것이다. 가계부문(household sector)을 기준으로 보면 가족의 교육, 훈련, 건강증진 등에 돈을 쓰고 부동산 또는 금융자산에 투자하는 것이 더 나은 미래를 도모하는 일이 된다. 기업부문(firm sector)을 기준으로 하면 종업원 교육, 신제품·신공정·신기술 개발, 신시장 개척, 경영혁신 등에 자원을 사용하는 것이 더 나은 미래를 도모하는 일이 된다. 정부부문(government sector)을 기준으로 하면 사회간접자본을 건설해서 관리 운영하고, 법질서를 유지하며, 국방을 튼튼히 하고, 발전친화적인 국정을 펼치는 것이 더 나은 미래를 도모하는 일이 된다.

한 나라의 국민들이 현재와 미래에 대해 어떠한 태도를 지니며 또한 어떠한 선택을 하느냐에 따라서 미래가 결정된다. 현재 지향적이며 향락적인 성향을 지닌 사람들이 다수를 이루는 나라는, 미래 지향적이며 건실한 성향을 지닌 사람이 다수를 이루는 나라보다 부유해지기가 어렵다. 현재 지향적인 사람이 다수인 나라는 저축이나 투자보다 소비에 치중할 것이고 미래 지향적인 사람이 다수인 나라는 소비보다 저축과 투자에 치중할 것이다. 소비에 치중하는 사람이 다수를 이루는 나라가 저축과 투자에 치중하는 사람이 다수를 이루는 나라보다 부유해지는 일은 없다. 여기에서도 '이 세상에 공짜가 없다'는 경제학의 기본 명제가 성립한다. 현재보다 나은 미래를 갖고자 하면 반드시 지금 그 씨앗을 뿌려야 한다. 아무런 노력도 기울이지 않으면서 더 좋은 세상이 오기를 바라는 마음은 공짜심리이다.

3.2.2 적정 투자

성장과 발전을 위해 투자가 중요하다고 해서 무조건 투자를 많이 하는 게 능사는 아니다. 소비와 투자의 경중을 가려서 적정한 양을 투자함이 옳다. 이 문제에 관하여 신고전학파 성장모형이 가리키는 바가 흥미롭다. 모형에 의하면 노동력 증가율이 n, 감가상각률이 δ 그리고 외생적인 생산성 증가율이 x인 경제가 유효노동력 1인당생산량(output per effective worker)의 현상유지를 도모하려면 최소한 $n+\delta+x$만큼의 투자율을 보여야 한다. 실제 투자율이 $n+\delta+x$보다 높으면 유효노동력 1인당생산량이 증가하게 되고 그보다 낮으면 감소하게 된다. 예를 들어서 노동력 증가율이 2%, 감가상각률이 10%, 생산성 증가율이 3%라면 연 15%가 현상유지를 위한 최소투자율이 된다.

신고전학파 성장모형은 황금률(golden rule) 투자율이라는 흥미로운 개념을 제시한다. 이는 앞으로 태어날 모든 세대가 소비할 양과 동일한 양을 내가 소비한다고 할 때 즉, '남이 너에게 해주기를 바라는 대로 네가 남에게 해주어라'라는 원칙을 따를 때, 모든 세대원이 누리게 될 소비를 가장 크게 만드는 투자율을 지칭한다. 그 값은 신고전학파 성장모형에 포함되는 생산함수에서 자본이 갖는 계숫값과 같은 크기로 정해진다. 실증 연구를 보면 자본의 계수가 물적자본만 고려하면 1/3, 물적자본과 인적자본을 함께 고려하면 0.4 내외 그리고 물적자본, 인적자본, 기술 자본을 모두 고려하면 0.45 정도 되는 것으로 나타난다. 이를 적용하면 황금률 투자율은 무려 33~45%가 된다.

균제상태(均齊狀態)의 소비(steady state consumption)를 극대화하는 대신 우리가 누리는 생애효용을 극대화시키는 투자율을 수정된 황금률(modified golden rule)이라고 부른다. 이는 일찍이 램지(1927)가 제안한 성장모형에 포함된 최적 투자율에 해당되는데, 시간선호 할인인자(time discount factor)와 자본의 계수를 곱한 값으로 정해진다. 시간선호 할인인자가 0.98이고 물적자본의 계수가 1/3 정도 된다는 실증연구결과를 원용하면 물적자본에 대한 최적투자율은 연 30% 정도가 된다. 물적자본과 인적자본을 함께 고려하면 자본의 계수가 0.4 정도로 높아지므로 적정투자율은 37% 정도가 된다. 사회간접자본과 연구개발에 대한 투자까지 포함하면 적정투자율은 43% 수준까지 높아지게 된다. 이를 보면 벌어들인 소득의 거의 반 정도를 물적자본과 인적자본과 사회간접자본을 확충하고 기술을 발전시키는 데 투입하는 게 적정하다는 결론을 얻게 된다.

3.2.3 우리나라의 저축률과 투자율

[그림 3-1]은 1960년 이후 현재에 이르기까지 투자율과 저축률의 변화양상을 보여준다. 이를 보면 우리나라는 1960년에만 하더라도 고정자산 투자율이 9.7%인 저투자국으로서 현상유지를 위한 최소한의 투자조차 감당하지 못하는 상황이었음을 알 수 있다.[6] 이 정도의 낮은 투자율을 갖고는 경제성장을 도모할 수 없다. 그러나 그 이후 비교적 꾸준하게 투자율을 높여오는 데 성공하여 1991년에는 고정자산 투자율이 41.4%로 높아져서 투자 과열을 우려할

6 전 항에서 보았듯이 연 15% 정도가 최소 필요투자율이다.

[그림 3-1] 우리나라의 저축률과 투자율 추이

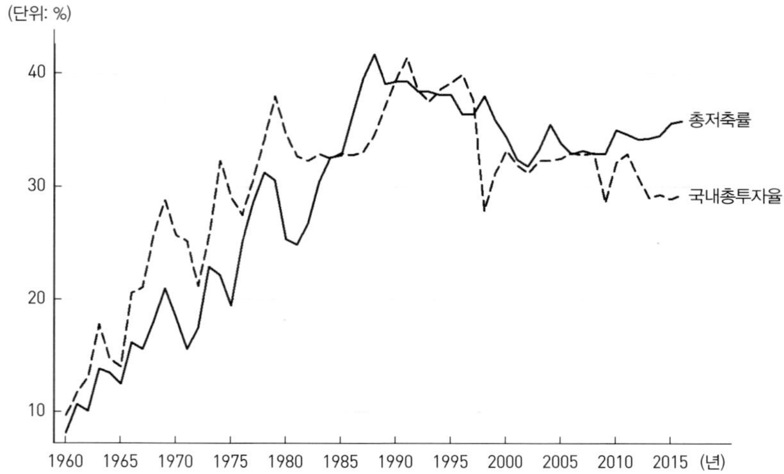

출처: 한국은행, ecos.bok.or.kr에서 추출함

상황을 맞기도 하였다. 40% 내외의 고율 고정자산 투자는 1997년까지 유지되었으나 외환위기를 겪으면서 그 추세가 반전되어 현재는 30%를 약간 밑도는 수준에 놓여 있다. 그런데 이 수치는 물적자본에 대한 투자율만을 나타내므로 여기에다 인적자본에 대한 투자 약 8%와 연구개발에 대한 투자 약 5%를 합치면 우리나라는 지금도 GDP의 43% 정도를 투자하는 데 쓰는 투자 강국인 셈이다. 흥미로운 것은 우리나라의 투자율 43%가 위에서 검토한 적정투자율과 매우 근사한 수치라는 점이다.[7]

[그림 3-1]에는 국내저축률의 추이도 나타나 있다. 이를 보면 1960년부터 시작해서 1997년의 외환위기를 경험할 때까지는 대체적으로 투자율이 저축률을 약간 상회하였으나 외환위기 이후에는 저축률이 투자율을 상회하고 있음을 볼 수 있다. 이를 경상수지를 기준으로 보면 외환위기 이전의 시기에는 경

7 높은 투자율이 능사는 아니다. 투자의 양도 중요하지만 투자의 질은 더 중요하다. 이에 대해서는 제7장에서 다룬다.

상수지 적자를 그리고 외환위기 이후에는 경상수지 흑자를 기록하고 있음을 의미한다. 그런데 양자 사이의 차이 즉, 경상수지의 적자나 흑자의 대GDP 비율은 그리 높지 않았다. 이는 우리나라가 고율의 투자를 행함에 있어서 대부분의 재원을 국내저축으로 충당해 왔음을 보여준다.

3.3 투자와 경제발전

투자가 경제발전의 1차적 동인이다. 투자를 많이 그리고 잘하는 나라는 성장하고 그렇지 못한 나라는 퇴보한다. 이제 이를 물적자본과 인적자본 그리고 기술에 대한 투자로 나누어서 고찰해 보기로 하자.

3.3.1 물적자본 투자와 경제발전

3.3.1.1 물적자본 투자의 실상

전 항에서 본 투자율의 변화추이는 우리나라가 공장을 신·증설하고, 기계와 장비를 설치하며, 운반도구를 마련하고, 업무 또는 주거용 건물을 신·증설하고, 도로와 철로를 부설하며, 통신시설을 확충하고, 물과 전기와 가스와 열을 생산하고 운반하는 시설을 건설하는 등 고정자산을 축적하는 데 투입한 자원의 대GDP 비율이 지난 60여 년에 걸쳐서 어떤 모습을 보이면서 변화해 왔는지를 보여준다. 우리가 물적자본이라고 부르는 것은 바로 이들 고정자산을 지칭한다.

인간은 기계와 도구를 사용하면서부터 생산력의 획기적인 증진을 경험하게 되었다. 산업혁명은 그때까지 주로 인간의 육체적인 힘에 의존하면서 소나 말 같은 가축의 힘과 물과 바람과 같은 자연의 힘을 활용하던 전통적 생산방식을 증기기관이 제공하는 막대한 동력으로 가동하는 도구와 기계를 활용하는 근대적 생산방식으로 전환한 역사적 대사건이다. 산업혁명을 계기로 도구와 기계가 지닌 잠재력에 매료된 인류는 지난 260여 년에 걸쳐서 도구와 설비와 장비와 기계 등 자본재를 확충하는 데 전력을 기울여왔다. 엄청난 속도로 투자를 늘려온 것이다. 자본재의 양만 늘려온 것이 아니다. 자본재의 종류가 다양해지고 성능도 대폭 향상되었다. 그 결과 산업혁명이 발발한 1750년경의 세상과 오늘날의 세상은 당시에는 그 누구도 상상할 수 없었던 전혀 딴판이 되었다.

산업혁명이 발발한 이래 오늘에 이르기까지 인류의 평균소득은 16배 그리고 인구는 11배 증가하였다. 이는 산업혁명 발발 이후 세계 총생산량(Gross World Product: GWP)[8]이 176배가 증가했음을 의미한다. 인류가 지속적인 투자활동을 통해 자본재를 확충해오지 않았더라면 이만큼 큰 소득증가는 달성하기 어려웠을 것이다. 노동력 없이 자본재만 갖고 재화와 서비스를 생산할 수는 없지만(아직 완전자동 로봇이 없었으므로) 그렇다고 해서 자본재가 태부족한 상황에서 노동력이나 토지만 갖고 생산에 임했다면 인류가 이룩한 176배에 달하는 소득증대는 달성 불가능했을 것이다.

물적자본 즉, 자본재는 생산과정을 거치면서 마모될 뿐 아니라 시간이 경과하면서 쓸모가 적어지게 된다. 지금의 것보다 성능이 우월한 새로운 기계가 계속해서 등장하기 때문에 그렇다. 이와 같이 마모되거나 쓸모가 적어지는 현상을 기업회계에서는 감가상각으로 인식한다. 자본재마다 마모되고 쓸모없게 되는 비율이 상이한 게 현실이지만 편의상 경제전체에 대해 적용되는 감가상각률을 상정해볼 수 있다. 가령 감가상각률이 연 10%라면 이 경제의 자본재는 평균 10년의 수명을 갖는다.

경제가 보유한 자본재의 양을 현 상태에서 유지하려면 자본재가 감가상각되는 부분을 투자를 통해 되채워 넣어야 한다. 그러나 이 정도의 투자로는 현상유지만 가능할 뿐 자본재의 양을 늘리지는 못한다. 그렇게 되면 총생산량을

8 세계 전체로는 총생산량이 곧 총소득이 된다.

늘리기가 매우 어려워진다. 감가상각 되는 것 이상으로 투자를 많이 하면 자본재의 양이 늘어난다. 자본재의 양이 늘어나면 생산량도 늘어나게 마련이다. 결국 감가상각 되는 것 이상으로 투자를 많이 하면 총생산량이 늘어나게 된다고 할 수 있다.

총생산량이 늘어난다고 해서 반드시 1인당생산량이 늘어나는 것은 아니다. 1인당생산량이 늘어나기 위해서는 노동자 한 사람이 갖고 일하는 자본재의 양이 늘어나야 한다. 그러려면 감가상각 되는 부분을 채워 넣는 것은 물론이거니와 인구증가로 늘어나는 노동자가 갖고 일할 자본재도 마련해야 한다. 기술진보나 인적자본 축적에 힘입어서 노동자의 생산성이 향상되면 노동자가 갖고 일해야 할 자본재의 양이 늘어나므로 이 부분도 채워 넣어야 한다.

각각의 노동자가 갖고 일하는 자본재의 양을 현재의 수준으로 유지하려면, 감가상각 되는 부분을 보충하고, 인구증가로 늘어난 신규 노동자에게 줄 장비를 마련해야 하며, 생산성이 향상된 노동자들이 추가로 필요로 하는 자본재를 마련해야 한다. 감가상각률+인구증가율+생산성진보율이 1인당자본을 현재의 수준으로 유지하는 데 소요되는 최소한의 투자율 즉, 필요투자율이다.

실제 투자율이 필요투자율을 상회해야만 1인당 자본재의 양이 증가된다. 1인당자본재의 증가 없이는 1인당생산량의 증가를 기대하기 어렵다. 따라서 1인당생산량을 증가시키고자 한다면 필요투자율을 상회하는 활발한 투자를 통해서 1인당자본재의 양을 늘릴 수 있어야 한다. 우리나라는 1960년에 투자율이 10%가 되지 않아서 1인당자본의 현상유지조차 하지 못하는 처지에 놓여 있었다. 그러나 타오르기 시작한 국민들의 투자 의욕과 그것을 장려하는 정부 정책에 힘입어서 1961년경부터 우리나라의 투자율은 반복해서 상승하기 시작하였다. 1990년에 40%를 돌파한 투자율이 1997년까지 40%를 약간 하회하는 수준에서 유지되었다. 외환위기를 겪으면서 하락세로 반전된 투자율이 지금은 더 이상의 하락을 멈추고 30% 내외에서 등락하고 있다. 1990년대의 40% 투자율은 어느 모로 보나 과열된 것이었으며 이에는 경제를 위기로까지 끌어갔던 거품성 투자가 적지 않았던 것으로 판단된다.

3.3.1.2 물적자본(자본재) 투자와 경제발전

투자는 경제의 생산능력을 확충하는 일이다. 그중에서 물적자본에 대한 투자는 우리가 자본재(capital goods)라고 분류하는 공장, 기계, 장비, 설비, 사무기기, 운반수단, 통신·전력·용수 설비, 도로, 항만, 공항, 철도, 상하수도, 주거 및 사무용 건물을 확충해나가는 활동을 지칭한다. 국민소득계정에서 고정자본형성이라고 부르는 것이 물적자본 투자에 해당한다. 자본재는 전통적으로 산업사회의 가장 중요한 생산요소로서 아주 중요한 역할을 수행해왔다. 지금은 경제구조가 고도화됨에 따라서 인적자본과 지식정보기술자본의 중요성이 강조되고 있지만 그렇다고 해서 물적자본이 없어도 좋다는 것은 절대 아니다. 그저 노동과 자본재만으로는 충분하지 않음을 의미할 뿐 자본재의 역할은 여전히 중요하다.

21세기 발달된 경제에서 전통적인 자본재인 고정자산이 생산활동에서 차지하는 비중이 대략 1/3 정도 된다. 인적자본을 감안한 노동력이 1/3 그리고 지식과 정보와 기술 등 소프트자본이 1/3을 차지하고 있으므로, 물적자본, 인적자본, 지식정보기술자본 등이 엇비슷한 역할을 하는 셈이다.

경제발전의 과정을 살펴보면 농경사회에서는 단순 노동력과 토지가 반반 정도의 중요도를 지녔었으며, 산업사회의 초기에는 역시 단순 노동력과 기계설비로 대표되는 자본재가 반반 정도의 중요도를 지니게 되었다. 농경사회에서 산업사회로 이행하면서 토지의 중요성은 크게 줄어들었다. 산업사회가 진전되면서 단순 노동력에 인적자본이 보태지면서 고급 노동력이 중요해지기 시작하였다. 이 시기에는 인적자본을 감안한 노동력이 2/3 그리고 물적자본이 1/3 정도의 비중을 갖게 되었다. 지식정보사회의 도래와 함께 지식과 정보와 기술 등 소프트자본재의 역할이 중요해졌다. 그 결과 지금은 인적자본을 감안한 노동력이 1/3, 전통적인 물적자본이 1/3 그리고 소프트자본재가 1/3 정도 기여하는 상황이 전개되고 있다.

이를 보면 경제구조가 바뀌어도 물적자본이 생산에서 차지하는 비중은 1/3 이하로는 하락하지 않음을 알 수 있다. 이러한 사실로부터 적어도 두 가지 결론을 도출할 수 있다.

생산활동에 차질이 생기지 않게 하려면 물적자본의 비중이 1/3 선에서 유지되게끔 그에 대한 투자를 조정할 필요가 있다. 즉, 현재의 비중이 1/3보다 낮으면 활발한 투자를 통해서 물적자본의 비중을 그 수준까지 끌어올려야 하며, 현재의 비중이 1/3을 초과하면 투자를 자제하고 기존 설비의 가동률을 낮춤으로써 물적자본의 비중이 1/3로 낮아지도록 해야 한다. 이때 한 가지 유념할 것은 자본재가 감가되는 부분은 어떤 경우에건 채워 넣어야 현상유지가 가능하다는 사실이다.

인구증가, 노동참여율 상승, 외국인 노동자 유입, 교육과 훈련, 경험으로부터의 배움 등을 통해서 인적자본을 감안한 노동력의 크기가 확대되면 그에 비례해서 물적자본의 양도 늘어나야 한다. 인적자본을 감안한 노동력이 증가하는 것에 발맞춰서 물적자본의 양을 늘려나가지 않으면 생산에서 차지하는 물적자본의 적정 비중을 유지할 수 없기 때문에 그러하다. 그러므로 예를 들어서 인적자본을 감안한 노동력이 연 3%로 늘어난다면 노동자 한 사람이 갖고 일하는 물적자본의 양도 연 3%씩 늘어나야 한다. 이러한 사실은 지식정보기술로 이루어진 소프트자본재의 양이 늘어나는 경우에도 동일하게 적용된다. 예를 들어서 경제의 전반적인 기술이 연 3%의 속도로 발전하면 노동자 한 사람이 갖고 일하는 물적자본의 양도 연 3%의 속도로 늘어나야 한다.

위의 설명에서 노동자 수의 증가율이 연 1%, 각각의 노동자가 지니고 있는 인적자본의 증가율이 연 2%, 물적자본이 감가되는 비율이 연 5% 그리고 지식정보기술의 발전 속도가 연 3%라면, 물적자본의 총량은 연 6%씩 순증가되어야 한다.

이 논의에서 물적자본에 대한 투자의 역할은 상당히 피동적이다. 즉, 인구증가, 인적자본 증가 그리고 지식정보기술 향상에 맞추어서, 물적자본이 생산에서 차지하는 비중을 유지하려면, 물적자본의 양을 얼마나 늘려야 하는지를 알아보고 있다.

이제 물적자본에 대한 투자를 좀 더 능동적인 관점에서 살펴보기로 하자.

우리는 전 항에서 우리나라의 물적자본에 대한 투자율이 1960년의 9.7%라는 매우 낮은 수준에서 꾸준하게 증가해서 1997년에 외환위기를 겪을 당시까지만 하더라도 40% 내외의 높은 수준을 유지하다가 지금은 30% 부근에 머물러 있음을 보았다. 투자율의 이러한 변화를 두 가지 측면에서 이해할 수 있는데 하나는 우리 경제의 투자수익률이 높았기 때문에 투자율이 상승했다는 점이고 다른 하나는 투자율이 높았기 때문에 우리 경제가 빠른 속도로 성장할 수 있었다는 점이다.

투자와 경제성장은 상호작용을 하면서 선순환을 일으키기도 하고 악순환을 일으키기도 한다. 우리나라가 경제개발에 나선 1960년대 초반에는 국내 사정만 보면 투자수익률이 매우 낮았다. 자원도 자본도 기술도 경영능력도 없는 빈한한 나라였기에 마땅히 투자할 만한 곳이 없었던 것이다. 투자하고자 해도 축적된 자본이 없고 저축이 빈약한 데다 해외에서 빌려올 데도 마땅하지 않아서 투자재원을 마련하기가 매우 어려웠다. 투자에 필요한 재원조달비용은 크고 투자의 기대수익률은 낮으니 투자율이 낮을 수밖에 없었던 것이다. 그 결과는 투자가 저조하니 성장은커녕 현상을 유지하기도 어렵고, 경제가 성장하지 못하니까 좋은 투자기회가 생기지 않고, 좋은 투자기회가 적으니 투자율이 낮고 그래서 경제가 성장하지 못하는 빈곤의 악순환이었다.

빈곤의 악순환을 깬 것은 수출주도형 공업화 전략이었다.[9] 이것은 우리가 비교우위를 갖는 미숙련노동집약적인 단순기술 제품을 만들어서 해외시장에 내다 팔자는 전략이었다. 이 전략은 매우 성공적이었다. 무엇보다도 비교적 작은 규모의 투자로 경제의 활로를 찾았다는 데 의의가 있다. 투자재원을 조달하기가 쉽지 않은 상황에서 어렵사리 마련한 생산설비를 갖고 실직 상태에 놓여 있던 미숙련노동자를 고용해서 가발, 고무신, 운동화, 봉제품 등을 낮은 비용으로 만들어서 국내 시장보다 적어도 몇천 배는 더 큰 해외시장에 내다 파는 데 성공한 것이다.

9 여기에서부터 몇 개의 문단은 사실에서 유추한 하나의 스토리이다.

여기에서 핵심적으로 중요한 것은, 미숙련노동집약적인 경공업제품을 수출하는 데 성공함으로써, 투자와 경제성장이 선순환하기 시작했다는 데 있다. 아무도 가보지 않았던 새로운 길에서 성공을 거둔 수출 기업에게 자극을 받아 많은 이들이 수출전선에 뛰어들기 시작하였다. 그들도 중고기계를 사거나 빌려서 공장을 차리고 직공을 고용해서 국내에서 조달 가능하거나 수입이 가능한 원료를 써서 경공업제품을 만들어서 외국에다 팔게 된 것이다. 이 과정에서 기계와 설비를 갖춘 공장을 짓고 사무용품과 운송수단을 도입하고 종업원을 모집해서 훈련하는 등의 투자가 행해졌다. 투자를 통해 세운 공장에서 제품이 쏟아져 나오게 되자 그것을 원가보다 비싼 값으로 해외에 내다 팔아서 적잖은 돈을 벌게 되었다. 그렇게 번 돈으로 종업원에게 월급을 주고 외상으로 사들였던 원자재 대금을 지불하고 공장 혹은 사무실의 임대료를 내고 사업을 하느라 빌렸던 돈의 원리금을 갚았다. 그러고도 남은 돈이 수출해서 번 이윤이었다.

기업가들은 이윤과 수출에 성공한 경영실적을 담보로 해서 빌린 돈을 재원으로 투자규모를 늘려나가기 시작하였다. 낡은 기계와 설비를 교체하고 새로운 기계와 설비를 도입해서 설치하며 작업장을 확장하고 종업원을 더 많이 채용해서 생산량을 늘리게 된 것이다. 아울러서 더 많은 사업가들이 수출전선에 뛰어들기 시작하였다. 이들 중 많은 이들은 앞서 간 사람들이 했던 것과는 전혀 다른 새로운 제품을 생산하는 시장 개척자가 되었다. 그들은 앞서 간 사람들이 했던 것보다 성능이 조금 더 좋은 기계와 설비를 도입하고, 시설개선을 통해서 작업능률을 높이고, 좀 더 숙련된 노동자를 채용하고, 좀 더 진전된 기술을 써서 부가가치가 훨씬 큰 제품을 생산해서 판매하기 시작하였다. 수출상품의 업그레이드가 일어나기 시작한 것이다.

수출산업이 성장하게 되자 그 효과가 내수산업으로 파급되기 시작하였다. 우선 새로 일자리를 갖게 된 종업원이 늘게 되자 그들이 구매하는 소비재산업이 살아나기 시작하였다. 아울러서 투자를 늘리는 기업들의 수요에 부응해서 국내의 자본재 생산 기업들도 깨어나기 시작하였다. 소비재산업과 자본재산업이 움직이기 시작하자 그에 반응해서 서비스산업도 살아나기 시작하였다. 먹고 마시고 즐기는 등의 소비자 서비스산업뿐만이 아니라 업무용 빌딩과 업무용 기기를 관리하는 것과 같은 생산자 서비스산업도 번창하기 시작하였다. 나아가서 금융, 교육, 의료, 법률, 오락, 미디어, 여가와 여행 등 고부가가치 서비스산업에도 새로운 바람이 일기 시작하였다.

수출부문에서 촉발된 성장의 파고가 전 산업으로 퍼져나감에 따라서 교통과 통신에 대한 수요가 늘어났으며 생활용수와 공업용수를 공급하고 오폐수를 처리하고 공해물질을 관리해야 할 필요가 생겨났다. 일자리를 찾아 도시부문으로 이동한 사람들을 위한 주거 시설 확보가 새로운 문제로 대두되었으며, 출퇴근 시 몰려드는 수백만 명의 승객들을 신속하게 운송할 대중교통 시스템을 구축해야 했으며, 빠른 속도로 증가하는 업무용 빌딩과 숙박업소에 대한 수요에 대처해야 했다. 아울러 빠르게 증가하는 여객과 화물운송을 위한 도로, 철도, 항만, 공항 등에 대한 시설투자가 요구되었다. 이 중 많은 부분은 민간부문에서 스스로 해결하였지만 사회간접자본은 정부가 공공투자를 통해서 해결하였다.

농업부문에서 제조업부문으로 이동한 이농민들로 인해 크게 부족해진 농어촌의 일손부족 현상에 대처하기 위해서 농어업부문의 생산성을 높이는 일도 중요해졌다. 소득이 늘어나면서 식량에 대한 수요는 빠르게 증가하는데 정작 식량을 생산할 농민의 숫자는 줄어들고 있으니 여간 큰 문제가 아니었다. 1970년대에 들어와서 경지정리, 관개시설 정비와 신설, 농업용 기계와 기구의 보급, 농어촌 전기보급, 농어촌 주거환경 개선, 어장 및 양식장 개발과 신형 어선 보급 등의 사업이 대대적으로 이루어지게 된 계기이다.

위의 설명은 성장 → 투자 → 성장 → 투자 → 성장으로 이어지는 선순환이 작동하는 실제 모습을 보여준다. 중요한 것은 이 선순환의 과정을 거치면서 경제의 규모가 커지고 내용이 충실해졌으며, 고용이 늘고 소득이 늘면서 보통 사람들의 생활이 윤택해지기 시작하였다는 점이다. 투자가 성장을 추동(push)하고 성장이 투자를 견인(pull)하면서 경제가 발전하게 된 것이다.

이때 제기되는 한 가지 의문은 선순환을 촉발하는 계기가 무엇인가 하는 점이다. 위에서 살펴본 예에서는 '수출을 통해서 활로를 뚫자'는 전략을 채택한 것이 선순환을 일으킨 계기가 되었다. 그런 전략이 효과를 보게 된 것은 세계 시장 상황이 우리나라가 비교적 용이하게 만들 수 있는 저가의 경공업제품을 팔기에 적합했기 때문이다. 이렇게 보면 '한국도 잘할 수 있다'는 밝은 전망을 낳게 한 세계 시장의 호조건이 선순환을 촉발하는 기폭제가 된 것으로 판단된다. 이는 성장(에 대한 전망)이 투자를 유발한 사례에 해당한다. 그런데 '한국도 잘할 수 있다'는 전망은 사실은 그 당시 우리와 비슷한 처지에 놓여 있었던 수많은 후진국들에 공통적으로 적용되는 사항이었다. 세계 시장은 누구에게나 동일한 조건으로 열려 있었지만 당시에 그것을 활용할 수 있었던 나라는 몇 개 안 된다. 우리가 그중 하나였다. 이렇게 보면 실패할 위험을 무릅쓰고서라도 성공할 기회를 살리고자 '투자'에 나섰던 것과 그렇게 하도록 정책적으로 유도한 것이 결실을 거두게 된 것으로 이해할 수도 있다. 이를 보면 투자가 성장을 촉발한 측면도 있음을 알 수 있다. 한 가지 분명한 사실은 투자가 뒷받침하고 선도하지 않았더라면 경제성장을 지속하는 일은 불가능했을 것이라는 사실이다.

물적자본에 대한 투자가 확대되면서 우리나라 경제가 보유하는 물적자본의 양이 큰 폭으로 늘어나기 시작하였다. 이는 생산요소 사이의 불균형 상태를 초래하였다. 우리는 위에서 장기적인 관점에서 보면 인적자본을 반영한 노동력, 물적자본(하드자본재) 그리고 지식정보기술로 집약되는 소프트자본재가 각기 1/3의 비중을 갖고 생산에 기여함을 보았다. 투자와 성장이 선순환을 일으키면서 물적자본(하드자본재)의 양이 크게 늘어나게 되자 인적자본을 반영한 노동력과 지식정보기술의 형태를 지닌 소프트자본재의 양이 상대적으로 부족해졌다. 이 경우 생산요소 사이의 균형을 회복하려면 물적자본의 양을 줄이거나 인적자본을 반영한 노동력과 지식정보기술이 핵심요소인 소프트자본을 확충해야 한다.

우리나라 경제가 선택한 길은 후자였다. 실업상태에 있던 남성들과 시장 밖에 있던 여성들을 대거 노동시장으로 끌어들이고(노동인원의 증가) 학교교육과 직업교육을 강화함으로써 교육과 훈련으로 대표되는 인적자본을 확충하기 시작하였다. 아울러서 크게 부족해진 소프트자본재를 확충하기 위해서 지식과 정보와 기술도 대대적으로 보충해나가기 시작하였다. 소프트자본재 가운데 많은 부분은 물적자본과 인적자본에 대한 투자 그리고 생산하고 유통하고 소비하는 경제생활의 전 과정에 걸쳐서 '경험으로부터의 배움(learning by doing)'의 힘을 통해 저절로 늘어났다. 소프트자본재 축적에는 모방과 개선, 기술이전, 기술학습 등을 통해서 선진 기술을 우리 것으로 만들려는 노력을 경주한 게 크게 공헌하였다.

3.3.2 건강과 교육 - 인적자본 확충

산업혁명 이전의 사회에서는 토지와 노동력이 가장 중요한 생산요소였으나 산업혁명이 시작되면서 토지의 중요성은 상대적으로 낮아지고 그 자리를 기계로 대표되는 자본재 즉, 물적자본이 차지하게 되었음은 이미 설명한 바와 같다. 이 시기의 중요한 생산요소인 노동력은 인구증가와 노동참여증가에 힘입어서 늘어났으며, 물적자본은 자본축적 활동 즉, 투자를 통해서 증대되어 왔다. 자본재 투자에 대한 수익률이 매우 높았으므로 아주 빠른 속도로 물적자본이 증가되기 시작하였다. 그 속도가 노동력 증가 속도를 상회하였으므로 각각의 노동자가 갖고 일하는 도구와 기계 즉, 자본재의 양인 자본노동비율도 빠르게 상승하였다. 자본노동비율이 지속적으로 증가함에 따라서 1인당생산량도 지속적으로 증가하게 되었다.

자본노동비율이 상승하고 1인당소득이 증가하면서 전반적인 경제활동의 크기와 내용이 변화되기 시작하였다. 무엇보다도 생산구조가 고도화되기 시작하였다. 그렇게 되자 단순 노동력으로는 감당할 수 없는 일들이 속속 등장하게 되었다. 교육과 훈련을 받은 노동자가 필요해진 것이다. 이러한 요구에 반응해서 산업혁명에 성공한 나라들은 상당히 빠른 속도로 교육훈련시스템을 구축하기 시작하였다. 그들이 가장 먼저 착수한 것은 초등교육을 의무화한 조치다. 이는 노동현장에 보내졌던 아동들을 학교로 불러들이는 계기가 되었다. 그 결과 노동현장에서 허드렛일을 하던 아동들이 학교교육을 받고 제대로 된 대우를 받는 노동자로 변신하게 되었다.

경제구조가 더욱더 고도화되면서 중등교육으로도 부족한 사태가 전개되자 고등교육 역시 빠른 속도로 확대되었다. 우리나라의 경우에는 1980년대 중반부터 고등교육이 보편화되기 시작하였다. 한때 대학진학률이 80%를 넘어섰다가 최근에는 70%대로 낮아졌는데 이 수치는 세계에서 가장 높은 편에 속한다. 그만큼 우리나라 사람들이 교육에 열을 올리고 있음을 보여준다.

3.3.2.1 건강

건강과 소득은 상호 간에 상생(相生, mutually invigorating)하는 특징을 갖는다. 즉, 소득이 늘어나 잘살게 되면 건강이 증진되는 경향이 있고, 건강이 좋아지면 노동생산성이 높아져서 소득도 늘어나는 경향이 있다. 반면에 가난하면 적정량의 영양분을 섭취하기가 어렵고 보건위생에도 신경을 쓸 겨를이 없어서 건강을 해치는 경향이 있고, 건강이 나쁘면 노동생산성이 떨어져서 적은 소득밖에 벌지 못하게 되므로 가난에서 벗어나기가 힘이 든다. 건강 증진을 위해 들이는 노력은 적어도 두 가지 혜택을 낳는다. 하나는 그것을 통해서 우리가 더 건강해지면 사는 것 자체가 더 보람 있어진다는 사실이고 다른 하나는 건강해지면 병들어 아플 때보다 더 많은 소득을 창출할 수 있다는 사실이다. 경제학 용어를 빌려 말하자면 건강은 효용함수에 들어가는 '가치재'이면서 동시에 노동능력을 강화하는 유용한 생산요소가 된다.

한국인의 기대수명은 1970년의 62.4세에서 2015년의 85.1세로 50년이 채 안 되는 기간에 22.7년이 늘어났다. 한국인의 평균 신장도 크게 늘어났다. 1914년부터 2014년까지 100년 동안에 주요 국가 인구의 평균 신장 변화 양상에 관해 조사한 자료를 보면, 한국인의 평균 신장은 18세 남성의 경우 159.8cm에서 174.9cm로 15.1cm가 늘어났고 같은 연령의 여성은 142.2cm에서 162.3cm로 20.1cm가 늘어났다.[10] 이를 보면 우리나라 사람들이 전보다 건강해진 것이 분명하다. 보건의료 시설과 노하우의 대폭적인 개선, 건강증진에 도움이 되는 각종 시설의 확충, 건강증진에 관한 정보 확산, 금연·절주·규칙적인 운동, 합리적인 영양섭취 등 건강하게 살려는 노력이 결합되어 나타난 결과라고 판단된다.

1970년 이후 현재에 이르기까지 우리나라 사람들의 기대수명이 22.7년 늘어났고, 1914년 이후 100년 만에 18세 한국인 남녀의 신장이 각각 15.1cm와 20.1cm 늘어났다는 사실은 그만큼 우리나라 사람들의 건강상태가 좋아졌음을 말해준다. 이미 살펴본 바와 같이 1960년대 초반에 우리나라 사람들의 구매력기준 평균소득은 1,700달러 정도였다. 그러던 것이 2016년에는 3만 6,570달러로 증가했는데 이는 이 기간 중에 약 21배 증가된 것이다. 이를 보면 공통된 통계가 있는 20세기 후반 이래 우리나라에서도 소득이 늘고 건강이 좋아지는 상생작용이 일어났음이 분명하다. 디튼(2013)이 설명하였듯이 이러한 현상은 경제발전을 경험한 나라 모두에게서 발견되는 사실이다.

3.3.2.2 교육

교육과 소득 역시 상생하면서 변화하는 경향을 지닌다. 청소년기에 교육을 잘 받은 사람이 사회에 나가 고소득자가 될 가능성이 크고, 소득이 클수록 자녀교육에 더 많은 자원을 투입할 수 있다. 그 결과 국민들의 교육수준이 높아지면 경제가 더 잘 발전하는 경향과 경제가 더 잘 발전하면 국민들이 받는 교육수준도 더 높아지는 경향이 생긴다. 교육을 잘 받아서 훌륭한 사람이 되는 것은 그 자체로서 우리의 삶을 풍성하게 해줄 뿐 아니라 교육을 통해서 우리의 노동능력을 높이면 개인의 소득도 늘고 경제도 더 잘 발전하게 된다. 교육이 중요한 이유가 거기에 있다. 어떤 나라에게나 교육도 잘 시키고 경제도 잘 발전시키는 방안을 찾아내는 일이 참으로 중요하다. 실제로 합리적인 투자를

10 NCD Risk Facor Collaboration. (2016). "A century of trends in adult human height." *eLIFE*.

통해서 뛰어난 인적자본 형성에 성공하는 나라가 경제성장에도 성공한다.

우리는 학교교육과 직업훈련과 일하면서 자기계발을 위한 학습 등을 통해서 각자가 지닌 인적자본을 확충한다. 우리가 인적자본을 확충하는 데 진력하는 것은 인적자본이 생산력의 원천이 되기 때문이기도 하지만 인적자본 그 자체가 우리에게 큰 만족을 주기 때문이다. 예를 들어서 우리가 학교에 다니는 것은 교육을 잘 받아서 좋은 직업을 갖고 돈을 많이 벌기 위함이기도 하지만, 내가 교육을 잘 받아서 훌륭한 사람이 되는 것 자체가 우리에게 행복을 주기 때문이다.

20세기 후반에 지속적인 고도성장에 성공한 나라들이 하나같이 교육투자에 열을 올려왔다는 사실에서 인적자본 투자의 중요성을 알 수 있다. 일본이나 중국과 싱가포르 등 경제발전에 성공한 나라들의 교육성과가 우수한 것도 결코 우연한 일이 아니다. 세계를 선도하는 미국의 막강한 경제력도 그 궁극적인 원천은 세계 제일을 자랑하는 미국의 고등교육 시스템에 있다. 전 세계에서 가장 우수한 인재를 모아들이는 능력에서 미국을 따라잡을 나라가 없다. 세계 곳곳에서 최고의 두뇌들이 자발적으로 몰려들어 마음 놓고 꿈을 펼치는 나라가 어찌 잘못되겠는가?

우리나라는 세계에서 교육에 대해 가장 열성적인 나라로 알려져 있다. 한국인의 유전인자에는 자녀교육에 대한 강한 열정이 숨어 있는 것 같다. 나라 안에서뿐만이 아니라 외국에 나가더라도 세계 어느 곳에서건 한국인의 자녀교육에 대한 열망은 세상에서 교육열이 가장 높다고 알려진 유대인에 뒤지지 않는다.

OECD 교육통계를 보면 우리나라가 OECD 회원국이 된 이래 국민교육수준이 변화해온 모습을 알 수 있다. 이를 보면 1995년에 우리나라의 학력별 인구비율은 중등교육 미만 이수자 40%, 중등교육 이수자 42% 그리고 고등교육 이상 이수자가 18%이었다. 그로부터 20년 후인 2015년에는 중등교육 미만 이수자 14%, 중등교육 이수자 40% 그리고 고등교육 이상 이수자가 45%가 되었다. 이는 중등교육 미만 이수자는 크게 줄고 그 대신 고등교육 이상 이수자가 크게 증가했음을 보여준다. 이로부터 교육 투자가 크게 증가해왔음을 짐작할 수 있다. 또한 고등교육 이상 이수자 비율의 OECD 평균이 우리나라보다 9% 포인트 낮은 36%라는 사실에서 한국이 교육에 대해 여타의 회원국들보다 열성적임을 알 수 있다.

이러한 사실은 GDP에서 교육비가 차지하는 비중을 보아도 나타난다. 2013년도에 우리나라는 GDP의 5.9%를 공교육에 투입했는데 이는 OECD 평균인 5.2%보다 높은 수치이다.[11] 사교육비에 관한 조사 자료를 보면 우리나라는 2016년에 초중고교 학생 1인당 월 25만 6,000원을 사교육비로 지출하였음을 알 수 있다.[12] 총액으로는 약 19조원이 되는데 이는 2016년 GDP의 1.2%에 해당한다. 공교육비와 사교육비를 합치면 GDP의 7.1%가 되는데 여기에다 고등교육기관에 재학 중인 학생들과 직장인들이 평생교육을 위해 투입하는 사교육비를 감안하면 그 비율은 더 높아진다.

학력별 임금 통계를 보면 교육을 많이 받을수록 소득이 증가하는 현상을 명확하게 관찰할 수 있다. 자료가 있는 가장 최근인 2014년도의 상황을 보면, 대학교육을 받은 사람은 고등학교만 졸업한 사람보다 45% 더 많은 임금을 받는다. 반대로 중학교 이하의 교육을 받은 사람은 고등학교를 마친 사람보다 26% 적은 임금을 받는다. 이런 사실은 대학교육을 받은 사람이 중학교 이하의 교육을 받은 사람보다 두 배나 많은 임금을 받고 있음을 보여준다. 학력에 대한 임금 프리미엄이 상당히 큼을 알 수 있다.

학력별 임금 프리미엄이 가파르게 상승하는 현상은 교육을 많이 받을수록 그만큼 노동성과가 좋아짐을 보여준다. 노동성과가 좋지 않은데도 대학교육을 받았다는 사실만 가지고 높은 임금을 줄 기업은 없을 것이다. 한편 대졸자가 받는 높은 임금 프리미엄은 학생이라면 누구나 대학진학을 원하게 만들고 그 결과 입시경쟁이 치열해진다. 한 가지 흥미로운 사실은 1998년에 47%이던 대학교육 프리미엄이 2007년에는 무려 77%까지 상승하였다가 그 이후 현재

11 OECD. (2016). *Education at a Glance*. 여기에는 2013년도 통계가 가장 최근의 것이다.

12 「e-나라지표」, 최근자료에서 인용함. www.index.go.kr을 보라.

의 45% 수준까지 하락하고 있다는 점이다. 1990년대 후반 이후 대학 진학률이 높아진 결과 대졸자의 노동공급이 꾸준히 증가했기 때문에 프리미엄이 축소되고 있는 것으로 판단된다.[13]

교육과 소득이 상생관계를 갖게 되면 부의 대물림 또는 가난의 대물림 현상이 생길 수 있다. 부유한 가정일수록 자녀교육에 더 많은 자원을 투입할 수 있고, 교육을 잘 받은 자녀일수록 고소득자가 될 가능성이 크므로 부모가 부유하면 자녀도 부유해지는 경향이 생긴다. 반면에 집안이 가난해서 제대로 교육을 받지 못한 자녀들은 사회에 나가서 고소득 직업을 갖기가 어려우므로 부모가 가난하면 자녀도 가난해지는 경향도 있다.

부의 대물림 현상을 극복하려면 가난한 집 아이들이라도 열의와 능력이 있으면 제대로 된 교육을 받을 수 있게 해야 한다. 그게 국가와 사회가 할 일이다. 가난한 집 아이들을 잘 교육시키는 일은 훌륭한 인재로 성장하게 된 본인에게만 좋은 것이 아니다. 위에서 보았듯이 국민의 교육수준이 높아지면 나라경제가 더 잘 돌아가게 되어 그 혜택이 다른 사람에게도 돌아간다.

3.3.2.3 인적자본과 경제성장

경제학자들이 인적자본에 대해 본격적으로 연구하게 된 것은 교육에 관한 슐츠(1963)[14]의 선구적인 업적을 계승한 베커(1964)의 『인적자본론』[15] 출간 이후의 일이다. 지금은 '인적자본'이라는 용어가 매우 자연스럽게 쓰이지만 베커가 인적자본론을 출간했을 때만 하더라도 그를 맹렬하게 비난하는 사람들이 많았다. 사람을 '자본'으로 취급하는 것에 대한 반발이었다.

인적자본을 처음 경제성장모형에 도입한 것은 신고전학파 성장모형을 확장하면서이다. 그 대표적인 형태는 식 (3.2)와 같다(상세한 사항은 제3장 부록에 있다).

13 「e-나라지표」, 최근자료를 인용함. www.index.go.kr 참조.

14 Schultz. (1963). *The Economic Value of Education*. Columbia University Press.

15 Becker. (1964). *Human Capital*. University of Chicago Press.

$$y(t)=\left\{\left[\frac{\gamma}{x+n+\delta}\right]^{\frac{\alpha}{1-\alpha}}\right\}\{h_0e^{\psi u}\}\{T(\tau)e^{x(t-\tau)}\} \tag{3.2}$$

이 식은 1인당산출량 y가 변화하는 모습을 보여준다. 이 식에서 γ는 고정자산투자율, x는 생산성진보율, n은 노동력증가율, δ는 감가상각률을 나타낸다. 파라미터 α는 생산에서 자본재가 기여하는 몫을 나타낸다. 선진경제의 경우 이 값은 1/3 내외라고 한다. h_0는 조상에게서 전수받은 초기의 인적자본을 나타내고, u는 노동자들이 인적자본형성을 위해 투입하는 노력의 정도를 나타낸다. 노동자들의 수학(修學)연수(years of schooling)로 u를 측정하는 것이 관행인데 좀 더 넓게 건강증진을 위해 투입한 시간도 포함하는 것으로 해석할 수 있다. 파리미터 ψ는 인적자본형성을 위한 노력이 얼마나 효과적인가를 나타낸다. $T(\tau)$는 이 경제가 균제상태(均齊狀態, steady state)에 도달했을 때의 기술수준을 나타낸다.

식 (3.2)에서 우리가 관심을 갖는 것은 오른쪽 두 번째 항이다. 이를 보면 조상에게서 물려받은 인적자본 h_0가 클수록, 인적자본형성에 투입하는 '시간' u가 길수록 그리고 인적자본형성을 위한 노력의 생산성 ψ가 높을수록 1인당 산출량 y가 크게 정해짐을 알 수 있다. 다른 면에서는 동일한 두 경제가 있는데 오직 인적자본만 다르다면 두 나라의 소득비율은 두 나라의 인적자본비율로 정해진다. 가령 한 나라가 다른 나라보다 두 배 많은 인적자본을 갖고 있다면 그 나라의 1인당산출량도 다른 나라의 두 배가 될 것이다. 한 나라 안에서도 1960년대에는 10이던 인적자본이 2000년대에는 50이 되었다면, 그것만으로도 이 나라의 1인당산출량은 이 기간 중에 5배가 증가하였을 것이다.

우리나라의 경우를 보면 평균 수학연수가 1960년대 초반의 5년 정도에서 현재의 12년 정도로 7년이 늘었으며 또한 교육의 생산성 역시 크게 향상되었다. 또한 현재의 노동자가 '조상에게서 물려받은' 인적자본 h_0도 1960년대 초반의 노동자가 그들의 '조상에게서 물려받은' 인적자본 h_0보다 틀림없이 클 것이다. 이로부터 우리나라의 현재의 구매력기준 1인당소득이 1962년의 1,729달러에서 2016년의 3만 6,570달러로 증가한 데에는 우리나라 사람들이 보유한 인적자본의 양과 질이 크게 늘어나고 향상된 것이 공헌한 바가 적지 않음을 짐작할 수 있다. 분명한 것은 우리가 오늘날에도 1960년대 초반의 '어리바리한' 인적자본 수준에 머물러 있었다면 현재의 대한민국처럼 발전된 나라를 건설하는 것은 불가능했다는 사실이다.

신고전학파 모형인 식 (3.2)를 이용해서 인적자본의 역할에 대해 이해하는 것에는 커다란 한계가 있다. 그것은 인적자본형성을 위한 노력이 어떻게 정해지는지를 설명하지 않고 있다는 점이다. 인적자본을 내생변수로 경제성장모형에 도입한 데에는 루카스(1988, 2002)[16]의 공적이 크다. 그는 두 가지 형태로 인적자본을 경제성장과 연결시켰다. 하나는 다음의 세 식으로 대표된다.

$$y=Ak^{\alpha}h^{1-\alpha}=c+\dot{k}+\delta_k k+\dot{h}+\delta_h h \tag{3.3}$$

$$\dot{k}=i_k-\delta_k k \tag{3.4}$$

$$\dot{h}=i_h-\delta_h h \tag{3.5}$$

식 (3.3)은 1인당산출량 y가 생산성 A, 자본·노동비율 k 그리고 노동자가 지닌 인적자본 h의 함수로 정해지며, 생산된 산출물이 소비 c와 물적자본 및 인적자본에 대한 투자 $i_k=\dot{k}+\delta_k k$와 $i_h=\dot{h}+\delta_h h$에 쓰이게 됨을 보여준다. 식 (3.4)와 식 (3.5)는 각각 물적자본 및 인적자본의 변화를 나타낸다. 각각의 자본은 그에 대한 투자가 감가되는 부분보다 크면 증가하고 작으면 감소하게 된다. 이 모형은 k와 h가 기술진보율 x의 속도로 증가하는 균형성장경로가 존재하며 큰 이변이 없는 한 모든 경제가 장기적으로는 그러한 균형성장경로를 따라서 변화한다는 결론을 제시한다. 이때 1인당산출량 y 역시 x의 속도로 성장하게 된다.

루카스가 제시한 또 다른 경로는 다음과 같은 성장모형으로 주어진다.

$$y=(1-u)h \tag{3.6}$$

16 Robert E. Lucas Jr. "On the Mechanics of Economic Development." *Journal of Monetary Economics*(1988) 및 *Lectures on Economic Growth*. Harvard University Press(2002).

$$\dot{h}=Buh \tag{3.7}$$

식 (3.6)과 식 (3.7)에서 u는 인적자본형성을 위해 투입하는 시간의 비중을 나타낸다. A와 B는 각각 소득을 창출하는 데 투입하는 인적자본의 생산성과 인적자본을 형성하는 데 투입하는 인적자본의 생산성을 나타낸다. 위에서 $(1-u)h$는 생산에 투입하는 인적자본의 크기를 나타내고 uh는 인적자본형성에 투입하는 인적자본의 크기를 나타낸다. 이 모형의 해는 1인당산출량 y의 장기성장률이 Bu로 정해진다는 것이다. 즉, 사람들이 인적자본형성에 투입하는 시간의 비율이 높을수록 그리고 인적자본형성의 생산성이 높을수록 경제의 장기성장률이 높게 정해진다.

식 (3.6)과 (3.7)을 보면 1인당산출량 및 인적자본형성의 생산함수는 둘 다 투입되는 인적자본의, 여기에서는 각각 $(1-u)h$ 및 uh의, 선형함수(linear)로 되어 있는데 이는 한계생산성체감의 법칙(law of diminishing marginal productivity)을 위배하는 것처럼 보인다. 루카스가 이와 같이 모형화한 것은 인적자본이 갖는 외부경제효과를 감안한 것이다. 인적자본이 외부경제효과를 갖게 되면 나 자신의 인적자본투자는 한계생산성체감의 법칙에 지배를 받더라도, 내가 형성하는 인적자본이 사회의 평균적 인적자본형성에 보탬이 되고, 사회의 평균적 인적자본이 나의 생산성을 올려주므로, 결과적으로 내가 형성하는 인적자본에 대해 한계생산성이 체감하지 않게 되는 것이다.

인적자본은 아주 강한 외부성(externality)을 지니는 것으로 알려져 있다. 도시지역의 주택 임대료를 보면, 동등한 품질의 주택이라도 중심업무지구(central business district)에 대한 접근성이 클수록 임대료가 상승한다. 공해가 심하고 교통도 혼잡한 중심업무지구 가까운 곳에서 비싼 임대료를 내면서도 사는 것은 그곳이 똑똑한 사람들 즉, 인적자본이 많은 사람들이 모여드는 곳이기 때문이다. 학교나 직장에서 보면 아주 뛰어난 인재가 주변 인물들에게 긍정적인 영향을 주는 경우를 자주 보게 된다. 창의성이 뛰어난 영재가 찾아낸 아이디어를 주변 사람들이 활용할 수 있고 창의적 인재가 일하는 모습을 모방할 수도 있다. 뛰어난 인재 하나가 여러 사람을 먹여 살린다는 말이 그래서 나온 것이다. 이것 역시 인적자본이 갖는 외부성을 잘 나타내 준다.

인적자본 투자가 외부경제를 지닌다는 것은 교육훈련이나 건강에 대한 공공투자가 경제성장률을 높이는 데 공헌할 수 있음을 말해준다. 개인적인 비용·편익 계산에 맡겨 두면 부족해지는 교육·훈련·건강에 대한 투자를 공공부문이 보완해줄 수 있기 때문이다. 나라에서 의무교육을 실시하고 고등교육과 연구개발을 지원하며 직업훈련시설을 운영하거나 지원하고 건강증진을 위한 시설물들을 설치하는 것은 모두 인적자본이 지니는 외부경제효과를 내부화하려는 시도이다.

3.3.3 연구개발과 기술발전

람지, 쏠로우, 스완 등에 의해서 개발된 신고전학파 경제성장모형에서는 지식정보기술 T가 매년 x의 속도로 진보된다고 상정한다. 여기에서 '상정(想定)한다'라고 말하는 것은 신고전학파 성장모형을 연구하는 학자들이 x가 어떻게 정해지는지는 설명하지 않은 채, T가 x의 속도로 발전하면 경제에 어떤 일이 생기는지에 대해서만 알아보았다는 점을 의미한다. 말하자면 x를 외생변수로 다뤘음을 의미하는데 그런 연유로 신고전학파 성장모형을 외생적 성장모형이라고 부르기도 한다.

3.3.3.1 신고전학파 모형과 경제의 정상상태

신고전학파 성장모형은 다음과 같은 몇 가지 중요한 사실을 보여준다. 첫째, 어떤 나라이건 그 나라 고유의 특징을 반영해서 정해지는 장기 정상상태를 갖는다. 정상상태(定常狀態, stationary state)란 이 경제가 언제인가는 도착하게 될 종착점을 의미하는데 일단 그곳에 도착하면 더 이상 의미 있는 변화가 일어나지 않는 지점이다. 1인당소득을 예로 들면 경제가 정상상태에 도달한 이후에는 기술진보율 x와 동일한 속도로 성장하게 된다.

둘째, 각국의 정상상태는 일차적으로는 그 나라 경제의 특징을 반영해서 정해지며 궁극적으로는 그 나라의 근간을 반영해서 정해진다. 정상상태 결정에 영향을 주는 일차적 요인으로는 투자율, 노동력 증가율, 감가상각률, 기술진보율, 인적자본의 크기, 초기 기술수준 등 그 나라 경제의 특징을 나타내는 변수들이 있다. 투자율이 높을수록, 인구증가율이 낮을수록, 인적자본이 클수록 정상상태가 큰 값을 갖게 된다.

셋째, 정상상태 결정에 영향을 미치는 궁극적 요인으로는 이념, 체제, 제도, 규범, 정책 등이 있다. 이것들은 한 나라의 근간(또는 기본)을 형성하는 속성들로서 앞에서 본 1차적 요인들이 바로 이들 국가의 근간을 이루는 요인들에 영향을 받아서 정해지기 때문에 궁극적인 요인이라고 부르는 것이다. 예를 들어서 정책이 발전친화적이면 투자율이 높게 정해지므로 정상상태도 큰 값으로 정해지게 된다. 공산주의 또는 사회주의 이념이 그 사회의 주류 이념이 되면 투자율이 낮아지고 인적자본이 작아져서 정상상태도 작은 값으로 정해진다.

넷째, 어떤 나라이건 현재의 상태가 정상상태에서 떨어져 있다면 시간이 경과함에 따라서 정상상태를 향해 이동해 간다. 예를 들어서 어떤 나라의 경제적 속성을 반영해서 정해지는 정상상태의 1인당소득이 5,000달러인데 현재의 소득은 1,000달러밖에 안 된다면, 이 나라 경제는 정상상태인 5,000달러를 향해서 이동하게 된다. 이때 1,000달러에서 5,000달러를 향해 이동해 가는 과정에서 경제가 성장하게 된다(조금 난해한 이야기이지만, 정상상태 자체가 기술진보율 x와 같은 속도로 상향 이동하므로, 정상상태를 향해 이동해가는 도중에는 1인당소득이 x보다 빠른 속도로 성장하다가 정상상태에 수렴해가면서 성장률이 x로 수렴한다고 설명하는 것이 옳다).

다섯째, 일단 정상상태에 도달하면 정상상태를 변화시키는 일이 일어나지 않는 한 1인당소득은 기술진보율 x의 속도로 증가하게 된다. 즉, 1인당소득의 장기성장률은 기술진보율과 같은 값으로 정해진다.

여섯째, 경제의 특질을 긍정적인 방향으로 변화시킨 결과 정상상태가 당초보다 큰 값으로 변화되면, 이 나라 경제는 원래의 정상상태를 향해 움직이던 데서 새로운 정상상태를 향해 이동하는 것으로 발전 경로를 변경하게 된다.

예를 들어서 설명하기로 하자. 이를 위해 기존의 경제적 특질을 반영한 정상상태의 1인당소득이 5,000달러인 나라를 상정하기로 하자. 이 나라의 초기소득은 1,000달러였는데 그동안 5,000달러를 향해 이동한 결과 현재 2,000달러 지점에 도착했다고 하자. 별다른 일이 없으면 이 나라는 앞으로도 5,000달러를 향한 여정을 지속할 것이다. 이 시점에서 정부가 투자를 장려하는 정책을 펼치게 되었다고 하자. 이 정책의 효과는 투자율이 상승하는 것이다. 가령 이제까지 20%였던 투자율이 변화된 정책의 영향으로 30%로 높아질 수 있다. 그렇게 되면 5,000달러이던 정상상태의 1인당소득이 1만 달러로 변화될 수도 있다. 논의를 계속하기 위해 정상상태가 실제로 5,000달러에서 1만 달러로 이동했다고 하자. 그렇게 되면 이 경제는 현재의 2,000달러 지점에서 당초의 정상상태 5,000달러를 향해 이동하던 경로를 벗어나서 2,000달러에서 새로운 정상상태인 1만 달러를 향해 이동하는 경로를 따르게 된다. 그렇게 되면 이 경제는 한층 더 멀어진 새 정상상태를 향해 이동하면서 전보다 더 빠른 속도로 그리고 더 오랫동안 성장하게 된다.

일곱째, 위와 같은 상황이 전개되고 있는 도중에 정상상태를 변화시키는 일이 또다시 일어나면 어떻게 될까? 예를 들어서 당초 5,000달러이던 정상상태를 1만 달러로 증가시키는 변화가 일어났었는데 이제 또 어떤 일이 계기가 되어서 정상상태가 2만 달러로 한 번 더 상향 이동했다고 하자. 그렇게 되면 1차적으로 변경되었던 1만 달러의 정상상태를 향해 이동하던 데서 이제는 새로운 정상상태인 2만 달러를 향해 이동하게 된다. 예를 들어서 그간의 경제성장으로 1인당소득이 7,000달러 지점에 도착해서 정상상태 1만 달러를 향해 이동할 거리가 얼마 남지 않았던 나라의 경우를 보기로 하자. 이 나라는 정상상태에 가까이 이르렀으므로 초반에 높게 정해졌던 경제성장률이 해가 지날수록 낮아지는 현상을 경험하는 중이었다. 그런데 돌연 정상상태가 2만 달러로 바뀌게 되니 이제 7,000달러에서 2만 달러를 향해 이동하는 새로운 대장정에 돌입하게 된 것이다. 이는 무엇보다도 낮아지던 성장률을 다시 한번 더 상향 이동시키는 변화를 가져온다.

여덟째, 앞에서 본 정상상태를 변화시키는 일이 얼마나 여러 번 일어날 수 있을까? 정상상태란 한 나라의 근원적 실력을 반영해서 정해지는 것이므로 국가의 근간을 개혁하는 정도의 변화가 있어야 바꿀 수 있는 것이다. 위의 예에서는 투자율이나 인구증가율 또는 인적자본의 크기를 변화시키는 것을 통해서 정상상태를 변화시킬 수 있다고 하였으나, 이는 모형에서 그렇다는 것일 뿐, 현실에서는 투자율과 인구증가율과 교육수준을 바꾸는 정도가 아니라, 한 나라를 지배하는 이념, 체제, 제도, 관행, 규범, 정책 등 더 근원적인 특질들을 변화시켜야만 가능한 일이다. 정상상태 자체를 변화시키는 것을 통해서 경제발전의 목표를 달성하려는 일은 불가능한 것은 아니지만 그것을 여러 번 반복해서 성공시키는 일은 가능성이 매우 낮은 희망사항임을 알아야 한다.

아홉째, 정상상태를 반복해서 변화시키는 일이 매우 어렵기는 하지만 싱가포르나 대한민국이 걸어온 길을 보면 전혀 불가능한 일이 아님을 알 수 있다. 이미 여러번 설명했지만 세계은행의 자료를 보면 우리나라는 1960년대 초반에 현재의 국제 구매력기준으로 약 1,700달러에 달하는 1인당소득을 창출하고 있었다. 그러던 것이 2016년에는 우리 국민 한 사람당 3만 6,570달러에 달하는 부가가치를 창출하게 되었다. 이를 두고서 우리나라의 정상상태가 얼마였을까 혹은 얼마나 될까 생각해 보자. 2016년도를 고려하면 우리나라의 현 정상상태가 가령 4만 달러쯤 된다고 보는 데 큰 무리가 없어 보인다. 그렇다면 우리는 지금 정상상태에 상당히 가까이 와 있는 셈이 된다.

이제 1960년대 초반으로 돌아가 보기로 하자. 당시에 1인당소득이 1,700달러였는데 이를 보고서도 그 당시 우리나라의 정상상태가 지금의 정상상태인 4만 달러였다고 주장할 사람은 아무도 없을 것이다. 아무리 형편이 어렵더라도 4만 달러의 정상상태를 지닌 경제가 1,700달러에 달하는 부가가치만 창출하고 있을 수는 없다. 더구나 형편이 그 정도로 어렵다면 정상상태가 4만 달러일 확률은 0에 가깝다. 그러므로 보다 더 타당한 것은, 예를 들어서, 우리나라가 그동안 5,000달러에서 1만 달러로, 다시 1만 달러에서 2만 달러로, 또다시 2만 달러에서 3만 달러로 그리고 최근에 와서 3만 달러에서 4만 달러로 반복해서 정상상태를 변화시키는 데 성공했다고 보는 것이다.

이러한 설명은 그럴듯하기는 하지만 '결과를 보고서 거기에 맞춰서 과정을 설명하는' 오류를 범할 가능성이 높은 주장이다. 어떤 일이 계기가 되어서 정상상태를 변화시킬 수 있었는지를 설명할 수 있어야 하고, 그러한 일이 일어나면 항상 정상상태가 변화되는 것인지 밝힐 수 있어야 하고, 비슷한 처지에 놓인 다른 나라들도 그런 일을 따라할 수 있는지 보이기 전에는 전 항의 설명은 유보적인 것이 될 수밖에 없다. 이 책을 집필하면서 필자는 아직 그런 일들을 할 준비가 되어 있지 않음을 인지하고 있다. 그러므로 위의 설명은 그저 그럴듯한 가설일 뿐이다.

열째, 정상상태를 변화시키는 것을 통해서 경제성장의 목표를 달성하는 일은 가능하기는 하지만 결코 쉽지 않다. 정상상태를 반복적으로 변화시키는 것을 통해서 후진국을 중진국으로 그리고 중진국을 선진국으로 변화시키는 일은, 전혀 불가능한 것은 아니지만, 정상상태를 한두 번 변화시키는 일보다 훨씬 더 어렵다. 설령 정상상태를 반복해서 여러 번 변화시키는 일이 가능하다 하더라도, 어떤 일이건 예외 없이 적용되게 마련인 한계생산성체감의 법칙이 이 경우에도 적용될 것이므로, 횟수가 늘어날수록 정상상태를 바꾸기가 더 힘들어져서 종국에는 그 일이 아주 불가능해지는 상황이 도래하게 된다. 그런 일이 일어나면 1인당소득은 더 이상 증가하지 않게 되는 것일까?

이 물음에 대한 답은, 지식정보기술로 대표되는 경제의 소프트자본재의 증가속도가 경제의 장기 성장률을 결정하는 핵심 요소라는 것이 된다. 이는 우리가 3.3.3의 논의를 시작하면서 언급했던 T의 증가속도 x에 해당한다. 경제가 정상상태에 도달한 이후에는 1인당소득은 x의 속도로 증가한다. 즉, 소프트자본재의 증가속도 x가 이 경제의 1인당소득의 장기성장률이 된다. 예를 들어서 x가 연 2%인 경제의 장기성장률은 연 2%로 정해진다. 이제부터는 x가 어떻게 정해지는지 알아보기로 하자.

3.3.3.2 기술진보율의 결정

기술진보율 x의 결정 과정을 설명하는 이론으로는 기술선진국과 기술후진국 사이에서 일어나는 기술전파모형(technology transfer models), 새로운 아이디어를 구현한 중간투입물의 가지 수가 늘어나는 현상을 통해서 기술진보를 이해하는 다양성모형(variety models) 그리고 창조적 파괴 현상을 성장모형으로 발전시킨 품질사다리모형(quality ladder models)이 있다.

기술전파모형은 기술선진국이 보유한 기술을 배워서 자기 것으로 만드는 과정을 통해서 기술진보를 설명한다. 이는 후진국의 경제성장을 설명하는 데 매우 유용하다. 과거의 대한민국이나 오늘날의 중국이 선진기술의 이전을 통해서 선진국과의 기술격차를 줄여왔거나 줄이고 있음은 잘 알려진 사실이다. 이 경우에 기술후진국의 기술진보율은 선진국의 기술을 모방하는 게 얼마나 힘든지 하는 점과 선진국의 기술을 배워서 내 것으로 만드는 데 투입하는 연구개발 인력의 비중 그리고 그들의 생산성에 의해서 정해진다.

선진국과의 기술격차가 클수록 선진국에서는 이제 쓸모가 적어진 기술을 가져다 쓰기가 쉬우므로 모방비용은 기술격차가 클수록 작아진다. 따라서 기술격차가 클수록 선진국을 따라가는 속도가 빨라진다. 또한 기술후진국이 선진국의 기술을 배우고 익히는 데 더 많은 인력을 투입하고 그들의 생산성이 높을수록 더 빠른 속도로 선진기술을 습득할 수 있다.

기술전파를 통한 기술진보에는 뚜렷한 한계가 있다. 하나는 선진국과의 기술차이가 좁혀질수록 기술을 모방하기가 점점 더 힘들어진다는 점이다. 다른 하나는 모방을 통해서는 선진국의 기술을 추월할 수가 없다는 점이다. 선진국의 기술을 추월하려면 모방이 아니라 기술을 창조할 수 있어야 한다. 그렇더라도 선진기술을 모방하는 것은 후진국이 기술진보를 통해 경제를 발전시키는 데 있어서 매우 유효한 전략이다.

기술창조모형이 다양성모형과 품질사다리모형이다. 두 모형 모두 연구개발에 투입하는 인적자원의 비중과 연구개발의 생산성이 기술진보율을 결정하는 핵심요소라고 본다. 전체 노동자 가운데 연구개발에 종사하는 사람의 비중이 클수록 그리고 그들의 생산성이 높을수록 기술진보율이 높게 정해진다.

연구개발에 종사하는 사람들의 비중은 연구개발에 따르는 비용과 편익에 영향을 받는다. 비용에 비해 편익이 클수록 연구개발종사자의 비중이 높아진다. 새로운 기술을 구현한 제품의 판매시장이 클수록, 새로운 기술을 적용한 제품이 시장경쟁력을 갖는 기간이 길수록, 연구개발비에 대한 조세감면효과가 클수록, 연구개발인재에 대한 대우가 좋을수록 연구개발종사자의 비중이 높아질 것이다. 그런 나라가 기술진보율이 높아지고 따라서 장기성장률이 높아진다.

선진국과의 기술격차가 커서 배울 기술이 제아무리 많다 하더라도 선진기술을 습득해서 활용할 능력이 없으면 별 도움이 되지 않는다. 기술습득 능력이 없으면 배우기가 어렵고 앞선 기술을 제대로 쓸 줄을 모른다면 기술을 습득해 보아야 별 도움이 되지 않는다. 그러므로 학습능력과 활용능력을 키우는 일이 기술이전에 있어서도 아주 중요하다.

선진기술을 습득하는 능력과 새로운 기술을 개발하는 능력이 동일한 것은 아니지만 양자 사이의 상관관계는 매우 강하다. 이공계 고등교육의 활성화를 통한 고급 연구개발 인재 양성, 해외에서 훈련받은 내국인 고급두뇌의 환류 촉진, 외국인 고급두뇌 유치, 국내 연구개발 활동의 수익성 제고, 지식재산권 보호, 신기술벤처 지원, 산학연 협동연구기반 조성, 기초연구와 응용연구의 유기적 결합 촉진, R&D에서 정부와 민간기업 간의 합리적인 분업과 협업체계 구축 등을 통해서 기술을 습득하고 개발하고 활용하는 능력을 키울 수 있다.

기술흡수 능력과 기술개발 능력을 키움으로써 기술후진국이 기술선진국을 따라갈 수 있다. 그러한 노력을 더 많이 기울인다면 기술수준이 대등해지는 단계까지도 갈 수 있다. 이를 추격(catching up)이라고 부를 수 있다. 기술개발 능력을 획기적으로 높이는 데 성공하면 앞선 나라를 따라잡는 것에서 더 나아가 기술후진국이 기술선진국으로 변신하는 기술우위의 역전현상을 가져올 수도 있다. 적어도 20년은 뒤떨어져 있다던 우리나라가 전자, 선박, 철강, 자동차 분야에서 일본의 기술과 대등하게 된 것이 추격현상의 예이며, 일본의 자동차 기술이 미국의 그것을 앞지른 것은 역전현상의 예다.

기술발전은 모방과 개선, 경험으로부터의 배움, 초빙한 전문가로부터 배움, 직접투자를 통한 기술이전, 해외유학을 통한 배움, 수입자재를 통한 기술이전, 사용료지불을 통한 기술도입 그리고 자체의 연구개발 활동 등을 통해 이루어진다. 어떤 경우이건 기술을 발전시켰을 때 그것이 나에게 얼마나 큰 이득이 되는가 하는 것과 기술을 발전시키려면 얼마나 큰 대가를 치러야 하는가를 비교 형량해서 전자가 후자보다 클수록 기술발전이 더 활발하게 일어나게 된다. 위에서 나열한 각종 기술발전 활동의 편익을 키우고 비용은 줄이는 정책을 편다면 기술진보율은 틀림없이 높아질 것이다.

우리나라는 2015년[17] 현재 연구개발에 약 60조원을 투자하고 있다. 이는 동년도 GDP의 4.23%에 해당하는 수치로서 이 중에서 정부 및 공공기관이 부담한 연구개발 투자의 비중은 25%이다. 1980년대 초까지만 하더라도 GDP의 0.5% 수준에 불과했던 우리나라의 연구개발 투자는 1984년에 처음으로 1%를 돌파한 이래 꾸준하게 증가하여 1993년에 2.3%, 2007년에 3.0%, 2012년에 4.12%를 기록한 후 지금은 4.23%가 된 것이다. 이 수치는 미국 2.79%, 일본 3.49%, 타이완 3.06%, 싱가포르 2.20%, 중국 2.06% 그리고 OECD 평균 2.40%보다 높은 것이다. 미국과 일본 및 중국의 GDP가 우리나라의 그것보다 훨씬 크므로 규모로는 미국과 일본 및 중국의 R&D 투자액이 우리나라의 그것보다 크다. 2015년 현재 GDP에서 R&D 투자액이 차지하는 비중이 제일 높은 나라는 4.25%인 이스라엘이다.

근로자 1,000명당 R&D 종사자도 한국은 13.74명으로서 9.1명인 미국, 10.11명인 일본 그리고 OECD 평균인 8.05명보다 많다. 이스라엘은 17.38명이고 중국은 1.97명이다.

R&D 투자의 비중이나 연구개발 인력의 비중에서 미국과 일본보다 앞서며 OECD 평균보다 월등하게 우월한 양상을 보이고 있음에도, 지식재산권을 보

17 R&D 관련 OECD 데이터의 가장 최근 자료는 2015년이다.

호하기 위해 다수 국가에 동시에 등재한 특허권[18]의 숫자에서는 가장 최근의 통계가 있는 2014년의 경우에 미국은 1만 4,943.9건, 일본은 1만 7,121.4건 그리고 독일은 4,509.4건을 기록했으나 우리나라는 2,713.1건에 그쳐서 상당히 저조한 실적을 보이고 있다. 이것은 우리나라의 열성적인 R&D 투자가 국제적인 특허권 취득으로 열매를 맺지 못하고 있음을 보여준다. 참고로 보면 타이완은 360.87건, 싱가포르는 145.6건 그리고 영국은 1,807.7건의 실적을 보여서 우리나라가 이들 국가보다는 양호한 성적을 기록하고 있음을 알 수 있다.[19]

3.4 사회간접자본

공용도로, 철로, 항만시설, 공항, 상하수도, 댐, 전력 및 통신 관련 시설과 장비 등 우리가 생산하고 유통하고 소비하면서 살아가는 데 도움을 주는 자본재 중에서 국가나 공기업이 소유하고 관리하며 다수가 공동으로 이용하는 것들을 사회간접자본(social overhead capital, SOC)이라고 부른다.[20] SOC를 다시 하드인프라 그리고 소프트인프라로 구분할 수 있다. 위에서 말한 것은 모두 하드인프라에 해당하고, 중앙은행, 금융감독원, 예금보험공사, 한국거래소, 국책연구기관, 정보화진흥원, 콘텐츠진흥원 등은 소프트인프라에 해당된다.

3.4.1 하드인프라

사회간접자본도 그에 대한 투자와 감가의 상대적 크기에 따라서 증가하거나 감소하게 된다. 감가되는 것보다 투자를 더 많이 하면 증가하고 감가되는

18 이를 'triadic patent families'라고 부른다.

19 OECD. (2017b). *Research & Development Statistics*.

20 간접자본(overhead capital)이라는 개념보다 기간시설(infrastructure)이라는 용어가 이해하기 쉽다.

것도 보충하지 못할 정도로 투자를 적게 하면 감소한다. 사회간접자본은 그것을 이용하는 다수에게 도움을 준다. 소비자는 도로나 철로가 제공하는 서비스를 이용함으로써 효용을 얻고, 생산자는 사회간접자본이 제공하는 서비스를 생산요소로 활용함으로써 혜택을 얻게 된다. 그러므로 어떤 경제이건 적정량의 사회간접자본을 갖추고 있어야 한다.

사회간접자본이 부족하면 소비자는 일상생활을 영위하는 데 많은 불편을 겪게 되며 생산자는 정상적인 생산활동을 전개하기가 어려워진다. 가령 도로나 철로와 같은 교통 및 운송 시설이 크게 부족하고, 있는 것조차 관리가 안 되어서 쓸모가 없다고 하자. 개인은 직장이나 학교 다니는 데 불편을 겪게 되고 친지를 방문하거나 여가 생활을 즐기기가 어려워진다. 기업은 기업대로 생산요소와 생산물을 원활하게 운송할 수가 없어서 영업 활동을 제대로 펼칠 수가 없게 된다. 이는 모든 종류의 인프라에 대해서 똑같이 적용되는 사항이다.

사회간접자본에 대한 투자는 정부나 공공기관이 하고 그 관리와 운영도 정부나 공공기관이 한다. 철도를 예로 들면, 시설투자와 관리 및 운영은 한국철도공사 및 그 자회사들이 맡는다. 전기는 한국전력공사와 한국전력공사가 지분을 갖고 있는 연관회사들이 주축이 되어서 생산하고 유통하고 판매하며 사후관리를 담당한다. 통신은 초기에는 공기업이 시설을 건설하고 서비스를 제공하는 형태로 출발했으나 지금은 민간기업 또는 민영화된 준공기업이 담당하고 있다. 일반도로는 중앙정부 및 지방정부가 건설하고 유지 관리하며, 고속도로는 공기업인 한국도로공사가 건설하고 유지 관리하거나 민간자본유치를 통해 건설하고 해당기업이 유지 관리한다. 대중교통수단인 지하철은 대부분 지방자치단체 산하의 공기업이 건설하고 운영해왔으나 근래에 민자 유치 방식을 도입하기도 하였다. 이 밖에 수자원, 공항, 산업단지, 항만, 관개시설 등의 하드인프라는 공기업의 건설하고 운영하는 방식을 택하고 있다.

사회간접자본을 건설하고 유지하고 관리하는 데는 정부와 공기업 등 공공부문의 역할이 크다. 경제가 필요로 하는 사회간접자본을 적기에 건설해서 효율적인 서비스를 제공하는 것이 공공부문의 책무이다. 그렇지만 사회간접자본에 대한 투자는 민간기업의 투자와는 달리 시장원리를 따르기가 쉽지 않아서 경제가 필요로 하는 자본재의 종류와 품질 그리고 필요로 하는 시기 등을 합리적으로 결정하기기 용이하지 않다. 우리나라는 공공투자 사전 및 사후 평가단을 두어서 공공부문이 제안하는 사회간접자본 투자의 타당성을 점검하고 있지만, 경제성보다는 정치적 고려를 더 중시해서 결정하는 경향을 보이고 있어서, 경제적인 측면에서 보면 정당화하기 어려운 공공투자 사업이 빈번하게 이루어진다. 이를 시정하기 위해서 하드인프라 건설과 운영에 민간사업자의 참여를 유도하고 있으나 아직 초보 단계라서 여러 가지 논란을 낳고 있다.

쉽지 않은 일임에도 불구하고 정부는 그동안 하드인프라 건설에 많은 노력을 기울여 왔다. 도로, 철도, 지하철, 항만, 공항, 수자원, 농어촌기반시설, 산업단지, 주거단지, 연구도시 등 하드인프라 투자가 없었다면 1960년대 초반에 오늘날의 에티오피아만큼이나 가난했던 대한민국이 오늘날 선진국 진입 여부를 논할 정도의 경제발전을 이룩하기는 불가능했을 것이다. 이것은 정부가 공공투자를 중시하는 방향으로 재정을 운용해왔기에 가능한 일이었다. 공공투자의 재원은 궁극적으로는 민간부문이 부담하는 조세에서 나온다. 하드인프라가 있었기에 경제가 잘 돌아가서 세금을 납부할 수 있었고, 거둔 세금의 많은 부분을 하드인프라 건설을 위한 공공투자로 사용한 결과 경제가 더 잘 돌아가고, 그래서 조세수입이 더 늘고, 늘어난 조세수입을 정부가 해야 할 일에 더 적극적으로 투입하는 선순환이 이루어진 것이다.

우리 정부는 과거에 GDP 계정상 정부지출의 36% 정도를 공공투자에 투입하였다. 그러나 외환위기 이후 구조조정 과정에서 대규모의 공적자금을 투입하느라 투자 여력이 줄어든 데다 복지를 중요시하는 방향으로 재정을 운용하기 시작한 결과 지금은 정부 예산의 22% 수준으로 하드인프라 구축을 위한 공공투자의 비중이 하락하였다. 그 결과 공공투자의 대GDP 비중은 외환위기를 겪은 1997년까지는 6% 수준을 유지하였으나 지금은 4.4%로 낮아졌다. 이를 보면 외환위기 이후 하드인프라 건설정책의 우선순위가 낮아지고 있음을 알 수 있다.

3.4.2 소프트인프라

하드인프라는 모두 그 형체가 손에 잡히는 서비스를 제공하는 반면에 소프트인프라는 그렇지 않다. 한국은행, 금융감독원, 예금보험공사, 정보화진흥원, 국책연구기관 등이 소프트인프라 서비스를 제공하는 기관의 예다. 이들은 각각 통화관리, 금융감독, 예금자보호, 빅데이터, 국책연구 서비스 등 구성원들이 광범위하게 이용하는 서비스를 제공한다.

소프트인프라 현황을 나타내는 한 가지 지표로서 해마다 기획재정부가 지정하는 공공기관 리스트를 참고할 수 있다. 이를 보면 2017년 현재 우리나라에는 총 332개의 공공기관이 있다. 공공기관은 다시 30개의 공기업(시장형 14개, 준시장형 16개), 89개의 준정부기관(기금관리형 16개, 위탁집행형 73개) 그리고 202개의 기타 공공기관으로 나뉜다. 이 중에서 소프트인프라 서비스를 제공하는 것으로 볼 수 있는 기관은 위에서 언급한 것 외에 한국장학재단, 한국과학창의재단, 한국국제교류재단, 한국콘텐츠진흥원 등 수십 개에 이른다.

우리나라 경제가 하드웨어인 제조업에서 서비스산업으로 그중심이 이동하고 있으며, 제조업도 지능정보기술을 무기로 한 제4차 산업혁명을 거치면서 소프트화됨에 따라, 시간이 흐를수록 소프트인프라가 갖는 중요성이 증대될 것이다. 2000년대가 되기 이전에는 국민 대다수가 무관심해 하던 빅데이터, 인터넷, 콘텐츠, 게임물관리 등의 미래 지향형 서비스가 중요해진 데서 그러한 추세를 읽을 수 있다.

소프트인프라의 중요성이 빠른 속도로 커지고 있음에도 불구하고 우리나라의 정책 당국자들은 아직도 하드인프라 구축에 치중하고 있다. 도로건설, 철도건설, 신도시건설, 신공항건설, 4대강사업, 연육교건설 등의 예에서 보듯이 가시적인 하드인프라 건설 사업이 국회의원들의 주 관심사가 되고 있다. 1960년대 초반 이래 하드인프라 건설에 지속적으로 매진해온 결과 우리나라는 현재 아주 높은 수준의 사회간접자본 시설을 갖추고 있다. 그러나 소프트인프라 건설에서는 극히 초보단계에 놓여 있다. 가장 큰 문제는 정책 당국자들이나 여론 주도층이 2, 3차 산업혁명 시대의 사고방식에 머물러 있어서 4차 산업혁명의 특징인 지능정보사회에 필요한 소프트인프라가 갖는 중요성에 대해서 제대로 인식하지 못하고 있다는 점이다.

우리는 전 절에서 한 나라의 생산력을 결정하는 요소로서 인적자본, 물적자본, 지식정보기술자본, 사회자본 그리고 자연자본이 중요한데, 현대 경제에서는 인적자본, 물적자본, 지식정보기술자본이 엇비슷 정도로 생산에 기여함을 보았다.[21] 여기에서 논의하는 하드인프라는 물적자본의 일부가 되며 소프트인프라는 지식정보기술자본의 일부가 된다. 경제가 잘되려면 인적자본(사람), 물적자본(기계) 그리고 지식정보기술자본이 균형 있게 발전해야 한다. 우리나라는 그동안 인적자본을 확충하고 물적자본을 축적하는 일에서는 커다란 성과를 거두었으나 지식정보기술자본을 축적하는 일에서는 아직도 미진한 점이 많다.

3.5 소결론

경제성장의 핵심적인 동력은 투자에 있다. 투자란 더 나은 미래를 만드는 일에 우리가 지닌 시간과 정력과 돈을 투입하는 행위를 말한다. 투자를 많이 그리고 잘할수록 그런 나라는 점점 더 잘살게 된다. 더 나은 미래를 만드는 일에 집중해서 국가의 역량을 투입하는 나라가 잘사는 나라로 발전하는 것은 지극히 당연한 일이다. 반면에 국가가 지닌 역량의 대부분을 당장의 만족을 위해서 쓰는 나라는 잘될 수가 없다. 잘사는 나라를 만드는 일은 저절로 되지 않는다. 세상만사가 다 그러하듯이 무엇이건 가치 있는 일을 이루고자 하면 마땅히 그에 합당한 대가를 치러야 한다. 잘살고자 하면 현재의 삶을 희생하고 더 나은 미래를 건설하는 데 치중해야 한다. 현재의 삶을 희생하지 않으면서 더 나은 미래를 기대할 수는 없는 일이다. 더구나 미래를 희생해가면서 현재

21 사회자본 및 자연자본의 역할에 관해서는 제4장에서 논의한다.

의 만족을 추구하면 그 결과가 더 나빠질 것은 너무나 명확하다.

투자의 대상은 사람, 기계와 장비, 하드인프라, 지식정보기술 등 매우 다양하다. 이 모든 것에 대해서 적정량의 투자를 해야 더 나은 미래를 가질 수 있다. 인적자본 투자, 물적자본 투자, 기술 투자가 그래서 중요하다. 투자의 주체는 가계도 되고 기업도 되며 정부도 된다. 누가 되었건 현재의 상태를 유지하는 데 필요한 것 이상으로 투자할 때 경제가 성장하고 발전하게 된다.

우리나라는 국민소득의 40% 이상을 인적자본, 물적자본(하드인프라 포함) 그리고 기술자본을 확충하는 일에 쓰고 있다. 고정자산투자율이 30%, 인적자본투자율이 8% 그리고 연구개발투자율이 5%에 이른다.[22] 그러한 투자가 뒷받침했기에 1960년 초반에 현재의 구매력으로 계산해서 1,700달러 정도이던 1인당소득을 2016년에 3만 6,570달러로 늘려오는 일이 가능했었다.[23] 이를 뒤집어서 말하자면, 1960년대 초반에 20%를 훨씬 밑돌던 총투자율을 현재의 40%대로 증가시켜 오는 데 실패했더라면 2016년의 1인당소득 3만 6,570달러는 결코 달성할 수 없는 허수라는 것이 된다.

제2장에서 살펴보았던 잘사는 나라들이나 성장하는 나라들은 모두 수십 년에 걸쳐서 적정량의 투자를 집행해왔기에 오늘날 잘사는 나라 또는 성장하는 나라가 되었다. 반면에 가난한 나라들이나 성장이 정체 혹은 퇴보 중인 나라들은 하나도 예외 없이 투자율이 매우 낮거나 투자의 효율이 아주 낮은 나라들이다.[24]

적정 수준의 효율적인 투자를 지속해서 행하면 아무리 가난한 나라라도 일정한 시간이 경과하면 잘사는 나라로 성장·발전한다는 사실을 입증하는 사례가 많다. 산업혁명의 후발주자인 미국이 이것을 입증했고, 미국보다 훨씬 늦게 산업화에 나선 일본이 그것을 증명했으며, 일본보다 뒤늦게 산업화에 돌입

22 인적자본투자율 + 물적자본투자율 + 연구개발투자율 = 총투자율이 된다.

23 투자만이 만사는 아니다. 개혁과 개방으로 대표되는 국가적 '혁신'이 없었다면 대한민국의 선진국 진입은 불가능했을 것이다. 이에 관해서는 제7장에서 상세하게 설명한다.

24 최빈국 중에는 소수 엘리트들이 국부를 찬탈하는 수법으로 '투자'를 활용하는 경우가 많다.

했던 싱가포르, 타이완, 대한민국이 그것을 보여주었으며 근래에는 중국과 인도와 베트남이 그러한 사실을 증명해 보이는 중이다. 그 반대의 경우를 보여주는 사례 역시 많다. 스페인과 그리스는 투자를 소홀히 하고 소비에 치중하다가 경제 후퇴를 경험 중이며, 베네수엘라와 아르헨티나는 미래를 희생하고 현재에 치중하다가 파탄을 맞았으며, 사하라 이남 아프리카 국가들은 하나 같이 빈약한 투자 때문에 가난을 벗어나지 못하고 있다. 이 밖에도 방글라데시, 파키스탄, 이라크, 아프가니스탄, 쿠바, 알바니아, 북한 등 투자가 부진하거나 엉뚱한 곳에 투자하다가 경제를 그르친 나라가 많다.

꾸준하게 투자하면 잘살게 된다는 것을 입증하는 나라가 많음에도 불구하고 이 세상에는 꾸준하게 투자하지 못하거나 엉뚱한 데 투자한 결과 경제발전에 실패한 나라가 더 많다. 투자가 경제발전의 1차적 원동력이라 말한 것은 그런 이유에서이다.

그런데 자세히 살펴보면 투자에 성공한 나라는 발전친화적인 경제사회정치 제도와 체제를 가지고 있음에 반해서 투자에 실패한 나라는 발전저해적인 경제사회정치 제도와 체제를 가지고 있음을 발견하게 된다. 모든 구성원들이 자조자립 정신을 갖고 근면성실하게 노동에 임하며, 자녀교육에 열을 올리고, 가계와 기업과 정부가 더 나은 미래를 만드는 투자에 치중하며, 정부가 발전친화적인 정책을 집행하고, 더 나은 미래를 만들기 위해서 현재를 희생하는 방향으로 국정을 운영하는 나라는 반드시 성공한다. 반면에 이것 중 어느 하나라도 부족하면 성공하기 어렵다. 특히 정부가 발전에 저해되는 정책을 집행하고 국가 지도자들이 현재의 필요와 욕구를 충족시키는 데 치중하는 나라는 반드시 쇠망한다.

정부가 발전친화적인 정책을 집행하고 국가 지도자들이 미래지향적인 방향으로 국정을 이끌어 가게 하려면 무엇보다도 나라의 근간(根幹, fundamentals)이 바로 서야 된다. 사회의 주류를 이루는 이념, 체제, 제도, 규범과 관행이 나라의 근간을 이루는 요소들이다. 국가의 근간이 정치와 정책에 영향을 주고, 정치와 정책이 우리가 행하는 경제 활동에 영향을 준다. 그러므로 경제가 잘되고 못되고를 결정하는 궁극적인 요소는 바로 국가의 근간이라고 할 수 있다. 나라의 근간이 바로 서야 경제가 잘된다고 하거나 경제발전의 궁극적인 원동력은 국가의 근간에서 나온다고 말하는 것은 바로 그런 까닭에서이다. 이때 나라의 근간이 바로 서야 한다는 것은 근간이 갖는 속성이 바른 것이어야 한다는 말이다. 필자는 국가의 근간이 지니는 속성 중에서 사유, 자유, 경쟁, 변화와 혁신을 보호하고 보장하며 촉진하고 장려하는 속성들을 핵심 요소로 파악한다.

요약하자면, 모든 사람들이 열과 성을 다해서 일하고, 그렇게 해서 창출한 소득의 많은 부분을 저축하고 그것을 재원으로 해서 교육과 건강으로 대표되는 인적자본을 확충하는 일, 하드인프라를 포함하는 생산설비 즉, 자본재를 확충하는 일, 지식정보기술 즉, 소프트인프라 및 소프트자본재를 확충하는 일에 사용하는 나라는 잘살게 되고 그렇지 않은 나라는 못살게 된다. 투자가 발전의 1차적 동인이라는 말은 바로 그런 뜻이다. 그런데 사람들로 하여금 열심히 일하고 투자하게끔 유도하는 것은 정책과 정치이며 정책과 정치를 좌우하는 것은 한 나라의 근간이 갖는 속성이다. 나라의 근간이 갖는 속성 중에서 핵심적인 것은 그것이 사유, 자유, 경쟁, 변화와 혁신을 보호하고 보장하며 촉진하고 장려하는가 여부이다. 그런 속성을 지닌 근간 위에 세워진 나라는 성공하고 그렇지 못한 근간 위에 세워진 나라는 실패한다. 이런 연유에서 필자는 사유, 자유, 경쟁, 변화와 혁신이 경제발전의 궁극적 동인이라고 주장한다. 이에 관해서는 제7장에서 상세하게 설명한다.

경제발전의 궁극적인 동인에 관해 설명하기 전에 몇 가지 사전 작업이 필요하다. 개방, 문화와 역사와 사회자본, 자연자본, 재정·통화금융·경쟁정책을 집행하는 정부 그리고 국가의 진로를 결정하는 데 핵심적인 역할을 담당하는 정치가 경제발전과 어떤 관련을 갖는지 규명할 필요가 있다. 이들을 편의상 경제발전의 2차적 동인이라고 부를 수 있다. 제4장에서는 개방, 문화, 자연과 경제발전 간의 관계에 대해 알아보며 제6장에서는 정치와 정부 그리고 경제발전 간의 관계에 대해서 알아본다.

부록

경제성장이론 개관

3A.1 신고전학파 경제성장모형

MIT에서 평생을 교수로 봉직하던 쏠로우(1956, 1957)가 1950년대 중반에 제시한 일련의 이론모형이 신고전학파 경제성장모형(neoclassical growth models)의 효시이다. 그래서 Solow growth model이라고도 부르는데, 사실은 비슷한 시기에 스완(1956) 역시 쏠로우가 제시한 것과 유사한 성장모형을 개척하였다. 이를 반영해서 지금은 Solow-Swan model이라고 부르는 것이 관행이 되었다.

신고전학파 성장모형은 1인당 생산량의 지속적 성장을 가져오는 동인인 기술진보율을 모형 밖에서 주어진 것으로 취급하기 때문에 외생적 성장모형이라고도 부른다. 그러나 어떤 모형이 외생적인가 내생적인 하는 점은 오로지 정도의 문제일 뿐이다. 어떤 모형이건 우리가 상정할 수 있는 모든 요인을 내생변수로서 설명할 수는 없기 때문이다. 사실 신고전학파 성장모형은 경제성장을 추동하는 수많은 요인들을 외생적인 것으로 상정한다. 예를 들어서 인구증가율, 저축률과 투자율, 교육의 양과 질, 기술진보의 속도 등을 외생변수로 취급한다. 그럼에도 불구하고 아래에서 보듯이 신고전학파 성장모형은 경제성장에 관련된 수많은 사실을 잘 설명한다.

3A.1.1 모형의 설정

신고전학파 성장모형은 생산, 소득의 사용, 저축과 투자의 균형, 자본축적, 노동력 증가, 인적자본 그리고 기술진보에 관한 가설로 구성된다.

3A.1.1.1 생산

한 경제가 일정 기간 동안에 창출하는 재화와 용역의 총량(Y)은 그 경제가 생산을 위해 투입하는 노동력(L)과 자본재(K)의 양, 각 노동자가 지닌 인적자본(h)의 양, 경제의 전반적인 기술수준(T) 그리고 이 경제의 조직과 운영에 관한 효율성(E)에 의해서 정해진다. 이러한 투입과 산출 관계를 명시적인 함수로 나타낸 대표적인 예를 보면 다음과 같다.[25]

$$Y=E\cdot[K^{\alpha}\cdot(ThL)^{1-\alpha}],\ o<\alpha<1 \tag{3A.1}$$

이는 국민총생산량 Y가 물적자본 K, 인적자본 $H=hL$, 경제의 전반적인 기술 T의 콥·더글러스 함수로 정해지며 효율성의 척도 E는 이 콥·더글러스 생산함수를 회전(rotate)시키는 요소로 포함됨을 보여준다.[26] 당연한 말이지만 물적자본 K의 투입량이 많을수록, 인적자본 H의 투입량이 많을수록 그리고 경제의 전반적인 기술수준 T가 앞서 있을수록 총생산량 Y가 크게 정해진다.

효율성의 척도인 E가 커지면(효율성이 증대되면) 같은 양의 물적자본과 인적자본을 투입하고 같은 수준의 기술을 활용하더라도 더 많은 양의 산출물을 생산할 수 있게 된다. 인적자본 H는 노동력 L 또는 각 노동자가 지닌 인적자본 h가 증가함에 따라서 늘어나게 된다. 한 경제가 지닌 인적자본의 총량 H를 노동자와 노동자가 지닌 인적자본의 양을 곱한 hL로 보았듯이, 물적자본의 총량 K 역시 한 경제가 지닌 '기계'의 양과 성능을 함께 고려한 값으로 이해함이 옳다.

위의 생산함수에서 α는 자본재가 생산에 대해 기여하는 정도를 나타내는 파라미터이다. 콥·더글러스 함수는 생산에 대한 물적자본의 기여도가 α 그리고 인적자본의 기여도가 $1-\alpha$임을 상정한 함수로서 이런 형태의 함수를 '선형

25 이 식은 본문의 식 (3.1)을 노동증강기술진보(labor augmented technological progress)를 반영하는 콥·더글러스 함수로 표현한 것이다. 단순화를 위해 자원 X와 정부의 역할을 나타내는 G 및 τ를 생략하고 있다.

26 총생산함수를 콥·더글러스 함수형태로 상정한 것은 오로지 설명의 편의를 위한 것이다. 거의 모든 신고전학파 성장모형은 이보다 훨씬 더 일반적인 함수를 상정한다.

동차'라고 부르기도 한다. 생산요소시장이 경쟁적으로 작동하는 경우에는 물적자본과 인적자본 사이의 산출물 배분비율이 α대 $1-\alpha$로 정해진다. α는 0보다 크고 1보다 작은 값을 갖는다(α가 0이면 자본재 K가 전혀 쓸모없는 상황을 그리고 α가 1이면 노동투입이 전혀 쓸모가 없는 상황을 나타낸다. 실증적인 자료를 보면 주요 선진국들의 경우에 α값은 1/3 내외로 나타난다).

3A.1.1.2 소득의 처분

국민경제의 관점에서 보면 그 나라 국민들이 기여해서 생산한 재화와 서비스의 가치는 어떤 형태이건 모두 다 그들의 소득으로 배분되게 마련이다. 그러므로 위에서 본 Y는 국민총생산이면서 동시에 국민소득이 된다. 사람들은 소득 Y를 소비하거나 저축하는 데 사용한다. 여기에서 소비라 함은 지금 당장의 생존과 행복을 위해서 생산된 재화를 사용하는 행위를 지칭하며 저축이라 함은 더 나은 미래를 도모하기 위해서 쓰지 않고 남겨두는 몫을 지칭한다. 이제 소비를 C 그리고 저축을 S라 하면 다음과 같은 관계가 성립한다.

$$Y=C+S \tag{3A.2}$$

나라마다 국민들이 소득을 소비와 저축으로 나누는 비율이 같지 않으므로 저축률이 높은 나라도 있고 낮은 나라도 있다. 저축률이 높은 나라는 미래 지향적인 나라이고 저축률이 낮은 나라는 현세 지향적인 나라라고 할 수 있다. 이 단계에서는 저축률이 어떻게 정해지는지에 관한 논의를 생략한 채 일단 저축률이 γ로 주어진 것으로 본다. 즉, 이 나라 국민들은 소득 중 γY는 저축으로 그리고 $(1-\gamma)Y$는 소비로 사용한다.

3A.1.1.3 투자와 물적자본 축적

물적자본 K는 투자와 감가상각을 반영해서 다음과 같이 변화한다.

$$\dot{K}=I-\delta K \tag{3A.3}$$

여기에서 $\dot{K}$는 물적자본의 변화(증감)를 표시하며 I는 물적자본을 늘리는 행위 즉, 투자를 나타내고 δK는 생산과정에서 마모되거나 쓸모없게 되는 물적자본의 양을 나타낸다. 후자를 물적자본의 감가상각이라고 부르기도 한다.

식 (3A.3)에서 보듯이 감가상각되는 물적자본의 양보다 투자를 더 많이 하면 물적자본의 양이 늘어나고 그 반대의 경우에는 물적자본의 양이 줄어든다.

3A.1.1.4 저축과 투자의 균형

투자 I의 재원을 어디에서 조달하는가? 오늘날처럼 개방된 경제에서는 국내에서는 물론이거니와 해외에서 조달한 자금도 국내투자의 재원으로 쓰인다. 그러나 지금의 논의에서는 단순화를 위해서 국내투자의 재원은 모두 국내저축 S로 충당되는 것으로 가정한다. 여기에서 국내저축으로 충당된다 함은 가계와 기업과 정부 등이 저축한 재원을 가계와 기업과 정부가 투자에 사용함을 의미한다. 그러기 위해서는 누구인가가 저축과 투자를 매개해야 하는데 현대 경제에서 그 역할을 맡는 것이 금융부문이다. 금융부문이 그 맡은 역할을 제대로 수행한다는 전제 아래서 다음과 같은 관계를 상정한다(금융과 경제성장에 관해서는 제6장에서 다룬다).

$$I=S=\gamma Y \tag{3A.4}$$

이제 식 (3A.3)과 식 (3A.4)를 결합하면 다음과 같은 관계가 성립하게 된다.

$$\dot{K}=\gamma Y-\delta K \tag{3A.5}$$

3A.1.1.5 노동력증가, 인적자본 형성, 기술진보

인구가 N명이라고 해서 N명 모두가 근로자 L이 되는 것은 아니다. 유아와 청소년과 학생과 군인과 가정주부와 노인과 병자 등을 제외한 건장한 성인 남녀를 노동인구라고 하는데 이 노동인구 중에서도 실제로 노동에 임하는 사람을 고용자로 부르고 일자리가 없이 노동인구로 남아 있는 사람을 실업자로 부른다. 식 (3A.1)에 포함되는 L은 고용자에 해당한다.[27] 논의의 단순화를 기하

27 더 정확하게는 고용자 수에다 그들의 노동시간을 곱해서 얻은 총노동시간을 나타낸다.

기 위해서 이하에서는 L이 n의 속도로 증가하는 것으로 가정한다. 즉,

$$\frac{\dot{L}}{L} = n \text{ or, } L(t) = L(0)e^{nt} \tag{3A.6}$$

근로자 L명이 모두 똑같이 유능한 것은 아니다. 그가 지닌 인적자본의 양과 질에 따라서 근로자마다 노동성과가 다를 것이다. 이제 각각의 근로자마다 한 단위의 노동력을 지니고 있고 각 근로자가 지닌 인적자본이 h_i라면 $\sum_{i=1}^{i=L} h_i$가 L명의 근로자가 투입하는 노동력이 된다. 편의상 모든 근로자가 동일한 인적자본 h를 갖고 있다고 하자. 이 경우 노동투입량은 hL로 주어진다.

근로자가 지닌 인적자본은 다음과 같이 정해지는 것으로 상정한다.

$$h = h_0 e^{\psi u} \tag{3A.7}$$

여기에서 h_0는 이 경제의 근로자들이 태어날 때부터 지닌 인적자본의 양을 표시하며 이는 나라의 역사, 관습, 문화, 종교, 가정환경 등에 의해서 정해진다. 그런 의미에서 이를 사회적 인적자본이라고 부를 수도 있다. u는 근로자가 인적자본 형성을 위해 노력한 정도를 나타내는데 일반적으로는 근로자가 이수한 교육 및 훈련의 양으로 측정한다. ψ는 인적자본 형성을 위해 기울인 노력 u가 얼마나 효과적인가 나타내는 파라미터로서 이를 교육 및 훈련의 질로 이해할 수 있다. 결국 이 나라 근로자의 인적자본은 그가 얼마나 좋은 자질을 갖고 태어났는지, 그가 교육, 훈련, 건강 등에 얼마나 많이 투자했는지, 그가 행한 교육, 훈련, 건강에 대한 투자가 얼마나 생산적인지 등에 의해 정해진다.

신고전학파 성장모형에서는 기술진보를 외생적으로 주어진 것으로 놓고 논의를 전개한다. 그러한 전통을 따라서 이 경제의 기술 수준이 다음과 같이 변화해나가는 것으로 가정한다.

$$T(t) = T(0)e^{xt} \tag{3A.8}$$

$T(t)$는 t 시점의 기술수준을 나타내는데 이는 초기의 기술수준 $T(0)$가 시간이 경과함에 따라서 x의 속도로 진보된 결과로 정해진다. 즉, 기술진보율이

x이다. 기술진보율 x는 얼마나 유능한 인재들이 얼마나 많이 연구개발에 종사하는가, 그들이 얼마나 성능이 좋은 기구와 재료를 갖고 연구개발에 임하는가, 이 나라의 기술수준은 어느 정도이며 기술 최선진국과의 기술차이는 어느 정도나 되는가, 앞선 기술을 배워서 응용하기가 얼마나 용이한가, 새로운 기술을 개발했을 때 예상 되는 수익의 크기와 수익을 향유할 수 있는 기간이 얼마나 되는가, 이 나라가 연구개발에 얼마나 우호적인 정책을 펼치는가와 같은 실로 다양한 요인에 의해서 정해진다. 여기에서는 이 모든 것을 반영해서 이 나라의 기술이 x의 속도로 꾸준하게 진보되는 것으로 상정한다.

3A.1.1.6 효율성

경제의 총생산함수 식(3A.1)에 관한 설명에서 이제 남은 하나의 변수는 효율성 척도 E이다. 효율성이란 한 나라가 그가 갖고 있는 생산요소와 기술을 얼마나 효과적으로 활용하는가를 측정하는 척도이다. 생산요소와 기술을 제대로 활용하지 못해서 낭비하거나 엉뚱한 것을 생산하거나 오히려 해가 되는 것을 생산하는 나라는 $E=0$에 가까운 값을 지니고, 생산요소와 기술을 효과적으로 활용함으로써 그것들이 지닌 능력의 최대치에 해당하는 재화와 서비스를 생산하는 나라는 $E=1$이 된다.

E가 0에 가까운 나라는 불행하다. 경제를 조직하고 운영하는 방식이 너무나 비효율적이어서 가지고 있는 생산요소와 기술을 놀리거나 낭비하거나 엉뚱한 곳에 사용하는 바람에 가난을 면하지 못한다. 노동력을 예로 들자면 일을 하고자 해도 일할 곳이 없거나, 일을 해도 자기에게 돌아오는 몫이 적거나, 일할 자유가 극도로 제한되면 노동욕구가 생기거나 노동능률이 오를 수 없다.

효율성의 척도 E의 크기는 나라마다 다른 게 현실인데 그렇게 되는 이유는 체제와 이념과 규범과 관행과 정책이 나라별로 차이가 나며 그 차이가 경제와 사회를 조직하고 운영하는 방식을 결정하는 데 결정적인 영향을 주기 때문이다. 아제모을루와 로빈슨(2012)에 의하면 한 나라의 정치와 경제 시스템이 착취적(extractive)이면 E가 0에 근접한 값을 갖게 되어 아주 비효율적인 국가가 되고, 정치와 경제 시스템이 포용적(inclusive)이면 E가 1에 근접한 값을 갖게 되어 아주 효율적인 국가가 된다고 한다.

우리가 살아가면서 행하는 일들을 생산활동(productive activities), 약탈행위(predatory activities), 보호활동(protective activities)으로 나눌 때, 한 나라의 국민들이 주로 어떤 일에 치중하면서 한평생을 살아가는가에 따라서 결과가 달라진다. 국가의 운영 시스템이 국민의 대다수로 하여금 생산적인 일에 종사하도록 유도하는 나라는 잘살게 되고, 국가 운영 시스템이 잘못 설계되어서 남이 이룩해 놓은 것을 빼앗아 먹고 살아가려는 사람이 많은 나라는 못살게 된다. 빼앗길 것을 예상하여 생산적인 활동이 위축되고 빼앗기지 않기 위해 방어하느라 생산적인 활동에 종사할 여력이 줄게 된다. 이를 효율성과 연결시켜 보면, 국민들 사이에 착취적인 활동이 만연되어 있는 나라는 비효율적이 되고 국민 대다수가 생산적인 활동에 전념하는 나라는 효율적이 된다.

제3장의 논의에서는 $E=1$로 상정한다. 효율성에 관한 자세한 논의는 제7장에서 다루게 된다.

3A.1.2 운동방정식의 도출law of motion

위에 제시한 모형에서 경제주체들이 의도적으로 결정하는 변수는 소비, 저축, 투자이다(노동참여와 노동수요도 시장에서 정해지지만 위 모형에서는 완전고용을 상정하고 있다. 노동공급이 n의 속도로 증가하는 것으로 상정하였으므로 노동력이 완전하게 고용된다는 것은 일자리도 n의 속도로 증가하거나 아니면 늘어난 노동자들을 수용하기 위해 노동자 각자가 전보다 더 적은 양의 자본재를 갖고 일하게 됨을 의미한다).

생산요소의 완전고용상태에서 소득이 정해지고 소득은 소비와 저축으로 나누어 쓰이며 저축된 자원은 투자로 쓰이게 되므로, 결국 투자율 γ가 유일한 선택사항이 된다. 그런데 위의 모형에서는 이것마저도 주어진 것으로 보고 있으므로 결국 우리가 고려하는 모형은 상당히 기계적인 모형이다. 이는 설명의 편의성을 고려한 것일 뿐 고용과 저축과 투자와 소비 등을 내생적으로 결정하는 상황에 대해 공부하는 것은 그리 어렵지 않은 일이다.

이제 이 경제가 어떻게 변화해갈지 알아보기 위해 아래와 같은 변수변환을 해보기로 하자.

$$\tilde{y}=\frac{Y}{T(hL)},\ \tilde{k}=\frac{K}{T(hL)} \tag{3A.9}$$

이는 각각 유효노동력[28] 한 단위당 생산량 및 유효노동력 한 단위당 자본재의 양을 나타낸다. 우리가 통상적으로 관심을 갖는 1인당 생산량 및 1인당 자본량과는 다른 변수임에 주목하자. 아래와 같은 관계가 성립한다.

$$\tilde{y}=\frac{K^{\alpha}(ThL)^{1-\alpha}}{ThL}=\left(\frac{K}{ThL}\right)^{\alpha}=(\tilde{k})^{\alpha} \tag{3A.10}$$

이를 보면 유효노동력 한 단위당 자본재 $\tilde{k}$가 유효노동력 한 단위당 생산량 $\tilde{y}$를 결정하는 유일한 변수임을 알 수 있다. 우리가 $\tilde{k}$가 어떻게 변화할지 알게 되면 그로부터 $\tilde{y}$가 어떻게 변화할지 알 수 있다. 약간의 계산과정을 거치면 다음과 같은 식을 얻을 수 있다. 여기에서 $\dot{\tilde{k}}$는 $\tilde{k}$가 시간이 경과함에 따라서 증가하거나 감소하는 크기를 나타낸다.

$$\dot{\tilde{k}}=\gamma(\tilde{k})^{\alpha}-(x+n+\delta)\tilde{k} \tag{3A.11}$$

이 식 우변의 첫 항은 유효노동력 한 단위당 실제 투자를 나타내고 둘째 항은 현상유지에 필요한 투자를 나타낸다. 실제 투자가 필요 투자보다 많으면 $\tilde{k}$가 늘어나고 그 반대이면 줄어든다. $\tilde{k}$가 늘어나면 위 식 (3A.10)에서 보듯이 $\tilde{y}$도 늘어나게 된다. 즉, 유효노동력 한 단위당 생산량이 늘어나서 사람들이 점차 더 부유해진다.

---

28 L은 노동자 수 또는 총노동시간, h는 각각의 근로자가 지닌 인적자본의 양 그리고 T는 근로자라면 누구나 활용할 수 있는 기술을 나타낸다. 따라서 ThL은 노동자가 지닌 생산능력의 총량을 나타낸다. 이를 유효노동력이라고 부른다.

이를 보면 $\tilde{y}$가 증가할 것인지의 여부는 $\tilde{k}$가 증가하느냐 여부에 달려 있음을 알 수 있다. 생산함수에 관한 일반적인 조건하에서 살펴보면, $\tilde{k}$가 작은 값을 가질 때는 실제 투자가 필요 투자보다 많아서 $\tilde{k}$가 증가하며 $\tilde{k}$가 큰 값일 때는 실제 투자가 필요 투자보다 적어서 $\tilde{k}$가 감소함을 증명할 수 있다. 이런 사실은 $\tilde{k}$가 특정한 값을 지닐 때 그것이 더 이상 증가하지도 감소하지도 않을 것임을 짐작하게 한다. 그러한 값을 $\tilde{k}^*$로 표기하기로 하자. 이는 $\tilde{k}$가 증가하지도 감소하지도 않고 제자리에 머물러 있는 상황을 나타낸다. 경제성장이론에서는 이를 '정상상태(stationary state)'라고 부르는 게 관행이다.

식 (3A.11)에서 $\dot{\tilde{k}}$를 0이 되게 만드는 유효노동력 한 단위당 자본 $(\tilde{k})^*$를 구할 수 있다. 그 값은 아래의 식으로 주어진다.

$$\tilde{k}^* = \left[\frac{\gamma}{x+n+\delta}\right]^{\frac{1}{1-\alpha}} \tag{3A.12}$$

이것을 식 (3A.10)에 대입하면 아래와 같이 정상상태의 유효노동력 한 단위당 생산량 $(\tilde{y})^*$를 구할 수 있다.

$$\tilde{y}^* = \left[\frac{\gamma}{x+n+\delta}\right]^{\frac{\alpha}{1-\alpha}} \tag{3A.13}$$

우리가 통상적으로 관심을 갖는 1인당 생산량 y는 $\tilde{y}\cdot h\cdot T$와 같으므로, 1인당 생산량 y는 아래와 같이 변화할 것임을 알 수 있다.

$$y(t) = \tilde{y}(t)\cdot h\cdot T(t) \rightarrow (\tilde{y})^*\cdot h\cdot T(\tau)e^{x(t-\tau)} \tag{3A.14}$$

이제 식 (3A.7)과 식 (3A.13)에 주어진 h와 $(\tilde{y})^* \equiv \tilde{y}(\tau)$값을 식 (3A.14)에 대입하면 아래와 같은 관계식을 얻게 된다.

$$y(t) \rightarrow \left[\frac{\gamma}{x+n+\delta}\right]^{\frac{\alpha}{1-\alpha}} h_0 e^{\psi u} T(\tau)e^{x(t-\tau)} \equiv \bar{y}(\tau)e^{x(t-\tau)} \tag{3A.15}$$

위에서 τ는 이 경제가 정상상태에 도달한 시점 즉, 유효노동력 한 단위당 생산량 $\tilde{y}$가 초기치 $\tilde{y}(0)$에서 출발해서 정상상태 $(\tilde{y})^*$에 도달한 시점을 나타낸다. 또한 $T(\tau)$는 이 경제가 τ 시점에 도달한 기술수준을 나타낸다. 식 (3A.15)에서 보듯이 정상상태의 1인당소득 $\bar{y}(\tau)$는 아래 식과 같이 정의된다.

$$\bar{y}(\tau)=\left(\frac{\gamma}{n+\delta+x}\right)^{\frac{\alpha}{1-\alpha}}\cdot h_0 e^{\psi u}\cdot T(\tau) \tag{3A.16}$$

경제가 정상상태에 도달한 시점에서 정해지는 1인당생산량 $\bar{y}(\tau)$는 이 경제의 저축률=투자율 γ, 노동력증가율 n, 기술진보율 x, 생산함수에 포함되는 자본의 계수 α, 초기 인적자본량 h_0, 교육 및 훈련의 양 u, 교육 및 훈련의 생산성 ψ, 그리고 정상상태에 도달했을 때의 기술수준 $T(\tau)$에 의해서 정해진다.

식 (3A.16)에서 볼 수 있듯이 투자율 γ가 높을수록, 인구증가율 n이 낮을수록, 감가상각률 δ가 작을수록, 자본의 계수 α가 클수록 $\bar{y}(\tau)$가 큰 값으로 정해진다. 또한 초기의 인적자본 h_0가 클수록, 교육 및 훈련 기간 u가 길수록, 교육 및 훈련의 생산성 ψ가 높을수록 $\bar{y}(\tau)$가 큰 값으로 정해진다.

기술진보율 x는 $\bar{y}(\tau)$에 대해 두 가지 상반된 힘을 발휘한다. 식 (3A.16)을 보면, x가 커질 때 식 (3A.16) 우변의 첫 항 즉, $(\tilde{y})^*$는 감소하지만 식 (3A.16) 우변의 세 번째 항인 $T(\tau)\equiv T(0)e^{x\tau}$는 증가함을 알 수 있다. 전자는 수준(level)에 대해 미치는 1회성 영향이고 후자는 증가율(growth rate)에 대해 미치는 지속성 영향이다. 증가율이 지니는 누적효과를 고려하면 성장효과(growth effect)가 수준효과(level effect)보다 클 것임을 짐작할 수 있다. 즉, 기술진보율 x가 높아지면 $\bar{y}(\tau)$의 값도 커질 가능성이 매우 높다.

이것만이 아니다. 식 (3A.15)를 잘 보면, y가 경제의 장기 종착점 $\bar{y}(\tau)$에 도달한 이후에도 y는 계속해서 x의 비율로 증가하게 됨을 알 수 있다. 그러므로 x가 이 경제의 장기 성장률이 된다. 당연한 말이지만 x가 클수록 이 경제는 더 빠른 속도로 성장하게 된다.

3A.1.3 신고전학파 모형을 이용한 경제성장 이해

3A.1.3.1 성장률의 결정

우리가 도출한 식 (3A.15)를 보면 노동자 1인당생산량 y는 초기상태 $y(0)$에서 출발해서 장기 정상상태의 생산량 $\bar{y}(\tau)$를 향해 성장해 나가다가 τ 시점에 $\bar{y}(\tau)$에 도달한 이후에는 기술진보속도 x를 따라서 성장하게 됨을 알 수 있다. 그런데 τ 시점에서의 기술수준 $T(\tau)$는 초기의 기술수준 $T(0)$가 τ 기간 동안 발전한 것을 나타내므로 다음과 같은 관계가 성립한다.

$$T(\tau)=T(0)e^{x\tau} \tag{3A.17}$$

이를 보면 $T(0)$에서 $T(\tau)$에 이르는 동안에도 기술수준 T는 x의 속도로 발전하고 있음을 알 수 있다. 이로부터 다음과 같은 함의를 도출할 수 있다.

함의 1 1인당소득 y가 $y(0)$에서 $y(\tau)$를 향해 성장해 가는 동안에는 1인당소득의 성장률이 기술진보율 x보다 큰 값으로 정해진다. 그러나 τ 시점이 되어 경제가 정상상태에 도달한 이후에는 1인당소득의 성장률이 기술진보율 x로 정해진다. 즉, 1인당소득의 증가율이 x보다 높은 값에서 시작해서 장기적으로 x를 향해 수렴해간다.

기술진보율 x가 3%인 경제라면, 경제발전의 초기에는 1인당소득 성장률이 연 3%보다 높은 수준인 예를 들어서 6%를 기록하다가 정상상태에 이르면 3%로 수렴하며 그 이후에는 장기성장률 3%가 유지된다. 이때 경제발전 초기의 성장률이 장기성장률 x보다 얼마나 높게 정해질 것인가 하는 점은, 초기 소득 $y(0)$가 정상상태의 1인당소득 $\bar{y}(\tau)$에 비해 얼마나 작은가 즉, 경제의 장기 포텐셜에 비해 출발점이 얼마나 멀리 뒤떨어져 있느냐에 의해서 정해진다. $y(0)$와 $\bar{y}(\tau)$ 사이의 갭이 클수록 초기 성장률이 높게 정해진다. 이 논의를 식으로 정리하면 아래와 같다.

$$g(t)=\begin{cases}\theta(t)+x, & \text{for } 0\le t\le\tau \\ x & \text{, for } 0\ge\tau\end{cases} \tag{3A.18}$$

여기에서 $g(t)$는 1인당소득증가율 그리고 $\theta(t)$는 이행성장률(transition growth rate)을 나타내는데 위에서 설명한 바대로 $\lim_{t=\tau}\theta(t) \rightarrow \theta(\tau)=0$이 성립한다. 1인당소득 증가율 $g(t)$는 이행성장률 $\theta(t)$ 또는 장기성장률 x가 클수록 큰 값을 지니게 된다.

3A.1.3.2 정상상태를 변화시키는 여건 변화와 경제성장

경제성장률에 관한 위의 논의는 γ, n, x, δ, ψ, u, h_0, T_0, α 등의 파라미터들이 일정한 값에 고정되어 있을 때 성립하는 얘기이다. 이들 파라미터 중에 하나라도 변화되면 정상상태의 1인당소득 $\bar{y}(\tau)$도 변화된다. 정상상태가 달라진다는 것은 당초의 정상상태를 향해 움직여 가던 경제가 운행경로를 변경해서 새로운 정상상태를 향해서 움직이기 시작함을 의미한다. 정상상태가 변화되면 그곳에 도달하는 시점이 전보다 빨라지거나 늦어진다. 예를 들어서 정상상태의 1인당소득이 커지면 그곳에 도달하는 시점이 본래의 정상상태에 도달하는 시점보다 늦어진다. 결과적으로 이 경제는 원래보다 더 오랜 동안 이행성장을 경험하게 된다. 이것은 또한 새로운 정상상태에 도달할 때까지의 실제 경제성장률이 전에 비해 높아질 것임을 의미한다.[29] 결국 정상상태의 1인당소득을 증가시키는 상황변화가 생기면 경제성장률의 변화경로가 한 단계 상향 점프하게 된다는 결론을 얻게 된다.

기초 파라미터 중에서 α는 생산의 기술적 특성에 의해 정해지는 것으로서 임의로 변화시키기 어렵다. 하지만 투자율, 인구증가율, 기술진보율, 교육훈련 연한과 교육의 생산성 등은 경제주체들의 선택에 영향을 줌으로써 변화시킬 수 있다. 국가 간 인구이동이나 외국과의 기술교류가 이루어지면 인적자본과 기술의 초기 값이 달라질 수도 있다. 즉, γ, n, x, u, ψ 등을 의도적으로 변화시킬 수 있으며, 이민이나 기술교류를 통해 h_0나 $T(0)$의 변화를 유도할 수 있다.

29 원래의 정상상태에 근접해가면서 낮아지던 이행성장률이 더 멀리 떨어진 새로운 정상상태를 향해 가게 되므로 위로 점프했다가 다시금 하락하기 시작하게 되기 때문에 그렇게 된다.

정상상태에 긍정적인 변화를 유발하는 방향으로 기초 파라미터가 변화되는 일이 1회성으로 그치지 않고 반복적으로 일어나면, 정상상태도 반복적으로 점점 더 큰 값으로 이동하게 된다. 우리나라의 경우를 예로 들면, 투자율 γ가 10% 수준에서 40% 수준으로 높아졌다가 30% 수준으로 낮아졌으며, 연 2%를 상회하던 인구증가율이 꾸준히 낮아져서 지금은 1% 이하가 되었고, 5년 미만이던 교육연수가 지금은 12년에 이른다. 기초 파라미터 가운데 교육과 훈련의 생산성이 어떻게 변화했는지는 잘 알 수 없다. 경제의 개방화가 진전되어 왔으므로 h_0나 $T(0)$의 크기도 여러 차례에 걸쳐 초기 값보다 커졌을 가능성이 높다. 그러나 이에 관해 명확한 증거가 존재하는 것은 아니다. 그렇더라도 투자율, 인구증가율, 교육훈련 연한의 변화만으로도 정상상태의 1인당소득이 적어도 몇 차례에 걸쳐서 반복적으로 증가되어 왔을 것임을 짐작할 수 있다. 이것이 우리 경제가 비교적 오랜 기간에 걸쳐서 높은 성장률을 유지할 수 있었던 까닭이라고 판단된다.

기초 파라미터의 긍정적인 변화가 반복적으로 일어난 덕분에 정상상태의 1인당소득이 반복적으로 증대되는 일은 가능한 현상이기는 하지만 그것을 통해 1인당소득을 증가시키는 일은 머지않아 한계에 봉착한다. 투자율을 높이거나, 인구증가율을 낮추거나, 교육의 양이나 질을 늘리고 향상시키는 일을 무한정 반복할 수는 없기 때문이다. 또한 h_0나 T_0가 변화되는 일은 어쩌다 생기는 일이지 그런 일이 반복되리라고 기대할 수는 없다. 이는 정상상태를 변화시키는 일이 점점 더 어려워 질 것임을 의미한다. 즉, 경제의 기초가 되는 조건들을 긍정적인 방향으로 변화시킴으로써 정상상태의 1인당소득을 크게 만드는 일에도 한계생산성체감의 법칙이 작용한다. 그 결과 아무리 노력해도 정상상태의 1인당소득 $\bar{y}$를 더 이상 늘릴 수 없는 한계에 봉착하게 된다. $\bar{y}^{\Omega}$로 그러한 한계를 나타내기로 하자. $\bar{y}^{\Omega}$가 이 경제가 긍정적인 방향으로의 변화를 통해서 정상상태의 1인당소득 $\bar{y}$를 증가시킬 수 있는 상한(upper limit)이 된다.

3A.1.3.3 투자율의 상승과 경제성장

식 (3A.15)를 보면, 투자율 γ가 높아지면 $\bar{y}(\tau)$를 이루는 세 구성요소 중 $\tilde{y}^*$의 값이 커지게 됨을 알 수 있다. 즉, 투자율이 높아지면 정상상태의 1인당 소득이 커지게 된다. 그 결과 국민들이 장기적으로 전보다 더 부유해지고 이행성장률도 처음보다 높아진다. 우리나라의 (물적자본) 투자율 변화양상을 살펴보면, 1960년의 9.7%에서 시작해서 1990년대 중반의 40% 수준에 이르기까지 상승추세를 보이다가 외환위기 이후 하락추세로 반전되어 현재는 30% 수준에 있음을 알 수 있다. 이러한 투자율의 변화양상으로부터 정상상태에서의 1인당소득 $\bar{y}(\tau)$가, 1960년의 매우 작은 수준에서 출발하여 1990년대 중반까지는 상당히 빠른 속도로 증가해오다가, 외환위기 이후 증가 폭이 둔화되거나 오히려 감소했을 것임을 짐작하게 해준다. 1990년대 중반까지 우리나라가 매우 높은 경제성장률을 유지할 수 있었던 것은 더 밝은 미래를 위해 허리띠를 졸라매면서 꾸준하게 투자를 늘려온 우리 국민들의 선택이 있었기에 가능했다. 외환위기 이후에 우리 경제의 성장 속도가 위기 이전의 7%대에서 2%대로 낮아진 것도 외환위기를 겪고 난 후부터 투자율이 낮아진 것과 무관하지 않다.

투자율이 연 10%에서 40%로 증가한 것의 소득증가효과는 얼마나 될까? 신고전학파 성장모형이 이 물음에 답을 준다. 신고전학파 성장모형에 의하면 인구증가율이 1.5%, 감가상각률이 5%, 기술진보율이 3.5% 그리고 GDP 산출에 물적자본이 기여하는 비율 즉, 자본의 계수가 1/3일 때, 투자율을 γ라 하면 정상상태의 1인당소득은 $\sqrt{10\gamma}$에 비례해서 정해진다. 이것은 투자율이 10%에서 40%로 상승한 것의 결과로, 다른 모든 것은 그대로 있을 때, 정상상태의 1인당소득이 2배 증가할 것임을 의미한다.

3A.1.3.4 교육의 확산과 경제성장

식 (3A.15)를 보면 초기의 인적자본 h_0가 커지거나, 교육과 훈련의 기간 u가 늘어나거나, 교육 및 훈련의 생산성 ψ가 높아지면 정상상태의 1인당소득 $\bar{y}(\tau)$가 커지게 됨을 알 수 있다. 인적자본 h가 커지면 근로자가 발휘하는 노동의 힘이 커지기 때문에 그렇다. 가령 종전에는 초등교육만 이수한 사람들이 노동자의 다수를 이루고 있었는데 교육에 대한 투자가 늘어나서 이제 중등교육까지 이수한 사람들이 다수를 이루게 되었다 하자. 그렇게 되면 노동자들의 평균 교육연한도 약 6년에서 약 12년으로 두 배나 늘어나게 된다. 이러한 변화가 1인당생산량을 증가시킬 것임은 누구나 쉽게 짐작할 수 있다.[30] 여기에서 더 나아가서 누구나 고등교육까지 이수하는 상황이 전개되면 평균 교육연한이 약 16년으로 늘어나게 되고 그 결과 정상상태의 1인당소득은 더 커질 것이다.

교육투자에 관한 연구결과를 보면, 근로자가 교육을 받은 기간을 u 그리고 그가 받은 교육의 생산성을 ψ라 할 때 그의 보수는 $e^{\psi u}$에 비례해서 정해지는 것으로 알려져 있다. 근로자가 받는 보수는 그가 가진 인적자본의 크기에 비례할 것이므로 이로부터 인적자본도 $e^{\psi u}$에 비례해서 정해질 것임을 유추할 수 있다. 우리나라의 사례를 보면 1960년대 초반에 약 5년이던 평균 교육기간이 지금은 약 12년으로 7년이 증가되었다. 교육투자의 수익률이 연 10%라면[31] 교육기간이 5년에서 12년으로 증가할 때 인적자본은 약 2배 확대된다. 정상상태의 1인당소득은 인적자본에 비례해서 정해지므로 이는 교육투자 하나만으로도 우리나라의 1인당소득이 두 배 정도 증가했음을 보여준다.

인적자본을 확충하는 데는 학교 교육만 공헌하는 것이 아니다. 가정과 사회에서의 훈육, 직장에서의 교육과 훈련, 업무시간 종료 후 이루어지는 자기 개발을 위한 노력, 위생적인 생활과 규칙적인 운동을 통한 건강 증진 등 인적자본을 늘리는 행위는 참으로 많다. 대화와 소통과 설득을 통해서 타인과 더불어 사는 방식을 개선해나가는 것도 인적자본을 늘리는 행위가 된다.

---

30 노동시장에 진입하는 시기가 늦어지므로 단기적으로 총생산량은 줄어들 수도 있다. 그러나 실증 자료들을 보면 교육연한이 증가하면 1인당생산량과 총생산량이 모두 증가하는 것으로 나타난다.

31 이는 신동균(2010)에서 추정한 값보다 약간 높은 수준이다.

인적자본은 그것을 가진 사람에게서 떼어내 활용할 수 없다는 점에서 물적자본과 다르다. 물적자본은 재화나 서비스를 생산하는 데 기여함으로써 효용증진에 간접적으로 기여하지만 인적자본은 생산력의 원천이 됨은 물론 그 자체가 우리를 기쁘고 즐겁게 만든다. 즉, 인적자본은 효용증진에 직접적으로 기여한다. 인적자본은 개인에게 체화되어 있다는 점에서 사적 재화이지만 매우 강한 긍정적 외부효과를 지닌다는 점에서 여타의 사적 재화와 구분된다.

3A.1.3.5 기술진보율의 변화와 경제성장

기술진보율 x의 변화는 여타의 기초 파라미터가 변화될 때와는 본질적으로 다른 결과를 낳는다. 위의 식 (3A.15)에서 보듯이 기술진보율 x의 변화는 $\bar{y}(\tau)$와 $e^{x(t-\tau)}$를 모두 변화시킨다. 정상상태의 1인당소득 $\bar{y}(\tau)$가 어떻게 구성되어 있는지 살펴보면, 가령 x가 증가하면 즉, 기술발전의 속도가 빨라지면 y^*는 작아지지만 e^{xt}는 커진다. 중요한 것은 성장률이 단기에서나 장기에서나 모두 상승한다는 점이다. 즉, 기술진보율이 높아지면 경제성장률도 높아진다. 더 중요한 것은 경제성장률이 높아지는 현상이 시간이 지나면 소멸되는 일시적인 현상이 아니라 영원히 지속적으로 유지된다는 점이다.

기술진보율 x의 크기는 이 나라의 현 기술수준이 기술 최선진국에 비해서 얼마나 낙후되어 있는가, 이 나라가 얼마나 빨리 선진기술을 흡수해서 활용하는가, 이 나라가 얼마나 강한 연구개발능력을 보유하고 있는지 등에 의해서 정해진다. 실증적으로 보면 x는 초기에 아주 낮은 속도를 보이다가 선진기술을 흡수하기 시작하면서 빠른 속도로 높아짐을 알 수 있다. 선진기술과의 차이가 좁혀질수록 기술진보율이 낮아지는 경향을 보이게 된다. 이런 추세를 극복하는 것이 자체의 연구개발 활동이다. R&D를 통해서 x의 수준을 비교적 높게 유지하는 데에도 곧 한계가 닥친다. 새로운 기술을 개발하기가 점차 더 어려워지기 때문이다. 그래서 결국은 기술 최선진국의 기술진보율 x를 능가하지 못하는 상황이 도래하게 된다.

우리나라의 기술진보율은 얼마나 될까? 우리나라는 기술후진국에서 출발해서 일본이나 미국과 같은 기술전진국을 상당한 정도 따라잡는 데 성공하였다. 1960년에는 미국과의 기술격차가 최소한 40년은 되었을 것이다.[32] 지금은 그 차이가 10년 정도로 축소되었다.[33] 미국의 기술발전 속도는 연 0.54%라고 한다. 우리가 지난 57년에 걸쳐서 미국과의 기술격차를 30년이나 단축시켰다는 사실과 미국이 연 0.54%씩 기술이 발전해왔다는 두 가지 사실로부터 한국이 지난 57년간 연 0.82%의 속도로 기술을 발전시켜 왔다는 결론을 얻을 수 있다. 후발주자로서의 이점을 살릴 수 있었기에 기술최선진국이라는 미국보다 빠른 속도로 기술을 발전시켜 올 수 있었다.

연 0.82%의 속도로 기술을 발전시켜 왔을 것이라는 위의 계산이 옳다면 지난 57년 동안에 기술진보 덕분에 얻은 1인당소득의 누적증가율이 약 60%가 된다.

3A.1.4 신고전학파 성장모형을 이용한 국가 간 빈부차이 이해

식 (3A.15)를 활용해서 국가 간 소득차이를 설명할 수 있다. 신고전학파 성장모형에 의하면 어떤 나라이든지 초기의 소득수준에서 출발해서 그 나라 고유의 정상상태를 향해 이동하다가 정상상태에 도착한 이후에는 기술이 발전하는 속도만큼 성장하게 된다고 한다. 그렇다면 부유한 나라와 빈한한 나라의 차이는 어디에서 기인하는 것일까? 신고전학파 성장모형은 이 물음에 대해 아래와 같은 답을 제시한다.

3A.1.4.1 정상상태는 동일하지만 출발 시점이 차이가 나는 경우

투자율, 노동력증가율, 감가상각률, 기술진보율, 교육 및 훈련 기간, 교육 및 훈련의 생산성, 초기의 인적자본량과 초기의 기술수준 등이 모두 동일해

32 미국의 민간항공회사들이 본격적으로 국제선을 운항하기 시작한 해가 1928년이고 우리나라는 1967년에 국영 대한항공공사가 국제선 운항을 개시하였다.

33 자동차나 스마트폰 제조에서는 미국과 한국의 기술격차가 거의 없다. 그러나 소프트웨어와 같은 원천기술에서는 아직도 차이가 난다.

서 정상상태의 1인당소득이 동일하거나 유사하게 정해지는 나라들 사이에 소득차이가 나는 것은 각 국가가 경제성장에 돌입한 시점이 다르기 때문이다.[34] 당연한 말이지만 먼저 출발한 나라가 늦게 출발한 나라보다 더 잘살게 된다. 그러나 이들 국가 사이의 빈부격차는 시간이 흐를수록 좁혀지게 되며 후발주자가 정상상태에 도달하게 되면 선발주자와의 차이가 크게 줄어든 상태를 유지하면서 비슷한 속도로 성장하게 된다. 후발주자가 정상상태를 향해 이동하는 동안에 이미 정상상태에 도달한 나라보다 빠르게 성장하기 때문에 선발주자에게 가까이 다가갈 수 있는 것이다. 큰 그림에서 보면 이런 설명을 통해서 영국, 프랑스, 독일, 미국, 일본 등의 경제성장사를 이해할 수 있다.

3A.1.4.2 정상상태가 다르기 때문에 빈부차이가 나는 경우

경제의 기초 파라미터가 달라서 정상상태가 다른 나라의 경우에는 시간이 경과해도 국가 간 빈부차가 소멸되지 않는다. 예를 들어서 투자율이 높고, 인구증가율이 낮으며, 교육 및 훈련의 기간이 길고 생산적이며, 기술진보율이 높아서 정상상태의 1인당소득이 3만 달러인 나라와 투자율이 낮고, 인구증가율이 높으며, 교육 및 훈련의 기간도 짧고 생산성도 낮으며, 기술진보율이 낮아서 정상상태의 1인당소득이 2,000달러인 나라를 비교해보기로 하자. 이 경우 정상상태가 2,000달러인 나라는 결코 정상상태가 3만 달러인 나라를 따라갈 수 없다. 경제의 기초 조건이 너무나 차이가 나기 때문에 말하자면 양자는 전혀 다른 세계에 살고 있는 것과 같다.

정상상태가 달라서 빈부차이가 나는 국가의 경우 부국의 기술진보율이 빈국의 기술진보율보다 훨씬 높은 게 일반적인 현상이다. 부국은 연 3%의 속도로 기술이 발전하는데 빈국의 기술진보율은 0% 수준에 머물러 있는 게 그런 사례가 된다. 이 경우 기술진보율이 0%인 빈국은 기술진보율이 3%인 부국을 영원히 따라잡을 수 없을 뿐 아니라 양자 간의 빈부차이는 시간이 흐를수록

34 기초 파라미터의 값이 모두 같지는 않더라도 그들이 복합적으로 내는 효과가 동일하면 정상상태가 동일하게 정해질 수도 있다.

점점 더 커진다. 아프리카와 중동 그리고 중앙아시아의 빈국들과 북미, 서유럽, 일본, 호주 등의 부국 간의 소득차이는 바로 이런 연유에 기인하는 것으로 판단된다.

3A.1.4.3 정상상태를 개선하면 추격이 가능하다

1960년대 초반에는 극심한 빈국이었던 우리나라나 싱가포르가 경제 대국인 미국이나 일본을 추격해서 양자 간의 빈부차를 대폭 축소했거나(대한민국) 오히려 선발주자보다 더 잘살게 된 것(싱가포르)은 어떤 까닭에서일까? 신고전학파 성장모형은 이에 관해 유용한 설명을 제공한다. 우리나라와 싱가포르가 미국과 일본을 추격하거나 추월하는 데 성공한 것은 두 나라 모두 각자의 정상상태를 긍정적인 방향으로 변화시키는 데 성공했기 때문이다. 우리나라와 싱가포르가 본래부터 미국이나 일본과 유사한 정상상태를 지녔었다고 보기는 어렵다. 그보다는 처음에는 매우 열악한 정상상태를 지녔던 우리나라와 싱가포르가 투자율을 높이고, 인구증가율을 낮추며, 교육 및 훈련의 기간을 늘리고 생산성을 개선하며, 기술진보율을 높임으로써, 미국이나 일본의 정상상태와 유사하게 만드는 데 성공했기 때문이라고 봄이 타당하다.

우리나라보다 싱가포르가 경제의 정상상태를 긍정적인 방향으로 개선하는 데 더 크게 성공했기에 싱가포르가 우리나라보다 부국이 되었으며 또한 1인당소득의 측면에서 싱가포르가 일본과 미국을 능가하게 되었다. 우리나라와 싱가포르가 정상상태의 혁신을 통해서 미국과 일본을 추격하거나 추월하는 동안에 미국이나 일본도 그들의 정상상태를 크게 개선하는 데 성공했더라면 후자가 전자를 추격하거나 추월하기가 어려웠을 것이다. 그러나 현실은 그렇지 못했다. 이것은 우리나라와 싱가포르처럼 초기에 매우 열악한 정상상태를 지녔던 나라가 그것을 여러 차례에 걸쳐서 업그레이드하기는 쉬우나 이미 양호한 정상상태를 지닌 나라가 그것을 더 좋게 만들기는 어렵기 때문이다.

정상상태를 개선하는 것을 통해서 선발주자를 추격하는 일은 매우 어렵기는 하지만 누구에게나 가능성이 열려 있는 좋은 옵션이다. 정상상태를 개선하는 비결은 개혁과 개방에 있다. 지금은 기초가 튼튼하지 못해서 정상상태가 매우 열악한 나라라도 근로의욕을 유발하고, 투자율을 높이며, 인구증가를 자제하고, 교육투자를 늘리며, 기술개발에 열성을 보이면, 경제를 성장·발전시켜 나갈 수 있다. 성장경로에 진입한 이후에도 반복적인 개혁과 개방 조치들을 통해서 경제를 변화시키고 혁신해 나가면 비록 후진국에서 출발했더라도 결국에는 선진국이 될 수 있다.

후발주자가 선두주자를 따라 잡거나 추월하는 데는 상당한 시간이 걸리지만 점차 그 기간이 짧아지는 경향이 있다. 후진국이던 미국이 선진국으로 발돋움하는 데는 한 세기 이상이 걸렸다. 일본은 한 세기 만에 선진국 대열에 진입하는 데 성공했으며, 우리나라와 싱가포르는 약 반세기 만에 선진국에 진입하였다. 현재의 추세대로라면 중국은 개혁·개방한 지 50여 년이 되는 2030년경에 선진국으로 발돋움할 수 있을 것으로 전망된다. 추격기간이 단축되는 것은 앞선 나라의 성공과 실패 사례로부터 배울 기회가 많은 후발주자가 갖는 이점 때문인 것으로 판단된다.

3A.2 인적자본 투자와 경제성장

어떤 경제에 총 L명의 노동자가 있는데 그들이 투입하는 노동시간을 l_i, $i=1, 2, \cdots, L$로 나타내고 i 번째 노동자가 지닌 인적자본의 양을 h_i로 나타내면, $\sum_{i=1}^{i=L} l_i h_i$가 이 경제가 생산과정에 투입하는 노동력의 총량이 된다. 경제성장이론에서는 이런 방식으로 구한 노동력의 총량을 이 경제가 지닌 인적자본이라고 부르기도 한다. 노동자들이 모두 한 단위의 노동량을 투입하고 또한 그들이 동일한 양의 인적자본 h를 지니고 있다면 이 경제의 노동력의 총량은 hL가 되고 노동자 한 사람당 노동력의 양은 그의 인적자본 h가 된다. 1인당생산량을 기준으로 하면 1인당 물적자본 k, 1인당 인적자본 h가 핵심적인 생산요소가 된다.

3A.2.1 표준적인 신고전학파 성장모형에서 인적자본의 역할

전 절에서 고찰한 신고전학파 성장모형에서는 식 (3A.7)에서 보듯이 노동자들이 지닌 인적자본의 평균치를, 그들이 태어날 때부터 갖고 있는 인적자본 h_0와 그가 축적한 인적자본 $e^{\psi u}$의 결합물로 파악하고 있다. 이때 u는 인적자본 형성을 위해 투입한 노력의 크기를 나타내며 ψ는 그러한 노력이 얼마나 효과적인가를 나타낸다. 교육 및 훈련의 기간으로 u를 측정하고 학력별 임금 데이터를 이용해서 ψ를 추정하는 게 관행이다. 가령 u가 한 단위(1년) 늘어날 때마다 임금이 10%씩 상승한다면 ψ가 0.1이라고 추정하는 식이다. 편의상 식 (3A.7)을 옮겨 적으면 아래와 같다.

$$h = h_0 e^{\psi u} \tag{3A.7}$$

표준적인 신고전학파 성장모형에서는 식 (3A.7)을 이루는 h_0, u 및 ψ가 어떻게 정해지는지 설명하지는 않는다. 그럼에도 식 (3A.7)은 다음의 두 가지 측면에서 경제성장을 설명하는 데 유용하다.

3A.2.1.1 인적자본과 경제성장

투자를 통해서 교육 및 훈련의 양 u를 변화시킬 수 있으며 교육제도의 혁신을 통해서 ψ를 변화시킬 수 있다. u는 민간부문과 정부가 힘을 모아서 늘려나가며, ψ는 교육당국과 교사와 학부모들의 노력을 통해서 개선해 나가게 된다. 이렇게 u와 ψ 즉, 교육의 양이 증가하고 질이 개선되면 경제주체들의 인적자본 h가 늘어나서 정상상태의 1인당생산량이 증가한다.

교육투자가 경제성장을 견인하는 효과의 크기를 가늠해 보기 위해서 우리나라의 사례를 보기로 하자. 우리나라 근로자들의 평균 수학연수는 1960년에 4.8년이던 것이 2016년에는 12년으로 늘어났다. 이는 전 근로자를 대상으로 계산한 것이고 재학 중인 학생을 기준으로 하면 수학기간의 기댓값은 17년이 된다. 이는 앞으로도 노동인구의 평균 수학기간이 17년 내외가 될 때까지 꾸준하게 늘어날 것임을 시사한다.

이러한 수학기간의 연장이 정상상태의 1인당소득을 얼마나 증가시켰는지 알아보면 그로부터 교육투자가 경제성장에 공헌한 정도를 알아낼 수 있다. 그러려면 교육투자의 생산성 지표를 알아야 하는데, 교육투자에 관한 신동균(2010)의 연구를 바탕으로 10%의 연 수익률을 상정할 수 있다. 이 수치를 활용하면 우리나라의 1인당 인적자본이 $h_0 e^{(0.1)(4.6)} = 1.5841 h_0$에서 $h_0 e^{(0.1)(12)} = 3.3201 h_0$로 변화되었을 것임을 알 수 있다. 이는 이 기간 중 인적자본이 약 2.1배 증가했음을 보여준다. 정상상태의 1인당소득은 1인당 인적자본과 정비례해서 변화되므로 이 사실로부터 우리나라에서 이루어진 교육투자의 결과로 정상상태의 1인당소득이 2.1배 커졌다는 결론을 얻을 수 있다. 이를 성장률로 환산하면 연 1.32%가 된다. 즉, 우리가 1960년 이래 이룩한 경제성장률 중 연 1.32%는 교육투자에 기인한 것이다.

위의 예에서 교육투자의 연 수익률이 15%라면 정상상태의 1인당소득은 3.03배 증가하는 것으로 나타난다. 이는 연 1.98% 성장률에 해당되어 연간 성장률 중 약 2% 포인트는 교육투자에 기인했다는 결론을 얻을 수 있다. 한편 평균 교육연한이 앞으로 현재의 12년에서 17년으로 늘어난다면 투자수익률을 10%로 가정했을 때 정상상태의 1인당소득은 지금보다 약 65%가 증가하게 된다. 가령 3만 달러가 2016년의 정상상태라면 현재 재학 중인 학생들이 우리 경제의 주역이 될 약 30년 후에는, 교육의 효과만으로도, 정상상태의 1인당소득이 (현재의 화폐가치로) 약 5만 달러로 증가하게 될 것이다. 이를 성장률로 환산하면 연 2.2%가 된다.

3A.2.1.2 인적자본과 국가 간 소득차이

정상상태의 1인당소득이 그 나라 노동자가 지닌 인적자본의 크기에 비례해서 정해진다는 사실을 이용해서 왜 어떤 나라는 잘살고 어떤 나라는 그렇지 못한지 이해할 수 있다. 두 개의 나라 A와 B가 있어 다른 조건은 같은데 인적자본의 크기만 다르다고 하자. 이 경우 두 나라의 소득은 다음과 같은 비례관계를 갖게 된다.

$$\frac{y(A)^*}{y(B)^*} = \frac{h_0(A)e^{\psi(A)u(A)}}{h_0(B)e^{\psi(B)u(B)}} \tag{3A.19}$$

*A*국 근로자의 초기 인적자본량이 200이고, 평균 수학기간이 16년이며, 교육투자의 수익률이 10%라고 하자. 반면에 *B*국 근로자의 초기 인적자본량은 100, 평균 수학기간은 12년, 교육투자의 수익률은 역시 10%라고 하자. 즉, *A*국 근로자가 *B*국 근로자보다 초기조건에서 2배 우월한 데서 출발해서 교육도 4년이나 더 받고 있다고 하자. 이 경우 양국 정상상태의 1인당소득은 약 세 배의 차이를 갖게 된다. 가령 *B*국이 정상상태에 도달했을 때 1만 달러의 소득을 지닌다면 *A*국은 3만 달러의 1인당소득을 정상상태로 갖게 된다. 이는 근로자들이 지닌 인적자본의 상대적 크기가 나라와 나라 사이의 소득의 상대적 크기와 직결됨을 보여준다. 즉, 잘사는 나라가 되는 비결의 하나는 국민들의 인적자본을 키우는 것이다.

3A.2.2 인적자본 투자와 경제성장

인적자본을 축적하기 위해서는 교육과 훈련을 받는 데 필요한 비용을 지불해야 함은 물론 인적자본을 축적하는 당사자의 시간을 투입해야 한다. 즉, 인적자본을 축적하려면 수업료, 교재비, 실험실습비, 학원비 등을 내야 함은 물론이고 인적자본을 축적하는 당사자의 시간을 투입해야 한다. 물적자본 축적은 남을 시켜서도 할 수 있지만 인적자본은 본인의 노력 없이는 축적할 수가 없다. 남에게 시켜보아야 남의 인적자본만 늘어나게 된다.

이론적으로는 물적자원과 투입시간을 동시에 고려해서 인적자본 축적을 모형화할 수 있겠으나, 성장이론이 발달해온 모습을 보면 물적자원 또는 시간만을 투입요소로 해서 분석하는 경로를 택하고 있음을 알 수 있다. 논의의 편리성을 위해 그렇게 한 것으로 판단된다. 우리도 그런 관행을 따라서 이 문제를 이해해 보기로 하자.

3A.2.2.1 교육훈련비 지출과 인적자본 축적

노동자 한 사람이 지니고 있는 인적자본의 양을 h로 나타내기로 하자. 그가 행하는 인적자본 투자의 양을 i_h 그리고 시간이 지남에 따라서 마모되고 쓸모가 적어지는 인적자본의 크기를 $\delta_h h$라 하면 인적자본은 아래 식처럼 변화하게 된다.

$$\dot{h}=i_h-\delta_h h \tag{3A.20}$$

이는 우리가 물적자본 축적에 사용했던 방식과 동일한 형태이다. 노동력증가율 n이 0이고 기술진보율 x가 0인 경우에, 노동자 한 사람당 자본재 k는 다음과 같이 변화한다.

$$\dot{k}=i_k-\delta_k k \tag{3A.21}$$

여기에서 i_k는 노동자 한 사람당 물적자본 투자를 나타내고 δ_k는 물적자본의 감가상각률을 나타낸다.

이제 경제주체들은 저축한 자원을 물적자본과 인적자본에 나누어서 투자해야 한다. 투자배분비율은 물적자본과 인적자본이 생산에 대해 공헌하는 정도에 따라서 정해진다. 콥·더글러스 생산함수를 상정하고 인적자본의 계수를 라 $1-\alpha$하면, 물적자본과 인적자본의 비율이 $\frac{\alpha}{1-\alpha}$가 되도록 투자배분이 이루어진다. 초기에 인적자본에 비해서 물적자본의 상대적으로 풍부한 경제는 인적자본 투자에 더 많은 자원을 투입하고 그 반대의 경우에는 물적자본 투자에 더 많은 자원을 투입하게 되는 것이다.

합리적으로 투자가 배분되면 $\frac{k}{h}=\frac{\alpha}{1-\alpha}$가 성립하게 되므로, 이 모형은 실질적으로 생산요소가 하나만 있는 경우와 같아진다. 즉, 경제는 초기의 k_0에서 정상상태의 k^*를 향해 이동하는 과정에서 이행성장을 경험하게 된다. 다만 물적자본만 있었을 때와 구별되는 점은 물적자본과 인적자본의 초기비율 $\frac{k_0}{h_0}$가 장기균형 $\frac{k}{h}=\frac{\alpha}{1-\alpha}$와 다를 때 이행과정에서 $\frac{k_0}{h_0}$가 $\frac{\alpha}{1-\alpha}$를 향해 조정되어 가는 과정이 k_0가 k^* 그리고 h_0가 h^*를 향해 이동하는 과정과 병행해서 나타난다는 점이 상이하다. 그러나 이 경우에도 생산성증가가 없으면 경제가 이행성장을 거쳐서 정상상태에 도달하게 되면 더 이상의 1인당소득 증가는 이루어지지 않는다.

3A.2.2.2 교육훈련 시간 투입과 경제성장

인적자본을 축적하기 위해 시간을 할애해야 하는 모형의 대표적인 사례가 루카스(1988)이다. 그 골자는 아래 두 식으로 주어진다.

$$y = c + \dot{k} + \delta k = Tk^{\alpha}[(1-u)h]^{1-\alpha} \tag{3A.22}$$

$$\dot{h} = B \cdot (uh) - \delta h \tag{3A.23}$$

위 식에서 u는 인적자본을 위해 투입하는 시간을 나타낸다.[35] 이 노동자는 h만큼의 인적자본을 갖고 있는데 이 중 uh는 인적자본을 투자하는 데 쓰고 $(1-u)h$는 생산하는 데 쓴다. 식 (3A.22)는 최종재 생산에 쓰이는 기술이 T일 때 물적자본 k와 인적자본 $(1-u)h$를 투입해서 생산한 산출물을 소비 c와 물적자본 투자 $\dot{k}$ 그리고 물적자본이 감가되는 부분을 채우는 데 δk를 쓰게 됨을 보여준다. 식 (3A.23)은 인적자본 축적의 생산성 지표 B가 주어진 상황에서 인적자본 형성에 투입하는 인적자본의 양 $(1-u)h$에 비례해서 인적자본이 형성됨을 보여준다. 인적자본도 물적자본과 동일한 비율로 감가되는 것으로 상정하고 있다.

이 모형의 해를 구하면 장기성장률이 다음과 같이 정해짐을 알 수 있다.

$$g^{*} = \frac{1}{\theta} \cdot [B - \delta - \rho] \tag{3A.24}$$

상기 식에서 θ는 효용함수에 포함되는 대체탄력성의 크기를 나타내며, ρ는 경제주체의 시간선호할인율을 나타낸다. 중요한 것은 인적자본투자의 생산성 지표 B다. B가 클수록 장기성장률이 높아진다. 가령 B가 연 12%, 인적자본

35 생산활동과 인적자본 축적에 사용할 수 있는 총시간은 1로 본다.

의 감가비율이 연 5%, 시간선호할인율이 2%, 대체탄력성이 2라면, 장기성장률은 연 2.5%가 된다.

3A.3 기술발전과 경제성장

신고전학파 모형에서는 기술진보율 x가 주어진 것으로 보고 그것이 어떻게 정해지는지 설명하지 않았다. 이제 기술진보가 어떤 과정을 거쳐서 이루어지는지 알아보기로 하자.

3A.3.1 기술전파모형

기술수준이 다른 두 나라 $i=1$, 2가 있어서 다음과 같은 생산함수를 갖고 있다고 하자.

$$Y_i = T_i(1-u_i)L_i \tag{3A.25}$$

여기에서 u_i는 i국이 그가 지닌 노동력 중에서 연구개발 활동에 투입하는 비중을 나타내므로, $(1-u_i)$는 생산에 투입되는 노동력의 비중을 나타낸다. 이 경우 각국의 1인당생산량은 $y_i = T_i(1-u_i)$로 정해지게 된다. 즉, 기술수준 T_i와 노동투입률 $(1-u_i)$을 곱한 값에 비례해서 1인당생산량이 정해진다.

기술 T_i는 연구개발 활동을 통해서 창출되거나 앞선 기술을 모방하여 선진기술을 습득하는 것을 통해서 발전해 나간다. 편의상 1국이 기술선진국 그리고 2국이 기술후진국이라고 하자. 각국의 신기술생산은 아래와 같이 정해진다.

$$\dot{T}_1 = \frac{u_1}{\mu_n} L_1 \cdot T_1 \tag{3A.26}$$

$$\dot{T}_2 = \frac{u_2}{\mu_c} L_2 \cdot T_2 \tag{3A.27}$$

상기 식에서 μ_n과 μ_c는 각기 신기술 한 단위를 개발하는 데 드는 비용과 선진기술 한 단위를 배워서 이용하는 데 드는 비용을 나타낸다. $\mu_c \leq \mu_n$이 성립한다. 이는 모방비용이 신기술개발 비용보다 클 수 없음을 나타낸다. $u_n L_i$는 i국가가 연구개발에 투입하는 노동력을 나타내는데 이를 연구개발 인력의 크기로 이해할 수도 있다. 1국과 2국이 연구개발에 투입하는 인력 즉, 연구 인력의 크기가 동일하다면 개발비용이 모방비용보다 비싸므로 기술후진국의 기술발전 속도가 기술선진국의 그것보다 빠르다. 새로운 기술을 개발하는 것보다 앞선 기술을 모방해서 쓰는 것이 용이하기 때문에 그렇게 된다. 우리는 기술선진국인 1국의 연구개발 인력이 기술후진국인 2국의 그것보다 많은 것으로 가정한다.[36]

모방비용은 선진국과 후진국의 기술차이가 좁혀질수록 증가한다. 선진국의 기술수준에 가까이 다가갈수록 기술을 모방하기가 어려워지기 때문이다. 이런 사정을 반영하는 한 가지 방안은 다음과 같이 상정하는 것이다.

$$\mu_c = \mu\left(\frac{T_2}{T_1}\right),\ \mu(\cdot)' > 0 \tag{3A.28}$$

모방비용은 T_2가 T_1에 근접해갈수록 즉, $\frac{T_2}{T_1}$의 값이 1에 접근할수록 비싸진다. 만일 T_2가 T_1과 같아지게 되면 2국도 신기술을 개발해야 하므로 $\mu_c = \mu(1) = \mu_n$이 된다.

이 모형은 1국과 2국의 기술진보율이 동일한 값을 가질 때 균제상태에 도달한다. 그 조건은 아래와 같다.

$$g_1 = \frac{u_1 L_1}{\mu_n} = g_2 = \frac{u_2 L_2}{\mu(T_2/T_1)} \tag{3A.29}$$

식 (3A.28)을 변형하면 다음과 같은 관계를 도출할 수 있다.

36 이는 실제 데이터에 부합하는 가정이다. 그러나 기술후진국인 중국이 기술선진국인 미국보다 더 많은 수의 연구개발 인력을 지니는 때가 올 수도 있다.

$$\mu\left(\frac{T_2}{T_1}\right)=\frac{u_2L_2}{u_1L_1}\cdot\mu_n \tag{3A.30}$$

식 (3A.30)의 우변 항은 모두 상수이다. 따라서 식 (3A.30)을 만족시키는 해 $\left(\frac{T_2}{T_1}\right)^*$가 존재한다. 식 (3A.30)에서 $\frac{u_2L_2}{u_1L_1}<1$이므로 $\mu\left(\frac{T_2}{T_1}\right)^*<\mu_n=\mu(1)$이 성립한다. 따라서 $\left(\frac{T_2}{T_1}\right)^*<1$이 성립한다. 즉, 두 나라가 균형성장경로에 진입했을 때 2국의 기술수준은 1국의 기술수준과 일정한 비율의 격차를 유지하게 된다. 그렇더라도 2국도 1국과 동일한 속도로 성장하게 된다. 균제상태를 향해 가는 과정에서는 2국이 1국보다 빠른 속도로 성장하다가 균제상태에 도달하면 2국도 1국가 같은 속도로 성장하게 되는 것이다. 모든 국가에 대해 균제상태의 성장률은 1국의 성장률과 동일하게 정해진다. 1국의 성장률은 1국이 얼마나 많은 자원을 연구개발에 투입하는가와 1국이 신기술을 개발하는데 얼마나 많은 비용을 들여야 하는가에 의해 정해진다. 이 모형에 의하면 기술 최선진국인 1국을 제외한 다른 나라들은 1국이 좀 더 빠른 속도로 기술을 발전시킬 수 있도록 지원해주는 게 자국에도 이익이 된다.

이상의 논의를 우리나라의 경험에 대해 적용하자면, 기술최선진국인 미국이 연 1.8%의 속도로 1인당소득을 증가시켜 왔으므로 모방을 통해서 기술을 발전시켜오던 한국은 이보다 높은 속도로 기술을 발전시켜왔다는 결론을 내릴 수 있다. 국가 간 기술전파모형은 후발주자가 선두주자를 추격하는 과정을 잘 설명해 준다.

3A.3.2 기술생산모형

위의 논의는 기술선진국의 연구개발비용 μ_n을 주어진 상수로 보고 있으나 이 역시 경제주체들의 자발적 선택의 결과로 정해지는 변수다. 기술생산모형은 크게 보아 두 가지 갈래가 있다. 하나는 중간재의 가지 수가 늘어나는 것을 통해 기술진보를 이해하는 다양성모형(variety model)이고 다른 하나는 자본재의 성능이 개선되는 것을 통해 기술진보를 이해하는 품질사다리모형(quality ladder model)이다.

3A.3.2.1 다양성모형

이 부류의 대표가 로머(1987, 1990) 모형이다. 이 모형은 신기술이 연구개발 인력과 현재의 기술수준을 투입요소로 해서 정해진다. 연구개발 인력이 많을수록 그리고 현재의 기술수준이 높을수록 신기술을 개발하기가 용이해진다. 다음 식이 이 부류 모형의 전형적인 형태가 된다.

$$\dot{T}=\theta L_T^{\lambda}T^{\phi},\ \phi<1 \tag{3A.31}$$

균형성장경로에서는 기술이 일정한 속도로 변화된다. 이때의 기술진보율을 g_T라 하면 이것이 곧 1인당소득의 성장률이 된다. 식 (3A.31)을 이용해서 기술진보율이 상수로 정해지는 균제상태를 찾아보면 성장률이 다음과 같이 정해짐을 알 수 있다.

$$g_T=g_y=\frac{\lambda n}{1-\phi} \tag{3A.32}$$

이를 보면 균제상태의 1인당소득 증가율이 연구개발에 종사하는 인력의 생산성 λ, 연구개발 인력의 증가율 n 그리고 현재의 기술이 신기술개발에 공헌하는 정도를 나타내는 척도 ϕ에 의해서 정해짐을 알 수 있다. 식 (3A.32)에서 n을 연구개발 인력의 증가율로 보는 것은, 장기균제상태에서는 연구개발 인력도 총노동력 증가율 또는 인구증가율과 같게 정해짐을 상정한 것이다.

이 모형에 의하면 연구개발 활동의 생산성이 높아지면 장기성장률이 상승하게 된다. 그러므로 연구개발 시스템을 혁신해서 연구개발 투자의 성과를 높이는 것이 성장률을 높이는 첩경이 된다.

연구개발 인력의 숫자와 그들이 지닌 연구개발 능력을 결합한 국가의 연구개발능력을 강화하는 속도를 높여도 장기성장률이 상승한다. 즉, 연구개발에 종사하는 인재들을 더 빠른 속도로 증가시키거나 그들이 보유한 연구개발 능력을 더 빠른 속도로 강화하면, 장기성장률이 상승한다. 이것이 위 식에서

n이 커지면 성장률이 높아지는 이유이다.[37] 그런데 연구개발 인재의 숫자를 무한대로 늘릴 수는 없다. 경제가 장기균제상태에 이르면 연구개발 인재의 숫자도 인구증가율과 비슷한 수준에서 결정될 것이다. 연구개발 인재들이 지니는 연구개발 능력 즉, 그들이 인적자본은 이론적으로는 무한정 늘릴 수 있으나 실제에서는 이를 늘리는데도 한계가 있을 것이다.

이 나라가 지니고 있는 현재의 기술수준이 신기술개발에 어떤 정도로 영향을 주는가를 나타내는 파라미터 ϕ가 커지면 즉, 현존기술이 신기술개발에 미치는 긍정적인 효과가 확대되면 당연한 일이지만 장기성장률이 높아진다. ϕ의 크기에 관한 이론으로는 두 가지 견해가 존재한다. 하나는 '거인의 어깨 위에 서니 더 멀리 볼 수 있다(standing on shoulders of giants)'는 견해로서 지금 지니고 있는 기술이 좋을수록 신기술을 개발하기가 더 쉬워진다는 이론이다. 다른 하나는 '다른 사람의 발등을 밟게 된다(stepping on toes)'는 견해로서 유용한 아이디어의 잠재적인 숫자는 유한한데 기존의 기술이 좋다는 것은 이미 좋은 아이디어를 많이 활용하고 있음을 나타내므로 새로운 아이디어를 찾기가 어려워진다는 이론이다. ϕ가 1보다 크면 성장률이 계속해서 상승하게 되는데 이는 실제 상황과 맞지 않는다. 그러므로 ϕ는 1 이하의 크기를 갖는 것이 분명해 보인다. 대부분의 이론에서는 $\phi<1$을 상정한다.[38] ϕ의 크기는 기술의 본질적 특성에 따라서 정해지는 것이므로 우리가 이것을 임의로 변화시키는 것은 거의 불가능하다.

3A.3.2.2 품질사다리 모형

이것은 슘페터(1944)가 제시한 '창조적 파괴'를 통해서 기술이 진보한다는 이론으로서, 새로운 기술이 기존 기술을 도태시키는 현상을 정형화한 것이다.

---

37 여기에서는 단순히 연구개발 인력의 숫자만 고려하고 있으나 연구개발 인재의 인적자본을 고려하는 것은 그리 어렵지 않다. 연구개발 인재의 증가속도와 그들이 보유한 인적자본의 증가속도 두 가지 모두 중요하다.

38 식 (3A.31)에서 보듯이 $\phi<1$이 성립해야 장기성장률이 유한하게 정해진다.

그로쓰만·헬프만(1991)이 대표적인 경우로서 그 골자는 다음과 같다. 먼저 기술은 다음과 같은 과정을 거쳐서 변화한다.

$$T_{i+1}=(1+\gamma)T_i \tag{3A.33}$$

T_i는 i 번째의 발명으로 얻은 기술을 나타내는데 식 (3A.33)은 $i+1$ 번째의 발명으로 만든 기술은 전 단계의 기술보다 $(1+\gamma)$만큼 성능이 좋아진다는 가설을 담고 있다. 연구개발 활동이 실패로 돌아갈 수도 있다. 성공하면 기술이 γ의 속도로 진보하지만 실패하면 한 발자국도 앞으로 나가지 못한다. 이 모형에서는 연구개발 활동이 성공해서 신기술을 얻게 될 확률이 연구개발 인력의 능력과 현존 기술수준의 함수로 정해지는 것으로 본다. 아래 식이 이것을 나타낸다.

$$\text{연구개발이 성공할 확률}=\theta\cdot L_T^{\lambda}T^{\phi-1} \tag{3A.34}$$

식 (3A.34)에서 보듯이 연구개발에 종사하는 인재들이 많고 그들의 능력이 뛰어날수록 연구개발이 성공할 확률이 높아진다. $\phi<1$을 가정하고 있으므로, 현재의 기술수준이 높을수록 새로운 기술을 개발해서 성공할 확률은 낮아지는 것으로 되어 있다. 연구개발 활동이 성공하면 γ의 크기로 기술이 점프하게 되므로 기술발전 속도의 기대치(expected value)는 아래와 같이 정해진다.

$$E\left[\frac{\dot{T}_i}{T_i}\right]=\gamma\cdot\theta\cdot\frac{L_T^{\lambda}}{T_i^{1-\phi}} \tag{3A.35}$$

균제상태에서는 식 (3A.35)로 표현되는 기술진보율이 상수로 정해진다. 즉, 식 (3A.35)의 우변의 마지막 항이 상수로 정해진다. 이로부터 기술진보의 속도를 다음과 같이 도출할 수 있다.

$$g_T=\frac{\lambda n}{1-\phi} \tag{3A.36}$$

이것은 우리가 다양성모형을 통해서 얻은 성장률 (3A.32)와 동일하다. 결국 창조적 파괴에 바탕을 둔 품질사다리모형에서도 기술진보율 그리고 그것과 동일하게 정해지는 균제상태의 1인당소득 증가율이 다양성모형의 그것과 동일하게 정해진다는 결론을 얻게 된다.

제 4 장

개방, 문화, 사회자본, 자연자본과 경제

제3장에서는 근면성실, 근검절약, 투자가 경제를 발전시키는 원동력이 됨을 알아보았다. 성장이론에서는 이 세 가지 힘을 경제발전의 1차적 동인이라고 부른다.

무엇이 사람들로 하여금 근면성실하게 일하게 이끌고, 무엇이 사람들로 하여금 건실하게 살아가면서 미래를 위해 저축하게 유도하고, 무엇이 사람들로 하여금 인적자본, 물적자본, 지식정보기술자본에 투자하게 인도하는가?

제4장에서는 경제발전의 1차적 동인들이 원활하게 작동할 수 있도록 하는 환경요인들 중에서 개방, 문화, 사회자본 및 자연자본의 역할에 관해서 알아본다. 성장이론에서는 이들 요인들을 경제발전의 2차적 동인들이라고 부르기도 한다.[1]

4.1 개방 openness

4.1.1 개방경제 open economy 와 폐쇄경제 closed economy

남한은 개방경제이고 북한은 폐쇄경제이다. 통일 이전의 서독은 개방경제였으나 동독은 폐쇄경제에 가까웠다. 덩샤오핑 이전의 중국은 폐쇄경제였으나 지금의 중국은 개방경제를 표방하고 있다. 에도막부시대의 일본은 폐쇄경제였으나 메이지개혁 이후의 일본은 개방경제로 변신하였다. 조선은 폐쇄경제였으나 대한민국은 개방경제이다. 사실 현대에는 폐쇄경제가 그리 많지 않다.

여기서 말하는 개방이란 재화나 서비스의 국가 간 거래가 자유화되어 있는 것만을 의미하는 것은 아니다. 자유무역이 개방의 중요한 척도이지만 개방은 상품과 서비스의 교역뿐만 아니라 노동력과 자본과 기술과 아이디어의 자유로운 이동까지 포함하는 포괄적인 개념이다.

1 제4장은 Weil(2013)의 논의를 발전시킨 것으로서 일부는 이지순(2012)과 중복된다.

한 나라가 어느 정도 개방되어 있는가를 측정하는 일은 그리 용이하지 않다. 외국과 아무런 교류도 없이 고립되어 살아가는 나라가 폐쇄경제임은 말할 것도 없다. 완전한 폐쇄경제는 자급자족을 기본으로 살아간다. 오늘날 준자급자족 경제로 분류되는 나라에는 북한, 알바니아, 쿠바[2]가 있다. 세계의 거의 모든 나라가 어떤 형태로건 외국과 교역하고 교류하며 살아간다. 그러나 나라마다 외국과 교역하고 교류하는 정도는 상이하다.

개방의 정도를 측정하는 하나의 방법은 교역량이 GDP에서 차지하는 비중 즉, 교역비율이 얼마나 되는지 알아보는 것이다. 이 기준을 따르면 교역비율이 50%인 나라가 30%인 나라보다 더 개방되어 있다고 할 수 있다. 예를 들어서 한국과 싱가포르의 교역비율은 각각 100%와 140% 정도이다. 교역비율을 기준으로 하면 싱가포르가 한국보다 더 개방되어 있다. 그러나 교역비율만 보고 개방의 정도를 판단하는 것은 옳지 않다. 미국의 교역비율은 20% 정도밖에 되지 않는다. 그렇다고 미국이 개방되어 있지 않다고 말할 수 있을까? 내수시장이 워낙 커서 대외 교역량의 비중이 그리 높지 않게 나오지만 미국이 개방경제임은 의심할 여지가 없다.

개방의 정도를 측정하는 좀 더 유용한 방법은 상이한 국가 간에 '일물일가의 법칙'이 성립하는지 보는 것이다. 국가 간 교역에 아무런 제약이 없다면 동일한 상품은 동일한 가격에 거래되어야 한다는 것이 일물일가의 법칙이다. 예를 들어서 OO라면은 그것이 서울에서 거래되건 부산에서 거래되건 혹은 광주에서 거래되건 같은 가격에 거래되는 게 정상이라는 것이다. 지역 간에 가격차가 크면 싼 곳에서 사다가 비싼 곳에서 파는 일이 벌어져서 가격을 같은 수준으로 만드는 시장의 힘이 작용하기 때문이다. 이런 논리를 적용해서 서울과 도쿄와 베이징에서 팔리는 OO라면의 가격이 비슷하면 세 나라가 비슷한 정도로 개방되어 있다고 판단할 수 있다. 서울과 도쿄에서는 가격이 비슷한데 베이징에서는 비싸다면 중국의 개방도가 한국이나 일본의 개방도보다 낮기

2 쿠바는 F. 카스트로 사망 이후 미국과의 적대관계를 청산하고 국제사회로 돌아오겠다고 선언한 바 있다.

때문일 것이다.

세계화의 거센 물결이 지구를 휩쓸고 있다. 그 한 척도로 세계의 교역량이 세계의 총생산량에서 차지하는 비중이 1950년경에는 약 10%에 불과했는데 지금은 60%가 된다. 1950년 이후에 진행된 세계화는 1870년경부터 제1차 세계대전이 발발한 1914년 이전까지의 기간에 일어났던 세계화에 이은 두 번째 현상이다. 1870년에 약 10%이던 교역비중이 1913년에 16%까지 상승한 데서 그러한 사정을 엿볼 수 있다. 1914년부터 1950년에 이르는 기간은 세계화가 크게 후퇴한 시기이다. 제1차 세계대전과 대공황 그리고 제2차 세계대전이 세계화의 물결을 되돌려 놓은 것이다. 현재 진행 중인 세계화는 동서냉전체제 종식, WTO로 대표되는 국제무역질서정립, 통신 및 교통수단의 발달 등에 힘입은 바가 크다.

4.1.2 개방의 이점

개방이 주는 이점은 매우 다양하다. 이를 두 가지 차원으로 나누어서 살펴보기로 하자. 하나는 경제활동의 순환과정을 중심으로 살펴보는 것이고 다른 하나는 경제운영의 효율성을 중심으로 살펴보는 것이다.

경제의 순환과정을 중심으로 보면, 개방은 생산요소의 순환과 생산물의 순환, 자금의 순환, 기술의 순환, 노동력의 순환 등을 통해서 경제를 변화시킨다. 경제순환의 양을 대폭적으로 증대시키고 경제순환의 질을 현저하게 개선시킴으로써 개방이 경제성장에 긍정적인 영향을 준다. 경제운영의 효율성을 중심으로 보면, 개방은 경쟁을 촉진시키며 변화와 혁신을 촉발함으로써 경제운영의 효율성 제고에 공헌하고 그 결과 경제성장에 공헌한다. 무엇보다도 제도, 규범과 관행, 아이디어, 정책 등에서 외국이 지닌 장점과 잘하는 점을 받아들여서 우리 것으로 활용하는 데서 오는 이점이 크다.

개방은 생산요소의 활용도를 획기적으로 높인다. 우리가 갖지 못한 생산요소를 활용할 수 있게 해주며, 우리가 가진 것보다 성능이 좋은 생산요소를 저렴한 가격에 활용할 수 있게 해준다. 전자의 좋은 사례가 원유와 천연가스이다. 우리가 외국에서 생산되는 원유와 천연가스를 이용할 수 없었다면 지금 우리가 누리고 있는 것과 같은 경제발전의 성과를 얻을 수 없었을 것이다. 후자의 사례로는 산업화 초기에 우리가 지녔던 것에 비해 성능이 뛰어난 일본제 기계장비를 활용해서 수출산업을 일으키는 데 성공한 것을 들 수 있다.

한국이 개방경제체제를 유지하였기에 세계 굴지의 성장산업을 일으킬 수 있었던 사례로서 석유화학산업과 철강산업을 들 수 있다. 주지하듯이 우리나라의 석유화학산업과 철강산업은 세계적인 경쟁력을 갖춘 중화학공업의 대표주자이다. 그런데 흥미로운 것은 양대 산업의 주원료인 원유와 철광석은 전량 해외에서 수입한다는 사실이다. 원유 한 방울 나지 않고 경제성 있는 철광산 하나 갖지 못한 나라가 석유화학제품과 철강제품의 수출 대국이 된 것은 개방이 아니었으면 불가능한 일이다.

개방은 우리가 생산하는 재화와 서비스를 국내보다 몇백 배 더 큰 해외시장에 내다 팔 수 있게 해준다. 폐쇄경제라면 국내에서 생산한 것을 국내에서만 팔아야 하는데, 시장규모가 작고 구매력이 크지 않은 내국인들을 상대로 사업을 벌여서는 발전할 수 없다. 어떤 제품은 생산해보아야 국내에서는 살 사람이 아예 없을 수도 있고 또 어떤 제품은 생산해보아야 팔리는 양이 많지 않아서 수지가 맞지 않기 때문에 그렇다. 전자의 사례가 가발생산이다.

우리나라가 경제개발에 나서던 1960년대 초에 가진 것이라곤 아무 것도 없던 우리에게 수출입국의 가능성을 제공한 것이 가발산업이다. 자금이 많이 들지 않고 고도의 기술이 필요하지도 않으며 손재주가 뛰어난 노동력이 풍부하고 가발의 원재료인 생머리카락의 공급이 넘쳐나던 당시의 사정으로 보면 가발이야말로 우리가 잘 만들 수 있는 물건이었다. 그런데 우리나라가 폐쇄경제였다면 가발을 생산해 보아야 살 사람이 많지 않아 소용이 없었을 것이다.[3] 그렇지만 개방을 지향했기에 그리고 작은 국력이나마 해외시장 개척에 힘을

3 당시에는 머리카락을 잘라 파는 사람은 많았어도 가발을 쓸 능력이 있는 사람은 많지 않았다.

보탰기에 가발을 생산해서 더 넓은 북미시장에 수출할 수 있었던 것이다.

내국인 구매자가 있다 하더라도 구매력이 크지 않아서 생산해 보아야 겨우 몇 대 또는 몇 개밖에 팔리지 않는다면 생산자가 채산성을 맞추기 어려울 것이다. 개방은 우리가 생산한 제품을 해외시장에 판매할 수 있게 해줌으로써 시장이 협소해서 겪는 불이익을 일거에 해소시켜 준다. 그 대표적인 사례가 자동차산업이다. 오늘날 세계 굴지의 자동차 메이커로 성장한 현대자동차가 창업 당시부터 해외시장을 겨냥해서 설비투자를 행했음은 주지의 사실이다. 하나의 차종을 기준으로 할 때 연간 30만 대 내외가 채산성을 갖출 수 있는 자동차의 최소 생산량인데[4] 당시의 국내 시장으로는 이만 한 양을 소화시킬 방도가 없었다. 그러므로 그 당시에 우리가 폐쇄경제체제를 유지했더라면 자동차산업을 일으키는 것은 꿈도 꾸지 못할 일이었다. 그러나 수출시장이 활짝 열려 있었기에 막대한 자금과 선진기술 그리고 고도의 경영능력을 요하는 자동차산업에 뛰어들 수 있었던 것이다.

완제품 수입의 측면에서 볼 때 개방의 또 다른 이점은 국내 소비자들로 하여금 국내에서는 생산되지 않는 제품을 사용할 수 있게 해주며 자국이 생산하는 것보다 성능과 품질이 나은 제품을 유리한 조건에 쓸 수 있게 해준다는 사실이다. 수입이 가능하므로 각종 외국산 제품을 소비할 수 있고 해외의 독특한 문화에 접할 수가 있다. 사실 많은 국가들은 수입시장을 점진적으로 개방해왔다. 전면적인 수입금지에서 출발해서 조심스럽게 개방의 문을 열다가 전면적인 개방의 단계로 이행하는 게 관행이다. 수입이 금지된 품목의 밀수가 횡행하는 것을 보면 폐쇄된 시장이 소비자에게 주는 불이익이 얼마나 큰지 짐작할 수 있다. 우리나라의 경우에도 과거에는 밀수품 시장이나 미군부대에서 흘러나온 물자를 파는 암시장이 성행했었는데 이는 해당 제품의 수입이 금지되어 있었기에 생긴 일이다.

개방은 우리에게 부족한 자금을 해외로부터 가져다 쓸 수 있게 해준다. 더

---

4 이는 20세기 후반부의 생산기술에 해당하는 이야기다.

많은 양의 자금을 더 유리한 조건에 사용할 수 있게 되는 것이다. 외국에서 자금을 도입하는 방안에는, 차입, 직접 또는 합작 투자, 자본시장을 통한 자금조달 등이 있다. 개방을 통해서 더 많은 양의 자금을 더 좋은 조건에 도입해서 쓸 수 있다는 것은 투자자금 부족에 허덕이는 저개발국에게는 흥망성쇠를 좌우할 만큼 중요한 일이다. 우리나라는 1980년대 중반까지는 주로 외자 차입을 통해서 부족한 투자자금을 보충해 왔다. 직접투자나 합작투자는 그리 많지 않았다. 이는 외국 기업들이 한국 경제의 작은 규모만 보고 국내로 진출할 매력을 느끼지 못한 데다 외국 기업이 국내에 진출하는 것을 반가워하지 않은 우리 국민들의 정서를 반영한 것으로 보인다. 그러다가 자본시장이 개방된 1990년대 중반부터는 유가증권시장을 통한 자금조달도 활발하게 이루어지고 있다.

한 가지 특기할 것은 우리나라의 경우 외환위기 이전에는 투자자금수요가 국내저축보다 커서 외자를 도입해서 부족한 자금을 보전하였으나, 외환위기 이후에는 투자자금수요보다 국내저축이 커서 남는 자금을 해외로 보내고 있다는 사실이다. 즉, 외환위기 이전에는 거의 매년 자금이 순유입 되었음에 비해 외환위기 이후에는 거의 매년 자금이 순유출 되고 있다. 그러나 자금의 순유입 또는 순유출이 국내총생산에서 차지하는 비중은 2% 이하로서 비교적 낮다. 이런 면에서 과도한 외채부담으로 여러 차례에 걸쳐서 경제위기를 맞았던 중남미 국가와 우리나라는 다르다.

개방은 국가 간 기술이전을 촉진시킨다. 장기적인 경제성장의 관점에서 보면 아마도 이 점이 개방이 주는 가장 큰 이점일 것이다. 기술발전 없이 자본축적만 갖고 경제성장을 지속하는 일은 불가능하다. 자본의 한계생산력체감의 법칙을 회피할 방도가 없어서 자본축적으로만 추동되는 경제성장은 그 종착점이 유한하다. 그러므로 경제가 지속적으로 성장하려면 기술진보가 필수적이다. 독자적으로 기술을 개발할 수도 있지만 자금과 인적자본을 갖춘 선진국이 아니면 좋은 기술을 개발하기가 매우 어렵다. 후진국이 기술을 발전시키는 최선의 방안은 다른 나라의 앞선 기술을 배우고 익혀서 내 것으로 만드는 것이다. 우리나라가 전자산업을 일으킬 때 일본과 미국의 기술을 모방하고 학습하는 것으로 출발했는데 이는 석유화학산업이나 자동차산업 그리고 철강업을 일으킬 때도 마찬가지였다. 미국과 일본 그리고 서독의 기술자들을 초빙해서 보고 배웠으며 우리의 기술자와 기능공과 학자들을 해외에 파견해서 선진기술을 배워 왔다. 건설업 역시 선진 건설회사의 하도급 업체로 해외시장에 진출하면서 외국 회사들로부터 기술을 습득하였다.

해외에서 기술을 이전받는 것이 점차 어려워짐에 따라서 1980년대 중반부터는 우리의 힘으로 기술을 발전시키기 위한 연구개발에 전력해왔다. 그 결과 과거에는 일본과의 기술격차가 20~30년은 될 것이라는 평가를 받던 우리나라가 지금은 기술격차를 크게 줄였을 뿐만 아니라 일부 기술에서는 일본기업을 앞서기도 한다. 미국과의 기술격차 역시 비슷한 상황이다.

기술발전이 우리나라의 경제발전을 견인해왔음은 의심의 여지가 없다. 그런데 중요한 것은 개방체제가 아니었더라면 기술발전의 속도가 매우 느렸을 것이고 그래서 경제의 발전 속도도 매우 느렸을 것이 틀림없었을 것이라는 사실이다. '우리 식으로 살자'며 폐쇄경제체제를 견지해온 북한의 극도로 낙후된 기술사정을 보면 개방이 얼마나 중요한지 잘 알 수 있다. 물론 탄도미사일 같은 군사 관련 기술에서는 대단한 업적을 보이고 있지만 그것이 민생고 해결로는 이어지지 않고 있다.

개방은 또한 국가 간 사람의 왕래를 가능하게 한다. 개방체제에서는 누구나 자유롭게 여행할 수 있으며 장단기에 걸쳐 체류하면서 학업에 매진하거나 공무 또는 사무를 처리할 수 있고 나아가서 일정한 조건에 부합하면 이민을 갈 수도 있고 이민을 올 수도 있다. 국가 간 사람의 이동이 경제발전에 도움이 됨은 물론 거주이전의 자유를 허용한다는 측면에서 인권보호에 기여하는 바가 크다. 우리가 외국에 가서 보고 듣고 체험한 것 중에서 좋은 점은 배우고 나쁜 점은 경계함으로써 내 나라를 더 살기 좋은 곳으로 만들 수 있으며, 외국인이 국내에 와서 보고 듣고 경험한 것 중에서 좋은 것을 자국에 전파한다면 그만큼 우리나라의 영향력이 커진다.

개방은 국가 간 정보와 지식의 교류를 촉진시킨다. 지금과 같이 유무선 통신망으로 전 세계와 연결된 시대에는 외국에 가지 않고서도 그곳에서 어떤 일이 벌어지는지, 그곳 사람들은 어떤 방식으로 살아가고 있는지, 그곳 사람들은 무엇을 생각하고 연구하는지 등을 잘 알 수 있다. 마찬가지로 외국인이 우리나라에 오지 않고서도 한국에서 일어나는 일이나 한국인의 삶과 문화와 한국인의 사상과 종교 등에 대해 잘 알 수 있다. 이는 우리의 삶을 전례 없이 풍성하게 해줌은 물론이거니와 외국인들이 살아가는 방식 중에서 우리에게 도움이 될 만한 것을 모방하고 개선해서 우리 것으로 만들 수 있게 해준다. 폐쇄경제라면 상상할 수도 없는 이점이다.

개방은 우리가 살아가는 방식을 개선하는 데 도움을 주며, 생산성 향상을 자극하고, 경쟁촉진을 통해서 국내 경제의 효율성을 높이는 데 공헌한다. 개방으로 국제무역이 가능해지면 교환의 범위와 규모가 크게 늘어나므로 그에 비례해서 분업과 전문화가 더 광범위하게 이루어진다. 분업과 전문화를 하는 이유가 생산성을 높이기 위한 것임을 생각할 때 국제무역이 분업과 전문화를 촉진한다는 것은 개방이 경제 전반의 생산성을 향상시키는 기폭제가 됨을 의미한다. 개방이 생산성을 높이는 다른 사례로서는 선진기술이 탑재되어 있는 자본재를 도입해서 쓸 때 경험하는 생산성 향상이 있다. 가령 우리나라가 아직 작업자들의 맨손에 의지해서 자동차를 조립하고 있을 때 자동차 선진국에서 관련 로봇을 도입해서 작업장에 배치한다면 하루에 조립할 수 있는 자동차 대수가 늘어남은 물론이고 완성차의 불량률도 현저하게 하락할 것이다.

개방이 경제운영의 효율성을 높이는 경로로는 수입 채널과 수출 채널이 있다. 수입 채널은 우리보다 월등히 나은 제품과 서비스 그리고 우리보다 월등히 뛰어난 경영능력을 구사하는 선진 기업들과 경쟁해야 하는 데서 나오는 효율성 제고 효과를 말한다.

수입 채널이 국내 기업의 효율성 제고에 공헌한 사례로서 가전시장개방의 효과를 들 수 있다. 오늘날 세계의 가전시장은 LG전자와 삼성전자가 석권하고 있다. 1980년대 중반까지만 해도 아무도 오늘날과 같은 상황이 전개되리라고는 상상하지 못했다. 당시 우리나라의 가전산업은 일본이나 미국에 비해서 경쟁력이 크게 떨어지는 우물 안 개구리 신세를 벗어나지 못하고 있었다. 그러한 상황에서 정부가 가전시장을 개방한다는 방침을 시행에 옮기게 되자 국내의 가전산업 종사자는 물론이거니와 여론을 주도하던 지식인 다수가 우리나라의 가전산업을 고사시키는 정책이라면서 시장개방에 대해 극렬하게 반대하였다. 그러나 가전시장을 개방했기에 일본이나 미국 가전사들과 싸워서 이기지 못하면 망할 처지에 내몰린 우리 기업들이 그야말로 죽기 아니면 살기로 노력한 결과 오늘날 일본과 미국 기업을 따돌리고 세계 시장을 제패할 수 있게 되었다.

개방이 수입 채널을 통해서 우리 경제의 효율성 향상에 공헌하는 것은 그동안 보호된 시장에 안주해오던 국내 기업들을 한순간에 먹느냐 먹히느냐 하는 서바이벌 게임의 장으로 내몰기 때문이다. 조금이라도 방심하면 가차 없이 도태되는 치열한 경쟁의 장에서 승리하려면 뼈를 깎는 노력을 통해서 경쟁자들을 압도할 만한 힘을 키우지 않을 수 없게 된 것이다. 효율적이라야 살아남으니 남아 있는 기업이 효율적일 수밖에 없고 효율적인 기업끼리 경쟁하는 산업이니 효율적이지 않을 수가 없게 된 것이다.

수출 채널은 수출품 시장에서 선진국 제품과 경쟁해서 이겨야 하는 압박감에서 오는 효율성 제고 효과를 말한다. 현대자동차나 포스코가 처음부터 수출기업으로 성공하는 것을 목표로 삼지 않았다면 그들이 오늘날 세계 굴지의 기업으로 성장할 수 없었을 것이다. 치열하게 전개되는 경쟁에서 승리하기 위해 불철주야 노력하지 않을 수 없게 만든 세계시장 여건이 그들을 일류기업으로 성장시킨 촉진제가 되었던 것이다. 물론 하루아침에 그렇게 되는 것은 아니다. 현대자동차는 30년 이상 국제경쟁의 험난한 파고를 넘겨온 끝에 2000년대에 들어와서야 비로소 세계 굴지의 자동차 기업이 되었다. 그러한 측면에서 포스코의 경우는 매우 특이하다. 포스코는 생산 개시와 더불어서 세계에서 경쟁력이 가장 강한 철강기업이 되었다. 포항과 광양의 제철소가 모두 완공된 시점에는 포스코가 세계 제일의 철강기업으로 국내외에서 선망의 대상이 되기도 하였다. 그러나 1990년대 초반부터 회사가 정치권의 영향을 받기 시작하면서 경쟁력이 저하되어 한때는 중국이나 인도 기업과의 경쟁에서 패배할지도 모른다는 위기감을 갖기도 하였다.

4.1.3 개방의 문제점

많은 후진국들이 개방을 꺼리는 이유는 자국민이나 자국기업이 경쟁력을 갖추지 못한 상태에서 대외적으로 빗장을 풀었다가는 외국인이나 외국 기업에게 완전히 정복당할까 두려워하기 때문이다.

그러나 경제전체의 관점에서 보면 이것은 잘못된 발상이다. 거래란 어떤 종류이건 팔고 사는 행위이다. 즉, 파는 게 있어야 살 수 있다. 외국산 물품도 마찬가지이다. 그들이 거저 주지 않는 한 우리가 무엇인가를 외국에 팔아야 그 대금으로 외국산 물자를 구매할 수가 있다. 이때 우리가 지닌 재산을 팔아서 외제 물건을 사들인다면 문제가 된다. 또한 갚을 능력도 없으면서 빚을 내 사와도 문제다.[5] 그게 아니고 우리가 무엇인가 그들에게 소용이 되는 물건을 팔아 번 돈으로 외국 물품을 사온다면 특별히 문제될 게 없다.

그렇지만 경쟁력을 갖추지 못한 생산자의 입장에서 보면 개방이 문제가 될 수 있다. 외국산 재화나 서비스와 경쟁할 수 없기 때문에 그렇다. 금융시장을 예로 들어보기로 하자. 금융시장이 개방되지 않았을 때 우리나라의 시중 이자율은 연 12% 수준에 있었다. 이는 당시 국제시장 이자율 6%의 두 배가 되는 높은 수준이었다. 국내의 자금수요에 비해서 국내의 자금 공급이 상대적으로 부족했기 때문에 이자율이 높게 유지되었던 것이다. 이러한 상황에서 금융시장을 전면적으로 개방하면 외국자본이 대거 국내 시장으로 유입될 것이고 그렇게 되면 자금을 빌리는 사람은 12%가 아닌 6%에 빌릴 수 있으니 좋지만, 자금을 빌려주는 사람이나 기관은 12%를 받고 빌려주던 것을 이제 6%밖

5 갚을 능력이 없는 나라에 빚을 줄 국가나 금융기관이 많지는 않을 것이다. 대개는 그 나라의 자원이나 성장 잠재력을 보고 돈을 꾸어준다. 그러나 일이 예상처럼 진행되지 않으면 외채를 갚지 못해 어려운 일을 당하게 된다.

에 받을 수 없게 되니 손해가 막심하다. 해외자본과의 경쟁에서 국내자본이 밀려나게 되는 것이다. 결국 금융개방의 결과로 자금을 빌리는 사람은 이익을 보고 빌려주는 사람은 손해를 보게 된다. 그렇지만 나라 전체로 보면 이자율이 12%에서 6%로 낮아짐에 따라서 얻는 이익이 매우 크다. 그런데 금융개방으로 혜택을 보는 사람은 불특정 다수이고 손해를 보는 사람은 특정 소수이므로 금융개방에 대해 후자가 반대하는 목소리가 전자가 찬성하는 목소리보다 훨씬 크다. 이러한 상황에서는 금융개방에 대해 반대하거나 우려하는 목소리만 언론에 회자되게 마련이다.

[그림 4-1]을 통해서 이러한 사정을 좀 더 면밀하게 살펴보자. 이 그래프는 국내 시장에서 이루어지는 자금의 거래 상황을 보여준다. 종축은 이자율을 나타내고 횡축은 자금의 거래액을 나타낸다. 우 하향하는 직선은 자금의 수요를 나타내고 우 상향하는 직선은 자금의 공급을 나타낸다. 그래프는 금융시장이 개방되지 않았을 때 자금의 수요와 공급을 일치시키는 이자율이 12%임을 나타내고 있다. 이를 균형이자율이라고 부른다. 그래프에서 보듯이 12%를 내고 빌리려는 액수와 12%를 받고 빌려주려는 액수가 일치된다. 이자율이 10%라면 빌리려는 액수가 빌려주려는 액수보다 많고, 이자율이 13%라면 빌리려는 액수가 빌려주려는 액수보다 적으므로 수급 균형이 일어나지 않는다. 그래프는 이자율 12%에서 연간 1조원의 자금이 유통됨을 보여주고 있다.

그래프에는 이자율 6%를 지나는 수평선이 그려져 있다. 이것은 세계 시장의 자금공급을 나타내는데 우리나라의 자금수급규모에 비해서 세계 시장의 자금공급규모가 워낙 크기 때문에 6%만 내면 얼마든지 자금을 빌릴 수 있는 상황을 보여준다. 그래프를 보면 이자율이 6%일 때 빌리려는 금액은 1조 5,000억원으로 늘어남에 비해서 국내의 자금공급자가 빌려주려는 액수는 5,000억원으로 줄어듦을 알 수 있다. 차입 이자율이 하락하면 빌리려는 금액이 늘게 마련이고 대출 이자율이 하락하면 빌려주려는 금액이 줄게 마련이다.

이 상황에서 금융시장이 개방되면, 시중 이자율은 12%에서 6%로 하락하게 되고, 종전에 12%를 주고 1조원을 빌리던 사람들이 이제 6%를 내고 1조

[그림 4-1] 금융개방의 단기적 결과

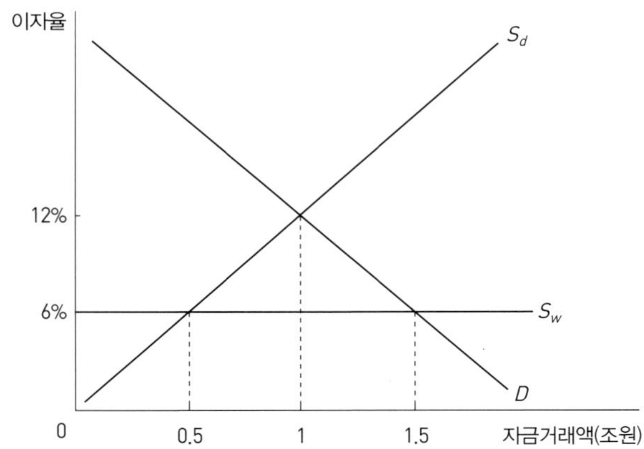

5,000억원을 빌릴 수 있게 된다. 이자부담이 줄면서 많은 자금을 이용할 수 있게 되므로 빌리는 사람들이 얻게 되는 혜택이 매우 커진다. 그러나 빌려주는 사람의 처지는 그게 아니다. 전에는 12%를 받고 1조원을 빌려줄 수 있었는데 이제는 6%밖에 받지 못하는 데다 많아야 5,000억원밖에 빌려주지 못하게 되니 그들이 입는 손실이 막대하다.[6] 이 예에서 거래되는 자금 1조 5,000억원 중 1조원이 외국에서 유입된 자금이므로 금융개방과 더불어서 국내 금융시장의 2/3를 외국계가 점유하는 셈이 된다. 조금 과장된 예이기는 하지만 졸지에 영업기반을 상실하게 되는 국내 금융업자들이 금융개방에 대해 극렬하게 반대하는 것은 충분히 이해할 수 있는 일이다.

나라 전체로 보면 금융시장을 개방하는 것이 이익이 된다. 금융시장의 규모가 확대됨은 물론이거니와 금융거래비용이 낮아지므로 경제에 주는 혜택이 매우 크다. 특히 위의 예에서 12%가 아닌 6%에 조달한 자금으로 물적자본,

6 이론적으로는 이 5,000억원조차 외국인 차지가 될 수도 있다. 이자율이 같으므로 빌리는 사람의 입장에서는 누구에게 빌리던 크게 상관할 일이 아니기 때문이다. 관계금융(relationship banking)이 관행화되어 있으면 국내 금융기관이 외국 금융기관보다 유리하므로 시장을 모두 빼앗기는 일은 일어나지 않는다.

[그림 4-2] 금융개방의 장기적 결과: 국내 금융기관이 생산성 향상에 성공하는 경우

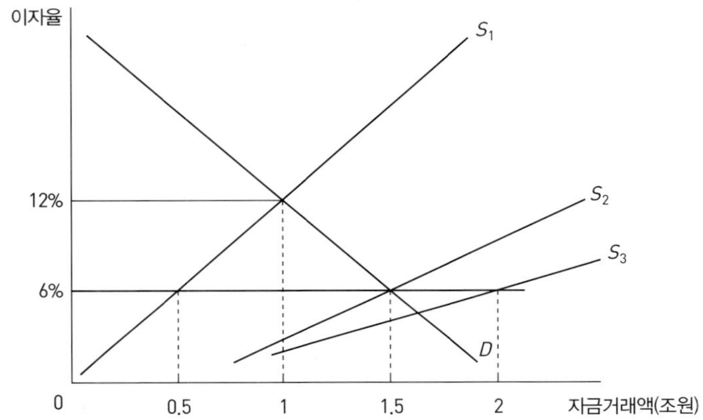

인적자본, 기술, 사회간접자본 등 생산력의 원천이 되는 각종 자본을 축적하고 기술을 발전시키는 데 투입하면 경제는 분명히 더 빠르게 성장하게 된다.

금융개방에 따라서 국내 금융기관들이 입는 손실은 그들의 노력 여하에 따라서 단기적인 것으로 끝날 수도 있다. 국내 금융기관들이 뼈를 깎는 노력을 통해서 생산성을 향상시키는 데 성공하면 빼앗겼던 시장을 되찾을 수 있을 뿐만 아니라 오히려 유리한 조건에 국제시장으로 진출할 수도 있다. [그림 4-2]에 그러한 사정이 나타나 있다. [그림 4-2]는 다른 모든 것은 [그림 4-1]과 동일한데 다만 국내의 자금공급을 나타내는 선만 상이하다. [그림 4-2]에는 국내 자금공급 곡선이 여러 개 그려져 있는데 S_1에서 S_3에 이르기까지 생산성 향상 노력에 힘입어서 국내 금융기관의 한계비용이 계속해서 하락하는 상황을 나타낸다. S_2는 국내금융기관도 6%의 이자율로 1조 5,000억원을 빌려줄 수 있는 능력을 지니는 상황을 보여준다. 국내 금융기관들이 국제 금융기관들과 대등한 조건에서 경쟁할 수 있게 된 것이다. 이때가 되면 국제 금융에게 빼앗겼던 시장을 온전히 되찾게 된다. S_3는 국내 금융기관들이 국내 시장을 되찾는 데 만족하지 않고 더욱 노력해서 국제 금융기관들보다 유리한 조건에서 경쟁

할 수 있게 된 상황을 나타낸다. 이때가 되면 국내 금융기관들이 국내 금융시장을 석권할 뿐만 아니라 국내에서 조성한 자금을 외국인들에게 빌려주는 상황이 전개된다. 국내 금융기관들이 해외로 진출하게 되는 것이다.

위의 사례에서 보듯이 개방은 전체적으로는 국민경제에 이익이 되지만 시장을 빼앗기게 되는 소수에게는 커다란 고통을 안겨주는 일이다. 그러나 시장을 빼앗긴 당사자들이 뼈를 깎는 노력을 통해서 경쟁력을 키우면 잃었던 시장을 되찾음은 물론이거니와 과거에는 꿈도 꾸지 못하던 해외시장까지 석권할 수도 있다. 사실 우리나라는 이미 여러 번에 걸쳐서 개방이 주는 불리함을 극복하고 세계 시장을 제패해온 바 있다. 전 항에서 살펴본 가전제품시장이 그랬으며, 제과시장, 화장품시장, 화훼시장, 영화와 음반 시장 그리고 유통시장도 개방의 불리함을 극복하고 성공한 사례가 된다.

유통시장을 예로 들면 시장개방에 따라서 월마트나 까르푸 같은 세계적 대형 유통업체들이 국내에 진출할 당시만 해도 대다수의 토종 업체들이 도태될 것으로 전망한 사람들이 많았다. 그러나 결과는 그와 정반대로 나타났다. 그때까지 국내 유통시장을 리드하던 신세계와 롯데가 외국계 회사에 대한 대항마로 이마트와 롯데마트를 출범시킨 게 성공한 것이다. 그 결과 국내 유통시장을 석권하겠다면서 진출했던 월마트와 까르푸는 이미 사업을 접고 철수했으며 이마트와 롯데마트는 중국과 베트남 등지에서 해외 시장을 개척하는 수출기업으로 성장하고 있다.[7]

우리나라의 가전업체와 제과업체와 화장품업체 그리고 유통업체 등이 세계시장을 주름잡고 있는 현실을 놓고 보면 아무런 자극도 없었는데 그들이 잘해서 성공한 것으로 오해할 수도 있다. 그러나 개방이라는 쇼크가 없었다면 잘 보호된 내수시장에 안주하던 이들이 성공적인 수출기업으로 환골탈태할 수 있었을지 의심스럽다. 미국과 일본 그리고 유럽의 강한 경쟁자들을 만나 고사

7 이 두 회사는 사드 사태 이후 중국시장에서 고전 중인데, 이는 중국의 개방정책이 국제규범을 따르지 않고 있다는 증거이지 개방 자체가 잘못임을 입증하는 것은 아니다. 이런 일들을 계기로 해서 중국은 국제사회에서 신뢰를 상실할 가능성이 높다.

위기에 빠진 국내 업체들이 목숨을 건 투쟁에 나서지 않았다면 지금도 우리나라는 품질이 떨어지는 국산 가전제품, 과자와 빵, 화장품 등을 쓰면서 싸고 질 좋은 외제 물품을 부러워하고 있었을 것이다. 국내에서의 경쟁만 갖고 기업의 다이너미즘을 살리기에는 내수시장 규모가 지나치게 작았었다. 방대한 세계 시장에서 선진기업들과 싸워서 이기려고 노력한 덕분에 오늘의 승자가 된 것이다.

4.1.4 지혜로운 개방

당연한 말이지만 국가 간 자유교역이 자국에게 이익만 주는 것은 아니다. 어떠한 거래이건 얻는 게 있으면 잃는 것도 있게 마련이다. 경제학자들이 자유무역에 대해 찬성하는 것은 그것이 언제나 혜택만 주기 때문이 아니라, 자유무역이 주는 혜택이 자유무역을 하기 위해 지불하는 비용보다 훨씬 크기 때문이다. 또한 자유무역에 따르는 고통은 단기적인 것으로 끝날 가능성이 높지만 자유무역의 혜택은 오래 지속되기 때문이기도 하다.

자유무역의 혜택은 크게 만들고 비용은 적게 만들 수 있다면 당연히 그런 방도를 찾아야 할 것이다. 선진국의 거대 기업을 제어할 적절한 장치를 마련하지 않으면 독과점의 폐해가 발생할 수 있다. 독과점은 그것이 국내 기업에 의한 것이건 외국 기업에 의한 것이건 폐해를 가져오므로 적절하게 규제해야 한다. 외국 기업에 의한 독점은 독점 이익이 국외로 유출된다는 점에서 국내 기업에 의한 독점보다 폐해가 크다. 그러므로 경쟁정책의 차원에서 시장개방 후 독과점 체제가 구축되는 일을 방지해야 함은 물론이고 국부유출을 방지한다는 측면에서도 외국 기업이 독과점 사업자로 등장하는 것을 경계해야 한다. 이는 우리나라 기업이 해외에 나가서 시장 질서를 교란시킬 때 해당 국가가 그런 일을 용인할 리가 없는 것과 마찬가지다.

개방이 바람직하다고 해서 아무런 준비도 없이 일시에 전면적으로 개방하는 게 좋다는 것은 아니다. 짧은 기간 안에 전면적으로 실시하는 개방은 국내의 소비자, 노동자, 투자자 및 기업가들에게 개방이라는 쇼크에 대비할 시간적 여유를 주지 않으므로 많은 부작용을 낳는다. 이런 점에서 볼 때 대외 개방 이전에 대내 개방을 통해서 우리 기업들이 경쟁력을 갖도록 유도하는 것이 바람직하다.

가장 크게 경계해야 할 것은 보호된 시장에서 정부가 나누어주는 혜택으로 연명하는 기업들로 이루어진 산업을 아무런 사전 조치 없이 전면적으로 개방하는 것이다. 우리나라가 1990년대 중반에 실시했던 금융개방이 그러한 실수에 해당한다. 금융개방은 해야 할 일이었지만 당시의 국내 금융시장은 오랜 동안 소위 관치금융에 익숙해져 있는 상황이어서 국제금융에 대해서는 그 능력이 초등학생 수준에 불과하였다. 초등학생들 보고 대학생인 국제 금융기업과 경쟁하라는 것은 싸우다 죽으라는 것과 다름없다.

개방의 이점을 강조하는 사람들은 개방에 대해 찬동하는 근거로 비교우위를 내세우는 경우가 많다. 비교우위설은 훌륭한 개념이기는 하지만 어떤 나라의 비교우위라는 게 한번 정해지면 영원히 변화하지 않는 것이 아니기 때문에 비교우위를 적용할 때 신중을 기해야 한다. 그 나라 사람들의 노력 여하 그리고 세계 경제 여건이 변화함에 따라서 없던 비교우위가 생길 수도 있고 있던 비교우위가 사라질 수도 있다. 이러한 점을 반영한 것이 동태적 비교우위 이론이다. 우리나라가 자동차 산업을 시작할 때 그렇게 하는 것이 우리나라가 자동차 생산에 비교우위를 갖고 있기 때문이라고 주장한 사람은 아무도 없었다. 당시의 자본력, 기술력, 인적자본, 경영능력 등을 고려하면 한국이 자동차 산업에 비교우위를 갖고 있었을 리 만무하다. 그런데도 오늘날 한국이 자동차 수출국가로 성장한 것은 전 국민이 지원하는 가운데 해당 기업이 비교우위를 만들어 내기 위해 노력해온 결과이다. 만일 그 당시 자동차 시장을 전면적으로 개방했더라면 오늘날 태국이나 말레이시아 같은 국가에서 보듯이 한국 역시 자동차 수입국가로 남아 있을 가능성이 크다. 이처럼 성장가능성이 높은 산업이 조기 개방으로 인해 고사할 위험에 처하지 않도록 하는 게 중요하다. 그러나 동시에 동태적 비교우위를 내세워 개방에 반대하는 논리가 성공할 가능성이 낮은 자국 기업을 보호하는 핑계로 악용되지 않도록 경계해야 한다.

4.1.5 개방은 번영의 필요조건

개방은 번영의 필요조건이다. 잘사는 나라치고 개방경제가 아닌 나라는 하나도 없으며, 폐쇄경제를 유지하면서 잘사는 나라 역시 하나도 없다. 폐쇄경제를 유지하다가 개방경제로 이행한 나라가 경제발전에 성공한 경우는 많아도 개방경제를 폐쇄경제의 길로 방향을 선회하고도 번영을 누린 나라는 하나도 없다. 이에 관하여 역사가 우리에게 주는 교훈이 많다.

일본은 1603년에 에도막부시대를 연 이후부터 1867년 메이지개혁에 이르기까지 군부통치시대를 거치는 동안 폐쇄적이고 고립적인 대외 관계를 유지했다. 그 결과 조선을 침공할 정도로 발전된 경제력을 지니고 있던 16세기의 일본은 에도막부시대 약 300년을 거치면서 국력이 크게 쇠약해졌다. 19세기 중반에 미국을 비롯한 서양의 열강들이 개항을 요구했을 때 그들이 요구하는 대로 수용할 수밖에 없었던 일본의 처지가 국력이 쇠퇴했음을 잘 보여준다. 그러나 일본은 미국과 「수호통상협정」을 맺은 지 불과 십여 년 만에 국가의 기본 틀을 혁신하고 서양 선진국 따라잡기에 나섰다. 그 핵심은 개방과 개혁이다. 오늘날의 일본은 자유민주주의 시장경제 국가로서 확고한 위치를 지니고 있다. 영국보다 100여 년이나 늦게 산업화에 나섰으면서도 영국을 추월하고 G2의 위치를 점한 후 한때는 미국마저 추월할 기세를 보이기도 하였으나 지금은 중국에게 자리를 물려주고 G3로 남아 있다. 불과 150여 년 전만 해도 '후진국'이었던 일본이 오늘날 세계 3위의 경제대국이 된 것은 여러 가지 요인이 작용한 결과이지만 분명한 것은 일본이 폐쇄경제였다면 결코 경제발전을 이루지 못했을 것이라는 사실이다.

한국은 1960년대 초만 하더라도 지금의 화폐가치로 환산한 1인당소득이 약 1,700달러에 불과한 최빈국이었다. 그러나 그러한 암울한 사정 속에서도 수출입국을 표방하면서 대외개방형 시장경제체제를 근간으로 해서 경제를 운영해온 결과 지금은 구매력기준 1인당소득이 3만 6,600달러인 고소득국가가 되었다. 우리나라가 경제발전에 성공한 데는 여러 가지 요인이 있겠지만 분명한 사실은 우리가 폐쇄경제체제를 고수했더라면 경제발전에 성공하는 게 거의 불가능했을 것이라는 점이다. 그러한 사실을 증명하는 뚜렷한 증거를 북한의 경제상황에서 찾을 수 있다. 북한은 거의 모든 측면에서 남한과 다를 게 없는 경제를 갖고 출발하였다. 한국전쟁 종료 후 1960년대 초에 이르기까지 남북한 경제 공히 극도로 피폐한 상태를 벗어나지 못하고 있었다. 당시에만 하더라도 큰 차이는 아니지만 1인당소득의 측면에서 북한의 사정이 남한보다 좋았던 것으로 보인다. 그런데 북한은 북한 정권 수립 이후 지금까지 극도로 폐쇄적인 경제체제를 고수해오고 있다. 그것 때문만은 아니겠지만 오늘날 북한 주민의 평균소득이 구매력기준으로 1,662달러에 불과한 것은 폐쇄경제체제를 고수해온 북한의 대외정책이 나은 부작용 때문임에 틀림없어 보인다.

중국은 1978년에 덩샤오핑이 집권하면서 마오쩌둥 시대의 중국이 가졌던 '공유에 기초한 폐쇄경제체제'를 버리고 사유를 지향하는 개방경제체제로 전환하였다. 중화인민공화국 건국 이래 유지되었던 폐쇄적인 명령경제를 '개혁하고 개방'함으로써 개방적인 시장경제로 바꾸는 대장정에 돌입한 것이다. 그로부터 약 40년이 지난 오늘날 중국은 개방 당시 오늘의 화폐가치로 계산해서 약 1,000달러 정도의 1인당소득을 지닌 극도로 가난한 나라에서 2016년의 1인당소득이 1만 5,000달러를 상회하는 중진국으로 변모되었다. 그 결과 중국은 현재 미국 다음으로 큰 GDP를 지닌 세계 제2의 경제대국이다. 중국의 이러한 변신이 개방경제체제를 채택하지 않았어도 가능했을까? 그 답은 '전혀 아니다'일 것이다.

개방은 번영의 필요조건이기는 하지만 충분조건은 아니다. 개방은 이웃 국가들과의 교역과 교류를 통해서 번영의 길로 나아갈 수 있는 가능성을 열어줄 뿐 그 가능성을 현실로 만드는 일은 개방하는 나라 사람들의 몫이다.

개방체제를 갖고 있으면서도 사적 소유의 영역과 경제활동의 자유를 제한하는 나라는 개방의 이점을 살리지 못한다. 개방으로 전보다 더 크고 다양한 기회가 생겼는데 소수에게만 그것을 활용할 기회를 허용한다면 국제무역에서 배제된 다수에게는 아무런 도움도 되지 않는다. 오히려 좋은 기회를 두고도 쓸 수 없는 박탈감에서 생산성이 저하될 수도 있다. 모두가 개방의 기회를 활용할 수 있다 하더라도 소유권이 제한되어서 교역과 교류를 통해서 창출한 가치를 그것을 만들어 낸 사람이 온전하게 가질 수 없다면 그것 역시 개방의 효과를 약화시킨다.

개방은 우리가 만든 재화와 서비스를 해외에 내다 팔 수 있는 기회를 제공하고 우리나라 사람이나 기업이 세계로 진출할 수 있는 기회를 제공하기도 하지만 동시에 다른 나라가 만든 재화와 서비스가 국내 시장에서 팔리고 외국인이나 외국 기업이 국내에 진입하는 것을 허용하는 일이기도 하다. 이러한 사실은 경쟁의 측면에서 매우 중요한 의의를 갖는다.

우리가 만든 재화와 서비스를 해외 시장에서 판매하고 우리나라 사람이나 기업이 해외로 진출한다는 것은 그들이 세계 시장에서 무한경쟁에 직면하게 됨을 의미한다. 무수히 많은 외국산 상품과 서비스, 외국인 그리고 외국 기업들과 경쟁을 펼치지 않을 수 없게 되는 것이다. 세계 시장에서의 경쟁은 국내 시장에서의 경쟁과 그 치열한 정도가 다를 뿐만 아니라 아무도, 우리나라 정부조차도, 도와주는 사람이 없고 오직 자기의 능력으로 경쟁해서 이겨야 한다. 이는 수출기업을 내수기업보다 훨씬 더 경쟁적이게 만든다.

개방이 되어 외국산 물품과 서비스가 국내에 들어오고 외국인과 외국 기업이 국내에서 활동하게 된다는 것은 국내 시장에 이제껏 보지 못하던 강력한 경쟁자가 출현하게 됨을 의미한다. 국내 시장에서 유리한 고지를 점유하고 있던 '내부자들(insiders, incumbents)'에게 있어서 강력한 경쟁자인 '외부자들(outsiders)'이 출현하는 것은 매우 고달픈 일이다. 그동안 내부자들끼리 나누어 갖고 있던 시장을 새로운 경쟁자에게 빼앗길 처지가 되었으며 치열해진 경쟁에서 승리하기 위해 끊임없이 변화하고 혁신해야 하는 상황이 도래한 것이다. 이처럼 개방은 내수기업들을 경쟁으로 내몰며 바로 그렇기 때문에 우리 기업들에게 커다란 자극제가 된다. 이 점은 내국인에게도 동일하게 적용된다.

가령 법률시장이나 의료시장을 개방하면 지금까지 내국인들끼리 경쟁하던 우리나라의 법조인과 의료인들이 이제는 외국인들과도 경쟁을 펼쳐야 한다. 외국인 의사나 변호사에게 국내 시장을 다 내어주지 않으려면 그들도 각고의 노력을 통해 경쟁력을 키우지 않을 도리가 없게 되는 것이다.

교육 시장이라고 해서 사정이 크게 다르지 않다. 우리가 외국의 유수한 교육기관과 교육자에게 국내 시장을 열어준다면 우리나라의 교육풍토는 크게 달라질 것이다. 교육의 경우에도 다른 나라의 교육기관이나 교육자가 국내로 진출하는 것을 두려워할 것이 아니라 우리나라의 교육기관과 교육자가 해외로 진출할 방도를 찾아야 한다. 교육서비스 산업도 수출산업이 될 수 있다.

4.1.6 수출촉진과 수입대체

후진국들이 선택하는 개방 전략으로 수출촉진정책과 수입대체정책이 대비된다. 두 정책 모두 특정 산업을 지원하거나 보호하는 산업정책의 일환이지만 지향하는 목표는 다르다.

수출촉진정책은 국내에서 생산한 재화와 서비스를 세계 시장에 내다 파는 행위 즉, 수출을 지원하고 촉진하는 일련의 정책을 가리킨다. 그 좋은 사례가 우리나라에서 사용했던 수출금융제도와 종합상사제도이다. 수출금융제도는 수출에 성공한 기업에게 우선적으로 자금을 공급해주는 제도이고, 종합상사제도는 정보력과 자금력 그리고 인력을 갖춘 큰 회사가 경험과 자본과 정보가 부족한 영세업체들의 수출입업무를 대행해주는 제도이다. 두 제도 모두 수출입국을 모토로 삼았던 1960년대와 1970년대에 걸쳐서 우리나라의 수출산업을 일으키는 데 크게 공헌했다.

수입대체정책은 이제까지 해외에서 수입해 쓰던 재화나 서비스를 국내에서 생산한 것으로 대체할 수 있도록 지원하고 촉진하는 정책이다. 이제까지 수입해 쓰던 물건을 국산품으로 대체하려면 그것을 생산해서 공급할 기업을 선정해서 지원해야 함은 물론이고 외국산 제품의 수입을 금지하는 정책을 병행해서 사용하게 된다. 이제까지 외국산 제품을 사용해온 이유가 그와 유사한 제품을 국내에서는 생산하지 못하거나 생산하더라도 품질과 성능과 가격 면에서 경쟁력이 없었기 때문일 것이다.

수출촉진정책은 해외시장에서 성공한 자를 지원 대상으로 한다는 점에서 이제까지 수입하던 제품을 국내에서 생산할 기업을 지원 대상으로 하는 수입대체정책과 본질적으로 다르다. 전자의 경우에는 지원 대상을 세계 시장이 선별함에 반해서 후자의 경우는 지원 대상을 정책당국자들이 선별한다. 치열하게 경쟁이 전개되는 세계 시장에서 성공한 기업을 지원해주는 것과 정책 당국이 성공할 것으로 판단한 기업을 선정하고 경쟁력을 갖춘 외국 기업이 진입하지 못하도록 보호막을 쳐주는 것 중 어느 것이 더 성과가 좋을지는 누구나 쉽게 짐작할 수 있는 일이다. 인도가 영국에서 독립한 이후 1990년대 중반에 이르기까지 50년 이상을 정체상태에 머물러 있었던 가장 큰 이유가 수입대체정책을 고수했던 때문임은 잘 알려진 사실이다.[8] 한때 인도보다 가난했던 대한민국이 지금에 와서 그 나라보다 훨씬 발전하게 된 것은 일정 부분 수출촉진정책을 펼쳐온 덕분이다.

사유, 자유, 경쟁 그리고 변화와 혁신이라는 측면에서 볼 때 수출촉진정책은 사유, 자유, 경쟁, 변화와 혁신의 네 힘을 모두 발휘하게 만듦에 비해서 수입대체정책은 사유는 허용하되 자유와 경쟁 그리고 변화와 혁신의 힘을 크게 제약한다. 수출촉진정책은 누구이건 치열하게 전개되는 세계 시장에서 성공한 자를 지원해주는 제도였음에 비해 수입대체정책은 처음부터 정책당국이 선정한 소수 이외에는 경쟁에 참여하지 못하게 하는 제도로서 자유와 경쟁의 힘이 발휘될 여지가 매우 적었다. 변화와 혁신이라는 관점에서 보더라도 두 전략은 크게 대비된다. 세계시장에서 초일류 기업들과 경쟁하도록 내모는 수출촉진 전략은 우리의 수출기업으로 하여금 끊임없이 변화하고 혁신하도록 유도한다. 국제경쟁에서 승리하려면 현실에 안주할 겨를이 없기 때문이다. 지

8 인도의 수입대체정책에 관한 분석으로는 A. Krueger(1975)를 참조하라.

금 잘나간다고 방심하다가는 소리 소문 없이 도태될 수도 있다. 그러나 선진외국 기업의 시장진입을 막아놓고 소수의 독과점 사업자가 국내 시장을 나누어 갖도록 허용하는 수입대체전략 아래서는 변화하고 혁신해야 할 압력이 크지 않다. 보호된 시장이 창출하는 지대를 나누어 갖는 데 정신이 팔려서 변화하고 혁신할 생각조차 하지 않게 된다. 이는 사유, 자유, 경쟁, 변화와 혁신이라는 네 원동력이 모두 다 아무런 제약 없이 발휘될 수 있어야 경제가 원만하게 발전할 수 있음을 명확하게 보여준다.

4.2 문화와 경제

사회구성원들이 공유하는 가치관, 행동양식, 믿음, 전통과 관습 등을 문화라고 부르기도 하고 그러한 속성을 반영한 문학, 예술, 집, 음식, 옷, 유희 등을 문화라고 지칭하기도 한다. 문화를 가르는 기준이 다양하다. 불교문화나 유교문화처럼 종교와 윤리를 기준으로 문화를 나누기도 하고, 영어문화권이나 한자문화권처럼 언어적으로 구분하기도 한다. 중동문화나 동아시아문화처럼 지역적으로 나누기도 하고 한국문화나 일본문화처럼 나라를 기준으로 구분하기도 한다. 문화의 차이가 경제적 성과의 차이를 가져온다고 주장하는 사람들이 적지 않다.

4.2.1 문화(가치관, 역사, 전통, 믿음)

우리가 어떤 자세로 삶에 임하느냐에 따라서 인생의 성패가 좌우된다. 근면성실하고 미래지향적인 사람이 그렇지 않은 사람보다 성공할 가능성이 높다. 천성이 게으르지만 부모를 잘 만나서 부유하게 사는 사람도 있으나 대개는 부모가 남겨준 재산을 제대로 관리하지 못해 패가망신하기 일쑤다. 삶에 임하는 자세의 차이가 개개인의 성패를 가르듯이 사회구성원들이 어떤 태도로 삶에 임하는가가 그 사회의 성패를 가른다. 건실한 기풍이 넘쳐흐르는 사회가 나태한 사람들이 주류를 이루는 사회보다 성공할 가능성이 크다. 자조자립정신이 투철한 사람들이 주를 이루는 사회가 의타적이며 책임전가적인 사람들이 주를 이루는 사회보다 성공할 가능성이 크다. 소비 지향적인 사람들이 주를 이루는 사회가 투자 지향적인 사람들이 주를 이루는 사회보다 잘될 리가 없다. 이처럼 한 나라 국민들이 지닌 삶에 임하는 자세와 가치체계, 사회의 주류를 이루는 신앙, 구성원 사이의 신뢰 등 나라의 성패를 좌우하는 무형의 자산을 문화라고 부른다.

한 나라의 문화와 전통이 국가의 흥망성쇠에 지대한 영향을 미친다는 생각이 보편화되어 있다. 그래서 사람들은 실용적이며 경험적인 영미문화가 미국과 영국이 성공한 원천이며 질서에 순응하는 유교문화가 한국, 중국, 일본 등이 성공한 비결이라고 주장한다. 게으르고 놀기 좋아하는 아프리카인들이 가난한 게 당연하고, 폐쇄적인 종교의 지배를 받는 중동국가들이 어려움을 겪는 게 이상할 것 없다는 주장도 편다. 같은 유럽 국가이지만 개신교가 주를 이루는 독일과 북구 국가들은 잘사는 데 비해서 가톨릭 국가인 프랑스, 스페인, 이탈리아 등은 상대적으로 뒤처진다고 주장하기도 한다. 이러한 주장을 문화결정론이라고 한다.

대다수의 경제학자들은 문화결정론(cultural determinism)에 선뜻 동의하지 않는다.[9] 가장 커다란 이유는 문화라는 개념을 명확하게 정의하기가 어렵고 문화의 차이를 재는 척도가 만족스럽지 않기 때문이다. 가령 '아시아적 가치 덕분에 한국, 일본, 타이완, 중국 등이 경제적 번영을 누리게 되었다'는 주장에 대해 무엇이 아시아적 가치인지 정의하기가 어렵고 그것이 어떤 경로를 거쳐서 사람들로 하여금 열심히 일해서 성공하게 만들었는지 불분명하다는 게 경제학자들의 견해다. 그들은 '덩샤오핑 이후의 중국과 문화적으로 크게 다를 게 없던 마오쩌둥 치하의 중국이 경제발전에 실패한 것이나, 남한과 문화적으

9 '문화가 모든 것을 좌우한다'는 Landes(1998)처럼 문화의 중요성을 인지하는 경제학자들도 적지 않다.

로 별반 다를 게 없는 북한이 경제발전에 실패한 것도 아시아적 가치 탓인가' 라고 반문한다.

사실 문화적 차이로 경제적 성과의 차이를 설명하는 이론은 자칫 논리적 오류에 빠질 위험이 있다. 그뿐만 아니라 이런 논의를 끝까지 전개하면, 잘사는 나라는 좋은 문화를 지닌 덕분이고 못사는 나라는 나쁜 문화 탓이라는 알맹이 없는 설명으로 귀착될 가능성이 크다. 그럼에도 불구하고 문화가 사람들의 행위에 대해 영향을 주는 것을 부인하기는 어렵다. 문화와 경제에 관한 연구는 경제학자들이 한층 더 분발해서 연구할 분야이다.

문화가 경제행위에 대해 영향을 주는 것은 그것이 어떤 행위를 할 때 얻게 되는 편익과 지불해야 하는 비용에 영향을 주기 때문일 것이다. 문화가 영향을 주는 편익과 비용은 주로 비금전적인 것이다. 가령 나태한 사람들을 나무라는 게 일상화되어 있는 문화를 지닌 국가에서는 놀고먹으려는 사람들이 적을 것이고, 나태하건 말건 상관하지 않는 문화를 지닌 국가에서는 놀고먹으려는 사람들이 많을 것이다. 그러므로 게으름을 비난하는 문화를 지닌 나라는 잘살게 될 것이고, 게으르건 말건 상관하지 않는 문화를 지닌 나라는 잘살게 되기가 힘들 것이다.

4.2.2 문화가 경제발전에 미치는 영향

문화의 차이가 경제적 성과의 차이를 가져온다는 설명이 의미 있는 것이 되려면 나라마다 문화가 같지 않은 정도를 측정할 수 있어야 하며 동시에 그런 차이가 경제적 성과에 얼마나 강한 영향을 미치는지 알아야 한다. 문화의 차이를 추정하는 한 가지 방안은 문화의 속성별로 국가 간의 차이를 재는 것이다. 예를 들어서 부지런한가 게으른가, 소비 지향적인가 투자 지향적인가, 자립적인가 의타적인가, 타인을 신뢰하는가 불신하는가, 협조적인가 투쟁적인가 등을 놓고 문화의 차이를 측정할 수 있다. 각국의 문화적 속성을 계량화하는 일은 쉽지 않은 작업이며 또 그렇게 한다고 해서 그것을 얼마나 신뢰해야 할지 의문이 남는다.

20세기 종반부에 들어와서 이 분야에서도 혁신이 일어나기 시작하였다. 그 좋은 사례가 1981년도부터 시작된 세계가치조사(world value survey)이다.[10] 이는 인간사의 제반 측면에 관해서 조사 대상에 포함된 나라의 주민들이 어떤 생각을 가지고 있는지 알아내려는 시도이다. 설문조사가 갖는 한계점에도 불구하고 그동안 여섯 차례에 걸친 조사를 거치면서 조사의 신빙성과 유용성을 높여온 결과 지금은 다수의 사회과학도들이 동 조사결과를 이용해서 흥미로운 연구결과를 내놓고 있다.

선험적으로 보면 노동을 중시하고 저축과 투자를 장려하며 자립심을 키우고 의타심을 억제하며 신뢰도를 제고하고 투쟁보다는 협조를 통해 이견을 해소하는 문화를 지닌 나라가 그렇지 않은 문화를 지닌 나라보다 잘사는 게 마땅하다. 실제로도 그런 것처럼 보인다. 가령 한국, 일본, 중국, 타이완, 싱가포르 등은 모두 노동을 중요시하고 저축을 귀하게 여기며 자녀 교육을 위해 많은 것을 희생하는 문화를 지녔다. 이들이 경제발전에 성공한 것이 그러한 문화적 특질과 전혀 무관하다고 할 수 있을까? 그렇지는 않을 것이다.

노동을 신성시하는 문화를 지닌 나라가 그렇지 않은 나라보다 잘사는 게 당연해 보인다. 서유럽 남부의 가톨릭문화권 사람들은 놀기 좋아한다는 속설이 있다. 반면에 막스 베버가 지적했듯이 중북부유럽의 개신교 국가는 근로를 신성시한다고 여겨지기도 한다. 문화결정론을 따르면 개신교 국가인 독일과 덴마크와 노르웨이와 스웨덴이 가톨릭문화권 국가인 스페인, 포르투갈, 이탈리아, 프랑스보다 잘살아야 한다. 또한 개신교의 영향이 큰 미국과 캐나다 등의 북미국가가 가톨릭문화의 영향을 크게 받은 멕시코와 페루와 아르헨티나와 브라질 등의 중남미 국가보다 잘살아야 한다. 실제 자료를 조사해보면 개신교의 영향을 크게 받은 나라가 가톨릭문화권 국가보다 잘사는 것으로 들어나므로 문화결정론이 맞는 것 같기도 하다.

---

10 www.worldvaluesurvey.org를 참조하라.

그러나 문화결정론을 지나치게 신뢰해서는 안 된다. 개신교문화권 국가이면서도 잘사는 나라와 그렇지 않은 나라가 있고 가톨릭문화권 국가 사이에도 소득수준이 크게 차이 난다. 가톨릭 국가인 아일랜드가 개신교 국가인 영국보다 훨씬 더 잘산다. 더욱 조심할 것은 결과를 보고 사후적으로 문화의 차이에서 원인을 찾으려는 시도이다. 1960년대까지만 하더라도 한국과 중국이 서방 선진국보다 가난한 이유를 유교문화의 탓으로 돌렸었다. 그러나 한국과 중국이 경제발전에 성공한 오늘날에는 성공의 주요 원인이 유교문화에 있다고 말한다. 제2차 세계대전의 패전국인 일본을 놓고 권위 순응적이고 소극적인 국민성 때문에 발전하기가 어렵다고 하던 사람들이, 일본이 경제발전에 성공해서 곧 미국을 추월할 것 같던 1980년대에는, 초일류국가 일본을 배우자며 열광하기도 하였다. 그러나 지금은 일본식 경제운용의 문제점을 지적할 뿐 일본을 배우자는 열망은 많이 사그라졌다.

한국은 또 어떠한가? 1960년대 초만 하더라도 일본인은 물론이거니와 많은 수의 한국인조차도 대한민국이 경제발전에 성공할 것으로 기대하지 않았다. 더럽고 게으르고 무기력하며 무지한 국민이 어떻게 경제를 발전시킬 수 있겠느냐는 게 그 이유이다. 2016년이 되어서도 그런 생각을 하는 사람이 있다면 그것은 분명히 큰 착오다.[11] 우리가 1950년대와 1960년대에 극도로 빈한하게 살던 것이 한국 문화의 나쁜 점 탓이었다면 그 이후 '눈부신' 경제발전을 이룩한 것을 두고 한국 문화의 좋은 점 덕분이라고 말하기는 참으로 쑥스러운 일이다.

이 논의에서 한 가지 중요한 시사점을 얻을 수 있다. 한 나라의 문화에는 분명히 좋은 속성과 나쁜 속성이 공존한다. 그중 어떤 속성이 힘을 발휘하는가는 정치·사회·경제 여건이 결정한다. 예를 들어서 문화의 속성을 발전친화적인 것과 그렇지 않은 것으로 구분할 때, 문화의 발전친화적인 속성이 힘을

11 혐한론을 주장하는 일본인들은 아직도 그런 생각을 갖고 있으며 우리나라에도 '헬조선'을 외치면서 미래를 비관적으로 보는 사람들이 적지 않다. 혐한론은 일제치하에서 극성을 부렸던 조선(인) 하등국가(국민)론의 연장선상에 있다.

발휘하도록 허용하고 지원하는 방향으로 정치가 이루어지면 경제발전에 도움이 될 것이고, 그 반대이면 경제발전에 걸림돌이 될 것이다. 문화가 어떤 속성을 발휘하는가는 이념과 제도와 규범과 관행과 정책에 의해서 달리 정해진다. 사회를 이끌어 가는 지도층이 발전친화적인 이념을 갖고 사유, 자유, 경쟁, 변화와 혁신 등 경제발전의 원동력이 본래의 힘을 다 발휘할 수 있도록 여론을 형성한다면 정책과 규범과 제도가 발전친화적인 것으로 바뀌게 되고 그 결과 문화의 속성도 발전친화적인 것으로 바뀌게 될 것이다. 그렇게 되면 당연한 일이지만 경제도 더 잘 발전하게 될 것이다.

4.2.3 문화의 형성과 변화

문화는 어떤 요인들에 영향을 받아서 형성되고 변화하는 것인가? 문화를 결정하는 데 영향을 미치는 몇 가지 요인을 고려할 수 있다.

기후와 자연자원의 크기가 중요하다. 사시사철 온난한 기후에서 사는 사람들은 열심히 일할 유인을 적게 갖고, 자원이 풍족한 나라에서 사는 사람은 구태여 땀 흘려 일하려 들지 않을 가능성이 크다. 반면에 추운 겨울을 지내야 하는 나라에서는 미리미리 대비하지 않으면 굶거나 얼어 죽을 위험이 있으므로 조건이 알맞을 때 열심히 일할 유인이 있다. 또한 자연자원이 빈약한 나라에서는 노동이나 기계로 자원부족을 보완하려 노력하고 대체 자원을 개발하려고 노력하는 과정에서 경제가 오히려 더 잘 성장할 수 있다.

단일 국가로서의 역사가 문화형성에 영향을 준다. 우리나라가 그 좋은 예이다. 우리나라는 서기 668년에 신라가 삼국을 통일한 이후 남북한이 분단되기 이전까지 근 1,300년 동안 단일 국가로 지내왔다. 그러므로 우리 문화는 고유성이 매우 강하다. 그러나 우리가 오랜 기간에 걸쳐서 중국문화의 영향을 크게 받은 것도 사실이다. 그러한 경향은 '대명(大明)'을 본받겠다는 조선조에 들어와서 더욱 뚜렷해졌다. 조선조 말에 열강들이 각축을 벌이는 동안에 서양문화의 영향을 받기도 하였으나 일제 강점기로 들어서면서 일본문화의 영향을 크게 받았다.

문화는 계속해서 변화하면서 진화해 나간다. 우리나라만 보더라도 1960년대의 문화와 오늘날의 문화는 아주 다르다. 의식주는 물론이거니와 문화, 오락, 스포츠, 예술 등 거의 모든 측면에서 오늘의 한국은 50여 년 전의 한국이 아니다. 가족 관계만 보더라도 대가족 제도가 핵가족 제도로 대체되었으며, 자식이 부모의 노후를 책임지다가 이제는 사회가 노인들을 돌보는 세상으로 변화되었다. 여필종부가 미덕이던 사회가 그런 내색이라도 했다가는 일거에 몰매를 맞는 세상으로 변했으며 장유유서를 주장하다가는 물정 모르는 늙은이라고 비난받는 세상이 되었다. 무엇이 문화를 변화시키는가?

경제변화가 문화변화를 가져온다. 경제가 발전해서 예전보다 잘살게 되면 가난했을 때와는 다른 행동 패턴을 보이는 경향을 지닌다. 부유해졌으니 전과는 다른 방식으로 살려는 심리가 작용한다. 당연한 일이다. 의식주와 여가와 문화생활이 모두 달라진다. 목욕할 물이 없어서 제대로 씻지도 못하고 살던 사람들이 이제는 하루에도 몇 번씩 씻으려 들고 먹을 게 없어서 고생하던 사람들이 너무 많이 먹어서 성인병을 걱정하게 되었으며, 십 리 정도는 걸어 다니느라 운동부족을 염려할 틈도 없던 사람들이 한두 정거장을 가더라도 차를 타면서 운동부족을 호소하게 되었다.

개방이 문화를 변화시킨다. 상투를 틀던 사람들이 단발을 하게 되고, 한복을 입던 사람들이 양복을 입으며, 한식이나 중식밖에 모르던 사람들이 양식을 즐기고, 숭늉을 마시던 사람들이 커피를 마시며, 막걸리나 소주를 마시던 사람들이 와인을 마시게 된다. 이런 변화에는 해외여행이 중요한 영향을 미치지만 이제는 인터넷을 통해서 세계 각국의 풍물을 접할 수가 있으므로 문화가 변화하는 속도가 더 빨라지고 있다. 우리나라 사람들이 어떤 나라와 가깝게 지내야 하는가와 어떤 나라를 좋아하느냐에 따라서 그 나라 문화가 이입되는 정도가 정해진다. 우리는 과거에 중국이나 일본과 가까이 지내야 했기에 두 나라 문화의 영향을 받았으며 해방 이후에는 미국 문화의 영향을 많이 받았다.

기술변화가 문화를 변화시킨다. 개인용 컴퓨터가 등장하자 글 쓰는 방식이 달라졌으며, 스마트폰이 등장하자 편지 쓸 일이 없어졌다. 인터넷뱅킹이 일반화되자 은행을 찾아갈 일이 사라졌고 인터넷으로 민원을 넣게 되자 공무원들이 친절해졌다. 필자의 경우에 원고지에 육필로 글을 쓰던 1990년대 초반까지만 해도 논문 작성 시 상당한 분량의 한자를 섞어 썼으나 워드프로세서를 이용하게 되면서부터 한자 사용 빈도가 매우 낮아졌다. 그 여파로 이제는 강의시간에 중요한 개념을 한자로 쓰던 일을 그만두게 되었다. 오랜 기간 한자를 쓰지 않았더니 쉬운 글자도 어떻게 써야 하는지 생각이 나지 않는 경우가 많아졌기 때문이다. 그뿐이 아니다. 강의 방식도 크게 변화했다. 필자는 판서를 하면서 강의하는 것을 선호하는데 요즈음은 학생들이 시청각 세대가 되어서인지 판서하는 교수를 좋아하지 않는다. 학생들에게 발표를 시키면 100% 프레젠테이션 파일을 만들어 와서 사진이나 동영상을 보여주거나 음악을 들려주면서 발표한다.

정부의 정책도 문화변화에 영향을 미칠 수 있다. 정부는 조세, 공공구매, 규제, 복지 정책 등을 통해서 사람들의 행동방식을 변형시킬 수 있다. 사람들이란 유인체계를 따르기 마련이므로 유인체계를 변형하면 사람들의 행동 방식도 변화시킬 수 있다. 메이지개혁 이후 일본의 지도자들은 단시일 내에 서양문물을 배우는 데 국력을 집중하였다. 그 결과 일본은 정치, 경제, 사회, 문화, 교육, 기술, 의료 등의 영역에서 아주 빠른 속도로 서구화하였다. 아시아 국가 중 가장 먼저 개방했다는 점이 일본이 아시아 국가 가운데서 가장 먼저 경제를 발전시킨 결과를 나은 것으로 판단된다. 터키는 오스만 튀르크 제국의 후예로서 아랍문화가 강한 나라였으나 아타튀르크(1881~1938) 집권 중에 모든 면에서 앞서 가던 서구를 본받기 위해 터키의 서구화 프로젝트를 실행한 결과 현재 이 지역 국가 중에서는 가장 서구적인 문화를 지니고 있다. 터키가 EU 회원국이 되려고 애쓰는 것은 바로 그런 인연이 있기 때문이다.

정부 특히 후진국 정부는 캠페인을 통해 국민성 내지는 주민의 행동 양식을 변화시키려고 노력하기도 한다. 저축증대캠페인, 산아제한캠페인, 천리마운동, 대약진운동, 문화혁명, 새마을운동 등이 그런 예다. 그러나 이러한 '운동'

들이 효과적이었다는 증거는 별로 없다. 중국이 문화혁명을 통해 얻은 것은 거의 한 세대에 걸친 인적자원의 파괴일 뿐이다. 아무리 그럴듯한 캠페인이라도 그것이 인간의 본성에 부합하는 것이 아니면 지속적인 효과를 지닐 수 없다. 인간은 누구나 소유욕을 지니고 있으며 가능하면 남의 간섭을 받지 않고 자유롭게 살아가려는 본성을 지닌 것으로 보인다. 따라서 정신개조운동은 그것이 사유와 자유와 경쟁 그리고 나아가서 변화와 혁신의 원리에 반하는 것이 아닐 때에야 효과를 발휘한다.

1970년대에 실시했던 농촌새마을운동이 비교적 단시일 내에 대한민국의 농촌사회를 변화시키는 데 성공한 것은, 자조, 자립, 근면, 협동의 정신 아래서 그들 스스로가 선택한 사업을 통해서 창출한 가치를 그것을 창출한 마을에게 돌려주고(사유와 자유), 잘하는 마을에는 상을 주고 잘못하는 마을에는 벌을 주는 경쟁의 원리를 적용하였으며, 새마을경진대회를 통해서 운동에 참여한 마을의 변화와 혁신을 촉발한 것이 주효했던 것으로 판단된다.[12]

복지정책이 그 수혜자의 행동을 변화시킨다는 주장이 있다. 복지 프로그램에 오래 노출되었던 수혜자들이 자조자립 정신을 상실하고 의존적인 인간으로 변모된 것이 그 한 사례이다. 린드벡(1995)은 이를 '학습된 무력감(learned helplessness)'라고 불렀다. 근래에 그리스가 겪고 있는 어려움을 보면 '복지병'이 얼마나 심각한 사회문제인지 알 수 있다. 그리스 사람들이 본래부터 복지 의존적이지는 않았을 것이다. 그러나 수십 년간 복지 혜택을 받으면서 살아오다 보니 자기들도 모르게 복지병이 걸린 것이다. 옛 동독 지역에 거주하는 기성세대원들이 독일 통일 이후 상당한 기간 동안 '나라가 모든 것을 알아서 해주던 옛날이 그립다'며 불평한 것도 복지병의 일종이다.

12 농촌새마을운동에 관해서는 Lee B.(2015)를 보라.

4.3 사회자본과 경제

경제학이론에서는 여러 기간에 걸쳐서 반복적으로 활용할 수 있으며(long lasting), 그 양이 많거나 성능이 뛰어날수록 가치창출에 더 크게 기여하고(productive), 사람들의 의식적인 노력을 통해 축적할 수 있으며(intentionally accumulated), 그것을 지닌 소유자에게 수익(returns to owners)을 가져다주는 생산요소를 자본이라고 정의한다. 자본을 종류별로 나누자면, 사람에게 체화된 자본이 인적자본이고, 기계나 설비 등에 체화된 자본이 물적자본이다. 자본의 혜택이 주로 그것을 소유하는 개인에게 귀속되는 자본을 사적자본이라고 부르고 혜택이 사회구성원 다수에게 귀속되는 자본을 사회적자본이라고 부른다. 인적자본은 본질적으로 사적자본이며 흔히 자본재라고 불리는 물적자본도 대부분 사적자본이다. 물적자본 중에서 사회간접자본 또는 하드인프라는 사회적자본의 일부이다. 이와 대비해서 유형의 실체는 있으나 하는 일은 결코 물질적인 것이 아니며 사회구성원 모두에게 영향을 미치는 사회적자본이 소프트인프라이다. 마지막으로 유형의 실체를 지니지는 않지만 사회구성원 모두에게 영향을 미치는 신뢰, 국민성, 인간관계망, 공동체정신, 사회능력 등을 사회자본이라고 한다.

4.3.1 사회자본

사회자본(social capital)을 정의하기가 쉽지 않다. 동일한 사회자본이라는 용어를 사용하면서도 학자들마다 강조하는 바가 다르다. 콜맨(1988)이나 퍼트남 외(1993)는 사회구성원 상호 간의 신뢰(trust)를 강조하고, 콜리어(1998)는 사회활동을 규율하는 규범과 규칙(norms & rules)을 중시하고, 스니저스(1999)는 구성원 간의 교호작용(interaction)을 강조한다. 퍼트남(1995)은 구성원 간의 관계망(network)을 중요시하기도 한다.

국제협력개발기구(OECD, 2007)는 "공유된 규범·가치·이해를 지닌 관계망들로서 공동체 내 그리고 공동체들 사이에서 협동을 가능하게 하는 것"[13]을 사회자본이라고 정의한다. 여기에서 키워드는 관계망, 공유된 규범·가치·이해 그리고 협동이다. 개성과 선호와 능력이 천차만별인 개인들이 모인 공동체가 잘 유지되려면 개인의 자유분방한 행위를 적절하게 규율할 필요가 있다. 법치를 통해서 모든 문제를 해결하려면 시간과 비용이 많이 든다. 이때 구성원들 사이에, 어떤 일은 해도 되고 어떤 일은 해서는 안 됨을 알려주는 규범, 무엇이 옳고 그른지를 알려주는 가치관, 사물이나 현상의 작동원리나 작동과정에 대한 이해가 공유된다면, 일일이 법에 호소하지 않고서도 협조와 협동을 이끌어 낼 수 있다. 구성원들이 규범, 가치, 이해를 공유하도록 도와주고 공유의 창고에서 버릴 것과 새로 넣을 것을 발견하는 일을 돕는 장치가 관계망이다. 관계망의 사례로는 지연, 혈연, 학연, 군대에서의 인연, 직장에서의 인연 등이 있는데 어떤 관계망을 형성하고 어떤 것을 중요시하는가는 공동체마다 차이가 난다. 결국 사회자본이란 명시적이거나 명문화되지 않았으면서도 공동체가 공동체로서의 기능을 원만히 수행할 수 있도록 도와주는 무형의 장치라고 정의할 수 있다. 이렇게 보면 역사, 전통, 문화, 금기사항, 윤리체계 등도 사회자본의 일부라고 할 수 있다.

사회자본을 설명하는 속성 가운데서 신뢰와 사회관계망이 경제발전과 어떤 관련을 갖는지 알아보기로 한다.

4.3.2 신뢰와 경제발전

수십 명 또는 수백 명으로 이루어진 공동체 안에서 살아가던 수렵채취시대와 농경목축시대에는 일생 동안 생면부지인 사람을 만날 기회가 거의 없었다. 대부분의 인간사가 서로 잘 아는 사람들끼리의 관계를 통해서 이루어졌으므로 믿을 만한 사람이 누구고 믿을 수 없는 사람이 누구인지 누구나 잘 알았다.

---

13 OECD. (2007). *OECD Insights, Human Capital: How what you know shapes your life*. pp. 102.

이 시기에는 공동체 구성원 사이에 신뢰도가 높았는데 대부분의 사람들이 혈연이나 혼인으로 연결되어 있었기 때문이다.

공동체의 규모가 대폭 확대된 산업사회 이후에는 대부분의 거래가 잘 알지 못하는 사람들 사이에서 이루어지게 되었다. 그런데도 거래가 활성화된 것은 계약이나 약속을 이행하게 만드는 장치가 마련되었기 때문이다. 화폐가 그러한 기능을 담당했다. 합당한 금액의 돈이 오가면 그것으로 거래가 종료되므로 거래 상대방을 알고 모르고가 문제될 리 없게 된 것이다. 거래 금액이 클 때 은행을 통해서 결제하는 데서 볼 수 있듯이 금융기관의 등장 역시 계약의 이행을 수월하게 만들었다. 게다가 법치가 확립되어 있으면 계약을 위반할 경우에 사법 당국의 힘을 빌어서 계약을 이행하도록 할 수가 있다. 사기 행위를 엄벌하는 관행도 계약이행을 촉진하는 장치가 된다.

그런데 모든 것을 화폐나 금융을 통해서 해결하거나 사법제도에 호소해서 문제를 해결하기에는 어려움이 따른다. 이런 상황에서 한 나라의 문화적 속성이 약속하거나 계약한 것은 반드시 지키도록 유도하는 특징을 지니고 있다면 상대방을 믿고 거래할 수가 있다. 우리는 그러한 문화적 속성을 지닌 사회를 신뢰사회(trust society)라고 부를 수 있다. 신뢰사회는 불신사회보다 발전친화적이다.

제3장에서 보았듯이 한 나라가 창출하는 부가가치의 양과 질은, 그 경제가 활용하는 생산요소의 종류와 양과 성능, 그 나라가 활용하는 지식정보기술의 수준 그리고 그 나라 경제의 효율성에 따라 결정된다. 이러한 관점에서 보면, 구성원 간의 신뢰가 경제발전에 대해 기여하는 데는 그것이 가) 지식정보기술의 발전 속도에 영향을 주는 경로, 나) 생산요소의 투입량 또는 축적 속도에 영향을 주는 경로, 다) 경제운영의 효율성에 대해 영향을 미치는 경로가 있을 것임을 짐작할 수 있다. 비욘스코프(2017)는 국가의 신뢰도와 1인당 GDP 성장률 사이에 양(+)의 인과관계가 존재함을 보여준다. 그가 조사한 바를 보면 구성원들 간에 신뢰가 클수록 교육에 대한 투자가 커지고 법치의 원칙이 더 잘 지켜진다. 교육에 대한 투자가 늘면 그것이 물적자본 및 기술

에 대한 투자증가를 유발하고 그 결과 경제성장률이 높아진다. 아울러서 법치의 원칙이 더 잘 지켜지면 지식정보기술의 발전 속도가 높아지고 그 결과 경제성장 속도가 빨라진다. 비욘스코프에 의하면 이러한 인과관계는 표본기간인 1996～2015년 기간 내내 민주주의 정치체제를 채택했던 나라 사이에서 더욱 뚜렷하게 나타난다고 한다.

4.3.3 사회관계망social network과 경제발전

사람들 사이에 존재하는 비정형적인 인간관계인 네트워크가 사회자본의 핵심이라고 주장하는 학자들도 있다. 콜맨(1988)이 그러한 학자인데 그가 조사한 바를 보면 뉴욕시 다이아몬드 거리에 밀집되어 있는 보석상들 사이에는 아주 강력한 유대관계가 형성되어 있다고 한다. 그들은 누가 누구인지 잘 알고 있으며 누가 얼마나 귀한 보석을 갖고 있는지도 서로 잘 안다고 한다. 놀라운 것은 서로 간의 믿음이 워낙 강해서 아무런 증서도 받지 않고 초고가의 보석을 빌려주어도 탈이 난 경우가 없었다고 한다. 다이아몬드 상인 간에 형성되어 있는 네트워크가 거래비용을 낮추는 메커니즘(mechanism)으로 작동하고 있는 것이다. 네트워크상에 있는 구성원들은 엄밀한 계약을 체결하지 않고서도 서로 믿고 거래할 수 있으므로 그만큼 거래비용이 적게 든다. 이러한 관찰을 토대로 해서 콜맨은 네트워크라는 사회자본이 경제성장에 공헌한다는 결론을 얻고 있다. 나라얀·프리체트(1999)는 아프리카 탄자니아에 대한 연구에서 촌락들이 지닌 사회자본의 양과 그 촌락이 달성한 경제성과에 사이에 양(+)의 상관관계가 있음을 보여주고 있다. 퍼트남 외(1993)는 이탈리아 지방자치 연구에서, 지자체가 보유한 사회자본이 양호할수록 통치의 효율성이 높아지고, 통치의 효율성이 높을수록 경제적 성과가 좋게 나오는 것에 근거해서, 사회자본이 경제성장에 공헌한다는 결론을 얻고 있다.

그러나 사회자본으로서 비정형적인 인간관계의 중요성을 지나치게 강조해서는 안 된다. 네트워크의 일원이니까 믿고 거래할 수 있다는 것은 동시에 네트워크의 일원이니까 남들과 다르게 대우한다는 말도 된다. 그것이 정실과 비리로 변질되지 않는다는 보장이 없으며 네트워크에 소속되지 않은 사람들을 차별하는 수단으로 쓰일 위험성이 크다. 위의 예에서 본 뉴욕시 다이아몬드 상인 네트워크에서 그 회원은 모두 유대교의 동일한 분파에 속한다. 해당 유대교 분파에 들지 않으면 유대인이라도 네트워크에 가입할 수 없다. 사정이 그러하니 그들끼리만 공유하는 네트워크에 참가하지 못하는 한국인이 다이아몬드 시장에서 성공하기는 거의 불가능하다. 사실 많은 국가에서 비정형의 인적 네트워크가 정경유착과 부정부패의 온상이 되고 있음은 잘 알려진 사실이다. 가톨릭의 대부와 대자(god parents and god children) 관계로 얽힌 이탈리아의 마피아가 그 전형적인 사례이다. 우리나라에서도 지연, 학연, 혈연으로 이루어진 네트워크의 부작용은 널리 알려진 사실이다. 그러므로 이런 종류의 닫힌 네트워크가 과연 생산적일지는 다시 한번 생각해 보아야 한다.

이 점은 중국의 경우도 사정이 비슷하다. 중국에 진출한 사업가들은 이구동성으로 꽌시(關係)가 중국사업의 성패를 좌우한다고 말한다. 누구를 얼마나 잘 아느냐가 중요하다는 말이다. 이때 누구란 주로 인·허가권을 지닌 당 또는 정부 인사들을 지칭한다. 꽌시를 형성하기 위해서 지불하는 경비는 정책집행이 공평하고 투명했더라면 필요 없었을 경비다. 그런 돈을 들여 사업 허가를 받은 기업은 그보다 많은 금액을 뽑아내려고 들 것이고 이는 부실공사나 노동착취로 이어질 가능성이 크다.

사회자본의 유용성을 판단할 때도 그것이 발전의 원동력인 사유, 자유, 경쟁, 변화와 혁신에 대해 어떤 영향을 주는지를 기준으로 해야 할 것이다. 이 네 가지 힘이 더 잘 작동하도록 돕는 사회자본은 유용하지만 발전의 원동력을 약화시키는 사회자본은 유해하다. 사실 후자를 자본이라고 부를 수 있는지조차도 명확하지 않다.

4.3.4 사회자본의 형성과 변화

사회자본도 여타의 자본과 마찬가지로 '투자'와 '감가'에 따라서 그 크기가 변화된다. 논의를 단순화하기 위해 사회자본의 감가상각률이 일정한 값으로 주어졌다고 상정하면, 사회자본의 크기를 결정하는 핵심 요소는 그에 대한 투자가 된다. 사회자본에 대한 투자는 다음과 같은 요인에 의해 영향을 받는다.

사회자본을 이용할 기간이 길면 길수록 더 많이 투자한다. 어떤 사람이 공동체의 일원으로서 살아갈 기간이 길면 길수록 해당 공동체의 사회자본에 대한 투자를 늘린다. 반면에 그 공동체를 떠나갈 가능성이 큰 사람은 사회자본에 대한 투자를 소홀히 한다. 사회자본은 해당 공동체에 귀속되는 것이어서, 투자자가 갖고 떠날 수 있는 인적자본이나 물적자본 또는 금전적 자본과는 성격이 다르다. 구성원들의 평균 수명이 길수록 사회자본 투자가 늘어난다. 더 오랜 기간 사회자본의 혜택을 누릴 수 있기 때문이다. 구성원들이 현재보다 미래를 상대적으로 더 중요시하는 공동체에서 사회자본에 대한 투자가 더 활발하게 이루어진다. 구성원들의 자녀수가 많을수록 사회자본 투자가 늘어난다. 내가 기여해서 늘리게 될 사회자본의 혜택을 볼 내 후손의 숫자가 늘어나면 그들에게 더 나은 공동체를 물려주기 위해서 투자를 늘리게 되는 것이다.

사회자본 투자의 기대수익률이 높으면 그에 대한 투자가 더 활발해진다. 목사·의사·변호사·경찰과 같이 사회적 스킬을 요하는 정도가 높은 직업에 종사하는 사람들이 그렇지 않은 직군에 종사하는 사람들보다 사회자본에 대해 더 많이 투자하는 데서 그러한 경향을 볼 수 있다.

해당 공동체에 주택을 소유한 사람이 거주하는 비율이 높을수록 그 공동체가 지닌 사회자본에 대한 투자가 더 활발하게 이루어진다. 사회자본에 대한 투자를 늘리면 공동체가 더 좋아질 것이고 공동체가 더 좋아지면 구성원들이 더 살기 좋아지지만, 그 혜택이 모두에게 돌아가므로 무임승차의 유혹이 생겨서 적정량의 투자가 이루어지지 않는 경향이 있다. 그러나 주택을 소유한 사람은 주택의 가치상승을 통해서 사회자본에 대한 투자의 혜택을 일부나마 내부화할 수 있으므로 주택을 임차한 사람보다 투자를 늘리게 되는 것이다.

투자의 기회비용이 클수록 투자가 저조해질 것이므로, 공동체 구성원의 소득이 높을수록 사회자본에 대한 투자가 저조해질 것으로 예상할 수 있다. 사회자본에 대한 투자는 투자자의 시간을 요하는데 소득이 높을수록 투자 시간의 기회비용이 클 것이기 때문이다. 그러나 현실은 이와 다르다. 고소득자가 많이 사는 공동체에서 사회자본에 대한 투자가 더 활발하게 이루어진다. 교육수준이 높은 전문가들이 공동체를 좋게 만드는 활동에 더 활발하게 나선다. 한편 우리가 하루에 쓸 수 있는 시간은 한정되어 있으므로 TV, 게임, 인터넷 등 혼자서 즐기는 일에 빼앗기는 시간이 길어지면 공동체 활동에 쓸 시간이 줄어든다. 반면에 스마트기기의 진화로 소셜 네트워킹이 훨씬 더 편리해지고 유용해진 것은 사회자본 축적에 도움이 되는 기술변화이다.

사회자본과 인적자본은 아주 강한 양(+)의 상관관계를 지닌다. 예를 들면 교육수준이 높을수록 사회관계망과 공동체 활동에 참여하는 빈도가 증가한다. 교육수준이 높을수록 종교행사에 참여하는 비율이 높고, 교육수준이 높을수록 공동체 문제 해결에 발 벗고 나서는 비율이 높고, 교육수준이 높을수록 타인에 대한 신뢰도가 커진다. 이러한 결과가 나오는 까닭은 아마도 우리가 자라나는 아동들에게 교육시키는 내용의 아주 많은 부분이 그들이 공동체 안에서 어떻게 살아가야 할까를 가르치는 '사회교육'이기 때문일 것이다. 즉, 사회자본 형성의 아주 큰 부분이 교육을 통해서 이루어지기 때문이다. 우리가 교육이 긍정적인 외부성을 지닌다고 말하는 것은 기실 교육을 통해서 더 나은 '시민' 즉, 공동체의 성원을 양성하는 일이 곧 사회자본을 형성하는 일임을 의미한다.

인종 또는 언어의 동질성이 크면 사회자본 축적이 더 활발하게 이루어진다. 사회자본 형성은 많은 경우 개별 구성원의 독자적 행동이 아니라 여러 사람들의 '조정(調停)된 행동(coordinated activities)'을 통해서 이루어지게 마련이다. 인종 또는 언어의 동질성이 클수록 자칫 충돌할 수도 있는 개개인의 이해관계를 조정하기가 용이해진다. 인종이나 언어에 관한 편견이 강한 곳에서는 공동체 구성원의 이질성이 클수록 사회자본 형성이 저조해진다. 그런 곳에서는 공동체 전체를 아우르는 네트워크에 참가하기가 어렵고, 동질적인 멤버들로만 이루어진 다수의 소공동체가 상호 간에 적대적인 관계를 갖기가 쉽기 때문이다.

4.3.5 발전친화적인 사회자본

개인적인 관계로서의 사회자본은 거래비용을 줄여주며 도덕해이와 역선택이 낳는 문제를 완화시켜 주므로 일반적으로 자원배분의 효율성을 높이는 데 기여한다. 그렇지만 관계를 맺은 사람 사이에 주고받는 '호의'가 관계망 밖에 있는 사람들에게는 미치지 않으며 많은 관계망들이 멤버가 아닌 사람들을 차별하는 수단으로 쓰이기도 한다. 사회자본 혹은 공동체자본은 이처럼 양면성을 지닌다.

구성원들 사이에 형성되는 인간관계들을 사회자본이라고 정의하면, 네트워크상에 있는 사람들 사이의 관계가 더 촘촘해지고 돈독해지는 것을 두고 사회자본이 증가했다고 말할 수 있다. 사회자본이 증가되면 그것이 반드시 경제발전에 도움이 될까? 사회자본의 한 속성인 신뢰는 사회가 원활하게 작동하는 데 필요한 윤활유 같아서 신뢰도가 높을수록 경제활동에 도움이 된다고 말할 수 있다. 그러나 인간관계로서의 사회자본이 경제발전에 대해 도움이 되는지 여부는 인간관계가 얼마나 돈독하고 광범위하게 형성되어 있느냐 하는 것보다는 그러한 인간관계망이 구성원들로 하여금 어떤 행동을 취하도록 유도하느냐가 더 중요하다. 가령 소비활동을 장려하는 인간관계망보다는 현재를 희생하더라도 더 나은 미래를 만드는 데 치중하도록 장려하는 인간관계망이 더 발전친화적이다. 또한 네트워크 구성원들의 복리증진만이 아니라 공동체 전체의 복리증진을 위하도록 유도하는 관계망이 발전에 도움이 된다.

인간이 일생에 걸쳐서 그가 지닌 시간과 정력과 자원을 무슨 일에 쓰느냐에 따라서 경제적 성과가 크게 달라진다. 이와 관련해서 중요한 구분은, 무엇인가 '생산적'인 활동을 하는 데 쓸 것인가 아니면 남들이 만들어 놓은 것을 '빼앗는' 활동을 하는 데 쓸 것인가 하는 선택이다. 공동체가 가진 사회자본이 구성원들로 하여금 생산적인 활동에 전념하도록 유도하면 그 공동체는 점점 더 잘살게 될 것이고, 그것이 구성원들로 하여금 남의 것을 빼앗는 데 치중하도록 유도하면 그 공동체는 점점 더 못살게 된다. 인간관계망으로서의 사회자본은 전자의 길로 갈 수도 있고 후자의 길로 갈 수도 있다. 따라서 중요한 것은 사화관계망이 강화되느냐 하는 것보다는 그것이 경제발전에 대해 우호적인 속성을 갖도록 하는 것이다.

경제발전의 원초적인 힘인 사유, 자유, 경쟁 그리고 변화와 혁신이라는 관점에서 보아도 동일한 결론을 얻게 된다. 사회자본으로서의 인간관계망 그 자체는 발전에 대해 중립적이다. 그러나 사회자본이 가동되는 단계에서는 경제발전의 원초적인 힘들을 강화시키는 방향으로 작동할 수도 있고 그 반대 방향으로 작동할 수도 있다. 공동체가 지닌 사회자본이 사유, 자유, 경쟁 그리고 변화와 혁신이 지닌 힘이 더 잘 작동되도록 작동하면 그 공동체는 번영의 길로 나갈 것이고, 경제발전의 원동력들이 지닌 힘을 약화시키는 방향으로 작동하면 그 공동체는 쇠퇴의 길로 나갈 것이다. 사회자본의 형성과 변화에 대한 전 항의 논의에서 교육이 사회자본 축적에 아주 중요한 역할을 수행함을 보았다. 교육을 통해서 자라나는 아동들이 발전친화적으로 선택하고 행동하도록 유도하면 그들이 성인이 되어서 가입하는 네트워크도 발전친화적인 속성을 갖게 될 가능성이 크다.

제3장에서 논의했듯이 우리나라는 교육투자의 양이 대단히 많은 나라이다. 다른 나라와 견줄 때 교육투자의 절대액도 작지 않지만 교육투자의 대 GDP 비율에서는 단연 선두 그룹에 속한다. 그런데 그렇게 많이 투입하는 교육투자가 과연 제대로 쓰이는가에 관해서는 논란이 크다. 경제교육의 측면에서 보면, 사유·자유·경쟁·변화와 혁신에 대해서 비우호적인 내용이 많고 반기업적이고 반시장적이며 반세계적인 교육 내용도 적지 않다. 보편적 복지를 구현하기 위해서라면 부자와 기업들에게 무거운 세금을 매기는 게 정당하고, 개인이

겪는 어려움은 사회가 잘 못해서 그런 것이니 그것을 뜯어고쳐야 된다고 가르치기도 한다. 근면, 자조, 자립, 협동, 절약, 투자, 의무, 나눔과 배려 등의 덕목을 가르치는 일은 점점 더 소홀해지고 있다.

4.4 자연자본(지리, 자원, 기후)과 경제

생산요소로서 인적자본, 물적자본, 지식정보기술자본 그리고 사회자본에 관하여 알아보았다. 이제 우리가 지닌 자연자본(natural capital)과 경제발전 간의 관계에 관해 알아보기로 하자.

4.4.1 자연자본

한 나라의 지리적 여건, 기후의 특징 그리고 그 나라가 가진 천연자원의 종류와 양과 질을 망라한 개념이 자연자본이다. 우거진 산림과 비옥한 평지가 적절하게 배합되어 있고, 수량이 풍부한 강들이 국토를 가로지르며 흐르고, 깨끗한 물을 담은 호수가 많으며, 긴 해안선을 지닌 바다를 끼고 있는 나라가, 국토의 90% 이상이 만년설을 머리에 이은 높이 수천 미터급 산악으로 이루어져 있거나, 바다에서 멀리 떨어져 있는 내륙국가이거나, 국토의 태반이 물 한 방울 흐르지 않는 사막국가보다 더 많고 좋은 자연자본을 갖고 있다고 할 수 있다. 마찬가지로 금, 은, 구리, 철, 석유, 석탄, 천연가스, 목재 등의 자연자원이 풍부한 나라가 그렇지 못한 나라보다 자연자본의 측면에서 우월하다. 기후도 그렇다. 사계절이 뚜렷하고, 연중 온난한 달이 길며, 알맞게 비가 내리고 적절하게 바람이 불며, 지진과 해일이 드문 나라가 그렇지 않은 나라보다 자연자본이 풍부하다고 할 수 있다.

이처럼 한 나라가 지닌 지리적 특징, 기후, 자원부존상태 등 자연이 준 것의 가치를 나타내는 것이 자연자본이다. 자연이라는 말이 인간의 힘에 의해서

가 아니라 '저절로' 그렇게 된 것을 의미하는 데서 알 수 있듯이 본래 자연자본은 인간의 힘이 가해지지 않은 자연적인 것의 가치를 나타내는 말이다.

4.4.2 지리

예로부터 지리적 여건이 국가의 흥망성쇠에 영향을 미친 사례가 적지 않다. 고대의 인류문명이 황허, 인더스·갠지스, 나일, 티그리스·유프라테스 등의 하천 변에서 융성했던 것이 결코 우연이 아니며, 서울, 런던, 암스테르담, 베니스, 뉴욕, 샌프란시스코, 로스앤젤레스, 도쿄, 홍콩 등 현대의 대도시가 모두 큰 강이나 바다를 끼고 발달한 것도 그 때문이다. 몽골은 내륙 국가라는 한계점 때문에 수출을 통한 경제성장에 어려움을 겪고 있지만 한국은 개발 가능한 항구를 다수 보유한 덕택에 중화학 제품 수출에 유리하다. 중국이 경제발전 초기에 광저우, 상하이, 톈진 등 해변 도시를 중심으로 수출 산업을 육성했던 것도 그런 까닭이다.

항공화물운송이 보편화되기 이전에는 거의 모든 상품에 대해서 선박을 이용해서 수출입 화물을 운송하는 것이 가장 경제적이었다. 그러므로 양호한 항만을 건설할 수 있는 지리적 조건을 갖춘 나라가 수출입에 유리하다. 우리나라가 포항, 울산, 부산, 광양, 평택, 인천 등지에 조건이 좋은 항만 시설을 갖출 수 있었던 것이 수출입을 통한 경제발전에 도움이 되었다. 싱가포르는 지리적 조건이 갖는 이점을 더 극명하게 보여준다. 싱가포르는 작은 섬이지만 대형 화물선이 정박할 수 있는 양호한 조건의 항만을 가지고 있는 데다 서구세계와 동아시아를 잇는 해상교역의 요충지에 위치한 덕에 수출입액이 국내총생산보다도 많은 국제무역의 중심지가 되었다.

해상교역의 요충지에 있더라도 양호한 항만 시설을 갖추지 못했으면 발전할 수 없었을 것이고, 좋은 항만을 건설한 조건을 갖추고 있더라도 해상교역을 활용할 의욕이나 기회가 없으면 소용이 없을 것이다. 신의주, 남포, 해주, 원산, 청진, 나진 등 훌륭한 항만 후보지를 지닌 북한은 대외적으로 폐쇄적인 경제정책을 펼쳐온 결과 해상교역에서 극히 미미한 실적을 보이고 있다. 지린성 및 헤이룽장성의 수출입 물량을 실어 나를 항구가 필요한 중국이나 부동항이 필요한 러시아가 벌써 여러 해 전부터 나진항을 활용하고자 애쓰고 있지만 북한의 내부 사정으로 인해 현실화되지 않고 있다.

지리적 조건이 경제에 대해 미치는 영향이 때로는 아주 절대적임을 히말라야 산악지대, 시베리아 동토지대, 캐나다의 동토지대와 알래스카, 중국과 몽골의 사막지대, 중동의 사막지대, 아프리카의 사막지대, 호주 내륙의 사막지대 등에서 이루어지는 경제활동이 극히 빈약한 것을 보면 잘 알 수 있다. 상시 얼음으로 덮여 있는 북극과 남극 지방이나 그에 준하는 지리적 조건을 가진 그린란드와 아이슬란드는 이보다 더하다.

한 나라가 처한 지리적 조건은 '숙명(宿命)'일까? 지리적 조건을 쉽사리 바꿀 수 없다는 측면에서 그렇다고 생각하는 사람이 많다. 사실 현생 인류가 19만 년 이상의 세월에 걸쳐서 살았던 수렵채취시대만 하더라도 자연은 인간의 힘으로 바꿀 수 없는 숙명이었다. 그때만 하더라도 아무도 인간들의 필요와 욕구에 맞춰서 자연을 변형한다는 생각을 하지 않았다. 그러나 유목 생활을 접고 농경목축시대로 이행하게 되자 인류는 도처에서 자기들의 필요와 욕구에 맞게 자연을 변형하기 시작하였다. 산림을 불태워서 경작지를 만들고, 농사에 도움이 되도록 물을 가두고 수로를 변형하였으며, 야생 식물들을 식량작물로 변형했고 야생 동물들을 가축화했다. 바닷물을 막아 농사지을 토지나 염전을 만들었으며 성채를 쌓아 외적의 침략을 막고자 했다.

농경목축사회에서 산업사회로 이행하게 되자 인간이 자연에 대해 가하는 변형의 정도가 대폭적으로 심화되었다. 이제는 자연이 인간이 건드릴 수 없는 숙명이 아니라 인간이 너무나 많이 건드려서 문제가 되는 시대가 되었다. 제1차 산업혁명 이후에 지구상에서 해마다 행하는 경제활동의 규모가 180배 정도로 확대되는 과정에서 인류는 엄청난 속도로 자연을 이용하고 변형하고 파괴해왔다. 도시를 건설하고, 도로를 닦고, 철길을 내고, 터널을 뚫고, 교량을 건설하고, 댐을 건설해서 물길을 바꾸고 거대한 인공호수를 만들고, 산을 뭉개고 바다를 메워서 농지와 공업 용지를 만들고, 거대한 다리를 놓아 섬들을 육지와 연결시키는 등 인류가 자연을 변형시키는 일은 갈수록 대형화되고 있다.

한 나라가 지닌 자연자본의 양과 질은 자연을 개발하고 이용하며 변형하는 인간행동에 따라서 그 가치가 줄어들 수도 있고 늘어날 수도 된다. 지하자원을 사용하면 그만큼 부존량이 줄어들고, 토양이나 지하수를 오염시키면 복구하는 데 많은 시간과 비용이 소요된다. 산지를 개발해서 농지를 만들거나 도시를 건설하거나 공장을 짓는 것은 한편에서는 산림이라는 자연자원을 훼손하는 일이다.[14] 지하수나 하천이나 호수의 물을 음용, 농업용, 공업용, 상업용 등으로 사용하면 수자원이 고갈될 수도 있다. 고갈에 이르지 않더라도 생활오수나 공장폐수로 물이 오염되면 그것을 정화하고 복구하는 데 시간과 비용이 들 뿐 아니라 심하면 회복 불가능 상태에 빠질 수도 있다.

자연자본이 고갈되기만 하는 것은 아니다. 자연의 힘에 의해서이거나 인간의 노력을 통해서 고갈된 자원이 다시 채워지거나 오염되고 파괴된 자연이 복원되기도 한다. 비가 내려 오염된 강과 들판을 씻어주기도 하고, 비가 내려서 말라가는 강이나 호수 그리고 지하수를 채워준다. 거센 바람이 불어서 오염된 공기를 씻어주기도 하며, 뜨거운 태양이 곡물의 성장을 도와주고, 차가운 얼음이 해충을 없애주기도 한다. 산림이나 수자원과 들짐승은 자연의 힘에 의해서 생태균형을 회복하기도 한다. 탐방객이 오염시킨 국립공원 계곡이 몇 년의 입산금지 기간을 지나면 자연 상태로 복원되고, 물고기의 남획을 방지하면 수자원이 균형을 되찾으며, 산불로 타버린 산림도 시간이 지나면 회복된다. 사실 자연의 복원력은 매우 강하다. 문제는 그런 힘이 작동할 충분한 여유를 주지 않으면서 성급하게 파괴하고 개발하고 이용하는 인간의 욕심에 있다.

인간의 노력으로 자연자본의 가치가 달라지는 경우에 이를 자연 파괴로 볼 것인지 여부가 논란이 된다. 산지를 농지, 택지, 공업용지 등으로 개발하면

14 이는 자연자본을 변형하는 행위로서 아마도 그렇게 함으로써 가치가 증대될 것이다.

산림자원은 줄어들지만 대신 농지, 택지, 공업용지 등으로 전환된 원래의 토지는 그 가치가 증가된다. 지리산 계곡에서 흐르는 물을 막아서 생수로 팔면 계곡을 적시며 흐르던 물은 줄어들지만 줄어든 물이 생수로서 비싼 값에 팔린다. 소양강 댐을 건설한 결과 수몰지역이 생기고 주변 생태계가 변화되었지만 광대한 호수라는 관광자원이 생겼고 또한 댐에 가둔 물을 다용도로 사용할 수 있게 되었다.

자연은 그대로 두는 게 상책인가 아니면 합리적으로 개발해서 사용하는 게 합리적인가? 경제학자라면 후자의 견해에 동의하는 사람이 대다수일 것이다. 그러나 이때 자연을 개발하는 데서 오는 편익과 비용을 어떻게 평가할 것인가가 아주 중요한 이슈가 된다. 개발을 찬성하는 사람들은 편익은 부풀리고 비용은 줄이려는 경향을 갖고 개발에 반대하는 사람들은 편익을 축소하고 비용은 부풀리는 경향이 있다. 합리적인 판단 근거를 제시해야 할 학자들 중에는 본인들의 가치관에 따라서 근거가 박약한 주장을 합리적인 주장인 양 내세우는 사람들이 적지 않다.

인간이 자연을 변형시키는 정도나 빈도가 심화되자 그에 대해 반대하는 목소리가 높아지고 있다. 이는 흔히 보존이냐 개발이냐 하는 논쟁으로 이어지는데 경제 원리에 부합하지 않는 개발은 막아야 하지만 자연에 절대로 손을 대서는 안 된다는 주장 역시 경계해야 한다. 자연과 인간 사이의 조화로운 관계에 관해서는 제8장에서 알아보기로 한다.

자연 조건과는 직접 관련이 없지만 한 나라가 어떤 나라를 이웃으로 두고 있느냐 하는 지정학적인 위치가 경제에 큰 영향을 준다. 당연한 말 같지만 좋은 나라를 이웃으로 둔 나라가 나쁜 나라를 이웃으로 둔 나라보다 경제발전에 유리하다. 좋은 것을 보고 배우기가 용이하며 이웃 나라가 잘하는 것이 우리로 하여금 그들처럼 또는 그들보다 더 잘하도록 유도하는 강한 자극제가 된다.

나라와 나라 사이에도 긍정적인 외부효과를 활용하는 집적효과(集積效果)가 존재한다. 서로서로가 배우고 경쟁하는 가운데 다 같이 더 빨리 성장하는 결과를 낳을 수 있다. 반면에 나쁜 이웃에 둘러싸여 있으면 경제발전에 성공하기가 어렵다.

동아시아 지역은 좋은 이웃을 두고 있어서 성장에 성공했고 사하라사막 이남의 아프리카 국가들은 나쁜 이웃을 두고 있어서 실패했다는 주장도 있다. 근년에 라오스, 캄보디아, 미얀마 등이 비교적 활발하게 경제개발에 나서고 있는데 이들 국가가 오랜 세월 동안의 침체를 탈피하게 된 데에는 그들과 이웃한 베트남과 태국에게서 자극받은 바가 크다. 최근에는 싱가포르의 발전성과가 말레시아와 인도네시아로 전파되는 조짐도 보인다. 멕시코가 미국과의 교류가 빈번해지면서 경제발전 속도를 높이고자 하는 것도 이웃효과라고 할 수 있다. 그리스, 포르투갈, 루마니아, 불가리아 등이 유럽 국가이면서도 경제적으로 타 유럽 국가에 뒤지는 이유가 그들이 유럽의 변방이기 때문일 수도 있다.

그러나 이는 경제발전에 대한 설명으로서 부족한 점이 많다. 이 설명에 의하면 한국은 일본을 이웃으로 두었기에 빠르게 발전할 수 있었다고 한다. 일본이 정말 한국에 대해 좋은 이웃일까? 1980년 초까지만 해도 남한과 적대적이었던 중국을 옆에 두고도 발전한 것을 어떻게 설명할 수 있을까? '철천지원수'라는 북한과는 휴전선을 맞대고 대결 중인데도 남한은 경제발전에 성공하지 않았는가? 이러한 의문들은 성공한 결과를 보고서 사후적으로 그럴듯한 원인을 찾는 연구방식의 위험성을 보여준다.

지리적 조건으로 인해 적정한 규모를 지닌 다수의 나라로 나누어진 지역과 거대한 지역을 단일 국가가 지배하는 경우를 견주어 보면, 단기적으로는 후자의 성과가 좋지만 장기적으로는 전자의 성과가 더 좋다고 한다. 나라 사이에도 경쟁의 원리가 작동하기 때문에 그렇다는 것이다. 이러한 점을 들어 유럽이 중국보다 더 빠르게 산업혁명을 이룩한 까닭을 설명하기도 한다. 그러나 이는 완전한 증거가 되지 못한다.

실제로 인도는 오랜 동안 여러 제국으로 나뉘어져 있었지만 그 때문에 경제가 더 빠르게 발전했다는 증거는 없다. 진시황이 중국 천하를 통일한 이래 거대한 영토를 황제가 다스리는 단일 국가 체제를 유지한 중국도 자세히 들여다

보면 춘추전국시대나 오호16국시대처럼 수많은 소국들이 경쟁을 벌인 역사를 갖고 있고, 수, 당, 한, 송, 원, 명, 청 등 왕조가 여러 차례 바뀐 것을 보면, 일국의 최고경영자라도 잘못하면 갈아치울 수 있었음을 보여준다. 그러므로 중국이 일국 체제였기 때문에 산업혁명에서 유럽보다 뒤처졌다는 주장은 상당히 조심스럽게 이해해야 한다.

비슷한 맥락에서 과거에 일본이 조선을 침략할 수 있었던 것은 다수의 영주가 분할 통치했던 일본은 영주 간의 경쟁을 통해 국력을 배양하는 데 성공했으나, 중앙집권적인 단일 국가였던 조선은 엇비슷한 세력 간의 경쟁이 없었기 때문에 국력이 쇠퇴했기 때문이라는 설명도 있다. 이 설명에 의하면 일제가 조선을 강점하게 된 것도, 조선보다 일찍 서양문물을 받아들여서 산업혁명에 착수한 일본이 막부시대에 영주 간의 경쟁을 통해서 축적해온 힘을 발휘할 수 있었기 때문이라고 한다. 그렇지만 이는 중앙집권국가인 대한민국이 지방 세력 간의 경쟁이 없었음에도 경제발전을 이룩한 것을 설명하지 못한다.

4.4.3 기후

한 나라가 위치한 위도와 그 나라의 1인당소득을 산포도로 그려보면 적도에서 멀어질수록 1인당소득이 커지는 것으로 나타난다. 물론 싱가포르 같은 예외도 있다. 유럽지역을 보면 포르투갈, 스페인, 이탈리아, 그리스보다 프랑스, 영국, 오스트리아, 독일 등이 부유하고 그들보다는 덴마크, 노르웨이, 스웨덴이 더 부유하다. 적도에서 멀어질수록 더 부유한 것이 맞다. 적도 부근의 중남미 국가보다는 훨씬 북쪽에 있는 미국과 캐나다가 부유하고, 인도네시아, 말레시아, 필리핀보다 북쪽에 있는 한국과 일본이 더 부유한 것도 맞다. 그러나 싱가포르는 적도상에 위치하면서도 부유하고, 캐나다가 미국보다 부유하지 않고, 북한이 남한보다 가난하다. 그러므로 높은 위도에 위치한 나라가 잘살게 된다는 주장도 매우 신중하게 받아들여야 한다.

추운 지방으로 갈수록 잘살게 되는 것은 얼어 죽거나 굶어 죽지 않으려고 미리미리 대비하는 자세를 갖게 된 것이 근로와 투자에 긍정적인 영향을 주었기 때문이라는 설명도 있다. 맞는 설명이라고 판단된다. 한 나라의 기후가 그 나라의 경제적 성과에 영향을 주는 경로로 세 가지 정도를 꼽을 수 있다.

첫째, 기후와 농림어업 생산성 간에는 아주 밀접한 관련이 있다. 유엔식량농업기구(2015)에 수록되어 있는 각국의 농민1인당생산량과 그 나라의 위도를 산포도로 그려보면 적도에서 멀어질수록 (북위 70도까지) 농업생산성이 높아지는 것으로 나타난다. 열대 밀림을 상상하면서 식생이 풍부하기 때문에 농업생산성도 높을 것이라고 여겨지던 열대 지방이 실제로는 농업에 부적합하다는 사실은 조금은 충격적이다. 그런데 강수 패턴이나 일조량의 측면에서 열대 지방은 곡물생산에 부적합하다. 열대 지방은 우기와 건기가 교차한다. 건기에는 비 한 방울 내리지 않아 땅이 쩍쩍 갈라질 정도로 메마른데 우기에는 모든 게 떠내려갈 정도로 엄청난 양의 비가 쏟아진다. 결코 농업에 좋은 조건이 아니다. 또한 곡물이 잘 자라려면 상당한 정도의 일조량 변화가 있어야 하는데 열대 지방은 1년 내내 일조량의 변화가 거의 없다. 곡물도 잠을 자야하므로 주기적으로 어둡고 추운 밤을 지내야 하는데 열대 지방은 그렇지 못한 것이다. 농사에는 서리가 매우 중요한 역할을 한다. 서리가 내리는 날이 많아야 해충의 애벌레나 알이 얼어 죽게 되므로 서리가 내리지 않거나 땅이 얼지 않는 지역에서는 병충해가 기승을 부려서 농업생산성이 떨어진다. 살충제나 살균제가 등장하고 기후조건에 맞는 신품종이 개발되면서 기온이 갖는 이러한 악조건은 어느 정도 극복되고 있다.

둘째, 기후와 질병이 밀접하게 관련된다. 기후조건이 열악해서 질병이 창궐하고 그 결과 건강이 악화되면 노동생산성이 떨어지므로 경제성장에도 부정적인 영향을 준다. 열대지역은 건강에 대해 매우 적대적인 기후조건을 지니고 있다. 얼음이 얼지 않으므로 인간에게 위해를 가하는 병원균이 창궐하고, 인류가 발생한 지역이라서 인간이 지닌 저항력을 극복한 병원균들이 득세한다. 말라리아가 그중 대표적인 질병이다. 말라리아가 열대 우림지역에서만 창궐한다는 사실이 아프리카의 많은 국가들이 질병에 시달리며 그 결과 경제적 성과가 나쁜 현실을 잘 설명한다.

셋째, 인간의 노동능력은 기후와 밀접한 관련을 맺는다. 온대지방과 열대지방을 비교해보면 자명하다. 열대우림 지대는 고온다습하므로 사람들이 조금만 움직여도 녹초가 된다. 그런 환경에서는 열심히 일할 엄두조차 내지 못한다. 그러니 경제활동이 잘될 리가 없다. 아주 추운지역도 불리하기는 마찬가지이지만 과거에는 난방이 냉방보다 용이했으므로 열대우림 지대보다는 나은 조건 아래 있었다고 할 수 있다. 그러나 20세기 후반에 들어와서 냉방기술이 빠른 속도로 발전함에 따라서 고온다습한 열대지방의 불리한 조건을 극복하는 길이 열리기 시작하였다. 매우 덥고 습기가 높아 사람 살기가 어렵던 싱가포르, 중동 산유국, 미국의 선벨트 지역이 경제활동의 중심지로 떠오르게 된 것은 냉방기기의 광범위한 보급에 힘입은 바 크다.

기후가 경제생활에 영향을 주는 것과 관련해서 최근에는 지구온난화로 인한 기후변화가 심각한 문제로 등장하고 있다. UN의 기후변화기구인 기후변화정부간패널(IPCC)이 발표한 최근 보고서를 보면, 1880년부터 2012년 사이에 전 지구 표면의 온도가 0.8℃ 상승하였다고 한다.[15] 이것은 일견 매우 작은 변화인 것처럼 보이지만 문제는 이 정도의 온도 상승만으로도 이미 심각한 기상재해가 발생하기 시작했다는 점에 있다. 더구나 지구온난화의 속도가 최근으로 올수록 빨라지고 있다는 사실도 많은 우려를 낳고 있다. 동 보고서를 보면 이런 추세대로 가면 21세기가 가기 전에 지구 표면의 평균 온도가 지금보다 2℃ 이상 상승할 것이라고 한다. 그렇게 되면 지구의 기후 시스템이 통째로 바뀌게 되어 어떤 재해가 발생할지 가늠하기조차 어렵다. 한편 1901년부터 통계가 있는 해수면의 높이가 2010년까지 19cm 상승했다고 한다. 해수면 역시 시간이 흐를수록 상승속도가 빨라지고 있어 가까운 장래에 바닷속으로 가라앉을 가능성이 높은 지대에 사는 사람들을 두려움에 떨게 하고 있다. 이 문제에 관해서도 제8장에서 논의한다.

15 NASA는 1880년부터 2016년에 이르기까지 지표면의 온도가 0.99℃ 상승했다고 밝히고 있다.

4.4.4 자원

지하자원, 산림자원, 식량자원, 수자원, 해양자원 등 한 나라가 지닌 자원의 종류가 다양하고 양이 풍부하며 질이 좋을수록 '복 받은' 나라라고 할 수 있다. 수목이 울창한 캐나다의 로키산맥이나 끝없이 펼쳐진 미국의 중부 평원 같은 천혜의 자원을 보면 감탄이 저절로 나온다. 예로부터 금수강산이라고 불리는 '산 좋고 물 좋은' 곳에서 살고 있는 우리도 복 받은 민족이다. 우리가 자원이 풍부한 나라를 복되다고 하는 것은 그런 나라일수록 잘살 것이라는 생각을 갖고 있기 때문이다. 자원이 풍부하면 잘사는 게 당연한 일 아닌가? 세상을 돌아보면 일이 반드시 그렇게 돌아가지는 않음을 알 수 있다. 1인당소득과 1인당 부존자원 사이에는 양(+)의 상관관계가 있지만 그 크기가 크지도 않고 통계적으로 유의하지도 않다.

세상에는 자원을 많이 갖고 있으면서도 궁핍한 나라가 많음을 알 수 있다. 중동이나 중앙아시아 또는 사하라 이남 아프리카에는 석유, 석탄, 금, 다이아몬드, 천연가스 등의 천연자원을 많이 갖고 있으면서도 가난한 나라가 많다. 자원부국인 멕시코, 칠레, 브라질, 아르헨티나 등 중남미 국가들도 자원만 놓고 보면 지금보다 잘살아야 하는데 그렇지 못하다. 베네수엘라는 석유 대국이지만 경제가 파탄지경이다. 광물자원과 가축자원이 아주 많은 몽골도 가난하다. 반면에 석유자원이 극히 빈약한 일본이나 대한민국은 아주 잘산다. 결국 한 나라가 지닌 자원이 많다고 그 나라가 반드시 부유해지는 것도 아니고 자원빈국이라고 해서 경제발전에 성공하지 못하란 법이 없음을 알 수 있다. 사실 갖고 있는 자연자원이 신통치 못한 나라가 잘사는 경우가 더 많다.

풍부한 자원을 갖고 있으면서도 그것 때문에 가난을 극복하지 못한 나라를 두고 자원의 저주(resource curse)를 받았다고 말한다.[16] 자원이 많다는 게 축복(blessing)이 아니라 저주가 되는 까닭에는 다음과 같은 것이 있다.

가진 자원이 많으면 정치지도자들이나 국민들이 힘 안들이고 돈 벌려는 욕

16 Sachs & Warner(2001).

망에 사로잡히게 된다. 있는 자원만 팔아도 먹고사는 데 지장이 없고 게다가 가진 게 많으면 비교적 풍요롭게 살 수도 있다. 그러니 그걸 파 먹고 살면 되지 구태여 힘들게 일할 게 무어냐는 풍조가 유행하게 된다. 국민들이 생산보다는 소비에 치중하게 되는 것이다. 그뿐만 아니라 그런 나라의 지도자나 일반 국민 모두 쉽게 돈을 벌 수 있다는 생각에서 더 나은 미래를 위해 현재를 희생하고 투자하자는 생각을 잘 갖지 않는다. 그러니 미래가 오늘보다 나아지기가 어렵다. 중동의 부유한 산유국들이 지속가능한 발전에서 어려움을 겪는 이유가 거기에 있다.

설령 그렇게 소비위주로 살더라도 그들이 갖고 있는 자원의 양이 무한대라면 별 문제가 되지 않을 수도 있겠으나 세상에 그럴 정도로 자원을 많이 갖고 있는 나라는 없다. 제아무리 많은 자원이라도 제한 없이 내다 팔아서 흥청망청 쓰다보면 자기도 모르는 사이에 팔아먹을 게 바닥이 나게 마련이다. 그때 가서 다른 일을 하려고 해도 흥청대며 살아오는 동안 상실한 노동능력을 되찾기가 쉽지 않다. 게다가 한때 높은 수준을 유지하던 자원가격이 그 상태대로 계속되기를 기대하지만 그것이 헛된 희망인 경우가 많다. 자원가격이 일시적으로는 균형을 이탈해서 높게 형성될 수 있지만 그 상태가 지속되는 일은 일어나지 않는다. 실제로 자원가격은 등락이 심하다. 그러므로 자원수출에 의존하는 경제는 국제시장의 잦은 가격변화에 심대한 영향을 받게 된다. 자원의존적인 경제에서 가장 문제가 되는 것은, 자원 붐이 영속될 것이라는 기대하에 미래소득을 당겨서 쓰는 일 즉, 외국에서 빚을 들여다가 쓰는 일이다. 그 돈을 투자하는 데 써도 그것이 결실을 맺기 전에 자원 붐이 붕괴되면 문제가 되는데 하물며 빚을 내서 소비하는 데 다 써버리면 갚을 방도가 없다. 자원 붐도 여타의 거품과 마찬가지로 반드시 붕괴된다. 신기루 같은 미래소득을 믿고 빚내서 펑펑 쓰다가 파산한 나라가 많다.

시장 전망이 아주 좋은 지하자원이 풍부하게 매장되어 있는 것을 알게 된 나라가 그로 인해 어려움을 겪는 또 다른 이유는, 나라의 경제활동이 해당 자원과 관련된 분야로 쏠리는 현상이 일어나기 때문이다. 사업가라면 누구나

'대박'이 터졌다고 생각되는 분야에 관심을 갖는 게 인지상정이다. 그들이 그리로 몰려들면 해당 사업에 특화된 연관 산업도 그 분야로 몰려들게 된다. '대박'이 난 자원이 매장된 지역에 사람과 돈과 물자가 몰려들면서 새로운 도시가 형성되기도 한다. 이런 상황이 지속되면 머지않아서 그 나라의 경제구조가 해당 자원 중심적인 것으로 변화된다. 거의 모든 달걀을 한 바구니에 담는 일이 전개되는 것이다. 그러다가 일이 뒤틀리면 자원산업뿐만 아니라 그것을 중심으로 전개되던 나라 경제 전체가 혼란에 빠지게 된다. 이것은 소위 화란병(和蘭病, Dutch disease)의 한 예다.

네덜란드는 1950년대에 자국 영해인 북해에서 엄청난 양의 천연가스를 발견한 결과 대규모의 국부증가를 경험하게 되었다. 이는 곧 대규모의 자본유입을 불러왔으며 그로 인해 네덜란드 통화의 실질가치가 상승하면서 네덜란드의 수출산업이 직격탄을 맞고 경쟁력을 상실하게 되었다. 천연가스와 그 연관산업은 호황을 맞았으나 천연가스를 제외한 다른 수출산업은 불황에 빠진 것이다. 그러한 상황이 지속되자 천연가스와 그 관련 분야는 크게 성장한 대신 그 외의 분야는 쇠퇴하기 시작하였다. 타 분야의 비중이 훨씬 컸으므로 그 분야가 쇠퇴하게 되어 경제전반이 불황을 겪게 된 것도 문제였지만 천연가스 붐이 붕괴되면서 '같은 바구니에 담았던 수많은 달걀이 한꺼번에 깨어지는 일'이 벌어진 것은 더 큰 문제였다. 이 일로 네덜란드 경제는 한동안 어려움에서 헤어나지 못했다. 이를 가리켜 화란병이라고 부른다.

자기 나라 땅에서는 한 톨도 나지 않는 자원을 활용해서 경제발전에 성공한 나라가 많다. 채굴 가능한 석유자원을 갖지 못한 일본과 대한민국과 홍콩 및 싱가포르가 그 좋은 예다. 이들이 수입한 자원을 가공해서 수출하는 것을 통해 경제발전에 성공한 데는 20세기 후반부에 들어와서 해상운송이 크게 발달한 결과 국가 간 화물운송비용이 지속적으로 낮아진 것이 크게 기여했다. 자원을 실어 나르는 물류비용이 하락하면서 어떤 나라가 자원을 갖고 있느냐 하는 것보다 어떤 나라가 그 자원을 더 잘 활용하느냐가 더 중요해졌다. 대한민국은 석유 한 방울 나지 않지만 중동 산유국에서 원유를 들여다가 가공해서 국내수요에 충당하는 데 그치지 않고 생산한 석유화학제품을 세계 시장에 내다 팔고 있다. 그것으로 그치지 않고 산유국에 진출해서 정유 플랜트와 석유화학 플랜트를 건설하기도 한다. 쓸 만한 철광산이나 (코크스를 생산할) 경제성 있는 탄광을 갖지 못한 대한민국이 철강 제품의 수출 대국이 된 것도 경이로운 일이다.

자원부국이 어려움을 겪게 되는 또 다른 중요한 까닭은 그것이 정부로 하여금 경제발전에 역행하는 정책을 집행하도로 유도한다는 데 있다. 그 대표적인 사례가, 좌파 정권이 들어선 지 8년 만에 공공부문의 크기가 두 배로 커지고 외채가 아홉 배 넘게 늘어난 베네수엘라나 원유발굴에 성공하자 정부가 앞장서서 흥청망청 쓰다가 몇 차례의 외채위기를 맞았던 멕시코의 경우이다. 위에서 본 네덜란드 역시 천연가스 붐이 붕괴되었을 때 커다란 어려움을 겪었던 중요한 이유 중의 하나가, 천연가스 발견과 더불어서 대폭적으로 확대했던 복지 프로그램 때문이었다. 가스 붐이 종료되었어도 한번 늘어난 복지지출을 되돌릴 수가 없었기 때문이다.

자원부국이 독재국가이면 문제가 더 심각해진다. 콩고민주공화국은 세계 총생산량에서 차지하는 비중이 코발트 49%, 공업용 다이아몬드 30%, 보석 다이아몬드 6%에 달하는 자원부국이지만 세계에서 가장 가난하고 성장률이 낮은 나라에 속한다. 이는 시에라리온이나 라이베리아의 경우도 비슷하다. 사하라 이남 아프리카의 자원 부국들이 경제발전에 실패한 것은 자원이라는 '떡'을 두고 투쟁을 벌이는 독재자들로 인해 나라가 항상 전쟁상태에 빠져 있기 때문이다. 거대한 이권을 두고 투쟁하는 '강도'들로 인해서 내전이 끊이지 않고, 부정부패가 만연되어 있으며, 인권이 탄압받고, 경제활동의 자유가 박탈당한 곳에서 경제가 발전하지 않는 것은 지극히 당연한 일이다.

노르웨이, 보츠와나, 칠레, 호주, 말레이시아처럼 자원부국이면서도 경제를 잘 운영해오고 있는 나라가 있는가 하면 콩고민주공화국, 시에라리온, 라이베리아. 볼리비아, 베네수엘라처럼 풍부한 부존자원 때문에 경제를 망치는 나라가 있다. 이를 보면 자원이 많고 적음이 문제가 아니라, 있는 자원을 얼마나 현명하게 잘 관리하는가가 문제임을 알 수 있다. 민주주의 원칙이 확립되어 있고, 법치가 이루어지며, 사유·자유·경쟁·변화와 혁신으로 대표되는 발전의 원동력이 제대로 작동할 수 있는 규범과 제도가 확립되어 있으면서, 발전친화적이면서 먼 미래를 내다보는 정책이 집행되는 나라라면 풍부하게 주어진 부존자원을 잘 활용해서 부유하게 된다. 반면에 무장폭도들이 풍부한 부존자원이 주는 이권을 두고 계속해서 싸움을 벌이면서 법치를 무너뜨리고 인권을 말살하며 재산을 탈취하고 자유를 억압하는 나라는 가난에서 벗어나지 못한다.

4.5 소결론

제4장에서는 근면성실, 근검절약, 미래를 위한 투자로 대표되는 경제발전의 1차적 동인들이 작동하는 데 영향을 주는 요소들 중 개방, 문화, 사회자본, 자연자본 등의 역할에 관해 알아보았다.

개방은 단기적으로는 자원배분상태를 개선시키는 것을 통해서 그리고 중장기적으로는 투자의 양을 늘리고 질을 개선하는 것을 통해서 경제발전에 기여한다. 여기에서 말하는 투자는 아주 광범위하게 인적자본, 물적자본, 지식정보기술자본, 사회자본, 자연자본을 망라한 개념이다. 개방은 인적자본의 양을 늘리고 질을 개선하는 데 기여하며, 물적자본의 축적속도를 증가시키고 그 성능을 개선하는 데 기여하고, 기술이전을 촉진하는 것을 통해 지식정보기술자본의 축적 속도를 높이며, 자연자본의 활용도를 높여준다. 개방은 또한 경제운영의 효율성을 높여주는 것을 통해서 경제발전에 기여한다.

사회자본과 관련해서 개방은 발전의 원동력인 사유·자유·경쟁·변화와 혁신이 더 큰 힘을 발휘할 수 있는 속성을 갖게 유도할 수도 있고, 그 반대의 결과를 나을 수도 있다. 이것은 나라의 여론주도층이 외국으로부터 어떤 이념이나 사상 그리고 사례들을 들여다가 국내에 전파하느냐와 일반 국민들이 대중매체와 여행 등을 통해서 접하는 외국의 이념, 사상, 경제운영방식 중에서 어떤 것에 경도되는가에 따라서 달리 정해진다.

문화와 사회자본은 경제에 긍정적인 영향을 줄 수도 있고 부정적인 영향을 줄 수도 있다. 그 관건은 한 나라의 문화와 사회자본의 속성이 경제발전의 궁극적인 원동력인 사유·자유·경쟁·변화와 혁신의 힘을 강화하는 방향으로 작동하느냐 여부에 달려 있다. 경제발전의 궁극적인 동인들을 강화시키는 속성을 지닌 문화와 사회자본은 경제발전을 촉진시킬 것이고 그렇지 않은 속성을 지닌 문화와 사회자본은 경제발전을 저해할 것이다.

자연자원을 많이 갖고 있는가 여부는 경제발전에 대해서 플러스 영향을 줄 수도 있고 마이너스 영향을 줄 수도 있다. 자연자원을 많이 갖고 있기 때문에 화란병이나 자원저주에 걸리는 나라도 있고, 유용한 자원이 없으면서도 다른 나라가 지닌 자연자원을 활용해서 경제발전에 성공한 나라도 많다.

제 5 장

소유권의 연원, 불평등 그리고 경제발전

5.1 인류사회의 변천

인류학자들의 견해를 따르면 현재 지구상에 존재하는 인류는 몇몇의 원생 인류 중에서 유일하게 머리를 잘 쓸 줄 아는 존재인 호모 사피엔스라고 한다. 호모 사피엔스가 지구상에 등장한 것이 약 20만 년 전의 일인데 그로부터 약 19만 년 동안 호모 사피엔스는 자연이 주는 것을 수렵하거나 채취하는 삶을 영위해 왔다. 인류학자들은 이 시기를 수렵채취의 시대라고 부른다. 수렵채취 시대를 끝내면서 인류는 자연이 주는 것들을 변형해서 활용하기 시작하였다. 곡물과 채소와 과일을 가꾸고 가축과 가금과 물고기를 기르는 생활을 영위하기 시작한 것이다. 인류학자들은 이 시기를 농경목축의 시대라고 부른다. 농경목축 시대는 약 1만 년 동안 지속되었다.[1]

대부분의 인류는 현재 약 260년 전에 시작되어 아직도 진행 중인 산업혁명의 시대를 살아가고 있다. 그러나 아직도 산업혁명의 물결에 동참하지 못한 사람도 많다. 그런가 하면 적지 않은 수의 사람은 산업혁명의 시대에서 지식정보의 시대로 이행하고 있기도 하다.

이제 그동안 인류가 살아온 그리고 앞으로 살아갈 각 시대의 경제적 특징에 관하여 알아보기로 하자.

5.1.1 수렵채취시대

사람은 노동을 해서 그가 필요로 하거나 원하는 바를 만든다. 노동의 원시적 형태는 수렵과 채취이다. 이는 자연이 제공하는 것을 거두거나 따거나 잡는 행위로서 이 시기의 생산요소는 노동력과 자연자원으로 이루어진다. 수렵과 채취의 대상이 되는 자연자원이 풍부하거나 수렵과 채취에 투입하는 노동시간이 길면 생산량이 많고 그렇지 않으면 적다. 이 시기에도 간헐적으로 기술발전이 이루어지고 원시적 형태의 도구를 사용하기도 하였으나 그것이 생

1 21세기인 오늘날에도 농경목축시대를 살아가는 인류가 남아 있다.

산력에 미치는 영향은 제한적이었다.

수렵채취시대의 인류는 현대의 기준으로 보면 매우 빈한하게 살았다. 인류경제학자들의 연구를 보면 이 시기에 인류는, 현재의 화폐가치로 평가해서, 1년에 500달러 내외에 해당하는 1인당생산량을 가지고 생활했다고 한다. 이는 인간이 겨우 목숨을 부지할 정도의 경제규모다. 수렵채취시대의 또 하나의 특징은 잘사는 사회와 그렇지 못한 사회 사이에 최대 3~4배 정도의 경제력 차이가 존재했다는 사실이다. 오늘날 잘사는 나라와 가난한 나라의 경제력이 100배[2] 이상 차이 나는 것에 견주면 수렵채취시대는 매우 평등한 시기였다.

수렵채취시대에도 경제력의 변동이 있었다. 수렵채취의 원천이 되는 자연자원이 환경요인으로 인해 증감하거나, 새로운 자원의 원천을 발견하거나, 수렵채취 방식이 개선되거나, 질병이나 전쟁으로 구성원의 숫자가 증감함에 따라서 1인당생산량에 변화가 생긴 것이다.

가령 조상 대대로 삶의 터전으로 삼았던 곳보다 조건이 훨씬 좋은 신천지를 발견하게 되면 1인당생산량이 급격하게 늘어나서 주민들의 삶이 윤택해졌다. 그러나 신천지 발견이 가져온 1인당생산량 증가가 계속해서 유지되지 않고 몇 세대 만에 원래의 상태로 돌아가는 일이 벌어졌다. 삶이 윤택해지면서 사람들이 아이들을 많이 낳게 되어 공동체의 인구가 늘어난 결과였다.

전염병이 돌아서 공동체 구성원 다수가 사망하는 일이 벌어진 경우에도 유사한 일이 벌어졌다. 전염병으로 죽은 사람이 생기면 살아남은 자들은 전보다 더 많은 자원을 대상으로 해서 수렵채취 생활을 영위하게 된다. 이는 평균소득 증가로 이어지고 그런 상태가 몇 년 이어지면 아이들을 더 많이 낳기 시작한다. 그때부터 공동체의 인구가 다시 늘어나기 시작하며 평균소득도 다시 감소하기 시작한다. 이 경우 인구증가는 공동체의 평균소득이 생계소득수준으로 감소하면 멈춘다.

이처럼 수렵채취시대에는 여건 변화에 따라 인구는 증감했지만 개개인의

2 2016년도 구매력기준 1인당소득에서 비산유국 중 1위인 싱가포르와 꼴찌인 라이베리아 사이에는 무려 122배의 소득차가 존재한다.

생활수준은 조상 대대로 경험해오던 생계수준을 크게 벗어나지 못했다.

수렵채취시대는 공유경제의 시대이기도 하다. 소규모의 공동체들이 숲, 강과 호수, 목초지 등을 공동으로 소유하면서 공동으로 수렵채취하고 그 생산물을 함께 나누어 먹는 경제시스템을 가지고 있었던 것이다. 원시적 공산사회의 전형이 수렵채취시대 공동체의 모습이다. 공유사회에서는 생산력의 향상을 통한 지속적인 소득증대를 기대하기 어렵다. 공동노동·균등분배 제도가 근로동기를 약화시키며 투자심리를 위축시키고 기술개발을 저해하기 때문이다.

수렵채취시대는 개인의 경제적 자유가 극도로 제약된 시기이다. 공동체의 안위가 중요했으므로 구성원들이 제멋대로 행동하게 둘 수 없었던 것이다. 전통을 따르는 것, 공동체의 최고 어른이 허락하는 것, 공동체의 샤먼이 동의하는 것이 아니면 새로운 것을 시도할 수 없었다. 결국 이 시기에는 자유로운 경제활동이 거의 불가능했다. 그래서 뛰어난 인재라도 창의성을 발휘할 기회를 갖지 못했다. 자녀들에 대한 교육훈련도 공동체 유지에 필요한 규범을 전수하는 수준에 그쳤다. 개개인의 능력을 함양한다는 것은 생각조차 하지 않았다. 인적자본이 축적될 가능성이 매우 낮았던 것이다.

수렵채취시대는 경쟁부재의 시기이기도 하다. 이 시기의 경쟁이라면 젊은 남녀가 짝을 구하기 위해 용맹이나 미모를 두고 펼친 경쟁이 전부다. 이것은 누가 더 생산적이며 누가 더 공동체를 이롭게 하는가에 관한 경쟁이 아니다. 더더구나 그것은 누가 더 수렵채취 기술을 발전시키는가에 관한 경쟁도 아니다. 수렵채취시대에는 이웃 공동체와의 전쟁이 빈발했다. 이는 말할 것도 없이 어느 공동체가 더 생산적인가를 두고 경쟁하는 것과는 전혀 다르다. 결국 누가 수렵과 채집을 더 잘하며 누가 공동체의 번영을 위해 더 공헌하는가에 관한 경쟁은 이루어지지 않았다.

수렵채취시대는 또한 변화와 혁신을 억제한 시기이기도 한다. 새로운 일을 시도하다가는 공동체 전체가 위험에 빠질 가능성이 아주 높았으므로 공동체의 웃어른들의 가르침이나 전승되어 오는 관습을 벗어나는 행위는 엄격하게 금지되었다.

5.1.2 농경목축시대

주기적으로 거주지를 옮겨야 했던 수렵채취의 시대를 지나서 농경과 목축의 시대에 접어들면서 인류는 여건이 좋은 곳에 정주하기 시작하였다. 농경과 목축을 시작하게 되었다는 것은 지금까지 자연이 제공하던 동식물을 수렵하고 채취하면서 살던 인류가 식물 중에서 곡물로 쓸 만한 것을 재배하고 동물 중에서 길들이기 쉬운 것을 가축으로 기르기 시작했음을 뜻한다. 이는 인류의 발전사에 큰 획을 긋는 대단한 사건이었다.

수렵채취에서 농경목축으로의 전환이 하루아침에 이루어진 것은 아니다. 수천 년 이상의 시행착오를 거치면서 자리 잡은 것이다. 어떤 풀이나 나무가 곡물, 채소, 과일로서 적합하며 재배하기 쉬운지 알아내기 위해 아주 오랜 기간에 걸쳐서 수많은 시행착오를 거친 후에야 농경이 정착된 것이다. 목축 역시 자연계에 존재하는 수많은 동물 중에서 먹거리로 쓰거나 힘을 활용하는 데 적합한 것을 골라서 길들이느라고 엄청난 시행착오를 거쳐서 정착되었다.

농경사회에서는 노동력과 토지가 가장 중요한 생산요소가 된다. 이 시기에는 경작하는 토지의 양과 비옥도 그리고 경작에 투입하는 노동력의 양이 생산량을 좌우했다. 비옥한 토지를 많이 갖고 있으며 가족 중에 농경에 종사할 사람이 많은 가정은 부유하고 그렇지 못한 가정은 가난을 면하기 어려웠다. 국가도 마찬가지였다. 광대한 토지를 보유한 데다 인구가 많은 나라는 부유한 국가로 발전했으며 이용 가능한 농지가 적고 일할 사람도 많지 않은 나라는 빈한한 상태에 머물렀다.

이러한 관찰은 목축업에도 비슷하게 적용된다. 가축의 종류와 수, 번식률, 사료작물의 작황, 목초지, 노동력 등이 목축에 필요한 생산요소다. 이 경우에도 사료작물을 재배하거나 목초지로 쓸 토지를 많이 가진 데다 가축을 돌볼 노동자를 충분하게 확보한 가정이나 국가는 부유하고 그렇지 못한 가정과 국가는 가난했다.

농경은 기후와 병충해의 영향을 크게 받고 목축은 질병의 영향을 크게 받는다. 기후가 좋고 병충해가 적으면 풍년이 들고 병충해 피해가 크거나 기후가 불순하면 흉년이 든다. 인류는 기후와 병충해로 인한 산출량의 변화에 대처하고자 노력해 왔으나 그것이 보통 사람의 삶을 크게 개선시키지는 못했다. 풍년이 들면 하늘에 대해 감사하거나 흉년이 들면 하늘을 원망하며 살았다. 그렇게 수천 년을 살아온 결과 수렵채취시대의 조상들보다는 좋아진 삶에 대해 감사하는 마음으로 자연에 순응하며 사는 것을 숙명으로 받아들였다.[3]

농경목축시대에도 인류의 평균적인 삶은 수렵채취시대에 비해 크게 나아지지 않았다. 제1차 산업혁명이 일어난 18세기 중엽에 인류가 현재의 구매력으로 약 1,000달러의 평균소득을 가졌었다는 연구를 보면 농경목축시대의 경제력도 최소한의 생계유지와 초보적인 문화를 향유할 정도에 머물렀음을 짐작할 수 있다. 이 시기에도 잘사는 나라와 가난한 나라 사이의 소득차는 많아야 네 배 정도였다.[4] 이는 오늘날의 100배 이상 되는 것보다 훨씬 작은 차이이지만, 예를 들어서, 1,200달러의 1인당소득을 지닌 국가와 300달러의 1인당소득을 지닌 국가는 그 주민의 삶에 있어서 커다란 차이를 보일 수밖에 없었다.

농경목축시대에도 새로운 경작지나 목초지 개발, 경작과 목축방식 개선, 곡물·과일·채소 등의 품종 개량, 가축의 종류 확대, 농경과 목축에 사용하는 도구의 개량 등이 일어나면 1인당산출량이 지속적으로 증가하는 현상을 경험하게 된다. 수렵채취시대에 500달러이던 1인당산출량이 농경목축시대에 들어와서 위에서 열거한 요인들에 힘입어서 600달러로 증가한 것이 그 사례가 된다. 그런데 이러한 변화에는 수천 년의 시간이 필요했으므로 이를 성장률로 환산하면 매우 낮은 수치가 된다. 믿을 만한 연구를 보면 이 시기의 연평균 성장률은 0%에서 조금 넘어서는 수준이었다. 이를 보면 농경목축시대에도 인류는 맬서스가 인구론에서 설파한 '숙명적인 정체상태'를 벗어나지 못했음을 알

---

3 농경시대의 평민들이 수렵채취시대의 평민들보다 열악한 환경에서 살았다는 주장도 있다. 하라리(2015)와 Deaton(2012) 참조.

4 잘사는 나라의 1인당소득이 1,200달러이고 가난한 나라의 1인당소득이 300달러이며 부국보다 빈국의 인구가 많다면 인류의 평균소득이 600달러가 되고 부국과 빈국이 4배의 소득차를 보이게 될 수 있다.

수 있다.

농경목축시대에도 사유, 자유, 경쟁 그리고 변화와 혁신이 제한되었다. 사유화가 진전되었으나 군왕이나 귀족들에게만 적용되는 것일 뿐 일반 민중은 경작지나 목초지를 소유하기 어려웠다. 노동력 이외의 생산수단을 소유하기 어려웠던 일반 민중은 군왕과 귀족들의 노예나 머슴처럼 살아가야 했다. 그들에게는 거주이전의 자유도, 직업선택의 자유도, 표현의 자유도 결코 완전한 형태로는 주어지지 않았다. 이런 면에서 보면 농경목축시대는 소수의 주인들이 다수의 머슴을 시켜 농사를 짓고 가축을 기르게 하고 그 수확물의 대부분을 주인이 갖는 노예경제의 시기라 할 수 있다.[5]

노예와 다름없는 처지에 놓여 있던 일반 민중이 자유를 갖지 못했던 것은 당시의 상황에서는 아주 자연스러운 것이었다. 노예경제의 가장 핵심적인 특징은 주인 계층은 아주 잘살지만 머슴 계층은 겨우 목숨을 부지하는 정도로 어렵게 산다는 것이다. 농경목축시대에 군왕이나 귀족들이 호화로운 거대한 왕궁이나 대저택을 지을 수 있었던 것은 그들이 절대다수의 기층민들을 노예로 부릴 수 있었기 때문이다.

농경목축시대는 경제를 두고 벌이는 경쟁이 부재하던 시기이기도 하다. 경쟁보다는 협조와 양보와 희생이 미덕이 되는 세상이었던 것이다. 사회의 절대 다수를 차지하는 '노예'들에게는 더 잘하겠다는 경쟁심리가 생길 여지가 없었다. 더 잘해보아야 더 큰 보상이 돌아오는 것도 아니었기 때문이다. 전제군주인 군왕이나 군왕에게서 작위를 받고 귀족이 된 사람들 역시 경제를 두고 벌이는 경쟁과는 거리가 먼 자들이다. 군왕에게는 이웃 나라의 군왕과 신망이 두터운 귀족이 경쟁자였고 귀족에게는 다른 귀족이 경쟁자였다. 이들 사이의 경쟁 역시 누가 경제를 더 번성하게 만드는가보다는 누가 권좌를 차지하는가와 누가 군왕의 신임을 얻는가에 대한 것이었다. 군왕이나 귀족은 자기들의 경제적 이익만 챙겼지 일반 민중의 복리에 관해서는 큰 관심을 보이지 않았다. 군왕과 귀족이 농경목축업의 생산성을 높이는 조치를 취하더라

5 이 시기에도 상점이나 공방을 경영하던 소시민이 있었다.

도 증산된 과실은 모두 그들의 몫이 되었으므로 일반 민중에게는 화중지병이었다. 민중들은 군왕과 귀족에게 충성을 다할 특별한 이유가 없으면 열심히 노력할 유인을 갖지 못했다. 이 시기에 경제가 발전하지 못한 것은 바로 그런 연유에서이다.

이 시대는 또한 급격한 변화를 거부한 시기이기도 하다. 군왕과 귀족에게는 암묵적인 동맹 아래 절대 다수를 차지하던 기층민들을 머슴처럼 부림으로써 얻는 막대한 이권을 지키는 게 급선무였다. 기존체제에 위협을 줄 어떠한 변화도 억제되었다. 기층민들은 자녀를 유능하게 키울 기회를 갖지 못했으며 체제에 위협을 줄 가능성이 있는 것을 발견하거나 발명한 자는 처형을 각오해야 했다. 이따금 기층민들이 군왕이나 귀족에게 저항하기도 하였으나 대부분 폭력적인 방법에 의해 진압되었다. 학문과 예술과 문화와 오락과 운동 등도 체제유지에 위해를 주는 것은 금기시되었다. 군왕과 귀족에게 대항하여 기층민 편에 서야 할 종교까지도 군왕과 귀족에게 봉사하는 처지로 전락하는 경우가 많았다.

사유, 자유, 경쟁을 제한하고 변화와 혁신을 금기시한 이념과 체제와 제도와 통치가 고착되었던 시기가 농경목축의 시대였다. 약탈자로 군림했던 군왕과 귀족을 제외한 기층민들이 빈곤을 벗어나지 못하고 노예처럼 살아야 했던 시대이다. 농경목축시대의 기층민들은, 나라 전체의 평균소득이 증가했음에도 불구하고, 수렵채취시대의 기층민들보다 불행하게 살았다. 그들보다 훨씬 더 많은 시간 일하고서도 소득은 겨우 생계를 유지하는 정도밖에 받지 못했고 좁은 공간에서 많은 수의 사람들이 때로는 가축들과 함께 생활한 결과 더 자주 고약한 질병에 노출되었다.

5.1.3 산업혁명의 시대

인류가 역사 이래 수천 년을 이어오던 정체상태를 벗어나기 시작한 것은 18세기 중반에 영국에서 시작된 산업혁명의 불길이 서유럽 여러 나라와 미국과 캐나다와 호주 등지로 확산되면서부터이다. 산업혁명이 발발한 1750년경에 인류는 현재의 구매력으로 약 1,000달러의 평균소득을 지니고 있었다. 위에서 설명한 바와 같이 이는 오늘날의 아프리카 빈국들이 가진 1인당소득과 비슷한 수준의 것이다. 1만 6,000달러가 넘는 평균소득을 지닌 현생 인류로서는 산업혁명 이전의 시대를 살았던 우리 조상들의 삶이 얼마나 고달픈 것이었는지 짐작하기조차 쉽지 않다.

산업혁명은 그때까지 인류에게 익숙해져 있던 삶의 모습을 송두리째 변화시키기 시작했다. 재화와 서비스를 생산하고 유통하며 교역하고 소비하는 전 과정이 변화되었으며, 생산하는 재화의 종류와 양이 획기적으로 증가하기 시작하였다. 일자리가 폭발적으로 늘어나 소득과 동반해서 증가된 인구에게 일자리를 제공하는 데 어려움이 없었다. 아동노동이 감소하기 시작하였고 학교교육이 보편화되기 시작하였다. 금융이 발달하기 시작했으며 자본시장을 통한 대규모의 자금 동원이 가능해졌다. 국제교역이 빠른 속도로 증가하기 시작했으며 자본과 노동력의 국가 간 이동도 활발해졌다.

산업혁명을 불러온 힘의 원천이 무엇인가에 관해 다양한 견해가 존재한다. 증기기관의 보편화로 상징되는 막대한 에너지를 활용할 수 있었기에 산업혁명이 가능했다는 주장에 많은 사람이 동의한다. 유한책임으로 자금을 동원하는 금융혁신이 있었기에 대규모 자금이 소요되는 산업이 발달할 수 있었다는 설명도 있다. 원료 공급처이자 완제품 소비처인 광대한 식민지가 있었기에 대규모 생산이 가능했었다는 설명도 있다. 지적재산권에 대한 강력한 보호가 연구개발 활동의 사적 수익률을 높였고 그 결과 기술이 지속적으로 발전하기 시작한 것이 주효했다는 설명도 있다. 산업혁명이 일어나기 수 세기 전부터 시작된 인클로저(enclosure) 운동으로 경작지를 상실하고 농촌에서 이주해온 도시빈민들을 저임금으로 고용할 수 있었기에 산업화에 필요한 자본축적이 가능했었다는 설명도 있다.

모두가 일리 있는 주장이다. 그런데 왜 하필이면 영국이, 증기기관을 가장 먼저 공장제산업에 이용하기 시작하였으며, 금융이 가장 먼저 발달하기 시작하였고, 국제무역의 주역으로 등장했으며, 지적재산권 보호에 앞장섰고, 인클로저 운동에 가장 열성적이었던가를 설명할 수 있어야 산업혁명이 영국에서 촉발된 이유에 관한 좀 더 나은 설명이 될 것이다.

필자는 경제발전의 원동력인 사유, 자유, 경쟁이 가장 먼저 그리고 가장 진전된 형태로 이루어졌기 때문에 영국이 제1차 산업혁명의 모태가 된 것으로 판단한다.[6] 이는 영국민으로 하여금 변화와 혁신에 대해 열린 자세를 갖도록 유도하였으며, 그러한 자세가 산업혁명을 촉발하는 데 기여하였다.

영국은 재산권보호제도가 가장 먼저 자리 잡은 국가다. 귀족의 도움을 받아서 권좌에 올랐거나 그들의 협조 없이 권좌를 유지할 수 없었던 군주들은 일찍부터 귀족들에게 토지의 소유권을 인정해주었다.[7] 귀족들은 영지는 물론 영지 내에 있는 사람을 비롯한 모든 동식물자원과 자연자원을 소유하게 되었다. 봉건제도가 정착된 것이다. 사실 봉건제가 정착된 것은 영국에서만 있었던 일이 아니라 전 유럽에 걸쳐서 행해졌던 일이다. 그러므로 봉건제하에서 귀족이 소유권을 갖게 되었다는 것이 영국만의 일이 아니다. 그러나 인구의 40% 이상을 죽음으로 몰아간 흑사병이 창궐한 이후 일꾼을 구하기가 매우 어려워져 영주들의 농노장악력이 급속도로 약화되기 시작했다. 그 해결책으로 등장한 것이 공유지를 운영하는 방안이었다. 이것은 공유토지에서 경작한 작물과 공유목초지에서 기른 가축은 그 일을 한 당사자가 소유할 수 있도록 한 방안이었다. 토지를 소유하지는 못해도 그 수확물은 경작자나 가축을 사육하는 자가 가질 수 있게 한 것이다.

그러나 12세기경에 시작되어 14세기와 15세기에 걸쳐서 가장 활발하게 전개되었던 인클로저 운동은 이 모든 것을 변화시켰다. 인클로저는 '공유지의 비극'을 경험하던 농지나 목초지를 특정 개인의 사유물로 인정해 주는 운동이

6 경제발전의 원동력에 관한 상세한 논의는 제7장을 보라.

7 이 부분의 논의는 제도의 포용성 관점에서 영국에서의 산업혁명 발발에 관해 설명한 Acemoglu & Robinson(2012)을 참조하였다. 박지향(2007)은 영국의 정치·사회의 변천과정에 관해 설명하고 있다.

었다. 이제까지 공유지로 쓰던 땅에 울타리를 치고서는 '이곳은 사유지이므로 주인의 허락 없이는 아무도 경작하거나 목축할 수 없다'는 방침을 실행에 옮기기 시작한 것이다. 인클로저 운동은 토지의 소유권을 명확하게 함으로써 토지의 생산성을 높이기 위해 취한 조치인데, 그것은 또한 공유지에서 살던 주민들을 이제 사유지로 변한 땅에서 내쫓는 결과를 낳았다. 그곳에서 농사를 짓거나 가축을 기르면서 살아가던 사람들이 조상 대대로 살아오던 삶의 터전을 잃게 된 것이다. 그들이 갈 곳이라고는 도시밖에 없었다. 농어촌에서 쫓겨난 사람들이 대거 도시로 몰려들면서 변두리 지역에 다수의 난민촌이 형성되었다.

도시빈민들은 가족의 생존을 위해서라면 목숨이라도 내놓을 기세로 도시생활에 적응하면서 점차 소상공인으로 발전하였다. 그들은 군왕과 귀족들 그리고 본래부터 도시에 거주하면서 부르주아로 성장한 시민들에게 물품을 납품하는 한편 그들이 손대기 싫어하던 하층 서비스를 제공하면서 경제력을 키워가기 시작하였다. 때마침 대항해시대(大航海時代)가 열리면서 그들 중에서는 해외무역에 종사해서 거금을 걸머지게 된 자들이 속속 출현하기 시작했다. 무일푼이던 이농민들이 도시빈민으로 변신하더니 이제는 도시빈민 가운데 많은 사람들이 신부르주아로 성장하게 된 것이다. 그런데 이들 부르주아들이 피나는 노력을 통해 성취한 것은 농경시대의 경작지나 초지와는 달리 군주나 귀족이 마음대로 빼앗기 어려운 것이 주를 이루었다. 감추기 쉽고 이동하기 쉬운 돈, 증권, 예금 등의 무형자산을 축적하기 시작했으며 많은 부를 영국 국왕이나 귀족들의 영향력이 미치지 않는 다른 나라에 두는 경우가 증가했다.

왕권유지와 잦은 전비조달을 위해서 군왕이 귀족계급과 타협하지 않을 수 없었듯이, 귀족계급은 그들이 누리던 특권적 지위를 신흥 부르주아들에게도 나누어주지 않을 수 없게 되었다. 후자가 지닌 경제력이 커짐에 따라서 그들을 배제하는 것보다 자기들과 같은 배를 탄 공동운명체로 받아들이는 것이 유리해졌기 때문이다. 신흥 부르주아들도 그들이 지닌 경제력이 막강함 힘을 발휘할 수 있음을 자각하였으며 점차 더 많은 권리를 요구하게 되었다.

부르주아 중에서 자기들보다 숫자가 훨씬 더 많은 하층 노동자들을 자기편으로 끌어들이는 게 군왕이나 귀족들과의 투쟁에서 우위를 점하는 길임을 깨닫고 근로자들을 부르주아 계층의 동조세력으로 끌어들이는 사람이 나타났다. 그러한 부르주아에게 설득된 다수의 노동자들이 더 많은 권리를 요구하기 시작하였고 그러한 움직임은 이내 시민항거사태로 이어졌다. 시민항거의 빈도와 규모가 커지고 폭력성이 강화되자 그들에게도 소유권과 참정권을 주는 방향으로 제도와 정책이 바뀌기 시작하였다. 소수가 다수를 배제한 채 재산과 권력을 독점하던 '노예'의 시대가 빠른 속도로 사라지기 시작한 것이다.

이런 일련의 과정을 거쳐서 산업혁명 전야의 영국은 그 당시의 다른 어느 사회보다 포용적이고 개방적인 나라가 되었다. 완전한 형태는 아니지만 사유, 자유, 경쟁 그리고 변화와 혁신이라는 경제발전의 원동력이 가장 진전된 형태로 힘을 발휘할 수 있게 해준 정치와 경제제도의 변화가 선행되었기에 영국이 가장 먼저 산업혁명의 길로 나설 수 있었던 것이다(이 단계에서 우리는 왜 영국에서는 발전친화적인 제도변화가 있었는데 다른 나라에서는 그렇지 않았는가라고 질문할 수 있다. 그 답은 아직 아무도 잘 모른다가 된다).

5.1.4 산업화의 부정적인 측면 대두

영국에서 시작된 제1차 산업혁명의 불길이 당시로서는 신흥국가인 미국으로 옮겨 붙은 것은 19세기에 들어와서이다. 1776년에 독립을 쟁취한 미국은 국가운영의 기본 틀을 세우는 데 약 4반세기를 보낸 후 19세기에 들어오면서부터 본격적인 경제성장의 길로 접어들었다. 경제발전 초기에는 농업과 목축업이 가장 중요한 산업이었는데 이는 끝없이 펼쳐진 비옥한 땅이 있었기에 가능한 일이었다. 그러나 농업과 목축업은 이내 제조업과 서비스업에 주력 산업으로서의 위상을 넘겨주게 되었다.

미국 제조업의 효시는 뉴잉글랜드를 중심으로 한 천연섬유산업이었다. 이는 식민지 모국이던 영국의 영향을 받은 것이다. 그러나 얼마 되지 않아서 농기구산업, 비료와 농약 산업, 운송업, 금융업, 식·음료업 등이 발흥하기 시작했으며, 원거리 이동수단인 철도산업이 매우 빠른 속도로 성장하였다. 다수의 수력 및 화력 발전소가 세워졌으며 경제규모 팽창에 따른 주택 및 업무용 건물에 대한 수요가 크게 늘게 되자 건설업이 붐을 이루기 시작하였다. 19세기 후반부에 들어와서는 그때까지 꾸준하게 성장하고 있던 생필품을 만드는 경공업에 더해서 석유, 철강, 화학, 전기, 통신, 운송 등 소위 기간산업이 매우 빠른 속도로 성장하였다. 금융, 의료, 교육, 법률, 유통, 오락과 문화 등 서비스산업 역시 경제발전이 가져온 소득증대 효과에 힘입어 빠르게 성장하였다.

경제력 팽창의 과정에서 수많은 백만장자가 탄생하였다. 자본가의 시대가 열린 것이다. 이들 자본가 중에서 일부는 천문학적인 규모로 사업영역을 확장하는 데 성공해서 초대부호로 성장하였다. 그들 중 일부는 수단과 방법을 가리지 않고 돈을 모으는 데 혈안이 된 자들도 있었다. 시장지배력과 자금력을 이용한 영업편취, 폭력을 동원한 경쟁자 쫓아내기, 금융독점, 정경유착과 부정부패 등 비합법적이며 비윤리적인 방식을 동원해서 초대부호가 된 자들이다.[8]

거대 자본가의 횡포를 그대로 두고서는 건실한 경제발전을 기대하기가 어렵다. 불법적이며 비윤리적인 행동을 규제해야 할 필요성 외에도 그들의 힘이 무소불위로 커지면 다수의 일반 시민들이 수세기에 걸친 투쟁으로 획득한 경제적 자유를 잃고 다시금 노예나 머슴의 처지로 전락할 위험이 있기 때문이다. 더욱이 법을 어겨가면서 모은 돈으로 썩은 정치가들을 매수하는 데 성공하면 정경유착을 통해서 소수가 다수를 지배하는 사회로 회귀할 가능성이 높아진 것이다. 그러므로 경제력 독점을 적절하게 규제함으로써 자유사회가 노예사회로 퇴행하는 것을 방지할 필요가 생겼다.

규율되지 않은 자본주의의 문제점을 통렬하게 비판하면서 노동자·농민이

8 비합법적이며 비윤리적인 방법으로 거부를 걸머쥔 사람들을 'robber barons'라고 부른다. 밴더빌트, 카네기, 록펠러, 모건 등이 그런 사람이라고 비판받고 있으나 이는 사실과 다르다는 주장도 많다.

힘을 모아서 자본주의를 타도해야 한다는 마르크스의 주장이 빠른 속도로 확산된 것은 거대 자본가들의 횡포가 도를 넘었기 때문이었다. 자본주의 발전 초기 단계에서는 노동자·농민들이 도시의 상공업자 및 기업가들에 비해서 상당히 불리한 처지에 놓여 있었다. 농림어업이 제조업의 성장속도를 따라 갈 수 없었으며, 농촌에서 이주한 저임금 노동자의 공급이 넘쳐났으므로 제조업에 고용된 노동자들의 임금상승 속도도 높지 않았다. 그들이 불만세력으로 등장하게 된 것은 빠른 속도로 확대되던 경제력 불평등의 당연한 귀결이었다. 그러나 영국이나 미국이 마르크스 사상을 받아들이기에는 자본주의 시장경제의 전통이 이미 깊이 뿌리를 내렸다. 영미 사회가 선택한 방안은 자본주의를 공산주의로 대체하는 것이 아니라 자본주의의 문제점을 시정하는 것이었다. 그 방안은 거대 자본가들의 경제력 남용과 오용을 규율하는 법률을 제정해서 시행하는 것이었다.

경제력의 오용과 남용을 규율하는 일은 경제발전의 원동력인 사유, 자유, 경쟁 그리고 변화와 혁신의 힘이 정상적으로 작동하게 만드는 데 도움이 되는 조치이다. 이러한 사실은 경제력 오용과 남용의 주체가 기업 또는 기업가일 때만 적용되는 원리가 아니다. 노동자 단체나 소비자 단체는 물론이거니와 외국 기업과 정부와 공공기관 등에게도 동일하게 적용되어야 하는 원칙이다. 즉, 누가 되었든 경제력을 남용하고 오용하는 자를 규율함이 마땅하다. 우리는 흔히 대기업 또는 거대자본에 의한 경제력 남용과 오용에 대해서 비판하지만 노동조합, 직능단체, 관료, 정치인, 시민단체, 언론기관 등이 자행하는 힘의 남용과 오용 역시 경계해야 한다. 우리나라처럼 정부의 힘이 막강한 곳에서는 정부의 행정력 남용과 오용이나 공공기관의 횡포는 더 문제시된다. 무엇보다도 경계해야 할 것은 위에서 언급한 하나 이상의 조직들이 연대해서 힘을 발휘하는 데서 오는 폐해다. 거대자본과 정치인 또는 관료가 결탁하는 정경유착이 그 대표적인 사례가 된다. 정치인이 노동조합이나 시민단체와 연대해서 무소불위의 힘을 쓰는 것도 경계해야 한다. 규제하는 자와 규제받는 자가 암암리에 결탁하는 것은 더 문제가 된다.

5.1.5 정부의 시대

왕권신수설(王權神授說)에 의거해서 소수가 다수를 다스리는 군주제가 주권재민의 원칙에 따라서 다수가 스스로를 다스리는 민주제로 개편되자, 많은 사람들은 비로소 민중이 주인이 되는 세상이 도래했다며 반가워했다. 그러나 다수가 스스로를 다스린다는 것은 현실성이 적은 이상에 불과하였다. 민주주의 정치제도 역시 이내 소수의 엘리트들이 다수의 일반국민을 다스리는 시스템으로 변질되었다. 일반 국민에게서 주권을 위임받은 정치가들과 그들을 도와서 정책을 입안하고 집행하는 고위 관료가 새로운 지배계층으로 대두된 것이다. 거기에 언론인과 법조인 및 지식인 등 소위 사회 지도층과 거대 자본을 소유한 대기업 집단이 합세하게 되자 지배세력의 힘은 매우 막강해졌다. 한 가지 다행스러운 일은 새로운 지배계층을 형성한 집단들 역시 자기이익을 추구하는 인간본성을 벗지 못했다는 사실이다. 그것이 종종 그들 사이에서 이해충돌을 가져왔고 그로 인해서 그들이 결탁해서 독재로 흐르거나 또 다른 노예사회를 만드는 일을 어렵게 만들었다.

민주주의 시대에 나라를 이끄는 엘리트들의 성향을 보면 좌파와 우파, 진보주의자와 보수주의자, 시장주의자와 개입주의자 등 매우 다양한 스펙트럼을 관찰할 수 있다. 처음에는 자유주의적인 시장주의자들이 우세한 것 같았지만 좌파와 진보주의자와 개입주의자가 엘리트층의 주류로 등장하는 데는 오랜 시간이 걸리지 않았다. 우파성향의 자유주의 시장주의자들은 태생적으로 개인주의에 경도되었기 때문에 집단행동에는 매우 서투르다. 반면에 좌파성향의 진보적 개입주의자들은 태생부터 집단의 힘을 인지하고 있었기에 언론계와 학계를 장악하면서 그들의 영향력을 키우는 데 성공하였다.

개입을 중시하는 좌파성향의 진보주의자들에게는 정부가 지닌 막대한 힘을 그들의 이상을 실현하는 데 사용할 수 있다는 것이 큰 매력으로 다가왔다. 그들은 평등을 최고의 가치로 여겼으며 사회구성원 모두가 평등하게 사는 사회를 만들자는 구호를 내세웠다. 이를 경제적인 측면에서 이해하자면, 빈자도 없고 부자도 없는 그래서 모든 이가 평등한 세상을 만들자는 주장이다. 만민평등이 그들의 꿈이자 이상이다. 개인의 자유로운 선택을 중요시하는 시장에 맡겨두면 반드시 빈자와 부자가 생기게 마련이므로, 처음부터 아예 사회주의에 기초해서 경제를 운용하든지 그게 아니면 차선책으로 시장에 의존하는 운영방식을 채택하되 그로 인해 발생하는 결과의 차이를 인위적으로 조정하자는 게 그들의 주장이다. 그러한 꿈을 이루는 한 방안은 공권력의 상징인 정부가 부자의 것을 가져다 빈자에게 나누어주는 재분배정책을 사용하는 것이다. 가진 자가 자발적으로 나눌 것을 내놓기도 하겠지만 충분하지는 않을 것이므로, 정부가 조세권을 동원해서 강제로 나누는 것이 평등한 사회를 만드는 데 효과적이라는 주장이다.

진보주의자들의 주장이 힘을 얻은 데는 전 항에서 살펴본 거대 자본가들의 일탈 현상이 일조했다. '돈 많은 자들의 끝없는 욕심'에 분노한 군중들이 많았으므로 빈자들이 부자들의 것을 나누어 갖는 것이 나쁜 일이 아니라는 진보주의자들의 주장이 많은 수의 동조자를 얻을 수 있었다.

개입을 중시하는 좌파성향의 진보주의자들이 득세하기 시작한 20세기 중반 이래 미국의 재정지출규모가 어떻게 변화해왔는가 살펴보면 흥미로운 사실을 알 수 있다. 대공황 이전에는 국민총생산의 약 10%를 차지했던 정부지출이 지금은 38%로 확대되었다. 이 기간 중에도 연평균 1.8%씩 1인당소득이 증가했으므로 GDP에서 차지하는 정부지출비중이 10%에서 38%로 확대되었다는 것은, 정부지출이 소득이 증가한 것보다 더 빠른 속도로 증가해왔음을 뜻한다. 대공황을 치유할 목적으로 채택한 뉴딜정책과 경제적 낙오자들을 돕는 일이 국가의 책무라는 복지국가론이 대두된 게 미국에서 정부의 역할이 강화되기 시작한 단초다. 미국의 재정지출 가운데 절반 정도가 복리후생을 위한 사회지출인 데서 진보주의자들이 정부를 '포획'하여 재분배를 통한 평등사회구현이라는 이상을 구현하기 위해 노력해 온 족적을 찾아볼 수 있다.

제2차 세계대전과 한국전쟁 그리고 베트남전쟁을 치르면서 이루어진 대폭적인 군비확장은 미국에서 정부의 역할을 더욱 강화시켰다. 전후 냉전체제하에서 미국이 자유진영을 수호하는 역할을 자임하게 되자 국방, 외교, 통상 분야에서 정부가 할 일이 많아졌던 것이다. 1960년대에는 '위대한 사회 건설'을 기치로 하는 복지 프로그램의 확장이 정부의 힘을 더욱 강화시켰다. 이러한 추세는 2000년대에 이르기까지 소련과의 군비경쟁, 중동·아프리카·중남미 지역에서의 연이은 분쟁에 대한 개입 등을 거치면서 지속되었다.

미국 본토에 대한 최초의 공격인 9.11 사태를 겪은 이후 자유를 최상의 가치로 여기던 관용과 포용의 나라 미국에 커다란 변화의 물결이 일기 시작하였다. 2001년에 제정된 「미국 애국법」(USA Patriot Act)을 효시로 정부가 시민을 감시하고 통제하는 것을 정당화하는 일련의 조치들이 취해졌다. 개인의 자유보다는 국가안보가 더 중요해진 것이다. 사실 국가안위에 해가 되는 일을 단속하지 않는 나라는 이 세상 어디에도 없을 것이다. 이런 면에서 보면 미국의 태도 변화는 그동안 지나칠 정도로 널리 자유를 허용하던 예외적인 상황을 정상으로 되돌려 놓은 것으로 이해할 수도 있다.

2008년의 금융위기 역시 정부의 역할을 증대시키는 결과를 낳았다. 빌린 돈을 갚을 길이 없어 신용불량자로 내몰릴 처지에 놓인 무수히 많은 개인들과 그들에게 돈을 물린 금융기관들 그리고 그들과 거래하던 다른 금융기관 및 기업들이 연쇄 도산할 위험에 직면하자 정부가 구원 투수로 나설 수밖에 없게 되었다. 징세권과 발권력을 지닌 정부가 최종대부자가 된 것이다. 이는 정부가 수많은 민간기업의 주주 또는 채권자가 되는 결과를 낳았다. 그러나 그러한 상황은 경제가 위기를 벗어나면서 정부가 보유하던 민간기업의 채권과 주식을 매각함에 따라서 비교적 조기에 종료될 수 있었다.

이상에서 살펴본 바를 되돌아보면, 시장경제가 가장 잘 발달되었다는 미국에서조차, 정부가 경제에서 차지하는 비중이 지속적으로 증가해왔으며 앞으로도 그러한 추세가 수그러들 기세를 보이지 않는다는 사실을 알 수 있다. 이러한 변화는 발전의 궁극적인 원동력인 사유, 자유, 경쟁 그리고 변화와 혁신의 힘을 약화시킬 가능성이 높다. 그리되면 과거 200여 년에 걸쳐서 연평균 1.8%의 1인당소득 증가율을 기록했던 미국의 장기성장률이 연 1.8% 이하로

낮아질 수 있다.[9]

정부 또는 공공부문의 팽창을 소유권의 관점에서 보면 공공부문이 담당하는 역할이 클수록 국부의 더 큰 부분이 개인의 손을 떠나서 공유의 영역으로 이전되고 있음을 의미한다. 이런 시각에서 보면 미국의 경우 18세기에서 1920년대까지는 사유의 영역이 확대된 시기였음에 반해 1930년대부터는 공유의 영역이 지속적으로 확대되어 온 시기라고 규정할 수 있다.

5.1.6 지식과 정보의 시대

21세기는 지식과 정보가 다른 어느 것보다도 중요한 자산이 되는 시대이다. 이는 개인의 인지 및 판단 능력 향상과 관련되는 것이기는 하지만 지식과 정보는 그것을 지닌 사람 모두의 능력을 향상시켜 준다는 점에서 건강과 교육훈련 등 개인에게 귀속되는 인적자본과 구별된다. 지식과 정보는 누구나 이용할 수 있으며 누가 그것을 사용한다고 해서 다른 사람이 쓸 수 있는 양이 줄어들지도 않는다. 비배제성과 비경합성이라는 특징을 지니므로 지식과 정보는 공공재라고 할 수 있다. 그러나 지식이나 정보를 저장하고 이동하며 재생하는 도구는 배제적이고 경합적인 경우가 많다.

발전의 원동력인 사유, 자유, 경쟁, 변화와 혁신에 대하여 지식정보시대가 새로운 문제를 제기한다. 지식과 정보는 일단 공개되면 어느 개인의 전유물이 될 수 없다. 즉, 사유가 불가능하다. 사실 공표된 지식과 정보는 공공재이므로 누구이건 자유롭게 이용할 수 있어야 한다. 그러나 배타적인 소유권을 부여하기가 어려우므로 지식과 정보에 대한 대가를 받기가 어렵다. 그래서 사회적으로 바람직한 수준만큼 지식과 정보가 생성되고 제공되지 못할 가능성이 크다. 공익성을 띤 국제기구, 정부, 공공기관, 학교, 연구소 등에서 생산한 지식과 정보를 무료 또는 매우 저렴한 가격에 이용할 수 있게 하는 것은 공공의 자금을 들여서 생성한 정보이므로 누구나 쉽게 이용할 수 있게 하려는 것이다.

---

9 이러한 일련의 변화에도 불구하고 미국 경제가, 장기적인 관점으로 볼 때, 순항 중인 것은 미국경제가 그만큼 강한 회복력(resilience)을 지니고 있는 증거라 하겠다.

지식과 정보가 지닌 공공재로서의 특징 때문에 지식정보시대에는 기술발전의 측면에서 볼 때 사유보다는 공유의 비중이 커질 전망이다. 이렇게 사유의 영역이 축소될 때 그것이 경제활동에 대해 어떻게 영향을 미칠 것인지 면밀하게 검토해 볼 필요가 있다. 발전의 원동력인 사유의 힘이 약화되어 지식과 정보의 창출 속도가 떨어질 수도 있지만 반대로 유용한 지식과 정보를 활용하기 기 쉬워져서 새로운 지식과 정보를 창출하기가 용이해질 수도 있다. 전자의 힘이 강하면 경제성장 속도가 낮아질 것이고 후자의 힘이 강하면 경제활동이 더 활발해질 수도 있다.

이러한 문제를 해결하기 위해서 고안된 하나의 방안이, 지식과 정보를 창출하는 활동을 공공자금으로 지원하거나 사적인 노력을 통해 창출한 지식과 정보에 한시적인 재산권을 부여하는 것이다. 지식과 정보의 창출이 가장 활발한 미국의 경우를 보면 공공 자금으로 지식과 정보의 창출을 지원하고 그 결과물을 널리 공유하는 방식이 경제발전에 도움을 준 것으로 판단된다. 지식과 정보를 창출하는 행위에 대해서는 소유권을 부여함으로써 창조 활동을 장려하되, 그렇게 해서 창출된 지식과 정보를 공공 자금으로 구입해서 국민들에게 거의 무상으로 제공함으로써 유용한 지식과 정보가 널리 쓰이도록 한 것이다.

지식과 정보의 시대에는 경제활동의 자유가 종전보다 확대되고 그 내용도 충실해질 가능성이 크다. 새로운 지식과 정보로 무장한 시민들이 타인에게 부당하게 예속당하는 것을 거부하기가 쉬워지기 때문에 그렇다. 자유를 속박하려는 자가 누구이든 그것이 규범에 어긋나는 것이면 사법절차를 밟아서 속박된 자유를 회복하게 되는데 지식정보사회에서는 사법서비스를 이용하기가 전보다 용이해진다. 정부나 공공기관 또는 기업인이 부당하게 자유를 구속하려 들더라도 감독관청에 민원을 제기하기가 용이해지고 고객서비스 담당자에게 기업의 부당한 처사를 알려 시정받기가 쉬워지는 것이다. 그러나 소수가 다수를 지배하는 것을 정당화하는 정치제도와 경제제도를 가진 국가에서는 지식정보시대가 되더라도 자유가 속박당하기 쉽다. 국가나 공공기관 또는 그들과 결탁한 기업들이 경제적 자유가 침해당해 억울함을 호소하는 사람들의 목소리를 무시할 수 있기 때문이다.

지식과 정보를 용이하게 활용할 수 있게 되면 각종 거래비용이 낮아진다는 사실에서 지식정보사회에서는 경제주체들 간의 경쟁이 더 치열해질 것임을 유추할 수 있다. 거래비용이 낮아지면 기존 시장이나 신규 시장에 진입하기가 용이해진다. 관계 기관이 요구하는 조건을 충족하기가 전보다 쉬워지므로 사업을 개시하는 데 소요되는 비용이 줄어들고, 기존 사업자가 시장 진입을 방해하더라도 그것을 대중에게 노출시키기가 쉬워진다. 관계 당국에 기존 사업자의 부당행위에 대해 이의를 제기하기가 용이해지며 당국자들이 기존 사업자들에게 포획당하는 빈도도 줄어들 것이다. 그러나 지식과 정보에 접근하기가 어려운 사람들과 손안에 지식과 정보를 갖고서도 그것을 제대로 활용할 줄 모르는 사람은 경쟁에서 도태되기 쉽다.

지식정보사회에서는 변화와 혁신이 더 자주 일어나게 될 것이다. 지식과 정보는 국경을 초월해서 통용된다. 지식과 정보의 전파속도가 상대적으로 느리던 산업시대와 달리 21세기 지식정보시대에는 새로운 지식과 정보가 순식간에 전 세계로 전파된다. 그 결과 지금까지 우리가 해오던 방식이 시대에 뒤떨어진 것임을 자각하기가 쉬워진다. 남들이 하는 것을 보면 내가 지금 하고 있는 일이 얼마나 구식인 줄 금방 알 수 있게 되는 것이다. 이는 변화와 혁신하려는 의지를 일깨운다. 그뿐만이 아니라 지식정보시대에는 나보다 더 잘하는 사람이 내가 현재 하고 있는 일의 영역으로 진입하는 게 아주 쉬워진다. 인터넷으로 연결된 세상에서는 나보다 잘하는 사람이 있으면 고객은 아무런 망설임 없이 두어 번의 스크린 조작으로 그에게로 가버린다. 그러니 항상 남보다 잘하기 위해 변화하고 혁신하지 않을 수 없게 된다. 이처럼 지식정보시대에는 변화하고 혁신하려는 욕구와 그렇게 해야 할 필요가 강하므로 산업시대보다 더 빈번하게 변화와 혁신이 이루어진다.

인생사의 모든 일이 그렇듯이 지식정보사회가 된다는 게 우리에게 축복만은 아니다. 가장 크게 우려되는 문제는 지식정보사회가 되면서 조지 오웰이 예견했던 것과 같은 빅브라더가 등장하는 것이다. 오늘날에는 우리가 행하는 모든 행동이 누군가에 의해서 기록되어지는 시대를 살고 있다. 우리가 누구를 만나고, 어디를 가고, 무엇을 사고, 누구와 어떤 대화나 편지를 나누고, 어떤 글을 쓰고, 어떤 차를 갖고 있고, 어떤 곳에서 살며, 어떤 금융거래를 하는지, 세금을 얼마나 내는지 등 우리의 일거수일투족이 모두 기록된다. 개인만 그런 것이 아니라 단체나, 학교나, 상점이나, 회사나, 기업이나, 정부를 막론하고 그들에 관한 매우 다양한 정보가 누구인가에 의해 그리고 어느 곳인가에 고스란히 수집되어 저장된다.

생체인식기술이 더 발달하면 우리의 외면적인 행동뿐만 아니라 우리의 육신과 정신과 마음과 영혼의 상태까지도 기록되는 시대가 전개될 것이다. 그런 시대가 되면 더 이상 개인으로서의 내가 존재하지 못할지도 모른다. 우리들에 관한 정보를 모두 갖고 있는 그 누군가가, 그것이 중앙정부일 수도 있고, 정부가 운영하는 정보기구일 수도 있으며, 구글 같은 민간회사일 수도 있고 또는 범죄조직일 수도 있다, 우리들을 통제하고 조종하려 든다면 정말로 심각한 상황이 전개된다. 그런 상황이 전개되면 자유도 경쟁도 그리고 사유도 다 사라지고 우리들 모두가 빅브라더의 노리개로 전락할지도 모른다.

위에서 살펴본 바와 같이 지식정보사회가 되면 사유의 영역은 줄어들 가능성이 크지만 자유의 영역은 확대될 가능성이 크고 경쟁의 힘도 강화될 것으로 보인다. 자유와 경쟁의 영역이 확대됨에 따라서 발전의 또 다른 힘인 변화와 혁신 역시 더 활발하게 전개될 것이다. 경쟁이 치열해지고 누구이건 시장에 진입할 자유가 확대되면 변화하고 혁신하지 않는 자는 도태될 가능성이 커지기 때문이다.

지식정보사회가 진행되면 사유의 영역이 축소될 가능성이 있는데 그로 인한 위험을 줄이는 하나의 방안은 공공재인 지식과 정보를 창출하는 데 소요되는 비용을 공공자금으로 지원하고 그렇게 해서 창출된 새로운 지식과 정보를 무상으로 제공함으로써 누구나 손쉽게 그것을 활용할 수 있게 하는 것이다. 한편 크게 확대될 자유와 경쟁의 힘이 제대로 작동하게 하려면 지식과 정보를 독점하거나 오용하고 남용하는 일을 방지해야 한다.

5.2 소유권의 연원

대한민국 국민인 우리들은 개인이 재산을 소유하는 일을 당연시한다. 주거용 혹은 투자용으로 토지와 주택 또는 건물을 소유하며, 주주로서 부분적이나마 회사를 소유하고, 각종 지적재산권을 소유하며, 수많은 종류의 금융자산을 소유하는 일이 보편화되어 있다. 이는 대한민국 헌법이 재산의 사적 소유를 보장하고 있기에 가능한 일이다. 지구상의 모든 나라가 재산의 사적 소유를 허용하는 것은 아니다. 또한 재산의 사적 소유를 허용하더라도 모든 것이 사적 소유의 대상이 되는 것은 아니다. 재산의 사적 소유를 허용한 나라에서도 국가나 공공기관이 소유한 재산이 상당히 많다.

보통 사람이 재산을 소유하게 된 것이 언제부터일까? 이제부터 이 문제에 관해 살펴보기로 하자.

5.2.1 수렵채취사회: 단일 계층의 공유사회

소유제도의 가장 원초적인 형태는 공동소유 즉, 공유제이다. 인간을 사회적 동물이라고 부르지만 사회라고 해도 초기에는 많아야 수십 명으로 이루어진 무리사회가 고작이었다. 그들은 아주 가까운 혈연으로 맺어졌으며 단일 언어를 사용하고 사냥감과 채취할 것을 찾아 떠도는 유목민이었다. 이 시기에는 수렵과 채취가 생산활동의 전부였다. 수렵채취의 대상이 되는 산이나 강이나 호수는 누구의 소유물도 아니며 구태여 따지자면 무리의 공동소유였다. 노동의 분화가 이루어지지 않았으며 공동으로 일하고 균등하게 나누는 사회였다. 교환은 매우 제한적으로 이루어졌으며 이에는 호혜의 원리가 적용되었다. 노약자나 불구자에 대한 보호는 무리 전체의 책임이었으며 구성원 전원이 참석하는 광장의 토론을 통해서 문제를 해결했다. 지도자나 관료가 따로 없었으며 지도자가 있더라도 세습제가 아니었고 남들과 다른 특별대우를 받은 것도 아니다. 후대에서 관찰되는 것과 같은 엘리트와 기층민으로의 계층 분화도 없었으며 종교의 지배가 강하지도 않았다. 이렇다 할 사치품이나 공공 건축물도 없었고 고유한 문자를 지닌 경우도 드물었다.

사유재산이 없었으므로 자식에게 남겨 줄 것도 없고, 수렵채취의 대상이 되는 자원이 고갈되면 다른 곳으로 이동해야 했으므로 무리 전체가 다음 세대에 넘겨줄 것도 별로 없었다. 공동노동·균등분배가 이루어지는 가운데 모두가 가난하지만 비교적 평온하게 살던 시대였다. 이 시기에는 오늘날 우리가 아는 바와 같은 경제발전은 이루어지지 않았다. 다만 여건이 좋아지면 공동체의 구성원 수가 늘어났다. 인류사회는 이러한 수렵채취의 시대를 거의 19만 년에 걸쳐서 살아왔다.[10]

5.2.2 농경목축사회: 지배 계급의 등장과 재산의 독점화

5.2.2.1 추장사회[11]

인류가 무리사회를 지나고 부족사회를 거쳐 추장사회로 접어들면서부터 계층분화가 일어나기 시작했다. 추장사회는 단일 민족의 수천 명으로 구성되었으며 한 개 또는 몇 개의 촌락에서 정주하는 사회였다. 정치는 중앙집권적으로 이루어졌으며 추장은 세습제였고 추장과 그를 보좌하는 한두 개의 상위 계층이 평민을 다스렸다. 본격적인 식량생산과 가축의 사육이 시작되었으며 평민들이 생산한 것의 대부분을 추장과 지배 계층이 공물로 거두어 갔다. 궁전이나 신전과 같은 공공 건축물이 등장하기 시작했으며 관개시설이 축조되었다.

평민들이 생산을 담당했으며 추장과 그를 보좌하는 상위 계층민은 정치와 사법 업무들을 담당했다. 군대가 등장하기 시작하였으며 무기를 만드는 장인

10 수렵채취시대에도 자연자원이 풍부했던 지역에서는 한곳에 정착해서 사는 무리가 발생하기도 하였다. 인류학자들에 의하면 1만 년 전까지는 대부분의 인류가 무리사회에서 살았다고 한다. 다이아몬드(1997, 김진준 옮김) 389쪽 참조.

11 군장사회라고 부를 수도 있다.

들도 생겨났다. 즉, 노동의 분화가 이루어지기 시작하였다. 농경목축을 통해서 생산성이 크게 향상되었으나 생산을 담당했던 평민들에게는 생계유지에 필요한 정도만 주고 나머지는 지배 계층의 몫이 되었다.

모든 재산은 추장의 것이었으며 나머지 구성원은 무산자였다.[12] 경제적인 관점에서 보면 추장사회는 추장이 그를 보좌하는 관료들의 도움을 받아서 다수의 평민을 노예로 부리는 노예사회라고 할 수 있다. 생산은 기층민들의 공동노동을 통해 이루어졌으며 추장이 정해 준 것 이상의 생산물은 모두 추장에게 공물로 바쳐졌다. 추장은 공물로 받은 것에서 일부를 그를 보조하는 자들에게 '봉록'으로 나누어 주고 나머지는 자기가 사용하였다.

추장사회로 진입하면서 원시적인 형태로나마 부의 축적이 이루어지기 시작하였다. 그러나 지속적인 경제발전은 이루어지지 않았다. 정주생활을 시작하면서 출산율이 높아져서 인구가 수렵채취시대보다 더 빠른 속도로 늘어났기 때문이다. 농경목축시대가 되면서 기층민들의 삶은 수렵채취시대의 그것보다 크게 나아진 것이 없었다. 오히려 노동의 양은 그때보다 더 늘어났다. 수렵채취시대에는 여건이 좋을 때 하루 몇 시간만 일하고 즐기면서 살던 사람들이 이제는 적어도 농번기 동안에는 새벽부터 저녁 늦게까지 들판에서 땀흘려 일해야 먹고살게 된 것이다. 농민들은 농한기가 아니면 제대로 쉬기도 어려웠다.

추장사회는 어떻게 형성된 것일까? 아마도 그 전신인 부족의 구성원 수가 늘어나면서 모두가 참여하는 광장의 토론을 통해서 공동체의 문제를 해결하기가 어려워진 것이 계기가 된 듯하다. 구성원 중에서 힘이 세거나 지혜가 남다른 몇몇을 뽑아서 공동체의 관리를 맡기는 게 모두가 중구난방으로 떠드는 통에 '배가 산으로 가는' 결과를 가져오는 것보다 나음을 알게 된 것으로 보인다. 이러한 집단 지도체제는 이내 단일 지도체제로 진화하였다. 지배층 내에서 이견이 생겼을 때 그것을 조정하고 해결한 것은 그중에서 어떤 면에서든

12 추장의 친인척과 고위관리들에게 재산을 나누어주기도 하였으나 그러한 재산이 항상 세습된 것은 아니다.

남들보다 뛰어난 한 사람이었다. 그가 단일의 지도자로 부상한 것은 당시의 상황으로서는 아주 자연스러운 현상이었던 것으로 판단된다.

부족은 소수의 씨족 집단이 모인 수백 명 규모의 사회였는데 여러 씨족 중에서 가장 강한 씨족의 우두머리가 부족장이 되었을 가능성이 높다. 몇 개의 부족사회가 연합해서 만든 추장사회는 그 구성원 수가 수천 명에 달했다. 이 시기에 관한 다이아몬드(1997)의 다음과 같은 서술이 인상적이다. "대부분의 사람들이 혈연이나 혼인으로 맺어진 가까운 관계가 아니었으며 서로 이름을 알지도 못했다. … 사람들은 역사상 처음으로 낯선 사람들과 자주 만나면서도 서로 죽이지 않는 법을 배워야 했다. 이 문제에 대한 한 가지 해결책은 어느 한 사람 즉, 추장이 무력을 사용할 수 있는 권리를 독점하는 것이었다."[13]

추장이 세습적 권력을 독점하기 위해 사용한 방법은 매우 다양하다. 자기를 호위하는 무사들을 양성하고, 공물로 바쳐진 자원을 대중이 좋아하는 일에 사용하고, 독점화된 무력을 사용해서 공동체의 평화와 질서를 유지하고, 추장을 신격화하는 이데올로기와 신화를 만들고 종교를 이용하였다. 대부분의 추장 그리고 곧이어 등장하는 왕들은 하늘이 낸 사람 곧 신의 자식이라고 묘사된다. 이를 통해서 기층민들은 추장이나 군왕이 모든 재산을 소유하고 평민을 다스리는 것이 당연하다는 관념을 갖게 되었다. 추장사회가 되면서부터 인류는 평등사회에서 불평등사회로 진입하게 되었다.

5.2.2.2 국가독점의 시대

지구상에는 약 6,000년 전부터 국가가 등장하기 시작했다. 메소포타미아 지역에 국가가 출현한 것은 기원전 3,700년경이며 동북아시아, 안데스, 동남아시아 지역에서는 지금부터 2,000~2,500년 전 즈음부터 국가가 출현하기 시작했다.[14]

---

13 다이아몬드(1997, 김진준 옮김) 395쪽.

14 한반도에 국가가 출현한 것도 기록에 의하면 이 시기이다. 그러나 문헌상의 기록이 없을 뿐 그보다 훨씬 전인 기원전 2,333년에 단군왕검이 고조선을 개국했다고 한다.

5.2.2.2.1 전제군주국가

처음 등장한 이래 지금부터 300여 년 전까지 대부분의 국가는 모두 전제군주국가였다.[15] 전제군주가 권력과 재산을 독점하는 시대가 수천 년간 유지된 것이다. 전제군주국가는 매우 강력한 계급사회다. 왕과 그 가족이 최상층을 형성하고 그 아래 여러 계층의 관료가 왕을 보좌하며 절대 다수의 기층민들이 생산을 담당했다. 구성원 중 소수인 왕과 관료들이 지배계층을 이루고 절대 다수의 민중이 피지배계층을 이루었다. 피지배계층은 왕이 소유한 토지나 왕이 관리들에게 하사한 땅에서 농사를 짓고 거두어들인 작물의 많은 몫을 세금의 형태로 국가에 바쳐야 했다.

이름만 공물에서 조세로 바뀌었을 뿐 피땀 흘려 일해서 얻은 소출을 지배계층에게 바쳐야 한다는 점은 추장사회나 다름없었다. 경제적인 관점에서 보면 전제군주국가 역시 노예경제라고 볼 수 있다. 평민은 군왕의 노예이고 고위관리의 노예이며 시대에 따라서는 종교기관의 노예였던 것이다. 조선시대에는 사립 교육기관인 서원의 노예로 살아가야 하는 농민도 많았다.

전제군주국가는 노예경제사회였기에 군왕과 고위 관료 등 지배계층은 매우 부유하게 살았으나 기층민들은 겨우 생계를 유지하는 수준의 삶을 살 수밖에 없었다. 농업이 산업의 대종을 이루었으며 경작지가 늘어나거나 농업기술이 발달하면 일시적이나마 삶의 질이 나아졌지만 곧 인구가 증가하면서 생활수준은 원래의 상태로 회귀하였다. 이 시기에 경제가 지속적으로 발전했다는 증거는 없다.[16] 잉여농산물은 왕궁이나 성벽을 축조하는 데 쓰이는 한편 왕과 귀족들의 호사스러운 삶을 지탱하는 데 쓰였다. 정복욕이 강한 군왕이 통치하던 나라나 외적의 침입을 자주 받은 국가들은 상비군을 유지하는 데에도 기층민들로부터 거둔 세금을 많이 써야 했다.

전제군주국가의 기층민들은 추장사회의 구성원들보다 더 강한 정도로 군

15 직접민주주의를 실천했던 그리스와 공화정을 펼쳤던 초기의 로마는 예외로 볼 수 있다.

16 조선 말기의 생활수준이 조선 초기의 생활수준보다 열악해졌다는 증거를 빈번하게 일어난 농민봉기에서 엿볼 수 있다.

왕에게 복종하였다. 군왕은 하늘이 낸 거룩한 존재이므로 그에게 복종하는 게 당연하고 군왕의 땅을 갈아먹고 살아가니 그저 '성은이 망극'할 따름이라고 생각했다. 다스릴 민중의 숫자가 크게 늘어나자 전제군주국가의 폭력성이 더욱 강화되었으며 종교나 지배적인 이념의 역할이 더욱 중요해졌다.

5.2.2.2.2 독재국가와 사회주의 국가

외형적으로는 전제군주제가 철폐되었으나 실질에서는 전제군주와 다름없는 절대자가 통치하는 현대판 독재국가에서도 극소수의 상류층이 국가의 생산수단을 모두 지배하고 절대 다수의 민중은 무산자로서 살아가야 한다. 이름만 바뀌었을 뿐 전제군주제와 다를 바가 없고 경제적인 측면에서도 노예경제인 점이 동일하다. 무바라크가 지배하던 이집트와 카다피가 군림하던 리비아는 모두 노예경제체제를 갖고 있었다. 무바라크나 카다피의 가족 그리고 그를 보좌하는 소수의 엘리트를 제외하면 대부분의 기층민들은 그들에게 봉사해야 하는 노예처럼 살아야 했다.

마오쩌둥 치하의 중국, 카스트로가 군림하던 쿠바, 구 동구권 국가들, 북한 등 사회주의 국가의 경제체제 역시 노예경제와 유사하다. 국가가 모든 것을 소유하고 일반 민중은 아무것도 소유할 수 없으며, 공동으로 노동하고 균등하게 배분한다는 원칙이 유지되었다. 생산·유통·소비 등 경제의 전 순환과정이 원칙적으로는 당국이 세운 계획에 따라서 이루어지도록 되어 있으며 개인이 마음대로 할 수 있는 영역은 극히 제한적이었다. 국가가 지정하는 일터에서 국가가 결정한 방식대로 일해서 생산하고, 생산한 것을 전부 국가에 바친 다음에 국가가 나누어준 것을 갖고 살아야 하는 처지인 기층민의 삶은 노예보다 나을 게 별로 없다.

구성원의 절대 다수가 노예처럼 살아야 하는 전제군주국가나 현대의 독재국가에서는 지속적인 경제발전이 이루어지지 않는다. 경제발전의 원동력인 사유, 자유, 경쟁 그리고 변화와 혁신의 힘이 발휘될 여지가 없기 때문이다. 절대 다수의 민중이 아무것도 소유하지 못하는 노예로 살며, 군왕이나 국가가

시키는 것 외에는 마음대로 할 수 있는 자유가 없고, 모든 것을 군주나 국가가 독점하고 통제하는 사회이니 경쟁의 여지가 없다. 군왕이나 독재자에 대한 저항을 용납할 수 없으니 변화와 혁신을 극도로 억제한다. 민중이 시민의식을 갖고 투쟁하는 것이 두려워서 정보를 독점하고 통제하며 일거수일투족을 감시하고, 군왕이나 독재자가 용인하는 것 이외에는 변화를 수용하지 못하는 사회가 발전하기를 기대할 수는 없다. 전제군주와 독재자가 현재의 상태 또는 기득권을 뒤엎는 행위인 혁신을 억제하는 것은 말할 나위도 없다. 그것을 용인하면 이내 전제군주나 독재자를 타도하자고 덤빌까 두려운 것이다.

5.2.3 근대화와 사유사회의 전개

인류가 보편적인 사유사회로 진화하기 시작한 것은 영국에서 명예혁명이 일어난 후 점차 절대군주의 권력이 제약받기 시작한 이후의 일이다. 왕권이 약화된 것은 경쟁자로부터 권좌를 빼앗기지 않기 위해서 유력한 귀족들의 도움을 받기 시작한 이후의 일이다. 당시만 해도 기층민들은 거의 대부분 국왕이나 귀족이 소유한 영지에 매인 농노로 살아갔다. 그러다가 유럽인의 절반가량을 죽음으로 몰아간 흑사병이 휩쓸고 간 후 농노의 수효가 급감하자 그들의 힘이 상대적으로 강화되었다. 그중의 일부는 영주로부터 토지를 경작할 수 있는 권한을 나누어 받기도 하였다. 자작농 계층이 형성되기 시작한 것이다.[17]

한편 농업생산성을 높일 목적으로 진행된 인클로저 운동으로 인해서 다수의 농민들이 도시로 이주하는 사태가 전개되었다. 그들은 무산자인 도시빈민으로 출발하였으나 누구에게 매이지 않은 자유인이었다. 이들이 도시 생활에 적응하면서 재산을 모으게 되자 자기들의 권리를 지키기 위해 투쟁할 줄 아는 부르주아로 진화했다. 사유재산이 형성되기 시작한 것이다. 그들 중의 상당수는 때마침 활짝 열린 식민지를 대상으로 하는 무역에 종사하면서 큰 돈을 모

17 그러나 합스부르크 왕조가 지배하였던 동유럽 지역에서는 흑사병으로 인한 노동력 감소가 봉건제를 강화시키는 결과를 낳았다.

을 기회를 가졌다. 예나 지금이나 돈의 위력은 대단한 법이어서 이들 신흥 부호들은 재력을 바탕으로 해서 신흥 귀족계급으로 발전해나갔다. 재산을 가진 사람들의 수가 늘어나기 시작한 것이다.

초기에 재산을 소유하게 된 사람들은 왕과 귀족들과의 험난한 투쟁을 거쳐서 재산권을 획득한 자들이다. 이들은 아직 유산계층이 소수인 상황에서 그들이 쟁취한 권리를 보호하려면 유산계층의 숫자를 늘리는 것이 유리하다고 판단했다. 그들이 경제와 정치제도를 보다 더 포용적인 것으로 만들려고 노력한 것은 그런 까닭에서이다. 이를 통해서 영국 사회는 차츰차츰 누구나 재산을 소유할 수 있고 누구나 원하는 것을 할 수 있는 경제체제를 만들어 가기 시작했다. 사유와 경제적 자유가 보편적인 가치로 등장하기 시작한 것이다. 경제적 자유에는 경쟁자가 기존 시장에 진입하는 자유도 포함되므로 경쟁도 점차 강화되기 시작하였다.

영국에서의 사유화는 자생적으로 이루어진 데 비해, 영국의 성공에 충격을 받은 프랑스는 혁명을 통해서, 그리고 독일 등 여타 유럽 국가들은 프랑스 시민혁명의 결과를 이전받아서 사유화가 진전되었다. 미국과 캐나다와 호주와 뉴질랜드는 사유화가 진전된 유럽 국가들의 영향으로 처음부터 사유화가 진전되었으며, 일본은 유럽의 힘에 눌려 개항하면서 사유화의 길로 나갔고, 한국은 일본의 통치를 받으면서 사유화의 영향을 받았으며 1948년 건국 이후 본격적인 사유화의 길로 접어들었다.

대한민국의 사유화 과정에서 한 가지 특기할 것은 건국초기에 실시한 농지개혁이다. 이는 당시에 소수의 대지주와 국가와 지방자치단체가 갖고 있던 농지를 이제까지 농지를 소유해본 적이 없던 농민들에게 상당히 균등하게 나누어 주어서 무산계급을 일거에 유산계급으로 전환시킨 혁명적인 사건이다. 이는 미국이 「자영농지법」(Homestead Act)을 통해서 광대한 토지를 실제로 경작하고 목축하는 다수의 농민들에게 나누어준 것과 같은 성격의 일이다.[18] 우

18 이 법은 링컨 대통령이 재임하던 1862년에 입법화되었다.

리나라의 농지개혁과 미국의 자영농지법 시행은 많은 수의 농민들에게 '평평한 게임의 들판(level playing field)'를 만들어 주었다는 점에서 경제성장에 대해 의미하는 바가 크다.

사유가 허용되자 당연히 경제적 자유에 대한 요구가 뒤따랐으며 경제적 자유의 영역을 확대하게 되자 경쟁이 강화되었다. 이는 사유재산제도를 받아들인 나라에서 사유, 자유, 경쟁이라는 경제발전의 세 원동력이 힘을 발휘할 수 있게 함으로써 경제를 지속적으로 성장·발전시키는 결과를 낳았다. 자유와 경쟁이 강화되면서 변화와 혁신의 물결도 거세지기 시작하였다. 세계 도처에서 경쟁자가 출현하는 상황에서 기득권에 안주하면서 변화하고 혁신하기를 거부하다가 도태된 사람이나 기업이 여기저기에서 나타나기 시작한 것이다.

산업혁명 이후의 경제사를 돌아보면, 사유·자유·경쟁·변화와 혁신이 경제발전의 궁극적인 동력임을 인지하고 그 힘들이 더 잘 작동하도록 나라의 근간을 바로세우는 데 성공한 나라들은 경제발전에 성공하였으나, 경제발전의 궁극적인 동력인 사유·자유·경쟁·변화와 혁신의 중요성을 간과하고 그들이 지닌 힘을 억제해온 나라들은 한결같이 경제발전에 실패하였음을 알 수 있다.

5.2.4 사유사회의 변화 전망

영국에서 1750년경에 발발한 제1차 산업혁명의 불길이 서유럽을 거쳐서 19세기 초에 신대륙으로 옮겨 붙은 후 1860년에 동아시아의 일본에 이르기까지 약 100년이 걸렸다. 그 사이에 전기와 철도 혁명이 시작되었으며 20세기에 들어와서는 전반부에 자동차혁명이 점화되었고 중반부에 잉태된 전자혁명이 불길이 활활 타오른 것은 20세기 후반의 일이며, 20세기를 마감하면서 인류는 정보통신혁명에 돌입하였다. 21세기 초반인 지금 인류는 지식혁명의 시대를 거쳐서 지능정보사회로 이행 중이며 머지않은 장래에 인공지능으로 움직이는 자동화의 시대가 전개될 것으로 보인다.

1750년경만 하더라도 지금의 화폐가치로 계산해서 약 1,000달러의 1인당소득을 지녀서 보통 사람이라면 겨우 목숨을 부지할 정도의 삶을 유지하던 인류가 오늘날 1만 6,000달러가 넘는 평균소득을 지닌 중진국 국민 수준의 삶을 유지할 수 있게 된 것은 사유, 자유, 경쟁 그리고 변화와 혁신의 힘이 작동할 수 있는 영역이 지속적으로 확장되어 왔기 때문이다. 이 네 가지 힘이 없었더라면 지속적인 경제발전은 이루어지지 않았을 것이다. 대다수의 인류가 재산권을 갖기 시작하면서 열심히 살아갈 동기를 갖게 되었고, 경제활동의 자유가 주어지면서 비로소 하고 싶은 일을 할 수 있게 되었으며, 구성원의 대다수가 재산을 소유한 자유인이 되었으므로 자연히 경쟁이 치열해졌다. 그리고 현재의 상태나 기득권에 안주하지 않고 끊임없이 변화하고 혁신해왔기에 성공한 것이다. 이 네 가지 힘들은 무엇보다도 사람들로 하여금 근로, 투자, 교육, 연구개발 등 인간생활의 모든 측면에서 지금보다 더 나은 미래를 만드는 데 매진하도록 유도함으로써 경제발전을 촉진시킨 것이다.

그러나 사유사회가 항상 순탄하게만 진전되는 것은 아니다. 아니 처음부터 사유, 자유, 경쟁, 변화와 혁신에 대한 도전이 끊이지 않았다. 전 절에서 살펴본 바와 같이 이는 절제되지 않은 사유, 자유, 경쟁이 낳은 부작용에 대한 반작용의 결과이다. 국가가 거대자본의 일탈에서 오는 폐해를 시정하고 경쟁에서 낙오된 사람들을 보듬어 안고 가야하는 책무를 지게 되자 현대 사회는 주기적인 파동을 그리면서 점차 더 사유와 공유의 혼합체제로 이행하기 시작하였다. 이 경우 공유는 국가가 민간부문으로부터 세금을 거둬서 국방·치안유지·공교육 지원·국책 연구사업 지원 등의 공공재를 공급하고 복지행정을 펼치는 형태로 진행되었다. 아울러서 거대자본을 비롯한 집중된 경제력을 지닌 모든 경제주체들을 규율하는 규제 시스템이 강화되었다. 규제를 만들고 집행하는 일 역시 정부의 책무가 되었다. 이렇게 되자 현대는 사유의 영역이 줄어들고 공유의 영역이 확장되는 시대가 되었다. 공유의 영역이 확장되었다고 하지만 그것은 원시 사회의 공유와는 근본적으로 다른 것이다. 구성원들의 동의하에서 자발적으로 이루어지는 부분적인 공유라는 점이 재산권이 형성되지 않았던 시기의 전면적인 공유와는 다르다.

현대 사회에서 사유에 대해 제한을 가하게 된 것은 그것이 공익을 위하는 길이라는 생각에서이다. 그러나 어떠한 이유에서건 공유의 영역이 확대되면 그만큼 사유, 자유, 경쟁, 변화와 혁신의 힘이 약화되어 경제발전에 지장이 생길 가능성이 커진다. 따라서 관건은 사유의 폐단을 막으면서도 사유, 자유, 경쟁, 변화와 혁신의 힘을 크게 저해하지 않는 공유의 범위가 얼마나 될 것인가 하는 점이 된다. 사유와 공유 사이의 균형은 정치적으로 결정되게 마련이다. 자유주의 성향의 경제학자들은 사유의 영역이 침해되는 현상을 우려의 눈길로 본다. 반면에 진보적 성향의 경제학자들은 정부가 사유를 제한하는 것에 찬동한다.

5.2.5 치명적인 유혹: 공유에 대한 열망

'네 것 내 것 없이 모두가 공평한 세상'이라는 이상은 참으로 매혹적이다. "모든 이가 자기가 가진 것을 아낌없이 내놓고 각자 필요한 만큼 나누어 가졌다"는 초기 그리스도교회의 생활상이 공동체의 전범이 되어야 한다고 생각하는 사람도 많다. 이는 '능력껏 일하고 필요한 만큼 나누어 갖자'는 공산주의의 이상과도 같다. 우리 사회에서도 그런 생각을 가진 사람이 적지 않다. 그들은 소유하지 않음으로써 진정한 해방을 얻고 누구나 평등한 사회에서 경쟁하지 않으면서 평화롭게 사는 게 진정한 행복이라고 믿는다.[19]

모든 사람이 공산사회의 이상처럼 살아갈 수 있을까? 그렇게 해도 경제가 발전할까? 경제가 발전하지는 않더라도 행복하지는 않을까? 이 물음에 대한 실증적인 해답을 몇 가지 사례에서 찾아볼 수 있다. 하나는 종교 공동체이다. 강한 신앙심으로 뭉친 공동체는 초기 그리스도교 공동체와 같은 방식으로 살아갈 수 있다. 모두가 형제자매이므로 서로 돕고 살아야 하며 능력이 되는 사람은 많이 공헌하고 그렇지 않은 사람은 적게 공헌하더라도 모두가 같은 종류

19 필자 역시 '생존경쟁을 펼치지 않아도 되는 세상에서 가난하지만 평화롭게 살고 싶다'는 꿈을 꾸기도 한다.

의 옷을 입고, 공동으로 식사하며, 동일한 형태의 거처에서 기거할 수 있다. 가족이 딸리면 공동체 생활을 유지하기가 어려우므로 독신을 권장하고 욕심을 억제하고 청빈한 삶을 살도록 권유하기도 한다. 수도 단체가 그 예이다. 이러한 공동체는 당연히 사유를 인정하지 않고, 공동체가 정한 계율을 지키도록 요구하며(자유 배제), 경쟁을 백안시하고 조화와 양보를 장려한다. 어차피 경제발전이 목표가 아니었으므로 이러한 공동체가 크게 번성하지 않았다고 해서 문제될 것은 없다. 아마도 그 구성원들은 스스로가 행복한 삶을 살고 있다고 믿었을 것이다. 그러나 모든 사람이 수도승처럼 살아가기는 불가능하다.[20]

다른 예는 사회주의 국가의 경우이다. 옛 소련이나 마오쩌둥 치하의 중국은 사회주의 국가였다. 그들은 모두가 합심해서 일하고 균등하게 나누어 갖는다는 이상을 실현하기 위해서 모든 재산을 국유화 내지는 사회화함으로써 사유를 폐지하고, 계획에 따라 생산하고 유통하며 분배함으로써 자유의 영역을 대폭적으로 축소하고, 국가가 모든 것을 독점하는 체제를 구축함으로써 경쟁을 배제하였다. 당과 지도자에 대한 도전은 엄격하게 금지되었으므로 그들이 용인하지 않는 변화나 혁신은 일어날 수가 없었다. 역사적으로 사회주의 실험은 참담한 실패로 끝났다.

그러한 실패의 사례를 보면서도 공산사회 또는 사회주의 사회를 꿈꾸는 사람들이 의외로 많다. 인류가 공유사회에서 살아온 기간이 사유사회에서 살아온 기간보다 훨씬 더 길었던 것이 그렇게 된 까닭이 아닐까? 아마도 인간의 DNA 속에는 네 것 내 것 구분 없이 살았던 원시 수렵채취사회를 그리워하는 인자가 숨어 있는 듯하다. 현생 인류인 호모 사피엔스가 지구상에 등장한 것이 20만 년 전의 일인데 그 가운데 적어도 19만 년 동안을 공유사회에서 살아왔으니 우리 마음속에 '공유에 대한 그리움'이 강하게 남아 있는 게 당연해 보인다.

---

20 가톨릭의 수도원이나 수녀원 가운데는 어마어마한 부를 지닌 곳도 있다. 우리나라의 사찰과 교회 중에도 큰 부자가 많다. 무소유, 절제, 극기, 청빈 등을 이상으로 하는 사람들이 모이는 곳에서 그렇게 많은 재산을 소유할 수 있다니 신기한 일이다.

공유사회에 살던 사람들이 정말로 행복했을까? 설령 그렇더라도 현대 생활에 익숙해진 우리들이 수렵채취시대의 삶으로 돌아갈 수 있을까? 필자의 생각으로는 결코 그렇지 않다고 본다. 더구나 사회주의 사회에서 살았던 적이 있거나 지금 살고 있는 사람들이 사유가 기본인 사회에서 사는 사람보다 행복한지도 확실하지 않다. 옛 소련 공산권에 편입되어 있던 동유럽 국가들과 발트 삼국은 공산권 붕괴와 더불어서 하나같이 그리고 지체 없이 사유사회로 이행하였다. 이를 보면 공유를 근본으로 하는 사회주의국가가 '인민을 행복하게' 해 주는 데 별반 성공하지 못한 것 같다. 더구나 사회주의 사회라고 해서 정말로 만인이 평등한 것은 결코 아니다. 사회주의 사회는 의외로 계급적이다.

사회주의 또는 사회적 경제를 주창하는 사람들 가운데서도 그들이 꿈꾸는 이상적인 공동체를 만드는 데에 보태라고 자기 재산을 내놓는 사람은 많지 않다. 그런 주장을 펴는 대다수의 사람들은 국가가 그러한 일을 하면 된다고 생각한다. 재산세를 많이 물림으로써 '부자'들이 가진 것 중 보다 큰 몫을 사회의 것으로 돌리고, 법인세를 올림으로써 기업 소득의 더 큰 몫을 사회의 몫으로 만들며, 소득세의 누진율을 높여 고소득자를 중과함으로써 돈 잘 버는 사람의 소득 중 더 큰 몫을 사회의 몫으로 하고, 상속에 대한 실효세율을 높여서 부의 대물림을 방지하자는 것이 그들의 주장이다. 과격한 사람들은 공익을 내세워 사유재산을 국유화하고 민간기업을 국영기업으로 바꾸자는 주장을 펴기도 한다.

그렇게 해서 경제가 잘 돌아간다면 얼마나 좋을까? 산업혁명 이후 인류가 걸어온 길을 보면 사회주의의 이상을 좇았던 나라치고 경제발전에 성공한 사례가 없다. 쿠바, 알바니아, 북한처럼 처음부터 사회주의를 따랐던 나라는 경제발전의 길로 나서지도 못하고 정체되었다. 동독, 유고슬라비아, 소련처럼 사회화 초기에는 매우 성공적인 것 같았던 나라들도 결국에는 파국을 맞았다. 스페인, 그리스, 베네수엘라 등이 겪고 있는 어려움 역시 '공유의 꿈'을 좇는 일이 얼마나 위험한지 잘 알려준다.

이 문제에 관하여 진보성향의 지식인이 아닌 일반 시민들의 인식도 매우 기만적이다. 그들도 자기 것을 빼앗기는 것에 대해서는 강하게 반발하지만 남의 것을 공공의 목적으로 쓰는 것에 대해서는 크게 찬성한다. 이때 빼앗는 대상이 되는 '남'은 남다른 부자이거나 고소득자이거나 대기업이다. 부자와 대기업은 가진 게 많으므로 좀 빼앗아 쓰더라도 문제될 게 없다고 생각한다. 부자가 부유해지고 고소득자와 대기업이 돈을 많이 번 것은 그들이 사회로부터 많은 혜택을 받은 덕택이므로 공익을 위해서 더 많이 내놓는 게 당연하다는 것이다. 부자가 부유해지기 위해서는 누군가에게 그에 합당한 것을 제공했기 때문이며 이 과정에서 나도 혜택을 보았을 수 있다는 생각이나, 대기업이 돈을 많이 번 것은 그만큼 사업을 잘 경영해서이며 그 과정에서 나도 간접적이나마 혜택을 보았고 아울러 대기업이 생산한 물건을 싸게 살 수 있었다는 생각은 좀처럼 하지 않는다. 더구나 부자나 대기업에게 무거운 세금을 물리면 돌고 돌아서 결국은 내게도 손해가 온다는 생각은 더더욱 하지 않는다. 그것을 인지하기에는 인과관계가 너무 복잡해서 정말 그러한지 납득하기 어렵고 그럴 것이라고 주장하는 경제학자가 있더라도 그를 가진 자의 대변인 정도로 생각하는 경향이 있다.

5.3 불평등의 기원과 불평등의 일상화

인간은 원래 평등했을까? 불평등했을까? 아무도 그 답을 알 수 없다. 우리가 관찰하는 것은 인간이 결코 평등하지 않다는 사실이다. 기회의 평등이라는 관점에서 보아도 완전한 평등은 존재하지 않으며 결과의 평등이라는 관점에서 보면 더더욱 인간은 불평등하다. 불평등한 게 인간의 실존적 사실이지만 이것을 그대로 두어서는 안 되며 인간을 불평등하게 만드는 원인을 찾아서 이를 시정함으로써 평등한 세상을 만드는 것이 우리가 해야 할 일이라는 생각이 널리 퍼져 있다.

누구에게나 경제 활동에 참여할 수 있는 실질적인 기회가 열려 있고, 경제 활동의 결과가 공평하게 분배되는 정도가 강할수록 형평성이 높다고 할 수 있다. 이처럼 형평성(equity)은 기회의 평등(equality in opportunity)과 결과의 평등(equality in outcomes)을 모두 내포하는 개념이다.

형평성의 구성요소 중 기회의 평등이 성장에 대해 갖는 긍정적인 효과에 관해서는 모두가 동의한다. 그러므로 기회의 평등을 보장하는 것이 경제발전의 선결조건이 된다. 우리가 'level playing field'를 강조하는 것은 바로 그런 연유에서이다. 어려운 점은 기회의 평등을 보장하기가 쉽지 않다는 데 있다. 이는 법 앞의 평등만 갖고는 안 된다. 예를 들어, 누구나 좋은 교육을 받을 권리가 있다는 데는 모두가 동의하지만 실제로 누구나 좋은 교육을 받을 수 있는 기회를 갖지는 못한다. 부자가 빈자보다 좋은 교육을 받을 수 있는 기회를 더 많이 갖고 있음이 틀림없다.

기회가 평등하더라도 결과가 불평등해지기 마련인데 기회마저 불평등하면 결과는 더 불평등해질 가능성이 높다. 그렇다면 이러한 불평등을 어떻게 이해해야 할까? 그것이 인간사의 자연스러운 현상이니 그냥 두어야 할까? 아니면 불평등을 적극적으로 시정해야 할까?

불평등을 시정하고자 할 때 그 대상은 소득과 재산 또는 소득과 재산과 관련된 속성들이다. 후자의 예로서는 진학과 취업이 있다. 우리들은 사람마다 외모, 신장, 체중, 성격, 취미, 성별 등이 다른 것에 대해서는 별로 개의치 않는다. 이런 차이들은 누구도 어쩔 수 없는 자연스러운 것이라고 생각하는 듯하다. 그러나 소득이나 재산의 불평등에 대해서는 관심과 시샘과 불평이 많다. 또한 소득이나 재산과 연관이 크다고 생각하는 진학이나 취업에 있어서의 불평등에 관해서도 관심이 크다. 그래서 많이 버는 사람의 것이나 많이 가진 사람의 것을 더 많이 '빼앗자'는 주장이 힘을 얻고, 대학에서 학생들을 성적순으로 뽑지 못하게 하고 기업에서 직원을 '눈감고 채용하라'고 강요한다. 한편에서는 소득이나 재산의 재분배를 통해서 결과를 평등하게 만들며 다른 한편에서는 평준화를 통해 기회를 평등하게 만들자는 주장이 만연되어 있는 것이다.

실증적 명제로 보면 '인간은 평등하지 않다'가 맞고 '인간은 평등하다'는 주장은 사실과 부합하지 않는다. 즉, 인간은 불평등한 존재다. 그러나 '인간은 평등해야 한다'는 것은 규범적 명제이므로 사실에 비추어서 참인지 거짓인지 판별할 수 없으며, 단지 그에 대한 동의여부만 말할 수 있다. '인간을 불평등하게 만드는 인위적인 요소들을 제거하자'는 주장에 대해서는 많은 사람들이 동의할 것이다. 인종차별이나 성차별을 없애는 데 대해서 반론을 제기할 사람이 적은 게 그러한 사례가 된다.

5.3.1 농경사회의 계층분화

모든 구성원이 비교적 평등했던 수렵채취시대에서 농경목축시대로 접어들게 되자 경제력이 팽창하는 가운데 인구가 빠른 속도로 늘어났다. 인구가 증가하자 혈연이나 혼인을 통해 내 편이 된 사람들이 아닌 생면부지의 남들과 함께 살아가야 할 일이 많아졌다. 그 결과 구성원 간의 분쟁이 급증하였으며 목숨을 잃거나 신체에 큰 손상을 입지 않고서도 분쟁을 해결하려면 공동체의 권력을 집중시키고 권력을 가진 자가 해결사로 나서는 게 더 효율적임이 판명되었다. 이것을 계기로 해서 농경목축사회 정치체제는 아주 빠른 속도로 추장제나 전제국가로 진화되었다. 이를 가능하게 한 것은 농경목축에서의 생산성 혁명이다. 생산성이 향상됨에 따라서 농경목축에 종사하는 사람들이 생계를 유지하는 데 필요로 하는 것보다 더 많은 잉여 농축산물을 수확하게 된 것이다. 잉여 농축산물이 있었기에 직접 농축산에 종사하지 않으면서 추장사회나 국가를 다스리는 일에 전념하는 계층이 생길 수 있었다. 이들은 농축산에 종사하는 사람들로부터 잉여산물을 가져가는 일을 정당화하는 논리를 개발하였으며 아주 빠른 속도로 자기들에게 권력을 집중시켜 나갔다. 이들 소수 엘리트 중에서 가장 유능한 자가 최고 지도자가 되었는데 그가 곧 추장이나 군왕이다.

추장이나 군왕은 다른 사람들과 구별되는 곳에서 그들과는 다른 옷을 입고 다른 음식을 먹으며 살았다. 공동체의 모든 재산과 힘을 독점하였으며 그의 지위도 세습하게 되었다. 이는 왕족의 탄생을 알리는 사건이다. 왕이나 왕족은 분명히 일반인과는 월등하게 다른 우월한 존재였다. 그런데 추장사회나 국가를 다스리는 일은 추장이나 국왕이 혼자서 할 수 있는 일이 아니었다. 자연히 여러 계층으로 이루어진 관료가 등장하게 되었다. 그 결과 국왕과 고위 관리가 나라를 다스리는 최고 지배계층을 이루고 그 아래 그들이 결정한 바를 실천에 옮기는 중급 및 하급 관리들이 있고, 다시 그 아래 생산을 담당하는 기층민으로 이루어진 계급사회가 완성되었다.

추장사회나 군주국가에서 소수 지배계층과 다수의 기층민 사이에는 넘기 어려운 큰 강이 놓여 있었다. 지배계층은 주인이고 기층민들은 머슴이나 진배없었다. 노예사회가 얼마나 불평등했을까는 누구나 쉽게 짐작할 수 있다.

5.3.2 시민혁명과 불평등 구조의 변화

근세에 들어와서 본격적으로 진행된 시민혁명은 그때까지 왕과 귀족이 독점하던 권력과 재산을 일반 시민에게 돌려주기 시작한 역사적 대사건이다. 시민혁명이 계기가 되어서 정치가 민주화되기 시작하였으며 경제도 자유화되기 시작한 것이다. 민주화가 경제자유를 확대시키고, 경제자유의 확대가 경제발전을 유발하고, 경제발전이 민주화를 더 진전시키는 선순환의 고리가 형성되었다.

시민혁명은 그때까지 유지되어 오던 불평등 구조를 변화시키는 결과를 낳았다. 지배계층의 처지는 약화시키고 피지배계층의 처지는 강화시킴으로써 양자 사이에 존재하던 만성적인 불평등이 대폭적으로 완화되었다. 무엇보다도 중요한 사실은 종래에는 불가능했던 신분상승이나 경제적 처지의 개선이 가능해졌다는 사실이다. 가령 종래에는 인구의 10%도 안 되는 소수 엘리트들이 권력과 재산을 독점하고 나머지 90%의 기층민들은 아무런 권력도 재산도 없는 무기력한 가난뱅이였는데, 이제는 누구나 자기의 처지를 개선할 수 있게 된 것이다.

평등과 관련하여 시민혁명은 두 가지 혁신을 낳았다. 기회의 평등과 법 앞의 평등이 그것이다.

5.3.2.1 기회의 평등

기회의 평등이란 어떤 일이건 그것을 할 수 있는 기회가 모든 사람에게 동등하게 주어지는 것을 말한다. 즉, 어떠어떠한 사람만 이러이러한 일을 할 수 있고 그 밖의 사람은 하고 싶어도 할 수 없는 것이 아니라, 무슨 일이건 그 일을 할 수 있는 기회는 누구에게나 동등하게 열려 있음을 뜻한다. 성별, 연령, 출신 지역, 인종, 학력, 경제력, 가정환경 등에 따라서 할 수 있는 일과 할 수 없는 일을 사전적으로 정해 놓은 것이 아니라 누구든지 능력과 여건이 되면 하고 싶은 일을 할 수 있게 된 것이다. 계층 사회에서는 자기가 속한 계층에 따라서 할 수 있는 일과 할 수 없는 일이 구분되어 있었으나 이제 그러한 인위적인 차별이 없어지게 된 것이다.

기회의 평등이 결과의 평등으로 이어지는 것은 아니다. 사람마다 선호가 다르고 성격이 다르며 능력과 자질이 같지 않고 노력하는 정도가 다르며 자라온 환경이 다르다. 이 세상에 모든 면에서 똑같은 사람은 없다는 말이 맞는다. 그러므로 어떤 사람이 실제로 할 수 있는 일은 그렇게 많지 않다. 예를 들면 이렇다. 서울대학교에 진학하고 싶은 학생들이 많다. 그렇다고 해서 그들이 모두 서울대학교에 진학하게 되는 것은 아니다. 그저 서울대학교에 진학할 수 있는 기회가 누구에게나 동등하게 열려 있다는 얘기이지 실제로는 여러 가지 기준을 통과한 학생만 선발된다. 기회는 평등하지만 결과는 불평등하다.

결과가 불평등하다는 사실을 들어서 기회가 평등하지 않았다고 주장하는 사람이 많다. 처음부터 기회가 평등하게 주어지지 않았기에 불평등한 결과를 낳게 되었다는 주장이다. 이런 주장에 의하면 가능성으로서의 기회평등은 진정한 평등이 아니라고 한다. '할 수 있는' 게 중요한 것이 아니라 실제로 '그렇게 하는' 게 중요하다고 한다. 실제로 그렇게 할 수 없는데 할 수 있다는 게 무는 소용이냐는 논리이다. 위의 예에서 서울대학교에 진학하고 싶은 학생은 누구나 서울대학교에 입학할 수 있게 해야 한다는 주장이다. '학력'을 기준으로 해서 학생을 선발하는 것이 일견 공평한 일 같지만 응시자들이 학력차를 갖게 된 원인이 그가 태어나서 현재에 이르기까지 살아오는 과정에서 겪은 불평등의 결과라는 점을 들어서 공평한 처사가 아니라는 것이다.

논의가 이 방향으로 진행되면 이러이러한 조건을 갖춘 사람에게는 남들과 다른 혜택을 주자는 주장이 등장하게 된다. 농어촌지역 출신자나 불우아동에게 대학입시에서 가산점을 주는 게 그런 사례가 된다. 일정한 자격요건을 갖춘 자에게 공무원임용시험에서 가산점을 부여하는 것도 그런 일이다. 이처럼 환경요인을 고려해서 대학입시나 공무원임용에 특혜를 주기 시작하면 곧 이어 다른 조건에 부합하는 학생에게도 혜택을 주자는 주장이 대두된다. 도시빈민가에서 성장한 학생이나, 심신의 어려움이 있는 학생이나, 부모 없이 자란 학생 등등 혜택을 주면 좋을 것 같은 경우가 속속 등장하게 되는 것이다.

'돈이 없어서' 하고 싶은 일을 할 수 없는 사례를 들어서 기회 평등이 공허한 말장난이라고 비판하는 사람도 있다. 아무리 무슨 일을 해도 좋다고 자유를 주더라도 그렇게 할 형편이 안 되면 소용이 없다는 것이다. 흔히 가난하기 때문에 하지 못한다는 말을 많이 한다. 그러나 왜 자금만이 문제가 되겠는가? 아는 게 없어서 못하고 능력이 안 되어서 못하고 외국어를 못해서 할 수 없는 등등 기회가 있더라도 할 수 없는 경우는 무수히 많다. 그렇다고 해서 기회의 평등이 공허한 개념이라고 할 수 있을까? 할 수 있는데 못 하게 하는 것보다 나은 게 아닐까? 능력은 있는데 자금이 없어서 못 하면 자금을 빌려서라도 할 수 있는 여건을 조성하고, 배움이 모자라서 하지 못하는 사람에게 배울 기회를 제공하고, 능력이 딸려서 못 하는 사람에게 능력을 키울 기회를 주는 것이 바람직하다. 기회가 평등한 것이 기회조차 불평등한 것보다 훨씬 낫다.

5.3.2.2 법 앞의 평등

법 앞의 평등은 기회의 평등과 맞닿아 있는 개념이다. 이는 어떠한 법이건 모든 사람에게 동등하게 적용된다는 원칙이다. 예를 들면 부자라서, 학력이 높다고 해서, 권력이 강하다고 해서, 나이가 많다고 해서, 남자라서, 내 편이라서 등등의 이유로 법을 적용함에 있어서 특별대우를 해서는 안 된다. 마찬가지로 가난하니까, 배우지 못했으니까, 어리니까, 여자이니까, 내 편이 아니니까 등등의 이유로 법을 더 엄격하게 적용해서도 안 된다.

만인이 법 앞에 평등하고 누구에게나 기회가 열려 있다고 해서 불평등이 사라지는 것은 아니다. 그러나 법이 사람을 차별하고 사람에 따라서 차별적으로 기회가 주어지는 사회보다는 모든 이가 법 앞에 평등한 사회에서 불평등이 완화될 가능성이 크다.

법 앞의 평등은 반드시 지켜져야 할 원칙이다. 말로는 법 앞의 평등이라고 하면서 실제로는 평등하지 않는 대우를 받는 게 문제이다. 똑같이 법을 어겼는데 힘세고 돈 많은 사람은 가볍게 처벌하고 힘없는 가난뱅이는 엄하게 처벌한다는 것은 말이 안 된다. 그 반대도 마찬가지다. 돈 많고 배운 게 많으니 더 엄하게 처벌해야 한다는 것도 옳은 주장은 아닐 것이다.

법 앞의 평등 원칙이 깨지는 또 다른 경우가 권력자가 사법부에 압력을 행사해서 자기에게 반대하는 자들을 핍박하는 것이다. 정권쟁탈이나 유지에 도움이 되는 자는 처벌하지 않거나 가볍게 처벌하고, 정권을 쟁탈하거나 유지하는 데 걸림돌이 되는 사람들은 중벌로 다스리는 것이 그런 사례이다. 국가의 법질서가 그런 식으로 운영되면 안 되지만 국민의식이 덜 깨인 나라에서는 그런 일들이 비일비재하게 일어난다.

5.3.2.3 새로운 불평등 대두

시민혁명으로 지배계층과 피지배계층 간의 불평등은 완화되었지만, 종전에는 거의 동등한 처지에 놓여 있던 피지배계층 사람들 즉, 평민들 사이의 불평등은 심화되었다. 소득으로 따지자면 모두가 비슷하게 가난하던 처지에서 소득수준이 천차만별인 상황이 전개되기 시작한 것이다.

거의 동일한 상태에서 출발한 사람들이 시간이 경과함에 따라서 상이한 결과에 도달하게 되는 것은 무슨 까닭인가? 사람마다 성향이 다르고 재능이 다르며 노력하는 정도가 다르고 생각하고 행동하는 방식이 같지 않기 때문에 그렇게 된다. 설령 그러한 조건들이 유사하더라도 살아가면서 각자가 겪게 되는 행과 불행이라는 우연적인 요소가 결과를 좌우하기도 한다. 소득을 기준으로 하면, 능력이 뛰어난 데다 근면성실하고 검소하게 살며 쓸데없는 일에 낭비하지 않고 미래를 위해 투자하는 사람이 그렇지 않는 사람보다 잘살게 된다. 그러나 비슷한 조건을 지니고 비슷하게 노력했으나 불행한 일을 겪은 사람은 그렇지 않은 사람보다 잘살기가 어렵다.

가정환경도 개인적 자질이나 노력의 정도에 못지않게 불평등을 야기하는 중요한 요인이 된다. 부유하고 화목한 가정에서 부모의 보살핌을 받고 자란 사람은 그렇지 못한 사람과는 다른 결과를 갖게 될 가능성이 크다. 그러나 부자가 삼대를 못 간다는 속언처럼 부잣집 아이들이라고 해서 반드시 부자가 되는 것은 아니다. 개천에서 용이 난다는 말도 있듯이 불우한 가정환경을 지닌 사람도 시련을 극복하고 성공하는 사례도 많다. 재능이 있고 열심히 노력하는 데도 가정 형편이 어려워서 공부할 기회를 갖지 못하는 학생을 도와주는 일은 가정환경의 차이가 결과의 차이를 낳는 경향을 억제하는 효과를 지닌다.

사회 환경이 불평등을 심화시킬 수도 있고 약화시킬 수도 있다. 차별이 심한 사회가 불평등을 심화시키리라는 것은 쉽게 짐작이 된다. 예를 들어서 남녀차별이나 출신지역에 대한 차별이 심한 나라에서는 성별 또는 지역별 소득차가 크게 날 것이다. 다인종 사회의 경우 인종차별이 불평등을 심화시킬 수도 있다. 예를 들면 미국 사회에서 상당히 오래 지속된 유색인종에 대한 차별이 인종 간 불평등을 심화시켰을 개연성이 높다. 조세구조가 누진적이면 불평등을 완화시킬 가능성이 크다. 기득권을 가진 사람들이 그렇지 못한 사람들의 성장을 방해하면 불평등이 심화된다. 세대 간 신분이동을 방해하는 제도를 갖고 있거나 그러한 정책을 펼치는 나라에서는 불평등구조가 고착될 가능성이 높다.

금융은 불평등을 심화시킬 수도 있고 완화시킬 수도 있다. 금융의 일차적인 기능은 희소한 자원을 적재적소에 배분하는 일이다. 이때 적재적소에 배분한다 함은 기대수익률이 높은 곳에 좋은 조건으로 자원이 흘러가게 함을 의미한다. 기업으로 보자면 자기자본이 풍부하고 보유자산이 많아서 담보제공능력이 큰 대기업이 그렇지 못한 영세기업보다 유리한 조건으로 자금을 가져갈 공산이 크다. 영세기업에게 자금을 배분하더라도 그 조건이 매우 까다로울 것이다. 이는 대기업은 더 살찌우고 영세기업은 더 힘들게 만듦으로써 기업 간 불평등을 심화시킬 수 있다.

금융기관경영에 혁신이 이루어져서 이제까지는 혜택을 받지 못하던 고객에게까지 금융서비스를 제공할 수 있게 되면 불평등이 완화될 수 있다. 금융시장에 접근조차 못 하던 사람들도 금융서비스를 활용할 수 있게 되면 그가 계획한 바를 더 잘 달성할 수 있어서 그러하다. 예를 들어서 정부가 보증을 제공하면 종전에는 은행 문턱을 넘지 못하던 학생들에게도 민간 은행들이 학자금을 융자해 줄 수 있게 된다. 그렇게 되면 학비가 없어서 학업을 중단해야 했던 학생들도 학업을 계속할 수 있게 되므로 그가 경험할 수도 있었던 소득감소의 위험을 줄일 수 있다. 그 결과 불평등이 완화될 개연성이 높은 것이다.

복지정책은 불평등에 대해 어떠한 영향을 주는가? 불평등을 완화할 목적에서 복지정책을 시행하는 것이므로 당연히 불평등의 정도가 완화되어야 한다. 실제로 단기에서는 불평등이 완화된다. 우리나라의 경우에 [그림 5-1]을 보면 2016년의 경우에 재분배 이전에는 0.318이던 소득지니계수가 재분배 이후에는 0.278로 하락하는 것을 보면 재분배정책이 불평등의 정도를 완화시키는 것으로 판단된다.[21] 그런데 지니계수가 변화해온 추이를 보면 외환위기 발발 전인 1996년에는 재분배 전후의 지니계수가 0.266과 0.257로 낮은 모습을 보였다가 외환위기를 경험하면서 2009년에 각각 0.320 및 0.295로 높아진 이후에 조금씩 하락해서 2015년에 0.305와 0.269가 되었다가 2016년에는 0.317과 0.278로 다시금 조금 높아졌다. 1996년과 비교해보면 재분배 이전의 지니계

21 이 수치는 도시 2인 이상 가구를 대상으로 조사한 2017년도 자료이다.

[그림 5-1] 우리나라의 지니계수 변화추이

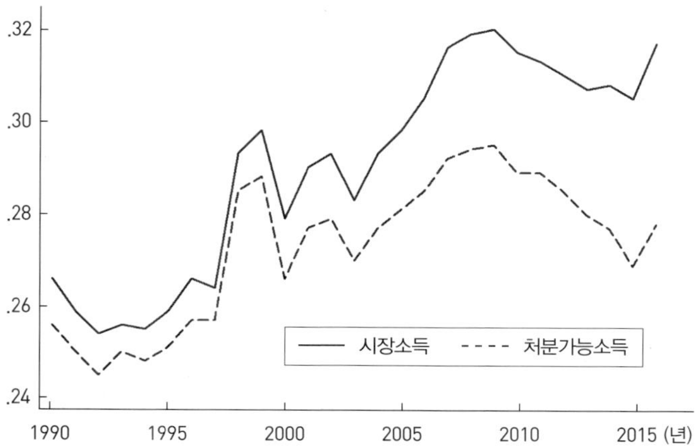

주: 우리나라의 도시 2인 이상 가구를 대상으로 측정한 수치임.
출처: 한국은행, 「경제통계시스템」

수는 0.266에서 0.317로 0.051이 커졌으나 재분배 이후의 지니계수는 0.257에서 0.278로 0.021이 커졌음을 볼 수 있다. 이를 보면 재분배정책이 소득 불평등의 정도를 완화시키는 것으로 판단된다.

그러나 2016년도의 재분배 이후 소득지니계수 0.278은 1996년도의 0.257보다 여전히 높은 수치이다. 그뿐만 아니라 1998년부터 2016년까지의 기간 중 재분배 이후의 소득지니계수가 외환위기 이전의 0.257 이하로 내려간 적은 한 번도 없다. 즉, 외환위기 이후 재분배정책을 강화해왔음에도 불구하고 불평등의 정도는 외환위기 이전보다 오히려 심화되었다. 이것과 연결시켜서 한 가지 더 고려할 것은 외환위기를 전후해서 우리나라 경제의 성장능력이 현격하게 약화되었다는 사실이다.

외환위기 이전에는 연평균 7%대의 1인당소득 성장률을 기록하면서 소득분배상태는 꾸준하게 개선되어 왔는 데 비해서 외환위기 이후에는 1인당소득 증가율은 연 3%대로 낮아진 가운데 소득분배상태는 악화되었다. 즉, 고성장과 분배상태 개선이 짝을 이루었던 외환위기 이전의 상황과 저성장과 분배상태 악화가 짝을 이룬 외환위기 이후의 상황이 매우 대조적이다. 정책의 측면에서 보면 외환위기 이전은 분배보다는 성장에 치중한 시기이고 외환위기 이후는 성장보다는 분배에 치중한 시기라고 평가된다.

결과만을 놓고 보면 분배보다 성장을 중시한 시기에는 경제가 고성장하는 가운데 분배 상태는 개선되었으나 성장보다 분배를 중시한 시기에는 경제는 저성장하는 가운데 분배상태가 악화되었다. 이를 두고서 분배를 개선하기 위해서라도 성장을 중시해야 한다고 주장하거나 분배상태가 악화된 게 성장에 걸림돌이 되므로 분배를 더 중시해야 한다고 주장하려면, 일이 그렇게 전개된 전후관계나 성장과 분배 사이의 인과관계를 객관적으로 규명한 연후에 하는 게 옳다.

5.4 불평등의 결과

5.4.1 불평등과 자본축적 그리고 경제성장

분배가 불평등하면 경제성장에는 어떠한 영향이 생길까? 이 물음에 관해서는 두 가지 가설이 대립된다. 물적자본의 역할을 강조하는 사람들은 소득이 불평등할수록 부자들이 저축을 많이 할 수 있다는 점을 들어 불평등이 성장을 촉진한다고 주장한다. 그러나 인적자본을 중요시하는 학자들은 인적자본의 불평등도가 높을수록 경제적 성과가 열악해진다고 주장하기도 한다.

5.4.1.1 소득불평등과 물적자본 축적

부자들이 정말 저축을 많이 하는가? 데이터를 보면 부유층일수록 저축률이 높음을 알 수 있다. 그러므로 투자에 필요한 재원을 형성하는 데는 고소득층이 저소득층보다 공헌하는 정도가 크다. 국내저축만 갖고 투자해야 하던 시기에는 부유층이 투자재원의 주 공급처이었으므로 이 점만 고려하면 소득이 불평등할수록 저축이 늘고 그래서 투자재원 조달이 용이해진다고 할 수 있다. 그런데 항상소득가설을 주장하는 프리드만(1957)에 따르면 장기적인 관점에서 볼 때 부자와 빈자의 저축률이 차이 날 이유가 없다고 한다. 그러므로 소득의 분배상태가 불평등해야 투자재원을 조달하기 쉽다는 주장은 단견에 불과하다고 한다.

금융시장이 개방되어 있는 현대에는 국내저축은 물론 해외저축도 투자재원의 중요한 조달처가 된다. 국내에 좋은 투자처가 많으면 해외에서 자금이 유입될 것이고 그렇지 않으면 (부자들이 저축한) 자금이 해외로 빠져나간다. 그러므로 개방경제에서는 저축이 많아진다고 해서 투자가 활성화된다는 논리는 성립하기 어렵다. 설령 투자가 많아진다고 해도 물적자본 축적을 통해서 이룩하는 성장은 경제가 장기균제상태(longrun steady state)[22]에 도달할 때까지는 성장률 제고에 도움이 되지만 균제상태에 도달한 이후에는 그것을 유지하기 위한 투자만 이루어질 뿐 투자를 통해서 장기성장률을 높이는 것은 불가능하다.[23]

5.4.1.2 인적자본의 불평등과 경제발전

물적자본은 그 주인이 함께 있지 않더라도 가동하는 데 아무런 문제가 없다. 가령 어느 회사 작업장에 설치된 제조장비는 그 회사 주주들의 것이지만 장비를 가동하는 현장에 주주들이 입회해야 할 이유가 없다. 오히려 물정 모르는 주주들이 곁에 있으면 장비 가동이 곤란해질 수도 있다. 그러나 인적자본을 그 소유주로부터 분리하는 것은 불가능하다. 그래서 우리가 어떤 사람이 지닌 인적자본을 활용하려면 반드시 그 사람이 그 자리에 있어야 한다.

인적자본을 그 소유자에게서 분리할 수 없다는 사실은 인적자본축적 메커

22 경제가 균제상태에 도달하면, 1인당소득, 1인당소비, 자본노동비율과 생산성이 동일한 속도로 변화한다.

23 이 점에 관해서는 제3장 본문과 부록에 자세히 설명되어 있다.

니즘과 물적자본축적 메커니즘이 같지 않을 것임을 시사한다. 물적자본은 부족할 때 사다가 쓸 수 있지만 인적자본은 부족해도 사다 쓰는 게 쉽지 않다. 해외에서 부족한 인력을 '수입'할 수도 있지만 기계를 수입하는 것만큼 쉽지 않다. 대개는 부족한 인적자본을 장기간에 걸친 투자를 통해서 보완해 나가야 한다. 인적자본은 또한 많이 가진 사람의 것을 덜어서 적게 가진 사람에게 이전해 주기가 어려운 속성을 지닌다. 예를 들어서 100의 인적자본을 갖고 있는 사람 하나와 10의 인적자본을 갖고 있는 사람 아홉으로 이루어진 공동체가 있다고 하자. 이때 100을 가진 사람의 인적자본을 10을 가진 사람에게 나누어 줄 수 있을까? 100을 가진 사람이 10을 가진 사람을 가르쳐서 후자의 인적자본을 늘리거나, 10을 가진 사람이 100을 가진 사람을 보고 배워서 전자의 인적자본을 늘리는 것 외에는 뾰족한 수가 없다.

위의 두 가지 사실은 인적자본 불평등의 문제가 물적자본 불평등의 문제보다 해결하기가 더 어려운 문제임을 알려준다. 물적자본은 축적속도가 문제이지 축적하는 사람이 누구인가는 별로 문제가 되지 않는다. 그러므로 주로 부유층이 물적자본을 축적하더라도 축적속도가 빨라지면 그 혜택은 부자가 아닌 다른 사람에게도 돌아간다. 그 결과 물적자본은 소유의 불평등에 비해 수혜의 불평등이 완화되는 경향을 갖는다. 이와는 달리 인적자본은 소유의 불평등이 그대로 수혜의 불평등으로 이어지거나 오히려 후자가 더 악화되는 경향이 있다. 그러므로 소득의 불평등을 완화시키려면 인적자본 분포의 불평등을 완화시키는 게 더 효과적이다.

불평등한 인적자본 분포가 경제성장을 저해할 수 있다. 예를 들어서 100명의 노동자를 가진 경제 둘이 있는데, 하나는 100명 모두 50씩 도합 5,000의 인적자본을 갖고 있고 다른 하나는 한 사람만 5,000의 인적자본을 갖고 나머지는 0을 갖고 있다고 하자. 둘 다 인적자본의 총량이 5,000이라는 점에서는 같다. 이 경우 두 나라가 생산하는 부가가치의 총량도 같을까? 고만고만하기는 하지만 그래도 '쓸모 있는' 100명으로 이루어진 경제가 한 명만 '아주 쓸모 있고' 나머지는 '쓸모없는' 경제보다 부가가치를 더 많이 창출할 것이다. 이제

두 경제 모두 인적자본 총량이 5,000에서 5,500으로 10%씩 증가했다고 하자. 그런데 한 경제에서는 모든 사람이 50에서 55로 늘어났고 다른 경제에서는 한 사람만 5,000에서 5,500으로 늘어났다고 하자. 모든 사람의 인적자본이 골고루 늘어난 경제가 한 사람의 인적자본만 크게 늘어난 경제보다 더 큰 폭의 부가가치 증가를 경험할 것이 분명하다. 이 예는 인적자본의 불평등도가 높을수록 경제성장에 대해 미치는 악영향의 정도도 커질 것임을 보여준다.

위의 예에서 시간요소를 첨가하면 다른 결론을 얻을 수도 있다. 5,000의 인적자본을 지닌 초(超)영재 하나와 '무지렁이'들로 이루어진 공동체라 하더라도 충분한 시간이 경과하면 초영재의 인적자본을 보고 배우는 무지렁이가 생겨나면서 점차 불평등이 완화될 수 있다. 이때 초영재를 보고 배우는 일을 장려하고 초영재가 그가 지닌 인적자본을 다른 사람들에게 전수해주도록 장려하면 인적자본의 확산속도가 빨라질 것이다. 그렇게 되면 고만고만한 사람들이 모여 사는 경제보다 초영재가 있는 경제에서 인적자본이 더 빠른 속도로 축적될 가능성이 높다. 이 경우에는 초기의 극심한 불평등이 나중에는 성장률 상승이라는 축복으로 변화될 수도 있다. 즉, 상황에 따라서는 불평등한 인적자본 분포가 경제성장을 촉진하는 기제가 될 수도 있다.

5.4.1.3 인적자본 축적의 실제

인적자본분포의 불평등은 세대를 거듭할수록 확대 재생산될 가능성이 높다. 교육과 건강에 대한 투자를 통해서 앞으로 가치가 증대될 인적자본을 담보로 인적자본 투자에 소요되는 비용을 빌리기가 쉽지 않다. 그래서 부모가 부자인 가정의 아동들이 그렇지 않은 경우보다 인적자본 투자에서 앞설 가능성이 높다. 이런 식으로 부잣집 아이들은 교육을 잘 받고 가난한 집 아이들은 그렇지 못하게 되면, 그 아이들이 성인이 되었을 때는 부모세대보다 더 큰 소득차를 경험할 가능성이 높다. 세대를 거치면서 불평등이 심화되는 것이다. 이는 그 자체로서도 나쁜 일이지만 그렇게 되면, 위에서 설명하였듯이, 경제성장에 지장이 생기게 되므로 문제다.

한 사람이 평생에 걸쳐서 축적할 수 있는 인적자본의 양은 한정되지만, 한 나라의 인적자본 총량을 늘리는 데는 한계가 없을 수도 있다. 인적자본의 총량이 늘어나는 데는 인구증가도 공헌하지만 그보다는 인적자본이 누적된다는 사실이 더 중요하다. 사람이 늙어감에 따라서 그가 지닌 인적자본은 지속적으로 줄어든다. 그러나 우리가 지닌 인적자본의 아주 많은 부분은 이런저런 경로를 거쳐서 후세들에게 이전된다. 그 결과 세대를 거듭할수록 한 사회가 지닌 인적자본의 총량이나 평균치는 계속해서 늘어나게 된다.

인적자본을 핵심요소로 하는 경제성장모형을 보면 인적자본의 증가율이 곧 그 경제의 장기성장률과 일치하게 됨을 알 수 있다. 그러므로 인적자본의 증가율이 높아지면 1인당소득 증가율도 높아진다. 예를 들어서 시민 한 사람당 인적자본의 양이 매년 1%씩 늘어나다가 2%씩 늘어나는 것으로 바뀌면, 1인당소득의 장기성장률도 1% 포인트 상승한다.

인적자본은 교육과 훈련을 통해서 축적된다. 학교 교육을 예로 들면, 능력이 뛰어나며 성품이 건실하고 열심인 학생이 그렇지 않은 학생보다 더 많은 인적자본을 갖게 될 것이다. 이 경우에는 능력이나 성품의 분포가 인적자본의 분포를 결정하는 중요한 요인이 된다. 학교에서 수월성을 중시해서 능력이 뛰어나고 건실하며 열심인 학생에게 더 많은 혜택이 돌아가도록 교육을 실시하면 능력과 성품의 분포보다 인적자본의 분포가 더 불평등해진다.

한편 교육 특히 고등교육을 받기 위해서는 많은 비용이 든다. 비용을 조달하기 어려운 학생들은 그렇지 않은 학생들에 비해서 제대로 된 교육을 받기가 어렵다. 금융시장이 이러한 문제를 해결하는 데 도움을 줄 수 있다. 늘어날 인적자본이 가져다 줄 미래의 소득을 담보로 해서 교육에 소요되는 비용을 충당할 수 있게 되므로 소득의 불평등이 인적자본의 불평등으로 전이되는 것을 방지할 수 있다.

5.4.2 불평등과 소득재분배 그리고 경제성장

소득의 분포상태가 불평등할수록 소득을 재분배하라는 욕구가 높아진다. 그렇게 되면 재분배정책을 쓰지 않을 도리가 없게 된다는 점을 강조함으로써 소득불평등이 성장에 장애가 된다는 주장을 펴기도 한다. 조세를 통한 재분배정책은 여러 가지 비효율을 낳으며 이는 경제의 성장능력을 훼손할 수 있다. 이런 주장에 의하면 소득분배상태가 불평등할수록 재분배정책을 쓰게 되고 그래서 재분배하는 정도가 커질수록 잘하는 사람이 더 잘하려는 인센티브가 저하되므로 성장이 저해된다는 것이다.

소득분배의 불평등도가 높아지면 불평등을 낳는 현재의 시스템을 폐지하고 평등한 사회를 구현하는 데 도움이 되는 새로운 시스템을 세우자는 요구가 강해져서 경제사회가 불안해질 수 있다. 그렇게 되면 투자가 어려워지고 그 결과 성장이 둔화된다. 지나친 소득불평등이 성장을 저해하는 것이다. 소득분배가 지나치게 불평등해지면 남의 것을 약탈하려는 범죄가 횡행하게 되며 그것을 막기 위해 보호비용을 지불해야 하므로 생산활동이 위축된다. 이 역시 성장을 저해하는 요인이 된다.

소득불평등도와 성장과의 관계에 관한 실증연구결과를 보면 불평등이 성장을 저해하는지 여부에 관한 증거가 아직 충분하게 쌓이지 않았다. 다만 다음과 같은 사실이 확인된다.

소득불평등도가 높을수록 교육을 통한 인적자본 축적에 지장이 생긴다. 또한 소득불평등도가 높을수록 출산율이 높다. 이 두 사실은 소득불평등도가 높으면 성장이 차질을 빚게 된다는 가설에 관한 간접적인 증거가 된다. 소득불평등도와 사회불안정성 간에는 정(+)의 상관관계가 존재한다. 사회가 불안정하면 성장에 차질이 생기므로 이 역시 소득불평등도가 성장에 부정적인 영향을 준다는 간접증거가 된다. 소득불평등도가 높을수록 재분배정책이 강해진다는 가설은 입증되지 않는다. 북미와 남미 제국을 비교해 볼 때 재분배정책 덕택에 평등도가 월등히 높은 북미 지역이 평등도가 낮은 남미 지역보다 경제성장 성과가 좋다.

소득불평등도 자체보다는 계층 간 이동가능성이 더 중요하다는 주장이 있다. 계층 간 이동가능성이 높다는 것은 그만큼 경제의 신축성이 높음을 반영한다. 경제가 신축적이라는 것은 여건 변화에 대해 신속히 효과적으로 대처할 수 있음을 보이는데 이는 그만큼 그 사회가 효율적으로 운영되고 있음을 의미한다. 효율성이 높을수록 경제가 더 활발하게 성장하므로 결국 계층 간 이동가능성이 높은 나라가 그렇지 못한 나라보다 빠르게 성장한다는 결론을 얻게 된다.

그렇다면 이동가능성에 영향을 주는 요인에는 어떤 것이 있는가? 교육, 정책과 제도, 결혼, 차별 등이 이동가능성에 영향을 준다. 교육을 많이 받을수록 이동가능성이 높고 정책과 제도가 성장친화적이면 사람들이 자기의 처지를 개선하기가 용이해진다. 결혼의 경우 끼리끼리 짝짓기(assortative mating)는 계층을 고착화시키는 경향을 갖는다. 끝으로 인종, 종교, 지역, 성 차별이 있으면 그만큼 이동가능성이 저하된다.

경제성장이 빈자에게 도움이 되는가 하는 물음과 관련해서 달라·크레이(2002)의 연구를 보면 경제가 성장하는 것에 비례해서 빈곤층의 소득도 증가함을 알 수 있다. 그러나 경제성장이 부자와 빈자 누구에게 더 도움이 되는가를 놓고 보면 부자가 혜택을 더 많이 보는 것 같다. 그러나 세대에 걸친 계층이동 현상을 검토해보면, 부모가 가난해도 자식이 부자가 되는 확률과 부모가 부자라도 자식이 가난하게 되는 확률이 우리나라의 경우 비슷한 것으로 나타난다. 이는 부를 기준으로 할 때 세대를 거치면서 재배치(reshuffling)가 비교적 활발하게 이루어지고 있음을 보여준다. 부자가 될 확률은 모든 사람이 동일하므로 지금 가난한 사람도 부자가 될 수 있고 그래서 결과적으로 좀 길게 보면 경제성장은 모든 사람에게 혜택을 주게 된다.

5.5 소결론

시장경제체제를 채택하고 있는 경제에서는 어디서나 사유가 보편화되어 있다. 개인이 부동산이나 금융자산 또는 지적소유권 등의 재산을 소유할 수 있고 개인이 노력해서 번 소득을 사적으로 소유하고 사용할 수 있다. 모든 재산을 국유 또는 사회의 소유로 하고, 개인이 노력해서 번 소득을 한데 모아놓고 다 함께 나누어 가지는 사회와는 근본적으로 다르다. 사적 소유가 일반화되어 있는 경제는 발전하고 사적 소유가 극도로 제약되는 경제는 정체된다.

공정한 절차를 거쳐서 합당하게 취득한 재산이나 소득이 사유의 대상이 된다고 해서 개인이 가진 재산이나 그가 번 소득이 전적으로 그의 것이어야 하는 것은 아니다. 공공 서비스를 제공함으로써 국민들이 마음 놓고 생업에 종사할 수 있게 해 주고 나아가서 생업에 더 잘 종사할 수 있게 도와주는 국가를 운영하는 데 소요되는 비용은 마땅히 국민이 부담해야 한다. 그러므로 창출한 소득에 대해서 소득세를 납부하고 보유한 재산에 대해서 보유세를 납부하며 재화와 서비스를 팔고 사는 거래행위에 대해서 거래세를 납부함이 마땅하다.

소유권의 관점에서 보면 조세는 개인의 재산이나 소득의 일부를 정부가 빼앗아 가는 것과 같다. 그런데 보통은 세금을 내면서도 아무도 자기 것을 빼앗긴다고 여기지 않는다. 세금을 내는 것이 국민으로서 당연한 도리라고 생각하는 것이다. 초등학교 시절부터 납세는 국민의 의무임을 강조한 교육의 덕분이기도 하며, 또한 국가라는 공동체의 울타리가 있어서 우리가 마음 놓고 생업에 종사하며 재산을 소유할 수 있게 된 것이므로 세금을 내는 것이 마땅하다는 생각 덕분이기도 하다.

우리가 그것을 당연하게 여기건 아니건 간에 세금은 사유권을 '침해'하는 일임에 틀림없다. 사유권이 침해되면 그에 비례해서 경제적 자유도 축소된다. 우선 세금을 내고 나면 남은 소득으로 할 수 있는 일의 양이나 종류가 축소된다. 즉, 개개인이 할 수 있는 일의 종류나 크기가 축소된다. 게다가 세금으로 무장한 정부가 하는 일 중에는 여러 가지 이유를 내세워서 개인의 행동을 규제하고 억제하는 것이 많다. 그 결과 개개인이 할 수 있는 일의 영역 즉, 경제활동의 자유가 위축된다. 그뿐만 아니라 기간산업 보호 등을 명목으로 내세워서 공기업을 운영하면서 높은 진입장벽을 구축하는 데서 볼 수 있듯이 경쟁도 위축된다.

이념, 규범, 체제, 제도 등 나라의 근간을 바로 세우며, 국방과 교육과 복지 등의 공공서비스를 제공하고, 시장중심의 민간경제가 제대로 작동하지 않는 부분을 찾아 이를 시정하고 보완하는 것이 정부의 경제적 역할이다. 현대 경제에서는 이러한 역할을 담당하는 정부가 반드시 필요하다. 정부의 규모나 하는 일은 상이하지만 정부가 없는 나라는 이 세상에 하나도 없다. 정부를 유지하려면 재원이 필요하다. 정부는 필요한 재원을 거의 모두 다 민간부문에 부과하는 조세를 통해서 조달한다. 조세는 위에서 보았듯이 개인의 영역을 축소하는 결과를 낳는다. 사유의 영역이 축소되는 것이다. 각종 규제와 인허가 역시 경제활동의 자유를 제약하며 경쟁을 제한한다. 이처럼 정부는 징세와 규제와 인허가 조치를 통해서 사유, 자유, 경쟁의 힘을 약화시킨다. 반면에 정부는 공공지출을 통해서 사유, 자유, 경쟁의 힘을 강화시킬 수도 약화시킬 수도 있다. 변화와 혁신 역시 정부가 그것을 장려할 수도 있고 억제할 수도 있다. 제6장에서는 정부의 경제적 역할과 경제발전 간의 관계를 탐구하게 된다.

제 6 장

정치와 정부 그리고 경제발전

대한민국은 지난 세기 후반부에 걸쳐서 경제발전과 정치발전을 동시에 달성하였다. 경제발전이 정치발전에 앞섰다는 평가도 있으나 우리가 후진국의 처지를 탈피해서 중진국 반열에 오른 1980년대 중반에 권위주의를 민주주의로 전환하는 데 성공한 것을 보면 양자가 동시에 이루어졌다고 보는 게 타당하다. 1980년대 중반 이후에도 우리나라의 정치와 경제는 서로 밀고 당기면서 발전해왔다. 그렇지만 오늘날 많은 이들이 '경제는 선진국 수준이 되었으나 정치는 후진국 수준에 머물러 있다'는 평가를 내리고 있는 것도 사실이다. 그렇게 볼 수 있는 측면이 있기는 하지만 긴 안목에서 볼 때 서구 선진국들을 제외하면 우리나라가 이룩한 것 같은 정도로 민주주의를 성공적으로 정착시킨 나라가 몇 안 된다는 점에서 우리나라의 정치발전을 긍정적으로 평가함이 옳다. 우리나라의 경제발전 성과에 대해서도 인색한 평가를 내리는 사람이 적지 않다. 그게 우리의 단점을 되돌아보고 심기일전해서 더 큰 발전을 이루는 원동력이 되면 좋겠으나 우리가 이룩한 게 아무것도 없다고 비하하는 것은 옳지 않다.

경제는 정치를 떠나서 존재할 수 없다. 우리는 정치행위를 통해서 우리 스스로가 지켜야 할 규범을 만든다. 정치행위를 통해 만든 규범이 경제행위를 규율하므로 정치가 올바른 방향으로 이루어지지 않으면 경제가 잘될 수 없다.

6.1 정치와 경제발전: 국가의 근간 형성

6.1.1 경제체제의 선택과 변화

경제체제를 선택하는 일은 정치행위이다. 현대적 입헌국가에서는 헌법이 그 나라의 경제체제를 규정하기 마련인데 헌법을 제정하는 일이야말로 최고의 정치행위이다. 우리나라가 자유민주주의와 시장경제체제를 정치와 경제의 근간으로 삼고 있다는 데 대해서 이의를 제기하는 사람은 많지 않다. 1948년에 제정된 대한민국헌법은 '국민주권주의 이념에 기초하여 정치적으로는 인민민주주의에 적대적인 자유민주주의, 경제적으로는 공산주의적 계획경제질서에 적대적인 자본주의적 시장경제질서'에 기초하여 있다(성낙인, 2013).

건국헌법은 해방 직후 조국이 남북으로 분단된 엄중한 상황에서 좌우 세력 간에 전개된 치열한 이념투쟁의 산물이다. 대한민국이 자유민주주의와 시장경제체제를 근간으로 하는 헌법을 제정하게 된 것은, 당시에 분단된 조국의 남반부가 미군정하에 있었다는 사실에 영향을 받기도 했지만 이승만 대통령을 비롯한 건국의 지도자들이 내린 현명한 선택에 힘입은 바가 더 크다. 북반부에 공산주의 계획경제체제를 토대로 하는 조선민주주의인민공화국이 들어서게 된 것도 대한민국이 그것과는 정반대의 성격을 갖는 자유민주주의와 시장경제질서를 건국의 이념으로 채택하는 데 일조하였다.

한 나라가 어떤 경제체제를 선택했다고 해서 그것이 영구히 지속되는 것은 아니다. 체제운영의 문제점이 드러나면 수정하려 노력하게 마련이고, 사회를 관통하는 주류 이념이 바뀌면 체제의 성격이나 내용도 바뀌게 된다. 중국이 마오쩌둥 시대에 공동소유에 바탕을 둔 공동노동·균등분배 원칙과 제한적인 대외거래의 원칙에 따라서 경제를 운영해오다가 그의 사후 덩샤오핑이 집권하자 사유를 인정하며 노력한 것에 비례해서 나누는 개방형 시장경제체제를 채택한 것이 체제변화의 좋은 사례이다. 폴란드와 체코와 슬로바키아와 헝가리 등의 동구권 국가들이 소련체제에 편입되면서 공산주의 계획경제체제를 채택했다가 소련의 붕괴와 더불어서 개방형 시장경제체제로 회귀한 것 역시 상황이 바뀌면 체제를 달리할 수도 있음을 보여준다.

한 나라의 지배적 이념이 체제변화에 영향을 준다. 우리나라의 경우를 보면 1960년대 초반부터 1980년대 중반까지 개방형 시장경제체제를 근간으로 하되 자원배분 과정에 정부가 깊숙이 개입하는 정부주도형 경제운영 시스템을 유지해왔다. 영미식 자본주의 시스템을 표방하되 일본이 그랬던 것처럼 정부가 경제를 리드하는 전략을 구사했던 것이다. 이를 국가자본주의(state capitalism)라고 부를 수 있다. 그런 전략 때문만은 아니겠지만 한국은 경제발전에 성공해서 1980년대 중반에는 중진국 대열에 합류할 정도가 되었다.

경제가 발전해서 규모가 커지고 내용이 복잡 다양해지면서 정부가 경제를 리드하는 것에 대한 비판이 고조되기 시작하였고 또한 정치적으로는 군부를 중심으로 한 소수 엘리트들이 권력을 장악하던 권위주의를 청산하고 보통 사람들이 주인이 되는 민주주의로 이행하자는 움직임이 크게 일었다. 그 결과 1980년대 중반부터 공공부문보다 민간부문의 역할이 더 중요시되는 방향으로 경제 시스템이 변화되기 시작하였다. 자율화와 개방화가 더욱 진전되기 시작한 것이다. 1994년에 국제경제협력개발기구(OECD)의 회원국이 된 것을 전후해서 금융 및 자본시장을 개방하고 관세 및 비관세 무역장벽을 크게 낮춤으로써 대한민국은 명실상부한 개방경제로 변모되었다. 국가자본주의를 시장자본주의(market capitalism)로 전환하는 움직임이 일어났던 것이다.

준비가 덜 된 상태에서 시행된 전면적인 개방화의 부작용은 1997년 말에 대한민국을 국가파산이라는 위기로 몰아갔다. 비교적 단시일 내에 이루어진 위기극복 과정에서 경제정책의 기조가 변화되었으며 이는 경제체제의 성격에도 변화를 초래하였다. 투자와 성장을 강조하던 정책기조가 소비와 복지를 중요시하는 것으로 변화되기 시작하였으며 경제민주화라는 화두가 대두되면서 공동체주의적인 요소들이 경제체제에 가미되기 시작하였다. 1980년대 중반 이후 시장중심의 자율화를 지향해오던 우리 경제가 2000년대에 들어서면서 정부의 역할을 중시하는 혼합경제체제로 유턴하는 조짐을 보이고 있다. 이는 시장자본주의가 확실하게 뿌리를 내리기도 전에 국가자본주의로 회귀하는 움직임이라고 할 수 있다.

6.1.2 발전친화적인 경제체제

정치가 발전친화적인 성격을 지니면 경제가 잘된다. 정치가 발전친화적으로 이루어지면 경제체제도 발전친화적인 속성을 띠게 되고 그렇게 되면 경제정책도 발전친화적인 방향으로 시행된다. 정치와 경제체제와 경제정책이 발전친화적인 속성을 지니면 나라 경제는 저절로 발전하게 된다. 경제주체들이 더 나은 미래를 만들기 위해 매진하게 되기 때문이다.

경제발전의 궁극적인 힘은 사유, 자유, 경쟁 그리고 변화와 혁신에서 나온다.[1] 그러므로 사유재산을 보호하고, 경제활동의 자유를 전면적으로 허용하며, 경제주체들이 건전한 경쟁을 펼칠 수 있게 함으로써 그들이 끊임없이 변화하고 혁신하도록 유도하면 경제가 발전하게 된다. 발전친화적인 경제체제란 바로 그런 속성을 지니는 것을 의미한다.

외적이나 내부의 적으로부터 국민의 생명과 재산을 보호하는 것이야말로 국가의 제일가는 책무이다. 타국과의 전쟁이나 내전으로 인해 국민이 불안 속에서 살아가는 나라에서 경제가 발전할 수 없다. 발전의 핵심은 미래를 위한 투자에 있는데 몇 년 앞을 내다볼 수 없을 정도로 정치상황이 불안하면 마음 놓고 투자하기가 어렵다. 제2차 세계대전 종료와 더불어 독립한 사하라 이남 아프리카 국가들이 20세기 후반 전체에 걸쳐서 전개된 끊임없는 내란으로 인해 성장파탄(growth disasters)에 이른 것을 보면 그러한 사실을 잘 알 수 있다. 21세기에 들어와서도 이라크와 아프가니스탄처럼 적대세력 간의 폭력적인 투쟁 때문에 경제가 잘 돌아가지 않는 사례를 볼 수 있다. 그러므로 모름지기 정치와 경제체제는 평화를 촉진하며 안전을 보장하고 안정을 도모하도록 설계되고 운영되어야 한다.

경제가 번영하려면 법치가 확립되어야 한다. 법치란 법 앞의 만인평등원칙을 준수하는 것을 의미한다. 물론 이때 법은 '제대로 된' 법이어야 한다. 한 나라의 경제체제를 구체적으로 규정하는 것은 그 나라의 헌법과 경제법인데 이를 제정하고 운용함에 있어서 다음과 같은 사항을 고려해야 한다.

첫째, 사유, 자유, 경쟁의 원리를 명확하게 규정해야 한다. 아울러서 변화와 혁신을 장려해야 한다. 둘째, 다양한 법체계 간에 일관성을 유지해야 하며, 한번 제정된 법을 빈번하게 개정하지 않아야 한다. 제대로 된 '룰'을 지속적으로 유지해야 경제주체들이 마음 놓고 행동하고 그 행동이 바른 방향으로

1 이에 관해서는 제7장에서 상세하게 설명한다.

나아가게 된다. 셋째, 모든 사람에게 공평하게 법을 적용해야 한다. 재산, 권력, 학력, 성별, 직업 등을 고려해서 법을 차등해서 적용하면 안 된다.[2] 넷째, 힘을 가진 자들의 이념적 편향을 반영해서 법률을 제정하지 않도록 해야 한다. 경제적인 측면을 예로 들자면, 경제발전에 성공한 나라와 실패한 나라의 법체계를 비교검토해서 성공한 나라의 법률적 속성을 반영하도록 법을 제정함이 바람직하다. 권력자의 이념적 성향을 반영하려고 '실패한 나라들'의 법률적 속성을 모방하는 우를 범하지 않도록 하는 게 옳다. 다섯째, 모든 것을 명문화된 법으로 다스린다는 생각을 하지 않아야 한다. 인간행동의 전부를 법으로 규율한다는 것은 불가능한 이상이다. 설령 그게 가능하다 하더라도 그런 세상이 되면 사람들은 법에 따라 움직이는 기계로 전락하게 된다. 더욱이 모든 게 변화하는 21세기의 지식정보사회에서 우리가 지닌 사전적 지식을 갖고 아직 일어나지 않은 인간행동 모두를 법률로 규율하겠다는 것은 어리석은 생각이다. 법률은 인간행동에 관한 기본원칙만 담아내도록 해야 한다.

한편 번영을 지속하려면 사유, 자유, 경쟁, 변화와 혁신의 힘을 강화하는 것 못지않게 도를 넘는 사유, 자유, 경쟁 그리고 변화와 혁신이 갖는 부작용을 완화하는 게 중요하다. 당연한 이야기이지만 모든 것을 사유화할 수도 없으며 사유화해서도 안 되며 사유의 대상이 아닌 공공의 영역을 확보해야 한다. 그래야 공동체가 유지되고 또한 번영할 수 있다. 우리가 국·공유재산을 유지하고 세금을 걷는 것은 공공의 영역이 갖는 중요성을 잘 알기 때문이다. 자유가 중요하지만 그것이 방종으로 흐르거나 남용되어서는 안 된다. 공동체가 제정한 규범을 준수하고, 타인에게 부당하게 피해를 주지 않으며, 자기가 한 행동에 대해 거기에 수반되는 비용을 지불하고, 자기가 행한 행동에 대해 책임을 지는 의미에서의 자유라야 한다. 경쟁 역시 정당한 방법으로 행하는 공정한 경쟁을 말하는 것이지 경제력을 오남용하는 부당경쟁이나 남을 속이는 부정경쟁은 금지해야 한다. 변화와 혁신을 장려하되 변화와 혁신에서 도태된 사람들을 보호할 장치도 마련해야 한다.

---

2 법률로 차등 적용을 규정한 경우는 예외다.

6.2 정부의 경제적 역할과 한계

현대 경제에서 정부는 없어서는 안 되는 존재다. 시장만으로는 모든 문제를 해결할 수 없기 때문이다. 시장이 하지 못하는 일을 하고 시장이 잘하지 못하는 일을 보완하는 게 정부가 해야 할 역할의 하나이다. 그러나 동시에 정부가 만능이 아님도 인식해야 한다. 정부는 경제활동을 촉진할 수도 있고 억제할 수도 있다. 정부의 행동이 경제활동에 해를 가져올 수도 있다는 점이 정부의 한계이다. 관건은 어떻게 하면 정부가 국민들의 참다운 복지증진에 공헌하는 생산적인 존재가 될 수 있는가 하는 점이다.

6.2.1 정부의 경제적 역할

자본주의 시장경제의 관점에서 이해하면 정부는 국가의 안녕과 번영을 위해서 반드시 필요한 일이지만 민간부문이 하지 못하는 일을 하거나, 할 수 있더라도 민간부문에게 맡길 수 없는 일을 하거나, 민간부문이 할 수 있고 실제로 하고 있더라도 제대로 하지 못하는 일을 보완하거나, 민간부문에서 하는 일의 부작용을 시정하고 완화하는 일을 담당하는 경제주체이다.

한 나라에서 이루어지는 경제활동의 순환과 변동을 가계, 기업, 정부 그리고 대외부문 사이에서 이루어지는 '거래'로 이해할 수 있다. 대외적으로 폐쇄된 경제에서는 가계, 기업, 정부 사이에서만 거래가 이루어지고, 정부 혹은 공공부문이 없다면 가계와 기업으로 이루어진 민간부문에서만 거래가 이루어질 것이다. 우리가 대외거래를 하는 것은 국내부문 간의 거래만으로는 부족한 문제를 해결하기 위함이듯이, 정부와 공공부문이 존재하는 것은 민간부문 간의 거래만으로는 부족한 문제를 해결하기 위함이다.[3] 경제학자들이 흔히 시장(민간부문)과 정부(공공부문)를 대비해서 문제를 이해하는 것은 이러한 인식

3 이는 경제학자들의 접근방식을 설명하는 것이지 그렇기 때문에 정부가 생겨났다고 주장하는 것은 아니다.

에 기초한 것이다. 우리도 그러한 관점에서 정부의 경제적 역할에 관해 이해할 수 있다.

정부는 민간부문에 맡겨 두어서는 안 되는 일을 하는 경제주체이다. 그 대표적인 사례가 전 항에서 언급한 국가의 근간을 형성하는 작업이다. 이 일의 근본은 그 나라에서 활동하는 경제주체들 누구나가 준수해야 할 '게임의 룰'을 제정해서 집행하는 것이다. 국가와 국민의 행위를 규율하는 규범 그리고 그것을 구체화한 법을 제정해서 집행하는 일은 정부의 리더십을 요하는 일로서 정부가 담당해야 할 대표적인 책무이다. 경제주체들이 규범을 잘 따르도록 유도하는 장치가 제도와 기구이다. 정부는 그러한 제도를 만들고 필요한 기구나 기관을 설립해서 운영하는 책무도 지닌다. 이러한 일은 민간부문의 어느 특정 그룹에게 맡겨둘 수 없는 성질의 것이다.

공공재를 제공하는 책무를 지는 데서 보듯이 정부는 민간부문이 하지 못하는 일을 하는 경제주체이기도 하다. 국방 및 치안 서비스가 대표적인 공공재이다. 이런 서비스는 국가의 존립과 안전을 위해 반드시 필요하지만, 민간부문에서 제대로 공급하기 어렵고 또 그처럼 중요한 일을 민간기업에게 맡길 수 없는 일이므로 공익을 도모하는 정부가 나서서 해결해야 한다.

자라나는 아동들을 교육시키는 일도 공공재의 성격을 띤다. 정부가 초중등 교육을 무상으로 제공하며 동시에 의무화하는 것은 그런 까닭에서이다. 그러나 학교 교육의 전부가 공공재가 되는 것은 아니며 공공재라고 해서 반드시 정부가 직접 나서서 해당 서비스를 제공할 필요도 없다. 사립 교육기관들이 제공하는 교육 서비스에 대한 수요가 큰 데서 그러한 점을 볼 수 있다.

기초연구활동을 지원하는 것이 정부의 책무이다. 기초연구는 전형적인 공공재이다. 기초연구의 결과물이 공표되면 대가를 지불하지 않는다고 해서 사용하지 못하게 할 방도가 없고(비배제성) 또한 내가 그 지식을 사용한다고 해서 남들이 사용할 몫이 줄어들지도 않는다(비경합성). 기초연구가 공공재이므로 시장에 맡겨두면 기초연구가 전혀 이루어지지 않거나 아주 조금만 이루어지게 되므로 정부가 나서야 한다. 한편 이 경우에도 정부가 직접 기초연구를 수행할 필요는 없다. 민간부문의 기초연구를 지원해주되 그 결과물을 공공의 것으로 하면 된다.

정부가 사회자본 형성에서 주도적인 역할을 담당하게 되며 아마도 최선진국을 제외한 대부분의 나라에서는 그렇게 해야 할 것이다. 사회자본이란 특정한 개인의 소유물이 아닌 자본으로서 그것이 제공하는 서비스가 사회구성원 모두에게 혜택을 주는 것을 지칭한다. 이에는 사회간접자본 즉, 하드인프라 그리고 사회의 규범, 관행, 제도, 기구와 기관 등 소프트인프라가 있다. 사회자본을 형성하는 일은 정부만이 할 수 있거나 정부가 독점해서 해야 할 일이 아니다. 그렇더라도 정부가 선도적인 역할을 수행함이 옳다. 그중에서 사회간접자본을 건설하고 관리하는 일은 전통적으로 정부가 맡아왔으나 지금은 민간기업에게 맡기기도 한다. 소프트 사회자본 형성에는 학계, 언론계, 업계, 노동계, 비정부기구, 국회, 행정부, 사법부 등이 모두 참여하고 있지만 입법, 사법, 행정을 포괄하는 정부가 주도적인 역할을 맡는 것이 관행이다.

경제학자들은 비경합성(非競合性, non-rivalry)과 비배제성(非排除性, non-excludability)이라는 특성을 동시에 지닌 재화와 서비스만 공공재로 정의하지만, 보통 사람들은 공공성(public in nature)을 띤 재화와 서비스를 모두 공공재로 인식하는 경향이 있다. 이를 반영하듯 정부가 제공하는 공공서비스의 종류가 계속해서 늘어나는 경향이 있다.

정부는 시장의 불완전한 측면을 보완하고 시정하는 역할을 수행한다. 위에서 논의한 공공재의 경우 외에도, 정보의 비대칭성이 낳는 도덕해이와 역선택, 조정실패로 인한 상생기회 상실, 외부경제 또는 외부비경제, 규모의 경제로 인한 독점 등이 야기하는 문제들을 해결할 책무를 진다. 정부는 대개 규제를 활용해서 시장의 불완전한 측면을 보완하고 시정한다.

소득이나 재산의 분포상태가 지나치게 불평등해지는 것이 시장이 실패하기 때문이라는 생각에서 불평등상태를 시정하는 것이 정부의 책무라는 생각이 영향력을 얻어 가고 있다. 모든 국민이 사람답게 살 수 있어야 한다는 원칙을 내세워서 복지정책을 수행하는 게 현대 정부의 가장 중요한 책무라는 주장도 힘을 얻고 있다. 20세기 후반부에 들어와서 많은 수의 국가들이 다양한 복지프로그램을 도입해오고 있다. 이런 경향은 우리나라도 마찬가지이다. 특히 1997년에 외환위기를 겪은 이후에 복지에 대한 관심이 폭발적으로 고조되면서 우리나라도 복지국가를 향한 여정에 돌입하였다. 복지정책을 수행하는 게 정부의 책무라는 데 대해서 이의를 제기하는 사람은 없다.

정부의 역할에 관해서 일찍이 애덤 스미스가 설파한 바가 지금도 유효하다. 국민을 외부로부터의 폭력과 침략으로부터 보호하는 일, 개개인을 그 사회의 다른 구성원이 행하는 정의롭지 못한 행동과 억압으로부터 보호하는 일(스미스는 이를 정의를 구현하는 통치를 행하는 일이라고 했다), 그리고 한 개인이나 소수의 집단으로선 결코 그렇게 할 의도도 능력도 없는 공공의 기관을 설립하고 운영하는 일이 정부가 해야 할 세 가지 의무라고 말한 스미스(1776)의 사상은 아래 인용문에 잘 나타나 있다.[4]

> According to the system of natural liberty, the sovereign has only three duties to attend to; three duties of great importance, indeed, but plain and intelligible to common understandings: first, the duty of protecting the society from violence and invasion of other independent societies; secondly, the duty of protecting, as far as possible, every member of the society from the injustice or oppression of every other member of it, or the duty of establishing an exact administration of justice; and, thirdly, the duty of erecting and maintaining certain public works and certain public institutions which it can never be for the interest of any individual, or small number of individuals, to erect and maintain; because the profit could never repay the expence to any individual or small number of individuals, though it may frequently do much more than repay it to a great society. Adam Smith([1776] 1937), p. 651

4 스미스를 인용하는 것은 장오현의 제안을 수용한 것이다.

6.2.2 정부의 한계

정부가 경제적 역할을 수행하는 데는 뚜렷한 한계가 있음을 인식할 필요가 있다. 우리는 흔히 정부[5]는 모든 것을 알고, 모든 것을 할 수 있으며, 언제나 공공선에 이바지한다는 착각 속에서 살아간다. 게다가 정부가 하는 일에도 비용이 수반된다는 생각은 좀체 하지 않는다. 이러한 착각이 일반화되면 시간이 흐를수록 경제활동에서 정부가 차지하는 영역이 증대되며 그 결과 경제운영의 생산성이 저하된다. 정부가 너무 작거나 무력해서는 안 되지만 그렇다고 해서 너무 크거나 강해도 안 된다. 적정 규모를 유지하면서 정부가 해야 할 일을 효율적으로 처리하는 유능한 정부가 바람직하다.

정부는 결코 전지(全知, all knowing)한 존재가 아니다. 경제가 단순하던 예전에는 나라가 어떻게 돌아가는지 정부가 파악할 수 있었으나, 구조가 복잡해지고 수시로 상황이 변화하는 현대경제에서는 정부라고 해도 모든 것을 정확하게 알 도리가 없다. 그러므로 정부가 모든 것을 다 알고 거기에 맞춰서 최선의 방안을 도출할 것으로 기대해서는 안 된다. 이것은 무엇보다도 정부가 무슨 일이든지 다 하려고 시도해서는 안 될 것임을 의미한다. 완벽할 수는 없지만 시장만큼 정보처리에 능숙한 체제는 존재하지 않는다.

정부는 전능(全能, all powerful)하지 않다. 말할 필요도 없지만 정부라고 해서 모든 것을 다 잘할 수 있는 것은 아니다. 정부가 할 수 없는 일이 많으며, 정부보다 시장이 더 잘하는 일도 많고, 할 수 있더라도 해서는 안 될 일도 많다. 그러니 정부는 해야 할 일 중에서 시장보다 더 잘할 수 있는 일을 골라서 해야 한다. 경제활동의 적어도 80% 이상은 정부보다 시장이 더 잘한다.

정부는 전선(全善, goodness itself)하지 못하다. 경제정책을 입안하고 집행하는 정치 지도자들과 관료가 그들의 시간과 정력을 사적 이익을 완전히 배제한 채 오로지 국리민복을 위해서 헌신할 것으로 기대하면 오산이다. 그들도

5 여기에서 정부란 정책을 펴는 관료, 정책의 구체적 내용, 그것을 입안하고 집행하는 데 필요한 조직을 모두 포괄하는 개념이다.

일반 국민과 마찬가지로 사적 이익을 추구한다. 그러므로 정치인과 관료가 전선한 존재라는 생각을 버리고 그들이 이기적인 동기에서 입안하고 집행하는 정책이 결과적으로 국리민복 증진에 기여하도록 제도를 설계해야 한다.

우리가 정부에 대해 갖는 또 하나의 심각한 오해는, 정부가 하는 일에는 별로 비용이 들지 않는다고 착각하는 것이다. 정부라고 해서 공짜로 할 수 있는 일은 하나도 없다. 지금 공짜인 것처럼 보이는 일도 당장은 아니라도 미래에 누군가가 비용을 부담해야 한다. 그 누군가는 대개의 경우 우리 모두이다. 그런데도 우리는 정부는 비용을 적게 들이고도 일을 처리할 수 있고 비용이 들더라도 내가 부담하는 게 아니니 괜찮다고 착각한다.

다시 한번 강조하거니와, 정부는 결코 전지·전능·전선하지 않다. 할 수 없는 일도 많고, 할 수 있더라도 잘하지 못하는 일이 많고, 해서는 안 되는 일도 많다. 그리고 정부가 하는 일에는 반드시 비용이 수반된다. 지금 당장은 내가 그 비용을 부담하지 않아도 되는 것 같지만 돌고 돌아서 결국은 내게도 비용이 귀속되게 마련이다.

정부가 경제에서 차지하는 비중이 비대해지는 것을 경계해야 하는 근본적인 이유는 정부는 '공유'를 지향함에 반해 시장은 '사유'를 지향한다는 데 있다. 정부의 영역이 증대되면 그에 비례해서 사유의 영역이 줄어든다. 사유의 영역이 지나치게 축소되면 경제가 발전하지 못하게 된다. 정부는 자유의 영역을 축소하는 경향을 지니며, 경쟁을 제한하려 들고, 집권자의 마음에 드는 변화와 혁신만 중요시하는 경향을 갖기도 한다. 이 역시 경제발전에 걸림돌이 된다.

6.3 경제정책과 경제발전

정부가 집행하는 경제정책 가운데서 재정정책, 통화금융정책, 경쟁정책 그리고 산업정책이 경제발전에 대해 미치는 영향에 관해서 알아보기로 하자.

6.3.1 재정정책과 경제발전

정부는 세금을 거두어서 공공지출에 사용한다. 세금에는 일정한 기간 중에 발생한 소득에 매기는 소득세, 보유 중인 재산에 매기는 재산세, 상품과 서비스를 거래할 때 매기는 거래세, 권리를 등록할 때 매기는 등기세, 재산이동에 대해 매기는 상속세와 증여세 그리고 외국과의 거래에 대해 매기는 관세 등이 있다. 어떤 종류의 세금이건 세금을 내는 사람의 소득이나 재산 가치는 세금을 낸 것에 상응해서 줄어든다.

정부가 매기는 세금이 가처분소득을 줄이고, 재산보유비용을 증가시키며, 거래비용을 증가시키고, 상속하거나 증여하는 행위의 비용을 증가시키므로 그런 행위를 하는 사람에게 영향을 주게 된다. 소득에 세금을 매기면 세금을 내고 줄어든 소득을 보충하려고 더 일할 수도 있고 일해 보았자 세금으로 빼앗기니 덜 일할 수도 있다. 실증자료가 가리키는 바는 세금을 무겁게 매기면 소득창출 의욕이 감퇴한다는 것이다. 보유세를 높이면 재산을 보유하는 기회비용이 증가하므로 재산을 가지려는 유인이 줄어든다. 거래세를 매기면 거래비용이 상승해서 거래가 위축된다. 이 점은 상속세나 증여세의 경우에도 비슷하다.

이처럼 세금을 매기면 경제활동이 위축되는 경향이 생기므로 가능하면 세금을 적게 매기는 것이 바람직하다. 그러나 정부가 세금을 매기는 주된 이유는 그것을 공공지출을 위한 재원으로 쓰거나 복지비용에 충당하기 위함이다. 그러므로 세금을 매기는 일이 부작용을 낳는다 해도 정부가 행하는 공공지출과 복지지출이 필요하고 타당하다면 세금을 매기는 게 옳다. 사실 우리가 낸 세금에 비례하는 것은 아니지만 우리는 누구나 공공지출 또는 복지지출의 수혜자가 된다.

조세가 경제행동에 영향을 주는 것은 어떤 행위에 대해 세금을 매기느냐와 세금을 얼마나 무겁게 매기느냐에 의해 정해진다. 경제발전이라는 측면에서 보면, 경제발전에 도움이 되는 행위에 대해서는 세금을 가볍게 매기고 경제발전에 도움이 되지 않거나 해가 되는 행위에 대해서는 세금을 무겁게 매기는 것이 좋다. 세금을 얼마나 많이 매기는 게 좋은가 하는 점은 재정지출의 규모와 직결되는 문제다. 따라서 이것은 재정지출의 적정 규모가 얼마나 되느냐 하는 점과 재정지출이 얼마나 효과적으로 쓰이느냐 하는 문제와 연결해서 생각해야 한다. 원론적으로 이야기하자면 국가가 추구하는 목적에 비추어서 적정한 규모의 공공지출을 집행하는 데 필요한 만큼 세금을 매기되 부작용이 가장 작은 방식으로 하는 게 옳다고 할 수 있다.

정부는 국민에게서 거둔 세금을 크게 나누어서 공공소비, 공공투자 그리고 이전지출에 사용한다. 공공소비란 국민들이 필요로 하는 공공서비스를 제공하기 위한 공공지출을 말한다. 국방, 치안, 대중교통, 상하수도, 공교육, 공공보건위생, 공원, 공해방지 등을 위한 공공지출이 공공소비에 해당된다. 도로, 철로, 항만, 공항, 교량, 터널, 댐, 수리관개시설, 공단, 발전소 등 하드인프라 건설을 위한 공공지출이 공공투자에 해당된다. 정부는 또한 이전지출을 집행한다. 이전지출이란 어떤 구성원들에게서 거둔 세금을 다른 구성원들에게 넘겨주는 일을 가리킨다. 부자에게서 거둔 세금을 가난한 사람에게 나누어준다든지 기업에게서 거둔 세금을 저임금 근로자에게 나누어준다든지 국민에게서 거둔 세금을 해외원조에 쓰는 것이 이전지출에 해당된다.

공공소비지출은 국민들의 효용을 직접적으로 증가시킨다. 정부가 존재하는 이유 가운데 하나가 민간 스스로가 해결하지 못하는 공공서비스를 제공하는 데 있으므로 공공소비지출이 필요하다. 공공소비지출에는 적정 규모가 있다. 그 나라 경제가 필요로 하는 공공재를 효율적으로 제공할 수 있는 수준이 그것이다. 공공소비지출이 너무 방대해지면 민간부문에서 어차피 자기들이 하려고 했던 지출을 줄이게 되고 또한 낭비로 흐를 가능성이 높아진다. 실증적으로 보면 그 나라 GDP의 약 12% 정도를 공공소비지출에 쓰는 것이 합당해 보인다. 공공소비지출을 통해서 국가가 국가로서의 역할을 수행하게 되므로 효율적으로 집행되는 적정 규모의 공공지출은 경제발전에 도움이 된다.[6]

6 이지순(2007)을 참조하라.

공공투자지출은 경제활동에 도움을 주는 하드인프라 구축과 관리를 위해 필요하다. 제3장에서 알아보았듯이 하드인프라는 아주 중요한 생산요소의 일부가 된다. 효율적으로 작동하는 적정 규모의 하드인프라가 갖추어져 있을 때 경제가 원활하게 돌아간다. 도로, 철로, 항만, 공항, 교량, 터널 등의 교통인프라 사정이 열악하면 물류비용 증가로 애를 먹게 되고, 교육, 보건위생, 의료, 상하수도 등의 하드인프라가 부실하면 인적자본이 정상적으로 형성되기 어렵다. 발전소와 송배전설비와 같은 에너지 관련 하드인프라가 부실하면 경제활동 전반에 주름살이 생긴다. 공공투자지출에도 적정 규모가 있다. 너무 적으면 경제활동이 차질을 빚게 되고 너무 많으면 민간부문의 투자를 구축하게 된다. GDP의 6~7% 그리고 일반 정부재정지출의 1/3 정도가 적정 규모인 것으로 판단된다. 공공지출 가운데 공공투자지출이 경제발전에 제일 크게 기여한다.

이전지출은 경제발전을 위해서라기보다는 경제사회의 지속가능성을 강화하기 위해서 이루어진다. 포용과 배려 그리고 베풀고 나누는 것을 통해서 전 구성원들이 조화롭게 공존 공영하는 것이 국가의 존립 목표라고 할 수 있다. 당연한 말이지만 국가는 어느 특정 계층의 사람들만을 위한 것이 아니다. 모든 국민이 법 앞에 평등하고 모든 국민이 사람답게 살 수 있는 나라가 좋은 나라다. 그러나 현실 세계에서는 모든 국민이 똑같이 잘산다는 것은 실현 불가능한 꿈이다. 그것을 기치로 내건 공산주의나 사회주의 사회의 실상을 들여다보면 모든 사람이 똑같이 잘사는 게 아니라 극소수는 아주 잘살고 나머지 절대 다수는 아주 못사는 것을 알 수 있다. 사람들 사이의 차이를 인정하는 자본주의 시장경제에서 사는 사람들이 더 잘산다. 문제는 자본주의 시장경제에서도 아주 못사는 사람이 있고 또한 여러 가지 악조건 때문에 남들과 경쟁하기 어려운 사람들이 있다는 데 있다. 그러한 사람들을 보호하고 그렇지 않은 사람들과 함께 갈 수 있도록 해 주는 게 국가와 사회의 책무이다.

이전지출의 일차적 목적이 경제발전에 도움을 주자는 데 있지는 않다. 그것은 발전을 희생하더라도 더불어 살자는 이상을 실현하는 데 필요한 비용의 성격을 지닌다. 그런 의미에서 이전지출을 다른 의미에서의 투자로 봐야 한다는 주장이 설득력을 갖는다. 그렇지만 매사에서 그렇듯이 이전지출에도 적정 규모가 있다. 그것이 꼭 필요한 사람에게 도움을 주는 수준을 벗어나서 확대되면 복지수혜자들을 점점 더 복지 의존적이게 만든다. 이전지출이 확대된다는 것은 복지수혜자가 늘어남을 의미하는데 이는 더 많은 수의 국민이 '남의 돈'으로 살겠다는 생각을 갖게 만든다. 그 상태가 더 지속되면 '남의 돈'이라는 생각이 사라지고 원래 내 것인데 그동안 부당하게 빼앗겼던 것을 되찾는다는 생각을 갖게 된다. 일이 그 지경에 이르면 '놀고먹으려는' 사람이 늘어난다. 그렇게 되면 그동안 열심히 일하던 사람들도 계속해서 열심히 일할 의욕을 상실하게 된다. 이는 조만간 과잉복지로 인한 망국으로 이끈다.

경제적 합리성을 따져서 복지지출 규모가 정해지는 법은 거의 없다. 언제나 정치적인 목적을 위해 복지 프로그램이 도입된다. 한번 도입된 복지 프로그램은 없애는 게 거의 불가능하다. 그 결과 복지지출은 늘면 늘어나지 쉽게 줄지는 않는다. 국가가 부도사태에 빠져 파탄이 나야 재정비가 가능한 게 복지프로그램이다.

우리나라에게는 복지 프로그램을 도입할 때 더욱 신중을 기해야 할, 남들과는 다른, 아주 중요한 이유가 있다. 그것은 북한의 장래와 관련된 문제이다. 우리가 언제인가는 통일을 이뤄서 남한과 북한이 하나가 되기를 바란다면 마땅히 거기에 대비해야 한다. 우리가 대비해야 할 것이 수없이 많지만 복지지출과 관련해서는 지금 남한이 실행하고 있는 모든 복지 프로그램이 통일이 되는 순간 북한 동포에게도 동일하게 적용될 것이라는 사실에 유념해야 한다. 예를 들자면 우리가 남한의 고령자들에게 1인당 30만원씩 기초노령연금을 지급한다면, 통일과 더불어서 북한의 노령층 주민 거의 모두에게도 1인당 30만원씩 주어야 된다는 이야기이다. 이점은 무상급식, 무상보육, 청년수당 등 모든 복지 프로그램에 대해 해당되는 일이다.

6.3.2 통화금융정책과 경제발전

한 나라의 통화제도를 유지하고 통화의 가치를 안정적으로 유지하도록 관리하는 일은 정부의 책무이다. 행정부와 일정한 정도 거리를 유지하는 중앙은행이 통화관리의 책임을 맡고 있는 것은 정부부서에서 직접 관장하게 되면 생길 수도 있는 부작용을 줄이기 위한 것일 뿐이다.

중앙은행은 통화가치를 안정적으로 유지하는 한편 실물경제가 원만하게 작동하는 데 필요한 적정량의 유동성을 공급할 책임을 진다. 2008년 금융위기 이후에는 금융시스템의 거시건전성 유지 및 강화도 중앙은행의 책무로 대두되고 있다. 한 나라 통화와 다른 나라 통화와의 교환비율인 환율의 변동 상황을 살피고 국가 간 자본이동을 감독하는 일 역시 중앙은행의 책무이지만 우리나라에서는 기획재정부가 외환정책을 관장하고 있다.

우리나라의 중앙은행인 한국은행은 최근 여러 해에 걸쳐서 비교적 원만하게 그 책무를 수행하고 있다는 평가를 받는다. 경제위기의 와중에서 대규모의 양적 팽창을 서슴지 않았던 미국, 일본, EU의 중앙은행과는 달리 한국은행은 신중하게 정책을 펼쳐온 결과 과잉 공급된 유동성이 낳는 난제들로부터 비교적 자유롭다. 다만 과도한 가계부채, 실물경제의 부진과 고용불안, 부동산 문제 등에 있어서 중앙은행이 제 역할을 다하지 못하고 있다는 비판을 받기도 한다.

통화금융정책이 경제발전에 직접적으로 도움을 주거나 해악을 끼치지는 않는다. 중앙은행이 물가와 이자율을 적정 수준에서 안정적으로 유지하는 가운데 실물경제가 원활하게 순환하는 데 필요한 만큼의 유동성을 공급하는 데 성공하면, 경제안정과 적정량의 유동성에 힘입어서 경제가 원활하게 돌아간다. 그러나 그렇다고 해서 그것이 직접적으로 고용을 늘리거나, 투자증대를 유발하거나, 기술진보를 촉발하지는 않는다. 반면에 중앙은행이 통화정책을 잘못 운영하면 경제가 파탄에 빠질 가능성이 높아지고 그렇게 되면 경제발전도 타격을 받게 된다.

중앙은행이 경제를 파탄에 빠뜨릴 수도 있는 경우는, 유동성을 지나치게 적게 공급해서 신용경색을 유발하거나 그 반대로 유동성을 지나치게 많이 공급해서 거품이 생성될 여건을 만드는 것이다.

유동성 공급이 원활하게 이루어지지 않으면 돈이 잘 돌지 않아서 거래에 커다란 지장이 생긴다. 이자율과 어음부도율이 상승하며 파산하는 업체가 속출하고 실업자가 생겨난다. 신용경색은 주식과 부동산 가격의 갑작스러운 하락을 유발할 수도 있다. 어떤 경우에건 돈과 실물의 흐름에 큰 차질이 생기게 되고 그 결과 경제활동이 위축된다.

중앙은행이 유동성을 지나치게 많이 공급해도 문제가 된다. 유동성이 과잉공급되면 돈이 돌고 도는 속도가 빨라지면서 부동산이나 주식 가격의 거품을 만들기 시작한다. 시중에 풍성하게 풀린 자금이 돈 될 만한 대상을 찾아서 몰려들기 때문에 자산의 실제 가치를 웃도는 가격 거품이 생기게 되는 것이다. 거품은 일단 형성되면 한동안 반복해서 더 커지는 경향이 있다. 그렇지만 거품은 반드시 붕괴된다. 왜냐하면 거품은 말 그대로 거품이기 때문이다. 본질적 가치보다 터무니없이 높게 형성된 자산 가격이 영원히 지속되는 경우는 없다. 문제는 거품이 생성되었다가 붕괴되는 과정에서 수많은 투자자(투기자)들이 재산손실을 보게 된다는 데 있다. 게다가 그들이 은행에서 빌린 돈으로 투자에 나섰다면 그들에게 돈을 빌려준 은행들마저 위기에 빠질 수 있다. 이는 금융위기로 이어져서 경제에 큰 충격을 줄 수 있다.

중앙은행이 유동성을 너무 많이 공급한 결과로 경제가 파탄에 이른 실례가 2008년에 터진 미국발 금융위기이다. 금융위기의 직접적 원인은 주택담보채권의 부실화에 있었지만, 은행들이 신용이 불량한 주택 구매자들에게도 돈을 꿔줄 수 있었던 것은, 미국 연방준비제도(Federal Reserve System, FRB. 연방준비은행)가 여러 해에 걸쳐서 확장지향적인 통화정책(easy monetary policy)을 펼쳐온 결과 시중에 유동성이 넘쳐났기에 가능했던 일이다. 그러므로 2008년 미국발 금융위기의 근본적인 원인은 미국의 중앙은행인 연방준비제도의 통화정책 실패에 있다.

이와 같이 통화정책은 잘하면 경제발전에 대해서 중립적이지만 잘못하면 경제발전에 대해서 대단히 부정적인 결과를 초래한다.

금융정책은 금융기관, 금융시장, 금융상품, 금융소비자와 관련된 일련의 정책을 지칭한다. 금융정책은 통화정책과 겹치는 부분도 있고 그렇지 않은 부분도 있다.

금융기관 중에서 간접금융기관인 일반은행은 통화금융기관이라는 별칭에서 알 수 있듯이 중앙은행이 시행하는 통화정책의 집행기관이기도 한다. 중앙은행은 일반은행에게 자금을 빌려주기도 하고 일반은행으로부터 예수금을 받는다. 일반은행은 중앙은행이 통화조절을 위해 국채를 사거나 파는 금융시장에 주요 고객으로 참가한다. 무엇보다도 중요한 것은 일반은행이 현금화폐를 준비자산으로 해서 예금화폐를 발행해서 유통시킨다는 사실이다. 그 명칭에서 알 수 있듯이 일반은행이 발행하는 예금화폐는 통화량의 중요한 일부가 된다. 흔히 통화량이라고 하면 중앙은행이 발행한 현금화폐 중에서 준비자산으로 은행권 내에 남아 있는 것을 제외한 소위 시중에 유통 중인 현금화폐와 시중은행이 발행한 예금화폐를 합친 것을 의미한다. 현대 경제에서는 통화량에서 예금화폐가 차지하는 비중이 상당히 높다. 이는 그만큼 통화금융기관으로서 일반은행이 갖는 중요성이 매우 큼을 의미한다.

통화금융기관으로서 일반은행은 중앙은행의 유관기관인 금융결제원의 회원이 되어서 경제 내에서 이루어지는 모든 종류의 거래에 수반되는 지급결제업무를 일괄해서 처리한다. 지급결제시스템(accounting system of exchange)에 참여한 은행들의 지급결제서비스에 차질이 생기면 금융거래는 물론이고 실물거래에도 큰 차질이 생긴다.

시중은행이 지급결제업무를 충실하게 수행하지 못하는 일이 발생하기도 한다. 이는 부분지급준비금제도(fractional reserve system)와 관련이 있다. 일반은행이 예금화폐를 발행할 때 중앙은행이 발행한 현금화폐를 준비자산으로 보유하는데 그 까닭은 예금화폐는 그 소지자의 요구가 있을 때 지체 없이 현금화폐로 교환해줄 것을 약속하는 태환화폐이기 때문이다. 예금자의 태환요구에 대응하기 위해서 준비금을 보유하는 것이다. 그런데 은행들은 오랜 영업 경험에서 예금화폐 발행액의 아주 적은 부분에 해당하는 현금화폐를 준비금으로 갖고 있어도 아무런 문제가 되지 않음을 알게 되었다. 그 결과 현대경제에서는 5%~10% 정도의 준비금만 갖고 있는 것이 관행으로 되어 있다. 이것이 부분지급준비금제도이다.

부분지급준비금제도가 평소에는 아무런 문제도 야기하지 않는다. 예금자가 현금을 인출해 가더라도 그게 돌고 돌아서 다시 은행 시스템으로 들어오기 때문이다. 그러나 은행의 신뢰도에 금이 가면 한순간에 예금을 인출하려는 사태 즉, 뱅크런(bank run)이 발생할 수 있고, 예금인출사태를 조기에 수습하지 못하면 해당 은행이 지급불능상태에 빠지면서 자칫 그것이 다른 은행으로 전이되면 은행시스템 전체가 마비될 수도 있다. 소위 은행공황(banking panic)이 생기면서 끝내는 은행위기(banking crisis)로 번지게 되는 것이다. 은행위기가 발생하면 경제활동이 멈춰버릴 정도의 위기상황이 발생한다. 바로 이런 연유에서 예금인출사태가 발생하지 않도록 하고 예금인출의 기미가 보이는 즉시 중앙은행이 개입해서 얼마든지 예금을 찾을 수 있다는 신뢰를 줌으로써 예금인출사태를 방지할 수 있다. 이것이 금융정책과 통화정책이 겹치는 분야에서 중앙은행이나 금융정책 당국이 경제의 원만한 성장 발전을 위해 기여할 수 있는 최소한의 일이다.

금융은 그것이 없었을 때는 할 수 없었던 거래를 가능하게 하거나, 금융이 없었을 때도 거래가 가능하기는 했지만 비용이 많이 들던 거래를 훨씬 더 저렴한 비용으로 거래할 수 있도록 해준다. 즉, 거래비용을 낮춰준다. 금융이 거래비용을 낮춰준다는 것은 그만큼 경제가 더 효율적으로 돌아가게 됨을 의미한다. 그런 의미에서 금융은 우리가 제3장에서 보았던 생산성의 구성요소인 경제운영의 효율성 E와 관련된다. 금융이 가능해지면 그것이 부재할 때에 비해 효율성의 척도 E가 더 큰 값을 갖게 된다. 같은 논리에서 금융이 더 효율적으로 변모되면 즉, 금융발전으로 금융의 효율성이 개선되면, 효율성의 척도 E는 또다시 더 큰 값을 갖게 된다. 경제운영의 효율성을 나타내는 척도 E가 종전보다 큰 값을 갖게 되면, 생산을 위해 투입하는 각종 생산요소의 양과 성능이 불변이고 기술수준에 변화가 없더라도 총생산량과 1인당생산량이 증가하게 된다. 즉, 금융이 그리고 금융발전이 경제발전에 도움을 준다.

그렇지만 금융이 경제운영의 효율성을 높여줌으로써 경제발전에 기여하는 경로는 그 효과가 제한적이다. 경제운영의 효율성을 재는 척도 E를 개선하는 일이 쉽지 않고 게다가 E가 그 최대치인 1에 근접해갈수록 E의 값을 크게 만드는 일은 아주 빠른 속도로 어려움이 가중된다. 이를 금융발전과 연관지어서 얘기하자면, 금융발전을 통해 금융의 효율성을 제고함으로써 경제운영의 효율성을 높이는 일의 한계생산성이 아주 빠른 속도로 체감한다는 것이 된다.

금융은 또한 축적 가능한 생산요소인 인적자본과 하드인프라 포함 물적자본과 자연자본의 축적이 효율적이면서도 신속하게 이루어지도록 함으로써 경제발전에 기여한다. 금융이 사회자본 형성에 어떤 영향을 주는지는 잘 알려져 있지 않다. 그런데 물적자본이나 자연자본 축적에 도움을 주는 것을 통해서 경제발전에 기여하는 금융의 역할 역시 비교적 빠른 한계생산성체감에 직면하게 된다. 이는 금융의 한계공헌도가 체감하기 때문이기도 하지만 축적의 대상인 물적자본과 자연자본 그 자체가 한계생산성체감에 직면하기 때문이기도 하다.

금융이 인적자본 형성에 도움을 주는 경로는 그 효과가 오래 지속될 수도 있다. 인적자본은 물적자본이나 자연자본과는 달리, 한계생산성체감의 법칙의 예외가 될 수 있기 때문이다. 금융은 지식정보기술 T의 발전에 대해서 긍정적인 영향을 줄 수 있다. 미국 실리콘 밸리에서 벤처금융이 수행하는 역할을 생각해보면 금융이 지식정보기술 T의 발전 속도를 높이는 데 매우 긍정적인 기능을 수행함을 알 수 있다. 그런데 T의 발전 속도를 높인다는 것은 곧 1인당소득의 증가율을 높인다는 것과 같으므로, 금융이 T에 대해 미치는 긍정적인 영향은 '수준효과(level effect)'가 아니라 '성장효과(growth effect)'라는 아주 중요한 특징을 가진다.

정리하자면, 금융발전이 물적자본 K나 자연자본 N의 축적을 도와줌으로써 경제발전에 기여하는 것은 수준효과이고, 지식정보기술 T의 발전 속도를 높이는 것을 통해 경제발전에 기여하는 것은 성장효과이며, 인적자본 h의 축적을 도와줌으로써 경제발전에 기여하는 것은 수준효과를 낳을 수도 있고 성장효과를 낳을 수도 있다. 금융이 경제의 효율성 E의 개선을 통해서 경제발전에 기여하는 것도 수준효과에 해당한다. 끝으로 금융이 원활하게 돌아갈 때는 생산요소의 축적과정이나 지식정보기술의 발전 그리고 경제운영의 효율성 등이 각각 그 당시의 여건에서 가질 수 있는 최대치를 갖게 되지만, 금융이 파탄에 이르면 생산요소와 지식정보기술의 많은 부분이 사용불능상태가 되고 경제운영의 효율성이 크게 악화된다.

6.3.3 경쟁정책과 경제발전

사유, 자유, 경쟁, 변화와 혁신으로 대표되는 경제발전의 원동력 중에서 자유와 경쟁과 직접적으로 관련을 맺는 것이 경쟁정책이다. 경쟁정책이란 경쟁이 부재한 경우에 경쟁이 일어날 수 있도록 제도와 환경을 개선하고, 자연독점의 성격을 띠어서 플레이어가 하나밖에 존재할 수 없는 경우인 독점기업을 규율하고, 담합행위를 통해서 실질적으로 독점기업처럼 행동하는 과점기업들을 규율하고, 경쟁자의 출현을 방해하는 기득권자의 시장진입 방해행위를 규율하고, 시장지배력을 가진 자가 그의 힘을 오용하거나 남용하는 것을 방지하고, 차별적 지위를 활용한 불공정 거래행위를 규율하고, 사기행위를 방지하고 사기범을 처벌하는 일 등을 통해서 시장이 보다 더 잘 작동하도록 유도하는 정책을 말한다.

진입장벽을 없애거나 낮추는 경쟁정책은 경제활동의 자유를 강화하고 경쟁을 촉진함으로써 경제발전에 기여한다. 진입장벽 가운데는 정부가 세운 것이 많다. 자연독점의 성격이 강하니까 정부가 직접 나서거나 공기업에게 그 일을 맡기고 다른 기업은 그와 동일하거나 유사한 사업을 할 수 없게 하거나, 국가의 기간산업이라는 이유를 들어 몇 개의 민간기업만 참여할 수 있게 하고, 건전한 경쟁을 유도한다는 명목 아래 시장 참여자의 수를 제한하거나, 국내 산업을 보호한다는 명목으로 상품과 서비스의 수입을 제한하거나 해외 경쟁기업의 국내진출을 제한하는 것이 그러한 사례가 된다.

정부가 나서서 경쟁을 제한하는 이러한 일련의 행위가 정말 타당한 것인지 논란이 된다. 한때는 근거가 있었더라도 이제 더 이상 그렇지 않은 경우가 많으며, 기존 플레이어들에게 포획당해서 진입제한을 유지하는 경우도 많다. 한때 정부가 독점하던 항공과 통신 사업을 민간에게 맡긴 후 해당산업이 활성화된 것을 볼 때 체신, 철도, 전력, 가스 사업 등에 민간경쟁자의 진입을 불허하는 게 타당한지 의구심이 생긴다. 수입을 제한하는 것은 전형적인 경쟁제한 조치이다. 우리나라는 1990년대 이후 거의 모든 측면에 걸쳐서 100% 시장을 개방하는 것을 목표로 움직여오고 있다. 그 결과 자유의 영역이 확대되었고 경쟁이 심화되었다.

부당하고 불공정한 경제행위를 규율하는 일은 규범의 측면에서 볼 때 정의로운 일이다. 부당하거나 불공정한 행위는 남의 것을 부당하게 착취하는 행위로서 사유의 원칙에 위배되고, 부당하거나 불공정한 방법으로 타인의 행동을 방해하는 것은 경제자유를 침해하는 행위이다. 마땅히 이를 규제해야 한다. 한 가지 어려운 점은 무엇이 불공정한 행위인지 규정하기가 쉽지 않다는 사실이다. 경쟁정책 당국이 불공정한 행위를 자의적으로 해석해서 합당하지 않은 규제를 남발할 수도 있다.

사유, 자유, 경쟁, 변화와 혁신 등 경제발전의 궁극적인 원동력들이 본래의 힘을 발휘하지 못하도록 방해하는 행위를 규율하는 것은 바람직한 일이다. 그러나 사유, 자유, 경쟁, 변화와 혁신의 힘이 제대로 작동하지 못하게 만드는 규제는 바람직하지 않다. 진입장벽을 새로 구축하거나 기존의 진입장벽을 그대로 유지하는 정책은 경제발전을 저해하는 규제이고, 진입장벽을 낮추거나 철폐하는 행위는 경제발전에 도움이 된다. 소수에게 경제력이 집중되는 것을 방지하고 나아가서 그러한 경제력을 지닌 자가 그것을 오용하거나 남용하는 것을 방지하는 일은 경제발전을 촉진하는 일이다.

변화와 혁신의 힘이 제대로 작동하게 하려면 경쟁정책의 기본 틀을 '법률로 허용한 일 이외는 무엇이건 금지한다'라는 포지티브시스템에서 '법률로 제한한 것 이외에는 무엇이건 할 수 있다'라는 네거티브시스템으로 바뀌야 한다. 현대 경제는 그 누구도 예측하기 어려운 방향으로 변화하는 속성이 강하다. 허용된 것 이외에는 하지 못하도록 하면 새로운 일은 전혀 할 수 없게 된다. 새로운 일은 그것이 제아무리 유용한 일이라 해도 포지티브리스트에 포함시킬 방도가 마땅하지 않다. 아직 일어나지 않은 미지의 일을 허용항목에 넣기는 아주 어렵다. 반면에 리스트에 있는 것 외에는 모두 다 할 수 있다고 규정하면 아직 일어나지 않은 미지의 일들도 할 수 있는 여지가 생긴다. 이런 연유로 해서 네거티브시스템이 포지티브시스템보다 변화와 혁신에 대해 훨씬 더 우호적이다.

경쟁정책은 우리가 제3장에서 보았던 경제발전의 1차적 동인 가운데서 효율성의 척도를 크게 만드는 것과 관련된다. 경쟁을 촉진시킴으로써 경제운영의 효율성을 높이므로 그렇게 된다. 경쟁이 치열해지면 비효율적인 관행을 지닌 '선수'들은 도태되게 마련이고 효율성이 높은 자들만 살아남을 것이다. 그래서 경제전체의 효율성이 증진된다.

경쟁정책으로서 가장 유효한 것은 각종 진입장벽을 과감하게 허무는 것이다. 우리나라에는 아직도 이런저런 이유를 들어서 진입을 제한해 둔 분야가 많다. 전력산업, 천연가스산업, 철도사업, 우편사업이 독점체제로 가동되고 있으며, 농축산물시장개방이 완전하지 않고, 교육·의료·법률 서비스시장이 개방되어 있지 않다. 기득권자의 반발 때문에 진입장벽을 부수지 못하고 있는 분야들이다.

경쟁정책의 방향으로서 한 가지 우려되는 것은, 그것이 경쟁을 촉진한다는 본래의 목적에서 벗어나서 약자를 보호한다는 복지정책의 수단으로 쓰이는 현실이다. 중소영세상인을 보호한다는 명목으로 잘나가는 대기업의 손발을 묶어두려는 시도가 그것이다. 복합쇼핑몰이나 대형편의점의 휴업을 강제하는 조치가 그 대표적인 예다. 동네 병의원을 보호한다면서 대학병원의 자율을 제한하는 것도 마찬가지이다.

6.3.4 산업정책과 경제발전

산업정책이란 수출산업 진흥, 중화학공업화, 정보화, 농수산업 진흥 등의 예에서 보듯이 특정한 산업 또는 특정한 경제활동을 선별적으로 지원해주는 정책을 지칭한다.

산업정책의 대상이 되는 산업이나 경제활동에는 제한이 없다. 정치지도자나 정책당국자가 중요하다고 여기는 산업이나 활동이 대상이 될 수도 있고, 여론주도층들이 미래의 먹거리라고 추천하는 산업이나 활동이 대상이 될 수도 있으며, 경쟁국들이나 세계경제의 동향을 보고서 전략적으로 대상을 선정할 수도 있다. 예를 들어서 이명박 정부가 추진했던 녹색산업 진흥이나 박근혜 정부가 추진했던 창조산업 진흥은 '녹색' 또는 '창조'를 키워드로 하는 관련 산업을 진흥하려는 정책이었다. 최근에 들어와서 많은 전문가들이 인공지능, 사물인터넷, 바이오센서, 무인자동차 등 소위 4차 산업 혹은 지능정보산업을 육성하자고 주장한다. 이는 바로 그런 분야를 산업정책의 대상으로 지정하라는 주장이다.

산업정책의 대상을 선별하는 일은 매우 어려운 작업이다. 어떤 산업이나 활동이 국가경제 발전에 도움이 될지 알기가 어렵기 때문이다. 그 결과 많은 경우에 산업정책은 정치지도자나 정책당국자가 '좋아하는' 산업이나 활동에 대해 특혜를 주는 것으로 변질되기 쉽다. 로비활동과 여론전에 영향을 받아서 본래부터 민간기업들이 진출하려고 계획한 신사업분야를 산업정책의 수혜대상으로 선정하는 경우도 많다. 이 경우 내세우는 이유는 해당 사업이, 성장산업이 되어 우리나라를 먹여 살리게 될 것이다, 일자리를 창출하는 데 최적이다, 낙후된 지역이나 낙후된 산업을 부활시키는 데 적합하다 등 매우 다양하다.

승자와 패자를 선별하는 능력에서 시장경쟁보다 우월한 장치가 없다. 수요자들이 필요로 하거나 원하는 상품과 서비스를 가장 잘 제공하는 기업이 살아남는다. 그러므로 산업정책이 효과를 보려면 시장에 의존하는 선별 장치를 활용함이 좋다. 이때 시장은 현재의 시장은 물론 미래의 시장도 포함하며, 국내 시장은 물론 세계 시장을 포함한다. 결국 국내외 시장동향과 전망을 토대로 해서, 우리나라가 경쟁력을 가장 크게 가질 만한 분야를 선별하는 게 올바른 방향이다. 그러나 산업정책이 그런 방향으로 진행되는 경우는 많지 않다.

과거에 우리나라가 활용했던 수출금융제도가 시장이 승자를 선별하게 만든 매우 효율적인 산업정책 수단이었다. 이는 수출계약을 체결한 기업이 받게 될 대금을 담보로 자금을 융통해주고 수출이 완료되었을 때 원리금을 환수하는 제도였다. 여기에서 중요한 것은 세계시장에서 제품을 판매하는 데 성공한 기업에게 성공한 금액에 비례해서 다른 사람보다 싼 이자를 받고 우선적으로 자금을 융통해 주었다는 점이다. 즉, (세계)시장이 지원 대상을 선별하는 시스템이었다. 수출금융제도의 다른 특징은, 수출기업이 유효한 신용장을 제시하면 그의 거래은행은 거의 자동적으로 자금을 융통해주도록 되어 있었다는 점이다. 이는 금융기관의 자의성을 배제한 조치로서, 절대적으로 자금이 부족한 시기에 일어나기 쉬운 금융부조리를 최소화하는 효과를 낳았다.

정부가 가진 정책수단 전부가 산업정책의 도구가 될 수 있다. 세금을 깎아주고, 제품을 우선적으로 구매해주며, 해당 산업이 필요로 하는 기반시설을 건설해주고, 보조금을 주는 것이 산업정책의 도구가 된다. 정책금융을 활용하고 해당 분야를 특별하게 지원하도록 금융기관을 독려하며, 규제상의 특혜를 주고 진입장벽을 높여서 보호해주는 것도 그렇다. 국가 R&D에서 해당분야를 우대하고, 그들이 필요로 하는 고급인재를 양성하는 대학을 지원하는 것도 산업정책의 일환이다.

산업정책이 과연 필요한지 또 정말로 효과가 있는지에 대해 의문이 제기되고 있다. 우리 경제의 자생력이 커진 만큼 정부가 특정 분야를 선정해서 지원해줄 필요성이 적어졌으며 오히려 지원 대상을 잘못 선정함으로써 생기는 부작용과 지원을 받기 위해 벌이는 경쟁으로 인한 자원낭비가 더 큰 문제라는 것이다. 세계무역기구(WTO)가 통상적인 산업정책을 불공정경쟁행위로 금지하는 것도 고려해야 한다. 그러나 WTO도 인적자본 양성과 연구·개발 진흥 그리고 하드인프라 투자와 같이 불특정 다수를 대상으로 하는 지원정책은 용인하고 있다.

산업정책을 펼침에 있어서도 경제발전의 궁극적인 원동력인 사유, 자유, 경쟁, 변화와 혁신이 지닌 역량이 최대한 발휘될 수 있게 하면 좋을 것이다. 가령 연구개발 활동을 지원할 때, 지원을 받아서 개발한 지적재산을 국가로 귀속시키는 경우에라도 개발한 사람에게 충분한 보상을 줌으로써 사유의 힘을 꺾지 않도록 하며, 자격이 있는 자는 누구나 지원대상이 되는 자유를 부여하고, 한 사람만이 아니라 여러 사람이 경쟁하게 유도하며, 임팩트가 남달리 큰 개발활동이 활발해지도록 성과에 따라 차등 지원하는 게 그러한 사례가 될 것이다.

6.3.5 그 밖의 정책들

위에서 열거한 것 외에도 정부가 하는 일은 어느 것이나 경제발전에 보탬이 되거나 방해가 된다. 교육정책, 노동정책, 무역정책, 외환정책, 복지정책, 환경정책, 외교정책, 국방정책 가운데 직간접으로 경제발전과 관련되지 않은 게 없다. 수월성을 중시하는 교육정책은 경제발전에 도움이 될 가능성이 높고, 평준화를 지향하는 교육정책은 경제발전에는 별 도움이 되지 않을 것이다. 근로자의 권익을 보호하는 정책은 그 자체가 올바른 정책이기도 하지만 사유와 자유의 영역을 확대하는 일이어서 경제발전에도 도움이 된다. 막강한 파워를 지닌 노동조합이 힘을 오남용하는 것은 대기업이 경제력을 오남용하는 것과 마찬가지로 경계해야 할 일이다. 무역장벽을 허무는 정책은 경제발전에 도움이 되고, 무역장벽을 높이는 정책은 그렇지 않다. 유치산업 보호를 목적으로 한 수입제한조치가 정당화되는 경우에라도 일정한 기간 안에 성공하지 못하면 그러한 조치를 중단함이 바람직하다.

복지정책도 마찬가지이다. 조금만 도와주면 자립할 수 있는 사람들을 복지 의존적이게 만드는 복지 프로그램은 생산적이 아니다. 자립심이 강해서 남의 도움을 받는 것을 꺼리는 사람들도 나라가 준다고 하면 거리낌 없이 도움을 받는 경향이 있고, 받는 데 익숙해지면 어느덧 당연히 받아야 하는 것으로 여기게 된다. 그러나 혼자의 힘으로 살아갈 수 없는 사람에게는 조건 없이 도움의 손길을 펼쳐야 한다. 우리 사회에는 그런 사람들이 적지 않다. 능력이 있음에도 그런 사람들을 방치하는 사회는 존재가치가 없다. 사실 우리가 세금을 내는 이유 중의 하나가 공동체의 보살핌을 필요로 하는 사람들을 아우르는 것이다.

6.4 정책목표: 효율과 형평

재정지출을 집행할 때 잘하면 상을 주고 못하면 벌을 주는 신상필벌원칙을 따를 것인지 균등배분 내지는 약자보상(loser compensation)원칙을 따를 것인지가 이슈가 된다.

시장 또는 경쟁의 논리는 잘하는 사람에게는 상을 주고 못하는 사람에게는 벌을 주라는 것이다. 즉, 신상필벌(信賞必罰)이 시장의 논리이다. 시장이 신상필벌의 원칙을 따르는 것은 그것이 발전을 추동하는 가장 강한 힘이기 때문이다. 누기 시키지 않아도 잘하는 사람이 상을 받고 못하는 사람이 벌을 받는 보상체계가 작동하는 곳이 경쟁시장이다.

그러나 정부는 신상필벌을 별로 좋아하지 않는다. 모든 사람을 동등하게 대우해야 한다는 원칙을 앞세워서 $1/N$ 배분 즉, 균등배분의 원칙을 적용하거나, 경쟁에서 낙오된 사람을 도와주는 게 정부의 임무임을 내세워서 잘한 사람보다는 잘하지 못한 사람에게는 더 많이 주는 것을 좋아한다.

조건이 유사한 100개의 마을공동체를 대상으로 소득증대사업을 펼치는 경우를 예로 들어보자. 정부는 첫해에 모든 마을에게 50억원씩 동일한 금액을 지원해주고 각자 나름대로의 소득증대사업을 벌이도록 독려하였다. 사업결과를 보니 100개의 마을이 1억원에서 100억원에 이르기까지 마을마다 1억원씩 증가한 순이익을 냈다고 하자. 두 번째 해에 또 다시 지원금을 배분해야 하는데 각 마을이 낸 순이익과 동일한 금액을 주는 방안(신상필벌)과 모든 마을에 또다시 50억원씩 돌아가도록 100억원의 순이익을 낸 마을에서는 50억원을 걷고, 1억원의 순이익을 낸 마을에는 49억원을 보태주는 방안(약자보상)을 놓고 고심 중이다. 약자보상의 원칙을 따르면 모든 마을에게 다시 한번 50억원이 돌아가게 된다. 그러나 신상필벌의 원칙을 따르면 마을이 받는 지원 금액이 1억원에서 100억원에 이르기까지 매우 다양해진다.

위의 사례에서 알 수 있듯이 약자보상의 원칙을 따르면 잘해도 소용이 없고 잘못해도 손해 볼 게 없다. 그러나 신상필벌의 원칙을 따르면 잘한 마을은 더 잘하려 들고 잘못한 마을은 이번에는 잘해야지 하면서 분발하게 된다. 두 가지 원칙 중 어느 것을 따라야 할지 결론은 자명한 것 같지만 그럼에도 불구하고 약자보상의 원칙을 따르는 게 정부의 관행이다. 이를 보고 불합리하다고 비판하면 효율성을 추구하는 것이 정부의 목표가 아니라 약자를 돕는 게 목표라며 일축한다.

소위 1/*N* 배분원칙은 나눠 먹기식 배분율이다. 이 배분율은 여러 가지 문제점을 지니고 있다. 잘하려는 인센티브를 약화시키는 게 가장 큰 문제다. 잘하거나 못하거나 결과가 같다면 구태여 잘하려고 힘들게 노력할 필요가 무엇이겠는가? 잘했던 사람은 잘해볼 의욕을 잃게 되고 잘못했던 사람은 자기의 과오를 고칠 필요가 없게 된다. 위에서 본 예에서 성공적으로 사업을 수행해서 100억원의 순이익을 냈던 마을도 다음 해에는 어영부영할 가능성이 높다. 잘못하면 정부가 보상해줄 터이니 걱정할 게 없다. 결과는 100개 마을 전체의 총성과나 마을당 평균성과가 큰 폭으로 감소하는 것이다.

또 다른 문제는 1/*N* 배분원칙 또는 약자보상의 원칙이 지켜지는 것을 보고 보상을 받기 위해 달려드는 자가 늘어나는 현상이다. 정부와 거래하면 잘못해도 본전이라는 생각에서 너도 나도 달려들어 1/*N* 로 나누어주는 자금만 받고 겉으로는 열심히 하는 척하면서 실제로는 아무런 일도 하지 않는 자가 출현하게 된다. '정부 돈은 눈먼 돈이다'라는 말이 나오는 연유이다. 그렇게 되면 '눈면 돈을' 찾아 먹는 데 '이골이 난' 사람들이 등장하게 되고, 돈줄을 쥔 정치인들과 관료들이 부패로 물들게 된다.

균등배분의 원칙 또는 약자보상의 원칙이 보편화되어 있는 나라는 발전하기가 어렵다. 노력과 보상 간의 연결고리가 깨어지면 열성을 다해서 행동할 의욕을 잃게 되는 게 평상적인 사람들의 심리이므로 그렇다.

그렇지만 모든 일에 대해서 신상필벌의 원칙을 적용하는 것도 문제가 된다. 선의의 경쟁일망정 본인의 의사와는 무관하게 정해진 선천적이거나 후천적인 요인들로 인해서 처음부터 남들과 대등하게 살아가기가 어려운 사람이 있으며, 열심히 노력했어도 경쟁에서 낙오되는 사람도 있다. 그러한 사람들을 보듬어 안는 게 공동체가 할 일이다. 또한 본인이 열심히 노력하지 않아서 혹은 본인의 실수로 인해서 경쟁에서 낙오된 사람이라고 해서 도외시할 수는 없다. 그들 역시 보듬어줄 필요가 있다.

이렇게 보면 어떤 공동체이건 어느 정도는 균등배분 또는 약자보상의 원칙을 따를 필요가 있다. 신상필벌의 원칙만 고집하는 나라는 공동체 붕괴의 위험성을 갖기 때문이다. 반면에 균등배분 또는 약자보상의 원칙이 과도한 나라는 쇠락할 가능성이 큰 것도 사실이다. 그렇다면 양자 사이의 균형점을 찾아야 하는데 그게 말처럼 쉽지 않다. 이와 관련해서 신상필벌의 원칙에 따라 국가를 경영함으로써 개인과 나라의 흥성을 촉진하되 경쟁에서 이긴 사람들이 그들이 번 것의 좀 더 많은 몫을 공동선을 위해서 자발적으로 내어놓도록 장려하는 게 좋은 대안이 될 수 있다.

6.5 소결론

정치와 정책은 우리가 고려한 사회자본의 핵심요소로서 한 나라를 흥성하게도 하고 쇠퇴하게도 한다. 정치와 정책이 나라의 근간을 정하는 데 결정적인 역할을 하므로 그러하다.

정치인들과 관료들이 사유, 자유, 경쟁, 변화와 혁신이라는 경제발전의 원동력을 강화시키는 방향으로 나라를 이끌면 흥성하고 그 반대의 방향으로 나라를 이끌면 쇠퇴한다. 남한은 성공했고 북한은 실패했다. 마오쩌둥의 중국은 실패했고 덩샤오핑 이후의 중국은 성공했다. 미국은 성공했고 소련은 실패하였다. 서독은 성공하였고 동독은 실패하였다. 미국과 캐나다는 성공하였고 멕시코 이남의 중남미국가들은 그렇지 못하다. 인도는 성공의 길로 가고 있는데 파키스탄과 방글라데시는 그렇지 못하다. 이처럼 세계를 돌아보면 정치와 정책이 경제를 흥하게도 하고 망하게도 한 사례를 수없이 많이 보게 된다.

주권재민을 중시하는 민주주의 국가에서도 실질적으로 정치와 정부를 이끄는 것은 소수의 지도자들인 경우가 많다. 그들의 의사에 크게 반하지 않는 이상 보통 사람들은 지도자가 이끄는 대로 따라가는 경향을 지닌다. 그래서 한 나라의 지도층 인사들이 그 나라가 지향해 나아갈 방향에 대해서 어떤 생각을 갖고 있는가에 따라서 국가의 흥망성쇠가 정해지기 일쑤다. 지도자들이 경제발전의 동력을 강화하는 방향으로 나라를 이끌면 흥성할 것이고 그렇지 않으면 정체하거나 쇠락할 것이다. 이러한 경향은 시스템이 아니라 사람이 운영주체가 되는 나라일수록 더 강하게 나타난다.

제 7 장

경제발전의 궁극적 동인들

이 장(부록 포함)은 이지순(2016a), 「경제성장의 원동력 모색」, 『경제학연구』 64권 1호, 한국경제학회(2016)에 바탕을 두고 있다.

경제발전의 1차적 동인은 한 나라의 구성원 누구나가 근면성실하게 생업에 몰두하고, 각자가 생업을 통해 창출한 소득을 건실하게 사용하고, 절약을 통해 형성한 자원을 지금보다 나은 미래를 만드는 일에 사용하는 데서 나온다. 즉, 근면성실, 근검절약, 투자가 핵심이다. 여기에서 투자는 공장을 짓고 기계장치를 들여놓고 도로와 철도를 건설하는 것만을 지칭하는 것이 아니다. 그것은 인적자본, 물적자본, 사회자본, 자연자본, 기술자본, 정치행정자본 등 생산력의 원천이 되는 각종 '자본'을 늘리는 모든 경제활동을 포괄하는 개념이다. 그렇다면 무엇이 사람들로 하여금 근면성실하게 생업에 종사하게 하고, 근검절약하는 삶을 살게 만들며, 미래를 위해 투자하게 만드는가? 우리는 그런 힘들을 경제발전의 궁극적인 동인이라고 부르는데 사유, 자유, 경쟁, 변화와 혁신이 바로 그것이다. 이 궁극적인 힘들은 규범, 관행, 실정법, 제도, 기구, 정치, 정책 등, 한 나라의 국민들로 하여금 그것들이 규율하는 범위 안에서 살아가도록 하는 것들을 통해서 구현된다. 경제학자들은 이 후자들을 국가의 근간, 초석, 기초 또는 기본이라는 말로 표현한다. 영어로는 fundamentals 라고 부른다.

사유재산을 존중하고, 자유를 보장하며, 경쟁을 촉진하고, 변화와 혁신을 장려하는 속성을 지닌 근간을 가진 국가는 번영하고 그렇지 못한 국가는 쇠퇴한다. 국가의 근간은 저절로 형성되는 것이 아니고 그 나라 국민들의 선택에 의해서 정해지는 것이므로,[1] 국민들이 발전지향적인 속성이 강화되는 방향으로 근간을 세워나가는 나라는 성공하고 발전에 저해되는 속성이 강화되는 방향으로 근간을 변질시켜 나가는 나라는 실패한다. 이때 국민들이 어느 쪽을 선택하느냐 하는 것은 여론 주도층의 설득이나 선동에 영향을 받아서 정해지는 경우가 많다. 그러므로 여론 주도층이 올바른 이념과 사상을 지닌 나라는 국가의 근간을 바로 세우는 방향으로 국민을 인도하지만 그렇지 않은 나라는 국가의 근간을 송두리째 흔드는 방향으로 국민을 인도하게 된다. 왜

1 이는 민주국가를 상정한 이야기이다. 독재자가 국가의 근간을 자기 마음대로 정하는 나라도 아주 많다.

어떤 사람들이 한 나라의 여론 주도층으로 부상하는지 또한 그들이 무엇을 위해 그러한 방향으로 나라를 이끌어 가는지에 관해서는 아직 우리들의 이해가 부족하다.

7.1 경제성장의 비결

7.1.1 경제성장에 비결이 있는가?

경제성장의 비결에 관하여 그동안 제시되어온 가설들을 살펴보면 그들이 다음과 같은 인식을 공유하고 있음을 알 수 있다.[2]

나라 경제를 구성하는 경제주체들 누구나 다 열성을 다해 생산적인 경제활동에 전념한다. 경제주체들이 협력해서 창출한 소득은, 그들의 동의하에 공공의 목적을 위해 세금으로 내는 것 이외에는, 소득 창출에 기여한 바에 따라서 각자에게 합당하게 배분된다. 경제주체들은 그들이 획득한 소득을 소비와 투자에 나누어 쓰게 되는데 이때 소득 중 더 큰 몫을 자신과 후손의 더 나은 미래를 위해 사용할수록 잘살게 된다. 즉, 투자를 해야 경제가 성장한다. 이때 투자는 많이 하는 것만이 능사가 아니라 잘하는 것이 중요하다.

투자의 대상에는 기계나 공장시설 같은 물적자본은 물론 건강 교육 훈련과 같은 인적자본이 포함된다. 연구개발 투자도 더 나은 미래를 만들기 위한 활동이며 사회간접자본을 건설하는 일 역시 중요한 투자가 된다. 가시적인 것은 아니지만 규범, 제도, 기구 등 경제활동을 규율하는 환경을 개선해나가는 일 역시 투자에 해당한다. 미래를 위한 투자의 대종은 가계나 기업 등 사적 경제주체에 의해서 이루어지지만 공적이거나 사회적인 성격을 지니는 투자는 정

2 이 부분은 Weil(2013), Jones & Vollrath(2013), Lucas(2002), Solow(2001) 등의 설명을 반영한 것이다.

부 주도로 이루어진다. 따라서 정부가 유무형의 사회자본 투자에 소홀하거나 잘못하면 경제가 원만하게 성장하기 어렵다.

근로자들이 열심히 일하고 싶어도 일자리가 없고, 학생이 공부하고 싶어도 가르칠 선생님이나 학교가 제대로 마련되어 있지 않으며, 개인들이 투자하고 싶어도 마땅한 투자처가 없다면 경제주체들이 뜻을 제대로 펼칠 수가 없다. 연구개발 활동 역시 마찬가지이다. 아무리 뛰어난 연구개발 능력을 지닌 사람이라 하더라도 자금과 인력이 뒷받침되지 않아서 그것을 활용할 기회를 찾지 못하면 무용지물이 된다. 이 모든 일을 가능하게 하는 것이 기업이다.

자본주의 경제에서 기업가는 자기 또는 타인의 자본을 이용해서 원자재, 부품, 기계장비 등의 물적 생산요소를 조달하고 생산직과 사무직 종사자 등 인적 생산요소를 고용한 다음 기술을 접목해서 여러 가지 유용한 제품을 생산하고 이를 수요자에게 판매한다. 이 과정에서 기업과 기업가는 원자재와 부품과 장비와 시설물 공급 업체의 구매자가 되어 관련 업체의 성장발전을 견인하며, 종업원에게는 일자리를 제공하여 소득창출의 기회를 주고, 좋은 제품을 생산해서 구매자들의 욕구를 충족시켜 준다. 이렇게 기업경영에 성공한 기업이나 기업가는 더 많은 돈을 벌게 되고 그렇게 해서 번 돈을 신공정, 신기술, 신상품, 신시장, 종업원의 교육훈련 등에 투자하는 것을 통해 기업을 성장발전 시켜 나가게 된다.[3] 그런 일에는 항상 위험이 따르며 성공확률이 높지 않다. 위험을 감수하면서 모험적인 투자에 나선 기업가들이 성공하는 사례가 많아질수록 경제성장이 촉진된다. 이렇게 보면 영세기업이 중소기업으로, 중소기업이 중견기업으로, 중견기업이 대기업으로, 대기업이 세계적인 기업으로 성장해 나가는 것이 경제성장의 과정이라고 볼 수도 있다.

3 모든 기업이 다 그렇다는 얘기는 아니다. 중요한 것은 기업가들이 성공을 위해 최선을 다하도록 유도하는 유인체제가 무엇인가 하는 점이다. 이는 아래서 논의하는 사적 소유, 자유 그리고 경쟁과 깊은 관련을 갖는다.

7.1.2 경제의 성장과정

시간이 경과하면서 경제순환의 규모가 커지고 내용이 풍부해지며 질이 향상되는 현상이 경제성장이다. 공급의 관점에서 경제성장을 이해하자면, 국민경제의 생산주체인 기업부문이 투자와 혁신을 통해 자본을 늘려나가고 기술을 발전시켜 나감에 따라 경제가 성장하게 된다고 할 수 있다. 동일한 현상을 수요의 관점에서 이해하자면, 가계의 소비지출, 기업의 투자지출, 정부의 공공지출 그리고 해외부문에 대한 순 수출이 증가함에 따라 경제가 성장하게 된다고 할 수 있다. 일반 균형의 관점에서 보면, 총수요와 총공급이 선순환을 이루면서 확대 균형의 과정을 반복해나가는 것이 경제성장이라고 이해할 수 있다.

한 명의 노동자가 1년 동안에 생산하는 재화와 용역의 크기를 노동자1인당 생산량이라고 정의하면, 총생산함수에 관한 적절한 가정하에서 그 크기는 노동력 한 단위와 결합되어 투입되는 생산요소의 양, 경제의 전반적인 기술수준, 경제운용의 효율성 등 세 가지 요소에 의해서 정해지는 것으로 이해할 수 있다. 이러한 관점에서 보면 노동력 한 단위당 투입되는 생산요소의 양이 많고, 기술이 앞서 있으며, 경제운용의 효율성이 높은 나라는 부유하다. 그 반대로 노동력 한 단위당 투입되는 생산요소의 양이 적고, 기술이 낙후되어 있으며, 경제운용이 비효율적인 나라는 가난하다. 이를 동태적인 관점에서 보면, 생산요소 투입량을 지속적으로 늘려 나가며, 기술수준을 착실하게 높여 나가고, 경제운용의 효율성을 개선해 나가는 나라의 경제는 성장하고 그렇지 못한 나라는 성장하지 못함을 알 수 있다.

위에서 설명한 바를 다음과 같은 식으로 도식화할 수 있다. 이 식에서 y_t는 노동자1인당생샨량, A_t는 경제의 전반적인 생산성 수준 그리고 m_t는 근로자 한 사람이 갖고 일하는 다른 생산요소의 투입량을 나타낸다. 경제의 전반적인 생산성 수준 A_t는 다시 $T_t \cdot E_t$로 표시할 수 있는데 이때 T_t는 기업가라면 누구나 활용할 수 있는 기술수준을 나타내고 E_t는 경제운용의 효율성을 나타낸다.

$$y_t = A_t \cdot \phi(m_t) \equiv T_t \cdot E_t \cdot \phi(m_t) \qquad (7.1)$$

위 식에서 $\phi(m_t)$는 각각의 노동자가 갖고 일하는 토지, 기계, 자원 등의 투입량 m_t가 일정한 함수의 형태를 통해서 생산량을 결정하게 됨을 나타낸다.[4] 여기에서 $\phi(m)$은 제3장 식(3.1)에서 소개했던 생산함수 $F(Lh, K, X : G, \tau)$를 좀 더 일반화한 형태로 표현한 것이다. 식 (7.1)에 들어간 생산요소 m은 수학용어로 이야기하자면 scalar가 아니라 vector이다. 즉, $m=(Lh, K, X, \cdots)$이다.

식 (7.1)에서 보듯이 노동자 한 사람당 갖고 일하는 여타 생산요소의 투입량 m_t가 많아서 $\phi(m_t)$가 큰 나라, 경제의 전반적인 기술수준이 앞서 있어서 T_t가 큰 값을 지니는 나라 그리고 경제운용이 효율적이어서 E_t가 큰 값을 갖는 나라가 노동자1인당생산량 y_t가 큰 나라 즉, 부유한 나라가 됨을 알 수 있다. 반면에 이 세 가지가 모두 열악한 나라는 아주 가난하고, 세 가지 중 한 가지라도 양호한 나라는 빈곤 상태를 벗어나며, 세 가지 중 두 가지가 양호한 나라는 중진국 정도의 삶을 유지할 수 있음을 유추해 볼 수 있다.

그런데 위에서 언급한 세 가지 요소는 시간이 지남에 따라서 변화될 수 있다. 예를 들어서 노동자 한 사람당 갖고 일하는 여타 생산요소의 투입량 m_t를 지속적으로 늘려나가는 데 성공하는 나라는 y_t를 지속적으로 늘려나갈 수 있다. 즉, 요소투입량을 늘려나가는 투자를 통해서 1인당소득을 증가시켜 나갈 수 있다. 이에 더해서 경제의 전반적인 기술수준 T_t를 높여나가는 데 성공하는 나라는 요소투입량만 늘려나가는 나라보다 더 빠르게 성장할 수 있다. 나아가서 경제운용의 효율성 E_t까지 개선하는 데 성공하는 나라는 요소투입량을 늘려나가고 기술수준을 높여나가는 나라보다 더 빠르게 성장하게 된다.

노동자1인당생산량을 결정하는 세 가지 요소 가운데 생산요소의 투입량을 늘리는 일이 기술수준을 높여나가는 일보다 쉽고, 기술수준을 높여나가는 일이 경제운용의 효율성을 높이는 일보다 쉽다. 아주 가난한 나라라 하더라도 물적자본과 인적자본을 비롯한 각종 생산요소를 지속적으로 축적하는 데 성

4 이 식은 Weil(2013)이나 Jones & Volrath(2013)가 경제성장론 교과서에서 활용한 '학습장치'를 인용한 것이다.

공하면 최빈국의 대열에서 탈출해서 저소득국가군에 진입할 수 있다. 생산요소의 투입량을 지속적으로 늘려나가는 일에 더해서 경제의 전반적인 기술수준을 지속적으로 높여나가는 데 성공하는 나라는 저소득국가군에서 이탈해서 중소득국가군으로 진입할 수 있다. 중소득국가군에 속한 나라가 지금까지 잘 해오던 두 가지에 더해서 경제운용의 효율성마저 개선해나가는 데 성공하면 그 나라는 틀림없이 고소득국가로 성장하게 된다.[5]

생산요소의 투입량을 늘려나가고, 기술수준을 높여나가며, 경제운용의 효율성을 개선해나가는 일은 결코 저절로 되지 않는다. 물적자본과 인적자본을 늘리기 위한 투자와 기술수준을 높여나가는 투자가 이루어져야 하고, 경제운용의 효율성을 높이는 제도개선과 정책변화가 이루어져야 한다. 즉, 넓은 의미의 투자가 관건이다. 이때 투자는 많이 하는 것도 중요하지만 잘하는 것이 더 중요하다. 투자를 하려면 재원이 필요한데 국내저축, 해외차입, 외국인 직접투자 등을 통해서 그 재원을 조달할 수 있다.[6] 어떤 방식으로 재원을 조달하든 투자에 성공하면 경제의 생산능력이 확대되며 그 결과 내국인의 고용이 늘고 소득이 증가하게 된다. 승수효과가 클수록 성공적인 투자가 가져오는 고용증대 효과와 소득증가 효과가 커진다.

국내저축이나 해외차입을 통해 조달한 자금이 투자로 이전되는 과정에 금융이 중요한 역할을 담당한다. 금융이 제 역할을 다하면 적재적소에 자금이 배분되어져서 경제가 활력을 갖게 되지만 금융이 제 역할을 다하지 못하면 엉뚱한 곳에 자금이 흘러가게 되어 희소한 자원을 낭비하게 된다. 금융은 경제의 순환을 원활하게 하므로 금융이 제 기능을 다하지 못하면 경제가 제대로 움직이지 못하게 된다. 한편 실물의 흐름을 원활하게 해주는 것 이상으로 금융이 과열되면 자산 가격에 거품이 생겼다가 터지는 일로 인해 경제가 어려움

5 베트남은 생산요소를 축적해나가는 단계, 중국은 거기에 더해서 기술을 발전시켜 나가는 단계 그리고 남한은 이 두 가지에 더해서 효율성을 높이려고 시도하는 단계에 있는 것으로 볼 수 있다.

6 고도성장기의 한국은 해외차입 그리고 중국은 해외직접투자를 활용해서 부족한 재원을 조달하였다.

을 겪을 수도 있다.[7] 이러한 논의는 금융이 효율적이어야 함은 물론 안정적으로 유지되어야 함을 의미한다.

7.1.3 투자와 성장

경제성장의 원동력에 관한 이제까지의 설명에서 가장 핵심적인 사항이 투자다. 우리는 누구나 벌어들인 소득을 소비하거나 투자하는 데 사용한다. 여기에서 소비라 함은 당장의 만족을 위해서 재화와 서비스를 사용하는 행위를 말하며, 투자라 함은 더 나은 미래를 건설하는 데 사용하는 행위를 말한다. 당연한 말이지만 소비보다 투자에 치중하는 국민들이 다수를 이루는 나라가 그 반대의 경우보다 건실하게 성장한다. 투자를 소홀히 한 채 소비에 치중하는 나라는 성장하기 어렵다. 특히 갚을 능력을 넘어서는 과도한 빚을 내서 소비하는 나라는 반드시 위기를 겪는다. 빚을 내더라도 그것을 투자하는 데 써서 성공하면 성장할 수 있다.

경제가 성장하기 위해서는 양질의 투자가 활발하게 이루어져야 한다. 경제성장 속도가 비교적 빠른 국가들을 보면, 좁은 의미의 투자인 고정자본 형성, 건강과 교육 및 훈련 등 인적자본 투자, 연구개발 투자, 사회자본 투자 등을 합한 광의의 투자를 위해 국민소득의 40% 정도를 사용하고 있음을 볼 수 있다. 즉, 투자율이 40% 정도로 매우 높다. 반면에 경제가 정체되어 있는 나라들은 20% 미만의 투자율을 보인다.[8]

투자율이 낮은 나라를 두 가지 부류로 나눌 수 있다. 하나는 투자여건이 나쁘거나 투자재원이 부족해서 투자율이 낮은 빈국들이며 다른 하나는 경제가 성숙단계에 있어서 새로운 투자처를 찾기 어려운 부국들이다. 투자율이 높은

7 금융과 경제성장 간의 관계에 관해서는 Levine(2005)을 보라.

8 신고전학파 성장모형에서 '수정된 황금률'에 해당하는 최적투자율을 구하면 (자본의 몫)×(시간선호할인인자)가 되는데, 고정자본의 몫이 33% 정도이고 시간선호할인인자가 0.98 정도 되므로 최적투자율은 30% 정도가 됨을 알 수 있다. 여기에다 인적자본과 기술에 대한 투자를 더하면 최적투자율이 적어도 40%는 되어야 함을 알 수 있다.

나라들에는 기대수익률이 높은 투자처가 많고 안심하고 투자할 제도적 기반이 마련되어 있어서 투자하려는 사람들이 몰려든다. 투자를 많이 하게 되니까 경제가 빠르게 성장하고 경제가 빠르게 성장하니까 좋은 투자기회가 많이 생겨난다. 그런 나라들은 투자와 성장이 상승하면서 빈국에서 부국으로 이동해 간다. 그런데 자본축적에는 한계생산성체감의 법칙이 작용하므로 경제가 성장해서 부국이 됨에 따라서 좋은 투자처를 찾기가 점차 어려워진다. 그래서 빈국이 성장해서 중진국이 되었다가 선진국으로 이행할 무렵이 되면 투자수익률이 낮아지기 시작하면서 투자율도 낮아지기 시작한다. 그 결과 경제도 고속 성장의 길에서 벗어나서 완속 성장의 길로 나아간다.

선진국 또는 고소득국가이면서도 창조적 파괴를 통해 끊임없이 개혁하고 혁신하는 나라는 참신한 아이디어와 뛰어난 신기술을 만들어내는 능력이 탁월하다. 그런 나라에는 기대수익률이 높은 투자기회가 많은 데다 투자재원이 풍부하며 투자를 방해하는 장애물이 없으므로 투자가 왕성하게 이루어지고 그 결과 선진국치고는 상당히 빠른 속도로 성장하게 된다.[9] 반면에 선진국 또는 고소득국가라 하더라도 개혁과 혁신을 통해서 생산성을 계속해서 높여나가지 못하면 경제성장을 이룰 수 없음은 물론이거니와 자칫하다가는 경제퇴보를 경험할 수도 있다.[10]

국제 사회에 대해 개방되어 있으며 투자 환경이 좋은데도 빈국의 처지를 탈피하지 못하는 나라는 없다. 국민 다수가 빈곤하기 때문에 국내에서는 투자재원을 조달하기 어렵더라도 투자 환경이 양호하다면 해외 투자가들이 찾아올 것이기 때문이다. 그런 나라들은 해외 투자가의 힘을 빌어서 빈곤의 함정에서 벗어날 수 있다. 일단 빈곤의 함정에서 벗어나면 국내에서도 투자 재원을 조달할 수 있게 된다. 여기에서 방점은 이 나라의 투자 환경이 양호하다는 데 있다. 중요한 것은 양호한 투자 환경이 지속적으로 유지되어야 한다는 사실이다. 경제성장과 더불어서 투자 환경이 더 좋아진다면 금상첨화이다. 경제

9 미국과 독일을 그런 예로 들 수 있다.

10 잃어버린 20년을 경험한 일본을 그러한 예로 들기도 한다.

성장에 속도가 붙을 수 있기 때문이다.[11]

국제사회에 대해 폐쇄적인 데다 투자 환경이 열악한 빈국이 경제성장을 통해 빈곤의 함정에서 벗어나는 일은 불가능하다. 투자 환경이 열악하면 아무도 투자하지 않을 것이고 투자하지 않으면 경제성장이 불가능하므로 그렇다. 투자 환경이 열악하면 개방되어 있다 하더라도 해외 투자가들이 관심을 보이지 않을 터인데 폐쇄적이라면 더 말할 나위도 없다. 나라가 가난해서 투자 여력을 지닌 국내 자본가가 희소한 형편에 더해서 투자 환경조차 열악하다면 외국인은 말할 것도 없고 내국인에 의한 투자도 기대할 수 없다. 결국 투자 부족으로 현상 유지도 힘든 상황이 전개되어 경제성장은 꿈도 못 꿀 지경이 된다.[12]

7.1.4 투자환경 개선의 요체: 재산권보호

그렇다면 빈국이 경제성장을 도모할 수 있는 길은 무엇인가? 그 첫걸음은 투자 환경을 개선하는 것이다. 사람들이 미래를 위한 투자를 망설이는 이유는 무엇일까? 가장 큰 이유는 미래에 대한 불안감이다. 투자에선 위험이 따르게 마련인데 위험을 무릅쓰고 투자에 나서서 천신만고 끝에 성공했더니 엉뚱한 사람이 나타나서 투자의 과실을 빼앗아간다면 누가 투자하겠는가? 투자 환경을 개선하는 요체는 개인의 재산을 보호하는 것이다. 법률로 정한 사항 이외에는 내가 번 것을 빼앗기지 않을 것이라는 믿음이 있어야 사람들이 마음 놓고 생업에 종사할 수 있다. 투자의 과실은 아직 실현되지 않은 미래에 발생하므로 투자의 과실을 부당하게 빼앗기지 않을 것이라는 믿음을 가질 수 있는 환경을 조성하는 게 그래서 더 중요하다.

누가 투자의 과실을 빼앗아 가는가? 권력과 부를 독점한 소수의 정치가와 토호가 무소불위의 힘을 휘두르고 강도와 도둑이 횡행하는 데서 투자가 활성

11 개혁과 개방 이후의 중국이 한 사례가 된다. 그러나 최근에는 국제적 규범에서 이탈하는 조짐을 보인다.

12 북한 경제의 장기 침체를 이러한 관점에서 이해할 수 있다.

화되기를 바랄 수는 없다. 끊이지 않는 내란이나 잦은 외적의 침략으로 내일을 기약할 수 없는 나라는 문제가 더 심각하다. 내일까지 살아 있을지조차 불확실한 상황에서 어떤 이가 미래를 위한 투자를 하겠는가?

공동소유를 근간으로 삼는 사회에서 경제가 성장하지 못하는 가장 큰 이유는 내 것 즉, 사유를 허용하지 않기 때문이다. 각자가 노력해서 거둔 과실을 한군데 모아 놓고 저마다의 필요에 따라서 가져다 쓴다는 것은 매우 그럴듯해 보이는 몽상이다. 실패의 위험을 무릅쓰고 피나는 노력을 기울여서 이루어 놓은 것을 나와 별 관계도 없는 사람들과 나누어 가져야 하는데도 열심히 일할 사람은 많지 않다. 게다가 남이 행한 투자의 열매를 가만히 있어도 나누어 가질 수 있다면 보통 사람이라면 구태여 열심히 일할 필요를 느끼지 않을 것이다. 그래서 공유경제는 제 아무리 거창하게 시작한들 조만간에 와해되게 마련이다. 역사상 공유경제로서 성공한 예는 아주 강한 믿음으로 뭉친 작은 규모의 공동체밖에 없다. 그럼에도 불구하고 공유라는 허상을 버리지 못하는 나라는 가난한 상태를 벗어나지 못한다.

전면적인 공동소유보다는 덜 하지만, 골고루 나누어 갖자는 이상이 지배하는 사회 역시 지속적인 발전을 기대하기 어렵다. 그래서 경제의 사회화를 경계하는 것이다. 경제의 사회화란 개인이 노력해서 거둔 과실 중에서 사회 또는 공동체의 구성원들과 나누어 가져야 할 몫이 점점 커지는 현상을 말한다. 이때 자기 것을 자발적으로 이웃과 나누어 갖는 것은 문제가 되지 않는다. 아니 오히려 장려할 일이다. 그런 사람들은 남들과 나누는 일에서 보람을 느끼므로 열성을 다해 좋은 것을 많이 만들어서 이웃과 나누어 갖고자 노력한다. 그런 사람이 많은 사회는 발전할 가능성이 높다. 보통의 사람들도 자기가 공동체의 도움을 받아서 살아감을 알기에 자기 몫의 일정한 부분을 공동체를 위해서 사용하도록 내놓는 게 타당한 일이라고 여긴다. 우리가 커다란 저항 없이 세금을 내는 것은 그런 까닭에서이다.

그렇지만 공동체로 귀속되는 몫이 자기가 타당하다고 생각하는 것 이상으로 커지게 되면 문제가 생긴다. 부당하다는 생각에서 더 이상 빼앗기지 않으려고 애쓰게 되고 그래도 빼앗기면 아예 열심히 일할 생각을 접게 된다. 그래서 생산활동이 위축된다. 사회화가 더 진전되면 빼앗기는 게 많은 사람들 중 어떤 이는 아예 그 공동체를 떠나게 된다. 그러면 결과적으로 능력이 모자라거나 열심히 일하지 않는 사람들만 남게 된다. 그렇게 되면 남은 사람들이 공동체를 위해 내놓아야 할 몫이 더 커진다.

경제의 사회화가 낳는 또 하나의 문제는 사람들에게서 자조자립정신이 사라진다는 데 있다. 남의 도움 없이 자력으로 어려움을 헤쳐 나가는 것이 사람의 도리라고 생각하던 강인한 개인주의가, 남의 도움을 받아 살아가는 게 좋다고 생각하는 공동체주의로 변질되면 발전을 도모하기가 매우 어려워진다. 남의 도움을 받는 것이 부끄럽지 않고 나의 문제를 해결해줄 책임이 공동체에게 있다고 생각하는 사람이 다수인 사회는 반드시 쇠퇴한다. 원하는 학교에 들어가지 못하고, 원하는 곳에 취업하지 못하고, 좋은 짝을 만나 결혼하지 못하고, 마음대로 아이를 낳아 기르지 못하고 마음에 드는 집을 장만하기 힘든 게 모두 사회가 잘못되어서 그렇다는 생각이 팽배한 곳에서 영속적인 발전의 싹을 찾기란 어렵다.

7.1.5 어떤 나라가 흥성하는가?

경제성장에 관한 연구 결과들을 일별해보면 다음과 같은 조건을 충족하는 나라가 경제성장에 성공함을 알 수 있다.

첫째, 국민들 모두가 열심히 일하려는 강한 동기를 가지며 또한 그렇게 할 수 있는 자유와 기회가 보장되어 있어서 실제로 모든 사람이 최선을 다해 생업에 몰두하는 나라가 되어야 한다. 그러려면 사적 소유와 경제활동의 자유를 전면적으로 보장하는 시장경제질서가 확고하게 자리 잡도록 해야 한다.

둘째, 열과 성을 다해서 창출한 소득을 현명하게 소비하고 투자하는 나라가 되어야 한다. 소비하고 투자하되 그것이 물적자본, 인적자본, 지식과 기술 등 경제의 생산능력을 확충하는 데 기여할 수 있어야 한다.

셋째, 생산능력을 확충하고 그것을 활용하는 주체가 기업이므로 기업이 잘 되어야 나라가 잘된다. 혁신과 기술발전을 주 무기로 삼아 국제경쟁에서 승리하는 기업이 많을수록 나라가 부강해지며 그래야 일자리가 늘고 국민이 잘살게 된다. 기업과 기업가를 백안시하는 나라에서는 경제가 제대로 성장하지 못한다.

넷째, 세계 시장을 현명하게 활용하는 나라가 잘산다. 개방한다고 해서 모두가 잘살게 되는 것은 아니지만 개방하지 않고 잘살게 된 나라는 하나도 없다. 그러나 무조건적이며 전면적으로 개방하는 일은 피해야 한다. 자국의 인재와 자금과 기업이 세계 시장으로 진출하는 것 못지않게 세계 각국의 뛰어난 인재와 기업이 자국으로 몰려들게 만드는 것 또한 중요하다.

다섯째, 경제성장의 궁극적인 힘은 변화와 혁신에서 나오므로 끊임없이 변화하고 혁신하는 나라가 잘살게 된다. 새로운 아이디어와 새로운 기술이 뒷받침되어야 참다운 변화와 혁신이 가능해진다. 변화와 혁신은 창조적 파괴를 수반하기 때문에 새로운 아이디어와 새로운 기술을 거부하는 세력이 있게 마련이다. 기득권을 잃을까 두려워서 변화와 혁신을 거부하는 세력들을 슬기롭게 제어할 수 있어야 경제가 성장할 수 있다.

여섯째, 정부의 역할이 매우 중요하다. 거시경제를 안정적으로 운영하고, 국방과 치안과 공교육과 사회간접자본 등의 공공재를 효율적으로 제공하며, 국민들로 하여금 당장의 즐거움보다는 더 나은 미래를 도모하는 데 힘쓰도록 유도하고, 통상정책을 현명하게 수행함으로써 개방의 이점을 충분히 살릴 수 있도록 해야 한다. 사유재산을 보호하며, 경제활동의 자유를 허용하되 기회평등의 원칙을 지키고, 치열한 경쟁을 촉진하되 공정경쟁 질서를 확립하는 데 힘써야 한다.

일곱째, 금융이 안정적으로 제 기능을 다해야 한다. 금융은 경제순환의 피와 같아서 금융이 결제시스템으로서의 기능을 효율적이면서도 안정적으로 수행해야 경제가 잘 돌아간다. 금융은 또한 자금을 조달하고 배분함에 있어서 경제논리를 충실하게 따라야 한다. 그래야 경제가 효율적으로 작동하게 되며 그렇지 않은 경우 왜곡된 자금흐름이 금융위기를 촉발할 수도 있다.

여덟째, 통화가치를 안정적으로 유지하며 금융시스템의 안정성을 확보하고 경제성장에 도움이 되는 방향으로 통화정책을 수행해야 할 책무를 지닌 중앙은행이 그 역할을 충실히 수행해야 한다.

7.2 발전의 원동력: 사유, 자유, 경쟁, 변화와 혁신

위에서 열거한 성장의 요건은 경제 원리에 관해 조금이라도 생각해 본 사람이라면 누구나 쉽게 동의할 수 있는 것들이며 마음만 먹으면 금방이라도 실행에 옮길 수 있다. 현재 아무리 가난한 나라라 하더라도 위에서 열거한 것들을 차근차근 실행해나가면 비록 시간은 걸리겠지만 경제성장을 통해 빈곤을 탈피할 수 있다. 일단 성장의 길로 들어선 이후에도 위에서 열거한 것들을 지속적으로 지켜나간다면 빈곤을 탈피하는 것을 넘어서 비교적 잘사는 중위 소득국가로 발전할 수 있다. 그런 바탕 위에서 개혁과 혁신을 통해 경제를 지속적으로 업그레이드 시키는 데 성공하면 고소득국가로 발전해나가는 것도 어렵지 않다. 이렇게 일견 쉬워 보이는 일인데 왜 이 세상에는 아직도 가난한 나라가 그렇게 많을까? 도대체 무엇이 잘못된 것일까?

이 물음에 대한 답은, 발전의 원동력인 사유, 자유, 경쟁 그리고 변화와 혁신이 힘을 발휘할 수 없게 만든 정치와 정책의 실패 때문이다가 된다.

7.2.1 사유私有

경제가 발전하려면 그 경제를 이루고 있는 구성원 모두가 어제보다는 오늘이 그리고 오늘보다는 내일이 더 나은 세상을 만들기 위해 최선을 다해야 한다. 열성을 다해서 생업에 종사하고 그렇게 해서 창출한 소득의 보다 많은 몫을 현재보다 나은 미래를 만드는 일에 쓰는 나라는 성장하고, 구성원들이 열성을 다해 생업에 종사할 동기를 갖지 못하고 창출한 소득의 거의 전부를 당장의 만족을 충족시키는 데 써버리는 나라는 성장하지 못한다.

그렇다면 사람들로 하여금 매사에 최선을 다하며 더 나은 미래를 위해 투자하도록 이끄는 가장 강한 힘은 무엇일까? 경제적인 측면에서 볼 때 사람들을 움직이는 가장 강력한 힘은 내 것으로 만들려는 욕망 즉, 소유욕을 충족시키고자 하는 동기에서 나온다. 내가 일해서, 내가 공부해서, 내가 경험을 축적해서, 내가 기술을 개발해서, 내가 투자해서, 내가 기업을 경영해서 벌어들인 나의 정당한 몫을 내가 소유하고 또 마음대로 사용할 수 있을 때 사람들은 가장 열성적으로 경제활동을 전개한다. 또한 내가 열과 성을 다해 경제 활동에 임하면 내 후손이 나보다 더 나은 세상을 가지게 될 것이라는 희망이 있을 때 사람들은 매사에 최선을 다하게 된다. 그러므로 사유를 보장하는 게 중요하다.

사적 소유가 허용되지 않으면 경제가 정체하게 되는 사례 몇 가지를 살펴보자.

제2장에 알아 본 바대로 현생 인류인 호모 사피엔스는 약 20만 년 전에 이 지구상에 등장했으며 그가 등장한 이래 거의 19만 년 동안에 걸쳐서 자연이 제공하는 것을 수렵하거나 채취하면서 살아왔다. 그런데 이 기나긴 세월 동안 호모 사피엔스가 누렸던 소득의 크기는 현재의 화폐가치로 약 500달러 정도밖에 되지 않았었다. 이는 인간이 겨우 목숨을 부지할 만한 수준인데 더 놀라운 것은 19만 년 동안 1인당소득이 생계수준에서 정체되어 있었다는 사실이다. 수렵채취시대에는 모든 게 공동체의 소유였다. 노동능력을 갖춘 공동체 구성원들이 공동으로 수렵채취에 나서고 그렇게 해서 수렵하고 채취한 것을 공동체 구성원 전체가 균등하게 나누어 먹으며 살았다. 공동노동·균등분배를 따르다보니 사람들이 구태여 더 열심히 일하려 들지 않았으며 아무도 더 나은 미래를 위한 투자에 열을 올리지 않았다. 그저 오늘이 어제와 같고 내일이 오늘과 같은, 그래서 할아버지 세대와 손자손녀 세대가 별 차이 없이 정체된 삶을 살았다.

극심하게 정체되어 있었던 중국 경제가 발전하기 시작한 것은 1970년대 말에 덩샤오핑이 개혁개방정책을 채택한 게 계기가 되었다고 알려져 있다. 이는 큰 틀에서 볼 때 맞는 말이다. 그런데 덩샤오핑이 개혁개방정책을 펼치기 이전에 중국의 한 농촌 마을에서 이미 사적 소유가 얼마나 중요한지 보여주는 실험을 하고 있었음은 잘 알려져 있지 않다.

안후이성(安徽城)에 있는 샤오강촌(小崗村)은 1978년까지만 해도 당국의 지시를 충실하게 따르는 아주 작은 집단농장 마을이었다. 1958년에서 1960년에 이르는 3년 동안에 마을 주민 120명 중에서 67명이 아사한 데서 알 수 있듯이 샤오강촌은 그야말로 찢어지게 가난한 마을이었다. 1978년의 농사가 다 끝난 12월에 이 마을 가장 18명이 모여서 매우 중대한 음모를 꾸몄다. 그 음모란 이제부터 마을의 집단농장을 18등분해서 각 가구주에게 할당하고 그 땅에서 수확한 곡물 중 당국에 바쳐야 할 몫을 초과하는 것은 각자가 마음대로 소유하고 처분하기로 약속을 맺은 것이다. 이 음모는 당국의 시책을 어기는 것으로서 발각되면 사형에 처해질 수도 있는 것이었다. 만일 어떤 가장이 발각되어서 처형당하면 나머지 사람들이 사형당한 사람의 자녀가 18세가 될 때까지 그 가족을 부양하기로 약조한 것은 그 때문이다.

공동 소유를 사적 소유로 전환한 결과는 금방 나타났다. 새 방안을 실행에 옮긴 첫해인 1979년에 그 전 5년 동안에 생산했던 것보다 더 많은 양의 곡물을 생산하였으며, 당국에 납부하고 남은 잉여농산물을 처분한 결과 주민 1인당 소득이 그 전 해의 22위안에서 400위안으로 스무 배 가까이 증가하였다. 사적 소유를 향한 모험은 그야말로 대성공이었다.[13]

1979년에 정권을 잡은 덩샤오핑이 샤오강촌의 사례를 중국의 모든 농촌 마을이 배워야 할 모범으로 삼은 것도 어찌 보면 요원의 불길처럼 퍼져나가는 사유화의 움직임을 막을 수 없었기 때문인 것으로 보인다. 막지 못할 바에야 차라리 전면적으로 허용하는 것이 낫다고 판단한 덩샤오핑의 혜안이 돋보이는 사례라 할 수 있다.

13 샤오강촌의 성공이 지속되지 않은 이유가 7.2.4에 제시되어 있다.

분당 당시만 해도 거의 모든 면에서 동일하던 남한과 북한이 그로부터 65여 년이 지난 현재에 이르러서 남한은 구매력기준 1인당소득 3만 6,570달러의 고소득국가가 되었음에 비해 북한은 여전히 구매력기준 1인당소득 1,662달러의 최빈국으로 남아 있다. 남한과 북한이 이렇게 극명한 차이를 보이게 된 중요한 원인 중의 하나가 재산권 유무에 있음은 반론의 여지가 없는 사실로 보인다.

7.2.2 자유自由

사적 소유가 보장되어서 열심히 살아갈 강한 동기를 갖게 되었다 하더라도, 마음 놓고 자기 뜻을 펼칠 수 있는 자유가 없다면 소용이 없다. 여기에서 말하는 자유란 무조건적인 자유를 의미하는 것이 아니다. 그것은 공동체가 정한 질서를 준수하는 한도 내에서의 자유를 뜻한다. 또한 그것은 자기가 하려는 일에 수반하는 비용을 부담하고 자기가 한 일에 대해 책임을 지는 한도 내에서의 자유를 뜻한다. 경제활동의 자유가 허용되지 않으면 사적 소유가 그 힘을 제대로 발휘할 수 없다. 공동체가 정한 질서를 깨뜨리지 않는 한, 그 일을 하는 데 드는 비용을 부담하는 한, 그리고 자기가 한 일에 대해 책임을 지는 한, 누구나 그가 하고 싶은 일을 마음대로 할 수 있는 자유가 허용되지 않으면 재산을 소유한다는 게 아무런 의미도 없다.

진정한 사적 소유와 경제활동의 자유는 동전의 양면처럼 불가분의 관계를 갖는다. 자기 것이 없으면 자유롭게 행동할 수 없고 자유롭게 행동할 수 없으면 자기 것을 가져봐야 소용이 없다. 경제활동의 자유와 사적 소유가 불가분의 관계를 가지며, 사적 소유가 경제를 성장 발전시키는 원동력이 된다는 것은, 경제활동의 자유 역시 경제를 성장 발전시키는 원동력이 됨을 뜻한다.

자유로운 행동에는 비용과 책임이 따른다. 또한 나의 자유로운 행동이 타인의 자유를 부당하게 침해하지 않아야 하며 공동체가 정한 질서를 준수해야 한다. 구성원들이 자유를 오용하거나 남용하지 않도록 하기 위해 모든 공동체는 그 나름대로의 질서를 설계해서 모든 구성원이 지키도록 강요한다. 헌법을 비롯한 성문법과 관행으로 정립된 규범 그리고 규제나 명령 등 행정조치들이 그런 예가 된다. 공동체를 위해 개인의 재산권을 제한하듯이 공동체를 위해 개인의 자유를 제한하는 것이다.

공동체마다 구성원의 자유를 제한하는 정도가 다르다. 아주 자유로운 나라가 있는가 하면 자유가 극도로 제한된 나라도 있다. 극도로 자유를 제한하다가 허용한 나라도 있다. 그중에는 일시에 전면적으로 자유를 허용한 나라가 있는가 하면 오랜 기간에 걸쳐서 점진적으로 자유의 폭을 넓혀온 나라도 있다. 경제성장과 연관해서 보면 자유의 영역이 확대될수록 경제가 활성화됨을 볼 수 있다. 반면 방임에 가까운 자유는 무질서를 초래해서 경제를 파탄에 빠뜨린다.

자유를 제한할 필요성에 대해서는 대부분의 학자들이 공감한다. 그러나 어느 정도로 그리고 어떤 방식으로 자유를 제한할 것인가에 관해서는 의견이 분분하다. 그중에서도 명시적으로 허용한 것 외에는 하지 못하도록 해야 한다는 주장과 명시적으로 금지한 것 외에는 모두 허용해야 한다는 주장이 대립된다. 전자는 소위 포지티브시스템이고 후자는 네거티브시스템이다. 경제성장의 관점에서 보면 네거티브시스템이 더 좋다. 지금까지 해오던 일이나 남들이 하는 일을 더 잘하는 것도 중요하지만 이제까지 아무도 해보지 않은 일을 할 수 있어야 경제가 발전할 수 있다. 포지티브시스템하에서는 미지의 영역을 자유롭게 개척하기가 어렵다. 아직 아무도 해보지 않은 일을 허용항목으로 넣기란 거의 불가능하기 때문이다. 그러나 네거티브시스템이라면 그런 문제가 적을 것이다. 아직 생기지 않은 일을 금지항목으로 규정하는 게 쉽지 않기 때문이다.

7.2.3 경쟁競爭

발전의 세 번째 원동력은 경쟁이다. 여기에서 경쟁이란 무엇을 의미하는가? 그것은 지금 내가 아무리 잘하고 있어도 언제든지 나보다 더 잘하는 경쟁자가 나타나서 나를 도태시킬 수도 있는 위협이 존재함을 의미한다. 그러한 위협이 존재해야 끊임없이 개혁하고 혁신한다. 반면에 그런 위협이 없으면 점점 더 나태해진다. 이런 사실은 개인이나 기업이나 국가 모두에게 공통적으로 적용된다.

1970년대에 일어났던 농촌 새마을운동이 성공하게 된 이유 가운데 하나가 농촌 마을 간에 경쟁을 유도하였기 때문임이 잘 알려져 있다. 새마을운동을 시작한 첫해에는 마을마다 균등하게 지원해 주었으나, 다음 해부터는 첫해의 성과를 보고서 잘한 마을에는 더 많이 지원해주는 정책을 펼치게 되자 마을마다 더 잘하려고 경쟁한 결과 농촌 마을의 급속한 변신이 이루어지게 된 것이다. 이는 신상필벌의 원칙을 적용한 것이 건전한 경쟁을 유도하였고 건전한 경쟁이 이루어졌기에 발전 속도가 빨랐던 좋은 사례에 해당한다.

경쟁이 이처럼 긍정적인 효과를 지님에도 불구하고 우리들 대부분은 경쟁을 싫어한다. 나보다 더 잘하는 사람이 출현해서 나를 도태시키는 것을 좋아할 사람은 별로 없을 것이다. 우리들 대부분이 경쟁자가 등장하는 것을 막으려고 노력하는 것은 그런 때문이다. 그렇지만 바로 그런 유혹에 넘어가서 경쟁을 제한하기 시작하면 발전은 이루어지지 않는다. 좋은 약이 입에 쓴 것처럼 싫어도 해야 하는 게 경쟁이다.

무엇이 경쟁의 위협이 제대로 작동하는 것을 방해하는가? 온갖 종류의 진입장벽이 그것이다. 그러므로 진입장벽을 허무는 게 중요하다. 그러나 사람들은 누구나, 현재의 승자는 더욱더, 나보다 잘하는 경쟁자가 출현하는 것을 싫어하며 경쟁하지 않고 살 수 있으면 좋다고 생각한다. 그래서 갖가지 명목을 달아서 진입장벽을 설치하려고 든다. 자기 영역에 나보다 잘하는 경쟁자가 등장하는 것은 매우 불편한 일이다. 그래서 우리는 법으로 진입장벽을 쳐서 독과점을 허용하고, 무분별한 경쟁을 방지한다는 명분으로 특정 분야에 대한 진입을 제한하며, 시장지배력을 이용해서 경쟁자의 출현을 방해하고, 약자를 보호한다는 명분으로 시장을 분할한다. 관세 또는 비관세 장벽을 활용한 수입규제 역시 대표적인 경쟁제한 행위이다.

7.2.4 변화變化와 혁신革新

우리는 끊임없이 변화하고 혁신하지 않으면 도태되기 쉬운 세상에서 살고 있다. 우리들의 내부 요인이나 우리를 둘러싼 외부 여건과 환경이 계속해서 변화하고 있기 때문에 그것들에 대응해서 우리들 자신을 변화시키고 혁신하지 않으면 살아남기 힘든 세상이 된 것이다. 더구나 우리가 변화하고 혁신하지 않으면 안 되게 만드는 일들이 예전보다 더 빈번하게 그리고 때로는 더 큰 힘으로 다가온다. 그런 세상이니 설령 싫더라도 변화해야 한다. 우리에게 변화하고 혁신하지 않을 '자유'가 별로 없다. 이는 개인이건 기업이건 사회이건 국가이건 모두 마찬가지이다.

위의 7.2.1에서 보았던 샤오강촌의 사례를 보면 변화와 혁신이 얼마나 중요한지 알 수 있다. 현재 샤오강촌은 개혁 당시의 활력을 상실한 채 가난한 농촌 마을의 전형적인 모습을 드러내고 있다. 2016년에 중국의 시진핑 국가주석이 개혁의 중요성을 다시 일깨우고자 샤오강촌을 방문했을 때 TV에 비친 마을의 모습은 부촌과는 거리가 먼 것이었다. 집은 토굴 같았고 농민들의 옷은 남루했다.[14] 어떻게 된 것일까? 그 해답은 세상이 달라지고 있음에도 샤오강촌 사람들이 초기의 성공 포뮬라를 고수하면서 변화와 혁신을 거부했기 때문이다.

1978년에 샤오강촌에서 감행했던 집단농장의 실질적인 사유화조치가 가져온 생산성 증대는 수준효과(level effect)에 불과하다. 그것은 가령 100이던 소득을 150으로 증대시킬 수는 있지만 그것을 계속해서 증대시킬 수는 없다. 소득을 지속적으로 증대시키려면 끊임없는 변화와 혁신을 통해서 반복적으로 생산성을 높여나가야 한다. 제아무리 성공적인 혁신이라도 일회성으로 그쳐서는 성장효과(growth effect)를 낳지 못한다.

또 다른 사례로 멕시코 경제를 들 수 있다. 멕시코는 대한민국보다 국토면적, 자원, 인구 등에서 월등하게 유리한 조건을 갖고 있다. 지리적으로도 세계 최강의 경제대국인 미국과 국경을 공유하는 유리한 위치에 놓여 있으며,

14 『조선일보』, 「특파원 리포트」, "샤오강촌과 화시촌에서 배운다", 이길성, 2016. 5. 23.

올멕, 테오티우아칸, 마야, 아스텍 등 무려 일곱 개나 되는 미주인디언문화(Amerindian Culture) 유적을 가지고 있어서 세계인의 관광지로 유명하다. 멕시코는 1970년대까지만 하더라도 대한민국보다 훨씬 잘사는 나라였다. 1954년에 (2005년도 구매력평가환율로 계산한) 4,837달러의 1인당소득을 지녀서 당시 한국의 1,095달러보다 무려 네 배 이상 잘살았던 데서 그런 상황을 엿볼 수 있다. 그런데 2014년에는 (역시 2005년도 구매력평가환율로 계산해서) 한국이 3만 5,104달러의 1인당소득을 기록했음에 비해 멕시코는 1만 5,853달러에 그쳐서 이제는 한국이 멕시코보다 두 배 이상 잘사는 나라가 되었다.

무엇이 멕시코 경제를 이처럼 침체하게 만들었을까? 이 물음에 대한 답은 멕시코를 이끌고 있는 소수의 엘리트들이 변화와 혁신을 거부한 것이 가장 큰 이유라는 것이다. 멕시코는 16세기 초 이래 300여 년 동안 스페인의 지배를 받았었는데 이 시기에 스페인은 식민통치의 효율성을 도모한다는 명목으로 멕시코를 몇 개의 거대가문에게 나누어 주었다. 지금도 그러한 전통이 남아 있어서 멕시코는 현재 소수의 거대가문(또는 기업)이 경제를 좌우하고 있다. 그들은 자기들이 지닌 기득권을 유지할 목적에서 변화와 혁신을 거부하고 있다. 멕시코가 1994년에 북미자유무역협정을 체결했을 당시만 하더라도 길어야 십 년이면 멕시코 경제가 미국이나 캐나다 경제에 매우 근접하게 다가갈 것으로 기대하였다. 그러나 북미자유무역협정이 체결된 후 거의 4반세기가 지났지만 멕시코 경제와 미국 또는 캐나다 경제와의 차이는 오히려 더 벌어졌다([그림 2-8] 참조). 그렇게 된 이유 중의 하나가, 멕시코의 지도층 인사들이 멕시코 경제가 미국 경제에 동화되는 것을 막고 있기 때문이다. 미국식 규범을 따르려면 기득권층이 장악하고 있는 부당한 특권을 내려놓아야 한다. 그게 싫어서 기득권층이 변화와 혁신을 거부하고 있는 것이다. 부정부패와 독과점을 통한 약탈에 익숙해져 있는 멕시코의 기득권층에게는 법 앞의 만인평등을 중요시하는 미국식 규범이 두렵기도 할 것이다. 그들이 기득권을 지키기 위해 변화와 혁신을 거부하는 한 멕시코 경제가 순조롭게 발전하기 힘들 것이다.

7.3 사유의 힘: 세대모형을 이용한 이해

우리가 사유, 자유, 경쟁 그리고 변화와 혁신이 지닌 힘을 본격적으로 활용하기 시작한 것은 인류 역사의 긴 안목에서 보면 극히 최근의 일이다. 18세기 중반에 산업혁명이라는 전대미문의 사건이 발생하기 이전까지는 대부분의 인류가 지금의 화폐로 계산해서 1,000달러가 안 되는 소득으로 '겨우 목숨을 부지하는 정도'의 삶을 유지하고 있었다. 근세 이전의 시기에는 통치권, 신권, 군권을 지닌 극소수의 사람들과 그들의 신임을 받은 일부를 제외한 사람들은 노예이거나 노예나 마찬가지 처지에 놓여 있었다. 그러다가 인류가 보편적인 사유와 자유의 권리를 갖기 시작하면서 경제가 혁명적인 변화를 경험하게 된 것이다.

산업혁명의 발발도 사유, 자유, 경쟁, 변화와 혁신의 힘이 작동하기 시작했기에 가능했으며 그 이후 현재에 이르기까지 인류가 평균적으로 16배 이상 부유해진 것도 사유, 자유, 경쟁, 변화와 혁신의 힘 덕분이다. 경제가 발전하기 시작했다고 해서 모든 사람이 한꺼번에 노예상태에서 벗어난 것은 아니다. 미국, 서유럽, 일본 등 선진국으로 분류되는 나라에서도 20세기 중반까지는 많은 수의 평민이 노예처럼 살고 있었다. 지금도 지구상에는 8억 명 정도가 '절대빈곤' 상태에서 노예나 다름없는 삶을 살고 있다.

사유, 자유, 경쟁, 변화와 혁신 가운데서 사유가 근본이다. 사유가 허용되지 않으면 온전한 자유를 누릴 수 없으며, 사유가 허용되지 않으면 죽기 살기로 경쟁할 이유도 없다. 그러므로 사유를 허용하는 것이 발전의 첫걸음이 된다.

7.3.1 생각의 실험

공유와 사유의 차이점을 명확하게 인식하기 위해서 한 가지 생각의 실험을 해 보기로 하자. 이를 위해 N명의 주민들이 토지 X를 경작하며 살아가는 공동체를 상상해보자. 주민들이 토지를 경작하는 방식으로 두 가지를 고려한다.

하나는 공동으로 노동하고 균등하게 나누어 갖는 공산주의방식이고 다른 하나는 토지 X를 구성원 한 사람당 $x=\frac{X}{N}$만큼씩 나누어 갖게 한 다음 제 마음대로 경작하게 하는 자본주의방식이다. 여기에서 '무슨 주의' 방식이라는 것은 그리 거창한 얘기가 아니고 그저 하나는 경작지를 공동으로 소유하고 다른 하나는 각자가 소유하는 차이를 나타낸다.

주민들은 경작지에 나가 일을 해서 먹을 것을 생산한 다음 그것을 자기의 소비와 자녀를 낳아 기르는 데 쓴다. 편의상 (아주 극단적이지만) 사람들이 한 기간만 살다가 죽는다고 하자. 이 기간을 한 50년 정도 생각하면 그리 억울할 것도 없다. 자녀를 낳아 기르려면 비용이 든다. 이를 자녀양육비라고 부를 수 있는데 애를 많이 낳아 기르려는 본능과 애를 낳아 기르는 데 드는 비용을 비교해서 몇 명을 낳아 기를지 결정하게 된다. 영유아 사망은 없다고 가정한다.

이런 상황에서 사람들은 얼마나 열심히 일하게 될까? 얼마나 열성적으로 일하게 될지는 내가 일해서 생산한 산출물을 내가 얼마나 가질 수 있느냐에 따라 달리 정해질 것이다. 경작지가 내 것이어서 내 땅에서 생산한 것은 온전히 내 것이 된다면 사람들은 그가 지닌 노동능력을 다 써서 경작에 임할 것이다. 경작지가 공동의 것이어서 내가 열심히 일하더라도 남들과 똑같이 나누어 가져야 한다면 문제가 달라진다. 이 문제에 관한 역사적인 실제 사례를 보면, 공동노동·균등분배를 모토로 하는 사회의 생산성이 낮음을 보게 되는데 이는 사람들이 최선을 다해서 일하지 않음을 나타낸다. 그런데 여기에서는 소유형태의 차이가 주는 측면만 고려하기 위해서 일단은 노력에는 차이가 없다고 상정한다. 즉, 공동노동·균등분배를 따르더라도 사적 소유의 경우와 동일하게 열성적으로 일한다고 가정한다.

사람들은 자녀를 많이 낳기를 원하기도 하지만 낳은 자녀들이 더 행복한 삶을 살기도 원한다. 우리가 고려하는 모형에서는 자녀의 미래를 좌우하는 유일한 변수가 내 자녀가 얼마나 되는 경작지를 갖고 일하는가 하는 점이다. 토지가 사유이면 나는 내가 낳을 자녀 수를 조절함으로써 나의 아이들이 갖고 일한 경작지의 크기에 영향을 줄 수 있다. 가령 내가 x를 갖고 일생을 시작했는데 내가 n명의 자녀를 두었다면 내 아이들은 평균적으로 $\frac{x}{n}$만큼의 경작지를 갖고 그들의 일생을 시작하게 된다.[15] 내가 아이를 많이 낳으면 아이들은 가난하게 일생을 시작할 것이고 아이를 적게 낳으면 아이들은 부유하게 일생을 시작할 것이다. 이럼 점을 고려해서 나는 몇 명의 아이를 낳아 기를지 현명하게 선택하게 된다. 그러나 토지가 공유이면 내가 자식을 많이 낳건 적게 낳건 나는 그 애들이 얼마나 되는 경작지를 갖고 일생을 시작할지에 대해 전혀 영향을 미칠 수가 없다. 그렇다면 애를 좀 더 많이 낳는 게 대안이 된다.

위의 이유로 인해 공유에서는 사유의 경우보다 아이를 많이 낳게 된다. 그 결과 장기균형상태에서 정해지는 1인당경작지의 양이 줄어들고 그 결과 1인당산출량과 1인당소비가 모두 작게 정해진다. 반면에 사유가 허용되면 아이들의 미래를 생각해서 자녀를 적게 낳는다. 그 결과 장기균형상태에서 정해지는 1인당경작지의 양이 커지고 그 결과 1인당산출량과 1인당소비량이 모두 크게 정해진다.

7.3.2 수치 예

제7장 부록에 위에서 행한 생각의 실험을 글로 적은 경제모형이 제시되어 있다. 거기에는 재산을 공동으로 소유하는 경우와 사적으로 소유하는 경우에 1인당산출량과 1인당소비가 어떻게 정해지는지를 보여주는 완결형 해(closed form solution)가 있다. 그것을 분석적으로 비교해보면 우리가 상정할 수 있는 거의 모든 모수 값에서 재산의 사적소유가 허용되면 그렇지 않은 경우 즉, 공동소유의 경우에 비해서 산출량과 소비가 모두 증가함을 알 수 있다. 이 문제에 대해서 좀 더 잘 이해하기 위해서 우리가 구한 모형의 해에다 구체적인 모수(母數) 값을 적용하면 다음과 같은 결과를 얻게 된다.

15 이는 $\frac{1}{n}$상속을 전제로 한 것이다. 장자상속의 경우에는 사정이 달라진다.

경작지의 사적 소유를 배제하는 공유경제에서는 1인당산출량과 1인당소비가 1,260과 960으로 정해진다. 모형의 다른 모든 것은 동일하게 둔 채 소유형태만 공유에서 사유로 바꾸면 1인당산출량은 2,100으로 그리고 1인당소비는 1,800으로 정해진다. 재산을 소유하게 되었다는 그 사실만으로도 1인당산출량은 67%로 늘어나고 1인당소비는 88%가 늘어나게 되는 것이다.

재산을 사적으로 소유하게 되면서 사람들이 자녀양육에 전보다 더 많은 자원을 투입하게 되면 결과는 더 달라진다. 수치 예에서는, 공유경제에서 자녀양육에 300의 자원을 투입하던 사람들이 사유재산이 허용되고 그 재산을 후손에게 물려줄 수 있게 되자, 자녀양육에 투입하는 자원을 500으로 늘리는 경우를 보고 있다. 이 경우에 1인당산출량은 3,500으로 그리고 1인당소비는 3,000으로 증가된다. 공유경제에서 정해지던 것보다 무려 2.8배와 3.1배가 증가하는 것이다.

7.3.2.1 사유의 힘1: 투자유발효과

재산을 사적으로 소유할 수 있는가 여부를 제외하면 모든 면에서 동일한 두 공동체의 경제적 성과가 위에서 본 것처럼 현격하게 달라지는 것은 재산의 소유 형태가 인간의 경제 행위에 대해 미치는 영향이 막중함을 보여준다. 공유경제에서는 1,260이던 1인당산출량이 사유경제에서는 2,100으로 67%나 증가하는 것이 그러한 사실을 단적으로 보여준다. 이렇게 소유 형태에 따라서 경제적 성과가 현격하게 차이 나는 근본적인 까닭은 무엇일까?

우리가 본 예에서 경제적 성과가 달라지는 이유는 재산의 소유 형태에 따라서 사람들이 미래를 위해 준비하는 방식 즉, 투자 행태가 달라지기 때문이다. 공유경제에서는 내가 내 몫을 다 쓰지 않고 후손을 위해 남겨두더라도 그것을 나의 후손이 사용하게 될 것이라는 보장이 없다. 따라서 재화를 남겨 둘 인센티브 즉, 저축할 유인이 없다.

아이를 낳는 것은 어떠한가? 아이를 많이 낳아 기를수록 행복해지므로 부모는 가능한 한 아이를 많이 낳고자 한다. 물론 아이를 낳아 기르려면 비용이

들으로 무작정 많이 낳지는 않는다. 비용보다 더 중요한 사항은 내가 낳아 기를 자녀 수에 따라서 그들의 경제적 처지가 달라지느냐 하는 점이다. 자녀 수가 그들의 경제적 처지에 영향을 주는가 여부는 소유 형태에 따라 명확하게 달라진다.

x가 사유물이어서 내가 사용한 다음 자녀에게 유산으로 넘겨줄 수 있다면 그런 일이 불가능한 경우에 비해서 자녀를 적게 낳게 된다. 왜냐하면 내 자손이 갖고 일하게 될 자원의 크기가 $x' = \frac{x}{n}$으로 정해지므로 내가 아이를 너무 많이 낳으면 즉, n을 큰 값으로 정하면 내 아이들은 나보다 적은 양의 자산을 갖고 일생을 시작해야 함을 알기 때문이다. 결과적으로 공유경제에서보다 정상상태의 인구는 적게 그리고 1인당소득은 크게 정해지게 된다.

그러나 x가 사유물이 아니어서 나의 후손이 갖고 일하게 될 자산 x'의 크기에 내가 아무런 영향도 줄 수 없으면 구태여 n을 작은 값으로 정할 유인을 잃게 된다. 그래서 자녀를 '지나치게' 많이 낳게 된다. 결과적으로 사유경제에서보다 정상상태의 인구는 많게 그리고 1인당소득은 작게 정해지게 된다.

우리가 도출한 결과를 다음과 같은 가설로 정리할 수 있다.

> **가설 1** 다른 모든 것은 그대로 두고 재산의 소유 형태를 공동 소유에서 사적 소유로 변화시키면 구성원 각자가 누리게 될 소득과 소비가 크게 증가한다. 이러한 변화가 생기는 이유는, 사유를 허용하면 투자의 과실을 부당하게 빼앗기지 않을 것이라는 믿음을 가질 수 있어서, 양질의 투자가 활성화되기 때문이다. 이를 사유의 투자유발효과라고 부를 수 있다.

위에서 보여준 것은 하나의 작은 예에 불과하지만, 내가 일해서 창출한 산출물을 나의 미래 그리고 내 후손의 미래를 더 낫게 만드는 데 쓸 것인지 아니면 지금 당장의 만족을 위해 쓸 것인지 여부가, 투자의 과실을 누가 갖느냐 하는 소유권의 존재 유무에 좌우된다는 관찰은 매우 보편적인 인간 현상이다. 피땀 흘려 가꿔서 거둔 과실을 내 마음대로 사용할 수 있을 것이라는 믿음을 갖지 못하면 투자 의욕이 떨어질 수밖에 없다. 투자 과실을 모두 빼앗길 것임을 알면서도 투자에 나서는 사람이 있을 수 있지만 그것은 오직 예외일 뿐이다. 인간의 소유 본능은 원초적인 것으로서 그 힘이 매우 강하다. 소유 본능을 충족시켜 주는 것이 경제를 발전시키는 첫걸음이 된다.

7.3.2.2 사유의 힘2: 노력유발효과

전 항에서 고찰한 예에서 우리는 사람들이 경제 활동에 임하는 자세가 소유 형태와는 무관하다는 점을 전제했다. 즉, 사유이건 공유이건 간에 사람들은 똑같은 정도로 열심히 살아갈 것임을 전제한 것이다. 거기에서 사유와 공유가 다른 결과를 가져오는 것은 소유 형태가 미래를 위한 투자에 대해 상이한 영향을 주기 때문이다. 우리가 알아본 바는 사유가 보장되어야 제대로 된 투자가 이루어지고 그래야 모두가 더 잘살 수 있게 된다는 사실이다.

소유 형태가 경제활동 결과를 변화시키는 또 다른 결정적인 이유는 노동, 학습, 훈련, 연구개발, 투자 등 제반 경제활동에 임하는 사람들의 자세가 소유 형태에 따라서 크게 달라지기 때문이다. 사유가 보장될 때 즉, 내가 열심히 일해서 거둔 과실을 나와 내 후손이 배타적으로 사용할 수 있다는 믿음을 가질 수 있을 때, 사람들은 그가 가진 모든 에너지를 투하해서 경제활동에 임하게 된다. 전 항의 예에서는 소유 형태와 무관하게 사람들은 누구나 최선을 다해서 일하고, 소비하고, 자녀를 낳아 기를 것임을 전제로 분석했는데, 공유일 때와 견주어서 사유가 허용될 때 사람들이 더 열심히 일하고 더 현명하게 소비하고 더 정성을 기울여서 자녀를 낳아 기른다면 그 결과는 매우 달라질 것이다.

위에서 든 예에서 소유 형태와 무관하게 자녀를 하나 낳아 기르는 데 드는 비용이 300으로 동일하다는 전제하에서 1인당생산량이 공유경제에서는 1,260 그리고 사유경제에서는 2,100으로 정해짐을 보았다. 이러한 변화가 일어나는 것은 이미 설명한 바와 같이 투자 행태가 달라지기 때문이다. 같은 예에서 공유경제를 사유경제로 전환함에 맞춰서 자녀를 낳아 기르는 데 드는 비용이 300에서 500으로 증가하면 1인당산출량이 3,500으로 증가하게 된다. 자녀를 낳아 기르는 비용이 증가하는 것을, 공유에서 사유로 바뀜에 따라서 자녀를 낳아 기르는 데 더 많은 정성을 쏟기 때문에 일어나는 일로 해석하면, 양육비가 300일 때 2,100으로 정해지던 1인당산출량이 양육비가 500일 때 3,500으로 1,400만큼 증가하는 것을, 사유화가 가져오는 노력유발효과로 이해할 수 있다.

이런 사실을 아래와 같은 가설로 정리할 수 있다.

> **가설 2** 공유를 사유로 바꾸면 사람들이 전보다 더 오래 그리고 더 열심히 일하고, 더 잘 배우고 연구하며, 더 적극적으로 투자하고, 더 정성들여서 자녀를 낳아 기른다. 이처럼 사유를 허용할 때 경제에 임하는 자세가 달라지는 것은 내 것을 소중히 여기는 인간의 원초적 본능이 작용하기 때문이다. 이를 사유의 노력유발효과라고 부를 수 있다.

우리가 살펴본 예에서처럼 공유를 사유로 전환함과 동시에 300이던 양육비를 500으로 늘리면, 1인당산출량이 1,260에서 3,500으로 증가하게 된다. 이때 1,260에서 2,100으로의 증가는 투자유발효과(investment inducement effect) 그리고 2,100에서 3,500으로의 증가는 노력유발효과(efforts inducement effect)로 나누어 이해할 수 있다. 두 효과의 상대적 크기보다 더 중요한 사실은 공유경제를 사유경제로 전환하면 투자유발효과뿐만 아니라 노력유발효과가 작동한다는 점이다.

이상의 논의를 종합하면, 소유 형태를 공유에서 사유로 전환하면 투자유발효과와 노력유발효과가 작동해서, 구성원 각자가 향유하게 될 산출량(소득)의 크기가 현저하게 증가하게 된다는 결론에 도달한다. 이것이 사적 소유의 힘이다.

7.3.3 경제발전에 대한 이론모형의 함의

전 항에서 살펴본 세대모형은 엄밀한 의미의 경제성장모형이 아니다. 거기에서 우리가 확인한 것은 공유경제를 사유경제로 전환하면 경제의 장기 정상상태에서 구성원 각자가 누리게 될 소득과 소비가 크게 증가한다는 사실이다. 공유경제에서 1,260으로 정해지던 정상상태의 1인당산출량이 사유경제에서는 2,100 이상으로 크게 증가한다는 사실만으로 경제성장을 다 설명할 수는 없다. 1,260에서 2,100을 향해 어떤 경로를 밟아 이동해 가는지 알지 못하며 새로운 정상상태에 이르기까지 얼마나 시간이 걸리는지 모른다. 또한 일단 2,100에 도달하면 우리가 고려한 모형에서는 더 이상의 경제성장이 이루어지지 않는다.

그렇다고 해서 정상상태의 1인당산출량이 1,260에서 2,100으로 증가한다는 사실을 가볍게 여겨서는 안 된다. 공유경제의 정상상태에서 사유경제의 정상상태로 이행하는 데 10년이 걸린다면 매년 5.3%씩 그리고 20년이 걸린다면 매년 2.6%씩 1인당산출량이 증가하는 셈이 된다. 사유화의 효과가 나타나기까지 몇 년이 걸릴지 아무도 모른다. 하지만 20년으로 잡더라도 그것만으로도 경제가 연 2.6%씩 20년 동안 지속해서 성장한다는 것은 대단한 일이다. 물적자본 축적, 인적자본 축적, 기술발전 등 통상적으로 경제성장을 추동한다고 여겨지는 요소들을 배제하고서도 위와 같은 결과를 얻은 것은 순전히 사유화의 힘이다.[16]

7.3.4 모형에서의 자유, 경쟁, 변화와 혁신의 힘

우리가 제시한 모형에서는 자유, 경쟁 및 변화와 혁신의 효과에 관해 명시적으로 알아보기 어렵다. 그러나 암묵적으로는 모형분석에 포함되어 있다. 먼저 자유에 대해서 보면, 재산을 사적으로 소유한다는 것 자체가 그 재산을 마음대로 활용하고 그렇게 해서 창출한 소득을 마음대로 사용할 자유가 있음을 전제로 한다. 사유재산을 가질 수 없던 사람들에게 재산을 가질 수 있게 허용하더라도 그가 자유의지대로 경제활동을 영위할 수 없다면 소용이 없다. 자유

16 노력유발효과까지 고려하는 경우 소득이 1,260에서 3,500으로 증가한다. 그렇게 하는 데 20년이 걸린다면 연평균 5.11% 그리고 30년이 걸린다면 연평균 3.46%씩 경제가 성장하는 것이 된다.

를 허용하지 않으면 진정한 사유가 이루어지지 못한다.

제시된 모형은 '대표적 경제주체(representative agent)' 모형이므로 마치 게임에 임하는 선수가 한 명뿐인 것처럼 묘사되었다. 그러나 그 배경에는 수많은 사람들이 경쟁을 벌이는 것을 상정한 것이다. 공유에서 사유로 변화될 때 평균소득이 630달러에서 2,100달러로 증가한다는 모형의 결과는, 사람들이 그가 얻은 경제적 자유를 최대한도로 선용할 때 나타나는 결과이다. 재산을 소유할 수 있는 권리와 원하는 대로 행동할 자유를 허용했더라도 경쟁자가 없으면 그가 최선을 다해 경제활동에 임하리라는 보장이 없다. 가령 2,100달러가 아니라 1,260달러보다 조금 더 많은, 예를 들어서, 1,500달러의 소득을 얻는 데 만족해할 수도 있다. 모형에서 사람들이 사유경제의 최대치인 2,100달러의 가치를 창출하는 것은 그가 최선을 다할 때의 이야기이며, 그가 최선을 다하게 되는 것은 다른 사람들과 경쟁하게 되기 때문이다. 경쟁이 없다면 그가 '게으름을 피우는' 것을 막을 방도가 없다.

변화와 혁신은 어떠한가? 사유와 자유를 허용하였더라도 당사자가 수렵채취인이나 농경목축시대의 노예처럼 살기를 고집한다면 사유와 자유를 허용한 것이 아무런 소용이 없다. 경쟁이 사람들로 하여금 주어진 환경에서 최선을 다하도록 유도한다 하더라도 어떤 사람이 자기는 경쟁하는 게 싫다면서 그저 그런대로 살기를 원한다면 그를 강제로 일하게 할 수는 없다. 강제할 수는 있겠지만 그것은 그의 자유를 속박하는 일이다. 그저 전처럼 적당히 일하며 살겠다는 사람에게 열심히 일하라고 강제하더라도 그가 정말로 열심히 일할지는 미지수다. 우리의 모형에서 이제까지 무산자였던 사람들이 재산권을 갖게 되면서 생산량을 늘리는 것은, 사람들이 무산자에서 유산자로 변화된 상황에 맞추어서 그들의 행동을 변화하고 혁신하는 것을 전제로 한 것이다.

이렇게 보면 명시적으로 들어나지는 않지만 우리가 고려한 모형이 표면적으로는 사유의 효과만 보여주는 것 같지만 실제로는 자유, 경쟁 및 변화와 혁신이 지닌 힘도 함께 작용하고 있음을 알 수 있다.

7.4 경제발전에 관한 몇 가지 추가적인 관점

위에서는 사유, 자유, 경쟁, 변화와 혁신의 관점에서 경제발전의 원리에 관하여 알아보았다. 경제발전에 대해 이해하는 데는 이것 말고도 몇 가지 관점이 더 있다. 우리는 그중에서 네 가지를 살펴보고자 한다. 하나는 소비와 투자를 대비해서 이해하는 것이고, 둘은 인간이 평생 동안에 하는 일을 생산, 약탈, 보호라는 관점에서 이해하는 것이고, 셋은 개방과 경제발전 간의 관계에 대해 이해하는 것이며, 넷은 정치제도와 경제제도의 포용성 여부와 경제발전 간의 관계에 대해 이해하는 것이다. 이 세 가지 관점들은 위에서 설명한 경제발전의 원동력에 대해서 보완적이다.

7.4.1 소비와 투자

우리는 일상생활을 영위하면서 소비하거나 투자하는 데 우리가 가진 시간과 재산과 정력을 사용한다. 나라 경제도 마찬가지이다. 국민소득도 크게 보면 소비와 투자로 쓰인다. 우리나라는 현재 국민소득 중 약 45%를 고정자산, 인적자본, 기술자본 투자에 사용하고 나머지를 소비하는 데 사용한다. 나라마다 소비와 투자의 상대적 비중이 다르다. 투자율이 높은 나라가 있는가 하면 소비성향이 강한 나라도 있다.

소비에 필요한 재원은 일반적으로 본인의 소득에서 나온다. 그러나 어떤 사람들은 본인의 소득으로는 부족해서 빚을 내서 소비하기도 한다. 가계이건 기업이건 정부이건 간에 자기의 능력을 벗어나는 차입에 의존해서 소비하게 되면 어려움을 겪게 될 가능성이 높다. 과도한 차입에 의존해서 무절제하게 소비하다가 경제위기에 봉착한 나라가 많다.

투자는 본래 자기자본과 타인자본을 모두 활용한다. 자기자본만 갖고는 투자에 필요한 재원을 다 충당할 수 없기 때문이다. 한 나라를 기준으로 하면 투자의 재원은 국내 저축과 해외 저축에서 나온다. 전자에는 가계, 기업, 정부의 저축이 포함되며, 후자에는 해외 차입과 외국인 직접투자가 포함된다. 한국은 주로 해외 차입으로 부족한 투자재원을 충당해왔으며 중국은 주로 외국인 직접투자를 유치함으로써 부족한 투자재원을 충당해왔다.

7.4.1.1 소비

소비란 현재의 삶을 풍족하게 만드는 데 도움이 되는 일에 우리가 지닌 자원을 사용하는 것을 의미한다. 먹고 입고 자는 등의 일상적인 일은 물론이거니와 휴식을 즐기고 여행을 가며 사람을 만나고 취미 생활을 하며 운동에 몰두하는 것들이 모두 소비에 해당한다. 소비는 흔히 가계지출의 형태로 표출된다. 그러나 가계만 소비하는 것이 아니다. 기업도 소비하고 정부도 소비한다.

소비의 핵심은 현재의 삶을 위해서 자원을 사용한다는 사실에 있다. 현재의 삶을 위한다는 말에는, 생명을 유지하기 위해서는 사람이라면 누구나 해야 하는 소비와 현재의 삶을 풍요롭게 하려는 목적에서 행하는 소비가 모두 포함된다. 전자를 생명유지를 위한 최소한의 소비라고 부를 수 있고 후자를 현재효용 증진을 위한 소비라고 부를 수 있다. 우리가 행하는 소비 가운데는 당장에는 좋은 것 같지만 조금 길게 보면 해가 되는 소비도 많다. '천박한' 욕망에 눈이 멀어서 즉흥적이고도 충동적으로 행하는 소비는 하지 않는 게 바람직하지만 그렇게 할 만큼 우리가 이성적이거나 의지가 굳지는 않다.

우리가 흔히 소비라고 부르는 것 가운데 실질에서는 미래를 위한 투자인 것이 많다. 그 대표적인 사례가 교육비 지출이다. 교육을 위해 사용하는 자원의 많은 부분은 더 나은 미래를 만들기 위한 투자이다. 또 다른 사례는 우리의 육체와 마음과 정신과 영혼의 건강을 위해 자원을 사용하는 일이다. 사실 이렇게 따지기 시작하면 소비와 투자를 구분하는 기준이 모호해진다. 그렇더라도 더 나은 미래를 만드는 데 별반 도움이 되지 않는 일에 시간과 돈과 정력을 사용하는 행위를 소비라고 부르는 데는 이견이 있을 수 없다. 소위 '향락'을 위한 지출이 그 대표적인 예가 된다.

국민들이 소비풍조에 물들어서 흥청망청하거나 은연중에 국민들로 하여금 그렇게 살아가도록 유도하는 정책을 펼치는 나라가 경제발전에 성공한 사례는 역사상 하나도 없다. 허례허식에 물들고 호화로운 생활에 길들여져서 절제를 모르는 사람들이 모여 사는 공동체가 잘될 리 없다. 반면에 생존에 필요한 최소한의 소비조차 해결하지 못하는 나라 역시 경제가 발전할 수 없다. 생존의 문제도 해결하지 못하는 나라가 미래를 위해 투자할 여력을 가질 리 만무하다.

경제가 극심한 불황에 빠졌을 때 소비를 진작시키는 것을 통해서 경제를 회생시킬 수도 있다. 국민들이 소비지출을 늘리면 소비 관련 제조업과 서비스 산업이 되살아나고 그게 여타 산업으로 확산되면서 경제가 불황의 늪에서 탈출할 수 있다. 그게 바로 경제학자 케인즈가 내린 처방의 하나다. 이 주장에는 두 가지 함정이 있다.

하나는 소비지출을 위한 재원이 어디서 나오느냐 하는 것이다. 원래 소비가 활성화되지 않았던 이유가 지출할 돈이 없어서 그랬던 것이면 꾸어 쓰지 않는 한 소비를 늘릴 방도가 없다. 이 경우 부채를 지고서라도 소비를 늘리는 게 합당한지가 문제가 된다. 대개의 경우 해외에서 빌려다 쓰게 마련인데 문제는 어떻게 그것을 갚을 것인가 하는 점이다. 외채를 빌려다 소비하는 데 쓰다가 빚을 갚지 못해 어려움을 겪은 나라가 아주 많다. 다만 본래 쓸 돈은 있었는데 소비심리가 위축되어 있어서 마땅히 쓸 돈도 쓰지 않고 있었던 경우에는 문제가 다르다. 이때는 소비심리를 위축시켰던 요인들을 제거함으로써 소비가 정상화되도록 하는 게 마땅하다.

또 다른 함정은 한번 소비풍조가 일기 시작하면 건실한 사회풍토를 회복하기가 매우 어려워진다는 점이다. 국민총소득에서 소비가 차지하는 비중을 나타내는 소비성향이 50%에서 60% 또는 70%로 높아지기는 쉽지만 70%이던 소비성향을 60%나 50%로 낮추는 것은 참으로 어렵다. 소비는 매우 불가역적이다. 높아진 소비성향을 낮추기 어려운 상황이 문제시되는 것은 소비성향을 낮추지 않고서는 투자에 쓸 재원을 마련하기가 어렵기 때문이다.

7.4.1.2 투자

투자란 미래의 더 큰 소득창출을 위해 자원을 사용하는 행위를 말한다. 투자에는 물적자본 투자, 인적자본 투자, 기술 투자, 인프라 투자, 사회자본 투자, 자연자본 투자 등이 있다. 공장을 짓고 기계장비를 설치하며 건축물을 짓는 것이 물적자본에 대한 투자다. 자녀를 학교에 보내고 근로자들을 재교육시키며 자기계발을 위해 노력하는 것은 인적자본에 대한 투자다. 인력과 물자와 지식을 투입해서 새로운 기술을 개발하는 것은 기술 투자다. 도로를 개설하고 철로를 부설하며 공항과 항만 시설을 짓고, 전기·통신·용수 시설을 확충하는 것이 하드인프라 투자가 된다. 국민들 사이에 건실한 기풍을 진작시키며, 법치를 확립하고, 부정부패를 없애며, 상호 신뢰할 수 있는 사회를 만드는 것이 사회자본에 대한 투자다. 숲, 농지와 목초지, 수자원, 지하자원, 생태다양성 등을 구성요소로 하는 자연자본을 보호하고 관리하는 것 역시 아주 중요한 투자행위이다.

한 경제가 지닌 인적자본, 물적자본, 하드 및 소프트인프라, 기술, 자연자본 등이 그 경제가 창출하는 부가가치의 크기를 좌우한다. '자본'이 풍부한 나라는 잘살고 그렇지 않은 나라는 못산다(풍부한 자본을 갖고도 그것을 제대로 활용하지 못하는 나라는 잘살기 힘들다). 1인당소득을 기준으로 말하자면, 각각의 노동자가 지닌 인적자본과 각각의 노동자가 활용하는 물적자본 및 자연자본이 많을수록 그가 창출하는 생산량도 많아진다. 하드인프라와 소프트인프라 즉, 사회자본과 기술은 모든 사람이 공동으로 활용하는 것이므로 노동자 한 사람당 자본의 크기가 아니라 나라 전체의 하드인프라와 사회자본 그리고 기술이 중요하다.

인적자본, 물적자본, 하드인프라, 사회자본, 기술, 자연자본이 한 나라의 경제력을 결정한다는 사실은, 이들 자본을 늘려나가지 않는 한 경제력의 확대 즉, 경제발전이 불가능함을 말해준다. 인적자본, 물적자본, 하드인프라, 사회자본, 기술 및 자연자본의 양을 늘려나가고 그 성능을 개선하려면 '투자'가 필수이다. 투자하지 않고는 자본을 늘릴 방도가 없다. 자본을 늘리지 못하면 경제가 발전할 수 없으므로 결국 투자하지 않으면 경제가 발전하지 못한다는 자명한 결론을 얻게 된다. 우리가 투자를 강조하는 것은 바로 그런 연유에서이다.

7.4.1.3 양자 간의 선택

우리가 지닌 역량을 소비에 사용하는 행위는 현재의 만족을 도모하기 위한 것이고 투자에 사용하는 행위는 미래의 만족을 도모하기 위한 것이다. 주어진 자원을 둘 중 하나에 투입해야 하므로 소비를 많이 하려면 투자를 줄여야 하고 투자를 많이 하려면 소비를 줄여야 한다. 그러므로 합리적인 경제주체라면, 그것이 가계이건 기업이건 정부이건 간에, 주어진 자원을 투자하는 데 사용함으로써 얻게 될 편익의 현재가치가 투자를 위해 희생해야 하는 소비의 가치보다 클 때 투자에 나서게 될 것이다. 이것을 다르게 표현하자면, 투자의 기대수익률이 높을수록 투자를 많이 하는 게 합리적이라는 것이 된다. 투자의 기대수익률은 투자 프로젝트 자체의 속성에 의해서도 정해지지만 더 중요하게는 투자가 행해지는 나라의 정책 환경에 영향을 받는다. 정책이 미래를 위한 투자에 대해 우호적이면 투자가 활성화될 것이고 그렇지 않으면 투자가 위축될 것이다.

어떤 나라든지 소비보다 투자를 중요시하면 그 나라는 점점 더 잘살게 되고 반면에 투자보다 소비를 더 중요시하면 그 나라는 점점 더 못살게 된다. 투자를 중요시한다는 것은 현재소비를 희생하는 대가로 더 큰 미래소비를 확보하는 일을 중요시함을 뜻하고 소비를 중요시한다는 것은 미래소비를 희생하면서라도 현재소비를 늘리는 것을 중요시함을 의미한다. 미래를 가볍게 여기는 나라가 잘살기를 바랄 수는 없다.

7.4.1.4 사적 소유는 활발한 투자의 필요조건

투자여부를 결정함에 있어서 투자의 과실을 누가 갖느냐 만큼 중요한 이슈가 없다. 우리는 내가 투자했으니 그 과실도 내가 갖는 게 당연하다고 여긴다.

그러나 사유의 원칙이 확립되어 있지 않은 곳에서는 투자의 과실이 투자한 사람에게 100% 귀속되지 않는다. 공동체가 이런저런 명목으로 떼어가기 때문이다. 그중에는 합당한 것도 있고 부당한 것도 있다. 세금처럼 공동체를 위해서 당연히 내놓아야 하는 것도 너무 많이 거두어가면 빼앗긴다는 마음이 든다. 그러니 부당하게 빼앗기는 것은 더 말할 나위도 없다. 부당하게 빼앗기는 몫이 클수록 투자할 마음이 줄어든다. 결국 사유의 원칙이 확립되어 있지 않은 사회에서는 투자가 활성화되지 않을 것임을 알 수 있다.

우리들이 자기 자신이나 가족 특히 자녀들의 인적자본을 축적하기 위해 노력하는 것은 인적자본이 많으면 그 자체로서 기쁜 일이기 때문이기도 하지만, 인적자본 축적을 통해서 더 나은 미래를 건설할 수 있기 때문이다. 이 후자는 분명히 투자행위이다. 투자행위이니만큼 우리가 앞에서 본 바와 같이 투자의 과실을 내가 가질 수 있다는 믿음을 가질 수 있을 때 인적자본 투자도 활성화된다.

내 안에 체화된 인적자본은 내 것일까? 노예가 아닌 한 나의 인적자본은 내 것임이 자명하다고 생각할 수 있다. 그러나 내가 내 인적자본을 써서 창출한 가치를 내 마음대로 사용할 수 없다면 내가 가지고 있다고 해서 내 것이 아니다. 외형적으로는 소유하지만 실제에 있어서는 내 것이 아니라면 인적자본에 대한 투자가 제대로 이루어지지 않는다. 투자의 과실을 빼앗길 줄 알면서도 아무 일 없다는 듯이 투자에 나설 사람은 많지 않다. 사하라사막 이남의 아프리카 여러 나라에서 인적자본에 대한 투자가 매우 부진한 것은 재산권이 확립되어 있지 않기 때문이다.

인적자본에 대한 사적 소유권 보호가 중요한 것과 동일하게 연구개발 활동을 통해 획득하는 지식재산에 대한 소유권 보호도 중요하다. 지속적인 기술발전이 지속적인 경제성장을 가능하게 하는 핵심적인 힘이라는 점은 지속적인 인적자본 축적이 경제성장의 원동력이라는 것과 동일하게 이제는 누구나 인정하는 기본 상식(common knowledge)에 속한다. 기술을 발전시키려면 그에 상응하는 투자가 이루어져야 한다. 즉, 장기간에 걸쳐서 인력과 장비와 자금과 노하우를 투입해야 한다. 수많은 실패를 거듭해야 하며 성공하더라도 그것이 시장 상황에 부합하리라는 보장도 없다. 따라서 기술발전이 원활하게 이루어지게 하려면 새로 발굴한 기술에 대한 재산권을 확실하게 보호해야 한다.

지속적인 경제성장을 추동하는 두 가지 힘 즉, 인적자본투자와 기술투자가 원활하게 이루어지는 데에 있어서도 각자가 행한 투자의 과실을 투자자 자신이 온전하게 향유할 수 있게 해주는 것이 필요하다는 인식은, 우리가 세대모형 분석을 통해서 살펴본 사적 소유가 경제를 성장 발전시키는 원천적인 힘이라는 명제를 동태적인 상황에 적용한 것일 뿐 양자의 본질은 동일하다.

7.4.2 생산, 약탈, 보호 - 사유의 침해와 그 반작용

사람이 일생 동안 무슨 일을 하면서 살아가는지가 그 사람의 삶의 가치는 물론이고 그가 몸담고 있는 경제가 창출하는 가치의 크기를 결정하는 데 결정적인 영향을 준다. 이러한 관점에서 우리가 지닌 역량을 투입하여 행하는 활동의 대상으로서 생산, 약탈, 보호라는 세 가지를 고려할 수 있다. 여기에서 생산(production) 또는 생산활동(productive activities)이란 행위자 자신과 사회가 공통으로 '가치' 있는 일이라고 인정하는 행위를 말한다. 반면에 약탈(predation) 또는 약탈행위(predatory activities)란 남이 만들어 놓은 것을 빼앗는 행위를 말한다. 한편 보호활동(protection activities)은 자기가 생산한 가치를 남에게 빼앗기지 않기 위해 하는 방어적이거나 공격적인 행동을 말한다.

7.4.2.1 생산

국민들의 대다수가 생산활동에 전념하면서 살아가는 나라가 국민들의 다수가 남이 만들어 놓은 것을 빼앗는 데 몰두하면서 살아가는 나라보다 더 잘살게 되는 것은 너무나 당연한 일이다. 여기에서 생산활동이란 자신과 가족과 지역공동체와 국가 공동체 그리고 더 나아가서는 인류 공동체를 이롭게 하는 데 기여하는 일체의 행위를 말한다. 부모가 아이들을 잘 키우는 것, 학생들이 열심히 공부하는 것, 직장에 다니거나 자영업에 종사하면서 최선을 다하는 것, 금융자산이나 실물자산을 관리하는 일, 지역사회와 국가를 운영하는 일, 이웃을 사랑하는 일, 약자를 돌보고 배려하는 일 등이 모두 그러한 사례가 된다.

사회구성원들 중에서 그가 지닌 자원의 보다 많은 부분을 생산활동을 수행하는 데 투입하는 사람이 많을수록 개인은 물론이고 공동체가 창출하는 가치가 커진다. 바로 그런 사회가 잘사는 사회가 된다. 생산적인 활동 중에서도 투자와 기술개발과 개혁이 중요하다. 투자와 기술개발과 개혁을 통해서 현재보다 더 나은 미래를 건설할 수 있기 때문이다.

7.4.2.2 약탈

자기가 스스로 가치를 창출하는 대신에 남이 창출한 가치를 빼앗는 행위가 약탈이다. 사람들이 약탈행위를 일삼으며 살아간다는 게 언뜻 이해되지 않을 수도 있다. 왜냐하면 제대로 된 사람이라면 자기가 일해서 번 것으로 살아가는 게 당연하다고 생각하는 게 통념이기 때문이다.

그러나 조금만 생각해 보면 우리 주위에 남의 것을 빼앗으려는 사람들이 의외로 많음을 알 수 있다. 가장 쉬운 예는 강도와 도둑이다. 노점상들에게서 자릿세를 뜯거나, 폭력배를 막아준다는 미명하에 보호세를 거두는 것도 강도짓이다. 사고 싶지 않은 물건을 강매하거나 속임수로 겉과 속이 다른 상품을 판매하거나, 감언이설로 효과가 없는 제품을 판매하는 것은 모두 남의 것을 부당하게 빼앗는 행위이다. 금융기관이 불완전 판매를 일삼거나, 대기업이 납품업체에게 횡포를 부리거나, 대주주가 소액주주에게 돌아가야 할 몫을 빼돌리는 것도 약탈이다.

사용자가 종업원을 부당하게 대하거나, 근로자가 근무태만에 빠지거나 근무시간에 자기 일을 보는 것도 약탈행위이다. 일선 행정기관의 직원들이 단속을 핑계로 업주에게서 금품을 수수하거나, 교사들이 촌지를 받는 것도 약탈이고, 언론사들이 비보도를 전제로 기업에게서 금품을 갈취하거나 기업의 지원을 받아서 해외여행을 가거나 광고를 게재하도록 압력을 넣는 것도 약탈이다.

모든 부정부패는 말할 것도 없이 약탈행위이다.

힘을 가진 자가 그 힘을 오용하거나 남용하는 것도 약탈에 해당한다. 시장지배력을 지닌 대기업이 부당한 방법으로 경쟁자들을 도태시키거나, 결속력이 강한 노동조합이 실력행사를 통해서 부당하게 이득을 챙기는 것도 약탈이다. 정경유착을 통한 부당 행위 역시 약탈이며, 기업들이 정부를 앞세워서 경쟁자의 시장진입을 어렵게 만드는 것도 약탈이다. 정치인들이 권력을 앞세워서 기업들에게 압력을 넣는 것도 약탈이며 기업주가 내는 것처럼 포장한 각종 성금도 약탈과 크게 다르지 않다. 정부가 공기업의 재산을 함부로 다루는 것도 국민의 것을 약탈하는 행위이다. 정치인이나 정부가 행하는 약탈행위 중 가장 다루기 어려운 것은 '여론'을 빙자해서 국민의 사유재산을 침해하는 것이다.

이상에서 살펴본 바와 같이 우리들의 통념과는 달리 남의 것을 빼앗는 행위가 의외로 널리 퍼져있다. 정도의 문제이지 남의 것을 빼앗는 행위는 역사 이래 항상 어느 곳이건 다 있어왔다. 그렇지만 우리가 근대 이후의 경제발전 역사를 중요시하는 이유는 르네상스 이후에 전개된 인간해방과 자유화 그리고 민주화의 물결이 사람들로 하여금 약탈행위보다는 생산활동에 더 전념할 동기를 부여함으로써 경제발전의 원동력을 제공하고 경제발전은 사람들로 하여금 생산적인 행위에 더 전념할 유인을 제공했기 때문이다.

그러나 세계를 둘러보면 모든 나라가 다 그 구성원들로 하여금 생산활동에 더 몰두하도록 유도하고 있지는 않다는 것을 알 수 있다. 생산활동보다 약탈행위가 더 많은 '수익'을 주는 사회가 많다는 얘기이다. 아예 국가나 독재자가 국민들의 생산물을 약탈하는 것을 업으로 알고 있는 나라도 많다. 그런 나라의 경제가 극심한 어려움에 빠져 있는 일은 결코 우연이 아니다. 반면에 우리가 선진국이라고 부르는 나라들은 한결같이 법치가 확립되어 있어서 그 나라 국민들이 생산활동에 종사하는 것을 당연시하고 약탈행위를 범죄행위로 다스린다. 그런 나라의 경제가 더 잘 돌아간다. 한때는 후진국이었다가 선진국으로 변신한 나라들은 각고의 노력을 통해서 약탈행위를 일삼는 국민들을 생산활동을 하도록 유도하는 데 성공한 나라들이다. 그 반대로 한때 잘살던 나라가 국민들이 약탈행위로 흐르는 것을 방지하지 못하거나 국가나 지도자가 앞서서 약탈행위를 한 결과 경제발전의 대열에서 탈락한 경우도 많다.

7.4.2.3 보호

약탈행위가 만연하면 그 자체로서 비생산적이고 비윤리적이어서 문제가 될 뿐만 아니라 생산적인 활동에 전념하던 사람들이 자기 것을 빼앗기지 않으려는 보호활동을 하게 만들어서 자원을 '낭비'하게 만든다. 주어진 자원을 1이라고 할 때 전에는 1 전부를 생산활동에 투입하던 사람들이 이제 그중 일부를 자기 것을 빼앗기지 않으려는 데 사용하게 되므로 그에 비례해서 생산활동에 투입할 자원이 적어진다.

우리가 세금을 내는 중요한 이유 중의 하나는 국가가 국민에게서 거둔 세금을 사용해서 국민들이 안심하고 생산활동에만 전념할 환경을 만들어 주기 바라기 때문이다. 법치가 그 핵심이다. 그러므로 가장 크게 우려해야 할 일은 선량한 국민의 생명과 재산을 보호해야 할 국가가 약탈자로 변모되는 일이다. 많은 나라에서 '더 나은 세상을 만들자'거나 '과거의 잘못을 청산하자'는 슬로건을 내걸고, 자의적으로 법을 해석하거나, 행정권을 오남용하거나, 보편적인 원칙에 위배되는 악법을 만들어서 국민들이 지닌 정당한 몫을 빼앗는 일이 비일비재하다. 이러한 나라들이 과연 잘사는 나라가 될 수 있을까? 세계 경제의 진화과정을 살펴보면 그 대답은 매우 부정적이다.

7.4.3 개방과 경제발전의 궁극적인 힘들

개방과 폐쇄는 경제발전의 궁극적인 힘 가운데서 자유와 경쟁 그리고 변화와 혁신과 특히 관련이 깊다.

개방은 경제적 자유를 확대하는 일이다. 지금까지 국내로 한정되어 있었던 경제활동의 영역을 전 세계로 확대하는 조치가 개방이다. 경제활동의 영역이 넓어지는 만큼 자유가 확대된다. 전에는 국내에서만 팔아야 했던 제품을 이제 전 세계인을 대상으로 판매할 수 있으며, 전에는 국내에서만 조달해야 했던 물품들을 이제는 다른 나라에서 조달할 수 있다. 전에는 국산품만 소비할 수 있었으나 개방으로 수입상품도 소비할 수 있게 된다. 전에는 국내에서만 일자리를 구할 수 있었으나 이제는 해외에서 일자리를 구할 수 있다. 전에는 내국인만 채용할 수 있었지만 이제는 외국인도 종업원으로 쓸 수 있다. 전에는 국내기술만 사용할 수 있었지만 이제는 전 세계의 기술을 쓸 수 있게 되었다. 이처럼 개방은 경제활동의 자유를 아주 크게 신장시킨다.

개방은 경쟁을 촉진시킨다. 개방은 외국 기업과 상품과 인력과 자본과 기술에 대해 진입을 허용하는 일이며 동시에 우리나라 기업과 상품과 인력과 자본과 기술이 해외로 나갈 수 있도록 허용하는 일이다.

개방은 또한 변화와 혁신을 촉발한다. 자신보다 우월한 사람과, 우리가 생산하는 것보다 우수한 상품과, 우리 것보다 앞선 기술과 아이디어가 등장하니 변화하고 혁신하지 않을 수 없게 된다. 현실에 안주하다가 도태될 위험이 매우 높아진 것이다. 끊임없이 새로운 강자가 등장하는 세계시장에서 경쟁하는 우리나라 기업이나 인력 역시 변화하고 혁신하지 못하면 경쟁에서 도태된다.

개방은 사유의 영역을 확장시키는 결과를 낳기도 한다. 사유재산권이 확립되어 있는 나라에서 들어온 기업들이 그들의 재산권이 침해되는 것을 그대로 두고 볼 리가 없으며, 재산권이 침해당하는 나라의 주민들은 재산권을 잘 보호하는 나라로 재산을 이전시킬 수가 있다.

결국 개방은 사유, 자유, 경쟁, 변화와 혁신이라는 경제발전의 궁극적인 힘들이 더 잘 작동하도록 유도함을 알 수 있다. 개방이 경제발전을 촉진하는 것은 바로 그런 연유에서이다.

7.4.4 정치 및 경제 제도의 포용성

『왜 국가들은 실패하는가?』(Why Nations Fail?)라는 저서에서 아제모을루와 로빈슨[17]은 한 국가의 정치제도와 경제제도를 포용성(inclusiveness)의 정도로 분류한 다음, 포용성이 큰 정치제도와 경제제도를 가진 나라 또는 그 방향으로 제도를 개혁하는 데 성공한 나라는 경제발전에 성공하고 그렇지 못한 나라는 실패함을 설파하고 있다.

정치제도가 포용적이라는 것은 사회구성원 모두가 동등한 권리를 갖게 되는 것을 말하며, 경제제도가 포용적이라는 것은 사회구성원 누구나가 동등한 기회를 갖는 것을 말한다. 인종, 성별, 연령, 학력, 경제력, 출신지역, 장애유무 등을 이유로 정치와 경제의 영역에서 차별하지 않는 것이 포용이다.

포용적인 제도는 사유, 자유, 경쟁, 변화와 혁신으로 대표되는 경제발전의 원동력을 강화시키는 속성을 지니며, 배타적인 제도는 경제발전의 원동력을 무기력하게 만든다.

경제제도의 포용성 여부가 중요한 것은 경제제도가 포용적일수록 사유, 자유, 경쟁, 변화와 혁신의 힘이 더 잘 작동할 수 있기 때문이다. 가령 흑인이니 백인 동네에 살 수 없게 만들고, 여성이니 이러이러한 일은 하지 못하게 만들고, 기존의 독점자들을 보호하고, 기득권에 위해를 가하는 변화와 혁신을 억제하는 경제제도를 가진 나라가 잘되기 쉽지 않다.

정치제도의 포용성이 중요한 이유는 경제제도의 속성을 결정하는 데 결정적인 역할을 수행하는 정치가 배타적이 되면 경제제도 역시 배타적으로 변질되기 때문이다. 포용적인 정치제도가 경제제도의 포용성을 강화시키고, 포용적인 경제제도가 정치제도의 포용성을 강화시킨다. 반면에 정치제도가 배타적이면 경제제도도 배타적이 되고, 경제제도가 배타적이면 기득권자들이 그들의 이익을 보호하려고 정치제도도 배타적으로 변질시키는 경향이 있다. 정경유착을 통해서 소수가 자기들만의 이익을 추구할 수 있는 것은 그들이 정치제도와 경제제도를 배타적이게 변질시키기에 가능한 일이다.

---

17 D. Acemoglu & J. Robinson. (2012). *Why Nations Fail?*. New York: Crown Publishing Group.

7.5 소결론

개혁과 개방을 통해 사유재산을 확실하게 보호하고 건전한 경쟁을 통해 모든 사람들이 최선을 다해서 경제활동에 전념하도록 유도하고, 창출한 소득의 더 많은 몫을 저축해서 적재적소에 투자하도록 유도하고, 그것을 통해 물적자본과 인적자본 그리고 사회자본을 지속적으로 늘려나가는 일과 기술을 지속적으로 향상시켜 나가는 일과 경제사회 운영의 효율성을 높여나가는 데 성공하면 경제발전을 이룰 수 있다는 결론을 얻게 된다. 이는 일견 매우 쉬운 일인 듯하다. 그런데도 이 세상에는 그 일을 하지 못해 하루 소득이 1.9달러가 안 되는 사람들이 세계인구의 10.1%인 7억 7,000만 명이 된다.[18] 이들의 대부분은 60여 년 전에도 가난했고 지금도 여전히 가난하다. 도대체 무엇이 잘못된 것일까? 다시 말하면 도대체 무엇이 잘못되었기에 세계의 절반이 넘는 국가들이 지난 60여 년 동안 전혀 경제발전을 이룩하지 못해 그 주민을 빈곤과 기아에 허덕이게 만들고 있는가?

경제발전의 요체가 그렇게 어려운 것이 아니어서 누구나 노력하면 이룰 수 있을 것 같은데도 발전에 실패한 나라가 많은 것은 무슨 까닭인가? 가장 중요한 이유는 나라의 근간을 형성하는 이념과 체제와 제도와 관행과 정책과 정치가 발전을 억제하기 때문이다. 한 사회의 전 구성원들로 하여금 매사에 전력을 투구해서 열심히 일하고 싶게 만들고, 실제로 전심전력을 다해 일할 수 있게 허용하고, 매 순간 최선을 다해 노력하지 않으면 살아남을 수 없게 만들면 아무리 가난한 나라라도 점차 더 잘살게 된다. 반면에 구성원들이 열심히 일할 유인을 갖지 못하고, 열심히 하고 싶어도 실제로 그렇게 하는 게 어렵고, 열심히 하지 않아도 도태될 위험을 느끼지 않도록 되어 있는 근간을 지닌 나라는 발전할 수 없다.

사람들은 그가 노력해서 얻은 과실을 대부분 자기가 향유할 수 있다는 확신

18 World Bank. (2016). *Taking on Inequality*를 참조하라.

을 가질 때 가장 열성적으로 경제활동에 임한다. 사유재산권을 보호해주는 것이 그래서 필요하다. 열심히 해 보려는 동기가 아무리 강하더라도 실제로 그렇게 할 수 있는 자유가 주어지지 않으면 아무런 소용이 없다. 따라서 경제적 자유를 보장해 주는 것이 중요하다. 하고 싶고 할 수 있다 하더라도 나보다 잘하는 사람이 출현할 수도 있다는 위협이 주어지지 않으면 계속해서 잘하기가 매우 어렵다. 따라서 경쟁이 필요하다. 결국 개혁을 통한 사유재산권 보호와 경제적 자유 허용 그리고 개방을 통한 경쟁 환경 조성이 발전의 요체가 된다. 개혁과 개방에 성공한 나라는 발전하고 그렇지 못한 나라는 발전하지 못한다.

개혁과 개방에 성공한 나라는 부강해지고 그렇지 못한 나라는 빈곤을 탈피하지 못한다. 남한은 개혁과 개방을 통해 경제를 발전시켰으나 북한은 개혁과 개방에 반하는 노선을 채택해서 발전에 실패하였으며, 덩샤오핑 이전의 중국은 개혁과 개방을 하지 않아서 발전에 실패하였으나 덩샤오핑 이후의 중국은 개혁과 개방을 통해 발전을 지속하고 있다. 공산 통일 이후 한동안 개혁과 개방을 거부하다 발전에 뒤처진 베트남이 개혁과 개방으로 방향을 선회한 후 발전하기 시작하였고 사회주의적 폐쇄경제하에서 정체되어 있던 인도가 개혁과 개방으로 방향을 선회한 이후 발전궤도에 진입한 데서 그러한 사실을 잘 알 수 있다.

그렇다면 수많은 나라들이 개혁과 개방을 하지 못하는 이유는 무엇인가? 사회가 불평등해서인가? 정치가 잘못되어서 그런가? 제도가 나빠서 그러한가? 문화적 또는 민족적인 특성 때문인가? 아니면 지리적 또는 기후상의 불리함 때문인가? 자연자원이 부족해서 그러한가?

이들 요인 중 문화적 또는 민족적 특성이나, 지리적 또는 기후상의 불리함 그리고 자원부족 때문에 발전하지 못한다는 가설은 일리는 있으나 동일한 문화권, 동일한 민족이면서도 성공한 나라와 실패한 나라가 있고, 지리적 또는 기후상의 불리함에도 불구하고 발전에 성공한 나라가 많으며, 자원이 절대적으로 부족함에도 발전에 성공한 나라가 다수임을 보면 보편성을 지닌 가설은 아니다.

지나친 불평등성, 정치의 불안정성, 비생산적인 제도, 이념적 편향 등은 분명히 발전을 저해한다. 경제력이 소수에게 집중되어 있으면 다수의 못 가진 자들이 근로의욕을 상실하기 쉽고 또한 체제전복의 위험성이 크기 때문에 사회가 불안정해져서 투자가 이루어지지 않게 된다. 정치가 불안정해서 수시로 정권이 바뀌고 장래를 예측하기가 어려워지면 미래지향적인 경제활동을 할 수 없게 된다. 정치가 불안정할 뿐 아니라 힘을 가진 소수가 다수가 노력해서 얻은 결과물을 찬탈하는 일이 관행화되어 있으면 발전은 틀림없이 실패한다. 이념적 편향성으로 인해 개혁과 개방에 반하는 정책과 제도와 관행이 고착되어 있는 나라 역시 발전할 수 없다. 결국 발전을 저해하는 가장 중요한 요소는 불평등성, 정치체제의 불안정성, 발전에 반하는 이념과 체제와 제도와 정책 등 사회정치적 요인들이라 할 수 있다.

그런데 이러한 사회정치적 요인들이 발전에 반하는 방향으로 고착되는 까닭은 첫째, 그렇게 함으로써 이득을 보는 집단이 그 사회를 지배하고 있기 때문이며 둘째, 그 사회의 여론 주도 세력이 반자유주의적 이념에 편향되어 있기 때문이다. 설령 그것이 국민 다수에게 이익이 된다 하더라도 그 사회의 지배 세력에게 치명적인 위협 요인이 되면 개혁과 개방은 이루어지지 않는다. 북한이 개혁과 개방을 하지 못하는 까닭이 바로 거기에 있다. 또한 그 사회의 여론 주도 세력이 반자유주의적인 이념 즉, 사회주의적이며 반개방적인 이념에 편향되어 있으면 체제와 제도와 정책과 관행이 그에 영향을 받아서 반개혁적이고 반개방적인 것으로 변질되기 때문에 발전이 이루어지지 않게 된다. 아르헨티나, 볼리비아, 쿠바 등이 발전에 실패한 것은 바로 그런 이유에서이다.

이런 점에서 가장 나쁜 것은 사회를 지배하는 소수 집단과 여론 주도층이 합심해서 반개혁적이며 반개방적인 이념과 체제와 제도와 정책과 관행을 고착화시키는 일이다. 소수 집단이 반개혁적이고 반개방적인 성향을 띠더라도 여론 주도층이 그에 반대하면 발전을 저해하는 소수 집단을 약화시킬 수 있고, 여론 주도층이 반개혁적이고 반개방적이라 하더라도 사회 지도층이 개혁과 개방에 관해 확고한 신념을 갖고 있다면 반대 세력을 설득할 수 있을 것이므로 발전에 나설 수 있다. 그렇지만 사회 지도층과 여론 주도층이 모두 반개혁적이고 반개방적인 사회는 발전할 수가 없다.

부록

사유의 힘

다른 모든 것은 동일한데 단지 사유 또는 공유의 차이 때문에 사람들이 어떻게 달리 행동하며 그 결과로 얼마나 상이한 경제 상태에 도달하게 되는지 알아보기로 하자.

7A.1 모형 제시

이를 위해서 N_t명의 현재 세대원이 각자가 한 단위씩 지닌 노동력과 자산(asset) X_t를 결합해서 재화 Y_t를 생산하는 경제를 상정하자. 이 경제의 총생산 함수는 아래와 같이 Cobb-Douglas 함수로 주어진다.

$$Y_t = AX_t^{\alpha}N_t^{1-\alpha} \tag{7A.1}$$

여기에서 A는 이 공동체가 지닌 기술 수준을 나타내며 파라미터 α는 자산 X의 생산성을 나타낸다. α는 0보다 크고 1보다 작은 값을 지닌다. 식 (7A.1)에서 기술수준을 기간과 무관하게 상수로 표현한 것에 특별한 의미를 둘 필요는 없다. 중요한 것은 편의상 A를 주어진 것 즉, 외생변수로 본다는 점이다. 인구는 사람들이 몇 명의 아이를 낳아 기르는가에 따라서 증가하기도 하고 감소하기도 하는 변수이다. 세대 중첩 없이 모든 사람들이 한 세대만 살다가 죽는 상황을 고려하기로 하자. 따라서 N_t는 t기의 인구 즉, t기의 세대원 수를 나타낸다. 이들이 각각 n_t명의 아이를 낳아 양육한다면 다음 기의 인구는 $N_{t+1} = n_tN_t$가 된다. 자녀 수 n_t는 0보다 큰 값으로 정해지는데 1보다 크면 인구가 증가하고, 1보다 작으면 인구가 감소하며, 1이면 인구가 변화하지 않는다.

사람들은 생산한 재화 Y_t를 자신들을 위한 소비 N_tc_t와 자녀 양육비 kn_tN_t에 나누어 쓴다. 여기에서 c_t는 세대원당 소비의 크기를, 그리고 k는 한 명의 자녀를 낳아서 성인으로 키우는 데 드는 비용을 나타낸다. 분석의 단순화를 위해 k의 크기를 주어진 것으로 본다. 이 경우 경제 전체의 예산제약은 다음과 같이 정해진다.

$$N_tc_t + kn_tN_t = Y_t = AX_t^{\alpha}N_t^{1-\alpha} \tag{7A.2}$$

위 식의 양변을 세대원 수 N_t로 나누면 세대원당 예산제약을 아래와 같이 구할 수 있다.

$$c_t + kn_t = y_t = Ax_t^{\alpha} \tag{7A.3}$$

이 식에서 x_t는 세대원 한 사람당 자산의 크기 즉, $\frac{X_t}{N_t}$를 나타내며 y_t는 세대원 한 사람당 생산량(소득)의 크기를 나타낸다. 여기에서 y_t를 세 가지 다른 의미로 이해할 수 있다. 하나는 말 그대로 총생산량 Y_t를 세대원 수로 나눈 1인당생산량 또는 평균생산량으로 이해하는 것이다. 둘은 공동체가 갖고 있는 자산 X_t를 사용할 권리를 구성원에게 균등하게 분배해 주었을 때 각자가 생산하는 양으로 이해하는 것이다. 셋은 공동체가 갖고 있던 자산을 아예 구성원에게 똑같이 나누어주었을 때 각자가 생산하는 양으로 이해하는 것이다.[19] 이 세 가지가 같은 값을 갖는다는 것은 현세대에 국한해서 보면 자산의 소유 형태가 1인당생산량의 크기에 영향을 주지 않음을 뜻한다. 그러나 사유냐 공유냐에 따라서 1인당생산량의 변화 양상 즉, y_t의 변화 양상이 달라지며 그 결과 사유냐 공유냐에 따라서 각 경제가 궁극적으로 도달하게 되는 정상상태의 1인당생산량도 달리 정해진다.

세대원 1인당생산량 y_t가 어떠한 양상을 띠며 변화할 것인가는 각 세대원이

19 우리가 가정한 대로 생산함수가 선형동차(linearly homogeneous)이면 세 가지 경우 모두 1인당생산량은 동일한 크기로 정해진다.

소비와 투자에 관해 어떤 결정을 내리는가에 따라서 정해진다. 현세대원이 자신의 필요와 욕구 만족을 위해서 사용하는 c_t는 논란의 여지 없이 소비에 해당한다. 자녀를 낳아 기르느라 사용하는 kn_t는 소비임과 동시에 투자가 된다. 미래 세대를 살아갈 주인공을 낳아 기르는 일이므로 투자가 되고, 자녀를 갖는 일 자체에서 부모가 행복을 느끼게 되므로 소비가 된다.

일생 동안 활용하는 자산 x_t에 대해 내가 주는 변화가 우리가 통상적으로 생각하는 투자가 된다. 여기에서 자산에 대해 변화를 준다는 것은 나의 직계 후손 한 사람이 갖고 일하게 될 자산 x_{t+1}의 크기를 내가 사용하던 자산 x_t보다 크거나 작게 또는 같게 만듦을 의미한다. 이때 중요한 것은 내가 그러한 일을 내 마음대로 할 수 있는가 하는 점이다. 만일 x_t가 내 것이라면 즉, 내가 그것에 대한 소유권을 갖고 있거나 그것을 사용할 권리를 세세대대로 내 후손에게 물려줄 수 있다면, 당연히 내가 x_{t+1}의 크기를 결정할 수 있다. x_t의 사용권한을 한시적으로 갖는 경우에도 제한적이기는 하지만 투자 결정을 내릴 수 있다. 그렇지만 x_t가 내 것이 아니라면 그렇게 할 수 없다. 여기에서 중요한 것은 내가 지금 선택하는 경제행위가 내 후손의 삶에 영향을 줄 수 있는가 여부이다. 미래에 대해 영향을 줄 수 없다면 미래를 위한 준비 즉, 투자에 관해 생각할 필요조차 없다. 생각해 보아야 소용이 없기 때문이다.

위의 마지막 관찰이 중요한 이유는 재산의 소유 여부가 사람들의 경제행위 특히 투자행위에 대해 결정적인 영향을 주기 때문이다. 이제 이 점을 확인하기 위해서 사람들이 어떻게 행동할지 경제모형을 통해 알아보기로 하자. 이를 위해 이 공동체에서 살아가는 사람들이 원하는 바를 다음과 같은 효용함수로 나타낼 수 있다고 가정한다.

$$u_t=(c_t)^{1-\beta}(n_t)^{\eta}(u_{t+1})^{\beta} \tag{7A.4}$$

위 식에서 u_t는 t기를 살아가는 사람이 일생동안 누리는 효용을 나타낸다. 그의 생애효용은 그가 일생 동안 소비하는 재화의 양 c_t, 그가 낳아 기르는 자녀의 수 n_t, 그리고 그 자녀 하나하나가 그 자신의 일생 동안 누리게 될 효용 즉, 자녀의 생애효용 u_{t+1}의 함수가 된다. 파라미터 β는 자녀의 생애효용이 나의 생애효용에 대해 주는 영향의 정도를 나타낸다. 따라서 β가 큰 값을 가질수록 나는 내 자녀가 누릴 복지를 중시하는 것이 된다. 이 파라미터는 0보다 크고 1보다 작은 값을 가지는 것으로 가정한다. 한편 $1-\beta$는 나 자신의 소비가 나의 생애효용에 대해 영향을 주는 정도를 나타낸다. 파라미터 η는 내가 낳아 기를 자녀의 숫자가 나의 생애효용에 대해 영향을 주는 정도를 나타낸다. 아이가 많을수록 부모의 행복이 커진다는 전제를 받아들여서 파라미터 η가 양의 값을 지니는 것으로 가정한다.[20]

효용함수가 식 (7A.4)로 주어지고 예산제약식이 식 (7A.3)으로 주어질 때 사람들은 어떤 선택을 하게 될까? 이 단계에서 우리(경제학도)는 통상적으로 사람들이 식 (7A.3)을 통해 주어지는 대안들 중에서 식 (7A.4)로 주어지는 생애효용을 극대화하는 옵션을 선택할 것이라는 전제하에서 문제를 분석한다. 더 나은 대안이 없으므로 여기에서도 그러한 전제를 받아들이기로 한다.

식 (7A.3)은 우리에게 어떤 대안을 제공하는가? 식 (7A.3)의 마지막 항은 우리가 고려의 대상으로 삼은 경제에서 정해지는 1인당생산량을 나타낸다. 식에서 보듯이 t 세대원의 1인당생산량은 $y_t=Ax_t^{\alpha}$로 정해진다. 여기에서 A는 이 공동체의 구성원이라면 누구나 활용할 수 있는 '기술수준'을 나타내며 x_t는 각각의 구성원이 갖고 일하는 자산의 양을 나타낸다. 이제부터는 경제 전체의 자산의 양이, 생산과정에 투입해도 그 가치가 줄어들지 않으며 투자를 통해서 그 가치를 늘릴 수도 없어서, 상수 값으로 주어져 있는 것으로 상정한다. 즉, 모든 t에 대해서 $X_t=X$로 고정되어 있다고 하자.

자산 X에 노동력 N_t를 투입해서 생산한 재화의 양이 식 (7A.1)의 Y_t로 결정됨은 이미 설명한 바와 같다. 그것을 구성원들에게 균등하게 분배할 때 한 사람이 갖는 몫이 식 (7A.3)의 y_t가 된다는 사실도 이미 설명한 바와 같다. X의 소유권을 구성원들에게 균등하게 나누어 주고 그것을 갖고 각자가 일해서

20 나의 소비 c_t와 자녀의 효용 u_{t+1}이 나의 효용함수에서 선형동차가 됨에 유의하자. 모형의 해가 경제적으로 유의한 값을 가지려면 $\eta>\beta$가 되어야 한다.

거둔 수확량도 y_t가 됨 역시 이미 설명한 바와 같다. 결국 t 세대원 한 사람이 생산하는 재화의 양은 소유권의 존재 여부 즉, 사유냐 공유냐 하는 것과 무관하게 동일하게 정해진다.

이처럼 개인이 생산한 것을 모두 합한 것이 전체가 공동으로 생산한 양과 같아지는 것은 표면적으로는 생산함수를 선형동차로 상정한 모형의 특징 때문이다. 더 중요한 이유는 소유 형태와 무관하게 모든 사람이 동일한 노력을 기울일 것이라는 가정에 있다. 생산함수가 선형동차라 하더라도 공유일 때는 사유일 때와 견주어서 열심히 일할 유인이 떨어질 가능성이 크다. 내가 열심히 일해서 늘린 생산량의 $\frac{1}{N}$만 내 몫이 되며 남이 열심히 일해서 늘린 생산량의 $\frac{1}{N}$이 내 몫으로 돌아오므로 열심히 일할 유인이 떨어지는 것이다. 사람들이 소유 형태와 무관하게 똑같은 정도로 열심히 일할 것이라는 가정은 인간의 본성과 맞지 않는 것으로 보인다. 감시원을 두면 생산량을 늘릴 수 있을지 모르지만 그만큼 생산활동에 투입되는 노동력은 줄어든다.

7A.2 모형의 해 도출

우리가 고려하는 문제에서 재산의 소유여부가 현세대 구성원 한 사람당 생산량의 크기에 영향을 주지 않는 것은, 이미 살펴보았듯이, 한 사람이 갖고 일하는 자원의 크기가 두 경우 모두 x_t로 동일하며 노동 강도 역시 동일하기 때문이다. 전자는 모형의 기술적 특성에서 연유하는 객관적인 사실이며 후자는 인성에 관한 가정에서 연유하는 주관적인 가설이다. 이하에서는 두 가지 모두 사실인 것으로 상정한다.

자원 x를 갖고 일생을 살아가는 사람이 누리는 생애 효용을 $v(x)$라는 함수로 표시할 수 있다. 경제학도들이 평상적으로 받아들이는 상당히 일반적인 가정하에서, 아래 식을 만족시키는 $v(x)$가 유일하게 존재하며 $v(x)$는 x에 관하여 증가(increasing)함수이고 볼록(concave)하며 연속적으로 미분가능(continuously differentiable)하다.[21]

$$v(x) = Max[c^{1-\beta} n^{\eta} v(x')^{\beta}]$$
$$\text{subject to} \tag{7A.5}$$
$$c + kn \leqq Ax^{\alpha}$$

위 식에서 x'은 자녀 한 사람이 갖고 일할 자원의 양을 나타내며 따라서 $v(x')$은 x'을 갖고 일생을 살아가는 자녀의 생애효용을 나타낸다. 식 (7A.5)는 나의 생애효용이 자녀의 생애효용에 미치는 영향까지 감안해서 나의 소비와 내가 낳아 기를 자녀의 수를 가장 잘 선택할 때 내가 누리게 되는 행복의 크기로 정해짐을 보여준다.

식 (7A.5)로 주어진 경제문제의 해는 내 자녀가 갖고 일하게 될 자원의 양 x'의 크기에 내가 영향을 줄 수 있는가 여부에 따라서 달리 정해진다. x가 내 것일 때는 내가 그것을 내 자녀들에게 유산으로 넘겨줄 수 있다. 예를 들어서 내가 n명의 자녀를 낳고 그들에게 내 재산을 균등하게 남겨준다면 $x' = \frac{x}{n}$으로 정해진다. 즉, 내 자녀가 갖고 일하는 자원 x'의 크기가 내가 낳아 기를 자녀의 수 n에 의해서 정해진다. 따라서 x가 사유물인 경우에는 식 (7A.5)에서 $v(x') = v\left(\frac{x}{n}\right)$이 되어 자녀 수 n에 관한 나의 선택이 내 후손의 복지에 직접적인 영향을 주게 된다. 물론 나는 그런 사실을 감안해서 c와 n을 정한다.

반면에 X가 공유물이라면, 비록 내가 $x = \frac{X}{N}$만큼의 자원을 활용해서 재화를 생산한다 하더라도, 내 자녀가 얼마만큼의 자원을 갖고 일하게 될지 나로서는 알 수가 없다. 즉 x'의 크기에 내가 아무런 영향을 미칠 수가 없다. 그것은 나를 비롯한 나의 동시대인들이 자녀를 몇 명이나 낳아서 기를 것인가 하는 점(이것이 N'을 결정한다)과 다음 세대가 되었을 때에도 내 자녀가 $\frac{X}{N'}$만큼의 자원을 갖고 일할 수 있을지 여부에 따라서 결정된다. 이 두 가지 모두 나로서는 아무런 영향을 미칠 수 없다. 따라서 나는 x'에 아무런 영향도 주지

21 증명은 Lucas & Stokey(1989)를 참조하라.

못한다. 이 경우 식 (7A.5)에서 $v(x')$은 나의 선택 밖에 있으므로 그것은 무시하고 선택에 임하게 된다.

위 문제의 해가 차분방정식(difference equation)의 형태로 주어진다는 점에서는 소유 형태가 문제시되지 않지만 차분방정식의 내용이 전혀 다르게 정해진다는 점에서는 소유 형태가 중요하다. 소유 형태에 따라 공유와 사유로 나누어서 각각의 차분방정식을 구하고 그것의 정상상태에서의 해를 도출하면 아래와 같이 된다.

(공유의 경우)

$$y=\frac{1-\beta+\eta}{\eta}k \tag{7A.6}$$

$$c=\frac{1-\beta}{\eta}k \tag{7A.7}$$

(사유의 경우)

$$y=\frac{1-\beta+\eta}{\eta-\alpha\beta}k \tag{7A.8}$$

$$c=\frac{1-\beta+\alpha\beta}{\eta-\alpha\beta}k \tag{7A.9}$$

위의 식 (7A.6)·(7A.7)과 식 (7A.8)·(7A.9)를 비교해보면 공유경제에 비해 사유경제에서 구성원 각자가 창출하는 소득과 자신을 위해 쓰는 소비가 증가함을 알 수 있다. 산출량을 예로 들자면, 사유와 공유 모두 분자는 동일한 값을 갖지만 분모는 사유의 경우가 작음을 볼 수 있다. 분자는 같고 분모는 작으므로 사유하에서의 소득이 공유하에서의 소득보다 더 큰 값을 갖게 된다. 소비의 경우에는 분자는 사유가 크고 분모는 사유가 작으므로 사유하에서의 소비가 공유하에서의 소비보다 훨씬 더 크게 정해진다.

7A.3 모형의 해 이해

위에서 구한 해의 의미를 좀 더 잘 이해하기 위해서 모형의 파라미터들이 $\beta=0.2$, $\eta=0.25$, $\alpha=\frac{1}{2}$, $k=300$이라는 값을 갖는 경우를 살펴보자. β가 0.2라는 것은 자녀의 행복이 나를 행복하게 해 주는 것보다 나 자신의 소비가 나에게 주는 행복이 약 네 배 더 큼을 의미한다. η가 0.25라는 것은 자녀 수가 예를 들어서 100% 증가하면 나의 행복감이 25% 증가함을 의미한다. α가 0.5라는 것은 생산과정에서 자산(토지)과 노동력이 공헌하는 정도가 같음을 의미한다. 끝으로 k가 300이라는 것은 자녀 하나를 낳아서 성인으로 키우는 데 재화 300에 해당하는 비용이 든다는 것을 의미한다.

위에서 상정한 파라미터 값을 적용하면, 공유일 때의 소득과 소비는 각각 1,260과 960이 되며, 사유일 때의 소득과 소비는 각각 2,100과 1,800이 된다. 다른 모든 것은 그대로 둔 채 소유 형태만 공유에서 사유로 바뀌도 소득은 1.7배 소비는 1.9 배 늘어난다. 이를 투자유발효과라고 부를 수 있다.

이제 이에 더해서 사유가 허용되는 것과 더불어서 이제까지 자녀양육에 300의 자원을 쓰던 사람들이 500의 자원을 투입하기 시작한다고 하자. 이는 경작지를 소유할 수 있게 되고 무엇보다도 그것을 자녀에게 물려줄 수 있게 되자 아이들을 좀 더 잘 키우려는 인센티브가 생긴 것에 해당된다. 이를 노력유발효과라고 부를 수 있다.

위에서는 $k=300$을 설명하면서 '자녀 하나를 낳아 성인으로 키우는 데 300의 비용이 든다'라고 한 것은 기술적 조건에 대한 기술임에 비해 여기에서 k를 500으로 늘린다 함은 '자녀 하나를 낳아서 성인으로 키우기 위해 500의 자원을 투입한다'는 행위자의 의도를 나타낸다. 이 경우 소득은 3,500 그리고 소비는 3,000으로 정해진다. 공유의 경우보다 소득은 2.8배 그리고 소비는 3.1배 늘어난다.

두 번째 예에서 소득이 1,260에서 3,500으로 늘어나는 것 중에서 1,260에서

2,100으로 늘어난 것은 사적 소유가 나은 투자유발효과이며, 2,100에서 3,500으로 늘어난 것은 사적 소유가 나은 노력유발효과이다. 우리가 고려한 사례에서는 투자유발효과가 840으로 나타나고 노력유발효과가 1,400으로 나타난다. 소비의 경우에는 투자유발효과는 소득의 경우처럼 840이 되며 노력유발효과는 소득의 경우보다 작은 1,200이 된다.

이상의 논의를 정리하면 [표 7A-1]과 같이 된다.

[표 7A-1] 사유의 힘 (단위: 추상적 재화의 양)

	공유	사유	사유 + 노력유발
1인당산출량	1,260	2,100(+840)	3,500(+1,400)
1인당소비	960	1,800(+840)	3,000(+1,200)
모수 값	$\beta=0.20$, $\eta=0.25$, $\alpha=1/2$, $k=300$	좌동	다른 것은 좌동, $k=500$

7A.4 투자와 성장 그리고 사유의 중요성

지금까지 공부한 모형은 엄밀한 의미에서의 경제성장모형이 아니다. 거기에는 생산량 또는 소득의 지속적인 증가를 유발하는 기제가 결여되어 있다. 이제 지속적인 성장을 설명하는 모형에 대해서 알아보기로 하자. 모형의 골자는 위에서 본 것과 대동소이하다. 다른 것은 이제 생산함수가 다음과 같이 주어진다는 점이다.

$$c \leq h[1-(r+k)n] \tag{7A.10}$$

위 식에서 h는 성인 한 사람이 갖고 있는 인적자본을 나타내며, k는 아이 하나를 성인으로 키우는 데 드는 시간을 나타내고, r은 아이의 인적자본을 형성하는 데 소요되는 시간을 나타낸다. 성인은 모두 1의 시간을 갖고 있는데 그는 n명의 아이를 낳아서 키우는 데 총 $(r+k)n$ 시간을 투입하며, 그 나머지인 $1-(r+k)n$을 생산활동에 투입한다. 식 (7A.10)의 우변은 인적자본 h를 지닌 성인 한 사람의 생산량을 나타낸다. 식에서 보듯이 생산량은 그가 투입하는 인적자본에 비례해서 정해지며 이는 모두 그의 소비로 쓰인다.

식 (7A.10)에서 보듯이 만일 현세대의 성인이 아이를 낳아 키우는데 아무런 노력도 들이지 않으면 그가 지닌 시간을 전부 생산에 투입할 수 있다. 이 경우 그의 생산량은 h로 정해지는데 이는 인적자본 h를 소지한 성인 한 사람이 생산할 수 있는 최대치에 해당된다. 그러나 전 항에서 제시한 효용함수에서 보듯이 사람들은 자신의 소비는 물론이거니와 자녀를 많이 낳아 잘 기르는 데서도 아주 커다란 행복을 얻는다. 그러므로 자녀를 하나도 안 낳는 방안은 그리 좋은 선택이 아니다.

이제 그가 n명의 자녀를 낳아 키운다면 그는 $(r+k)nh$만큼의 자원을 생산활동에서 떼어 내야 한다. 그만큼 그의 생산량 즉, 소비가 줄어들게 된다. 그 대신 자녀를 낳아 키우는 데서 행복을 얻게 되며 또한 자녀의 인적자본 형성에 공을 들인 것에 비례해서 자녀가 성인이 되었을 때 더 많은 재화를 생산할 수 있다는 사실에서 행복을 얻는다. 이 모형에서는 자녀를 위해 투입하는 자원의 크기 $(r+k)nh$가 투자가 된다.

한편 다음 세대의 인적자본은 다음과 같이 정해진다.

$$h_{t+1}=\psi(r_t)h_t \tag{7A.11}$$

식 (7A.11)은 자녀가 성인이 되었을 때 갖게 될 인적자본의 크기가 그의 인적자본 형성에 투입하는 부모의 시간 r의 함수로 정해짐을 보여준다. 이 모형에서 1인당생산량은 1인당인적자본의 양에 비례해서 정해지므로, 1인당생산량의 증가율은 당연히 1인당인적자본의 증가율과 같은 값으로 정해진다. 그런데 1인당인적자본의 증가율은 부모가 자녀의 인적자본 형성을 위해 투입하는 노력 r에 비례해서 정해지므로, 우리의 관심사는 식 (7A.11)에서 $\psi(r)>1$

이 되도록 r이 충분히 크게 정해질 것인지 여부이다.

재화의 생산함수가 식 (7A.10)으로 그리고 인적자본의 생산함수가 식 (7A.11)로 주어질 때 모형의 해를 구하는 일은 그리 어렵지 않다.[22] 여기에서 우리의 주 관심은 해를 구하는 데 있지 않으므로 해를 구하는 과정은 생략하기로 한다.

부모로 하여금 자녀를 낳아서 잘 키우도록 유도하는 힘이 무엇인지 알아내는 게 우리의 주 관심사이다. 부모가 자녀를 낳아 잘 키우는 것은 그렇게 하는 게 자녀를 행복하게 만드는 길이고 자녀가 행복해지는 게 부모에게도 행복을 주는 일이기 때문이다. 여기에서 방점은 부모가 자녀를 잘 낳아서 잘 키우면 자녀가 행복해지는가에 있다. 우리가 고려한 모형에서 유일한 자산은 인적자본이다. 부모가 자녀의 인적자본을 늘리기 위해서 노력하면 그렇지 않을 때에 비해서 자녀가 더 많은 인적자본을 갖게 되고, 더 많은 인적자본을 갖고 인생을 살아가는 자녀가 그렇지 못한 자녀보다 더 행복해지는 게 자명해 보인다.

그러나 이 명제는 매우 중요한 전제조건하에서만 성립한다. 그 전제조건이란 내가 내 아이를 위해 투자하면 그 투자의 과실이 남이 아닌 바로 내 아이에게 귀속되어야 한다는 것이다. 내가 투자한 것이 정작 내 자녀의 능력을 배양하는 데에 별로 도움이 되지 않거나, 내 아이의 능력배양에는 도움이 되지만 내 아이가 창출한 가치를 남의 아이들과 공유해야 한다면 문제가 생긴다. 아마도 보통의 부모라면 아이의 인적자본 형성을 위해 노력하는 정도가 크게 약화될 것이다. 우리는 이런 경우에 흔히 '설마 부모들이 그렇게 행동하겠어?' 하고 반문하지만 그렇게 행동하는 게 보통 사람들의 정서이다. 그러므로 그렇게 행동한다고 해서 나무랄 수는 없다. 어떻든 결과는 자녀들의 인적자본 형성을 위한 부모의 노력이 약화되고 그 결과 경제의 성장속도가 둔화되는 것이다. 인적자본일지라도 그것이 창출하는 결과물에 대한 공동소유의 정도가 심해지면 아무도 자녀들의 인적자본 형성을 위해 노력하지 않는 일이 벌어질 수도 있다. 그리되면 경제가 성장하기는커녕 정체되거나 퇴보할 것이다.

22 루카스(2002), 156~157쪽에 하나의 해가 예시되어 있다.

제 8 장

천연자원, 자연환경 및 기후변화와 녹색경제발전

제8장은 2012년 정부(교육부)의 재원으로 한국연구재단의 지원을 받아 수행한 연구의 결과물이다(NRF-2012S1A5A2A01017814).

천연자원과 자연환경은 우리나라 사람에게만 중요한 것이 아니라 전 세계 모든 사람들에게도 중요하다. 사람만이 아니라 지구상에서 살아가는 전 생명체가 자원과 환경의 변화에 영향을 받는다. 또한 현재 살아있는 사람들만이 아니라 앞으로 살아갈 인류에게도 중요하다.

부족한 자원을 수입해서 쓸 능력이 있다면 한 나라가 사용할 수 있는 자원의 종류나 양에는 극복 불가능한 제약이 없을 수도 있다. 그러나 지구상에 존재하는 고갈 가능한 자원(exhaustible resources)의 양은 유한하다. 석유나 석탄과 같은 자원을 과도하게 사용하는 일이 지속되면 그게 모두 고갈되는 것은 오로지 시간의 문제일 뿐 피하기 어려운 사실일 것이다. 수목이나 어류처럼 재생 가능한 자원이라도 그것들이 지닌 자기보존능력(carrying capacity)을 넘어설 만큼 과도하게 사용하면 고갈되게 마련이다. 이와 같은 사정은 물, 공기, 산림, 어류, 토양, 지하자원 등 지구상에 존재하는 거의 모든 자연자원에 대해 적용되는 사실이다.

인간은 자연환경 속에서 살아가면서 끊임없이 그것을 파괴하고 오염시킨다. 그러면서도 한편으로는 환경을 보존하고 보호하며, 파괴되고 오염된 환경을 복원하고 정화하려고 노력하기도 한다. 그러나 환경은 공동경작지(commons)[1]로서의 특성이 워낙 강해서 합리적인 수준에서의 이용과 관리를 기대하기가 어렵다. 문제를 더 어렵게 만드는 것은 환경이 주변국 모두와 연관이 되는 지역공동경작지(regional commons) 또는 전 세계인이 관련되는 지구공동경작지(地球共同耕作地, global commons)라는 특성을 갖고 있다는 사실이다. 지구환경을 이용하는 데서 얻는 이득은 한 국가에게 귀속되지만 그 나라의 경제활동으로 인해 자연환경에 대해 가하는 위해는 그 환경 속에서 살아야 하는 모든 국가에게 귀속된다.

인류가 자연과 환경을 활용해서 경제생활을 영위해야 하는 일은 회피할 수 없는 현실이다. 그래서 경제생활이 활발해질수록 자원을 많이 사용하게 되고 환경을 파괴하거나 오염시키는 일이 빈번해진다. 그렇더라도 자원과 환경을

1 이를 공유지로 번역하는 것이 관행이다.

이용하는 데 따르는 합당한 대가를 지불하고 그렇게 한다면 크게 문제될 것이 없다. 가격기능이 인간의 행동을 적절히 제어할 것이므로 자원과 환경을 활용하는 정도가 합리적으로 정해질 것이기 때문에 그렇다. 그러나 자원과 환경에 관해서는 그것을 사용하고 이용하는 데 수반하는 비용의 일부만 가격에 반영되는 경향이 있어서 문제가 된다.

자원의 경우에는 그 사용자 가격이 해당 자원의 진정한 가격보다 훨씬 싸게 책정되는 경향이 있다. 이는 자원낭비를 가져온다. 환경에 대해서는 외부경제 또는 외부비경제가 문제가 된다. 환경을 보호하는 데서 나오는 외부경제에 대해서 합당한 대가를 징수할 수 없거나, 자연을 오염시키고 파괴시키는 행위가 낳는 외부비경제에 대해서 합당한 대가를 부과하지 못하기 때문에 문제가 되는 것이다.

자원과 환경에 대해 합리적인 가격이 책정되지 않는 까닭은 다음과 같다. 첫째, 복지 또는 산업 정책의 차원에서 가격을 낮게 책정하는 관행이 있다. 둘째, 자원과 환경의 사용에서 파생되는 외부효과에 대한 가격책정이 이루어지지 않는다. 셋째, 자원과 환경의 과다 사용이 미래 세대에게 주는 외부효과를 고려하지 않는다.

이러한 현실에 직면해서 학자들이 내린 처방은 크게 두 가지이다. 하나는 소비를 줄여서 문제를 해결하자는 지속가능발전론(sustainable development)이고 다른 하나는 가격합리화와 연구개발 활동을 통해서 자원의 한계를 극복하자는 녹색경제발전론(green economic development)이다.

전 지구적 차원에서 인류문명의 지속가능성에 관하여 우려하게 만드는 또 하나의 중요한 현상은 지구온난화로 인한 기후변화가 낳는 문제들이다.

앞의 장에서 알아본 바와 같이 산업혁명 이후 오늘날까지 불과 260여 년 만에 인류의 평균소득은 16배가 증가하고 인구는 11배 증가하였다. 에너지의 측면에서 보면, 이러한 소득증대는 대부분 화석연료를 사용해서 이룩한 것이다. 화석연료를 사용하는 과정에서 이산화탄소가 발생한다. 따라서 1인당산출량이 16배 증가했다는 사실에서 1인당 이산화탄소 배출량도 최소한 16배가 증가했을 것으로 유추할 수 있다. 그런데 이 기간 중에 지구 인구가 7억에서 76억으로 약 11배 증가했으므로 이산화탄소 배출 총량은 단순 계산으로도 176배 이상 많아졌다고 볼 수 있다. 이것은 한 해 동안의 배출량으로서 소위 유량(flow)을 나타낸다. 배출된 이산화탄소가 지구 밖으로 사라지지 않는 한 이 지구상 또는 지구를 둘러싼 대기권 어디인가에 해마다 배출된 양이 누적될 수밖에 없다.

산업혁명 이후 폭발적으로 늘어난 이산화탄소가 대기권에 머물면서 온실효과를 가져와서 생겨난 현상이 지구온난화이다. 20세기 후반에 들어와서 대기권이 감내할 만한 수준을 위협하기 시작한 이산화탄소가 누적되면서 지표 및 해수면의 온도가 상승하게 된 것이다.

[그림 8-1]은 미국 항공우주국(NASA)에서 조사한 1880년 이래 지표면의 온도 상승추이를 보여준다. 5년 이동평균 그래프를 보면 1910년경까지 하락하던 지표면 온도가 그 이후 제2차 세계대전 기간을 제외하면 꾸준하게 상승

[그림 8-1] 지표면 온도 상승추이(1880~2016년)

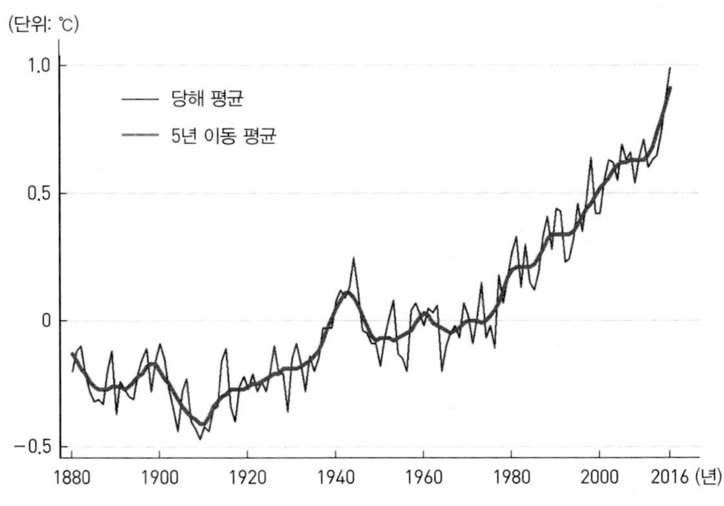

출처: 미국 항공우주국, http://climate.nasa.gov

하고 있음을 알 수 있다. 2016년 현재 지표면 온도는 역사적인 평균치보다 섭씨 0.99도 상승하였다.

인류가 화석연료를 주 에너지원으로 하는 현행의 경제운영 방식을 근본적으로 변화시키지 않는다면 지구온난화의 추세를 완화시키는 일은 불가능하다. 지구온난화가 이대로 지속될 때 그로 인한 기상이변과 기후변화가 가져올 폐해는 상상을 초월할 정도라고 한다.

8.1 자원과 경제발전

위에서 제기한 물음에 대한 하나의 답이 이지순(2013)에 제시되어 있다(제8장 부록에 그 일부가 수록되어 있다). 그가 제시한 경제모형을 보면, 왜곡되어 있는 화석연료의 사용자가격을 시정하는 동시에 자원 관련 기술과 환경 관련 기술을 발전시켜 나가면, 1인당소득 증가, 1인당 자원사용량 감소 및 1인당 온실가스 배출량 감소라는 세 가지 목표를 모두 달성할 방안이 있음을 알 수 있다. 이 절에서는 이에 관해 간략하게 알아본다.

8.1.1 녹색경제발전

경제발전의 과정과 결과에 대해 색깔을 입힌다면, 자원을 과다하게 사용하고 공해를 과다하게 배출하면서 소득을 증가시키고 고용을 늘리는 경제발전을 '갈색'경제발전이라고 할 수 있고, 1인당 자원투입량을 줄이고 1인당 공해배출량을 줄이면서도 1인당산출량과 고용을 증가시키는 경제발전을 '녹색'경제발전이라 할 수 있다. 여기에서 핵심은, 1인당 자원사용량과 1인당 공해배출량을 줄이면서도 1인당생산량과 고용량을 늘리는 방안을 찾는 데 있다.[2]

2 자원사용 총량과 공해배출 총량까지 줄이는 방안을 강구하는 일은 더 어렵다.

이지순(2013)에 제시된 모형은 아주 단순하다. 먼저 원재료(raw materials)를 구매한 다음 거기에 가공기술을 적용해서 변환한 유효자원(effective materials)을 투입물로 해서 산출물을 생산하는 경제를 상정한다. 원유를 수입해서 가공과정을 거쳐서 생산하고 소비하는 데 사용하는 것이 하나의 사례가 된다. 원재료로서의 자원은 전량 세계시장에서 구매한다. 해외에서 구매하는 자원은 가공과정을 거쳐야 생산요소로 쓰일 수 있다. 원재료를 가공하는 데는 가공기술이 필요한데 이는 연구개발업체에서 사다가 쓰는 것으로 생각할 수 있다.

1인당 산출량은 생산기술 및 1인당 유효자원투입량에 의해서 정해진다(인적자본, 물적자본, 사회자본 등 다른 생산요소도 중요하지만, 우리가 현재 관심을 갖는 것은 자원과 생산과의 관계이므로, 이들은 모두 배후에서 작동하는 것으로 취급하고 있다). 유효자원투입량이 많아지거나 생산기술이 개선되면 산출량이 증가한다. 유효자원투입량을 늘리는 방법에는 두 가지가 있다. 하나는 원료를 더 많이 투입하는 것이고 다른 하나는 더 진전된 가공기술을 사용하는 것이다. 한편 모형에서는 명시적으로 고려하지 않지만 산출량이 증가하는 배후에는 고용량 증가가 있음을 어렵지 않게 짐작할 수 있다.

원료를 가공해서 유효자원으로 변환한 다음 이를 투입해서 산출물을 생산하는 과정 즉, 원료 가공과정과 생산과정 그리고 생산된 제품을 유통하고 소비하며 폐기하는 과정에서 오염물질이 발생한다. 이 오염물질은 온실가스일 수도 있고 오염된 공기일 수도 있으며 폐수일 수도 있고 소음일 수도 있다. 어떤 것이건 우리에게 해가 된다는 점에서는 같고 또한 그것이 모든 사람에게 해가 됨에도 그것을 유발하는 당사자는 자기와는 무관한 것으로 간주한다는 점에서도 같다. 그러므로 원료가공, 생산, 유통, 소비, 폐기의 전 과정에서 배출되는 오염물질은 공해[3]이다. 오염물질 배출량은 자원사용량과 산출량의 증가함수이기도 하지만 동시에 오염물질 배출량을 줄이고 배출된 오염물질을 정화하는 기술에 영향을 받는다. 자원이용기술이나 환경정화기술이 발달하면

3 이 말은, 다중에게 피해를 주지만 아무도 책임지려 하지 않는 행위라는 의미를 갖는다.

동일한 양의 자원을 사용하고 동일한 양의 경제활동을 하더라도 배출되는 오염물질의 양은 줄어들게 된다.

이러한 상황에서 핵심은 의사결정 과정에서 오염물질을 어떻게 다룰 것인가에 있다. 즉, 그것을 무시하고 결정할 것인지 아니면 그것을 감안해서 결정할 것인지가 문제가 된다. 대부분의 경우에 오염물질을 배출하는 행위가 공해로 인식되기 때문에 그런 문제가 제기된다. 공해라고 여기기 때문에 가계나 기업이 환경을 오염시킨다는 사실을 무시하고 행동하는 게 보통이다. 즉, 개별 경제주체들은 자기가 배출하는 오염을 무시하고 소득을 극대화하는 전략을 선택하게 된다. 그러나 공해는 엄연히 해악이다. 사회 전체의 관점에서 보면 우리들의 행위가 공해를 유발한다는 사실을 감안해서 의사결정을 하는 게 마땅하다. 그 한 가지 방안은 1인당소득에서 공해를 차감한 1인당녹색소득을 극대화하는 전략을 선택하는 것이다.

공해를 수반하는 경제행위에서 개별 생산자가 '바람직하지 않은' 선택을 하게 되는 것은 그가 지불하는 자원의 가격이 사회적인 관점에서 본 (한계)생산비보다 낮게 정해지기 때문이다. 즉, 문제의 핵심은 자원가격이 합당한 수준보다 낮게 정해지는 가격 왜곡(price distortion)에 있다. 자원가격에는 많은 경우에 2중 왜곡이 존재한다. 하나는 자원의 사용자가격이 해당 자원을 공급하는 데 소요되는 사회적 한계비용을 모두 다 반영하지 못하는 왜곡이고 다른 하나는 여러 가지 정책적인 고려에서 자원가격을 사적 한계비용보다도 낮게 책정하는 왜곡이다.

정부가 자원 저가정책을 폐지함으로써 자원의 사용자가격이 사적 한계생산비보다 낮게 책정되지 않도록 유도하고 아울러 적정한 조세 부과(환경세, 자원세, 소득세 등)를 통해서 자원의 사용자가격이 그것의 사회적 한계생산비와 일치하도록 유도함으로써 상기한 2중 왜곡현상을 시정하면, 사회적인 관점에서 최적인 수준에 부합하는 1인당 자원사용량과 1인당산출량이 정해지게 된다. 이때 정해지는 자원사용량과 산출량은 가격왜곡을 시정하지 않았을 때 정해지는 것보다 작은 값이다. 산출량 감소는 고용량 감소로 이어진다. 반면에 1인당 공해배출량은 감소하고 1인당녹색소득은 증가한다.

이러한 결과는 가격왜곡을 시정하지 않고 방치해 둔 채 산출량과 고용량을 늘리는 대신 과다한 자원소모와 과다한 공해배출 그리고 그로 인한 녹색소득의 감소를 받아들일 것인지, 가격왜곡을 시정함으로써 자원사용량, 산출량 및 고용량의 감소를 감수하더라도 공해를 줄이고 그 결과 녹색소득의 증가를 받아들일 것인지 중에서 선택해야 할 문제를 제기한다. 이는 매우 어려운 양자택일의 문제가 된다.[4]

녹색소득을 극대화하는 사회적인 관점에서의 최적 선택은 1인당녹색소득은 증가시키지만 1인당산출량과 고용량 감소를 가져오므로 많은 이들의 반대에 봉착할 수도 있다. 그렇다면 1인당산출량과 고용량을 늘리면서도 1인당 자원사용량과 1인당 공해배출량을 줄일 수 있는 방안은 없는가?

경제의 전반적인 생산기술과 공해를 방지하고 치유하는 기술 및 자원을 더 효과적으로 사용하게 만드는 기술을 발전시키면, 1인당산출량을 증가시키면서도 1인당 공해배출량과 1인당 자원사용량을 줄일 수 있다. 즉, '이것 아니면 저것'이라는 양자택일의 딜레마를 '이것도 하고 저것도 하는' 상생전략으로 변화시킬 수 있다.

이를 좀 더 구체적으로 보면, 위에서 언급한 저가정책 폐지 즉, 유해보조금 철폐와 조세부과를 통해서 '가격왜곡을 시정하는' 동시에 보조금 철폐와 조세부과를 통해 조성한 자원을 재원으로 해서 범용기술, 환경기술, 자원기술 등을 발전시키면, 그렇게 하지 않았을 때와 견주어서, 1인당 자원사용량 감소, 1인당 공해배출량 감소 그리고 1인당산출량 증가라는 세 가지 목표를 동시에 달성하는 것이 가능하다. 이때 1인당녹색소득은 당연히 증가하게 된다.

여기에서 유의할 점은 위에서 제시한 세 가지 목표를 동시에 달성할 수 있는 정책 대안에는 두 개의 구성 요소가 들어 있다는 사실이다. 하나는 저가정

4 양자 가운데 어느 것을 선택하는가 하는 문제는 정치적 선택의 문제이다. 현실에서는 공해를 완전히 무시하거나 반면에 완전하게 내부화하는 양자택일이 아니라 공해를 어느 정도 내부화할 것인가가 관건이 된다.

책 철폐와 조세부과를 통해 '가격왜곡을 시정하는 일'이고 다른 하나는 '기술발전을 위해 투자하는 일'이다. 여기에서 고려의 대상이 되는 기술은, 경제의 전반적인 생산성 증진을 가져오는 통상적인 범용 생산기술, 자원을 보다 더 생산적이게 만드는 자원 관련 기술, 재화의 생산·유통·소비의 과정에서 발생하는 공해를 줄이고 배출된 공해를 치유하며 파괴된 환경을 복원하는 환경 관련 기술을 포괄한다.

위에서 보았듯이 개별생산자가 무시하는 공해를 내부화하도록 가격을 적절히 조정하면 자원사용량과 공해배출량을 바람직한 수준으로 줄여서 통상적인 국민소득에서 공해로 인한 폐해를 차감한 녹색소득을 증가시킨다. 이는 바람직한 일이기는 하지만 1인당산출량 및 고용량 감소를 가져오므로 일반인들의 입장에서 보면 달갑지 않은 결과일 수도 있다. 공해를 줄이느라고 소득감소와 일자리 축소를 감내해야 된다는 말인가 하고 항의할 가능성이 크다.

그러나 기술발전에 성공하면 결과가 달라진다. 부록에서 볼 수 있듯이 1인당산출량이 증가하고, 고용량이 증가하며, 1인당 자원사용량과 1인당 공해배출량이 감소하고, 1인당녹색소득이 증가하는 결과를 얻을 수도 있다.

어느 사회이건 그 사회가 처한 여건하에서 기술선택이 주는 한계편익(marginal benefit)과 한계비용(marginal cost)을 고려해서 각자 나름대로 최선의 선택을 한다. 기술선택에서 얻는 편익은 크고 비용은 적게 드는 특성을 지닌 나라는 그렇지 않은 경우에 비해서 훨씬 더 수준이 높은 기술을 선택할 것이고 그 결과 소득은 크고 공해는 적은 소득 및 환경 선진국이 될 것이다.

이를 역으로 활용하면 어느 사회이건 정책변화를 통해서 기술선택이 주는 편익은 크게 만들고 기술선택에 드는 비용은 적게 만드는 데 성공하면 경제주체들이 자발적으로 더 높은 수준의 기술을 선택하게 된다는 결론을 얻게 된다. 그렇게 되면 기술이 더 잘 발전하게 되어, 현 상태에 비해서 1인당소득은 증가하고 1인당 자원사용량과 1인당 공해배출량은 줄어드는 '바람직한' 상황을 이끌어 낼 수도 있다.

8.1.2 정책 시뮬레이션을 통한 이해

이지순(2013)은 위에서 제시한 정책대안을 활용할 때, 아무 것도 하지 않았을 때에 비해서, 1인당 자원투입량과 1인당 공해배출량이 줄어들며, 1인당 산출량과 1인소득과 총고용량 그리고 1인당녹색소득이 늘어나는 결과를 가져옴을 정책 시뮬레이션 작업을 통해서 보여준다. [표 8-1]에 시뮬레이션 결과가 요약되어 있다.

[표 8-1]에서 사적 선택(A)은 공해를 무시하고 행동할 때 나타나는 결과를 보여준다. 이를 보면 2,223의 1인당자원을 써서 22,234의 1인당산출량을 생산하며 이때 1인당 778의 공해물질을 배출한다. 이 경우에 1인당녹색소득은 18,120이 된다.

사회적 선택(B)은 동일한 조건하에서 공해가 주는 해악을 감안해서 처음부터 1인당녹색소득을 가장 크게 만드는 선택을 할 때의 결과를 보여준다. 이를 보면 1인당 자원사용량은 1,940으로 그리고 1인당산출량은 21,888로 감소함을 알 수 있다. 이때 1인당 공해물질 배출량은 741로 줄어들고, 1인당녹색소득은 18,139로 증가한다. 사회적 선택을 따르면 사적 선택을 따르는 경우에 비해서, 1인당산출량은 줄어들지만 1인당 공해배출량은 줄어들고 1인당녹색소득은 증가하게 된다.

(C)는 여전히 공해는 무시하는 상황에서 생산기술, 자원기술, 환경기술 등

[표 8-1] 녹색경제정책 시뮬레이션 결과 (단위: 달러)

	사적 선택(A)	사회적 선택(B)	A+기술발전(C)	B+기술발전(D)
가공 전 원료사용량	2,223	1,940	2,487	2,219
가공기술 수준	23.6	23.1	24.9	24.5
1인당생산량	22,234	21,888	24,872	24,547
1인당소득	18,899	18,881	21,141	21,127
1인당 공해배출량	778	741	725	696
1인당녹색소득	18,120	18,139	20,416	20,431

출처: 이지순(2013)

이 발전하면 어떤 상황이 전개되는지 보여준다. 이를 보면 자원사용량 및 산출량은 크게 증가하며 공해배출량은 감소함을 알 수 있다. 녹색소득은 크게 증가한다.

(D)는 공해를 내부화하는 전략을 선택하면서 동시에 생산기술, 자원기술, 환경기술도 발전하게 되는 경우를 보여준다. [표 8-1]에서 보듯이 1인당 자원투입량이 (B)보다는 많아지지만 (A)와 (C)보다는 줄어들고, 1인당산출량은 (C)보다는 조금 작아지지만 (A)나 (B)보다는 크게 증가하며, 1인당 공해배출량은 (A), (B), (C) 어느 것보다 작아진다. 1인당녹색소득은 (A), (B), (C) 어느 것보다도 커진다.

(D)와 (A)를 견주어보면, 공해문제를 내부화하는 동시에 기술발전을 도모하면 1인당산출량과 1인당녹색소득을 증가시키면서도 동시에 1인당 자원사용량과 1인당 공해배출량을 줄일 수 있음을 알 수 있다.

8.1.3 녹색경제모형의 정책적 함의

녹색경제모형은 몇 가지 중요한 정책적 함의를 지닌다. 하나는, 정부는 가격을 왜곡시키는 정책을 시행하지 않아야 하며 이미 존재하는 가격왜곡을 시정해나가야 한다는 것이다. 그 첫걸음은 환경에 유해한 보조금제도를 철폐해 나가는 것이다. 낮은 에너지가격을 통해서 경제발전을 도모하는 것은 시대에 뒤떨어진 낡은 생각이다. 다른 하나는 탄소세, 녹색세, 환경세 등의 합리적인 녹색 세제를 통해서 자원가격의 사용자가격이 자원사용에서 나오는 공해의 사회적 비용을 반영할 수 있게 하는 일이다. 가격을 사회적 한계비용과 일치시킨다는 것이 어렵고 고통스러운 일이지만 차근차근하게 그 방향으로 나아가도록 해야 한다. 또 다른 하나는 조세를 부과하는 데 그치지 말고 기술발전을 지원하는 정책을 집행함으로써 경제주체들이 자원가격이 상승 때문에 받는 고통을 덜어 주어야 한다. 이를 위해서는 기술발전을 위한 보조금 지급 등 직접적인 지원정책도 중요하지만 그보다는 더 광범위하게 기술발전으로 얻는 편익은 크게 만들고 기술발전에 소요되는 비용은 적게 만드는 정책을 수행하는 것이 바람직하다.

8.2 지속가능한 녹색발전을 위한 실천적 대안들[5]

8.2.1 의의

이 절에서는 현재 세대와 미래 세대의 구성원 모두가 잘 살아갈 기반을 갖춘 경제 즉, 지속가능한 경제를 건설하는 일이 실현가능한 목표인지 알아보고자 한다. 필자는 이를 '모든 사람을 위한 지속가능한 녹색성장(sustainable green growth for all)'이라고 부르는데 이것은 경제지속성, 사회지속성 그리고 환경·자원지속성을 동시에 달성할 수 있을 때 이루어지는 목표이다. 이는 미래 세대원을 위한 지속가능성까지 고려한다는 점에서 포용적 녹색성장보다 넓은 개념이라고 할 수 있다.

만약에 시민들이 그 누가 시키지 않더라도 '모든 사람을 위한 지속가능한 녹색성장'을 달성하는 데 기여하는 행동을 취해 나간다면 구태여 이 일을 위해 정부가 나설 필요가 없을 것이다. 그러나 현실은 시민의 자발적인 결정에만 맡겨두면 '모든 사람을 위한 지속가능한 녹색성장'에 도움이 되는 행동은 부족하게 되고 그것에 역행하는 행동은 넘쳐날 가능성이 높다. 그 이유는 시민들이 무지하거나 악한 동기를 지녀서가 아니라 바람직한 행동은 많이 하고 바람직하지 않은 행동은 적게 하도록 만드는 유인이 충분하지 않기 때문이다. '모든 사람을 위한 지속가능한 녹색성장'에 부합하는 행위들은 공공재의 문제(public goods problem), 외부성의 문제(externality problem) 그리고 지나치게 단기적인 시야의 문제(excessively short horizon problem)를 모두 갖고 있다.

5 제2절과 제3절은 『경제논집』(2016b)에 실린 동명의 논문을 수정한 것이다. 한국연구재단에서는 비등재지인 경제논집에 게재된 논문을 업적으로 평가하지 않으므로 2중 게재에서 자유롭다.

예를 들어서 친환경 녹색활동은 그 혜택이 행위주체는 물론 아무런 대가도 치를 유인을 갖지 않는 제3자에게도 미치며 행위 주체가 그로부터 혜택을 본다고 해서 다른 사람이 갖게 될 혜택의 크기가 줄어들지 않으므로 공공재와 같다. 이 제3자에게서 대가를 징수할 방법이 없으므로 친환경 녹색활동처럼 모두에게 도움이 되는 행동은 그대로 두면 바람직한 수준보다 훨씬 적게 일어난다. 반면에 환경오염으로 인한 폐해는 환경을 오염시키는 당사자는 물론 아무런 책임도 없는 제3자에게도 돌아간다. 오염행위 당사자가 제3자가 받는 피해를 보상해 줄 필요가 없다면 그는 당연하게도 지나치게 많은 양의 오염물질을 배출한다. 끝으로 우리들 대부분은 미래 세대의 처지보다는 우리 세대의 복지에 관해 더 큰 관심을 보인다. 그래서 종종 우리 세대가 전 세대로부터 물려받은 것보다 열악한 삶의 터전을 차세대에게 넘겨주는 우를 범하곤 한다.

사정이 이러하므로 이 분야에서는 정부가 개입할 필요성이 매우 크다. 그렇지만 정부가 경제성장, 환경보호와 자원절약, 사회적 형평성 증진 그리고 세대간 형평성 증진이라는 네 가지 목표를 동시에 다 달성할 수 있을지는 의문이다.

경제성장과 환경가치 증진 및 자원의 효율적 이용이라는 목표를 동시에 달성하는 한 가지 방안은, 경제성장 목표를 달성하려고 노력하되 동시에 그것이 환경가치를 고양하고 자원효율성 제고에 도움을 주는 방향으로 추진하고, 환경가치를 고양하고 자원효율성을 제고하는 목표를 추구하되 동시에 그것이 경제의 성장잠재력을 강화하는 방향으로 하면 된다.

환경가치 고양·자원효율성 제고라는 목표와 사회적 형평성 증진이라는 목표를 동시에 달성하려면, 환경·자원 목표를 추구해나가되 그 혜택이 사회적 약자에게 더 많이 귀속되게 하는 방식으로 하고, 사회적 형평성 증진을 위해 노력하되 그것이 동시에 환경가치 고양·자원효율성 제고에 기여하는 방향으로 하면 된다.

사회적 형평성 증진과 경제성장 목표를 동시에 달성하기 위해서는, 형평성을 증진시키는 방안을 시행에 옮기되 동시에 그것이 경제의 성장능력 확충에 도움이 되는 방식으로 하고, 경제성장 목표를 추구하되 그 혜택이 사회적 약자들에게 더 많이 돌아가도록 하면 된다.

끝으로 세대 간 형평성 증진을 위해서는, 경제의 성장능력을 함양함으로써 미래 세대도 풍요로운 삶을 누릴 수 있는 기반을 넘겨주는 동시에 경제성장의 포용성을 확대함으로써 사회의 지속가능성을 강화하며, 환경 파괴와 오염을 최소화하는 것을 통해서 지속가능한 환경을 넘겨주고 동시에 자원절약과 대체자원 개발을 통해서 미래 세대가 사용할 충분한 양의 자원을 남겨두어야 한다.

위의 논의에서 관건은 일견 상충되는 것 같은 복수의 목표들을 동시에 달성할 현실적인 방안이 있는가 하는 점이다. 이점에 관해서는 다양한 견해가 존재한다. 아래에서는 그러한 다양한 견해의 옳고 그름을 따지기보다는 구체적인 사례를 통해서 복수의 목표를 달성하는 일이 가능함을 보이고자 한다.

8.2.2 친환경 유기농업

첫 번째 사례는 친환경 유기농업이다. 이는 유전자변형종자, 화학비료, 살충제, 제초제, 온실가스를 다배출하는 영농 기계와 기구 그리고 온실가스를 다배출하는 영농방식을 사용하지 않고 퇴비와 무동력 농기구와 토종 종자를 써서 농작물을 재배하는 영농방식을 의미한다. 친환경 유기농업은 노동집약적이며 태양, 바람, 흐르는 물, 가축 등에서 동력을 조달한다. 농사의 전 과정이 자연적이고 친환경적이며 전면적으로 자원순환적이고 노동집약적이다. 친환경 유기농업은 화학비료, 제초제와 살충제, 거대한 농기계와 농기구, 화석연료를 사용해서 열과 온수를 조달하는 영농방식인 소위 관행농업보다 비용면에서 불리할 수도 있다. 관행농업에 대해 막대한 보조금을 쏟아붓고 있음을 감안하면 그럴 가능성이 특히 더 높다. 반면에 친환경 유기농법으로 생산한 농산물의 가격은 기계식 화학농법으로 생산한 농작물에 비해서 훨씬 더 비싼 가격에 팔린다. 이는 친환경제품의 가격경쟁력을 낮추는 요인이 되고 있기도 하지만 앞으로 농기계와 화학비료와 제초제와 살충제 그리고 전기와 가스에 대한 보조금을 철폐하면 관행농업의 비용이 상승하면서 친환경 유기농업의 가격경쟁력이 강화될 것이다.

친환경 유기농업의 확산이 어떻게 경제성장, 복지증진, 환경보호 등의 목표달성에 기여하는가? 첫째, 친환경 유기농업은 노동집약적 영농방식을 채택하므로 기존의 영농방식에 비해 훨씬 더 많은 노동력을 필요로 한다. 친환경 유기농업에 필요한 노동력은 농촌지역의 부녀자나 노령자가 감당할 수 있는 일이 대종을 이룬다. 따라서 친환경 유기농업이 확산되면 농촌지역의 고용이 크게 창출된다. 이는 유용한 일자리를 찾지 못해 어려움을 겪던 농촌지역의 부녀자나 고령자에게 좋은 일자리를 제공하는 방안이 된다. 일거리가 마땅치 않아 실업상태에 놓여 있던 사람들에게 돈을 벌 수 있는 기회를 주고 별로 쓸모없는 줄 알고 있던 사람들이 노동에 참여할 수 있게 되므로 직간접적으로 복지증진에 크게 기여한다. 친환경 유기농업의 성공 사례가 많아지면 도시지역에서 젊은 인재들이 농촌으로 이동하는 빈도가 높아질 것이다. 그렇게 되면 젊은이들이 떠나가서 활력을 잃고 죽어가던 농촌 마을들이 다시금 살아나게 될 것이다. 이는 농촌 마을의 지속가능성을 높여주게 될 것이다.

더 중요한 것은 친환경 유기농업이 확산되면 그 일대의 환경이 크게 개선된다는 점이다. 지표수, 지하수, 토양, 대기 등의 오염이 치유되고 파괴되었던 환경이 되살아나게 되어 기계와 화학물질과 화석연료를 사용해서 농사를 짓던 때에 비해서 환경의 질이 대폭적으로 향상될 것이다. 결국 친환경 유기농업을 펼치는 지역의 환경·자원지속성이 크게 향상된다.

경제적으로는 어떤 혜택이 있는가? 이 물음에 대한 답은 친환경 유기농업이 이윤을 남기는 사업인가에 달려 있다. 친환경 유기농업의 (한계)비용이 관행농업의 그것보다 높을 가능성이 크다. 그러므로 비용 측면에서는 관행농업보다 불리할 가능성이 크다고 하겠다(관행농업에 주는 보조금을 없애도 이 방식이 더 유리할지는 불분명하다). 그러나 수입 측면에서는 친환경 유기농산물의 가격이 관행 농산물의 가격보다 훨씬 높다.[6] 더 중요한 것은 소득수준

6 정학균·이혜진·김창길(2016)을 보면 2011~2015년 기간 중에 친환경 유기농산물이 그렇지 않은 상품보다 평균적으로 74% 더 비싸게 거래되었음을 알 수 있다.

이 높아짐에 따라 친환경 유기농산물에 대한 수요는 더 빠르게 늘어날 것이라는 점이다.

여기에서 중요한 것은 우리나라가 생산하는 친환경 유기농산물의 판매시장이 한국에 국한된 것이 아니라 일본과 중국 등 외국으로의 수출가능성이 매우 높다는 사실이다. 일본은 후쿠시마 원전사태 이후로 우리나라에서 생산되는 친환경 유기농(축수)산물의 수입국이 되고 있다. 중국 역시 부유층의 숫자가 빠르게 늘어남에 따라서 안전하고 깨끗한 먹거리에 대한 관심이 높아져 우리나라에서 생산된 친환경 유기농산물에 대한 관심이 매우 높다. 중국은 앞으로 친환경 유기농산물의 거대한 시장으로 부상할 전망이다. 일본과 중국 시장만 개척하더라도 친환경 유기농업은 아주 핵심적인 수출산업이 될 수 있다. 이러한 사실은 막대한 보조금을 지급하여 명맥을 유지해온 관행농업을 친환경 유기농업으로 전환하는 일이 경제성장이라는 목표에도 기여할 것임을 의미한다.[7]

8.2.3 에너지복지 프로그램 개선

2015년도 통계를 보면 농업용 면세유류의 총공급량은 153만 1,000kl이었으며 면세제도를 통해 농민이 받은 혜택이 8,557억원에 이른다.[8] 농업용 면세유류제도는 농가의 영농비 부담 경감을 위한다는 명목하에 1986년 3월 1일부터 시행해온 제도이다. 당초 한시적인 프로그램으로 출발했으나 반복적으로 적용 기한을 연장해온 결과 현재는 2018년 말이 적용 시한이다. 물론 2018년 말에 이 제도가 중단될 가능성은 0%에 가깝다.

2017년 11월 현재 휘발유의 세금포함 가격이 리터당 1,500원인데 농업인이 면세로 구매하는 가격은 리터당 600원이다. 리터당 600원은 세금포함 가격의 40%에 해당한다. 우리가 어떤 물건을 정상가격의 40% 가격에 살 수 있다

7 「유기농식품산업, 시장개방 두렵지 않다」, 농림축산식품부 보도자료, (2015. 03. 11.) 참조.

8 농림축산식품부. (2015). 「2015 농림축산식품주요통계」.

면 어떤 일이 벌어지겠는가? 제일 먼저 생각할 수 있는 것은 지나치게 많은 양을 구입한 후 절제 없이 사용함으로써 희소한 자원을 낭비하게 된다는 점이다. 다음 생각할 수 있는 것은 600원에 구입한 후 당초 목적대로 사용하지 않고 구매가격보다 비싼 값에 재판매해서 이득을 취하려 든다는 점이다. 면세유류의 부정 유통이 그것이다. 실제로 2013년에 국립농산물품질관리원에서 적발한 부정 유통량이 회수금액 기준으로 약 186억원에 달했는데 이는 2012년도의 108억원보다 1년 사이에 72%나 늘어난 액수다. 그러나 2014년과 2015년에는 부정 유통액이 각각 76억원과 54억원으로 2년 연속해서 크게 줄어들었다.

면세유류제도로 인한 폐해는 그것이 부정하게 쓰인다는 점 외에도 유류의 과소비를 부추겨 그로 인한 온실가스 배출량을 과도하게 늘린다는 점에서도 심각한 부작용을 낳는다. 농민복지는 그대로 둔 채 농업용 유류소비를 합리화할 방안은 없는가? 이에 대해 필자는 농민에게 면세유류를 제공하는 대신에 그들에게 보조금을 직접 지불하고 그 대신 농업용 유류라도 세금을 포함한 시장가격에 구매하도록 하는 방안을 사용할 것을 제안한다.

이 제도는 우선 농민 등에게 주려던 복지 혜택의 크기는 그대로 두기 때문에 복지증진이라는 목표를 손상시키지는 않는다.

보다 더 중요한 것은 이제 정상가격을 지불해야 되는 농민들이 유류를 종전보다 훨씬 더 합리적으로 사용하게 된다는 사실이다. 이는 유류의 사용량을 크게 줄일 것이고 그 결과 자원의 낭비를 막고 동시에 과도한 유류 소비로 인해 야기되었던 온실가스 배출량을 절감시키는 결과를 가져온다. 결국 에너지 보조금제도를 개선하는 것을 통해서 환경·자원 목표 달성에 기여하게 된다.

면세유류 보급제도의 개선은 또한 농민의 영농 방식에 변화를 초래한다. 종전에는 면세로 싸게 구입한 에너지를 더 많이 사용하여 농사를 짓던 방식에서 이제는 정상가를 지불하고 구매하게 된 에너지를 적게 사용하는 영농 방식을 채택하게 될 것이다. 이 경우 농민이 받은 직접 보조금을 영농기술을 개선하는 데 사용하도록 유도한다면 농업생산성의 향상을 가져오게 된다. 그렇게 되면 농업의 발전도 가속화될 수 있으며 따라서 에너지 보조금제도의 개선이 경제성장 목표에도 기여하게 된다.

면세유류제도의 개선은 그동안 면세유류를 부정하게 거래하던 비정상적인 상태를 시정하게 되므로 거짓이 횡행하던 농촌사회에 정직하게 살자는 새로운 기풍을 불러올 수도 있다. 이렇게 기성세대가 바른 생활을 하게 되면 당연히 그것을 보고 자란 자녀들도 바르게 살자는 기풍을 갖게 될 것이므로 미래세대의 행복 증진에도 기여하게 될 것이다.

위에서는 농업용 면세유류제도를 예로 들었지만, 에너지 보조금의 실태를 보면 개선해야 할 사항이 아주 많다. 영업용 차량(버스, 택시, 화물차) 운행 시 주는 유류보조금, 어업용·축산업용·임업용 면세유류제도, 영세민에 대한 에너지 보조금, 농업·축산업·임업용 전기요금 할인제도 등이 모두 개선의 대상이다.

8.2.4 에너지가격 합리화

경제주체들로 하여금 희소한 자원을 가장 잘 활용하도록 하는 방안은 해당 자원의 가격이 수요와 공급의 형태를 빌어 표출된 경제주체들의 의사가 잘 반영되어 자율적으로 정해지도록 두는 것이다. 이때 동 자원을 사려는 사람은 그가 지불할 용의가 있는 액수만 내게 되고, 동 자원을 팔려는 사람은 그것을 팔기 위해서 들어간 한계비용에 해당하는 액수를 받게 된다. 그 결과 해당 자원을 가장 절실하게 필요로 하며 그에 합당한 대가를 지불할 용의가 있는 사람에게 자원이 돌아가고 아울러서 해당 자원을 가장 저렴하게 제공할 수 있는 자가 공급을 담당하게 된다. 경제의 전 분야에서 이런 식으로 자원이 배분될 때 희소한 자원이 가장 잘 쓰이게 된다.[9]

에너지의 경우도 이런 사정은 동일하다. 에너지를 가장 효율적으로 사용하는 방안은 해당 에너지의 사용자가격을 동 에너지를 제공하는 데 소요되는 한

9 본문에서 서술한 파레토 최적 자원배분이 이루어지려면 시장이 제대로 작동하지 못하게 만들거나 시장이 실패하도록 만드는 요인들이 없어야 한다.

계비용과 같아지도록 하는 것이다. 만일 해당 에너지 시장에 독점, 비대칭적 정보, 외부경제 또는 공공재의 문제와 같은 시장기능의 정상적인 작동을 방해하는 요인이 없다면 에너지의 사용자 가격이 그것을 생산·공급하는 데 소요되는 한계비용과 같아질 때 에너지 자원의 최적사용이 이루어진다.

현재 우리나라에서는 전기나 천연가스 등 주요 에너지의 가격이 시장에서 자율적으로 정해지지 못한다. 그 결과 이들 에너지의 사용자 가격이 그것을 생산·공급하는 데 소용되는 한계비용과 같을 확률은 0에 가깝고 한계비용에 미달하는 경우가 대부분이다. 이런 사정이 생긴 것은 우리나라가 아주 오랜 동안 전기와 천연가스[10] 등의 에너지원에 대해서 인위적인 저가정책을 펴오고 있기 때문이다. 경제성장, 산업지원, 수출진흥, 서민보호 등 여러 가지 명목을 내세워서 저에너지가격을 유지해온 것이다. 이러한 에너지 저가정책은 당연하게도 경제주체들로 하여금 지나치게 많은 에너지를 사용하게 만든다. 우리나라의 경제구조가 과도하리만치 에너지 의존도가 높은 것은 그 때문이다.

전기나 천연가스와 같은 에너지의 가격이 한계생산비에 미달하는 것도 문제인데 거기에 더해서 여러 가지 명목으로 에너지가격을 더 깎아 주는 에너지 보조금이 만연되어 있는 것도 문제이다. 농업용이나 어업용 전력에 대해서는 일반요금보다 40% 이하의 수준으로 낮게 책정한 것이 그러한 예이다. 에너지 보조금은 많은 경우 에너지가격을 낮게 해주는 형태와 에너지에 부과되는 각종 세금을 감면해 주는 형태로 운영된다. 그 어떤 경우이건 보조금 지급 대상이 되는 경제행위에 대해서는 그렇지 않은 경제행위에 대한 것보다 훨씬 저렴한 에너지가격이 적용된다. 에너지 보조금제도는 보조금을 지급하려는 다른 목적에는 부합할지 모르지만 에너지의 과도한 사용을 조장한다는 점에서는 저 에너지가격제도와 마찬가지로 부정적인 결과를 낳는다.

그런데 에너지가격과 관련되어서 더 심각한 문제는 석유류, 석탄, 천연가

10 석유류 역시 오랜 기간 저유가 정책의 대상이었으나 지금은 가격결정이 자유화되어 있다. 특기할 것은 석유류의 경우에는 한계비용에 더해서 상당히 고율의 세금이 부과되고 있다는 점이다. 세금 중 일부는 석유류 사용에서 연유하는 공해비용을 징수하는 것으로 이해할 수 있다.

스를 직접 사용하거나 그것들을 연료로 해서 생산한 전력을 사용하는 과정에서 막대한 양의 공해가 발생한다는 사실이다. 이 경우 공해는 주로 미세먼지와 분진, 이산화탄소를 비롯한 각종 온실가스, 소음, 폐수 등의 형태로 발생한다. 그럼에도 불구하고 현재 이들 화석연료의 사용자가격에는 공해비용은 전혀 포함되어 있지 않다. 즉, 이들 에너지원의 사용자가격은 동 에너지원의 사회적 한계비용보다 훨씬 저렴하다. 그 결과 우리는 누구나 사회적으로 바람직한 수준보다 훨씬 더 많은 에너지를 사용한다.

이러한 논의의 자연스러운 귀결은 에너지가격을 합리화하자는 것이 될 것이다. 그러나 우리의 현실에는 에너지가격을 합리화하기 위해서 넘어야 할 장애물이 아주 많다. 거의 대부분의 경제주체들이 에너지는 싸게 쓸 수 있어야 된다는 생각을 갖고 있는 게 가장 큰 문제이다. 소수의 경제학자를 제외하면 에너지가격 합리화 즉, 에너지가격 인상에 대해서 모두가 반대하는 현실을 극복하기란 쉽지 않은 일이다.

에너지가격의 구조를 합리화하는 게 모든 이가 행복한 지속가능한 녹색발전이라는 목표 달성에도 기여한다. 자원가격의 합리화가 경제지속성 강화에 기여함은 자명하다. 비합리적인 가격구조는 비합리적인 자원배분상태를 초래한다. 비합리적인 자원배분상태는 지속가능하지 않다. 설령 지속가능하더라도 합리적인 자원배분상태보다 열악한 결과를 낳는다. 자원가격이 합리적으로 정해진다 함은 그것이 자원을 이용하는 행위가 야기하는 환경파괴와 공해유발 등의 사회적 비용도 반영해서 정해짐을 의미한다. 이는 인간이 자원을 개발하고 이용함에 있어서 그것이 환경파괴와 공해유발로 인한 폐해의 정도를 합리적인 수준으로 억제할 만큼만 하도록 유도한다. 그 결과 환경 및 자원지속성 강화에 기여하게 된다. 이때 사적 한계비용을 사회적 한계비용 수준으로 끌어올리는 방법으로 부가금(surcharge)을 활용하게 되는데 부가금으로 거둔 재원을, 에너지 사용으로 인한 환경파괴와 공해배출을 줄이는 기술을 개발하고 그것과 관련된 신산업 육성에 투자하면 경제성장과 환경보호·자원절감이라는 목표를 동시에 달성하는 녹색성장이 가능해진다. 이를 통해서 경제

지속성과 환경·자원지속성이 강화되면 그 혜택은 미래 세대원에게도 귀속될 것이다. 그러므로 이는 세대 간 형평성 증진이라는 목표 달성에도 기여하는 일이 된다.

에너지가격 합리화가 모든 사람이 행복한 상태를 가져오게 하려면 몇 가지 추가적인 조치가 따라야 한다. 즉, 가격만 합리화한다고 해서 그 혜택이 저절로 모든 사람에게 골고루 돌아가지는 않는다. 특히 사회적 약자에 대해서는 특별한 배려가 필요하다. 그렇다고 해서 사회적 약자에게 에너지를 특별히 저렴하게 제공하자는 얘기는 아니다. 초기에는 그러한 에너지 복지정책이 필요하지만 노후불량주택과 마을의 기반시설을 친환경·에너지절약 시스템으로 개량하거나 마을 단위의 태양광 발전설비를 가설하는 것이 더 나은 방안이다. 아울러 주로 블루칼라 근로자들을 고용하는 지역 영세기업들에게 주택개량·주거환경개선 사업을 맡긴다면 사회적 약자 보호에 기여하게 되며 사회지속성 강화에 도움이 된다. 이 방안의 단점은 경쟁력이 강한 업체에 맡기는 경우보다 비용이 더 든다는 점이다. 그러나 어차피 쓰기로 한 에너지복지재원을 서민복지 증진이라는 목표에 부합하게 쓴다는 측면에서 이런 방식의 사업시행이 타당성을 지닐 수도 있다.

8.3 온실가스 감축의 경제학

8.3.1 우리나라의 온실가스 배출현황

우리나라는 세계에서 일곱 번째로 온실가스를 많이 배출하는 나라이다. 우리나라는 2013년에 6억 9,500만 탄소 톤에 달하는 온실가스를 배출하였다.[11] 이는 1990년도 배출량에 비해 148% 증가한 양이다. 앞으로도 온실가스배출

11 온실가스종합정보센터. (2015). 「2015 국가 온실가스 인벤토리 보고서」.

량은 지속적으로 증가할 것이어서 이미 예정된 것에 더해 추가적인 조치를 취하지 않는 경우, 2030년에는 2013년도 배출량보다 22.4% 증가한 8억 5,100만 탄소 톤에 상당하는 온실가스가 배출될 것으로 예상된다.

우리나라가 세계 제7위의 온실가스 다(多) 배출국이 된 것은 60여 년 전만 하더라도 최빈국이던 한국 경제를 오늘날 세계 제12위 경제로 발전시켜 오는 과정에서 (온실가스를 배출하는) 에너지원을 많이 사용해온 결과다. 그런데 GDP로는 12위인데 온실가스배출량으로는 7위라는 사실은 우리나라가 온실가스배출의 주원인인 화석연료를 다른 나라들보다 더 집중적으로 사용하고 있음을 보여준다.

실제로 우리나라는 화석연료 의존도가 매우 높은 경제구조를 갖고 있다. GDP 한 단위를 생산하면서 배출하는 이산화탄소[12]의 양이 0.37kg인데 이는 러시아와 중국 다음으로 높은 수치이다. 1990년대 이후 현재에 이르기까지 철강, 전자, 자동차, 조선, 석유화학 등이 주력 산업의 위상을 유지해오고 있는데 이들은 모두 화석연료를 기반으로 한 에너지를 다량으로 사용하는 생산구조를 갖고 있다. 육상, 해상 및 항공 교통수단의 에너지 효율이 높지 않으며, 주거 및 업무용 건축물의 조명과 냉난방을 위한 에너지 소요량과 도로, 항만, 터널, 교량 등 사회간접자본 시설을 유지·보수하는 데 소요되는 에너지의 양이 평균 이상으로 많다는 점도 에너지 사용량을 늘리는 큰 원인이 된다. 우리가 사용하는 최종에너지의 대종을 이루는 전력을 생산할 때 투입되는 연료의 63%(발전량 기준)가 석탄(39%)과 천연가스(19%) 그리고 유류(5%) 등 화석연료인 점 역시 우리나라의 온실가스배출량을 늘리는 원인이 되고 있다.

경제의 생산, 유통 및 소비 구조가 에너지 다소비형(화석연료 고의존형)으로 되어 있는 현재의 경제구조를 획기적으로 변화시키지 않고서는 우리나라가 국제사회에 약속한 온실가스배출량 감축목표를 달성하기가 쉽지 않을 것이다. 이는 우리가 소비자, 투자자, 근로자, 생산자, 연구 개발자 등의 위치에

12 근년에 들어와서야 온실가스배출량 통계를 작성하기 시작한 나라들이 많아 국가 간 비교에서는 이산화탄소배출량을 이용하는 것이 이 분야의 관행이다.

서 매일매일 영위하고 있는 삶의 방식을 전면적으로 바꾸어야 가능한 일이다. 우리나라 사람들은 부지불식간에 에너지를 많이 쓰고 그 결과 온실가스를 많이 배출하는 '갈색생활방식'에 길들여져 있다. 이런 상황을 온실가스를 적게 배출하고 에너지를 적게 사용하는 '녹색생활방식'으로 완전하게 바꾸지 않고서는 우리가 약속한 37% 감축목표를 달성하기가 어려울 것이다.

2030년 배출전망치를 근거로 추산하면 2030년의 GDP는 2013년 GDP의 212%가 되고 이산화탄소배출량은 2013년 배출량의 149%가 된다. 이는 이산화탄소배출량/GDP 비율이 2013년의 0.37에서 2030년에는 0.26으로 하락할 것임을 전제로 한 것이다. 우리가 국제사회에 공약한 대로 온실가스배출량을 37% 줄이고자 한다면 2030년의 온실가스배출량은 5억 3,600만 탄소 톤이 되어야 한다. GDP를 희생하지 않고 이 목표를 달성하려면 이산화탄소배출량/GDP 비율을 현재의 0.37 수준에서 당초 계산했던 0.26이 아니라 0.16으로 더 낮출 수 있어야 한다. 이는 이산화탄소배출량/GDP 비율을 당초 상정했던 연 -2%보다 훨씬 큰 연 -4.6%씩 감소시켜야 달성할 수 있는 수치다.

8.3.2 온실가스 감축 가능성

우리나라가 이산화탄소배출량/GDP 비율을 현재의 0.37 수준에서 2030년까지 0.16으로 낮출 수 있을지 여부에 대해 의견이 분분하다. 불가능할 것이라는 비관적인 견해가 있는가 하면, 못 할 일도 아니라는 낙관적인 견해도 있다.

여기에서 중요한 것은 목표를 달성하는 일이 가능한가보다는 목표를 달성하기 위해 얼마나 많은 비용이 들 것인가이다. 사실 비용만 많이 들인다면 목표를 달성할 수는 있다.

온실가스배출량을 줄이는 하나의 방안은 GDP의 증가속도를 낮추는 것이다. 위에서 본 수치를 적용하면 이산화탄소배출량/GDP 비율의 하락 속도를 연 2%로 유지하면서 2030년 배출량목표치 5억 3,600만 탄소 톤을 달성하려면 2030년의 GDP가 3,270조원이 아니라 2,061조원이 되면 된다. 즉, 연간 최대

1,209조원의 소득을 희생하면 온실가스 감축목표를 달성할 수 있다.

온실가스 배출량을 줄이는 다른 방안은 분자인 온실가스배출량의 증가속도를 현저하게 낮추는 것이다. 위에서 본 예에서 2030년의 GDP가 3,270조원에 달할 것이라는 전망은 그대로 둔 채 2030년도 온실가스배출량을 5억 3,600만 탄소 톤으로 유지하려면, 온실가스배출량/GDP 비율이 현재의 0.37에서 0.16으로 낮아지도록 온실가스배출량을 획기적으로 줄여야 한다.

온실가스는 대부분 화석연료를 '태울(사용할)' 때 발생한다. 석탄, 석유, 천연가스 등을 사용해서 동력을 얻고, 온수를 조달하고, 난방을 해결하는 과정에서 온실가스가 발생하며, 석유나 가스를 활용해서 운송수단을 가동하는 과정에서 온실가스가 발생하고, 화석연료를 원료로 해서 전기를 생산하고 생산된 전기를 운반하며 배급하고 사용하는 과정에서 온실가스가 발생한다.

온실가스배출량을 줄이는 첫 번째 방안은 온실가스를 다량으로 배출하는 화석연료를 온실가스를 적게 배출하거나 전혀 배출하지 않는 소위 청정연료로 대체하는 것이다. 동력과 열과 온수를 얻는 데 사용하는 연료로 석탄과 석유류의 사용량을 줄이고 천연가스 사용량을 늘리거나 한 걸음 더 나아가서 석탄과 석유류와 천연가스와 같은 화석연료 대신에 태양광이나 풍력과 같은 비화석연료를 사용하는 방안이 그것이다. 이 점은 전력 생산에서도 그대로 적용된다. 한편 원자력 발전에서는 온실가스가 배출되지 않으므로 온실가스 감축만 놓고 보면 원전이 좋은 대안이 될 수 있다. 그러나 후쿠시마사태 이후 세계적으로 원전의 위험성이 크게 부각되는 데다 원전폐기물 처리비용이나 원거리 송전에 따르는 사회적 비용이 크다는 점을 감안하면 온실가스를 줄이는 방안으로서 원전이 좋은 대안이 되지 못할 수도 있다.[13]

온실가스배출량을 줄이는 두 번째 방안은 에너지활용의 효율성을 높여서 적은 양의 에너지로 더 많은 양의 부가가치를 창출하는 방안을 찾는 것이다.

---

13 원전시설 사고로 인한 위험성을 제거하고 원전폐기물을 안전하게 처리할 수 있는 기술발전이 이루어지면 원전이 온실가스 감축의 훌륭한 대안이 될 수 있다. 이 경우에도 송전과 관련된 사회적 비용은 그대로 남는다.

자동차의 연비를 높이거나 배출가스의 양을 줄이는 기술을 개발하고, 주택이나 업무용 빌딩의 에너지효율을 높이고, 냉난방 및 조명에 필요한 에너지를 절감할 방안을 찾고, 각종 전자 및 전기 제품의 에너지 효율을 높이는 방안이 그것이다.

지상과 지하 그리고 바다와 하늘을 누비고 다니는 모든 운송수단이 전기로 가동되는 시대가 되면 운송수단을 가동함으로써 발생하는 직접적인 온실가스 배출량은 0이 될 것이다. 이 가운데 지상 및 지하 운송수단을 전기로 가동하는 시대는 비교적 빨리 올 것이며 그렇게 되면 인류가 운송수단을 이용할 때 발생하는 온실가스배출량도 줄어들 것이다. 그렇지만 이는 완전한 해법이 아니다. 전기운송수단에 쓰이는 전력을 생산할 때 온실가스를 다량으로 배출해야 한다면 엔진의 성능을 개선해서 화석연료를 효율적으로 사용하는 게 온실가스 배출 측면에서 나을 수도 있다. 전기운송수단에 쓰이는 전력의 대부분을 태양광이나 풍력 등 비화석연료를 써서 생산한다면 사정은 달라진다.

온실가스배출량을 줄이는 또 하나의 방안은 배출되는 온실가스를 포집해서 재활용하거나 안전한 곳에 보관하는 것이다. 석탄을 태울 때 나오는 이산화탄소를 포집해서 지하터널에 안전하게 보관하는 방안이 그런 사례가 된다. 이를 탄소포집저장(carbon capture and storage: CCS)이라고 부른다. 그런데 최근에는 이산화탄소를 포집해서 폐기물로 저장하는 소극적인 방안을 넘어서, 포집한 이산화탄소를 다른 용도로 사용하는 기술의 개발이 힘을 얻어 가고 있다. 후자를 탄소포집활용(carbon capture and utilization: CCU)이라고 부르는데, 이 방면에 기술진전이 이루어지면 온실가스의 90% 이상을 점하는 이산화탄소로 인한 지구온난화와 그로 인한 기상이변 우려를 덜 수 있다.

8.3.3 온실가스 감축을 위한 유인체제 구축

위에서 제시한 방안들이 실제로 실현될 수 있을지에 관해서는 회의적인 시각이 지배적이다. 왜냐하면 제시한 방안 모두가 그냥 두어도 저절로 이루어질

성질의 것이 아니기 때문이다. 즉, 현재의 상황에서는 그 누구도 제시한 방안대로 행동할 충분한 유인을 갖고 있지 않다는 점이 문제다.

온실가스를 적게 배출하거나 전혀 배출하지 않는 대체 에너지원을 발굴하면 좋겠지만 지금처럼 석탄이 천연가스보다 저렴한 상황에서는 석탄을 쓰지 말고 천연가스를 쓰라고 해보아야 먹힐 리가 없다. 마찬가지로 태양광이나 풍력과 같은 신재생에너지원으로 석탄이나 천연가스와 같은 화석연료를 대체하면 좋겠다는 방안도, 태양광이나 풍력을 활용한 발전비용이 석탄이나 천연가스를 사용한 발전비용보다 큰 상황에서는 신재생에너지원을 써서 전력을 생산하는 것이 바람직하다고 말해보아야 소용이 없다. 즉, 편익과 비용을 고려한 시장 상황이 온실가스배출을 줄이는 에너지원을 활용하는 행위에 대해 불리하게 되어 있는 한 경제주체들이 자발적으로 그 방향으로 나아가기를 기대하는 것은 어불성설이다. 게다가 보조금이나 조세 차별을 통해서 에너지의 사용자 가격체계를 화석연료를 사용하는 데 유리한 방향으로 왜곡시켜 놓고 경제주체들이 화석연료를 덜 사용하는 방향으로 움직이기를 기대하는 것은 더더욱 말이 되지 않는다.

에너지 사용의 효율성을 높임으로써 온실가스 감축에 기여하자는 방안 역시 에너지 및 에너지 관련 제품의 가격체계가 에너지를 보다 더 효율적으로 활용하고 에너지 고효율 제품을 사용하는 데 유리하게 되어 있기 전에는 경제주체들이 자발적으로 그 방향으로 나아가기를 기대할 수 없다.

고효율 LED 전구를 예로 들어보자. 조명에 소요되는 전기를 절약하는 것을 통해서 온실가스를 감축하는 방안이 현실화되려면, 기존의 전구를 고효율 LED 전구로 교체하는 행위의 비용보다 편익이 커야 된다. 이때 조명용 전력 요금이 저렴하다면 고효율 LED 전구로 대체해서 얻는 편익이 적고 고효율 LED 전구의 가격이 비싸다면 새 전구로 교체하는 데 비용이 많이 든다. 사정이 그렇다면 에너지 고효율 제품으로 교체해야 할 유인이 크지 않을 것이다.

자동차의 연비 효율을 높이는 대안도 마찬가지이다. 에너지 고효율 엔진이나 고성능 배기가스 시스템을 개발해서 현재보다 자동차의 연비를 높인 차량을 운행하면 틀림없이 연료비를 절감할 수 있을 것이다. 이때 적어도 5년을 운행해야 연료비절감액이 차량가격 차액과 같아진다면 비싼 값을 내고 고연비 차량을 구매할 사람이 많지 않을 것이다. 그렇지만 원유가격이 상승한 결과 1년만 운행하면 차량가격 차이를 메꿀 수 있게 된다면 고연비 차량을 구매할 사람이 많아질 것이다. 고연비 차량을 개발하는 데 드는 비용이 하락한 결과 석유류제품의 가격 변화에도 불구하고 1년만 운행하면 차량가격 차이를 보전할 수 있는 경우에도 결과는 마찬가지이다.

결국 에너지 저효율 제품을 사용할 때 발생하는 순편익보다 에너지 고효율 제품을 사용할 때 발생하는 순편익이 커야만 온실가스 배출을 줄이는 에너지 절약형 제품으로의 교체가 이루어지게 될 것임을 알 수 있다.

8.3.4 온실가스 감축과 경제성장

기왕에 온실가스를 감축할 것이라면 보다 더 현명한 방식으로, 그리고 보다 더 효과적인 방식으로 해야 할 것이다. 특히 온실가스 감축에 기여하는 모든 행위 자체가 경제성장의 견인차가 되게 만들어야 할 것이다. 그 한 가지 방안은 저탄소 청정 제품과 서비스를 생산하여 유통하는 형위와 온실가스를 직접적 또는 간접적으로 감축하는 데 기여하는 모든 경제행위가 우리의 성장 동력이 되게 만드는 것이다. 바로 그것이 2009년 이래 우리나라가 역동적으로 추진해왔던 녹색성장정책의 핵심이다. 즉, 온실가스를 감축한다는 목표를 달성하기 위해 노력하되 그것이 경제성장의 견인차가 되는 방향으로 하고, 경제성장 목표를 달성하기 위해 노력하되 그것이 온실가스 감축 목표에도 기여하는 방식으로 하자는 것이다.

연료 효율이 높은 자동차의 보급을 예로 들자면, 고연비 자동차, 하이브리드 자동차, 전기 자동차, 수소 자동차 등을 널리 보급하는 것을 통해 차량 운행으로 인한 온실가스배출량을 줄이고 동시에 친환경 자동차의 생산기술을 발전시켜 그것을 우리나라의 주력 수출산업으로 육성하는 것이 그런 사례가 된다. 중국이 전기 자동차 분야에서 세계 제1의 경쟁력을 갖춘 국가가 되기 위해 총력 체제로 임하고 있는 것도 그런 맥락에서이다. 온실가스를 감축하면서 동시에 전기 자동차 강국이 된다는 게 바로 녹색성장의 좋은 사례가 된다.

8.4 경제성장의 한계

『성장의 한계』(메도 외, 2004), 『인구폭탄』(얼리히, 1995), 『침묵의 봄』(카슨, 1962) 등을 읽은 독자들이라면, 산업혁명 이후부터 현재에 이르기까지 인류가 행해온 자연파괴와 환경오염 그리고 자원 과소비를 근본적으로 뜯어 고치지 않으면 머지않은 장래에 인류문명이 종말을 맞게 될 것이라는 데 공감할 것이다. 반면에 『궁극적인 자원』(사이먼, 1998)이나 『회의적인 환경론자』(롬보그, 2001)를 읽었거나 세계경제의 변화양상을 주의 깊게 관찰한 사람이라면, 위에서 소개한 비관론자들의 예측과는 달리 인류사회는 종말을 맞지 않았으며 앞으로도 상당한 기간 동안 종말을 맞을 것 같지는 않다는 데 공감할 것이다.

8.4.1 극복 불가능한 한계: 비관론

성장의 한계를 주장하는 논리에는 몇 가지 기둥이 있다. 하나는, 경제활동을 하려면 자원이 필요하고, 경제가 성장하려면 점점 더 많은 자원을 사용해야 하는데 지구상에 있는 자연자원의 양은 유한하므로, 언제인가는 인류가 쓸 수 있는 자원이 고갈될 것이라는 가설이다.

다른 하나는, 경제가 성장하면서 인구가 폭발적으로 증가하고 있는데 유한한 지구가 지탱할 수 있는 인구수는 유한하므로 인구증가를 억제하지 못하면 인구과밀로 인해 문명의 종언을 맞게 될 것이라는 가설이다.

또 다른 하나는, 인류가 산업혁명 이후에 이 지구상에서 벌이는 경제활동의 규모가 170배 이상 증가하고 있는데 그 과정에서 무분별하게 환경을 파괴하고 오염시킨 인간의 오만으로 인해 생태계가 파괴되고 있으며 이는 지구생태계의 일원인 인류에게도 커다란 재앙으로 다가오고 있다는 주장이다.

그 밖에도 이유가 많겠지만 이 세 가지만 갖고도 인류가 이제 더 이상 성장에 집착하면 안 될 충분한 이유가 된다는 것이 성장의 한계를 주장하는 사람들의 주장이다. 이들이 제시하는 대안은 0%대의 성장 또는 약간의 마이너스 성장을 통해서 지구가 지속적으로 감당할 수 있는 수준까지 자원사용량을 줄이고, 인구증가를 억제하며, 환경파괴와 오염을 줄이자는 것이다. 제로 또는 마이너스 성장으로 인해 소득이 줄어들더라도 소비를 자제하면 되고, 경제성장 둔화로 일자리가 줄어들더라도 그동안 앞만 보고 달려오던 경쟁적인 삶의 방식을 다함께 천천히 가는 조화로운 삶의 방식으로 바꾸면 된다는 것이다.

8.4.2 극복 가능한 한계: 낙관론

성장의 한계를 주장하는 견해를 두고서 낙관론자들은 다음과 같은 이유를 들어서 비관론자들을 비판한다. 지구상에 존재하는 자연자원의 양이 유한하다는 것은 맞는 말이지만 인류가 사용할 수 있는 자원의 양까지 유한한 것은 아니라고 한다. 탐색활동을 통해서 신규 매장량을 찾아내고 있으며 채굴기술이 발달한 결과 채굴가능 매장량은 오히려 증가하고 있다고 한다. 이는 자원의 실질가격 추이를 보면 알 수 있는데 거의 모든 자연자원에 대해서 그 가격이 하락추세를 보이는 것은 공급이 수요를 능가하기 때문이다. 수요가 공급을 능가하지 않은 중요한 이유 가운데 하나는 어느 한 자원의 가격이 상승하면 다른 자원으로 대체하기 때문이다. 즉, 경제생활을 하는 데 있어서 꼭 그 자원만 사용해야 하는 것이 아니라 상황이 바뀌면 얼마든지 다른 자원으로 대체할 수가 있다. 그러므로 자원고갈의 위협은 아직 현실화되지 않고 있으며 앞으로도 현실화될 가능성이 낮다는 것이다.

비관론자들은 경제성장이 인구증가를 가져오고 인구가 폭발적으로 증가하면 그들을 먹여 살릴 자원이 부족하게 되므로 재앙이 온다고 생각하지만, 낙관론자들은 사람은 먹여 살려야 할 입이기도 하지만 동시에 두 손과 두뇌를 지닌 창의적인 존재라는 사실을 강조한다. 그들은 사람이 지닌 문제해결 능력에 대해 커다란 신뢰를 보낸다. 현생 인류인 호모 사피엔스가 20만 년에 이르는 긴 세월을 살아오면서 무수하게 많은 도전에 직면했었지만 그것들을 잘 극복했기에 지금 역사상 그 어느 때보다도 잘살고 있지 않는가 하고 반문한다. 20만 년이라는 긴 세월 동안 뛰어난 능력을 발휘해 왔던 인류가 21세기에 들어와서 갑자기 능력을 상실하고 스스로 멸망의 길로 갈 이유가 없다는 것이다. 낙관론자들은 지하자원이나 자연조건이나 물적자본이 중요하지만 그보다 더 중요한 것은 인간이라는 자원이라고 본다. 인간이야말로 이 지구가 가진 최후의 자원이라는 것이다.

낙관론자들도 환경파괴와 오염의 심각성을 부인하지는 않는다. 그렇지만 그들은 환경오염과 파괴의 문제조차도 인간의 두뇌와 두 손으로 충분히 해결할 수 있는 문제라고 생각한다. 환경비관론자들이 우리들의 인식을 일깨워준 것은 고마운 일이지만 그렇다고 해서 성장을 멈추라는 것은 너무 지나친 처방이라고 생각한다. 인간지능을 활용하면 환경 파괴와 오염의 문제에 대해서도 합리적인 문제해결의 실마리를 찾을 수 있다고 생각한다.

성장의 한계를 주장하는 비관론자들에 대해 제로 성장 혹은 마이너스 성장을 목표로 하면 빈곤 상태에 놓여 있는 수십억 명의 인류들은 어떻게 하라는 것이냐고 반문한다. 오늘날 1인당소득이 5만 달러 이상이어서 정말로 잘사는 나라가 제로 성장이나 마이너스 성장을 추구하는 것은 그래도 이해할 수 있지만, 1인당소득이 몇천 달러도 안 되는 빈한한 국가더러 지구를 위해서 성장하지 말아라 하고 말하는 것은 잘사는 나라 사람들의 크나큰 위선이라는 것이다.

8.4.3 절제된 발전

양측의 주장에 옳은 점도 있고 그른 점도 있다. 비관론자들은 근거가 희박한 최악의 시나리오에 매몰되어서 인류의 종말을 철석같이 믿고, 낙관론자들은 불편한 진실을 외면한 채 근거 없는 장밋빛 전망을 내놓는다. 양측 모두 침소봉대하는 경향이 있다.

중요한 것은 어려운 문제를 놓고 이건 인간의 힘으로는 도저히 해결할 수 없는 문제이니 '하지 않거나 적게 하는 것을 통해서' 문제가 생기는 것을 방지하거나 생기더라도 그 정도가 심하지 않도록 만들자는 비관론자의 주장을 따를 것인지 아니면 아무리 어려운 문제라도 인간이 해결하지 못할 문제는 별로 없으므로 '하던 일을 하지 않거나 일의 규모를 줄이지 않고서도' 문제를 해결할 방안을 강구하자는 낙관론자의 주장을 따를 것인가 하는 일이다.

비관론자들의 경고가 있기에 겸손한 자세로 자신을 돌아보고 오만에 빠져서 저지르는 일탈을 바로잡게 된다. 그러한 반성과 개선이 있기에 인류가 조금씩이나마 발전하는 것이다. 그렇지만 비관론에 매몰되어서 그야말로 식음을 전폐하고 종말이 오기만을 기다리는 것은 바보스러운 일이다. 문제가 있으면 해결책을 찾아서 실행에 옮겨야지 지레 겁먹고 움츠러드는 것은 용렬한 일이다. 반면에 근거가 희박한 낙관론도 경계의 대상이다. 생사를 가르는 운명의 순간이 다가오는데도 모든 게 다 잘될 것이라면서 아무런 준비도 하지 않는 것은 무모한 일이다. 이유 있는 비관이나 낙관은 좋다. 그러나 뚜렷한 이유도 없이 극단적인 비관이나 극단적인 낙관에 빠지는 일은 반드시 피해야 한다.

8.4.4 성장모형을 이용한 성장의 한계 이해

경제의 총생산함수를 활용해서 경제성장의 한계에 관하여 이해할 수 있다. 이를 위해 다음과 같은 생산함수를 고려해보자.

$$Y = T \cdot E \cdot F(Lh, K, X) \tag{8.1}$$

이 식에서 Y는 총생산량, T는 기술수준, E는 경제운영의 효율성을 나타내는 척도, Lh는 노동자 L과 각자가 지닌 인적자본 h에 의해서 정해지는 경제의 총노동투입량, K는 물적자본투입량 그리고 X는 자연자본을 나타낸다. 이 식을 함수 $F(\ )$에 대한 적절한 가정하에 다음과 같은 1인당산출량으로 변형할 수 있다.

$$y = T \cdot E \cdot f(h, k, x) \tag{8.2}$$

이 식에서 소문자는 모두 1인당변수를 나타낸다. 1인당산출량은 노동자들이 지닌 인적자본 h, 노동자들이 갖고 일하는 물적자본 k 그리고 노동자 한 사람당 자원자본 x의 증가함수다. 우리는 이미 h와 k 그리고 기술 T와 효율성 E에 관해서는 자세히 알아보았다. 이제 1인당자연자본 x에 대해 생각해 보기로 한다.

8.4.4.1 자원은 고갈될 것인가?

x가 증가하면 y가 증가하고 x가 감소하면 y가 감소한다는 점에서는 x가 h나 k와 다르지 않다. 다른 점은 x가 변화하는 양상에 있다. x가 고갈 가능한 자원으로만 되어 있다면 경제활동을 할수록 x의 크기는 줄어들게 된다. 극단적인 경우에는 $x \to 0$가 된다. 그렇게 되면 생산에 투입할 자원이 0이 되어서 경제활동이 올 스톱될 것이다. 인류가 멸망의 길로 가게 되는 것이다. 이점이 바로 성장의 한계를 주장하는 사람들의 논거가 된다.

그러므로 논점은 과연 $x \to 0$이 될 것인가 하는 데 있다. 원유에 대해서 보면 산업혁명 이래 막대한 양의 원유를 사용했음에도 불구하고 채굴 가능한 원유의 양은 오히려 늘어나고 있다. 이는 새로운 유전을 발굴하고 채굴기술이 발달함에 따라서 종전에는 쓸모없던 유전을 가동하게 된 데 힘입은 것이다. 지금까지 원유가 고갈되지 않았다고 해서 미래에도 고갈되지 않으라는 법은 없다. 이론적으로는 지구가 가진 원유의 양이 유한할 터이므로 원유의 사용량을 계속해서 늘려나가면 언제인가는 바닥을 드러낼 수밖에 없을 것이다.

8.4.4.2 자원 간의 대체 가능성

그런데 고갈 가능한 자원이라 해도 x가 하나의 자원으로 되어 있는 것이 아니다. 자원 x는 실제로는 $x=(x_1, x_2, \cdots, x_n)$인 '벡터'이다. x를 구성하는 자원 중 하나가 고갈될 가능성이 높아져서 가격이 올라가면 다른 것으로 대체하게 된다. 즉, x_i를 x_j로 대체하게 된다. 그러므로 모든 x_i, $i=1, 2, \cdots, n$이 동시에 고갈되지 않는 한 당장 지구가 종말을 고하는 것은 아니다. 그뿐만 아니라 $(x_1, x_2, \cdots, x_n)$이 모두 고갈되는 사태가 벌어질 가능성이 보이면 인류는 x_{n+k}를 발굴해내는 능력을 지니고 있기도 하다. 이땐 하첨자 k의 상한이 얼마가 될지는 아무도 모른다.

여러 가지 생산요소가 있을 때 그중 하나의 가격이 상승하면 사람들은 자연스럽게 가격이 상대적으로 저렴해진 다른 생산요소를 더 많이 사용하게 된다. 즉, 생산요소 간에 대체가 일어난다. 기존의 자연자본 x 사이에서 대체가 일어나거나, 새로운 자원을 개발하거나, 기계나 인력으로 자원을 대체하게 되는 것이다. 과거에 원유가격이 상승하면서 원자력발전이 등장한 것이라든지 근래에 태양광이나 풍력 발전이 등장한 것에서 에너지원 간 대체가 이루어지는 양상을 볼 수 있다. 실제로 인류는 과거부터 지금까지 부족해진 자원을 대체하는 노력을 계속해 왔다. 아울러서 그동안 사용하던 것보다 더 나은 자원을 찾으려는 노력 역시 게을리하지 않았다. 이러한 노력 덕분에 아직까지는 고갈된 자원이 없었다. 앞으로도 이러한 노력은 계속될 것이다.

8.4.4.3 자원효율성을 높이는 기술발전

기술발전이 자원이 고갈되는 것을 늦추기도 한다. 우리가 자원 x를 사용하는 것은 대부분의 경우 그것을 원료로 해서 우리가 필요로 하는 것을 만들기 위함이다. 예를 들자면 원유를 사용하는 것은 그것을 정제해서 내연기관과 난방용 연료로 쓰거나 전력을 생산하기 위함이다. 따라서 원유정제기술을 발전시키거나, 내연기관의 연료효율을 높이거나, 난방기기의 열효율을 높이거나, 발전설비의 효율성을 높이면 같은 양의 자원을 갖고 더 많은 일을 하거나 동일한 양의 일을 하는 데 전보다 적은 양의 자원을 사용하게 된다. 그 결과 자원 x를 더 오래 사용할 수 있게 된다. 이를 식으로 표현한다면 $\frac{x}{y}$의 비율을 낮추는 일에 해당된다. 즉, 같은 양의 산출물 y를 생산하면서 전보다 적은 양의 x를 사용할 수 있으면 희소한 자원 x를 더 오래 사용할 수 있게 되는 것이다.

8.4.4.4 녹색 국민소득

자연자원과 관련된 또 다른 문제는 자원을 활용하는 과정 및 재화를 생산하고 유통하며 소비하고 폐기하는 과정에서 생기는 자연파괴, 환경오염, 폐기물 처리와 관련된 것이다. 자연파괴와 환경오염은 파괴된 자연과 오염된 환경이 복원 불가능해질 가능성이 문제가 되며, 이에 더해 환경오염은 오염의 폐해가 주변 사람들에게 광범위하게 퍼짐에도 불구하고 대개의 경우 오염을 유발하는 사람에게 책임을 묻기 어려운 것이 문제가 된다.

오염된 공기는 바람이 불면 쓸려나가지만 항상 바람이 불어주기를 기대할 수는 없다. 오염원을 줄이지 못하면 상시 오염된 공기를 마시며 살아가야 한다. 호수나 지하수가 오염되면 치유하기가 매우 어렵다. 흐르는 물은 좀 낫지만 이것 역시 오염이 지나치면 자연회복이 불가능해진다. 오염된 토양도 문제다. 눈에 보이지는 않더라도 오염된 토양에서 재배한 농작물이 건강에 해로울 수도 있고 오염된 토양 위에서 살아가는 사람들이 건강에 악영향을 받을 수 있다.

자원을 사용하고 환경을 이용하는 데 따르는 공동경작지의 문제와 외부경제(또는 외부비경제)의 문제를 해결하는 것은 대개의 경우 정부의 몫이다. 시장이 이 문제를 만족스럽게 해결하지 못하기 때문에 그러하다. 이 문제와 관련해서 정책 당국자들은 종종 통상적인 의미에서의 GDP가 아니라 거기에서 공해와 오염으로 인한 폐해를 차감한 녹색 GDP를 정책목표로 삼는다.

자원 x를 사용해서 재화 y를 생산해서 유통하고 소비하며 폐기하는 과정에서 공해가 발생한다. 1인당 공해발생량 z를 다음과 같이 나타낼 수 있다.

$$z = \frac{1}{B_1}x + \frac{1}{B_2}y \tag{8.3}$$

식 (8.3)에서 B_1은 자원을 가공하거나 가공된 자원을 사용하는 과정에서 발생하는 공해를 줄이거나 치유하는 기술수준을 나타내며, B_2는 생산된 재화를 유통하고 소비하며 폐기하는 과정에서 발생하는 공해를 줄이거나 치유하는 기술수준을 나타낸다.

식 (8.2)는 통상적인 1인당 GDP를 나타내고 식 (8.3)은 통상적인 GDP를 창출해서 활용하는 과정에서 나오는 1인당 공해배출량을 나타내다. 이 경우에 1인당 녹색 GDP를 다음과 같이 정의할 수 있다.

$$\begin{aligned}\text{1인당 녹색 GDP} &= \text{통상적인 1인당 GDP} - \text{1인당 공해배출량} \\ &= y - z\end{aligned} \tag{8.4}$$

우리가 녹색 GDP에 대해서 관심을 갖는 것은 통상적인 1인당 GDP y를 크게 만들거나 y의 성장률을 크게 만드는 데 도움을 주는 정책을 집행하는 것과 1인당 녹색 GDP인 $y-z$를 크게 만들거나 $y-z$의 성장률을 크게 만드는 데 도움을 주는 정책을 집행하는 것이 본질에 있어 크게 다르기 때문이다. 녹색 GDP를 정책목표로 삼는 것은 자원의 고갈가능성과 경제활동 과정에서 나오는 공해와 오염물질의 부정적인 측면을 간과하지 않음을 의미한다.

8.5 자원과 환경 측면에서의 인류 지속가능성

국제연합인 예측한 바를 보면 2100년이 되면 세계의 인구가 112억 명이 될 것이라고 한다.[14] 이는 앞으로 2100년이 될 때까지 세계 인구가 현재의 76억 명에서 그 절반 가까운 36억 명 정도 더 증가할 것임을 의미한다. 현 구매력

14 UN Population Division, 「World Population Prospects, 2017」.

기준 세계의 평균소득은 약 1만 6,000달러인데 국제통화기금에서 전망한 것을 보면 인류의 평균소득이 앞으로 당분간 연 2%대의 성장세를 보일 것이라고 한다. 만일 이러한 성장률이 2100년까지 지속된다면 그때 가서는 인류의 평균소득이 현재의 돈 가치로 약 8만 2,000달러가 될 것이다.

1만 6,000달러의 소득을 지닌 76억 명이 살고 있는데도 자원이나 환경의 측면에서 지속가능성을 염려하는 게 우리의 현실인데, 8만 2,000달러의 소득을 지닌 112억 명의 인구가 살아간다는 게 자원 및 환경의 측면에서 과연 지속가능한 일일까? 다시 말하면 인류가 지구상에서 행하는 경제활동의 총규모가 지금보다 여덟 배 정도나 더 늘어나는 게 과연 가능한 일일까?

산업혁명이 발발한 이래 인류가 지구상에서 행하는 경제활동의 총규모가 약 260년 동안에 176배가 증가되었음에도 이 지구가 '무사'한 것을 보면, 향후 80년 동안에 8배 정도 더 증가되는 것은 그리 큰 문제가 아니라고 판단할 수도 있다. 그럼에도 우리의 미래를 절망의 눈길로 바라보며 제로 또는 마이너스 성장을 주장하는 것은 아마도 지구가 지닌 힘을 과소평가하는 것이거나 우리 인간이 지닌 두뇌의 힘을 과소평가하는 일일 것이다.

그러나 결코 낙관할 일이 아니다. 왜냐하면 시간이 흐를수록 우리 인류가 자원과 환경과 관련해서 만들어내는 문제의 크기와 심각성이 확대되는 속도가 점점 더 빨라지고 있기 때문이다. 비관론자들의 견해로는 현재의 지구도 결코 '무사'한 것이 아니라고 한다. 그들은 주장하기를 지구가 인류를 더 이상 지탱할 수 없는 지점인 파국 점(disaster point)을 이미 넘어섰거나 곧 넘어설 것이라고 한다. 이미 위험지대에 도달했는데도 불구하고 그러한 위기를 초래한 인류의 행동 방식이 근본적으로 변화될 조짐이 보이지 않으므로 시시각각 다가오는 파멸을 회피할 수 없다는 게 비관론자들의 견해이다.

자원을 사용하고 환경을 이용하면서 인간이 저지르는 무모한 일들에 대해 경각심을 일깨우는 비관론자들의 주장을 누구나 경청해야 한다. 아무런 문제가 없을 것이라고 근거가 박약한 낙관론을 펴는 사람들은 특히 더 그럴 필요가 있다. 지구는 우리 세대의 것만이 아니다. 우리의 후손들이 살아갈 터전이다. 우리 세대가 자손만대가 살아가야 할 터전을 망가뜨려 놓는다면 그보다 더 큰 죄악은 없을 것이다. 그러니 우리의 행동을 절제함이 마땅하다.

절제 있게 행동하는 게 마땅한 일임에도 우리들 스스로의 판단에 맡겨 두면 보통은 그렇게 행동하지 않는다. 자원을 오용하거나 남용하고 환경을 오염시키고 파괴하는 게 공공의 이익을 해치는 일임에도 불구하고 그렇게 행동하는 게 사익에는 부합하는 경우가 많기 때문이다. 이러한 근시안적인 행동을 억제하려면 사람들이 공익을 해치면서까지 사익을 추구하는 행동을 하지 않게 만드는 장치를 마련할 필요가 있다. 사익을 추구하는 과정에서 공익을 해치는 결과를 나으면 반드시 그에 합당한 대가를 치르도록 만드는 게 그러한 방안이 된다.

8.6 소결론

자원은 유한하다. 그러므로 자원을 합리적으로 사용해야 한다. 자원을 합리적으로 사용하지 않게 되는 가장 중요한 원인은 자원가격 왜곡에 있다. 자원가격이 시장의 수급여건을 반영해서 자유롭게 정해지면 그것을 신호로 삼아서 자원을 배분하게 되므로 합리적인 사용이 이루어진다.

자원가격이 왜곡되어 있거나 자원가격이 시장여건을 정확하게 반영하지 못하면 문제가 된다. 자원가격이 왜곡되는 이유는 대개의 경우 정부가 어떤 정책목표를 달성하기 위해서 자원가격을 컨트롤하기 때문이다. 소위 '유해한 보조금(harmful subsidy)' 제도가 자원가격을 왜곡시키는 주범이다. 자원가격이 시장여건을 제대로 반영하지 않는 것은 자원사용에 따르는 사적 한계비용과 사회적 한계비용이 괴리되는 경우에 생기는 일이다. 자원사용에서 오는 환경오염이 대표적인 경우인데 환경오염이 외부적(external)인 경우에는 자원사용의 사적 한계비용이 사회적 한계비용보다 낮기 때문에 바람직한 양보다 더 많이 사용하게 된다.

자원고갈은 이론적으로는 반박할 수 없는 현상이다. 그러나 실제에서는 자원이 고갈되는 일이 쉽게 일어나지 않는다. 고갈가능성이 대두되면 가격이 상승하고 가격이 상승하면 대체 자원을 찾게 마련이다. 이 방면에서 인간이 지닌 지능은 참으로 대단하다. 그렇지만 고갈가능성이 대두되어 가격이 상승할 조짐이 보일 때 누구인가가 인위적으로 가격상승을 억제하면 실제로 자원이 고갈될 수도 있다. 그러므로 자원사용을 억제하거나 금지하는 것을 통해서 고갈가능성에 대해 대비하는 것보다는 시장이 제대로 작동하도록 유도하는 것을 통해서 경제주체들 스스로가 해결책을 찾도록 하는 게 좋다. 시장은 더 많은 자원을 발굴하거나, 자원의 활용방식을 혁신하거나, 기존자원을 대체할 새로운 자원을 찾는 등의 노력을 유발함으로써 자원부족에 대처하게 만든다.

환경을 오염시키고 파괴하는 것이 문제가 되는 것은 그런 행위의 당사자가 환경을 오염시키고 파괴하는 행위에 따르는 비용을 부담하지 않기 때문이다. 행위 당사자가 비용을 부담한다면 그는 당연히 합리적인 수준에 맞춰서 행동을 절제할 것이다. 이때 발생하는 오염과 파괴는 '합리적'인 것이어서 그 자체가 비난의 대상이 되어서는 안 된다. 합리적인 수준에서 이루어지는 오염과 파괴라도 더 줄이고 싶다면, 더 줄이는 게 합리적이 되도록 여건을 변화시키면 된다. 그런데 대부분의 경우에는 오염과 파괴가 대표적인 외부비경제 현상인 것에서 알 수 있듯이 행위 당사자가 비용을 부담하지 않기 때문에 사회적인 관점에서 볼 때 합리적인 것보다 더 많은 양의 공해물질을 배출하고 자연을 파괴하게 된다.

환경 파괴와 오염의 문제를 해결하는 방안은 외부성을 내부화하는 정책을 집행하는 것이다. 그 방안으로는 공해비용을 완전하게 내부화했을 때 정해지는 자원사용량이나 공해배출량의 양적 목표치를 정해두고 기업들에게 그것을 준수하라고 강제하거나, 환경세나 오염세를 부과해서 자원의 가격이 사회적 한계비용과 일치되도록 만드는 방안이 있다.

제8장 부록에서 설명하듯이 환경세를 부과하고 그것을 통해서 거둔 세금을

재원으로 해서 자원을 활용하는 것과 관련된 기술과, 공해를 방지하고 오염되고 파괴된 자연을 치유하고 복원하는 기술 그리고 경제의 전반적인 생산성을 향상시키는 기술을 발전시키면, 1인당 자원사용량과 1인당 공해배출량(자원파괴량)을 줄이면서도 1인당산출량을 늘릴 수 있다.

이러한 일들을 착실하게 실천에 옮긴다고 해서, 자원과 환경의 측면에서 볼 때, 우리가 누리는 삶이 지속가능할까? 위에서 고려한 사항들은 아마도 그렇게 되기 위한 최소한의 필요조건일 것이다. 여기에서 지속가능하다는 것은, 산업혁명 이래 오늘에 이르기까지 약 180배 증가한 1인당산출량이, 비록 그 속도는 떨어지더라도, 앞으로도 계속해서 늘어난다는 의미에서의 지속성을 말한다. 그것은 또한 현재 극심한 가난에 허덕이고 있는 1인당소득 2,000달러 미만의 최빈국들도 경제발전의 길로 나서는 데 성공한다는 의미에서의 지속성을 의미한다.

부록

녹색경제모형[15]

8A.1 모형의 제시

우리의 관심사를 알아보는 데는 다음의 네 식으로 주어진 모형이면 충분하다.

$$y=A\cdot(Dx)^{\alpha},\ \ 0<\alpha<1 \tag{8A.1}$$

$$z=\frac{1}{B_1}\cdot x+\frac{1}{B_2}\cdot y \tag{8A.2}$$

$$\pi(p)=A\cdot(Dx)^{\alpha}-c\cdot x-d\cdot D^{\theta} \tag{8A.3}$$

$$\pi(s)=\left(1-\frac{1}{B_2}\right)A\cdot(Dx)^{\alpha}-\left(c+\frac{1}{B_1}\right)\cdot x-d\cdot D^{\theta} \tag{8A.4}$$

식 (8A.1)은 1인당 자원투입량 Dx를 활용해서 생산할 수 있는 1인당산출량 y의 크기를 나타내는 생산함수이다. D는 가공 전 자원 x를 쓸모 있는 자원 Dx로 변환하는 자원가공기술을 나타낸다. A는 생산요소를 생산물로 변환시키는 기술을 나타낸다. 이 경제에서 생산자는 '국제시장'에서 단위당 c를 주고 구매한 원료 x를 가공기술 D를 적용해서 유용한 자원 Dx로 변환한 다음 생산에 투입한다. 가공기술은 시장에서 dD^{θ}에 해당하는 비용을 치르고 구매한다.

자원 x를 투입해서 산출물 y를 생산하고, 생산한 산출물 y를 유통하고 소비하고 폐기하는 과정에서 공해물질이 배출된다. 이 경제에서 배출되는 1인당공해 z의 크기를 나타내는 것이 식 (8A.2)다. 식 (8A.2)를 보면 알 수 있듯이 이 경제에서 공해는 두 가지 원천에서 나온다. 하나는 공해물질을 배출하는 원료 x를 활용하는 생산과정에서 나오고 다른 하나는 생산된 산출물 y를

15 이는 이지순(2013)에 바탕을 둔 설명이다.

활용하는 과정에서 나온다. 식 (8A.2)에서 B_1과 B_2는 각각 자원사용과 산출물이용으로 인한 공해배출량을 줄이는 기술을 나타낸다.

개인은 자기가 행하는 경제활동이 공해를 유발한다는 사실을 '무시'하고 행동할 수도 있지만 사회의 관점에서 보면 공해로 인한 폐해를 반영해서 의사결정을 해야 한다. 편의상 공해가 1인당 부가가치를 1 대 1로 차감하는 효과를 지닌다고 하자. 식 (8A.4)가 사회적 관점에서 본 이윤함수를 나타내며 식 (8A.3)이 공해를 완전히 무시하는 개인의 관점에서 본 이윤함수를 나타낸다.

8A.2 모형의 해

개별 생산자는 식 (8A.3)으로 주어지는 이윤을 극대화하도록 x를 선택한다. 그는 공해를 무시하므로, 공해를 고려했을 때보다 자원을 더 많이 사용하고, 공해를 더 많이 배출하며 그 대신 더 많은 양을 산출하게 된다. 공해를 감안했을 때보다 소득과 고용의 측면에서 경제는 더 활성화되지만 그 대가로 자원을 많이 사용하고 공해를 많이 배출하게 되는 것이다. 이것이 말하자면 현재 우리가 주로 따르고 있는 '갈색' 경제를 보여준다. 공해를 무시하는 개별생산자의 해는 아래와 같이 주어진다. 여기에서 괄호 안의 문자 p는 이들이 개인적 의사결정의 결과물임을 표시한다.

$$x(p) = (\alpha A)^{\frac{1}{1-\alpha-\alpha/\theta}} \left(\frac{1}{c}\right)^{\frac{1-\alpha/\theta}{1-\alpha-\alpha/\theta}} \left(\frac{1}{d\theta}\right)^{\frac{\alpha/\theta}{1-\alpha-\alpha/\theta}} \tag{8A.5}$$

$$D(p) = (\alpha A)^{\frac{\alpha/\theta}{1-\alpha-\alpha/\theta}} \left(\frac{1}{c}\right)^{\frac{\alpha/\theta}{1-\alpha-\alpha/\theta}} \left(\frac{1}{d\theta}\right)^{\frac{(1-\alpha)/\theta}{1-\alpha-\alpha/\theta}} \tag{8A.6}$$

$$y(p) = A^{\frac{1}{1-\alpha-\alpha/\theta}} \alpha^{\frac{\alpha(1+1/\theta)}{1-\alpha-\alpha/\theta}} \left(\frac{1}{c}\right)^{\frac{\alpha}{1-\alpha-\alpha/\theta}} \left(\frac{1}{d\theta}\right)^{\frac{\alpha/\theta}{1-\alpha-\alpha/\theta}} \tag{8A.7}$$

사회 전체의 복지를 중시하는 정책 담당자는 개별 경제주체가 야기하는 부정적인 문제, 이 경우에는, 공해를 무시하지 않는다. 그는 식 (8A.4)로 주어진 사회적 가치를 극대화하는 x를 선택한다. 식 (8A.4)를 살펴보면 산출물 y 한 단위가 정책담당자에게 주는 가치는 $\left(1-\dfrac{1}{B_2}\right)$로 주어지고, 자원 x의 기회비용은 $\left(1+\dfrac{1}{B_1}\right)$으로 주어짐을 알 수 있다. 공해를 무시하는 개별경제주체와 비교하면 산출물 y의 가치는 작아지고 자원 x의 기회비용은 비싸진다. 따라서 정책담당자는 자원투입량 x를 덜 쓰는 선택을 하게 된다. 그 결과 공해는 사회적 관점에서 볼 때 가장 합리적인 수준에서 정해진다. 대신 그는 1인당산출량 y가 줄어드는 것을 감수한다. 공해를 고려하는 사회적 의사결정자의 해는 아래와 같이 주어진다. 여기에서 괄호 안의 문자 s는 이들이 사회계획자(social planner)의 해임을 표시한다.

$$x(s)=\left[\left(1-\frac{1}{B_2}\right)\alpha\cdot A\right]^{\frac{1}{1-\alpha-\alpha/\theta}}\left(\frac{1}{c+1/B_1}\right)^{\frac{1-\alpha/\theta}{1-\alpha-\alpha/\theta}}\left(\frac{1}{d\theta}\right)^{\frac{\alpha/\theta}{1-\alpha-\alpha/\theta}} \tag{8A.8}$$

$$D(s)=\left[\left(1-\frac{1}{B_2}\right)\alpha\cdot A\right]^{\frac{1-\theta}{1-\alpha-\alpha/\theta}}\left(\frac{1}{c+1/B_1}\right)^{\frac{\alpha/\theta}{1-\alpha-\alpha/\theta}}\left(\frac{1}{d\theta}\right)^{\frac{(1-\alpha)/\theta}{1-\alpha-\alpha/\theta}} \tag{8A.9}$$

$$y(s)=A^{\frac{1}{1-\alpha-\alpha/\theta}}\left[\left(1-\frac{1}{B_2}\right)\alpha\right]^{\frac{\alpha(1+1/\theta)}{1-\alpha-\alpha/\theta}}\left(\frac{1}{c+1/B_1}\right)^{\frac{\alpha}{1-\alpha-\alpha/\theta}}\left(\frac{1}{d\theta}\right)^{\frac{\alpha/\theta}{1-\alpha-\alpha/\theta}} \tag{8A.10}$$

8A.3 모형의 해에 관한 해석

8A.3.1 원료 투입량 및 가공기술 수준

식 (8A.5)와 (8A.6)을 식 (8A.8) 및 (8A.9)와 견주어 보면, 공해를 무시하는 사적 선택이 공해를 내부화하는 공적 선택에 비해서 원료투입량과 원료가공기술 수준을 모두 더 큰 값으로 선택함을 알 수 있다. 즉, 공해를 무시하면 사회적으로 바람직한 양보다 자원을 더 많이 사용하게 된다. 이는 물론 당연한 결과다. 그러나 사적 의사결정주체가 사회적 의사결정주체보다 더 진전된 원료가공기술을 선택한다는 결과는 '상식'과는 다른 것으로 보인다. 그렇지만 이러한 결과가 나오는 것은 생산과정에서 원료투입량과 가공기술수준이 하나로 결합되어 선택되기 때문이다. 사적 의사결정주체가 진전된 원료가공기술수준을 택한다는 것은 동일한 양의 최종생산물을 만들면서 가공 전 원료는 더 적게 투입하는 선택을 한다는 의미이다.[16]

가공 전 원료투입량과 원료가공기술수준은 경제의 전반적 생산성 수준 A의 증가함수이며, 가공 전 원료가격 c의 감소함수이고, 가공기술의 생산비를 나타내는 파라미터 d의 감소함수이다. 즉, A가 클수록 더 많은 양의 원료와 더 진전된 수준의 가공기술을 선택하고, c가 클수록 즉, 가공 전 원료의 구매가가 비쌀수록 더 적은 양의 원료와 덜 진전된 가공기술을 선택하며, 가공기술을 진전시키는 일이 비쌀수록 더 적은 양의 원료와 덜 진전된 가공기술을 선택하게 된다.

공해를 방지하거나 정화하는 기술 즉, 공해 관련 기술 B_1 또는 B_2의 크기는 사적 선택에는 아무런 영향을 주지 않지만, 사회적 선택에는 영향을 준다. 즉, 식 (8A.8) 및 식 (8A.9)에서 보듯이 사회적 의사결정자는 공해방지 및 정화기술이 진전될수록 가공 전 원료의 투입량을 늘리고 동시에 더 진전된 가공기술을 선택한다. 공해를 방지하거나 공해로 인한 피해를 복구하기가 쉬워지면 그만큼 동일한 규모의 경제활동을 전개하고도 전보다 적은 양의 공해를 배출하는 것이 되므로 원료투입량을 늘리고 더 좋은 가공기술을 사용하게 되는 것이다.

16 식 (8A.6)과 식 (8A.9)를 견주어 보면, x의 투입량이 동일한 경우에 사회적 선택이 사적 선택보다 더 진전된 기술을 갖게 됨을 볼 수 있다. 이를 진전된 D를 택함으로써 자원사용량 x를 줄이려는 시도로 이해할 수 있다.

8A.3.2 최종산출물 생산량

식 (8A.7)과 식 (8A.10)을 견주어 보면, 사적 선택의 결과로 정해지는 최종생산물의 양이 사회적 선택으로 정해지는 그것보다 큼을 알 수 있다. 공해를 무시하면 원료를 더 많이 투입하고 더 진전된 가공기술을 택하게 되므로 생산량이 더 커지게 되는 것이다. 결국 공해를 무시하면 원료를 많이 투입함과 동시에 더 진전된 가공기술을 채택하게 되고 그 결과 더 많은 양의 최종산출물을 생산하게 되는 것이다. 우리가 경제의 좋고 나쁨을 최종산출물의 양으로 즉, 생산활동의 규모와 고용량을 기준으로 판단한다면, 공해를 무시하는 게 좋다는 결론을 얻게 된다.

최종산출물의 생산량은 경제의 전반적 생산성 수준 A의 증가함수이며, 원료가격 c의 감소함수이고, 가공기술의 구매가격을 반영하는 d의 감소함수이다. 한편 공해 관련 기술 B_1과 B_2의 크기는 사회적 선택의 경우에만 최종산출물의 생산량에 영향을 준다. 구체적으로 보면, 공해 관련 기술이 진전될수록 즉, B_1 또는 B_2가 큰 값을 지닐수록 최종산출물의 생산량이 많아지게 된다. 같은 양의 산출물을 생산하면서도 전보다 공해를 적게 배출하게 되니 생산량을 늘리게 되는 것이다.

8A.3.3 공해배출량

이 모형에서 공해배출량은 식 (8A.2)의 우변에서 x와 y 대신에 $x(p)$와 $y(p)$ 그리고 $x(s)$와 $y(s)$를 대입한 값으로 정해진다. 그런데 $x(p)>x(s)$이고 $y(p)>y(s)$이므로 당연하게도 사적 선택하에서 발생하는 공해 $z(p)$가 사회적 선택하에서 발생하는 공해 $z(s)$보다 큰 값이 된다. 공해를 무시할 때 더 많은 양의 공해를 배출하는 것이므로 이는 당연한 결과이다.

공해배출량은 경제의 전반적 생산성 A의 증가함수이며, 원료가격 c의 감소함수이고, 가공기술비용 d의 감소함수이다.

경제의 전반적인 생산성 A가 향상되면 가공 후 원료의 한계생산성이 높아지므로 가공 후 원료를 더 많이 투입하게 되고, 더 많은 양의 가공 후 원료를 투입하는 데다 생산성이 높아졌으므로 최종산출물의 생산량이 증가하게 된다. 공해를 유발하는 가공 전 원료 투입량이 증가하고 유통과 소비의 과정에서 공해를 유발하는 최종산출물의 생산량이 늘어나므로 공해배출량이 증가하게 되는 것이다.

가공 전 원료 x의 가격 c가 상승하면 가공 전 원료의 투입량을 줄이게 된다. 원료투입량을 줄이면 가공기술도 더 낮은 수준의 것을 선택하게 된다. 그 결과 가공 후 원료투입량 Dx가 비교적 크게 줄어들게 된다. 이는 당연히 최종산출물 y의 생산량을 감소시킨다. 즉, 가공 전 원료의 가격이 상승하면 원료 투입량 및 산출량이 모두 줄어든다. 공해를 유발하는 x와 y의 규모가 작아지므로 공해배출량 z 역시 줄어들게 되는 것이다. 결국 c의 상승은 공해배출량 z의 감소를 가져온다. 이는 원료가공기술의 비용을 나타내는 파라미터 d의 값이 커지는 경우에도 그대로 적용된다.

공해 관련 기술 B_1 또는 B_2의 크기가 공해배출량 z에 어떤 영향을 줄지는 일견 불분명하다. 사적 선택의 경우에는 분명히 공해배출량을 줄인다. 그러나 사회적 선택의 경우에는, B_1 또는 B_2가 당초보다 큰 값을 갖는 경우에 가공 전 자원투입량 x와 최종산출물 생산량 y가 늘어난다. 이는 공해배출량을 늘리는 요인이 된다. 그러나 B_1 또는 B_2가 커지면 즉, 공해 관련 기술이 발전하면, 동일한 규모로 경제활동을 영위하고도 공해배출량은 전보다 줄어들게 된다. 따라서 최종적인 결과가 어떻게 될지 일견 불분명하다. 그러나 공해 관련 기술의 발전을 꾀하면서 그 결과로 공해배출량이 증가하는 결과를 만든다는 것은 모순이다. 실제로 z를 B_1 또는 B_2에 대해 미분한 값을 보면 그 부호가 모두 마이너스임을 알 수 있다. 즉, 공해 관련 기술이 진전되면 공해배출량은 줄어든다(8A.5의 시뮬레이션 결과가 그러한 사실을 보여준다).

8A.3.4 녹색소득 또는 녹색복지

녹색소득(녹색복지)은 $w(p)=y(p)-z(p)$ 및 $w(s)=y(s)-z(s)$로 주어진다. 지금까지 우리가 알아낸 것은 $y(p)>y(s)$이고 $z(p)>z(s)$라는 사실이다. 양자를 견주어 볼 때 첫 번째 항목인 1인당산출량은 사적 선택의 경우가 더 크지만 거기에서 차감해야 할 원료 및 기술 구입비용과 공해배출량 역시 사적 선택의 경우가 더 크므로 양자의 차이로 정해지는 녹색복지는 어느 경우가 더 클지 불분명해 보인다.[17]

복잡한 계산과정을 거쳐서 $w(s)>w(p)$ 즉, 사회적 선택의 결과로 얻게 되는 녹색복지가 사적 선택의 결과로 얻게 되는 그것보다 큼을 보일 수 있다. 8A.5에서 행한 시뮬레이션을 보면 실제로도 그렇게 된다.

8A.4 사적 선택=사회적 선택이 되게 하는 방안들

전 항에서 알아본 바와 같이 공해를 무시하고 내리는 사적 선택과 공해를 감안해서 내리는 사회적 선택은 상이한 결과를 가져온다. 우리가 공해가 갖는 해악을 고려해서 의사결정을 하는 것이 옳다는 데 동의한다면, 사적 선택이 아니라 사회적 선택이 더 바람직한 것으로 간주함이 마땅하다(이에 관해서는 거의 모든 경제학자가 동의하는 것으로 보인다). 그렇다면 사적 선택을 사회적 선택과 동일하게 만드는 방안은 없는가? 몇 가지 방안이 있다.

8A.4.1 강제 조치 1: 공해를 유발하는 자원사용량에 대한 규제

이는 정부가 지닌 힘을 활용해서 민간 경제주체들로 하여금 사회적으로 바

17 공해가 갖는 해악을 고려해서 최선의 방안을 찾은 결과가 그렇게 하지 않았을 때 얻은 결과보다 사회적 후생의 관점에서 더 열악한 것일 수는 없다.

람직한 수준에 걸맞은 경제활동을 영위하도록 강제하는 정책이다. 규제가 그 대표적인 예이며 우리가 고려하는 자원 및 공해 문제에 있어서는 목표할당제가 이에 해당한다.

논의의 편의성을 도모하기 위해 사적 선택의 결과를 p 그리고 사회적 선택의 결과를 s로 나타내기로 하자. 지금 우리가 알고자 하는 것은 그냥 두면 p를 선택하게 될 터인데 무엇을 어떻게 하면 s를 선택하게 유도할 수 있는가 하는 문제이다.

강제 조치란 민간 경제주체들로 하여금 처음부터 s를 선택하도록 강제하는 것을 말한다. 즉, 정부가 s를 찾아내어 민간 경제주체들에게 p가 아니라 s를 선택하도록 강제하는 것이다. 이것이 규제 또는 목표할당제의 의미이다. 이 정책이 많은 집행비용을 들이지 않고 또한 커다란 부작용을 낳지 않고 시행되어 효과를 발휘한다면 강제 조치를 취하는 것도 나쁘지 않다.

우리가 고려하는 문제의 경우, 사회적으로 바람직한 상태 s를 구성하는 요소가 적어도 여섯 가지가 되므로 민간 경제주체들로 하여금 그 여섯 가지를 정부가 정한 대로 따라하도록 강제하는 것이 어려운 일처럼 보인다. 그러나 우리가 고려하는 문제는 그에 관한 한 의외로 단순하다. 전 항의 모형에서 보듯이 원료가공기술 수준, 1인당생산량, 1인당 GNI, 1인당 공해배출량 그리고 1인당녹색소득은 모두 1인당 가공 전 원료투입량의 함수로 정해진다. 따라서 x만 $x(s)$가 되게 하면 다른 변수들은 자연스럽게 $D(s)$, $y(s)$, $\pi(s)$, $z(s)$, $w(s)$ 등으로 정해지게 된다. 그러므로 우리가 고려하는 경제에서는 강제 조치를 취하는 것이 비교적 용이하다. 정책 담당자가 할 일은 사회적 복지를 최대화하는 가공 전 원료투입량을 찾아내어 민간기업들로 하여금 가공 전 원료를 그만큼만 사용하도록 강제하면 된다.[18]

18 강제하기가 용이하다는 것은 우리가 고려하는 모형에서 그렇다는 것이지 실제에서는 매우 어렵고 비용이 많이 드는 일이다.

8A.4.2 강제 조치 2: 공해배출량에 대한 규제

정부가 취할 수 있는 또 하나의 강제 조치는 민간부문이 경제활동의 결과로 배출하는 공해의 양이 일정 수준을 넘지 않도록 규제하는 것이다. 이는 우리가 고려하는 모형에서 1인당 공해배출량 z가 정부가 정한 수준 $\bar{z}$를 넘기지 않도록 규율하는 정책이다.

1인당 공해배출량이 $\bar{z}$를 넘기지 않도록 하는 규제 조치를 취하면 민간부문의 선택이 어떻게 달라질까? 이 물음에 대한 답은 다음과 같은 제약조건하에서의 선택의 결과로 정해진다.

$$\text{Max} \qquad \pi = A\cdot(Dx)^{\alpha} - c\cdot x - d\cdot D^{\theta}$$

subject to

$$\frac{1}{B_1}\cdot x + \frac{1}{B_2}\cdot A\cdot(Dx)^{\alpha} \leq \bar{z} \tag{8A.11}$$

이는, 민간 경제주체들이 자기들이 원하는 대로 x와 D를 선택하게 허용하되 다만 그러한 선택의 결과로 나타나는 1인당 공해배출량의 크기가 정부가 정한 수준인 $\bar{z}$를 넘지 않도록 해야 한다는, 경제문제이다.

제약조건이 있으므로 식 (8A.11)로 주어진 문제는 식 (8A.3)을 최적화하는 문제와 다르다. 식 (8A.3)에서는 아무런 제약 없이 이윤을 극대화하는 선택을 할 수 있음에 비해 식 (8A.11)에서는 1인당 공해배출량이 정부에서 정한 수준을 넘지 않는 범위 내에서만 이윤을 극대화하는 선택을 할 수 있다. 당연한 일이지만, 제약조건이 없는 (8A.3)의 경우가 제약조건이 있는 (8A.11)의 경우보다 선택에 제약을 덜 받게 된다.

제약조건이 있는 상태에서의 선택은 제약조건이 얼마나 타이트하냐에 따라서 달리 정해진다. 우리는 전 항에서 아무런 제약조건이 없는 사적 선택의 결과로 정해지는 1인당 공해배출량이 $z(p)$이고 공해를 완전하게 고려해서 행하는 사회적 선택의 결과로 정해지는 1인당 공해배출량이 $z(s)$가 됨을 보았다. 당연히 $z(p) > z(s)$가 된다. 이로부터 정부가 정할 공해배출 허용량 $\bar{z}$가

$z(s) \leqq \bar{z} \leqq z(p)$를 만족시키는 값으로 정해질 것임을 알 수 있다. $\bar{z}$를 $z(p)$보다 크게 정하면 이 제약조건은 전혀 바인딩하지 않는다. 왜냐하면 아무런 제약조건이 없어도 시민들은 공해배출량이 $z(p)$를 넘어서는 선택은 하지 않을 것이기 때문이다. 반면에 $\bar{z}$를 $z(s)$보다 작게 정할 필요도 없다. 사회적인 관점에서 볼 때 가장 적합한 공해배출량은 $z(s)$이므로 그것보다 적은 양을 배출하도록 규제하는 것은 과잉 규제에 해당한다.

제약조건이 있을 때 시민들은 어떤 선택을 하게 될까? 정확한 답은 위의 문제 (8A.11)을 풀어서 구할 수 있으나 수식을 풀지 않더라도 주어진 상황에서 다음과 같은 결론을 얻을 수 있다. 만일 정부가 규제수준을 $\bar{z}=z(p)$로 정하면, 제약조건하에서의 선택은 제약조건이 없을 때의 사적 선택 $x(p)$와 동일해진다. 이는 규제가 있더라도 그 정도가 매우 약해서 실제로는 규제가 없는 것과 같은 상황을 나타낸다. 반면에 만일 정부가 규제수준을 $\bar{z}=z(s)$로 정하면 제약조건하에서의 선택은 사회적 선택 $x(s)$와 동일해진다. 이는 규제를 충분히 강하게 적용함으로써 사적 선택이 사회적 선택과 같아지도록 하는 정책에 해당한다.

실제의 규제수준 $\bar{z}$는 $z(s)$보다는 크게 그러나 $z(p)$보다는 작게 정해질 것이다. 제약조건하에서 정해지는 요소투입량의 크기를 $\bar{x}$라 하면, $\bar{x}$는 $x(p)$보다는 작게 그러나 $x(s)$보다는 크게 정해질 것이다. 즉. 규제수준이 $z(s)$에서 $z(p)$로 느슨해짐에 따라서 요소투입량이 $x(s)$에서 $x(p)$로 증가하게 된다. 이제 이 점을 이해하기 위해서 식 (8A.11)로 주어진 문제를 풀기로 하자. 먼저 제약조건하에서의 선택인 식 (8A.11)을 라그랑쥐 기법을 써서 제약조건이 없는 선택의 문제로 변환하면 다음과 같다.

$$L=A\cdot(Dx)^{\alpha}-c\cdot x-d\cdot D^{\theta}+\lambda\left[\bar{z}-\frac{1}{B_1}\cdot x-\frac{1}{B_2}A\cdot(Dx)^{\alpha}\right] \qquad (8A.12)$$

여기에서 λ는 0 또는 0보다 큰 값을 갖는 라그랑쥐 승수이다. λ는 규제수준 $\bar{z}$의 한계가치를 나타내며, $\bar{z}$의 감소함수이다. 즉, λ의 크기는, $\bar{z}$가 커지면 작아지고 $\bar{z}$가 커지면 작아진다. 우리는 위에서 $\bar{z}=z(p)$이면 제약조건이 있어도 없는 것이나 마찬가지임을 알았다. 이는 $\bar{z}=z(p)$에 상응하는 λ값 즉, $\lambda(p)$가 0이 될 것임을 암시한다.

식 (8A.12)를 극대화하는 해를 구하면 다음의 1계조건을 얻게 된다.

$$x=\left[\frac{\alpha A(1-\lambda/\mathrm{B}_2)}{c+\lambda/B_1}\right]^{\frac{1}{1-\alpha}}\cdot D^{\frac{\alpha}{1-\alpha}} \tag{8A.13}$$

$$\frac{D^{\theta}}{x}=\frac{c+\lambda/\mathrm{B}_1}{d\theta} \tag{8A.14}$$

$$\lambda\cdot\left[\bar{z}-\frac{1}{B_1}\cdot x-\frac{1}{B_2}A\cdot(Dx)^{\alpha}\right]=0 \tag{8A.15}$$

위의 1계조건 중 식 (8A.13)과와 식 (8A.14)는 전 항에서 도출했던 1계조건에 대응하는 것이고 식 (8A.15)는 제약조건하에서의 선택으로 인해 새로이 추가된 것이다. 식 (8A.15)는 complementary slackness condition이라고 불리는 것으로서, 라그랑쥐 승수 λ가 0보다 큰 값을 지니면, [ ] 안의 식이 0의 값을 갖게 되고, λ가 0이면 제약조건이 바인딩하지 않음을 나타낸다. 우리가 다루는 문제에서는 제약조건이 바인딩하므로 λ는 0보다 큰 값을 갖고 따라서 아래 식이 성립해야 한다.

$$\bar{z}=\frac{1}{B_1}\cdot x+\frac{1}{B_2}\cdot A\cdot(Dx)^{\alpha} \tag{8A.16}$$

식 (8A.13), (8A.14), (8A.15)는 x, D 및 λ를 미지수로 하는 삼원연립방정식이다. 주어진 연립방정식이 비선형이므로 closed form solution을 찾을 수는 없다. 그러나 이론적으로는 이 식들을 만족시키는 해인 $\bar{x}$, $\bar{D}$ 및 $\bar{\lambda}$를 구할 수 있다.

연립방정식을 풀지 않더라도 해가 어떤 특징을 지니는지 짐작할 수 있다. 이를 위해서 사적 선택에서 얻게 되는 1계조건식 (8A.5), (8A.6)과 사회적 선택에서 얻게 되는 1계조건식 (8A.8), (8A.9) 그리고 제약조건하에서의 선택에서 얻게 되는 1계조건식 (8A.14)를 비교해 보기로 하자.

$$\frac{D(p)^{\theta}}{x(p)}=\frac{c}{d\theta} \tag{8A.17}$$

$$\frac{D(s)^{\theta}}{x(s)}=\frac{c+1/\mathrm{B}_1}{d\theta} \tag{8A.18}$$

$$\frac{\bar{D}^{\theta}}{\bar{x}}=\frac{c+\lambda/\mathrm{B}_1}{d\theta} \tag{8A.19}$$

이 식들을 보면, $0\leqq\lambda\leqq1$일 때[19], $c\leqq c+\lambda/\mathrm{B}_1\leqq c+1/\mathrm{B}_1$이 성립함을 알 수 있다. 이로부터 $x(s)\leqq\bar{x}\leqq x(p)$가 성립할 것임을 짐작할 수 있다.[20]

공해배출 허용량 $\bar{z}$가 $z(s)$와 $z(p)$사이에서 정해지면, $\bar{x}$도 $x(s)$와 $x(p)$ 사이에서 정해진다. 또한 $\bar{z}$가 $z(s)$에서 시작해서 $z(p)$로 커짐에 따라서 $\bar{x}$도 $x(s)$에서 $x(p)$를 향해 단조 증가한다. 한편 D는 x의 증가함수이므로, $\bar{D}$도 $D(s)$와 $D(p)$ 사이에서 정해진다. 이 두 가지 사실은 생산량 $\bar{y}$ 역시 $y(s)$와 $y(p)$ 사이에서 정해질 것임을 의미한다.

결국 공해배출 허용량을 규제하면 자원사용량 및 생산량이 규제가 없었을 때보다 작은 값으로 정해지게 됨을 알 수 있다. 1인당 공해배출량은 규제수준에서 정해지므로 당연히 규제가 없었을 때의 그것보다 작아진다. 이는 규제를 통해서 공해배출량을 줄일 수 있음을 보여준다.

규제를 통해서 공해를 얼마나 줄일 수 있는가 하는 것은 규제수준의 공해배출량 $\bar{z}$의 크기를 얼마로 정하느냐에 달려 있다. 규제가 타이트하면 공해를 많이 줄일 수 있고 규제가 루스하면 조금밖에 줄이지 못하게 된다.

$\bar{z}$를 $z(s)$와 같도록 정하면 $\bar{x}$, $\bar{D}$, $\bar{y}$ 및 $\bar{z}$는 모두 $x(s)$, $D(s)$, $y(s)$ 및 $z(s)$와 같아진다. 즉, 전 항에서 본 사회적 선택과 같아진다. 이는 공해배출량에 대한 규제를 통해서도 사회적으로 볼 때 가장 바람직한 상태를 만들 수 있음

19 $\bar{z}=z(p)$이면 $\lambda=0$이고 $\bar{z}=z(s)$이면 $\lambda=1$이 된다.

20 '짐작'이라는 용어를 쓴 것은 D값도 동시에 정해야 하기 때문이다. 별도의 계산에서 이 짐작이 사실임을 확인하고 있다.

을 보여준다.

우리는 위에서 정부가 민간부문으로 하여금 처음부터 $x(s)$만 사용하도록 규제하는 정책을 써도 사회적 선택과 동일한 결과를 가져오게 할 수 있음을 보았다. 그렇다면 공해를 유발하는 가공 전 요소투입량을 $x(s)$로 규제하는 정책과 공해배출량 허용치를 $z(s)$로 제한하는 정책 가운데 어느 것이 더 나은가? 두 정책이 기대 효과에서는 동일하다. 따라서 선택은 어떤 정책이 집행하기 쉬운가에 따라서 정해진다. 일반적으로 보아서 공해를 정확하게 측정해서 정해진 수준 이상으로 공해를 배출하지 못하도록 하는 정책을 집행하는 비용이 요소투입량을 규제할 때 드는 비용보다 크다고 할 수 있다.[21]

8A.4.3 소득세와 자원에 대한 부가세를 결합해서 활용하는 방안

소득세와 자원세를 적절하게 결합함으로써 바람직한 결과를 달성할 수 있다. 이 문제를 이해하기 위해 식 (8A.3)와 식 (8A.4)를 옮겨 적으면 아래와 같다.

$$\pi(p) = A\cdot(Dx)^{\alpha} - c\cdot x - d\cdot D^{\theta} \tag{8A.3}$$

$$\begin{aligned}\pi(s) &= A\cdot(Dx)^{\alpha} - c\cdot x - d\cdot D^{\theta} - \frac{1}{B_1}\cdot x - \frac{1}{B_2}\cdot A\cdot(Dx)^{\alpha} \\ &= \left(1-\frac{1}{B_2}\right)A\cdot(Dx)^{\alpha} - \left(c+\frac{1}{B_1}\right)\cdot x - d\cdot D^{\theta} \qquad (8A.4)\end{aligned}$$

두 식을 비교해보면 사회적 선택이 사적 선택과 다른 점은, 최종산출물 생산함수 앞에 $\left(1-\frac{1}{B_2}\right)$가 붙고 가공 전 원료 x의 가격이 c에서 $\left(c+\frac{1}{B_1}\right)$으로 높아졌다는 것이다. 이것이 의미하는 바는, 최종산출물 생산 즉, 소득에 대해서 $\frac{1}{B_2}$에 해당하는 세금을 부과하고 동시에 가공 전 원료 x에 대해서 $\frac{1}{B_1}$에 해당하는 부가세를 매기면, 사적 선택이 사회적 선택과 동일해질 것이라

21 공해 방지 및 처리 기술을 선택하는 문제까지 고려하면 인풋 x를 규제하는 것보다 공해배출량 z를 규제하는 것이 기술발전을 촉진하게 되므로 더 나을 수 있다.

는 사실이다. 예를 들어서 다음 항의 정책 시뮬레이션에서 벤치마크로 고려한 값인 $B_1=10$과 $B_2=40$을 사용하면, 소득세율은 10% 그리고 자원에 대한 부가세는 0.25가 된다(자원가격을 1로 간주했으므로 이는 25%의 세율에 해당한다).

여기에서 한 가지 유의할 것은, 가공기술수준 D의 구매에 대해서는 세금을 매길 필요가 없다는 사실이다. 이는 공해가 가공 전 원료 투입량 x 및 산출량 y의 함수로만 정해지기 때문이다. 공해배출량이 가공기술 D의 감소함수로 정의되면 사정이 달라진다. 이 경우에는 사회적으로 바람직한 수준의 D를 구매하도록 하려면 D의 구매에 대해 보조금을 주는 정책이 필요해진다.

8A.4.4 자원과 가공기술에 대한 부가세를 활용하는 방안

위에서 제시한 식 (8A.4) 즉, 사회적 선택을 위한 목적함수를 바꿔 쓰면 아래와 같이 된다.

$$\pi(s)=\left(1-\frac{1}{B_2}\right)A(Dx)^{\alpha}-\left(c+\frac{1}{B_1}\right)x-dD^{\theta} \tag{8A.20}$$

$$=\left(1-\frac{1}{B_2}\right)\left[A(Dx)^{\alpha}-\left(\frac{c+1/B_1}{1-1/B_2}\right)x-\left(\frac{d}{1-1/B_2}\right)D^{\theta}\right]$$

이제 식 (8A.3)과 식 (8A.21)로 주어진 목적함수를 극대화하는 문제를 고려해보면, 식 (8A.3)에서 x의 가격을 c에서 $\left(c+\frac{1}{B_1}\right)\Big/\left(1-\frac{1}{B_2}\right)$로 바꾸고, D^{θ}의 가격을 d에서 $\frac{d}{1-1/B_2}$로 바꾸면, 사적 의사결정주체의 선택이 사회적 선택과 같아지게 됨을 알 수 있다. 이것이 의미하는 바는, x에 대해서 $c+\tau=\left(c+\frac{1}{B_1}\right)\Big/\left(1-\frac{1}{B_2}\right)$가 되게 하는 자원부가세 τ를 부과하고 동시에 D^{θ}에 대해서 $d+\varepsilon=d\Big/\left(1-\frac{1}{B_2}\right)$가 되게 하는 기술부가세 ε을 부과하면, 사적 선택이 사회적 선택과 같아지게 된다는 사실이다. 자원부가세와 기술부가세는 아래와 같이 계산된다.

$$\tau = \frac{cB_1 + B_2}{B_1(B_2 - 1)} \tag{8A.21}$$

$$\varepsilon = \frac{d}{B_2 - 1} \tag{8A.22}$$

예를 들어서 다음 항의 정책 시뮬레이션에서 고려했듯이 $c=1$, $d=2$, $B_1=10$ 그리고 $B_2=40$이라면, 자원부가세는 12.8%가 되고 기술부가세는 5.1%가 된다. 이는 비교적 소폭의 부가세만으로도 사회적으로 바람직한 결과를 가져올 수 있음을 알 수 있다.

8A.5 정책 시뮬레이션

8A.5.1 벤치마크

제시된 모형에서 우리가 자유롭게 선정할 수 있는 넓은 의미의 파라미터는 생산성 및 기술수준을 나타내는 A, B_1, B_2와 비용을 나타내는 c, d 그리고 함수의 형태를 결정하는 α, θ 등이다. 이 연구에서는 $A=7,500$, $B_1=10$, $B_2=40$, $c=1$, $d=2$, $\alpha=0.1$ 및 $\theta=2$를 벤치마크로 한다.

여기에서 B_1은 10인데 B_2를 40으로 본 것은, 가공 전 원료 x를 사용할 때 나오는 공해를 치유하기가 최종산출물 y의 유통과 활용과정에서 나오는 공해를 치유하기보다 어려움을 반영한다(또는 x의 사용이 y의 활용보다 공해를 더 크게 배출하는 활동임을 의미한다).

가공 전 원료 가격 c를 1로 놓은 것은 단순화를 기함인데 더 나은 방안은 최종산출물과 가공 전 원료(원유, 석탄, 가스 등)의 상대가격을 구해서 그것을 사용하는 것이다. α를 0.1로 한 것은 가공 전 원료가 생산활동에서 차지하는 비중이 10%임을 상정한 것이고, θ를 2로 한 것은 가공기술 D의 '구매비용'이 D가 커짐에 따라서 급격하게 상승함으로 반영한 것이다. A와 d는 임의로 정한 것인데 이는 1인당산출량 y의 값이 한국의 1인당 GDP에 근접한 수준에서 정해지게 하려는 의도를 반영한다.

광의의 파라미터가 위에 제시한 값을 지닐 때 사적 선택은 다음과 같이 정해진다. 가공 전 원료투입량 $x(p)$는 2,223, 원료가공기술수준 $D(p)$는 23.6, 1인당산출량 $y(p)$는 22,234, 1인당소득 gni(p)는 18,899, 1인당 공해배출량 $z(p)$는 778 그리고 1인당녹색소득은 18,120이 된다.

8A.5.2 조세부과를 통한 사회적 선택 유도

동일한 파라미터 값하에서 사회적 선택은 아래와 같이 정해진다. 즉, $x(s)=1{,}940$, $D(s)=23.1$, $y(s)=21{,}888$, gni$(s)=18{,}881$, $z(s)=741$ 그리고 green gni$(s)=18{,}139$가 된다. 이를 사적 선택의 결과와 견주어 보면, 가공 전 원료투입량은 줄어들며 가공기술수준은 소폭 낮아짐을 알 수 있다. 1인당산출량은 감소한다. 즉, 인풋과 아웃풋 모두 감소한다. 그렇지만 1인당 공해배출량은 감소하고 1인당 녹색소득은 소폭이지만 증가한다.

1인당 녹색소득을 기준으로 하면 사회적 선택이 사적 선택보다 우월하다. 이는 공해를 감안해서 경제적 의사결정을 내리는 것이 그것을 무시하는 것보다 나은 일임을 입증한다. 그렇지만 1인당산출량을 기준으로 하면 공해를 무시하는 것이 우월하다. 따라서 생산량을 극대화하고 그것을 통해 고용량을 최대로 유지하는 것이 목표라면 공해를 무시하는 것이 좋다. 이러한 사실은 한편에서는 왜 많은 국가들이 환경의 질 향상이나 공해로 인한 폐해를 무시한 채 경제발전을 독려해왔는지를 설명해주며 다른 한편에서는 우리의 판단기준을 1인당산출량(고용량)으로 할 것인지 1인당녹색소득(녹색복지)으로 할 것인지 선택해야 할 필요성을 제기한다. 많은 나라들이 공해를 완전하게 내부화하지도 않고 그렇다고 철저하게 무시하지도 않는 태도를 취하는 것을 보면 그들이 아직도 양자 사이에서 갈등하고 있음을 보여준다. 한 가지 명확한 것은 소득수준이 높아질수록 녹색소득 또는 녹색복지를 중시하는 경향이 강해진다는 점이다.

8A.5.3 조세부과 없는 상황에서 (외생적) 기술진보의 결과

경제의 전반적인 생산성 A가 7,500에서 8,250으로 10% 향상되고, 공해 방지 및 처리기술 B_1과 B_2가 각기 10과 40에서 12와 48로 20% 향상되었다고 하자(다른 파라미터는 그대로 있다고 가정한다). 이러한 기술변화가 어떤 결과를 낳을까?

기술변화와 더불어서 사적 선택에는 다음과 같은 변화가 유발된다. 가공 전 원료투입량 x는 당초의 2,223에서 2,487로 약 11.9% 증가하며 가공기술수준 D는 당초의 23.6에서 24.9로 조금 높아진다. 즉, 생산요소 투입량이 증가하고 가공기술수준도 더 진전된 것을 택하게 된다. 그 결과 최종산출물 생산량 y는 22,233에서 24,872로 비교적 크게 증가한다. 기술진보가 생산량 증가를 가져오는 것이다. 사적 선택의 경우에는 공해 관련 기술수준 B_1 또는 B_2의 크기가 요소투입량, 가공기술수준 및 생산량 결정에 영향을 주지 않으므로, 요소투입량을 늘리고 더 높은 수준의 가공기술을 택하며 최종산출물의 양이 늘어나는 것은 전적으로 경제의 전반적인 생산성 A가 높아진 덕분이다.

한편 가공 전 원료와 가공기술을 구매하는 데 더 많은 비용을 지불함에도 불구하고 최종산출물의 생산량이 크게 늘어나므로 경제의 전반적인 생산성 A의 향상은 1인당소득을 당초의 18,899에서 21,141로 11.9% 증가시키는 결과를 낳는다. 가공 전 원료 x의 투입량이 증가하고 산출물 y의 생산량이 증가함에도 불구하고 1인당 공해배출량 z는 당초의 778에서 725로 감소한다. 공해 관련 기술 B_1과 B_2가 처음보다 개선되었기 때문이다.

끝으로 1인당녹색소득은 18,120에서 20,416으로 12.7% 증가된다.

8A.5.4 기술진보가 있는 상황에서 조세부과를 통한 사회적 선택 유도

기술변화와 더불어서 사회적 선택은 다음과 같이 변화한다. 가공 전 원료투입량 x는 1,940에서 2,219로 증가하며, 원료가공기술수준 D는 23.1에서 24.5로 높아진다. 최종산출물 생산량 y는 21,888에서 24,547로 증가하고, 1

인당소득은 18,880에서 21,127로 증가한다. 1인당 공해배출량 z는 741에서 696으로 감소하고, 1인당녹색소득은 18,139에서 20,431로 증가한다. 결국 기술변화와 더불어서 사회적 선택이 1인당소득을 증가시키고, 1인당 공해배출량을 감소시키며, 1인당녹색소득을 증가시키는 결과를 가져옴을 알 수 있다. 이때 1인당소득 및 1인당녹색소득 모두 비교적 크게 증가함에 주목할 필요가 있다.

보다 의미 있는 일은 기술진보가 없었을 때의 사적 선택과 기술진보가 있을 때의 사회적 선택을 비교하는 것이다. 이는 조세부과를 통해서 시민들이 사회적 선택과 동일한 행동을 하도록 유도하는 한편 (조세부과를 통해 거두어들인 자원을 재원으로 해서) 경제의 전반적인 생산기술, 공해방지기술 및 공해처리기술의 발전으로 도모할 때 어떤 결과가 오는가 하는 물음에 대한 답을 찾는 것과 같다.

비교 결과를 보면, 1인당 원료투입량은 2,223에서 2,219로 줄어들며, 1인당 산출량은 22,233에서 24,547로 증가하고, 1인당 공해배출량은 778에서 696으로 감소하며, 1인당소득은 18,898에서 21,127로 증가하고, 1인당녹색소득은 18,120에서 20,431로 증가함을 알 수 있다. 즉, 조세부과를 통해서 시민들로 하여금 그들의 행위가 공해를 유발한다는 사실까지 감안해서 행동하도록 유도하는 한편 조세부과로 거둔 자원을 재원으로 해서 경제의 전반적인 기술수준 및 공해 관련 기술을 발전시키면, 1인당 원료(원유, 석탄, 가스 등)는 처음

[표 8A-1] 정책 시뮬레이션 결과

	벤치마크	사회적 선택	기술진보+사적 선택	기술진보+사회적 선택
가공 전 원료(x)	2,223	1,940	2,487	2,219
가공기술(D)	23.6	23.1	24.9	24.5
생산량(y)	22,234	21,888	24,872	24,547
1인당소득(gni)	18,899	18,881	21,141	21,127
1인당 공해배출(z)	778	741	725	696
1인당녹색소득	18,120	18,139	20,416	20,431

보다 적게 쓰면서도 처음보다 많은 산출물을 생산하게 되고 그러면서도 1인당 공해는 처음보다 적게 배출하는 결과를 가져온다. 이 논의를 정리하면 [표 8A-1]과 같다.

여기에서 한 가지 더 유의할 것은, 자원세 또는 환경세를 부과함으로써 민간 경제주체들로 하여금 사회적으로 볼 때 최적인 자원배분상태를 선택하도록 유도하는 한편 조세수입을 재원으로 해서 경제의 전반적인 기술 및 공해방지 및 공해치유 기술을 발전시키는 데 성공하면, 1인당 산출량이 아무것도 하지 않았을 때의 22,233에서 24,547로 10.4%나 증가한다는 사실이다. 이것이 의미하는 바는 적절한 정책조합을 구사하면 녹색성장정책을 통해서 1인당 자원사용량과 1인당 공해배출량을 줄이면서도 1인당 산출량을 비교적 크게 늘릴 수 있다는 사실이다. 1인당 산출량 증가의 배후에는 고용량 증가가 있으므로 이는 또한 녹색성장정책이 고용량도 증가시킬 수 있음을 보여준다.[22]

22 모든 종류의 기술진보가 노동절약적인 형태로 진행되지 않는 한 1인당 산출량 증가는 고용량 증가를 함의한다.

제 9 장

남북 통합과 우리 경제의 미래

한국은행이 발표한 자료를 보면 북한[1]은 2016년에 주민 한 사람당 1,255달러에 상당하는 1인당소득을 창출하였고 남한은 주민 한 사람당 2만 7,561[2]달러에 달하는 1인당소득을 창출하였다. 이는 남한 주민들이 북한 주민들보다 평균적으로 22배 더 많은 소득을 창출했음을 나타낸다. 남북한의 인구차가 약 2대 1이므로 남한의 국민총소득이 북한의 그것보다 44배가 된다. 1970년대 중반까지만 하더라도 북한의 1인당 GDP가 남한의 그것보다 컸었는데 어찌하여 오늘날 이런 차이를 보이게 된 것일까?[3] 이 장에서는 이 물음에 대한 답을 찾아보고 이어서 북한 경제가 회생하려면 무엇이 어떻게 달라져야 할지 알아보고자 한다.

더 중요한 질문은 북한이 과연 그러한 변화의 길로 나아갈 것인가 하는 것이다. 지금까지 나타난 징표로 보면 이 물음에 대한 답은 별로 긍정적이지 않다. 그렇더라도 우리는 북한이 경제통합의 길로 나설 것을 예상해서 합당한 대비책을 강구해 둘 필요가 있다. 남한 경제와 북한 경제가 어떤 원칙과 어떤 방식 그리고 어떤 절차를 밟아 통합하는가에 따라서 통일 한국의 미래가 좌우될 수 있기 때문이다.

통합(integration)은 통일(unification)과는 다른 개념이다. 전자는 이질적인 두 경제가 동질화되는 과정을 말하고, 후자는 분리되었던 두 나라가 하나의 국가로 합치는 것을 말한다. EU의 예에서 보듯이 국가의 통일이 없어도 경제의 통합이 가능하다.

---

1 국제회의에 참석한 북측 학자들은 북한이라고 부르는 것을 매우 싫어한다.

2 세계은행자료 2만 7,600달러와 약간 차이가 난다.

3 최근 현대경제연구원이 추정한 자료를 보면 1970년도에 북한의 1인당 GDP는 636달러이었던 것으로 나타난다. 이는 국제통화기금(IMF)이 발표한 남한의 1970년도 1인당 GDP 275달러보다 두 배 이상 큰 수치이다.

9.1 북한 경제의 현실

북한은 '은둔의 왕국(hermit kingdom)'이라고 불릴 만큼 폐쇄적인 사회여서 외부인이 그 실상을 정확하게 파악하기란 매우 어렵다. 관련 연구기관이나 정보당국에서는 꽤 오래전부터 북한에 대한 정보를 수집해오고 있으나 그것이 얼마나 정확한 것인지 잘 모른다. 그러나 한국은행에서 1990년대 초반부터 국제적으로 공인된 방식을 사용해서 추정해오고 있는 북한의 GDP 통계는 비교적 신뢰도가 높다. 근래에는 탈북자들과 국경무역에 종사하는 사람들 그리고 비교적 자유롭게 북한에 드나들 수 있는 옌볜 지방의 조선족을 통해서 북한에 관한 정보를 얻기도 한다. 북한의 실상을 엿볼 수 있는 정보를 한자리에 모아놓은 곳이 북한정보포털(nkinfo.unikorea.go.kr)이다.

민간기관인 현대경제연구원에서도 2011년부터 'HRI 북한 GDP 추정 모형'을 이용해서 북한의 달러화 기준 명목GDP를 추정해오고 있다. 이 자료는 한국은행의 추정치와는 상당한 괴리를 보이고 있으나 시계열의 출발점이 1970년이라는 점에서 1990년을 시발점으로 하는 한국은행 통계와 차별된다.

9.1.1 경제체제

통일교육원(2017) 자료를 보면 북한의 경제체제를 '사회주의 소유제도에 토대를 둔 계획경제체제'라고 정의하고 있다. 북한의 헌법은 주요 생산수단을 국가 또는 사회협동단체가 소유하는 것으로 규정하고 있다. 원칙적으로는 모든 생산수단을 국가가 소유하되 아주 제한적으로 사회적 협동단체에 속한 근로자들이 토지, 농기계, 선박, 중소 공장, 기업소 등을 공동으로 소유할 수 있다.

1980년대 중반경에 대두되어 2000년대에 들어와서 본격적으로 진척되기 시작한 시장화 현상으로 말미암아 생산수단의 국유원칙에 금이 가기 시작하였다. 많은 물건들이 법적으로는 국유이지만 실제는 사유인 상황이 전개되고 있는 것이다. 그러나 이는 완전한 사유화와는 거리가 멀다. 당국의 묵인이나 방조하에 이루어지는 현상으로서 언제든지 국가가 그것을 환수 또는 몰수할 수 있다. 법의 보호를 받지 못하는 '잠정적 사유'이기 때문에 경제주체들의 근로, 투자, 경영, 혁신 동기를 유발하기에는 크게 부족하다.

북한 경제체제의 두 번째 기둥인 계획경제체제 역시 점차 유명무실해져 가고 있다. 계획을 세우고 집행할 당국자들의 능력이 부족한 데에다 계획을 수립, 집행, 평가함에 있어서 기본이 되는 정보가 부실하다. 계획과 현실 사이의 괴리가 커서 당초 예상과는 전혀 다른 결과를 낳고 있다. 그러므로 북한이 계획경제체제를 택하고 있다는 주장은 현실에 맞지 않는다.

9.1.2 경제정책 기조

북한은 사회주의경제를 건설한다는 목표 아래 '자립적 민족경제 건설', '중공업 우선 발전', '경제·국방건설 병진'을 3대 정책노선으로 채택하고 있다.

자립적 민족경제 건설은 남에게 예속되지 않고 자력으로 나아가는 경제, 제 나라 인민에게 봉사하는 경제, 제 나라의 자원과 제 나라 인민의 힘으로 이룩하는 경제의 세 가지 정책기조를 지칭한다.

외세에 예속되거나 외세에게 봉사하는 경제를 건설하려는 나라는 이 세상 어디에도 없으므로, 적어도 앞의 두 가지 정책기조는 일견 그럴듯해 보인다. 그러나 오직 겉으로만 그러할 뿐이다. 경제란 본래 주고받는 것이다. 이웃 나라의 자본과 기술과 인력을 써서 경제를 건설한다고 해서 그것이 그들에게 예속되는 것을 뜻하지는 않는다. 개혁과 개방 정책과 더불어서 중국에 무수히 많은 외국 기업이 진출했으나 그 때문에 중국경제가 외세에 예속되지 않았음이 이를 잘 증명한다. 우리가 외국 또는 외국인과 교류하는 것은 우리의 이익을 도모하기 위함이지 단순히 외세에 봉사하기 위함은 결코 아니다. 대한민국이 미국이나 중국과의 교역에서 막대한 무역수지 흑자를 기록하는 것이 우리 국민이 미국인이나 중국인에게 봉사한 결과라고 생각하는 사람은 없다.

자립적 민족경제 건설의 세 번째 정책기조인 '제 나라의 자원과 제 나라 인민의 힘으로 이룩하는 경제' 역시 발전의 원리와는 거리가 멀다. 이는 외국과 교역하지 않고 홀로 살아가겠다는 주장으로서 국가적 차원의 자급자족 경제를 건설하겠다는 주장이다. 분업과 전문화의 이점을 살려서 각자가 가장 잘하는 일에 특화하고 그렇게 해서 생산한 산출물을 다른 사람이 생산한 산출물과 교환해서 사용하는 것이 경제발전의 원동력이 된다. 그렇게 해야 생산성이 증진되기 때문이다. 인류의 경제사를 보면 자급자족하면서 흥성한 나라는 하나도 없다. 중국이 덩샤오핑 이래 경제건설에 매진하여 오늘날 G2로 부상한 것은 시장화를 지향한 개혁조치들과 대외교역을 장려하는 개방정책에 힘입은 것이다.

중공업을 우선시하는 발전정책은 그 나라 경제가 중공업을 육성하기에 적합한 단계에 이르렀을 때에 시행되는 게 아니라면 성공하기가 쉽지 않다. 이는 모든 종류의 선별적 산업정책 그리고 사회주의 경제는 물론 자본주의 경제에서도 그대로 적용되는 보편적인 원리다. 노동자의 기능과 숙련도, 기술, 자재와 부품, 자금조달능력, 시장규모, 수출가능성 등을 종합적으로 고려해서 승산이 있을 때 그 산업분야로 진출해야 성공할 수 있다. 북한의 중공업우선정책이 결실을 맺지 못한 것은 이 정책이 북한 경제의 여건에 부합하지 않았기 때문인 것으로 판단된다.

경제·국방건설 병진노선은 북한의 산업구조를 군산복합형으로 변모시켰으며 인민(人民)경제 밖에 군(軍)경제라는 독립적인 경제구조를 정착시키는 결과를 낳았다. 이 노선은 김일성에 의해 시작되었는데 김정일은 이를 '선군경제건설노선'으로 계승한 바 있으며 김정은은 이를 다시 '경제건설 및 핵무력건설 병진노선'으로 이어가고 있다. 북한은 핵무력강화가 과학기술의 발전을 가져오고 과학기술의 발전이 경제발전을 가져올 것임을 내세워서 병진노선을 합리화하고 있다. 또한 핵무기를 건설하는 일은 국방비를 많이 들이지 않고서도 전쟁억지력과 조국방위력을 높이는 일이 되므로 인민생활 향상에 도움을 주는 경제건설에 힘을 집중할 수 있게 해준다고 설파한다.

9.1.3 거시경제

북한의 2016년도 1인당 GDP 1,255달러는 남한이 1977년에 기록한 1인당 GDP 1,051달러보다는 많고 1978년에 기록한 1,398달러보다는 적다([부표 9-1] 참조). 이를 놓고 보면 현재의 북한 경제는 1970년대 중반의 남한 경제 수준에 놓여 있다고 할 수 있다.[4] 북한의 경제 사정은 중국은 물론이거니와 몽골과 베트남 그리고 라오스보다도 열악하다. 아시아 국가로서 북한과 비슷한 처지에 놓여 있는 나라로는 방글라데시와 미얀마가 있으며 네팔만이 북한보다 열악한 실정을 보이고 있다. 국제통화기금의 자료를 보면 1인당 GDP 순위에서 북한은 153번째가 된다.

한국은행의 통계자료가 있는 1990년 이후 북한의 경제성장률 변화추이를 살펴보면, 1990년부터 1998년까지 연평균 -3.8%, 1999년부터 2005년까지 연평균 2.2%, 2006년부터 2010년까지 연평균 -0.1% 그리고 2011년부터 2016년까지 연평균 1.17%로 나타난다. 1990년에 1,139달러였던 1인당 GDP가 2016년에 1,255달러로 변화했다는 것은 이 기간 중 북한 경제가 정체되어 있었음을 보여준다. 같은 기간 중 남한의 1인당 GDP가 6,516 달러에서 2만 7,539달러로 네 배 이상 증가한 것과 대조된다. 남한과 북한의 1인당소득 비율은 1990년에는 5.7 대 1이었으나 2016년에는 21.9 대 1로 확대되었다.

9.1.4 산업[5]

2016년 현재 북한의 산업구조를 보면 농림어업 21.7%, 광업 12.6%, 제조업 20.6%, 광의의 서비스업 45.3%로 되어 있다. 제조업의 67.2%가 중화학공업이고 전기·가스·수도업 5.2%와 건설업 8.8%를 제외한 협의의 서비스업은

4 물가상승을 감안하면 이보다 한 해나 두 해 더 앞으로 가야한다. 그렇더라도 1970년대 중반이라는 점에서는 큰 차이가 없다. 북한의 경우 GDP 통계만 있으나 대외교역량이 극히 적으므로 이는 GNI와 동일하다.

5 통계자료는 한국은행, 「경제통계시스템」(http://ecos.bok.or.kr)에서 인용한 것이다.

31.1%의 비중을 갖고 있다. 협의의 서비스업에서 정부서비스가 차지하는 비중이 72.0%여서 기타 서비스의 비중은 그리 크지 않다.

농림어업 27.4%, 광업 9.0%, 제조업 31.8%, 협의의 서비스업 18.0%이던 1990년도의 산업구조와 견주어보면, 농림어업과 제조업의 비중은 크게 줄어든 반면에 광업의 비중은 조금 늘어나고 협의의 서비스업은 크게 늘어난 변화가 있었음을 알 수 있다.

2016년 현재 남한의 산업구조와 견주어 보면 다음과 같은 차이점을 발견할 수 있다. 북한의 농립어업 21.7%는 남한의 2.3%보다 9배 이상 높은데 이는 남한의 1970년대 중반에 기록한 것과 비슷한 수준이다. 공업화를 통해서 경제발전에 성공한 나라들이 한결같이 5% 이하의 농림어업 비중을 갖고 있음을 보면 북한의 21.7%는 매우 높은 수치이다. 그런데도 북한은 해마다 식량난을 겪고 있다.

북한의 광업 12.6%는 남한의 0.1%보다 무려 120배 이상 높은 수치이다. 남한에서는 광업의 비중이 미미하지만 북한에서는 광업이 아주 중요하다. 이는 북한의 가장 중요한 수출품이 광산물이라는 사실과 무관하지 않다. 그중에서

[표 9-1] 북한의 산업구조 변화추이 (부가가치 기준 비중: %)

	1990	1995	2000	2005	2010	2015	2016
농림어업	27.4	27.6	30.4	25.0	20.8	21.6	21.7
광업	9.0	8.0	7.7	9.9	14.4	12.2	12.6
제조업	31.8	22.5	17.7	19.0	21.9	20.4	20.6
경공업	6.2	6.8	6.5	6.7	6.6	7.0	6.9
중화학	25.6	15.7	11.2	12.4	15.3	13.4	13.7
전기·가스·수도업	5.1	4.8	4.8	4.3	3.9	4.5	5.2
건설업	8.6	6.7	6.9	9.6	8.0	9.0	8.8
서비스업	18.0	30.3	32.5	32.2	31.0	32.2	31.1
정부	11.0	20.7	22.6	22.6	22.4	23.3	22.4
기타	7.0	9.6	9.8	9.6	8.6	8.9	8.7
국내총생산	100.0	100.0	100.0	100.0	100.0	100.0	100.0

출처: 한국은행, 「경제통계시스템」(http://ecos.bok.or.kr)

도 중요한 것은 상대적으로 풍부하게 매장되어 있는 석탄을 채굴해서 중국으로 수출하는 일이다. 북한에서 석탄수출은 외화벌이의 가장 중요한 수단이다. 내수용 석탄 부족으로 발전소를 제대로 가동하지 못해서 전력난을 겪고 있을 정도이다.[6]

북한의 제조업 20.6%는 남한의 29.3% 그리고 북한 자신이 1990년에 기록했던 31.8%보다 1/3 정도 낮은 수치다. 주요 국가의 제조업 비중 변화추이를 보면, 독일과 일본은 1970년의 35% 수준에서 지금의 23% 내외로 낮아졌으며 미국, 캐나다, 영국은 25% 내외에서 10%를 조금 넘는 수준으로 낮아졌음을 알 수 있다. 이러한 변화를 보면서 1990년 이후 제조업 비중이 31.8%에서 20.6%로 낮아졌으므로 북한의 산업구조가 선진화되었다고 평가할 수는 없다. 북한이 이들 국가보다 훨씬 가난한 나라이기 때문이다. 북한의 제조업이 부진한 주요 이유는 제조업의 기반이 되는 기초원부자재 생산능력이 1990년경에

[표 9-2] 남한의 산업구조 변화추이 (부가가치 기준 비중: %)

	1970	1980	1990	2000	2010	2015	2016
농림어업	28.9	15.9	8.4	4.4	2.5	2.3	2.2
광업	1.3	1.3	0.7	0.3	0.2	0.1	0.2
제조업	18.8	24.3	27.3	29.0	30.7	29.8	29.3
경공업	11.7	11.5					
중화학	7.1	12.8					
전기·가스·수도	1.3	2.2	2.2	2.8	2.2	3.2	3.3
건설업	5.3	7.6	9.5	6.0	5.1	5.2	5.7
서비스업	43.5	48.7	51.9	57.5	59.3	59.4	59.2
정부	9.9	12.1	11.3	11.3	14.5	15.0	16.0
민간	33.6	36.6	40.6	46.2	44.8	44.4	43.2
국내총생산	100.0	100.0	100.0	100.0	100.0	100.0	100.0

출처: 한국은행, 「경제통계시스템」(http://ecos.bok.or.kr)

6 이는 통제경제의 부작용이다. 국내 발전용 석탄은 나라가 정한 낮은 가격으로 팔아야 하고 수출용은 제값을 받는 상황에서 내수용이 부족해지는 것은 당연한 귀결이다.

붕괴된 이후 아직도 회복되지 않고 있기 때문이다. 시설의 개보수가 이루어지지 않고 있으며 설상가상으로 에너지마저 크게 부족해서 공장 가동율이 아주 낮다.

북한의 제조업 비중 20.6%는 남한이 1970년대 중반에 기록했던 제조업 비중과 유사하다. 1970년도에 18.8%이던 남한의 제조업 비중은 그동안 지속적으로 높아져서 지금은 30% 내외가 되었다. 남한의 경우에도 앞으로 산업구조의 서비스화가 진전되면서 제조업의 비중이 하락할 것으로 짐작할 수 있다. 그러나 북한은 사정이 다르다. 북한의 경제발전 단계를 고려하면 향후 수십년에 걸쳐서 제조업의 비중이 30% 수준으로 높아져야 할 것이다.

이러한 논의에 비추어 보면 1990년에 북한의 제조업 비중이 31.8%에 달했던 것은 북한이 제조업 강국이어서가 아니라 경제·국방 병진노선을 따르는 중공업 우선정책의 결과로 보인다. 당시 중공업의 비중이 경공업의 4배나 되었으며 지금도 2배나 되는 데서 그러한 사정을 짐작할 수 있다. 북한의 경공업 6.9%는 1970년대 중반에 남한이 기록했던 11.7%보다 낮은 것이다.[7] 제조업의 비중이 20.6%나 됨에도 생필품난을 겪고 있으며 공산품 수출 실적이 거의 전무한 것을 보면 북한의 제조업부문이 매우 낙후되어 있음을 알 수 있다.

주요 원자재 생산추이를 살펴보면 북한의 제조업과 광업이 얼마나 어려운 형편에 놓여 있는지 알 수 있다. 1990년과 2016년의 실적을 비교해 보면, 전력 생산량은 277억 kWh에서 239억 kWh로, 철광석 생산량은 843만 톤에서 524만 9,000톤으로, 비철금속은 24만 1,000톤에서 9만 7,000톤으로, 강철은 336만 4,000톤에서 121만 6,000톤으로, 시멘트는 613만 톤에서 607만 7,000톤으로, 비료는 88만 9,000톤에서 60만 4,000톤으로 감소하였다. 부족한 원자재를 해외 수입으로 보완하면 좋았을 터인데 북한은 오히려 그 반대의 길로 나아갔다. 2000대 후반부터 강조하기 시작한 '주체공업' 정책이 그것이다. 이처럼 원자재의 공급사정이 열악하니 관련 산업이 잘될 리가 없다.

7 남한의 경우 1980년대 이후 첨단 제조업과 지식정보산업이 크게 성장함에 따라서 경공업과 중화학공업을 구분하는 관행이 무의미해졌다.

협의의 서비스업 31.1%는 남한의 59.2%의 1/2 정도밖에 되지 않는 수치다. 남한의 경우에 이 수치가 1970년에 이미 43.5%에 달했음을 보면 북한의 서비스산업이 얼마나 낙후되어 있는지 알 수 있다. 협의의 서비스업 중 민간서비스의 비중이 정부 서비스의 비중보다 3배나 큰 남한에 비해서 북한의 경우에는 정부 서비스가 기타 서비스보다 3배나 크고 기타 서비스도 대부분 당과 행정부와 군이 주도하는 서비스로서 금융, 의료, 교육, 교통, 통신, 전력, 상하수도, 주거 등 주민 생활과 직결된 서비스는 아예 없거나 있더라도 매우 열악하다.

9.1.5 에너지와 식량[8]

북한은 현재 아주 심각한 에너지난을 경험하고 있다.

전 항에서 보았듯이 2016년도 북한의 전력생산량 239억 kWh는 1988년 실적보다 14%나 감소한 것이다. 이 기간 중 인구가 증가했고 경제규모가 조금이나마 확대되었음을 고려하면 북한의 전력 사정이 얼마나 나빠졌는지 짐작할 수 있다. 북한의 전원구성은 수력과 석탄화력 중심으로 되어 있는데 강수량이 부족한 데다 강수가 불규칙해서 수력발전의 안정성이 낮으며, 시설이 노후화된 데다 질 좋은 석탄을 수출용으로 활용하다 보니 석탄화력마저 가동률이 낮다.

북한은 석탄을 주로 하고 석유를 종으로 하는 소위 '주탄종유(主炭從油)' 정책을 펼쳐오고 있는데 그 결과 1980년 중반에 이미 '아주 깊이 파 들어가야 석탄을 채취할 수 있는' 심부화현상이 나타나기 시작했다. 그럼에도 불구하고 1990년대에 들어와서 공산권 국가들과의 교류단절로 원유도입이 어려워지자 더욱더 석탄 광업에 매달릴 수밖에 없게 되었다. 그러나 1990년대 중반에 3년 연속으로 발생한 비 피해로 거의 모든 대규모 탄광이 붕괴되는 사태가 벌어졌다. 1990년에 3,315만 톤이던 석탄생산량이 1998년에 1,800만 톤으로 감소

8 통계자료는 한국은행, 「경제통계시스템」(http://ecos.bok.or.kr)에서 인용한 것이다.

한 데서 사태의 심각성을 짐작할 수 있다. 2016년도 생산량 3,106만 톤 역시 1990년도 생산량에 미치지 못하는 수치로서, 중국 자본의 진출로 최악의 상태는 면했으나 석탄산업이 정상화된 것은 아니다.

1990년에 연 1,847만 배럴에 달했던 북한의 원유 수입은 그 이후 연 300만 배럴대로 대폭 감소하였다. 1980년대 말까지 유지되었던 코메콘 체제 아래서 구소련으로부터 특혜 가격으로 수입하던 원유를 구소련 체제 붕괴 이후 정상 가격을 주고 구매하게 되자 결제대금 부족으로 원유도입량이 대폭 감소하게 된 것이다. 1990년대 중반 이후에 이루어진 연 300만~400만 배럴의 원유도입도 중국이 호혜원칙에 따라 제공해주는 것이다. 2016년에는 390만 배럴을 도입했는데 이는 1990년에 도입했던 수량의 21%밖에 되지 않는다.

에너지난 못지않게 심각한 것이 식량난이다. 북한은 1970년대 중반부터 '주체농법'을 따르는 사회주의 집단영농 방식을 채택해오고 있다. 주체농법이란 북한 내에서 조달 가능한 물자, 인력, 자본, 기술만 갖고 농사를 짓자는 주장이며 집단영농이란 공동으로 경작하고 공동으로 분배하는 농사방식을 지칭한다. 이 정책은 완전히 실패로 돌아갔으며 그 결과 북한은 1970년대 후반 이래 지속적인 식량난에 시달리고 있다. 예를 들어 1980년대에 연평균 415만 톤의 식량을 생산했는데 이는 당시의 정량 배급기준으로 200만 톤 정도 부족한 양이다. 급기야 북한은 1987년에 1인당 배급량을 종전의 1일 700g에서 546g로 22% 감량하기에 이르렀다. 그러한 조치에도 불구하고 1990년대나 2000년대에도 식량난이 지속되어 감량 배급기준으로도 연 100만 톤 이상씩 부족한 사태가 계속되었다.

김정은 정권은 식량난 해결을 주요 정책 목표로 삼아서 '분조관리제하에서의 포전담당책임제'를 실시해오고 있다. 이 정책은 집단영농방식을 부분적이나마 수정해서 사적 이윤동기를 부여하고자 한 것이다. 그러나 경지정리가 이루어지지 않고 관개시설이 되어 있지 않은 농지를 갖고 비료, 농약, 종자, 농자재, 농기계 등 투입요소가 매우 빈약한 상태에서 단순노동력만을 활용한 영농방식으로는 생산량을 늘리는 데 한계가 있다. 그렇지만 2012년도부터 곡물

생산량이 그전보다 50만 톤 정도 늘어난 연 450만톤 내외가 된 것은 제한적이나마 이윤동기를 부여한 것이 효과를 발휘하고 있는 것으로 판단된다. 2016년에는 482만 3,000톤의 곡물을 생산하였다. 이는 북한이 주장하는 식량수요량 550만 톤에 미치는 못하는 수량이다.

9.1.6 대외 부문[9]

2016년에 북한은 28억 200만 달러어치의 상품을 수출하고 37억 3,000만 달러어치를 수입했는데 이는 2015년도에 남한이 5,267억 6,000만 달러어치를 수출하고 4,365억 달러어치를 수입한 것과 견주기조차 민망한 수치이다. 북한 경제가 대외 무역에 있어서 얼마나 폐쇄적인가를 알 수 있다.

북한은 소련이 주도하던 코메콘 체제하에서는 몇몇 공산권 국가들의 도움을 받는 방식의 교역을 행해오다가 소련이 붕괴하면서 코메콘 체제가 깨어지자 돌연 홀로서기를 해야 할 처지가 되었다. 중국마저 개혁과 개방의 길로 나아가면서 그 길에 동참하지 않은 북한은 더욱더 고립되었다. 난관을 돌파하려면 북한도 과감하게 개혁 개방의 길로 나섰어야 할 텐데 그때부터 북한은 오히려 더욱 공고한 폐쇄경제의 길로 들어섰다. 소련의 붕괴와 동구권 국가들의 변화를 목도한 북한의 지도층이 체제 존립에 대한 위협을 느껴서, 밖으로 나아가거나 밖에서 들어오는 빗장을 단단히 걸어 잠그는 정책을 택한 결과로 보인다.

남한과 북한의 대외 교역량을 비교해보면 두 경제 사이의 차이가 더욱 극명하게 드러난다. 1990년에는 남한의 무역액이 북한의 그것보다 32배 많았으나 2016년에는 그 차이가 138배로 확대되었다. 이는 무역이 GDP에서 차지하는 비중이 100%에 근접한 남한은 완전한 개방경제임에 반해서 북한은 거의 완벽한 폐쇄경제임을 보여준다. 한때 남한과의 차이가 248배까지(2007년) 벌어졌던 교역량 차이가 현재의 138배로 줄어든 것은, 2000년도에는 19억 7,000만 달러에 불과하던 중국과의 교역액이 2015년의 57억 1,000만 달러 수준으로 확

9 통계자료는 한국은행, 「경제통계시스템」(http://ecos.bok.or.kr)에서 인용한 것이다.

대되었기 때문이다. 2000년에는 20% 미만이던 중국과의 교역 비중이 2015년에는 91.3%가 된 데에서 보듯이 북한의 대외 무역은 중국과의 교역에 편중되어 있다.

9.1.7 만성적 침체 상태에 빠진 북한 경제

북한 경제의 실상은 한마디로 '장기 침체에 빠져 있다'로 표현할 수 있다. 한국전쟁(6.25전쟁)이 종료된 1953년 당시 남한과 북한 모두가 극히 어려운 경제상황에 놓여 있었다. 한국은행에서 발표한 자료를 보면 1953년에 남한의 1인당소득은 당시의 화폐가치로 67달러였는데 현재의 구매력을 기준으로 하면 1,500달러 정도가 된다. 당시에는 북한의 사정도 남한의 그것과 별반 다를게 없었다. 1년 소득이 한 사람당 1,500달러라는 것은 하루에 5달러 즉, 6,000원 정도 되는 돈을 갖고 살아가야 함을 의미한다. 그 돈으로는 점심 한 끼 사먹으면 그만이니 그 당시 보통 사람들은 최소한의 의식주도 해결할 수 없었다. 1960년대 초반까지만 하더라도 굶주리거나 병들어 죽는 사람이 많았다. 특히 유아사망률이 높았으며 이를 반영하듯이 1960년경 남한 인구의 평균수명은 50세가 안 되었다.

남한과 북한이 휴전 이후 완전히 분리되어 각자의 길로 가시 시작한 지 65년이 되어 가는 오늘의 시점에서 보면, 남한의 구매력기준 1인당소득은 3만 6,570달러이고 북한은 1,662달러가 된다.[10] 이 자료를 보면 북한은 1953년 이후 지금까지 1인당소득을 10.8% 증가시켰으나 남한은 같은 기간 중에 2,438% 증가시켰음을 알 수 있다. 이 수치를 연간성장률로 환산하면 북한은 0.16%이고 남한은 4.91%가 된다.

구매력으로 평가한 1인당소득이 1953년 이래 65년에 걸쳐서 매년 0.16%씩 성장한 것은 장기성장률이 0이거나 마이너스인 다수의 아프리카 국가들보다

10 남한의 수치는 세계은행이 공표한 2016년 자료이고 북한의 수치는 한국은행이 추산한 북한의 1인당 GDP 1,255달러를 남한의 구매력기준 소득을 기준으로 추산한 값이다. 대외부문이 극히 작은 북한은 GDP와 GNI가 동일하다.

는 우수한 것이다. 그러나 역사, 문화, 지리, 기후 등 기초여건이 같았음에도 남한이 연평균 4.91%씩 성장한 것과 견주면 북한의 연평균 0.16% 성장은 결코 만족할 만한 것이 못 된다.

비교적 근래인 1990년 이후의 경제성장 성과를 보면 사정이 더 나쁜 것으로 나타난다. 한국은행의 자료를 보면 1990년에서 2016년에 이르는 기간 동안에 북한은 연평균 -0.4%씩 성장 즉, 퇴보하였다. 같은 기간 중에 북한의 인구는 연평균 0.8%씩 증가하였다. 이러한 사실은 1990년 이래 오늘에 이르기까지 북한의 1인당소득이 매년 -1.2%씩 감소하였음을 보여준다.

9.2 북한 경제 침체의 원인

분단 당시 오늘날의 구매력 기준으로 연간 1,500달러 정도의 1인당소득을 가진 '극심하게 가난(extremely poor)'하던 남한과 북한이 그로부터 60여년이 지난 지금에는 하나는 번성하는 고소득국가(prosperous high income country)로 분류되고 다른 하나는 여전히 극심하게 가난한 국가로 분류되는 것은, 한마디로 표현해서 남한은 경제발전에 성공했으나 북한은 그러하지 못해서 장기 침체에 빠져 있기 때문이다.

초기 조건이 비슷하던 남한과 북한의 경제상황이 이렇게 큰 차이를 보이게 된 원인은 무엇일까? 겉으로 드러난 요인들을 중심으로 살펴보면, 남한은 개방형 시장경제를 근간으로 경제를 운영해온 반면 북한은 폐쇄형 계획경제를 근간으로 경제를 운영해온 데서 그 원인을 찾을 수 있다.

남한도 처음부터 온전한 개방형 시장경제 체제를 갖고 출발한 것은 아니다. 중요한 것은 시간이 흐를수록 점점 더 그 방향으로 나아갔으며 그 결과 현재의 남한 경제는 거의 완전한 개방형 시장경제라고 할 수 있게 변모되었다. 이에 비해서 북한은 제한적이나마 우호적인 관계를 유지하던 공산권 국가들과 교역하는 가운데 철저한 계획경제로 출발하였다. 그런데 북한의 경우에는 시간이 흐를수록 점점 더 폐쇄적으로 변모되었으며 계획기능조차 정상적으로 작동하지 않는 상황을 맞게 되었다. 현재의 북한 경제는 극도로 폐쇄적인 가운데 계획 및 통제 기능이 약화되면서 비공식 시장부문이 확산되는 상황을 맞고 있다.

북한경제 침체의 근본원인은 우리가 제7장에서 알아본 성공의 조건들을 하나도 갖추지 않았기 때문이다.

9.2.1 공유의 비극

북한 경제가 장기 침체 상태에 놓여 있게 된 가장 큰 원인은 북한이 공동소유 사회이기 때문이다. 북한은 공산주의 이념을 따라 국가를 조직하고 운영하므로 극히 일부를 제외하면 재산 또는 생산수단의 사유가 허용되지 않는다. 국가가 나누어주는 것 외에는 생산물의 사적 소유도 허용되지 않는다. 농지를 예로 들어보기로 하자. 북한에서는 대부분의 농지를 국가의 위임을 받아서 협동농장이 소유한다. 농민들은 자신이 소속된 협동농장에 나가서 다른 농민들과 공동으로 경작하며 이들이 생산한 수확물은 모두 국가로 귀속된다. 국가는 협동농장들에서 거두어들인 수확물 중에서 주민들에게 나누어주는 몫을 뺀 나머지를 국가를 운영하는 데 사용한다. 배급은 필요에 따라서 주게 되는데 사람마다 계층에 따라서 차등 지급한다. 일반 민중이 받는 양은 생계를 유지할 수준보다 크지 않다.

공동노동·균등분배는 경제를 정체상태로 이끄는 지름길이 된다. 이런 원칙하에서는 사람들이 최선을 다해 일할 유인을 갖지 못하기 때문이다. 내가 더 열심히 일한다고 그 과실이 내게 돌아오는 것도 아니고 또한 내가 열심히 일하지 않아도 남이 일한 것을 나누어 가질 수 있으므로, 열심히 일할 마음이 잘 들지 않게 되는 것이다. 감독이나 감시원을 두어 노동을 독려하지만 모든 사람의 일거수일투족을 감시할 수는 없는 노릇이다. 그래서 대개는 게으름 피우게 되고 놀고먹자는 심리가 광범위하게 발동된다. 이래서는 경제가 잘되기 어렵다.

바로 이 점이 북한 경제가 오랫동안의 침체에서 벗어나지 못하는 까닭이다.

재산이나 생산수단의 사유가 배제되면 재산을 잘 관리하고 기존의 생산수단을 개량하고 새로운 생산수단을 도입하는 것 등을 통해서 경제를 성장·발전시키려는 노력이 제대로 이루어지지 않는다. 국유 또는 공유로 되어 있는 재산과 생산수단의 유용성을 높여 보아야 그런 노력의 대가를 자기가 갖는다는 보장이 없으므로 아무도 그러한 투자에 나서지 않게 된다. 시간이 지날수록 생산수단은 점차 더 쓸모없는 것이 되어 버린다. 이래 가지고는 경제가 앞으로 나아갈 수가 없다.

국가를 이끄는 지도자들은 '인민이 주인이 되는 나라'이므로 모두가 열심히 일할 것으로 기대할지 모르지만 사유재산을 용인하지 않는 한 인민이 주인이 될 수가 없다. 사람들이 열심히 일할 동기를 잃게 되고 현재의 상황을 개선해서 더 나은 미래를 갖기 위한 투자가 위축되므로 경제가 원만하게 발전되지 못한다.

9.2.2 자유의 결핍

사유를 허용해서 사람들이 열심히 하고자 하는 동기를 갖게 되더라도 막상 그가 어떤 일을 하려 들 때 자기 의지대로 할 수 있는 자유가 없다면 아무런 소용이 없다. 내가 좋아하거나 잘하는 일 또는 그렇게 하는 게 내게 가장 유리한 일을 할 수 있어야 경제가 발전한다.

북한 사람들은 당국에서 정해 준 직장과 직업을 갖고, 당국이 정한 방식과 절차를 따라 당국에서 정한 물자를 목표량에 맞춰서 생산한다. 생산한 물자는 당국이 정한 방식에 따라서 유통하거나 당국에 납부해야 한다. 그러고 나서 당국이 정해준 대로 분배받아서 생활하게 된다. 당국은 인민들의 소망과 능력과 경제의 여건들을 고려해서 무엇을 어떻게 얼마나 그리고 누가 생산할 것인가를 계획하고 이를 실행에 옮기려고 노력한다. 이것이 계획경제다.

북한에서는 적어도 이론적으로는 당국이 정한 계획에 맞추어서 일하고 생산하고 유통하고 분배받고 소비하게 된다. 개개인이 무엇을 어떻게 얼마나 어떤 방식으로 생산해서 그것을 누구에게 얼마를 받고 팔아야 할지 걱정하지 않아도 된다. 그저 당국에서 정해준 대로 하면 된다. 일견 매우 이상적인 방식인 것처럼 보인다. 그렇지만 이것은 사람을 거대한 기계의 부품처럼 취급하는 것이다. 부품은 자기가 생각하고 계획하고 일을 꾸밀 필요가 없다. 아니 그럴 기회조차 없다. 부품은 생각하는 기능이 없으므로 이런 사실이 문제가 되지 않는다. 그러나 사람은 그렇지 않다. 사람은 스스로 생각하고 판단하고 계획하며 일을 도모하는 존재이다. 그런 존재에게 시키는 일만 하라고 하는 것은 본성에 맞지 않는 일이다. 그러니 일이 잘될 리 없다.[11]

사회가 발전하려면 자기가 노력해서 얻은 것의 대부분을 노력한 당사자가 가져야 하는 데서 그치지 않고 남에게 해를 끼치지 않는 한 그가 가진 것을 어떻게 사용하건 용인해야 한다. 노력한 것에 비례해서 소득이 생겨야 열심히 일하게 되며 가진 것을 마음대로 쓸 수 있어야 사적 소유가 의미 있는 것이 된다. 사적 소유를 허용하면서 그가 가진 것을 마음대로 쓸 수 없게 한다면 이는 진정한 사유를 인정하는 것이 되지 못한다.

각자가 알아서 할 수 있는 경제활동의 자유가 없다는 게 북한 경제가 침체되는 또 하나의 중요한 이유이다.

9.2.3 자원배분의 신호기능 결여

북한 경제는 시장경제가 아니다. 근래에 장마당이나 매대(sales booth)처럼 비공식적인 시장이 다수 등장하고 있으며 상거래에서 성공한 사람이 '돈주'가 되어 자본가 역할을 하기도 하지만 이는 북한 당국이 공인한 것이 아니다. 전체적으로는 시장이 아주 미비하다고 볼 수 있다. 상품시장만 미비한 것이 아니라, 노동시장, 생산요소시장, 서비스시장, 토지주택시장, 자본시장, 금융시장, 외환시장 등 시장경제 운영에 필수적인 시장들이 존재하지 않거나 존재

11 지금은 제대로 계획하고 시키지도 못한다.

하더라도 아주 빈약하다. 유통, 통신, 교통과 관련된 시장도 제대로 형성되어 있지 않다.

시장경제에서는 참여자들의 자유로운 경쟁을 통해 자율적으로 정해지는 가격이 자원배분을 위한 가장 중요한 신호가 된다. 가격은 수요와 공급의 조건들을 반영해서 정해지며 현재의 상황은 물론 예상되는 미래의 상황도 반영해서 정해지므로, 가격변화의 추이에 맞춰서 자원을 배분하는 게 모두에게 이익이 된다.

계획경제에는 시장이 존재하지 않는 데다 경제활동의 자유마저 없어서 가격이 있더라도 경제여건을 충실히 반영해서 정해지지 않는다. 계획 당국이 필요한 모든 정보를 정확하게 갖고 있고 거기에 맞춰 계획을 세우고 그것을 제대로 실행에 옮길 능력을 갖고 있다면 이론적으로는 계획경제라고 해서 항상 일이 잘못될 까닭은 없다. 그러나 현실은 그렇게 이상적이지가 않다. 경제규모가 작고 복잡하지 않을 때는 제대로 된 계획을 세우고 그것을 충실하게 실천하는 게 그리 어렵지 않을 수도 있다. 그래서 시장이 형성되지 않았거나 제대로 작동하지 않는 초기 단계의 시장경제보다 계획경제가 우월한 성과를 내기도 한다.[12] 이런 현상에 속아서 소련이 미국을 추월할 것으로 믿은 경제학자가 많았다. 아래의 인용문에서 보듯이 현대경제학의 아버지라고 불리는 새뮤얼슨조차 그런 실수를 범했다.

> "...the most widely used university textbook in economics, written by Nobel-prize winner Paul Samuelson, repeatedly predicted the coming economic dominance of the Soviet Union. In the 1961 edition, Samuelson predicted that the Soviet national income would overtake that of the United States possibly by 1984, but probably by 1997. In the 1980 edition there was little change in the analysis, though the two dates were delayed to 2002 and 2012." Acemoglu and Robinson. (2012). *Why Nations Fail*, pp. 128.

12 1970년대 초반까지 북한의 1인당소득이 남한의 그것보다 컸던 것은 이 시기에는 계획경제의 이점이 미숙한 시장경제의 이점을 능가했기 때문이다.

그러나 경제의 규모가 커지고 내용이 복잡해지면 제대로 된 계획을 세우기가 매우 어려워진다. 여기에는 몇 가지 이유가 있다. 첫째, 계획을 수립하는 데 필요한 정보와 자료가 부족하다. 있는 것도 정확도가 떨어지며 무엇보다도 경제 여건을 반영해서 정해지지 못하는 가격정보라서 쓸모가 없다. 개방경제라면 국제시장 동향을 보고 판단하면 되겠지만 '우리 식'으로 살아가겠다는 폐쇄경제에서는 그럴 수가 없다. 결과적으로 당국자가 생각하는 대로 또는 원하는 대로 만든 계획을 실천에 옮기게 되어 그 결과는 더욱더 빈약해진다.

둘째, 계획을 수립하고 실행에 옮길 당국자의 능력이 경제의 변화를 따라가지 못한다. 경제규모가 커지고 복잡해지며 대내외적인 경제 환경과 여건이 수시로 변화하는 상황에서는 제대로 된 계획을 수립하기가 불가능하고 수립하더라도 금방 쓸모없는 것이 될 가능성이 크다. 이에 반해 시장경제에서는 그러한 요인들을 반영해서 정해지는 가격을 보고 판단하면 된다. 판단하기기 쉬울뿐더러 정확한 정보에 근거해서 판단하므로 실수할 가능성도 낮다.

정보자료가 부정확하거나 아예 없으며 계획 당국자의 능력이 상황변화를 따라가지 못하면, 제대로 된 계획을 수립하기도 어렵거니와 수립한 계획도 충실하게 실행에 옮기지 못하게 된다. 이래서야 경제가 잘될 리 없다. 엉터리 계획이 경제를 엉망으로 만들고 급기야 계획을 포기하는 사태가 전개된다.

시장이 없고 그래서 자원배분을 인도할 신호체계가 제대로 작동하지 않는다는 게 북한경제가 침체되는 또 하나의 이유이다.

9.2.4 경쟁 부재

북한은 계획경제이며 공동노동·균등분배 경제이므로 시장이 존재하지 않고 그 결과 경제주체들 사이의 경쟁이 부재하다. 좋은 물건을 잘 만들어서 팔겠다고 경쟁하지 않으며, 유능한 노동자를 확보하려고 경쟁하지 않고, 남들보다 더 노력해서 좋은 곳에 취직하려고 경쟁하지 않는다. 경쟁이 없을 뿐만 아니라 북한 주민 다수가 왜 경쟁을 해야 하는지 이해하지 못한다. 시키는 대로 하는 데 익숙해진 북한 주민들은 조금이라도 돈을 더 벌기 위해서 피나는 경쟁을 벌여야 하는 자본주의 국가 특히 남한 주민들을 불쌍하다고 여긴다.

북한 주민들은 모든 것을 당과 수령이 알아서 해 주므로 서로 간에 경쟁할 필요가 없다고 생각한다. 그런데 당과 수령이 알아서 해 주는 것이 상품 생산의 경우 대개는 양이 부족하고 품질이 형편없다는 것은 생각하지 않는다. 현재의 실상은 당과 수령이 알아서 제대로 챙겨주지도 못한다.

경쟁이 없으면 진보는 일어나지 않는다. 남보다 더 열심히 노력하고, 더 좋은 물건을 만들고, 더 좋은 제품을 개발하고, 더 뛰어난 기술을 개발하려는 경쟁이 없으면 발전은 일어나지 않는다. 주민의 대다수가 이만하면 되었지 무엇 때문에 각박하게 경쟁을 벌이는가라고 생각하는 경제는 반드시 정체된다. 주민들이 지금의 상황에 안주해서 보다 나은 미래를 만들려는 의지를 상실한 국가가 잘될 리 없다.

사유가 보장되고 경제적 자유가 허용되더라도 사람들로 하여금 현실에 안주하지 않고 더 열심히 노력하도록 유도하는 장치를 갖추지 못하면 지속적인 발전을 기대하기 곤란하다. 재산권을 갖고 있으면서 (남에게 폐해를 끼치지 않는 한 또는 공동체가 정한 규범을 준수하는 한) 마음만 먹으면 무엇이건 다 할 수 있는 사람들이 주어진 자유를 만끽하지 않고 현실에 안주하게 만드는 가장 큰 요인은 경쟁자가 없다는 사실이다. 경쟁자가 없으면 현재의 행동을 잘 변화시키려 들지 않는 게 인간의 본성인 듯하다. 지금 상황에서 성공하고 있다면 더욱더 그렇다. 그러나 그런 현실에 안주해서는 결코 경제발전을 이룩할 수 없다. 사람들로 하여금 현실에 안주하지 못하도록 만드는 가장 강력한 힘이 경쟁자가 존재하거나 언제라도 등장할 수 있는 위협이다. 나보다 나은 자가 나를 도태시킬 수 있는 위협이 있을 때 사람들은 더욱더 노력을 기울이게 된다.

경쟁사회를 혐오하는 사람들도 많다. 나보다 우월한 자가 나타나서 그동안 내가 누려오던 이익을 잠식하는 것을 좋아할 사람이 어디 있겠는가? 그러나 바로 그게 문제다. 누구나 본능적으로는 경쟁자의 존재를 싫어한다. 그래서 가능하면 경쟁자를 제거하려고 든다. 그러나 그렇게 해서는 경제발전을 기대하지 못한다. 경쟁이 우리로 하여금 발전을 향해 중단 없이 매진하도록 채찍질하는 가장 강력한 힘이기 때문이다. 북한에는 바로 그러한 경쟁이 없다. 있다면 오로지 충성경쟁일 뿐이다. 그러나 충성경쟁이 경제를 발전시키는 동력이 될 수는 없다.

경쟁부재가 북한을 침체로 이끄는 또 하나의 중요한 이유가 된다.

9.2.5 금기시되는 변화와 혁신

북한은 '최고 존엄'의 나라다. 한 사람이 모든 것을 결정한다. 절대 독재자에게 이의를 제기하는 것은 허용되지 않는다. 그런 사회이니 참된 변화와 혁신이 있을 수 없다. 체제유지가 최고의 목표인 나라에서 국민들이 그야말로 '제멋대로' 변화하고 혁신하는 것을 용인할 수 없다. 그것을 용인하는 순간 체제붕괴의 씨앗이 자라게 되기 때문이다. 절대 독재자가 민중이 주도하는 변화와 혁신을 금지한 것은 고대 이래로 어느 나라에서나 있어 온 일로서 북한이라고 해서 새삼스러운 것은 아니다. 자유민주주의 국가인 대한민국에서조차 기득권자에게 위협이 되는 변화와 혁신을 억제하려 드는데 하물며 절대 독재자가 지배하는 북한이 그렇게 하는 것은 매우 자연스러운 현상이다.

북한에서도 절대 독재자가 원하면 변화하고 혁신한다. 그러나 그것은 진정한 변화와 혁신이 아니다. 경제발전의 원동력이 되는 변화와 혁신은 수천만 명의 경제주체들이 각자 나름대로 더 나은 내일을 만들기 위해서 최선을 다하는 과정에서 남들보다 잘하기 위해서 자발적으로 행하는 변화와 혁신이다. 아무리 최고지도자가 하는 일이라 해도 그가 생각하는 변화와 혁신이 수천만 명에 이르는 민중이 원하는 변화와 혁신과 동일한 것이 될 확률은 매우 낮다. 십중팔구 민중은 절대 독재자가 명령하는 것이니 하고 싶지 않더라도 할 수 없이 하게 될 것이다. 그러나 그래 가지고는 제대로 된 변화와 혁신이 이루어질 수가 없다.

9.2.6 금융 부재

북한에는 금융다운 금융이 없으며 상업적 목적을 가지고 운영되는 금융기관과 금융자산 그리고 금융시장이 존재하지 않는다. 한마디로 말해 금융 부재의 사회다.

금융은 경제 내의 적자부분과 흑자부문을 효율적으로 연결시켜 줌으로써 희소한 자원이 적재적소로 흘러가도록 하는 아주 중요한 기능을 수행한다. 각종 금융서비스를 통하여 흑자부문의 합리적 저축을 유도하고 그들이 보유한 금융자산을 관리해준다. 더 중요한 것은 흑자부문에서 조달한 자원을 다양한 경제주체들로 이루어진 적자부문의 구성원들을 대상으로 가장 타당한 곳에 합당한 양의 자금이 흘러가도록 하는 기능이다. 금융기관은 자원을 배분함은 물론이거니와 배분된 자원이 제대로 쓰이는지 관리감독하고 빌려준 자원을 회수하는 기능도 담당한다.

금융기관이나 금융시장의 또 다른 기능은 '교환거래의 회계결제시스템(accounting system of exchange)' 역할을 수행하는 것이다. 금융이 이 역할을 원만하게 수행해야 교환거래가 활성화되며, 거래가 활성화되어야 경제가 번창하게 된다. 여기에서도 중요한 것은 신뢰이며 재산권이 보호받는다는 점이다. 금융기관과 금융시장에 대한 신뢰가 없다면 거래가 위축된다. 금융의 가장 중요한 요구조건은 자산을 맡기면 언제라도 약속한 조건에 따라서 그것을 돌려받을 수 있다는 믿음이다. 믿음이 없으면 금융기관에 자산을 맡길 수 없게 되고 그렇게 되면 물물교환 경제로 회귀할 가능성이 높다.

금융기관에 대한 신뢰에는 재산권의 보호가 중요하다. 금융기관에게 맡겨둔 자산을 국가나 다른 힘 있는 자가 강제로 빼앗아 간다면 그런 금융기관을 신뢰할 리가 없다. 이것은 금융기관의 잘못이 아니고 국가가 재산권을 보호하지 않기 때문에 생기는 일이다. 재산권을 보호하기는커녕 마음대로 빼앗아 가니 정말 문제가 된다.

2000년대에 들어와서 북한에는 비공식적인 시장화가 진행되고 있다. 이 과정에서 자본을 축적한 자들이 등장하게 되었는데 이들을 돈주라고 부른다. 일종의 소자본가들이다. 그들은 고위 당 간부나 관료들과 결탁해서 제법 많은 자금을 운용하기도 한다. 이를 보고 북한 경제의 장래에 관해서 희망적인 전망을 내놓는 사람도 많다.

그러나 필자의 생각에는 돈주가 더 크는 데는 많은 어려움이 있을 것으로 판단한다. 무엇보다도 재산권이 보호받지 못한다는 게 문제다. 지금은 연줄을 잘 잡아서 사업을 영위하지만 언제라도 가진 것을 다 빼앗길 수 있으므로 재산을 늘리는 데 한계가 있다. 실제로 돈주들은 그들이 모은 재산의 대부분을 중국을 비롯한 외국에서 운용하고 있다. 외환거래의 자유가 없으므로 해외에 다 맡겨 두었다고 안심할 수 없고 또한 본인이나 가족이 해외로 나오지 않는 한 해외에 둔 자산을 마음대로 쓰기도 어렵다. 그런 형편이니 돈주가 자본가나 기업가로 성장하는 데는 한계가 있다.

금융 부재도 북한경제 침체의 중요한 원인이 된다. 이와 관련해서 페루의 경제학자 디 소토의 저서 『자본의 신비』(The Mystery of Capital, 2000)가 주는 교훈이 흥미롭다. 그와 그의 동료들이 페루나 이집트 같은 빈국에 대해 조사해 보면 그 나라의 서민들이 상당한 규모의 재산을 갖고 있음에도 불구하고 그것을 생산적으로 활용하지 못하는 게 빈곤의 원인이라고 한다. 보유한 재산을 담보로 제공하고 돈을 빌릴 수가 있으면 좋은데 그렇게 할 수가 없다고 한다. 재산권 제도가 미비해서 서민이 가진 자산이 정말로 그의 것인지를, 비록 주변의 모든 사람이 그의 것임을 알고 있어도, 문서로 증명할 수가 없기 때문이라고 한다.

9.2.7 폐쇄경제의 부작용

북한은 세상에서 가장 폐쇄적인 나라의 하나다. 수출과 수입 등 국제무역의 양과 내용이 극히 빈약하다는 점이 북한 경제의 폐쇄성을 잘 보여준다. 중국과의 교역 그리고 교류 차원에서 이루어지던 남한과의 교역을 제외하면 북한의 대외 교역량은 거의 전무하며 교역 대상국도 극히 제한되어 있다. 이것은 북한이 '우리 식으로 살아보자'며 자력갱생의 원칙을 따라서 경제를 운영해온 결과다. 사실 소련을 맹주로 하는 공산주의 경제권 즉, 코메콘 체제가 붕괴되기 이전에는 북한도 어느 정도 국제교역에 동참하였다. 코메콘 체제가 붕괴되면서 북한과 우호적인 조건으로 교역할 나라들이 사라지게 되자 북한의 대외 교역량은 대폭 줄어들었다. 소련 경제권 붕괴에 이은 구소련연방 국가 및 동구권 국가들의 혼란을 목격한 북한은 코메콘 체제가 붕괴된 1991년 이후 더욱더 폐쇄적인 사회로 변모되었다.

폐쇄된 사회는 발전하지 못한다. 교역은 분업과 전문화를 가능하게 하며 분업과 전문화가 이루어질수록 생산성이 높아진다. 폐쇄경제는 교역을 한 국가 내의 교역으로 제한한다. 그러므로 아무리 잘해보아야 그 국가가 제공하는 장점밖에는 활용할 수가 없게 된다. 국제 교역에 동참하지 않으면 200개가 넘는 세계 국가들이 제공하는 이점을 활용할 수가 없다. 폐쇄경제를 고집하는 나라가 면적이 넓고 인구가 많으며 부존자원이 풍부하다면 다른 나라와 교역하지 않고서도 어느 정도 경제발전을 이룩할 수도 있다. 그러나 거기에도 한계가 따른다. 국제 교역에 참여하지 않아도 독자적으로 살아갈 수 있을 것 같은 미국, 중국, 인도, 멕시코 등 면적도 크고 인구도 많은 나라들이 대외 교역에 열성을 보이는 것은 자국 내의 시장이나 자원만 갖고는 발전에 한계를 느끼기 때문이다. 큰 나라들도 이럴진대 소국인 북한이 폐쇄경제를 고집하는 것은 잘사는 길과는 정면으로 배치된다.

국제교역의 가장 큰 이점은 그것을 통해서 다른 나라의 좋은 점을 배우고 익혀서 자국의 제도나 관행을 좋은 방향으로 고칠 수 있다는 사실이다. 교역과 교류하지 않으면 다른 나라의 장점을 배우기가 매우 어렵다. 어떤 나라이건 자기 것이 제일이라고 생각하는 것은 큰 착각이다. 세계 제일의 경제대국인 미국조차도 국제교역을 통해서 다른 나라의 좋은 점을 자기 것으로 만들고자 노력한다. 이와 같이 기존 체제와 관행과 정책을 더 좋은 방향으로 혁신하고 개선하도록 유도하는 것이 국제무역의 가장 중요한 기능이다.

북한이 폐쇄경제를 고수하는 한 다른 나라의 좋은 점을 배울 기회를 가질 수 없다. 어찌 보면 주민들이 다른 나라의 영향을 받아서 변화와 혁신을 요구하게 되는 게 두려워서 국제교역에 소극적인지도 모른다. 새로운 아이디어가 유입되면 체제 순응적이던 북한 인민들조차도 변화와 혁신을 요구할 것이 분명하다. 그래서 개방에 나서지 못한다. 결국 악순환이 되풀이된다.

북한이 극도로 폐쇄적인 경제체제를 고수하고 있다는 사실이 북한 경제 침체의 또 다른 원인이다.

9.3 북한 경제 발전전략

전 절에서 살펴본 경제 침체의 원인들을 제거하는 게 북한 경제를 발전시키는 첫걸음이 된다.

생산수단과 생산물의 사적 소유를 전면적으로 허용하고, 노력과 보상이 직접적으로 그리고 명료하게 연결되도록 시스템을 조직하며, 경제활동의 자유를 허용하고, 경쟁을 촉진하며 시장경제를 창달하고, 폐쇄성을 허물어 개방으로 나아가는 게 북한이 번영하는 비결이다. 정부가 발전친화적인 정책을 펼치는 가운데 낙후된 사회간접자본을 확충하고, 체제순응을 도모하는 교육시스템을 창조와 혁신을 조장하는 방향으로 개혁하며, 정상적으로 작동하는 금융시장의 개설을 도모해야 한다.

오작동하는 공산주의 계획경제 시스템을 자본주의 시장경제 시스템으로 전환해야 하며, 개방을 통해서 극도로 고립된 북한 경제를 세계 경제의 당당한 주역으로 발돋움시켜야 한다. 한마디로 말해 개혁과 개방만이 북한경제가 회생할 수 있는 방안이다.

개혁과 개방 없이 경제가 발전할 수 없다. 무조건적인 개혁과 개방이 아니라 슬기로운 개혁과 개방을 추진해야 한다. 현재의 북한과 유사한 경제 시스템을 지녔던 마오쩌둥 치하의 중국이 그의 사후 개혁과 개방 노선을 채택한 이후 삼십 년 이상의 기간에 걸쳐서 눈부시게 성장해온 경험을 벤치마킹 하면 좋을 것이다. 흔들림 없이 개혁과 개방의 길로 나아갈 수만 있다면 급진적이고 전면적인 조치보다는 점진적인 조치를 취하는 게 나아 보인다.

일단 개혁과 개방의 길로 접어들어서 경제가 발전하기 시작하면 국민들로 하여금 소비보다는 투자에 힘쓰도록 유도하는 정책을 펼치는 것이 좋을 것이다. 자조, 자립, 근면을 모토로 해서 소득을 창출하고 창출한 소득을 아껴 쓰고 저축해서 그것을 더 나은 미래를 만드는 데 도움이 되는 일 즉, 투자하는 데 쓰도록 유도하는 게 바람직하다. 투자 없이 더 나은 미래를 가질 수는 없다. 물적자본에 투자해야 하고, 인적자본에 투자해야 하며, 사회간접자본에 투자해야 하고, 기술발전을 위한 연구개발에 투자해야 한다. 투자재원이 부족할 터이므로 남한을 비롯한 국제사회의 도움을 받는 한편 북한경제의 미래를 담보로 해서 빌리거나 직접투자를 유치함으로써 투자재원을 조달할 수 있다.

개혁의 핵심은 경제주체들에게 소유권을 되돌려 주고, 경제적 자유를 보장하고, 건전하고도 치열한 경쟁을 촉진하며, 개개인이 원하는 방향대로 변화하고 혁신하도록 장려하는 데 있다. 이를 사유화, 자유화, 경쟁화 그리고 변화와 혁신 유도라는 말로 요약할 수 있다. 북한 당국이 할 일은 바로 사유, 자유, 경쟁, 변화와 혁신이 핵심가치가 되도록 규범과 제도와 정책을 개혁하는 것이다. 이 일에는 개방이 필수이다. 개방은 자유의 영역을 국내에서 세계로 확장시키며, 경쟁의 대상을 내국인에게서 세계인으로 확대시킨다. 개방은 무엇보다도 변화하고 혁신하지 않으면 살아남을 수 없게 만듦으로써 지속적인 발전의 원동력이 된다.

9.4 북한 경제의 변화 가능성

1990년대부터 시작된 북한경제의 시장화 현상이 근래에 들어와서 더욱 활성화되고 있다. 중국을 오가는 국경무역이 활기를 띠고 있고 도처에 장마당이라고 불리는 소규모 시장이 형성되고 있다. 주요 시·도에는 도매시장도 들어섰으며 그중에서는 특정한 물품을 주로 취급하는 특화된 시장으로 발전하기도 하였다. 등짐장사로 시작된 거래가 지역 간에 부족한 상품을 유통시켜서 돈을 버는 되거리 장사, 철도와 차량을 활용한 도매 장사인 달리기 장사와 차판 장사를 거쳐서 지금은 상설시장에서 거래하는 매대 장사로 발전하고 있다.[13]

9.4.1 시장화 진전

북한은 현재 자생적인 시장화의 과정을 밟고 있다. 시장화의 발단은 공산주의 계획경제의 부작용에서 비롯된다. 초기에는 계획과 실적 사이의 괴리로 인한 만성적인 물자 부족 현상을 타개하고자 야시장이나 장마당 또는 밀수품 시장이 등장했으나, 1990년대 배급시스템이 붕괴되자 생존을 위한 장마당 거래가 빠른 속도로 확산되기 시작하였다. 그 결과 1990년대 말에는 전국적인 유통네트워크가 출현할 지경에 이르렀다.

북한당국도 1980년대에 이미 상설화된 농민시장을 허용하기 시작하였으며 공장이나 기업소들이 목표할당량을 채운 후 남은 여력을 활용해서 소비재를 생산 판매하는 것을 허용하였고 협동농장에서 일하는 농민들에게 30평 정도의 텃밭을 경작할 수 있게 허용하였다. 그러다가 1980년대 말에 식량난과 소비재난이 심각하게 전개되자 농민시장이 합법의 영역을 넘어 비합법적인 상거래 공간으로 변질되기 시작하였다. 그만큼 불법거래량이 증가한 것이다. 그

13 이는 모두 북한식 용어이다.

러다가 1990년대에 들어와서 배급시스템이 붕괴되면서 이른바 불법거래가 전국적으로 확산되었다.

돈주가 등장하기 시작하고 장마당거래는 더욱 활성화되었다. 북한의 당과 군 등 특권기관들이 시장공간에 주요 플레이어로 진입하게 되면서 시장화는 더욱 진전되었다. 이 시기에 이루어진 시장화는 '아래로부터의 시장화'로서 북한 당국의 공식적인 허락을 받아서 진행된 것이 아니었다. 그러므로 정부가 언제든지 되돌려 놓을지도 모른다는 위험을 가지고 있다.

김정일 정권이 2002년에 이른바 7.1 경제관리개선조치를 취하면서 시장화는 더 빠른 속도로 확산되었다. 그 결과 당이 공식적으로 인정하는 공식경제와 당국의 묵인하에 이루어지는 비공식경제가 공존하게 되었다. 초기에는 공식부문이 훨씬 중요했으나 시간이 흐를수록 비공식 부문이 더 중요해지게 되었다. 이러한 사태진전에 체제위기를 느낀 북한 당국자들은 2005년에 7.1 조치를 중단함으로써 시장화의 물결을 차단하고자 하였다. 그러나 당국자들의 그러한 시도는 실패로 돌아갔다. 한번 불길이 일기 시작한 시장화 현상을 아주 없앨 수는 없기 때문이다.

2012년 초에 출범한 김정은 정권은 북한경제의 시장화 현상을 그전보다 좀 더 관대하게 대하는 것 같다. 이는 북한이 2016년부터 우리식 경제관리 방법을 도입하고 있는 데서 짐작할 수 있다. 이는 김정은 정권이 공식적으로 선언하지는 않았지만 시장을 활용해서 그들이 추구하는 목표를 달성하려는 시도라고 할 수 있다. 그 결과 초기에는 시장이 공식부문을 잠식하는 경제공간으로서의 성격을 지녔었으나 지금은 계획경제부문이 당국이 정한 계획을 수행하는 데 없어서는 안 될 중요한 동반자가 되고 있다.

9.4.2 정책기조 변화

1990년대 초반에 사회주의 경제권이 붕괴되자 북한 경제는 심각한 타격을 받았다. 그동안 우호적인 교역관계를 통해서 막대한 혜택을 보고 있었던 북한 경제에 있어서 소련과 동독이 어느 날 갑자기 붕괴된 것은 실로 하늘이 무너지는 것 같은 충격이었다. 각자도생(各自圖生)의 길로 갈 수밖에 없었던 북한은 이때부터 싫더라도 개방화를 추진하지 않을 수가 없게 되었다. 그러나 그것은 진정한 의미의 개방은 아니었다. 그들 자신도 모기장식 개방이라고 부를 정도이다. 개방은 하되 모기는 들어오지 못하게 하자는 것이다. 그 조치의 일환으로 북한은 4대 경제특구를 지정하였다.

김정은 정권은 전 정권보다는 좀 더 적극적으로 개혁과 개방에 나서는 것으로 판단된다. 2013년에 도입한 우리식 경제관리 방법이 시장화의 진전을 공인하고 있고 중국과의 교역을 크게 확대하였으며 기존에 5개였던 경제특구를 경제개발구라는 명칭을 붙이기는 하였지만 무려 21개나 추가한 데서 그런 실정을 엿볼 수 있다. 북한은 현재 5개의 경제특구, 공업개발구 4개, 농업개발구 3개, 관광개발구 및 특구 4개, 수출가공구 3개, 첨단기술개발구 1개, 국제녹색시범구 1개 등 모두 26개를 갖고 있다.

9.4.3 변화 전망

김정은 정권이 개혁과 개방에 대해 전보다는 좀 더 적극적인 자세를 보이고 있으나 이는 근본적인 개혁개방과는 상이하다. 사유를 인정하고 전면적으로 시장을 허용하는 게 개혁의 첫걸음이다. 그러나 북한은 둘 중 그 어느 것도 시행할 의사도 없고 또한 그렇게 할 처지도 못된다. 개방은 한 나라가 국제질서에 편입하겠다는 것을 확고히 해야 효과가 있다. 아무리 개방을 외쳐도 국제질서를 준수한다는 게 확실하게 보장되지 않으면 북한과 거래할 외국인이나 외국기업이 극소수에 불과할 것이다. 게다가 북한과의 거래에 관심이 있는 외국인이나 외국기업은 장기투자자가 되기 어렵다. 그들은 단기에 고수익을 누리는 투기꾼들이다. 북한 내에서 사업을 벌이는 데서 오는 위험이 아주 큰 상황에서는 아주 높은 위험부담 프리미엄을 받을 수 있어야 거래할 것이기 때문이다.

현재로서는 북한이 1980년대의 중국이나 2000년대의 베트남이 시행했던 정도의 개혁과 개방조치도 취할 의향이 없어 보인다. 그렇다면 현재와 같은 어정쩡한 상태가 지속될 터인데 그래 가지고는 모순만 더 커질 것이다. 시장경제부문이 더욱 커져서 체제유지에 위험요인으로 대두하면 가차 없이 시장화를 중단시킬 수 있는 것이 북한이다. 이는 전형적인 스톱 앤 고 정책으로서 영국[14]같이 선진화된 경제도 스톱 앤 고 정책을 쓰다가 경제를 파탄에 빠뜨렸는데 하물며 북한은 어떨지 상상할 수 있다.

9.4.4 근본적인 변화가 어려운 이유

개혁과 개방만이 북한을 번영으로 이끌 비결임이 분명하지만, 북한이 개혁과 개방의 길로 들어설 가능성은 높지 않다. 그 이유를 이해하려면 먼저 북한사회가 단일 계층 사회가 아니라는 점을 인식해야 한다. 북한은 출발 당시부터 건국세력과 6.25 전쟁 전사자들을 특별하게 대우하는 정책을 펼쳐오고 있다. 이들이 북한 사회의 최상층을 구성하는 가운데 주민의 절대 다수인 노동자가 최하층 또는 기층을 이룬다. 북한의 최상층은 특권층이다. 모든 권력은 그들에게 집중되어 있으며 국유재산을 통제할 힘도 그들이 갖고 있다. 반면에 최하층 노동자들은 국가에서 시키는 대로 일하고 국가에서 주는 대로 먹으며 국가가 가르치는 대로 살아간다. 1990년대 이후 국가가 이러한 역할을 제대로 하지 못하게 되자 최하위층의 생활은 극도로 어려워졌다. 그러나 최상층은 비교적 잘산다.

실질적으로 모든 권력과 돈을 통제하고 있는 최상층은 주인과 같고 아무것도 소유하지 못하고 국가의 명령에 따라서 살아가는 최하층은 머슴과 같다. 제9장 부록에서 행한 계산 결과를 보면 생산수단을 지배하고 머슴을 노예처럼 부리는 주인은 6,300달러의 소득을 갖는 데 비해서 주인이 시키는 대로 일하고 주인이 주는 대로 받는 머슴은 630달러의 소득밖에 갖지 못한다. 주인은

14 확장과 긴축을 반복하다가 영국병을 키운 영국 노동당 정부의 정책을 일컫는 말이다.

머슴보다 무려 10배나 더 잘산다.

북한이 개혁하고 개방한다는 것은 위에서 살펴본 것같이 계층구조를 없애고 모든 인민이 주인이 되는 세상을 만들자는 것과 같다. 아무것도 소유할 수 없고 아무런 자유도 누리지 못한 채 머슴처럼 살아가는 최하층과 실질적으로 모든 것을 지배하면서 머슴을 부려 먹던 주인을 모두가 동등한 자유인으로 만들면 경제가 어떻게 될까? 필자가 행한 시산결과를 보면 모두가 동등한 조건의 자유인이 되는 경우에 1인당소득은 2,100달러가 된다.

개혁과 개방을 통해서 모두가 동등한 조건을 지닌 자유인이 되는 경우에 2,100달러의 소득을 갖게 된다는 사실은 이제까지 머슴처럼 살며 630달러의 소득으로 목숨을 부지하던 다수의 기층민들에게는 매우 고무적이다. 1인당소득이 630달러에서 2,100달러로 세 배 이상 증가한다는 데 이를 싫어할 사람은 없을 것이다. 그러므로 기층민들에게는 개혁과 개방이 쌍수를 들어서 환영할 일이 된다.

그러나 최상층의 사정은 이와는 아주 다르다. 개혁과 개방을 통해서 머슴처럼 일하던 기층민을 자기와 동등한 조건의 자유인으로 만들게 되면 최상층의 1인당소득은 6,300달러에서 2,100달러로 대폭 줄어들게 된다. 이것이 상징하는 바는 개혁과 개방에 돌입하게 되면 이제까지 향유하던 특권을 모두 상실하게 된다는 사실이다.

북한의 최상층이 개혁과 개방의 길로 나서지 못하는 더 중요한 이유는 그렇게 했을 때 지금까지 누리던 특권을 상실하게 될 뿐만 아니라 잘못하면 목숨까지도 내놓아야 할지 모른다는 두려움 때문이다. 루마니아, 리비아, 이집트 등의 예에서 절대 권력자들조차도 한순간에 목숨을 잃는 사례에 관해 북한의 지도층들도 잘 알고 있을 것이다. 이는 북한의 최상층이 주도해서 경제를 개혁하고 개방할 가능성이 별로 높지 않을 것임을 뜻한다.

9.4.5 변화를 유도할 방안

북한 경제를 개혁과 개방의 길로 나아가게 하려면 북한 사회의 최상층이 그 방향으로 움직이도록 설득할 수 있어야 한다. 그러기 위해서는 북한 경제를 개혁하고 개방하는 일이 그들에게도 이익이 되게 하는 방안을 찾아야 한다. 개혁과 개방 이전에 중국 사회의 상층부를 이루고 있던 당, 행정부, 군 등의 고위 간부들의 동의가 없었다면 중국도 개혁과 개방에 성공하기 어려웠을 것이다. 어떠한 변화이건 기득권의 상실을 우려하는 자들의 반발을 극복해야 성공할 수 있다. 그 한 가지 방안은 개혁과 개방 조치 이후 증가하게 될 하층민의 소득 중 일부를 소득 감소를 경험하게 될 상층부에게 이전하는 것이다.

전 항에서 본 예에서 북한의 최상층은 주인으로서 6,300달러의 1인당소득을 갖고 최하층을 이루는 기층민들은 머슴으로서 630달러의 1인당소득을 갖게 된다. 부록에서 고찰한 바에 의하면 주인은 여러 명의 머슴을 두는 것으로 나타난다. 가령 300만 명의 평양시민이 주인이고 2,200만 명의 다른 주민들이 머슴이라면, 주인 한 사람이 약 7명의 머슴을 갖고 있다는 얘기가 된다. 머슴에게 재산을 나누어주고 자유를 주면 모든 사람이 2,100달러의 소득을 갖게 된다는 위의 사례는, 개혁과 더불어서 머슴의 소득은 630달러에서 2,100달러로 한 사람당 1,470달러가 증가하고, 주인의 소득은 6,300달러에서 2,100달러로 한 사람당 4,200달러가 감소하게 됨을 보여준다. 그런데 머슴의 숫자가 7명이므로 그들이 늘어난 소득 1,470달러 중에서 각각 600달러를 거두어서 전의 주인에게 주면, 그의 소득은 6,300달러로서 그대로 있고 전 머슴의 소득은 630달러에서 1,500달러로 증가하게 된다. 이는 파레토향상 소득재분배(Pareto improving income redistribution)로서 주인과 머슴 모두에게 윈윈 전략이 된다.

개혁과 개방 조치가 북한 경제를 성장 경로로 이끄는 경우에는, 북한의 1인당소득이 2,100달러를 기점으로 지속적으로 증가할 터이므로 옛 머슴들의 부담은 점차 줄어들게 된다. 가령 개혁과 개방 조치에 힘입어서 북한 경제가 연

5%씩 성장한다면 12년 만에 소득은 4,300달러가 된다. 이때에도 600달러의 이전을 지속한다면 옛 주인의 소득은 8,500달러가 된다. 이는 경제성장과 더불어서 옛 머슴들이 옛 주인에게 이전해 주는 소득의 크기를 줄일 수 있음을 시사한다.

위에서 고려한 소득이전은 세금을 납부하는 것과 유사하다. 그러나 세금은 국가에 납부하며 국가는 그것을 공공서비스를 제공하는 데 사용하지만, 위의 예에서 본 소득이전은 기득권층의 줄어든 소득을 보전하기 위함이다.

개혁과 개방으로 얻게 되는 기층민들의 증가되는 소득의 일정 부분을 지도층의 감소되는 소득을 보전하는 데 씀으로써 지도층이 개혁과 개방에 동의하도록 하자는 방안은 참으로 그럴듯하지만 여기에는 한 가지 중대한 문제가 있다. 개혁과 개방이 이루어진 이후에 기층민들이 지도층에게 소득을 이전해 준다는 약속을 지킬 것인지 확실하지 않다. 일단 자유인이 된 이후에는 기층민들이 당초에 한 약속을 이행할 유인이 소멸된다. 더구나 그들의 숫자가 훨씬 많으므로 다수결 원칙을 주장하면서 약속을 파기할 가능성이 높다. 북한의 지도층도 이런 시간불일치(time inconsistency)의 문제를 잘 알고 있을 것이므로 위에서 설명한 소득이전을 통한 개혁과 개방 유도 방안을 받아들이려 하지 않을 것이다.

이 딜레마를 해결하려면 소득을 이전한다는 약속을 이행하게 만들 장치가 필요하다. 국제사회가 약속의 이행을 보장하는 방안을 생각할 수 있으나 그것이 어떤 방안이 될지 그리고 그것이 얼마나 효과가 있을지 잘 알지 못한다.

국제사회가 북한의 현 지도층에게 '뇌물(bribe)'을 줌으로써 북한을 개혁과 개방으로 이끄는 방안을 고려해볼 수 있다. 분단으로 인해 유형무형의 비용을 치르고 있는 남한이나 '불량 국가'를 이웃에 두고 있는 중국과 일본 그리고 북한에 맞선 우방국을 지원하느라고 막대한 비용을 지불하고 있는 미국 등이 개혁과 개방의 걸림돌인 북한의 현 지도층을 '사버리는 것(buy out)'이 그러한 방안이다. 국제사회가 그런 방안에 합의한다면 좋겠으나 역할과 비용분담 등에서 이견을 보일 가능성이 커서 현실화될 가능성은 그리 높지 않다. 이 방안의 치명적인 약점은 북한의 현 지도층이 '뇌물'만 챙기고 약속을 이행하지 않을 가능성이 높다는 사실이다. 위에서는 기층민들이 약속을 이행하게 할 방안이 무엇인가가 문제였으나 이제는 지도층이 약속을 이행하도록 만들 방안이 무엇인가가 문제가 된다.

9.5 남북 통합에 대한 남한의 준비

언젠가는 이루어져야 할[15] 남북한 통합에 대비해서 남한이 준비해야 할 일이 많다.

남한 경제를 한층 더 활성화시켜야 한다. 남한은 현재 구매력기준 1인당소득이 약 3만 6,600달러의 경제력을 지니고 있다. 북한의 구매력기준 1인당소득은 크게 잡아도 1,700달러 정도이다. 통합이 이루어졌을 때 남북한 주민 모두가 현재의 남한 주민이 가진 정도의 1인당소득을 갖게 하려면, 통합 시까지 북한의 1인당소득이 4,000달러로 늘어난다는 전제하에, 남한의 1인당소득이 5만 2,900달러가 되어야 한다. 이는 남한이 앞으로도 경제발전을 지속해야 할 것임을 보여준다. 그러므로 남북한 통합에 대비해서 남한이 해야 할 첫 과제는 남한 자체의 경제를 더욱 튼튼하게 하는 일이다.

통합에 소요될 재원을 지금부터 적립할 필요가 있다. 위의 계산은 남북한 통합이 이루어질 때 남한 주민이 5만 2,900백 달러의 소득 중 1만 6,300달러를 떼어서 북한 주민에게 주는 것을 상정한 것인데 이는 분명히 지나치게 과도한 수준이다. 통합 이후에 북한 지역의 1인당소득이 우리가 상정한 4,000달러에서 현재의 남한 수준인 3만 6,600달러가 되기까지, 남한이나 중국의 경제발전 과정에 비추어 볼 때, 적어도 30년은 소요될 전망이다. 이는 통합 이후에도 약 30년 동안 이런저런 명목으로 구남한주민이 구북한주민에게 소득을

15 이를 '언젠가는 이루어질'로 표현할 수 없는 현실이 안타깝다.

이전해야 할 것임을 의미하는데 그때 가서 큰 금액의 소득을 이전하는 것보다는 지금부터 일부라도 적립하는 게 나을 것이다.

통합이 이루어졌을 때 남한 주민이 한 사람당 1만 6,300달러를 북한 주민에게 넘겨주는 상황을 상정한 위의 사례분석은 남한 주민에게 매우 심각한 질문을 던진다. 그것은 '도대체 무엇을 하자고 내 소득을 그렇게 많이 떼어서 북한 주민에게 넘겨준다는 말인가?' 하는 물음이다. 사실 이 물음은 매우 본질적인 것이다. 단순히 공리주의적인 관점에서 보더라도 통합이 되면 내게 무슨 혜택이 있기에 내가 그런 큰 희생을 치러야 하나라는 생각이 드는 게 당연한 일이다. 우리는 과연 남한 주민들의 이러한 의구심을 잠재우고 그들 소득의 상당한 부분을 북한 주민들에게 나누어 주도록 설득할 수 있을까? 통일 또는 경제통합을 논하는 학자들 중 이런 종류의 질문을 던지는 사람은 별로 없다. 그저 막연히 남한이 이러이러한 정도의 비용을 지불해야 한다고 얘기하지 남한 주민 한 사람당 비용이 얼마나 되는지에 대해서는 모른 척한다.

남북한의 동질성을 회복하려는 노력이 필요하다. 남한과 북한은 분단 이후 너무나 다른 길을 걸어왔기에, 인정하고 싶지는 않지만, 이제는 사실상 매우 이질적인 존재가 되었음을 부정할 수 없다. 아주 이질적인 두 개체가 어느 날 갑자기 함께 살아가야 한다면 사상과 생각과 관습과 언어와 행동과 문화의 차이에서 오는 갈등이 이만저만하지 않을 것이다. 그러므로 지금까지 해온 것보다 훨씬 더 적극적으로 양자 간의 이질성을 좁히려는 노력을 기울여야 한다.

북한의 하드인프라 및 소프트인프라를 개편할 액션 플랜을 만들어 두어야 한다. 시장, 금융, 교육, 보건위생, 상하수도, 교통, 통신, 전기가스 등의 인프라를 업그레이드하고 남한의 인프라와 정합성을 확보할 플랜을 수립해야 한다. 그뿐만 아니라 통합 이후 북한의 하드인프라 및 소프트인프라 재구축에 필요한 남한 측 인력도 양성해야 한다. 그들은 북한 측 인력과 공동으로 작업해야 할 터이므로 그에 대한 대비책도 강구해야 한다.

9.6 통합 한국의 흥성 조건

산업혁명 이래 이루어진 국가의 흥망성쇠를 되돌아보면 경제발전의 궁극적인 힘들을 배제하고서도 흥성한 나라는 하나도 없다. 여기에는 한동안 흥성하다가 경제발전의 궁극적인 힘들을 억제하는 방향으로 국가의 근간을 바꾼 이후 쇠락한 나라도 포함된다. 반면에 산업혁명의 물결에 동참하면서 경제발전의 궁극적인 힘들이 제대로 작동하도록 국가의 근간을 바꾼 나라들은 하나 같이 국가 흥성에 성공하였다.

이러한 관찰은 통합된 한국이 흥성하기 위해서는 경제발전의 궁극적인 원동력인 사유, 자유, 경쟁 그리고 변화와 혁신이 지닌 잠재 역량이 최대한도로 발휘될 수 있도록 통합 한국의 제도와 규범과 정책을 설계해야 할 것임을 말해준다.

사유재산을 인정함으로써 누가 어떤 일을 하건 항상 최선을 다해 하도록 만들고, 자유를 보장함으로써 누구든지 하고자 하는 일을 마음 놓고 할 수 있게 허용하며, 경쟁을 조장함으로써 누구든지 매순간 최선을 다해 노력하게 만들고, 어떠한 사람이라도 끊임없이 변화하고 혁신하지 않으면 살아남기 어렵게 만드는 방향으로 국가의 근간을 세우는 나라는 반드시 흥성한다. 그러므로 바로 그렇게 하는 것이 통합 한국이 흥성하는 조건이 된다.

9.7 소결론

분단 이후 65년이 되어 가는 현재 우리 사회의 젊은 세대는 남한과 북한의 통일에 대한 열망이 점차 약해지고 있다.[16] 두 세대 이상 남남으로 살아오다

16 아산정책연구원. (2015). 「한국인의 대북·통일인식 변화」.

보니 남한 사람들에게는 일본인, 중국인, 몽골인, 베트남인이 북한 사람들보다 더 가깝게 느껴지기도 한다.

어느 모로 보나 북한이 경제발전에 실패했음은 분명하다. 북한이 발전에 실패한 이유는 경제의 근간이 공유, 명령, 계획, 절대독재 위에 세워졌기 때문이다. 경제발전에 성공하는 원천적인 힘은 사유, 자유, 경쟁, 변화와 혁신에 있다. 사유가 보장되어야 일할 마음이 생기고(동기유발), 자유가 허용되어야 실제로 일을 할 수 있고(기회보장), 경쟁이 있어야 최선을 다하게 되며(노력유발), 변화와 혁신이 가능해야 더 나은 자가 출현할 수 있다(창조적 파괴). 그런데 이 네 가지 힘이 모두 작동할 수 없게 되어 있으니 경제가 발전할 수 없다.

북한은 변화할 것인가? 당연히 그래야 한다. 그러나 실제로 그렇게 할지는 미지수이다. 근년에 진행되는 시장화 현상을 보면 밑으로부터의 변화가 생길 법도 하지만 북한체제의 특성상 전면적인 자생적 시장화는 불가능할 것이다. 북한이 발전할 수 있는 유일한 길은 위로부터 개혁하고 개방하는 것이다. 그것도 시늉만 내는 것이 아니라 진정으로 개혁하고 개방해야 한다. 철저한 개혁과 개방이 이루어지면 북한은 이 지구상의 어떤 나라보다도 빠른 속도로 경제를 발전시킬 수 있을 것이다.

[부표 9-1] 남한과 북한의 1인당소득

	북한					남한			
	1인당GDP($)					1인당GNI($)		1인당GDP($)	
	한국은행	UN	김병연	북한 발표	현대경제 연구원	경상	구매력 기준	구매력 기준	경상
1970		384	587		636	257			279
1971		413	598		661	292			301
1972		443	606		686	324			324
1973		477	617		704	406			406
1974		515	639		724	563			562
1975		558	641		747	610			615
1976		571	653		772	826			831
1977		587	626		802	1,047			1,051
1978		604	700		819	1,454			1,398
1979		622	654		837	1,709			1,774
1980		639	721		856	1,686		2,184	1,704
1981		653	760		878	1,842		2,520	1,870
1982		808	744		897	1,957		2,853	1,978
1983		794	768		912	2,154		3,309	2,180
1984		745	738		929	2,354		3,738	2,391
1985		722	738		946	2,400		4,116	2,457
1986		805	732		965	2,472		4,624	2,803
1987		836	744		966	3,467		5,281	3,511
1988		764	765		920	4,653		6,056	4,686
1989		811	786		863	5,718		6,668	5,737
1990	1,139	735	720		815	6,505	8,420	7,519	6,516
1991	1,115	663	683		757	7,508	9,520	8,489	7,523
1992	1,013	593	599	990	710	7,983	10,200	9,123	8,002
1993	970	503	554	991	687	8,720	11,010	9,879	8,741
1994	989	384	562	722	670	10,168	12,060	10,908	10,206
1995	1,026	222	549	587	662	12,282	13,320	12,079	12,333
1996	975	479	489	482	656	13,077	14,510	13,108	13,138
1997	794	462	472	464	650	12,059	15,400	13,990	12,132
1998	564	456	412	458	645	79,89	14,500	13,272	8,085

1999	701	452	426	454	641	10,282	16,250	14,892	10,409
2000	739	462	466	464	638	11,865.3	17,950	16,452	11,948
2001	686	476	433	478	634	11,177.1	19,060	17,459	11,253
2002	739	468	465	490	630	12,729.4	20,700	18,939	12,783
2003	792	471	476	524	633	14,151.1	21,310	19,785	14,209
2004	887	473	478	546	637	15,884.1	22,920	21,245	15,908
2005	1,275	548	497		640	18,490.4	24,030	22,742	18,640
2006	1,078	575	496		644	20,794.7	25,770	24,535	20,888
2007	1,120	597	471		647	22,992.1	27,790	26,440	23,061
2008	1,036	551			761	20,419.1	28,720	27,523	20,434
2009	932	494			728	18,256.2	28,330	27,796	18,292
2010	1,074	570			724	22,105.3	30,500	29,825	22,087
2011	1,204	638			770	24,225.6	31,510	31,327	24,080
2012	1,217	643			815	24,599.9	32,550	32,489	24,359
2013	1,259	666			854	26,070.3	33,050	33,824	25,890
2014	1,318	696			930	27,892.2	33,960	35,436	27,811
2015	1,231				1,013	27,170.9	34,810	36,390	27,105
2016	1,258					27,561.0	36,570	37,740	27,539

출처: 한국은행(북한 1인당GDP, 남한 1인당GNI, Current), 현대경제연구원, 세계은행(1인당GNI, PPP, 1인당GDP, Current), 국제통화기금(1인당GDP, PPP), 김병연(2008).

부록

파탄에서 기적으로 – 북한의 경우[17]

이 부록의 목적은 북한 경제의 실상을 이해하는 데 도움이 될 경제모형을 공부하는 데 있다. 필자는 루카스(2002)에 기초한 모형을 제시하고 그 해를 도출한 다음 합리적 근거에 바탕을 둔 파리미터 값 아래서 모형의 해가 어떤 특징을 갖는지 보임으로써 북한경제의 문제를 이해하고자 한다. 필자가 제시하는 모형은 주인–머슴 모형이라고 부를 수 있다. 이제 그 내용에 관해 알아본다.

9A.1 북한 경제의 특징을 보여주는 세 가지 사실들

1953년경부터 지금에 이르기까지 북한경제가 변화해온 모습을 보면 다음 세 가지 특징이 들어난다.

첫째, 북한 주민의 1인당소득은, 현재의 국제통용 구매력을 기준으로, 1953년의 1,500달러에서 오늘의 1,662달러로 약간 증가하였다. 이 기간 중 구매력 기준 1인당소득의 연평균 성장률은 0.16%로서 매우 낮았다(남한은 같은 기간 중에 1,500달러에서 3만 6,570달러로 24배 증가하였다). 이러한 성장률은 그보다 낮거나 마이너스보다는 나은 것이지만 비슷한 상황에서 출발한 남한과 견주어 보면 분명히 실망스러운 것이다. 이를 보고 북한 경제가 장기침체 상태에 놓여 있다고 말할 수 있다.

둘째, 같은 기간 중에 북한의 인구는 약 1,000만 명에서 약 2,500만 명으로 2.5배 증가하였다. 이는 북한이 1인당소득의 장기침체에도 불구하고 2.5배

17 이 부록은 Lee & Lee(2016)에 기초한 것이다.

에 이르는 인구를 부양할 정도의 성장을 이룩했음을 의미한다. 1인당소득 증가와 인구증가를 고려하면 북한 경제가 총량 규모로는 이 기간 중에 3배 정도 확대되었음을 알 수 있다.

셋째, 북한 사회는 표면적으로 내세우는 만민평등 사회라는 기치와는 달리 매우 계급적인 것으로 보인다. 아주 단순화하자면 북한에는 주로 평양 주민인 당과 군과 행정부의 최고 엘리트로 구성된 지도층과 주로 평양 밖에 사는 노동자 농민으로 구성된 기층민의 두 계급이 있다. 경제적인 측면에서 보면 지도층은 매우 부유하며 지배하는 게 많으며 할 수 있는 일이 많다. 반면에 기층민은 매우 가난하며 가진 게 거의 없고 당국에서 시키는 대로 살아간다. 구매력기준 1인당소득이 1,662달러라는 것은 북한의 엘리트들이 향유하는 1만 달러 이상의 소득을 포함하는 것이다. 그러므로 엘리트를 제외한 기층민들의 평균소득은 1,662달러보다 작은 게 분명하다. 아마도 북한의 기층민들은 구매력기준으로 연 1,000달러 정도의 소득으로 살아가야 할 것이다. 이는 하루에 3달러가 안 되는 금액으로서 세계은행에서 제시한 절대빈곤 상태를 가까스로 모면한 수준이다.

이 세 가지 사실들을 설명할 수 있는 모형을 제시하고자 한다. 그 이전에 생각할 것은 위에 언급한 세 가지 특징 중 처음 두 개의 특징은 산업혁명 이전의 인류가 지녔던 경제사의 특징과 동일하다는 점이다. 즉, 산업혁명이 발발하기 이전 수천 년에 걸쳐 기록이 있는 역사 동안에 세계 인류의 평균 소득은 지금의 화폐가치로 약 600달러 수준에 머물러 있었으나 인구는 1750년경의 7억 명에 이르기까지 꾸준하게 증가해왔다. 인구증가와 1인당소득의 정체가 산업혁명 이전의 시기에 인류가 영위하던 경제의 특징이다.

주지하듯이 Malthus의 이론은 소득정체와 인구증가라는 두 가지 현상을 잘 설명할 수 있다. 소득이 정체되는 것은 사람들이 좀 잘살 만해지면 인구가 늘어나서 평균소득을 끌어내리기 때문이며, 그럼에도 인구가 증가한 것은 유사 이래 인류가 이루어온 기술발전이나 새로운 자원발견 등에 힘입은 것이라고 설명한다. 이때 불, 도구, 바퀴, 문자, 인쇄술 등의 발명이나 신대륙의 발견과 같은 사건이 소득의 지속적인 증가를 가져오지 못한 것은 먹을 게 많아지자 인구가 급속도로 늘어났기 때문이다. Malthus의 이론은 인류가 정체상태에 머물 수밖에 없음을 아주 잘 설명한다.

그러나 Malthus의 이론은 경제여건이 상이한 계급사회를 설명하는 데는 부족하다. 필자는 주인-머슴 모형을 이용해서 북한 사회를 이해하고자 한다.

9A.2 주인-머슴 모형

인구가 N명인 경제를 상정하기로 하자. 이 중 N_l명은 주인이고 N_s명은 머슴이다. 이 경제는 X만큼의 토지를 갖고 있다. 토지는 주인의 소유물이며, 주인은 토지뿐 아니라 머슴도 '소유'한다. 머슴은 주인이 시키는 대로 일하고 주인이 주는 것을 받아서 살아간다. 머슴은 허락 없이 주인을 떠날 수 없다. 주인은 자기 토지에 머슴을 시켜서 농사를 짓고 그 수확물에서 머슴에게 줄 몫을 뺀 나머지를 갖고 살아간다. 주인은 일을 하지 않는다. 주인들은 토지 X와 머슴 N_s를 균등하게 나누어 갖고 있다. 주인 한 사람이 가진 토지면적을 x라 하면 $x=\frac{X}{N_l}$이 성립한다. 주인이 부리는 머슴의 수를 s로 나타내면 $s=\frac{N_s}{N_l}$이 성립한다. 이 경제의 주인 1인당생산함수는 아래와 같이 주어진다.

$$y=Ax^{\alpha}s^{1-\alpha} \tag{9A.1}$$

식 (9A.1)으로 주어진 산출량은 모두 주인 것이다. 그러나 주인이 이를 다 쓰는 것은 아니다. 주인은 머슴들에게 각기 y_s만큼의 소득을 나누어 준다. 따라서 주인이 쓸 수 있는 소득은 $y_l=Ax^{\alpha}s^{1-\alpha}-y_s s$가 된다. 머슴에게 y_s를 주지 않으면 머슴은 굶어 죽을 것이고 그러면 주인은 일할 사람이 없어져서 낭패를 보게 된다. 주인은 머슴에게 나누어 주고 남은 소득을 아이를 낳아 키우고 자기가 살아가는 데 쓴다. 주인이 낳는 자녀 수를 n_l로 나타내고 주인이 아이 하나를 성인으로 키우는 데 드는 양육비를 k_l로 나타내면, 주인은 다음과 같은 예산제약을 갖게 된다.

$$c_l + k_l n_l = Ax^{\alpha} s^{1-\alpha} - y_s s \tag{9A.2}$$

주인이나 머슴이나 한 번의 인생을 살다 죽으며, 그들은 다음과 같은 형태의 생애효용함수를 갖는 것으로 상정한다.

$$u_t = c_t^{1-\beta} n_t^{\eta} u_{t+1}^{\beta} \tag{9A.3}$$

여기에서 u_t는 t세대원의 효용을 나타낸다. c_t는 그의 생애소비를 나타내고 n_t는 그가 일생 동안 낳아서 기르는 자녀의 수를 나타낸다. u_{t+1}은 t세대원의 후속세대 즉, 그 자식이 일생 동안 누릴 효용의 크기를 나타낸다. 사람들은 그가 일생 동안 누리는 삶의 수준을 의미하는 '생애소비'와 그가 기르는 자녀들로부터 효용 즉, 삶의 가치를 얻는다. 또한 자녀가 행복한 삶을 누리게 되면 나 자신의 행복도 증진된다. 즉, 자녀의 숫자와 그 자녀들이 누릴 행복의 크기가 내 행복의 원천이 된다. 위 식에서 β는 자녀의 행복이 나를 행복하게 해 주는 정도를 나타내며, η는 자녀를 낳아 기르는 데서 내가 얻는 행복의 정도를 나타낸다(이하에서는 $\eta > \beta$가 성립하는 것으로 가정한다).

주인과 머슴이 동일한 효용함수를 갖고 있다는 것은 행복을 얻는 원천이나 행복을 얻는 방식에 있어서 주인과 머슴 간에 차이가 없음을 의미한다. 이는 그들이 본질적으로 동일한 인간임을 의미한다. 주인과 머슴을 분리시키는 것은 후천적인 요인들에 의해 정해진 소유권의 차이이다. 주인은 모든 것을 소유하고 머슴은 아무 것도 갖지 못하는 게 차이점이다.

머슴은 주인으로부터 y_s의 소득을 받아서 이를 자신의 소비와 자녀 양육에 사용한다. 그의 예산제약은 아래와 같이 주어진다.

$$c_s + k_s n_s = y_s \tag{9A.4}$$

여기에서 아래 첨자 s가 붙은 변수들은 각각 머슴의 생애소비, 머슴의 자녀

양육비, 머슴의 자녀 수를 나타낸다.

머슴은 (9A.4)로 주어진 예산제약하에서 (9A.3)으로 주어진 생애효용을 극대화하도록 c_s와 n_s를 결정한다. 그 해를 구하면 아래와 같다.

$$c_s = \frac{1-\beta}{\eta} \cdot y_s \tag{9A.5}$$

$$n_s = \frac{\eta}{1-\beta+\eta} \frac{y_s}{k_s} \tag{9A.6}$$

한편 주인은 식 (9A.2)로 주어진 예산제약하에서 식 (9A.3)으로 주어진 효용을 극대화하는 선택을 하게 된다. 주인의 선택변수는 자신의 소비 c_s, 자녀 수 n_l 그리고 노예에게 줄 몫 y_s이다. 주인의 경제문제는 머슴의 것처럼 단순하지가 않다. 주인의 예산제약을 보면 그의 소득이 그가 일생을 시작할 때 가졌던 자산 x와 s에 따라 달라짐을 알 수 있다. 이는 (x, s)가 주인의 경제적 처지를 결정하는 상태변수(state variable)임을 뜻한다. 이것은 그가 선택할 소비, 자녀 수, 머슴의 몫 등이 모두 (x, s)의 함수로 정해지게 될 것임을 의미한다. 한편 내가 (x, s)를 상태변수로 갖고 인생을 살아간다는 말은 내 자손은 (x', s')을 갖고 인생을 살아간다는 것을 의미한다. 그런데 x'과 s'은 각기 다음과 같이 정해진다.

$$x' = \frac{x}{n_l} \tag{9A.7}$$

$$s' = \frac{n_s s}{n_l} = \frac{\eta}{1-\beta+\eta} \frac{y_s}{k_s} \frac{s}{n_l} \tag{9A.8}$$

식 (9A.8) 우변의 두 번째 등식은 식 (9A.6)로 주어지는 머슴의 자녀 수 n_s를 적용한 것이다. 위의 두 식을 보면 n_l과 y_s가 x와 s의 함수로 정해지므로, x'과 s'도 궁극적으로는 x와 s의 함수로 정해질 것임을 의미한다. 이런 논의로부터 다음과 같은 관계가 성립하게 된다.[18]

18 이와 같이 문제를 함수방정식(functional equation)으로 나타내어 해를 찾는 방식은 Lucas & Stokey(1989)를 따른 것이다.

$$v(x,\ s)=Max[c_l^{1-\beta}n_l^{\eta}v(x',\ s')^{\beta}] \tag{9A.9}$$

subject to:

$$c_l+k_ln_l=Ax^{\alpha}s^{1-\alpha}-y_ss \tag{9A.2}$$

$$x'=\frac{x}{n_l} \tag{9A.7}$$

$$s'=\frac{\eta}{1-\beta+\eta}\frac{y_s}{k_s}\frac{s}{n_l} \tag{9A.8}$$

위 문제를 푸는 방법은 상당히 어렵다. 이 부록의 목적이 위에 주어진 문제를 푸는 방법론에 관한 것이 아니므로 여기에서는 문제 풀이 과정은 생략한다. 위의 문제를 풀어서 정상상태의 해를 구하면 아래와 같다.

$$y_l=\frac{1-\beta+\eta}{\eta-\beta}k_l \tag{9A.10}$$

$$y_s=\frac{1-\beta+\eta}{\eta}k_s \tag{9A.11}$$

$$n_l=1 \tag{9A.12}$$

$$n_s=1 \tag{9A.13}$$

위 식들이 주인-머슴 모형의 해 가운데 핵심적인 사항이다. 균제상태의 상태변수 $(x,\ s)$값도 구할 수 있으며, 균제상태에서의 주인과 머슴의 숫자와 총인구도 구할 수 있다. 소득, 자녀 수, 주인 1인당 토지면적, 주인 1인당 머슴의 숫자 등은 모두 이 경제가 지닌 토지의 총면적 X나 경제의 기술수준 A와 무관하게 정해진다. X나 A는 인구수에만 영향을 준다.

9A.3 모든 사람이 주인인 모형

이제 주인과 머슴의 차이를 없애서 모두가 주인이 되는 세상에 관해서 공부해보자. 여기서 주인이 된다는 얘기는 토지의 소유주가 됨을 의미하며 또한 자기 뜻대로 행동할 수 있는 자유인이 됨을 의미한다. 하나의 벤치마크로서 모든 사람이 토지를 균등하게 소유하는 경제에 관해서 알아보기로 한다.

모두가 주인이 되는 사회에서는 각자가 $x_e = \frac{X}{N}$의 토지를 가지고 본인의 노동력을 투입해서 산출물을 얻게 된다. 각자가 한 단위의 노동력을 갖고 있다면 생산함수는 아래와 같이 주어진다.

$$y_e = Ax_e^{\alpha} \tag{9A.14}$$

주인인 나는 부모 세대로부터 물려받은 토지 x_e를 갖고 인생을 시작하며 토지에 노동력을 투입해서 $y_e = Ax_e^{\alpha}$의 산출물을 얻고 이를 소비 c_e와 자녀 n_e를 낳아 기르는 데 사용한다. 예산제약은 다음과 같다.

$$c_e + k_e n_e = Ax_e^{\alpha} \tag{9A.15}$$

토지 x_e를 갖고 인생을 살아간다는 말은 곧 x_e가 상태변수라는 뜻이다. 내가 일생 동안에 얻는 효용은 x_e의 함수가 된다. 이를 $\phi(x_e)$라고 표현하자. x_e'의 토지를 갖고 인생을 살아가는 자녀가 얻는 효용은 $\phi(x_e')$가 된다. 이 경우 아래의 식이 성립한다.

$$\phi(x_e) = Max[c_e^{1-\beta} n_e^{\eta} \phi(x_e')^{\beta}] \tag{9A.16}$$

subject to:

$$c_e + k_e n_e = Ax_e^{\alpha} \tag{9A.15}$$

$$x_e' = \frac{x_e}{n_e} \tag{9A.17}$$

이 문제를 풀어서 균제상태의 해를 구하면 다음과 같다.

$$y_e = \frac{1-\beta+\eta}{\eta-\alpha\beta}k_e \tag{9A.18}$$

이 경우에도 $n_e=1$이 균제상태가 되며, 균제상태의 1인당 토지면적과 총인구를 구하는 것은 그리 어렵지 않다.

9A.4 두 모형의 해 비교

두 모형의 해가 어떻게 다른 값을 갖는지 보기 위해서, $\beta=0.2$, $\eta=0.25$, $\alpha=\frac{1}{2}$, $k_s=150$ 그리고 $k_l=k_e=300$인 경우에 관해 살펴보기로 하자. 모형의 파라미터 값을 이렇게 상정하는 경우에 두 모형의 해는 아래와 같이 주어진다.

주인-머슴 모형: 주인의 소득=6,300 : 머슴의 소득=630

모두가 주인이 되는 모형: 평균소득=2,100

주인이 머슴을 종처럼 부리는 사회에서 주인은 6,300(달러)의 소득을 얻는데 반해서 머슴은 630달러밖에 얻지 못한다. 주인과 머슴과의 소득차가 무려 10배가 된다. 주인은 아주 잘살고 머슴은 아주 못산다. 이러한 사실이 북한의 실정에 부합하는 것이 아닐까? 북한의 지도층은 아주 잘살지만 북한의 기층민은 아주 못산다. 주인-머슴 모형이 암시하는 바와 정확하게 일치한다. 이를 보면 북한의 지도층이 기층민을 머슴처럼 부리며 살아가고 있는 것 같다는 생각이 든다.

9A.5 모두가 주인이 되는 사회를 만들 수 있는가?

모두가 주인이 되면 각자가 2,100달러의 소득을 얻게 된다. 이는 종전의 머슴이 받았던 소득 630달러의 세 배가 넘는 것이다. 소득이 세 배 이상 증가한다는 것은 대단한 사실이다. 머슴을 해방시켜 주인이 되게 하는 것만으로도 소득이 세 배 이상 증가한다는 사실로부터 사유와 자유가 얼마나 소중한 가치인지 알 수 있다. 이를 보면 모두가 주인이 되는 사회를 만드는 게 북한 사회의 급선무임을 알 수 있다.

그러나 문제는 주인은 머슴을 해방시킬 유인이 전혀 없다는 데 있다. 위의 예에서 보듯이 모두가 주인이 되는 사회가 되면, 현재의 주인은 6,300달러에서 2,100달러로 무려 4,200달러의 소득감소를 겪게 된다. 소득이 1/3로 줄어드는 것이다. 이 예에서는 소득으로 표현했지만 소득 이외에 내려놓아야 하는 기득권의 가치도 상당할 것이다. 사정이 그러하므로 북한 사회의 상층부를 구성하는 지도층들이 소유권을 부여하고 자유를 허용하는 개혁을 단행함으로써 기층민들의 처지 향상을 도모할 가능성은 아주 낮다.

이러한 상황에서 난제를 해결하는 하나의 방안은 주인의 처지를 악화시키지 않는 방향으로 개혁개방을 추진하는 것이다. 자유인이 된 예전의 머슴들이 증가된 소득 중 일정 부분을 예전 주인에게 이전해주면 주인이 손해 보지 않게 만들면서 동시에 머슴의 처지를 개선할 수 있다. 가령 전에 주인 하나가 일곱 명의 머슴을 거느렸었다면, 예전 머슴이 주인에게 이전해 줄 수 있는 최대 금액은 840이고 예전 주인이 받아들일 최소 금액은 600이 되므로, 600~840 사이에서 이전액을 정하면 된다. 예를 들어서 700씩 거두어주는 경우에 예전 주인의 소득은 7,000이 되고 예전 머슴의 소득은 1,400이 되므로 모두가 이득이 된다(이 방안은 머슴이 5명 이상이었을 때만 유효하다).

방금 고려한 방안은 커다란 맹점을 지닌다. 해방시켜 주면 소득을 이전해 주겠다던 머슴들이 자유인이 된 연후에 약속을 지키지 않을 가능성이 높다는 게 그것이다. 더욱이 자유인이 된 머슴들이 수의 우세를 무기로 해서 예전 주인의 만행을 타도하겠다고 나서는 것을 방지할 방도도 마땅치 않다. 그러므로 소득이전 약속의 이행을 보장하고 민중봉기를 일으키지 못하게 할 확실한 방도를 마련하지 못하는 한 현재의 주인은 결코 머슴 해방에 찬동하지 않을 것이다.

제10장

지능정보시대의 경제발전

'스스로 판단해서 문제를 해결하는 능력을 갖춘' 지능정보기술(intelligent information technology)이 빠른 속도로 발전하고 있다. 지능정보기술의 발전이 인류사회를 어떤 방향으로 얼마나 변화시킬지에 대한 논의가 활발하다. 인공지능기기가 인간의 약점을 보완하고 보조하는 역할에 그칠 것이라는 주장이 있는가 하면 적어도 생산의 측면에서는 인간을 '쓸모없게' 만들 것이라는 주장도 있다. 그러한 변화가 언제 이루어질 것인가에 관해서도 논란이 있다. 길어 보아야 이십 년이면 세상이 바뀔 것이라는 주장이 있는가 하면 적어도 오십 년은 지나야 할 것이라는 주장도 있다. 분명한 것은 변화가 발생할 것이라는 데는 모두가 동의한다는 사실이다.

지능정보기술이 우리 삶의 무엇을 어떻게 변화시킬까? 경제적인 측면에서 보자면 지능정보기술이 발전함에 따라서 일하고 생산하고 소비하고 투자하고 배우고 여가를 즐기고 기술을 개발하고 외국과 교류하는 등 우리가 행하는 경제활동의 모든 것이 변화될 전망이다. 경제활동의 규모와 내용과 속성 그리고 경제활동을 행하는 방식과 나라 경제 및 세계 경제가 움직이는 방식도 종전과는 달라질 전망이다.

지능정보기술의 발전이 가져올 가장 중요한 변화는 아마도 생산방식의 변화와 그로 인한 노동의 변화일 것이다. 자동화와 지능화가 진전됨에 따라서 그동안 사람이 해오던 노동을 스마트기기가 완전하게 또는 부분적으로 대체하는 일이 전개될 것이다.

벌써부터 지능자동화로 인해서 사라질 직업군에 대한 이야기들이 쏟아져 나오고 있다. 그런 사례로 많이 드는 것이 차량과 열차의 운전원이다. 무인자동화기술이 발전하게 되면 버스, 트럭, 열차, 지하철, 선박 등의 대량 운송수단을 조종할 사람이 필요 없게 된다는 것이다. 약사, 의사, 변호사, 회계사, 은행의 창구직원, 호텔종업원, 경비원 등이 위태로운 직종으로 자주 언급된다.

반면에 지능정보기술이 발전하면서 새로운 일자리도 많이 생길 것이다. 이 중에서는 지능정보기술을 개발하고 관리하는 직업과 지능정보기술을 탑재한 기계나 도구와 협업하는 직업 등 지능정보기술과 직접적으로 관련되는 분야가 많을 것이다. 그러나 그보다 더 많은 분야에서는 발전하는 지능정보기술이 경제를 변화시킴에 따라서 새로운 일자리가 생겨날 것이다.

1차 산업혁명이 발발했을 때 수많은 노동자들이 기계에 밀려났지만, 기계를 만들고 조종하고 수리하는 등 증기기관기술과 직접 연관되는 직종은 물론 이거니와, 증기기관과는 직접 연관이 없는 금융, 유통, 교육, 의료, 법률, 교통, 통신, 건설 등의 분야에서 엄청난 수의 일자리가 생겨났던 것을 상기해보면 상황이 어떤 방향으로 전개될 것인지 짐작할 수 있다.

지능정보시대가 도래하면 국가 흥망성쇠의 비결이 달라질 것인가? 지능정보시대가 도래하더라도 사유, 자유, 경쟁 그리고 변화와 혁신이 경제발전의 궁극적인 힘이라는 사실은 바뀌지 않는다. 달라지는 것은 지능정보시대가 되면서 사유, 자유, 경쟁 그리고 변화와 혁신이 가진 힘이 더 커지거나 그 반대로 더 작아지는 현상이 일어날 수 있다는 점이다.

제10장의 주 관심사는 지능정보시대가 도래하면서 사유, 자유, 경쟁 그리고 변화와 혁신에 어떠한 변화가 초래될 것인지 알아보는 데 있다. 이를 위해 먼저 지능정보시대가 무엇인지, 지능정보시대에는 경제가 어떻게 변화될 것인지, 지능정보시대가 가져오게 될 새로운 문제들에는 어떤 것이 있는지 등에 관해 살펴본다.

10.1 인간지능과 인공지능

10.1.1 인간지능

현재까지 알려진 바에 의하면 현생 인류 즉, 호모 사피엔스는 이 지구상에 존재하는 유일한 고등지능동물(highly intelligent animal)이다. 현생 인류가 호모 에렉투스나 네안데르탈인을 몰아낸 이후에 지구상에 존재하는 모든 동식물을 지배하고 이용하며 살아올 수 있었던 것은 머리 즉, 지력을 활용하는 능력이 다른 동식물에 비해서 월등하게 뛰어났기 때문이다.[1] 머리를 사용할 줄 아는 호모 사피엔스가 두뇌를 본격적으로 활용하기 시작한 것은 지난 500년 정도의 일이다. 20만 년 이상의 역사를 지녔다는 호모 사피엔스가 그들을 강하게 만든 근원적인 힘인 두뇌를 제대로 활용하기 시작한 게 500년 정도밖에 안 된다는 게 신기하다.

'선악과를 따 먹었더니 하느님과 같은 지능을 갖춘 존재가 되었다'는 우리 인류가 지난 20만 년 동안 계속해서 지능을 갈고닦아 왔다면 세상이 어떻게 달라졌을까? 산업혁명이 발발한 지 300년도 안 되는 짧은 기간에 인류가 변모시켜놓은 세상의 모습을 보면, 20만 년이라는 세월의 대부분에 걸쳐서 인류의 뇌가 '잠을 자고 있었던' 것이 어쩌면 축복이었을지도 모른다. 그 긴 기간 동안 두뇌가 진화를 거듭했더라면 지금쯤 인류는 지구를 온통 난장판으로 만들어 놓은 끔직한 괴물이 되어 있을지도 모른다. 에덴동산이라는 이상향을 만들어 놓고 천사처럼 살고 있을 수도 있겠지만 이기적인 욕망 덩어리인 인간이 그럴 지혜나 능력이 있었을 것 같지 않다.

르네상스와 더불어서 그동안 억눌려 있던 질곡이 풀리기 시작하자 인간지능(human intelligence)은 점점 더 큰 힘을 발휘해오고 있다. 20세기 후반부에 이루어진 인간지능의 발달이 가져온 문명의 발전은 그전 시기 수천 년에 걸쳐서 이루어진 발전상을 모두 합친 것보다 훨씬 크다.[2] 예를 들자면, 약 1만 년에 걸친 농경목축시대를 살아오면서 인류가 개발해온 통신수단을 모두 합쳐도 오늘날 우리가 사용하는 스마트폰 한 대를 당할 수 없다. 스마트폰에 익숙해진 우리들은 마치 그것이 원래부터 있었던 것인 양 당연시하지만 사실 스

---

1 유발 하라리(2015)의 『호모데우스: 미래의 역사』(김병주 역, 2017)을 참조하라.

2 이집트, 잉카, 마야, 아스텍 등의 문화유적을 보고서 지금보다 발전된 문명을 지녔던 인류의 조상이 있었다고 주장하는 학자들도 있다. Graham Hancock. (2001). *Fingerprints of the Gods*가 그러한 예다.

마트폰이 널리 보급된 것은 20년이 채 안 된다.

현재 우리가 사용하는 스마트기기는 인간지능의 산물이다. 하드웨어는 전자기술을 구현한 것이고, 기기 간의 네트워킹은 통신기술을 구현한 것이며, 소프트웨어는 정보기술을 구현한 것이다. 스마트기기에 활용되는 전자기술, 정보기술, 통신기술은 모두 인간지능의 산물이다. 스마트기기를 활용하게 되면서부터 인간의 지능은 전보다 더 큰 힘을 발휘하게 되었다. 스마트기기가 그 어머니 격인 인간지능을 돕고 있는 것이다. 이는 무엇보다도 더욱더 강력한 성능을 지닌 스마트기기를 출현시키고 있다. 인간지능을 활용해서 전자정보통신기술을 발전시키고 그것을 구현한 기기와 장치가 우리의 지능을 더욱더 강력하게 만들고 있다. 인간지능과 인간지능의 산물이 상생하는 선순환이 이루어진 것이다.

21세기에 들어오면서 인간지능과 그것의 산물인 스마트기기 간의 관계에 본질적인 변화가 생길 가능성이 커지기 시작하였다. 산업혁명 이후 20세기 후반부까지 큰 틀에서 볼 때 보완관계를 유지해왔던 인간과 기계 간의 관계가, 21세기에 들어서면서 인간의 도움 없이 혼자서 일을 처리할 줄 아는 기계가 등장하면서, 본질적으로 변화하기 시작한 것이다. 이는 부분적이나마 기계가 인간을 대체하기 시작했음을 의미한다. 아직은 초보 단계이므로 큰 틀에서는 인간과 기계가 여전히 보완관계를 갖고 있지만, 향후 범용 인공지능정보기술이 더 발달하게 되면 기계가 인간을 대체하는 영역이 점증하면서 양자 사이의 관계도 대체관계로 변화될 전망이다. 인간지능의 산물인 인공지능(artificial intelligence)이 인간지능에 버금가거나 그것을 능가하는 능력을 갖게 될 것이기 때문이다.

10.1.2 인공지능

기계나 장치가 발휘하는 능력으로서 인지, 학습, 추론, 자기수정 등 인간지능이 행하는 일을 모사하거나 그보다 더 잘하는 능력을 가리켜서 인공지능이라고 부른다.[3] 인공지능이라는 용어가 등장한 것은 1955년의 일이지만, 인공지능이 유의미해지기 시작한 것은 빅데이터를 활용할 수 있게 되면서부터이다. 데이터의 종류와 양이 천문학적으로 늘어나고 그것을 다루는 정보처리능력이 획기적으로 확대되면서 인간이 하는 것보다 더 빨리 그리고 더 효과적으로 인지하고 학습하고, 추론하고, 판단하는 능력을 지닌 기계장치가 등장한 것이다.

인공지능정보기술을 구현한 대표적인 장치가 컴퓨터이다. 처음 등장한 이래 컴퓨터 자신도 수많은 진화를 거쳐서 지금 우리가 사용하는 PC, 노트북 컴퓨터, 태블릿 컴퓨터, 스마트폰 등은 다양한 업무분야에서 인간지능을 능가하는 성능을 발휘하고 있다. 일례를 들자면 정보를 수집하고 저장하고 꺼내어 사용하는 능력에서 한 대의 스마트폰이 수백 명이 업무를 처리하는 도서관보다 훨씬 뛰어나다. 물리적인 능력에서만 그런 것이 아니라 비용 면에서도 그렇다. 스마트폰의 정보처리비용이 도서관을 활용한 정보처리비용보다 월등하게 저렴하다.

인공지능을 약(弱) 인공지능과 강(强) 인공지능으로 분류하기도 한다. 인간이 행하는 특정한 분야의 지적활동을 대신하거나 도와주도록 프로그램된 인공지능을 약 인공지능이라고 하고, 인간이 행하는 모든 분야의 지적활동을 대신하거나 더 잘할 능력을 보유한 인공지능을 강 인공지능이라고 부른다. 아직 우리는 약 인공지능의 초보 단계에 있다. 인공지능정보기술 가운데서 로봇, 자동화, 기계학습, 음성 및 영상 인식, 자연언어처리[4] 등이 우리에게 낯익다. 현재 인공지능은 법률, 의료, 교육, 금융, 제조, 기업경영 등 다양한 분야에서 응용되고 있으며 정부가 제공하는 서비스에도 적용되기 시작하였다.

3 인공지능이라는 용어 대신에 증강된 지능(augmented intelligence)이라는 용어를 사용하자는 주장이 대두되고 있다.

4 인간과 기계가 음성 언어로 소통하게 만드는 기술 또는 방식을 지칭한다.

10.2 지능정보시대의 경제

10.2.1 거래비용과 자원배분

지능정보기술은 거래비용을 절감시키는 데 도움을 준다. 수요자와 공급자의 만남을 용이하게 만들며, 사고팔려는 상품의 속성과 가격에 관한 정보의 유통을 돕는다. 가령 어떤 상품을 사려고 할 때 가격비교 사이트에 접속하면, 사려는 상품과 동일하거나 유사한 상품을 어떤 상인이 어떤 조건으로 판매하고 있는지 금방 알 수 있다. 예전 같으면 이 가게 저 가게 둘러봐야 했을 텐데 이젠 그럴 필요가 없다. 장마당의 시끌벅적한 열기나 흥정하는 재미는 없지만 손가락 몇 번 움직여서 원하는 상품을 살 수 있어서 편리하다. 모바일 뱅킹도 마찬가지이다. 예전 같으면 은행창구로 나가야 처리할 수 있던 일을 이제는 스마트기기를 활용해서 언제 어디서든 할 수 있게 되었다. 해외여행 중에도 모바일 뱅킹을 통해서 마감이 다가온 세금이나 생활요금을 납부할 수도 있다. 예전 같으면 지인에게 부탁하거나 납기를 어겨서 과태료를 물어야 했을 것이다.

지능정보기술이 거래비용을 낮추어 준다는 것은 그만큼 거래가 더 광범위하게 그리고 더 효율적으로 이루어짐을 의미한다. 더구나 해외 직구처럼 전에는 높은 거래비용 때문에 성사될 수 없던 상행위도 이제는 지능정보기술 덕택에 가능해지는 경우가 많다. 거래비용이 낮아지면 그만큼 자원배분의 효율성이 개선된다. 높은 거래비용 때문에 성립되지 않던 거래가 가능해지고, 거래비용이 많이 들어서 어렵사리 체결하던 거래가 용이해진다. 그뿐만 아니라 거래비용이 낮아지면 거래가 더욱 활발히 이루어지고 그 결과 자원이 적재적소로 흘러갈 확률이 높아진다. 즉, 자원배분상태가 개선된다.

지능정보기술이 발달함에 따라서 자원배분의 효율성이 제고되는 데는 한 가지 중요한 전제가 있다. 지능정보기술을 활용해서 정보와 데이터를 독점한 사업자가 독점력을 오남용해서 시장을 교란시키지 않는다는 전제가 필요하다. 지능정보기술이 제대로 작동하려면 빅데이터가 필요한데, 소비자의 구매

행태에 관한 데이터를 소수의 사업자가 배타적으로 '소유'하면 그러한 데이터를 사용할 수 없는 사업자는 매우 불리한 위치에 서게 된다. 또한 빅데이터를 소유한 사업자가 그것을 이용해서 소비자의 행태변화를 유도할 수도 있다.

지능정보기술이 발달하면서 정부가 빅브라더로 변신하기가 용이해졌다. '나쁜 정부'가 국민들의 일거수일투족을 모두 관찰하고 국민들의 재산보유상황을 훤히 들여다보면서 얻은 지식과 정보를 활용해서 '마음에 들지 않는' 국민에게 불이익을 줄 수도 있게 된 것이다. 개인정보보호법이 있지만, 정보를 열람한 증거를 없애기가 쉬워서 별다른 위안이 되지 못한다. 지능정보기술이 발달하면서 지식과 정보의 유통이 아주 쉬워졌지만 이를 뒤집어 얘기하면 지능정보기술의 발달로 정부가 특정 종류의 지식이나 정보의 유통을 봉쇄하기도 쉬워졌다는 말이 된다.

이러한 측면은 지능정보기술이 거래비용을 증가시키는 요인으로도 작용할 수 있음을 보여준다. 스팸메일이나 스팸전화 그리고 스팸메시지가 골머리를 썩이는 것도 거래비용을 증가시키는 사례이다. 쓸모없는 정보를 받기 싫어서 SNS 사용을 중단하거나 악성 댓글에 시달리다가 자살하는 사람이 나오는 것도 비슷한 사례이다. 또한 처음부터 대중을 오도할 목적으로 지능정보기술을 악용하는 사례도 적지 않다.

10.2.2 기술발전

성숙한 경제에서는 1인당소득의 지속적인 증가를 가져오는 가장 중요한 직접적 요소가 기술발전에 있다. 경제가 장기균제상태에 있을 때 1인당소득은 기술이 발전하는 속도만큼 성장하게 된다. 가령 연평균 기술진보율이 1.5%이면 1인당소득도 연 1.5%씩 증가하는 식이다.

이러한 견지에서 보면, 지능정보기술의 발전은 그것이 경제의 전반적인 기술발전 속도에 얼마나 영향을 주느냐에 따라서 경제성장에 대한 영향의 정도가 정해질 것임을 알 수 있다. 가령 지능정보기술이 발전함에 따라서 경제의 전반적인 기술이 전보다 0.5% 포인트 더 빠르게 발전한다면 지능정보기술의 발전이 1인당소득 증가율에 미치는 영향도 +0.5% 포인트가 된다. 즉, 지능정보기술이 발달하지 않았을 때에 비해서 1인당소득 증가율이 0.5% 포인트 상승하게 되는 것이다.

지능정보기술의 발전이 경제성장에 얼마나 영향을 주는지 알아볼 수 있는 연구가 있다. 하나는 17개 국가를 대상으로 산업용 로봇이 생산성 증대에 기여한 정도를 파악한 연구로서 그 결과를 보면 1993년에서 2007년 사이에 연평균 성장률이 0.4% 포인트 높아졌다고 한다.[5] 다른 하나는 12개 국가를 상대로 지금부터 2035년에 이르기까지 인공지능정보기술이 경제성장률에 얼마나 큰 영향을 미칠 것인지 조사한 연구로서 그 결론을 보면 인공지능정보기술의 발전이 각국의 연평균 성장률을 지금보다 2배 수준으로 높일 것이라고 한다.[6]

이제 제3장에서 설명한 경제성장모형을 이용해서 지능정보기술의 역할에 관해 알아보자. 모형의 핵심은 한 나라의 국민들이 일정한 기간 동안에 창출하는 부가가치를 나타내는 1인당국내총생산이, 각자가 투입하는 노동의 양과 질, 각자가 갖고 일하는 각종 물적자본의 양과 성능, 자연자본의 양과 질, 사회자본의 규모와 속성 그리고 경제의 전반적인 기술수준과 경제운영의 효율성에 의해서 정해진다는 것이다. 지능정보기술의 발전이 경제발전에 대해서 영향을 미치는 경로는 그것이 경제의 전반적인 기술수준에 영향을 주는 직접적인 경로와, 생산요소 축적에 미치는 간접적인 경로 그리고 효율성 개선에 도움을 주는 경로가 있다.

지능정보기술은 경제가 가진 기술의 한 부분이다. 따라서 지능정보기술이 발전하면 경제의 전반적인 기술수준도 향상된다. 위에서 본 사례에서 산업용 로봇이 널리 쓰이게 되면서 연평균 경제성장률이 0.4% 포인트 높아졌다는 것은, 지능정보기술의 발전이 경제의 전반적인 기술이 발전하는 속도를 0.4% 포인트 가까이 가속화시켰음을 의미한다. 현재 지능정보기술은 초보적인 발

5 Graetz G., & G. Michaels. (2015). "Robots at Work," *CEP Discussion Paper*.

6 Daugherty Paul & Mark Purdy. (2016). "Why AI is the Future Growth." Accenture,

전 단계에 있으며 점점 더 그 발전 속도를 높여가고 있다. 그러므로 지능정보기술의 발전 속도가 경제의 전반적인 기술의 발전 속도를 지금보다 더 끌어올릴 가능성이 높다.

지능정보기술이 발전함에 따라서 그동안 잘 써오던 기술 가운데 어떤 것은 그 유용성이 더 커질 것이고, 어떤 것은 쓸모가 적어지게 될 것이다. 즉, 발전되는 지능정보기술이 기존 기술을 보완해 줄 수도 있고 대체할 수도 있다. 스마트기기의 탐색기능이 강화되면서 문서를 작성하는 '기술'의 생산성이 높아진 것은 보완의 사례이고, 무선통신기술이 발전하면서 유선통신기술이 도태되어 가는 것은 대체의 사례이다. 그러나 발전하는 지능정보기술이 기존 기술을 대체하더라도 경제성장에는 크게 문제가 되지 않는다. 성능이 좋은 기술이 성능이 떨어지는 기술을 대체하는 것이므로 그러하다(대체되는 기술을 구현한 제품이 도태되는 것은 마이너스 요인이다. 그렇지만 바로 그러한 창조적 파괴가 경제가 발전하는 힘이 된다). 발전하는 지능정보기술이 기존 기술을 보완하는 경우에는 더더욱 문제될 게 없다. 기존 기술이 더욱 쓸모 있게 되므로 경제의 생산성이 제고된다.

발전하는 지능정보기술이 인적자본, 물적자본, 자연자본, 사회자본 등 경제의 생산요소에 대해서 주는 영향에도 두 가지 상반된 힘이 있다. 생산요소를 더 쓸모 있게 보완해주는 힘이 있는가 하면 쓸모를 떨어뜨리고 대체하는 힘도 있다. 그러나 대체하는 힘보다는 보완해주는 힘이 더 크다. 또한 대체하더라도 더 좋은 게 나쁜 것을 대체하는 것이므로 전체적으로는 이익이 된다(이 경우에도 대체당하는 생산요소의 입장은 불리하다). 결국 발전하는 지능정보기술이 인적자본의 유용성을 높이고, 물적자본의 성능을 강화시키며, 자연자본의 생산성을 높여주는 것을 통해서 경제성장에 긍정적으로 작동하게 된다.

발전하는 지능정보기술이 사회자본에 대해서 어떤 영향을 줄지는 분명하지 않다. 여기에서 말하는 사회자본이란 문화와 역사와 관습, 구성원들 간의 신뢰, 인간관계, 사회연결망, 공동체운영능력 등을 포괄하는 넓은 의미의 연성

사회적 자본을 말한다. 지능정보기술이 발전함에 따라서 사회자본을 형성하고 변화시키는 일이 전보다 용이해진다. 스마트기기의 활용도가 높아지면서 사회연결망을 만들기가 아주 쉬워진 데서 전자의 사례를 볼 수 있다. 스마트기기의 보급과 더불어서 도시와 농촌의 문화수준 차이가 전보다 눈에 띄게 줄어든 것에서 후자의 사례를 볼 수 있다.

이러한 변화가 경제발전에 도움을 줄지 여부는 지능정보기술의 발전이 사회자본의 속성에 대해서 미치는 영향에 따라서 좌우된다. 사유, 자유, 경쟁, 변화와 혁신을 촉진하도록 사회자본의 발전을 유도하면 경제발전이 촉진될 것이고 그 반대이면 경제발전에 지장이 생긴다. 지능정보기술이 발전함에 따라서 자유, 경쟁, 변화와 혁신의 힘은 강화될 가능성이 높으나 사유의 힘은 약화될 가능성이 크다. 지능정보기술이 발전하면서 승자독식 현상이 강화될 가능성이 높고, 배운 자와 그렇지 않은 자 사이의 차이가 더욱더 확대될 가능성이 높다.[7] 이는 사람들로 하여금 공유 또는 사회화의 길로 가고자 하는 강렬한 열망을 갖게 만들 것이다. 지능정보기술 발전의 선구자들 사이에서 '보편적 기초소득'을 보장하라는 목소리가 커지고 있음에서 그런 사정을 볼 수 있다.

지능정보기술이 발전하면 사유의 힘은 약화될 가능성이 높지만 자유와 경쟁과 변화와 혁신의 힘은 강화될 가능성이 높다는 것은 경제운영의 효율성이 높아질 가능성이 큼을 의미한다. 지능정보기술이 발전하던서 약화될 위험성을 지닌 사유의 힘이 약화되지 않게 하는 예방적 조치를 추하게 되면 효율성이 개선될 가능성이 더 높아진다. 지능정보기술이 발전함에 따라서 부정부패와 정경유착 행위를 줄이기가 쉬워지고, 인위적으로 경제지대를 창출해서 착복하는 행위를 방지하기가 쉬워지며, 관료들이 사욕을 채우는 일을 감시하기가 쉬워지므로 그에 비례해서 경제운영의 효율성이 향상된다. 반면에 지능정보사회에서는 정부가 빅브라더로 변신하기가 용이하고, 중요한 데이터를 지닌 사업자가 독점력을 발휘하기가 용이하다. 이를 방치하면 소수가 다수를 조종하고 지배하는 사회로 변질되면서 경제운용의 효율성은 급격하게 떨어질 것이다.

7 승자독식 현상에 대해 이론적 근거를 제시한 것이 Rosen(1981)이다.

10.2.3 일과 일자리

지능정보기술이 발전하고 그것을 구현한 기기들이 등장함에 따라서 생산요소로서의 노동의 역할에 커다란 변화가 생기게 된다. 이는 여느 기술발전의 경우와 크게 다르지 않다. 기술이 발전하면 일과 일자리에 다음과 같은 변화가 유발된다.[8]

첫째, 새로운 기술을 탑재한 도구나 기계가 인간이 하던 일을 쓸모없게 만든다. 교통관제기술이 발전하면서 교차로에서 수신호로 교통량을 통제하던 인력에 대한 수요가 줄어든 것이나, 음성이나 영상 그리고 동작인식 기술이 발전하면서 감시카메라가 경비원에 대한 수요를 줄인 것이 그런 사례이다. 이 경우에 경비원처럼 일자리를 잃는 사람도 있고 경찰처럼 다른 업무를 하게 되는 사람도 있다. 지능정보기술이 발전함에 따라서 인간이 행하던 노동이 대체된다고 해서 반드시 그 사람이 일자리를 잃게 되는 것은 아니다. 그러나 특정한 업무에만 전념하던 사람은 그 일을 더 잘해 줄 기계가 등장함에 따라서 일자리를 잃게 될 가능성이 크다.

둘째, 새로운 기술을 탑재한 도구나 기계가 등장하더라도 사람이 함께 작업하지 않으면 쓸모없는 경우가 있다. 치안유지를 위해 설치된 실시간 영상녹화장치가 동네를 돌며 순찰하던 경찰관에 대한 수요를 줄이지만, 중앙관제소에서 실시간으로 전송되는 영상을 읽고 분석하며 유사시에 대처할 지시를 내릴 인력에 대한 수요는 늘어난다. 인간이 함께 작업하지 않으면 지능정보기술을 탑재한 도구나 기기의 효용성이 떨어지기 때문이다. 지능정보기술이 이러한 방향으로 발전하면 일자리가 늘어나고 노동에 대한 수요가 증가하게 된다.

셋째, 새로운 기술을 탑재한 도구나 기기가 기존의 노동능력을 강화시키는 경우가 있다. 영상판독기술의 획기적인 발전으로 의사의 진단능력이 크게 향상되고 있다. 그렇다고 해서 의료 인력에 대한 수요가 크게 줄어들지는 않는

8 관련 자료로서 Stanford University(2016), Autor, et al.(2013), Arntz, et al.(2016), 그리고 Frey, et al.(2016)을 보라.

다. 오히려 새로운 기술을 익혀야 할 수요 덕분에 첨단 의료장비를 다룰 줄 알게 교육하고 훈련시키는 인력에 대한 수요가 늘어난다. 또 다른 사례로서, 자동운행기술이 발달해서 화물배송 트럭을 가동하는 데 운전자가 필요 없게 되더라도, 판매자에게서 화물을 찾아서 차에 싣고 목적지에 도착해서 화물을 전달하고 설치하는 일을 무인자동차가 대신해 줄 수는 없다.

넷째, 새로운 기술을 탑재한 도구나 기기로서도 잘하기 어려운 일자리가 있다. 이러한 일자리는 없어지지 않는다. 신속하면서도 정교한 몸놀림이 필요한 작업이 그런 부류에 속한다. 보육, 간병, 노인 돌봄 등 소위 퍼스널 터치(personal touch)가 중요한 일은 쉽게 사라지지 않을 것이다. 지능정보기술이 발전해서 경제가 잘 돌아가면 이런 종류의 일자리에 대한 수요가 증가된다.

다섯째, 지능정보기술을 개발하고, 발전된 지능정보기술을 탑재한 도구와 기기를 만들고, 그것들이 제대로 작동하는지 점검하고, 성능이 입증된 기기들을 확산해서 잘 쓰이도록 교육하고, 가동 중인 도구와 기기를 관리하고 유지하며 보수하는 등 지능정보기술 관련 업무에 대한 수요가 빠른 속도로 증가할 것이다. 이는 고도의 지적능력을 지닌 고급인재들에 대한 수요를 폭발적으로 증가시키게 될 것이다. 지능정보기술이 발전함에 따라서 스스로가 배우고 개선하는 능력이 향상되고 그걸 활용해서 어떤 문제에 대처할 옵션을 제시할 때 현명하게 판단해서 선택하는 일은 인간의 몫이다. 따라서 지능정보기술 즉, 인공지능정보기술이 발전할수록 현명한 인재에 대한 수요는 더욱 커질 것이다.

여섯째, 지능정보기술의 발전에 힘입어서 경제가 더 잘 돌아가고 경제발전속도가 빨라지면 경제의 많은 분야에서 노동수요가 확대될 것이고 또 이제까지 존재하지 않던 새로운 일도 생겨나게 될 것이다. 하나의 사례로서 이동통신사업과 관련된 분야에 종사하는 사람들은 대부분 삼십 년 전만 하더라도 존재하지 않던 업무를 하고 있다. 홈쇼핑 관련 사업에 종사하는 사람들도 마찬가지이다. 첨단 자동차를 설계하고 제조하는 사람들이나 액정표시장치를 개발하고 제조하는 사람들이 하는 일도 그렇다. 불과 몇십 년 전만 하더라도 이름조차 없던 직무가 태반이다.

10.2.4 복지와 분배

전 항에서 알아본 바와 같이 지능정보기술이 발전하면서 일과 일자리에 커다란 변화가 생겨날 것이다. 역사적인 경험을 보면 기술변화는 항상 더 많은 일자리를 만들었다. 그러나 기술변화가 모두에게 다 좋은 것은 아니다. 적어도 두 가지 문제가 있는데 여기에 노출된 사람들의 삶의 질이나 소득(재산)분배 상태에 중요한 변화가 발생하였다.

하나는 기술변화로 인해서 일자리를 잃거나 일자리를 잃게 될 위험에 노출되는 것이다. 일자리를 잃더라도 재훈련을 통해서 다른 일자리를 구할 수 있는 사람은 그래도 나은 편이지만 그럴 형편이 안 되는 사람은 더 큰 문제이다. 재훈련을 통해서 다른 일자리를 구하더라도 많은 시간이 걸리며 새로운 일자리를 찾더라도 전보다 소득이 감소하는 경우가 일반적이어서 당사자는 커다란 고통을 받게 된다. 아예 새로운 일자리를 구할 수 없는 사람들은 형편이 더 딱하다.

또 다른 하나는 변화된 기술의 혜택이 노동자들에게 균질하게 돌아가지는 않는다는 사실과 관련이 된다. 19세기의 기술변화는 장인들에게는 위협이 되고 육체노동자에게는 유리한 결과를 가져왔지만, 컴퓨터와 인터넷으로 대표되는 20세기 후반의 기술변화는 기술력이 좋은 고급인재들에게 더 유리한 결과를 가져왔다. 반면에 단순 반복적인 업무에 종사하는 사람들은 매우 불리해졌다. 그들이 하던 일이 자동화된 기계로 대체되었기 때문이다. 교환원처럼 아예 소멸된 직종도 있고 고객대응 상담원처럼 수요가 현저하게 줄어든 직종도 있다. 기술변화가 야기하는 노동수요의 상대적인 변화는 고등교육을 받은 고급두뇌에게 유리하게 전개되는 경향을 보인다. 지능정보기술이 발전하면서 추상적인 사고에 능한 사람, 창조적인 능력이 큰 사람, 문제해결능력이 뛰어난 사람들에 대한 수요는 크게 늘어난 반면 단순반복 작업에 종사하는 사람들에 대한 수요는 크게 줄거나 소멸되고 있다.

이러한 변화는 노동소득에서 많이 배운 사람과 적게 배운 사람 그리고 그 연장선상에서 고소득자와 저소득자 사이의 소득격차를 더 크게 만든다. 20세기 후반부에 심화된 교육 또는 기술수준별 임금 격차가 지능정보시대에는 더 크게 벌어질 가능성이 아주 높다. 미국의 대통령경제자문회의에서 추정한 것을 보면, 공장자동화로 일자리를 빼앗길 확률이 시간당 20달러 이하의 임금을 받는 직무종사자는 83%임에 비해서 시간당 40달러 이상 받는 직무종사자는 4%밖에 되지 않는다. 이를 기준으로 보면, 고졸 이하의 학력을 지닌 사람은 44%가 일자리를 잃게 됨에 비해 대졸 이상은 1% 이하만이 일자리를 잃을 것으로 나타난다.[9]

위의 두 가지 사실은 지능정보기술이 발전함에 따라서 노동소득의 분배상태가 불평등해질 가능성이 높음을 말해준다. 고학력 고기술 고임금 소득자는 계속해서 수요가 늘어나는 직종에 종사하면서 해고될 위험 없이 높은 임금을 받음에 반해서, 저학력 미숙련 저임금 소득자는 일자리가 사라질 가능성이 높은데다 상대적으로 낮은 임금을 받기 때문에 양자 간의 차이는 점점 더 커진다.

지능정보기술의 발전이 자산소득과 노동소득 사이의 괴리를 메꾸어줄 것 같지 않다. 미국에서 상위 0.01%의 고소득자가 번 소득의 대GDP 비중을 보면 2015년 현재 약 5% 수준인데 이는 1945년경부터 1980년대 초반까지 유지되었던 2% 내외에 비하면 두 배 이상 높아진 것이다. 또 다른 자료를 보면, 1950년에 12%를 점한 이후 1990년대 후반의 6%대까지 지속적으로 하락하던 기업이윤의 대GDP 비중이 그 이후 높아지기 시작해서 지금은 다시 12%대로 높아졌다. 이 두 가지 자료는 자산소득이 노동소득보다 더 빠른 속도로 증가하고 있음을 보여준다.[10]

이처럼 저임금 소득자와 고임금 소득자 간의 임금격차가 확대되고 그와 더불어 임금소득과 자산소득 간의 소득차가 확대되면, 노동소득과 자산소득을

9 Executive Office of the President, USA. (2016). *Artificial Intelligence, Automation and the Economy*. p.12를 참조하라.

10 전게서, p.22.

합친 총소득의 분포상태는 더욱더 불평등해진다. 미국의 지니계수가 1980년대 이래 꾸준하게 높아져 오고 있음에서 그러한 증거를 볼 수 있다. 지능정보기술은 종래의 정보통신기술이 그랬던 것처럼 슈퍼스타에게 더 유리한 기술변화라는 속성을 갖는다. 승자독식시대가 앞으로도 상당히 오래 지속될 것이다. 지능정보시대에서 기술변화의 혜택이 소수에게 집중되는 현상이 저절로 시정되지는 않을 것이다.

10.2.5 삶

지능정보시대가 되면 우리의 삶이 어떻게 변화될지 흥미롭다. 우리나라는 현재 산업시대와 정보통신시대의 삶을 살아가고 있다. 농경시대의 삶의 방식은 이제 대부분 사라진 듯하다. 개인으로서의 삶은 물론이거니와 가족, 마을, 학교, 직장, 사회, 정치 등 공동체의 일원으로서의 삶도 변화되고 있다. 태어나서 죽음에 이르기까지 우리네 삶의 모습이 바뀌고 있는 것이다. 사실 삶의 모습이 변화되는 것은 지극히 당연한 현상이다. 우리를 둘러싼 환경이 달라지고, 우리가 이용하는 기술이 변화하며, 우리들의 선호가 변화하는데 행동이 달라지지 않으면 오히려 그게 이상하다. 1인당소득 1,000달러시대의 삶과 1인당소득 3만 달러시대의 삶의 모습이 같을 수가 없다.

지능정보기술의 발전이 가져오는 삶의 모습 변화를 몇 가지 사례를 통해서 엿보기로 하자.

전문가들의 예측에 따르면 무인자동차의 등장이 사람들도 하여금 인공지능정보기술을 직접적으로 체험하게 되는 사건이 될 것이라고 한다. 무인자동차는 우리가 이미 익숙해져 있는 지능형 자동차가 더 발전된 모습이다. 자동차가 점점 더 똑똑해지고 있다. 운전자가 무심코 차선을 이탈하면 경고를 보내고, 앞차와 너무 가까워지면 스스로 속도를 낮추고 멈추기도 한다. 주행 중 규정 속도를 위반하면 반복적으로 경고를 보내고, 블랙박스를 24시간 가동하며, 목적지에 도착하면 알아서 주차하기도 한다. 이런 상황이니 몇 년 내에 무인

자동차시대가 열린다고 해서 이상할 게 없다. 무인자동차시대가 되면 사람들은 운전이라는 일에서 해방된다. 수많은 자가 운전자에게는 반가운 소식이지만, 버스나 택시 그리고 트럭 운전을 직업으로 하던 사람들은 다른 일거리를 찾아야 한다. 자동운항 선박이나 항공기도 이미 널리 보급되고 있다. 앞으로 자동차는 이동수단에서 이동하는 생활공간으로 진화될 가능성이 높다.

인공지능정보기술이 발전함에 따라서 가전제품이 스마트해지고, 가사보조용 로봇은 물론이거니와 육아나 노인 돌봄 로봇도 등장하고 있다. 그들이 가사보조원, 육아보조원, 간병인, 노인도우미 등을 도태시킬 것 같지는 않다. 아마도 당분간은 그들과 함께 일하게 될 것이다. 지능정보기기가 인간의 감성까지 대체하는 것은 아직은 먼 미래의 일이다.

로봇선생님의 출현은 교육 시스템에 중대한 변화를 가져올 것이다. 교육방송을 보고 들으며 배우는 것보다 로봇선생님과 함께 공부하는 게 훨씬 더 재미있고 효과적일 것이다. 밤 늦게까지 학원에 다니느라 고생하지 않아도 되고 소양이 떨어지는 과외선생에게 시달림을 받지 않아도 될 것이다. 로봇선생님은 분명히 부모보다 더 참을성이 많을 것이다. 지능정보기술을 탑재한 스마트기기가 책으로 된 언어사전과 백과사전, 계산기, 포켓수첩, 지도책 등을 쓸모없게 만든 것처럼 로봇선생님이 일반화되면 통신교육, 사교육, 과외 등이 타격을 받게 될 것이다. 로봇선생님이 더욱 진화하면 언어학원, 고시학원, 입시학원, 취업학원 등도 영향을 받게 될 것이다. 출퇴근 시간을 이용해서 스마트폰으로 배우는 게 학원에 다니는 것보다 낫다고 여기는 사람이 많아지고 있다. 교육매체시장도 변화할 것이다. 오디오비쥬얼 콘텐츠가 지식과 정보전달의 중심 매체로 등장하고 디지털매체가 인쇄매체보다 더 광범위하게 쓰일 것이다.

이러한 변화가 교육 시스템을 변화시킬 가능성도 있다. 현행의 학제는 산업시대가 필요로 하는 인재를 길러내는 것을 목표로 해서 설계된 것이다. 가령 대한민국의 2+6.3.3.4+2.4 학제가 스마트정보시대에도 최선의 구도로 남을 것인지 불확실하다. 아마도 더 신축적인 시스템으로 진화될 가능성이 크다.

교육자나 연구자를 양성하는 시스템도 달라져야 하고 교육방식도 바뀔 것이다. 교육대학 학생들이 교사임용을 보장하라고 주장하지만 학생 수가 줄어드는 것 못지않게 인간선생님보다 뛰어난 능력을 지닌 로봇선생님이 등장하는 것을 더 걱정하고 대비해야 한다. 학교에서 가르치는 내용 역시 지능정보시대에 맞는 것으로 교체되어야 한다. 이미 그러한 변화가 일어나고 있지만 현재의 입시제도하에서는 지능정보교육이 들어설 자리는 매우 좁다. 교육행정에도 커다란 변화가 일어날 것이다.

지능정보기술이 보건의료시장을 변화시키고 있다. 인공지능을 탑재한 스마트기기가 의사에게 여러 가지로 도움을 주고 있다. 질병을 정확하게 진단할 수 있도록 도와주고, 환자 개개인에게 특화된 치료법을 추천하며, 수술여부나 수술방식을 판단하는 데 도움을 주고, 수술을 보조하며, 수술 후 환자의 회복과정에 도움을 준다. 진료예약과 진료비정산을 자동화하고 스마트 빌딩관리를 통해서 에너지를 절약하고 독성물질을 안전하게 관리하는 데 도움을 준다. 약을 처방하고 조제하며 환자에게 투여하는 일을 의사나 약사보다 더 정확하고 신속하게 처리하기도 한다.

이러한 진전에도 불구하고 보건의료분야에서의 지능정보기술 활용은 아직 초보단계에 머물고 있다. 하나의 원인은 지능정보기술을 탑재한 의료기기에 대한 의료진과 환자의 신뢰가 부족하다는 데 있다. 지능정보기기가 제대로 작동하려면 보건의료 관련 데이터의 축적이 전제되어야 한다. 전자의료기록(electronic health records) 시스템의 보급으로 관련 데이터를 축적 중이지만 아직은 개별 병원 단위에 그치고 있다. 앞으로 모바일 기기를 통한 건강 모니터링이 확산되면 유용한 데이터의 축적이 가속화될 것이고 그와 더불어 인공지능정보기술이 더 유용해질 것이다.

육아도우미, 장애도우미, 환자도우미, 노인도우미 등의 분야에서 쓰이는 로봇의 개발과 보급은 현재 초보단계에 있다. 그러나 이 분야에서 지능정보기술이 공헌할 여지가 매우 크다. 무인차량이 운전기능이 떨어진 노인의 이동을 도와줄 것이고, 스마트 감지장치가 독거노인들의 일상을 원격지에 있는 가족이나 친지에게 알려줄 수도 있으며, 스마트 가전기기와 가사도우미 로봇이 노인들에게 도움을 주게 될 것이다. 건강상태를 모니터링해서 이상 징후가 예견되면 적시에 예방조치를 취할 것이고, 시력과 청력과 근력을 보완하는 장치들이 널리 쓰이게 될 것이며, 노인에게 특화된 이동장치나 운동기구가 보급될 것이다. 이러한 변화는 육아, 장애우 돌봄, 환자 돌봄 등 광범위한 분야에서도 비슷하게 일어날 것이다.

지능정보기기가 인간을 '먹고살기 위한 일'에서 해방시켜 주면 남는 시간을 어떻게 보낼 것인가가 이슈가 된다. 현재 우리나라의 취업자들은 한 해에 평균 2,069시간을 노동에 투입하는 데 이는 OECD 국가 중 2위로서 평균보다 305시간 많은 것이다. 이를 보면 우리나라의 구매력기준 1인당소득이 3만 6,570달러로서 산유국을 제외하면 세계에서 26위로 높다고 하지만, 노동시간당 산출량으로 보면 그렇게 높지 않은 수치임을 알 수 있다. 즉, 노동시간의 평균생산성이 낮다. 지능정보사회가 성숙단계로 진입하면 노동시간이 크게 줄어들 것이라고 한다. 지능정보기술과 그것을 구현한 기기들이 인간을 대신해서 일하게 될 것이기 때문이다.

이와 같은 변화로 인해서 우리의 평균 노동시간이 2,069시간에서, 예를 들어서, 1,500시간으로 줄어들면 일에서 해방된 569시간을 어떻게 쓸 것인가가 새로운 문제로 등장하게 될 것이다. 2016년에 독일 노동자는 이미 1,713시간을 일하고 있다. 우리나라보다 356시간이 적은 것이다. 이는 독일 노동자들이 이미 356시간을 유용하게 사용하는 법을 터득했음을 의미한다. 그러므로 우선은 우리나라보다 노동시간이 월등하게 적은 선진국 노동자들이 노동에서 해방된 시간을 어떻게 사용하는지 보고 배울 수 있다.

더욱 중요한 것은 노동에서 해방된 시간을 유용하게 사용할 방안을 찾는 것이다. 일에서 자유로워진 시간을 사람답게 사는 데 쓰는 것이 최선의 대안이다. 무엇이 사람답게 사는 것인지는 각자가 판단할 문제이지만 이 문제에 대해서 공동체가 진지하게 숙고해서 여러 가지 대안을 제시해주면 좋을 것이다. 노동에서 해방된 미래에 추가로 확보된 시간을 사람답게 살아가는 데 쓰고자

할 때 그것이 가능하도록 경제사회구조를 혁신해야 할 필요가 있다. 평균노동시간은 2,069시간에서 1,500시간으로 대폭 줄어드는데 경제사회구조는 2,000시간 노동하는 시대에 맞추어져 있다면 남는 500시간은 축복이 아니라 재앙이 될 것이다.

현재 우리나라는 매우 경직적인 근무 패턴을 갖고 있다. 그러한 경직적인 근무 패턴은 지능정보시대에 적합한 것이 아니다. 신축적인 근무 패턴으로 변화되어야 한다. 그러나 50년 이상 유지되어 왔던 산업화시대의 근무 패턴을 바꾸는 일은 쉬운 일이 아니다. 오랜 세월 동안 익숙해져 왔던 것을 바꾸는 일은 어느 경우에나 어렵다. 그러나 망설이고 저항하더라도 결국은 그 방향으로 가게 될 것이다. 그동안은 일 잘하는 방법을 배우고 익히느라 애썼다면 이제부터는 잘 '노는' 법을 터득해야 한다. 먹고살기 위한 노동에서 해방되면서 사람답게 살기 위해서 행하는 '노동'의 가치는 빠르게 상승할 것이다. 이러한 변화는 노동에서 해방된 시간을 유용하게 사용하도록 도와주는 서비스를 제공하는 분야에서 수많은 새로운 일자리가 창출될 것임을 암시한다.

10.2.6 공동체

지능정보시대의 공동체는 어떤 모습을 지니게 될까? 우리는 이미 몇 차례의 산업혁명을 거치면서 가족 공동체와 마을 공동체가 해체되고 변모되고 있음을 목격하고 있다. 그러나 학교공동체, 직장공동체, 전문직공동체, 종교공동체, 취미오락공동체, 시민단체 등 공동의 목표를 지향하는 공동체들은 여전히 활발하게 움직이고 있으며, 지방자치공동체나 국가공동체는 중앙정부와 지방정부의 노력에 힘입어서 맡은 바 구실을 수행하고 있다.

지능정보사회가 진전되어도 이러한 공동체들이 계속해서 유지될 것인지 아니면 새로운 모습으로 변화될 것인지 궁금하다.

먼저 가족공동체에 관해서 살펴보자. 산업사회가 되면서 대가족제도가 소가족제도 그리고 핵가족제도로 변화된 것은 우리가 익히 아는 사실이다. 가족이 계속해서 작은 단위로 쪼개져 온 것이다. 지능정보시대에는 이런 트렌드가 역전될 수도 있다. 지능정보기기를 활용해서 멀리 떨어진 가족과도 실시간으로 영상통화를 할 수 있게 되었다. 적어도 수단의 측면에서는 공간을 초월해서 가족의 유대를 이어갈 수 있게 된 것이다. 원격지에 있는 자녀가 소통을 회피할 수도 있지만 그것은 지능정보시대라서 새로 생긴 문제는 아니다. 우리나라의 경우 특히 심한 현상이지만 도시화가 진전되면서 자식들은 다 먼 도회지로 나가고 노령의 부모만 고향에 계신 경우가 많다. 아날로그 시대에는 부모님을 잘 모시려 해도 어려움이 많았으나 요즈음 같은 지능정보시대에는 원격지에서도 부모님의 건강을 보살펴 드릴 수도 있고 하루에도 몇 번씩 영상을 통해 손주들의 재롱을 보여드릴 수도 있다. 해외에 체류 중인 자녀들이 국내에 계신 부모님께 이와 똑같이 해드릴 수 있다. 심지어는 돌아가신 부모님을 영상을 통해 다시 뵐 수도 있다. 인공지능정보기술이 더 발달하면 부모님의 아바타가 생길지도 모른다. 이렇게 지능정보기술은 해체돼가던 가족을 복원시킬 수도 있다.

그러나 부작용도 만만치 않다. 지능정보기기가 발달한 결과 이제는 온 가족이 모여 대화를 나눌 기회가 점점 줄어든다. 각자 자기의 스마트기기와 '노느라고' 정신이 없다. 가족 간의 대화 장소이어야 할 식탁에서조차 저마다의 스마트기기에서 눈을 떼지 못한다. 외식하러 나간 식탁에서 스마트폰에 빠져서 대화는커녕 눈길조차 주지 않는 부부도 적지 않다. 이는 핵가족마저 그저 한 집에 사는 동거인으로 만들고 있다. 이러한 부작용이 시간이 지나면 사라질지 아니면 더 심화될지 짐작하기 어렵다. 왜냐하면 이것은 사실 기술의 문제가 아니기 때문이다. 이미 마주보고 대화하기조차 꺼리는 소원한 관계가 되었는데 그동안 체면 차리느라 그렇지 않은 척하던 사람들이 스마트기기를 만나서 핑계거리를 만든 것인지도 모른다.

결국 지능정보기기가 가족을 복원시킬 것인지 해체를 가속화할 것인지는 기기에 달린 문제가 아니라 가족구성원 간에 서로 믿고 사랑하고 배려하는 마음이 있는가 여부의 문제이다.

산업사회로 이행하면서 전통적인 마을 공동체는 이제 거의 와해되었다. 이것은 기술발전의 문제가 아니라 공업화와 도시화가 불러온 결과였다. 젊은이들이 대거 도시로 떠나고 노인들만 남은 시골마을공동체가 잘 유지되기는 매우 어렵다. 그렇다고 해서 도시로 이주한 사람들이 그곳에서 살뜰한 마을공동체를 이루고 사는가 하면 그것도 아니다. 전에는 반상회라도 있어서 주부들끼리라도 이웃을 만날 기회가 있었지만 요즘은 그것도 아니다. 인공지능정보기술을 활용해서 마을 주민들의 공동체 의식을 고양할 수도 있지만 아직 그런 단계에 이른 곳은 별로 없다.

근래에 곳곳에 생겨나는 주민자치센터가 마을공동체를 부활시키는 계기가 될 수도 있다. 지능정보기술이 발달하면서 말단 행정조직이 수행해야 할 일이 줄어들게 되자 자구책으로 나온 게 주민자치센터인데 사실 이것이 말단 행정조직이 나아가야 할 바른 방향이다. 대부분의 행정업무를 온라인으로 처리하는 세상이 되니 동사무소나 면사무소가 변신하지 않을 도리가 없게 된 것이다. 주민자치센터가 주민들의 교육, 문화, 스포츠, 오락, 건강에 관한 욕구를 충족시켜주는 서비스센터로 발전한다면 마을 공동체가 되살아날 수도 있다.

지능정보시대가 된다고 해서 학교공동체, 종교공동체, 직장공동체, 전문직공동체, 취미오락공동체, 시민단체 등이 와해되지는 않을 것이다. 오히려 전보다 공동체를 유지관리 하기가 용이해지므로 결속을 더 깊게 다질 수도 있다. 한 가지 예견되는 변화는 이들 공동체의 구성원이 매우 다양해질 것이라는 점이다. 종교공동체, 취미오락공동체, 전문직공동체, 시민단체 등이 외국인도 자기들 공동체의 일원으로 받아들이게 될 것이며 외국의 유사 공동체들과도 긴밀한 연대관계를 맺게 될 것이다.

지능정보사회가 되면서 사이버 공간에서 맺는 인간관계망이 매우 다양해지고 규모 또한 커졌다. 온라인에서 제공되는 사회관계망 서비스를 이용해서 세계 도처에 있는 사람들과 실시간으로 네트워킹을 하는 사람들이 아주 많으며 또한 빠른 속도로 그 수가 늘어나고 있다. 이들은 온라인에서만 만나는 것이 아니라 오프라인 모임도 갖는다. 추구하는 목표나 관심사가 같다면 인종이나 종교나 지역이나 언어나 재산의 크기와 관계없이 친구가 된다. 전 세계적인 종교공동체만 있는 것이 아니라 무종교공동체 심지어는 무신론공동체도 국경을 넘어서 존재한다. 지능정보기술이 발달함에 따라서 세계 수준의 온라인공동체를 만들기가 쉬워진 대신에 잘 유지되던 공동체가 순식간에 와해될 수도 있다. 그러므로 앞으로 사이버공동체의 종류와 수는 크게 늘어나겠지만 대다수 사이버공동체의 평균수명은 그리 길지 않을 것이다.

지능정보시대가 진화되면서 지방자치공동체에는 커다란 변화가 생길 가능성이 있다. 현재 특별시, 광역시, 자치도시, 자치도, 도, 시·군, 읍·면, 동·리 등으로 되어 있는 행정조직은 농경시대나 산업시대에 적합한 조직 형태이지 지능정보사회에는 맞지 않는다. 지능정보기술이 날로 발전하는 세상에서 그렇게 세분화된 행정조직을 유지해야 할 이유가 없다. 이 점은 다른 행정조직 예를 들면 경찰, 소방, 법률, 세무 행정에 대해서도 비슷하게 적용될 것이다.

10.3 지능정보시대의 새로운 과제

지능정보시대가 된다고 해서 모든 게 다 좋아지는 것은 아니다. 지능정보시대가 낳는 부작용도 많다. 그중 어떤 문제는 지능정보시대가 변화해 나가는 방향이나 과정을 우리가 어떻게 관리하느냐에 따라서 그것이 생기는 것을 방지하거나 생기더라도 그 심각성을 완화할 수 있다. 그러나 우리가 노력하더라도 회피할 수 없는 문제도 있다. 그에 대해서는 사후에라도 현명하게 대처해야 할 것이다.

10.3.1 윤리와 규범

윤리와 규범은 어느 시대를 막론하고 중요하다. 그러므로 지능정보시대가 된다고 해서 특별할 것은 없다. 그렇지만 지능정보기술이 지닌 힘이 매우 강력하므로 그것을 오용하거나 남용하지 않도록 경계해야 한다. 지능정보기술을 협박, 사기, 횡령, 조작, 도둑질 등의 범죄행위에 사용하지 못하도록 해야 함은 지극히 당연한 일이다. 즉, 사회의 통념이나 규범과 법규를 의도적으로 위반하는 행위는 마땅히 규율해야 한다. 이는 모든 행위에 대해 적용해야 할 보편적인 원칙이며 지능정보기술이라고 해서 예외가 될 수는 없다.

인공지능 프로그램이 의도하지 않게 인종, 지역, 성별, 연령 등을 기준으로 사람을 차별하는 결과를 나을 수 있다. 인공지능 프로그램을 훈련시키는 데 사용되는 사전적 데이터에 편견이 개재되어 있다면, 실제 상황에서 프로그램이 알려주는 결과에도 편견이 개재되게 마련이다. 그러므로 인공지능을 설계하고 기계를 훈련시킬 때부터 선입관이나 차별이 개재되지 않도록 유의할 필요가 있다. 사실 차별하지 않아야 한다는 덕목 이외에도 인류사회가 지녀야 할 덕목과 금기사항은 아주 많다. 인공지능으로 가동되는 기기들이 가치중립적이 되도록 설계할 수도 있겠지만, 인류가 지녀야 할 덕목은 적극적으로 반영하고 사회가 금기시하는 일들은 하지 못하도록 설계함이 좋다.[11] 지능정보기술을 다루는 인재들을 과학기술영재로만 키울 것이 아니라 윤리의식이 뚜렷한 건전한 시민으로 키우는 일이 중요하다.

지능정보기술을 탑재한 스마트기기들은 사용자들에 관한 방대한 데이터를 활용하여 작동할 뿐 아니라 사용자들이 그 기기를 활용하는 과정에서 추가적으로 수많은 데이터를 수집한다. 스마트기기가 제공하는 프로그램을 사용할 때 개인정보 이용에 관한 사용자의 동의를 받지만, 무심코 동의하는 경우도 많고 또한 그렇게 하지 않으면 거래에 참여할 수 없어서 알면서도 동의하게 된다. 이용자가 동의한 정보가 실제로 어떻게 사용될지 아무도 잘 알지 못한다. 개인정보 오남용의 문제가 상존하는 것이다. 개인정보를 수집하고 저장하고 활용하는 데 있어서 투명성을 강조하는 것은 그런 이유에서이다. 그런데 지능정보기술이 발달하면서 전문가조차도 지능정보기술이 데이터를 수집해

11 바람직한 덕목과 그렇지 않은 것에 대한 합의가 없으면 이 일도 잘못된 방향으로 나갈 위험이 크다.

서 가공하고 분석하고 활용하는 과정이나 원리 그리고 방향성 등에 대해서 다 알지 못한다. 이 경우 투명성을 어떤 방식으로 보장할 수 있을지 불분명하다.

강 인공지능정보기술의 장래를 걱정하는 목소리가 있다. 인간지능보다 월등한 능력을 지녔으면서도 인간의 도움 없이 독자적으로 사고하고 판단해서 행동하는 '로봇'이 출현하면, 인공지능기기가 인간을 지배하는 시대가 전개될 것이라는 우려이다. 사실 과학기술이 낳는 '디스토피아'에 관해서는 이미 많은 공상가들이 예술작품을 통해서 우리들에게 경고를 보내고 있다. 그러나 이 분야의 전문가 대대수가 가진 공통된 견해는, 그런 시기가 올 수도 있지만 향후 수십 년 동안에는 그런 일이 일어날 가능성이 매우 낮다고 한다. 아직은 인간지능과 비슷한 능력을 지닌 기계도 만들지 못하는데 인간지능보다 우월한 지적 능력을 지닌 기계를 만드는 것은 더욱 요원한 일이라는 것이다. 아주 먼 장래에 인간지능을 능가하는 인공지능이 출현하더라도, 핵폭탄을 처음 개발했을 인류의 종말이 가까이 왔다고 우려했던 일이 기우로 끝난 것처럼, 인공지능기기가 인간을 지배하고 조정하지 못하도록 하는 방안을 찾을 수 있으므로 너무 걱정하지 않아도 된다는 주장이다.

강 인공지능에 대한 반대여론에 대해서 대다수의 과학자들이 걱정하는 것은 그것이 인공지능정보기술 발전에 장애가 되는 것이다. 인간에게 도움이 될 잠재적 인공지능정보기술이 무한히 많은데도 불구하고 아직 일어나지도 않은 일을 핑계로 인공지능에 관한 연구를 하지 말라는 것은 이치에 맞지 않는 일이라는 것이다. 문제가 생길 것 같으면 방지해야 하고 문제가 생기면 처리해야 하지 문제가 될 법하니 아예 그 길로는 가지 말라는 것은 옳지 않다는 주장이다. 그들이 우려하는 또 하나의 가능성은, 인공지능정보기술에 대한 연구를 금지하면, 감시망을 피해서 지하에서 연구가 이루어지기 때문에 아무도 그것을 감시하거나 통제할 수 없어서 오히려 더 문제가 된다는 사실이다.

사실 모든 일은 확률적인 기대치를 기준으로 판단해야 한다. 연구 프로젝트가 성공할 확률, 성공했을 때 얻게 될 혜택의 크기와 그 실현 가능성, 연구의 결과로 예상되는 부작용을 포함한 비용과 부작용이 발생할 확률 등을 모두 고려한, '기대 순 현재가치(expected net present value)'를 놓고서 판단해야 한다. 또한 어떤 행위를 금지한다고 해서 그런 일이 정말로 일어나지 않는지도 살펴야 한다. 금지하거나 제한하는 조치가 인간본성에 어긋나는 경우에는 그 일을 수행하기 위한 암시장이 형성되어서 당초 의도와는 다른 부작용을 낳게 된다. 생명공학에 관한 연구에서와 마찬가지로 인공지능에 관한 연구도 무조건 금지하고 보는 방식의 규제를 지양하고 합리적인 가이드라인을 제시할 수 있어야 할 것이다.

10.3.2 안전과 안보[12]

10.3.2.1 안전

인공지능을 탑재한 스마트기기를 설계할 때 프로그래머가 악성 코드를 심어 놓으면 정말 문제이다. 인공지능기기가 정상적으로 작동하다가 결정적인 순간에 사용자를 배신할 수도 있다. 인공지능기기가 해커의 공격을 받아서 오작동하게 되어도 문제이다.

인공지능정보기술을 구현한 기기를 실제 상황에 투입할 때 그것이 사람들에게 위해를 가하지 않는다는 신뢰도를 확보하도록 해야 하며, 필요한 경우에 언제 어디서건 인간이 기기의 작동을 규율할 수 있어야 한다. 즉, 인공지능기기가 인간이었다면 하지 않았을 부정적인 일을 하려 들 때 기기의 작동을 중단시킬 수 있는 옵션이 있어야 한다. 잘 제어된 실험실에서 별다른 문제를 야기하지 않던 인공지능기기가 실제 상황에서는 오작동할 가능성이 높은 것도 문제이다. 실험실에서 '훈련' 시킬 때는 훌륭하게 업무를 처리하던 기기라도 실제상황에서 예견치 못한 일이 벌어지면 엉뚱한 짓을 할 수 있다. 예견치 못한 상황에 부닥치더라도 원만하게 일을 처리할 수 있는 기기를 만들 수 있으면 좋을 것이다.

12 관련 자료로서, National Science & Technology Council. (2016b). Preparing for the Future of Artificial Intelligence를 보라.

지능정보기기가 일으킬 수 있는 문제를 인공지능청소기의 경우를 예로 들어보면 다음과 같은 것이 있다.[13] 청소로봇이 바닥에 놓여 있는 물건을 피해가야 할까 아니면 청소를 빨리 마치고자 그냥 물건을 치고 지나가야 할까? 우리의 대답은 중요한 물건이면 당연히 돌아가라는 것이지만, 청소로봇에게 무엇이 소중한 물건인지 가르칠 수 있을까? 방을 깨끗이 치우라는 명령을 수행하면서 청소로봇이 쓰레기를 다른 물건으로 덮어놓고 보지 못한 척하거나 사람이 잘 못 보는 곳에다 숨겨 놓지 않으리라는 법이 있을까? 청소로봇이 바닥에 떨어진 다이아몬드 반지를 쓰레기통에 넣지 않게 훈련시킬 수 있을까? 청소로봇이 바닥 닦기용 젖은 걸레를 전기 소켓에 넣지 않게 훈련시킬 수 있을까?

위의 리스트는 어린아이라도 범하지 않을 실수들이다. 이는 현재의 지능정보기기에 탑재된 지능이 어떤 면에서는 인간지능을 능가하지만 '상식'이라는 측면에서는 인간과 상대가 되지 않음을 보여준다. 상식에 맞게 행동하는 지능정보기기를 만드는 일은 매우 어렵다.

지능정보기기가 인간의 안전을 위협할 수 있는 한 가지 또 다른 사례를 무인자동차에서 볼 수 있다. 잘 통제된 환경에서 아무런 문제도 일으키지 않던 무인자동차가 실제 도로상황에 투입되었을 때 정말 안전하게 운행될 수 있는지 논란이다. 가령 사람이 골목길에서 차를 운전할 때 옆 골목에서 공이 굴러나오면 곧 이어서 어린 아이가 달려 나올 것으로 예상해서 속도를 줄이며 주위를 살필 텐데, 무인자동차도 그렇게 할 것인지 의문이다. 사람이 운전할 경우 도로에 이중으로 차를 주차해 두었을 때 반대편 길을 살피고 중앙선을 넘어서라도 피해갈 터인데 무인자동차라면 어떻게 할 것인지도 의문이다. 회피할 수 없는 사고가 날 상황에서 복수의 인명이 관련될 때 누구를 희생시킬 것인지 문제이며, 무인자동차가 사고를 냈을 때 책임 소재를 어떻게 가릴지도 문제이다.

13 이는 Amodei et al., (2016). "Concrete Problems of AI Safety."에서 인용한 것이다.

10.3.2.2 안보와 보안

지능정보기술의 확산은 국가 안보에 도움을 줄 수도 있고 위해를 가져올 수도 있다. 지능정보기술이 발달하면서 국가 기간시설인 행정전산망, 금융전산망, 전력망, 통신망 등 주요 네트워크에 대한 온오프라인 보안을 강화할 수 있고, 발전소, 항만, 공항, 교량, 터널, 댐, 수원지 등에 대한 온오프라인 보안을 강화할 수 있다. 지능정보기술의 발전은 국가방위체계에 대한 보안강화에도 도움을 줄 수 있다.

인공지능정보기술이 발달하면서 사이버 망을 통해 이루어지는 일들이 기하급수적으로 증가하고 있다. 이는 사이버 망이 범죄 세력이나 적대 세력의 공격으로부터 안전하다는 것을 전제로 한 것인데 사이버 망을 적대적 공격으로부터 지켜내는 것은 매우 어려운 일이다. 현재 사이버 망의 보안을 강화하기 위해서 관련 당사자들은 막대한 비용을 들이고 있다. 앞으로 지능정보기술이 더 발달하면 사이버 망의 보안성을 강화하는 비용도 줄어들 전망이다. 인공지능정보기술이 사이버 보안을 강화하는 기술을 개발하는 데 도움이 되고 있다. 인공지능정보기술이 더 발전하게 되면 사이버 망 스스로가 보안상의 취약점을 인지해서 보완하는 능력을 갖게 될 것이다. 사실 인공지능을 탑재한 사이버 망이 아주 복잡다단해서 전문가라도 어디가 보안상으로 문제가 되는지 알기 어려운 경우가 많다. 발달된 인공지능은 별 어려움 없이 그러한 일을 처리할 수 있을 것이다.

지능정보기술은 다양한 경로를 통해서 국가안보에 공헌한다. 인공지능정보기술을 구현한 무기체계가 좋은 예이다. 무인비행물체가 적진을 탐지할 수도 있고 목표물을 타격할 수도 있다. 첨단 장치가 병사들보다 국경을 더 잘 감시할 수도 있고, 자동화된 무기체계가 국경을 더 잘 방어할 수도 있다. 병사들은 공격하는 적을 사살할 것인지 망설이지만 자동화된 기계는 주저함이 없다. 병사들은 포화 속으로 달려들기를 망설이지만 로봇병사에게는 문제가 되지 않는다. 생화학무기 앞에서 병사들은 무기력하지만 로봇병사는 그렇지 않다. 첨단장비로 무장한 유도탄이 목표물을 더욱 정밀하게 타격할 수 있고, 사이버 교란 장치가 적의 무기들을 무력하게 만들 수도 있다. 가상의 예이지만, 휴전선 일대에 첨단 감지장치와 자동화된 무기들로 구성된 인공지능 국방체제를 구축한다면 병사들을 배치하지 않고도 적의 공격을 막아낼 수 있다.

지능정보기술을 살상과 무관한 국방업무에 응용할 수 있다. 물자 조달과 배급과 관리, 국방시설 유지관리, 주둔지 경영관리, 상이군경의 건강관리, 군 의료서비스, 위험지역으로부터의 시민 철수, 군 인사관리, 군용 운송수단 내비게이션, 국방 관련 통신서비스, 군 정보 및 보안 서비스, 사이버공격에 대한 방어 등 국방 관련 거의 모든 서비스에 지능정보기술을 응용할 수 있다.

국방서비스에서 지능정보기술을 활용하는 정도가 확대되는 것에 맞추어서 군대운영체제를 바꿀 필요성이 생길 것이다. 군 인적자원에 대한 지능정보기술 교육훈련이 필요해질 것이며, 민간부문에서 인공지능을 탑재한 기기가 노동자들을 대체하듯이 군대에서도 인공지능기기가 병사들을 대체하게 될 것이다. 가상의 예이기는 하지만, 로봇병사들로만 구성된 부대가 창설될 수도 있을 것이다. 로봇병사가 탱크를 몰고 비행기를 조종하며 군함을 움직이는 날이 올 수도 있다. 로봇병사들은 밥을 줄 필요도 없고, 옷을 줄 필요도 없으며, 잠을 재울 필요도 없다. 주기적으로 배터리만 갈아주면 될 것이다. 정말 그런 날이 올 것인가?

지능정보기술이 국방업무에 응용된다고 해서 마냥 좋은 것만은 아니다. 무엇보다도 그것이 잘못 쓰일 가능성이 있다는 게 문제이다. 가령 위에서 예로 든 로봇병사의 경우에 그들이 해킹을 당해 적군의 명령을 따르거나 자중지란을 일으킨다면 끔찍한 결과를 나을 수 있다. 탱크, 항공기, 군함, 자동화무기 등 모두가 사이버 공격에 노출될 수 있다. 유무선 통신망에 연결되지 않은 채 센서들로만 이루어진 인공지능무기는 해킹의 위험이 적겠지만 감지와 식별 능력이 아주 뛰어나야 한다는 부담이 따른다. 무인자동화기기가 상황판단을 잘못해서 전쟁을 일으킨다면 그 피해는 엄청날 것이다.

10.4 발전의 원동력: 강화될 것인가? 약화될 것인가?

10.4.1 사유

지능정보시대에는 사유의 원칙이 약화될 가능성이 있다. 그렇게 될 하나의 이유는 지능정보기술 자체가 공공재의 성격을 갖기 때문이다. 지능정보기술을 개발한 지적능력은 개별 연구자의 사유물이지만 개인의 지적 능력에 기초하여 만든 기술과 아이디어는 모든 사람이 사용할 수 있으며 또한 누구나 사용할 수 있어야 한다. 기술개발에 대한 유인을 부여하기 위해서 공공재원으로 연구개발활동을 지원하고 개발된 기술이나 아이디어에 지적재산권을 부여하지만 공공의 자금으로 개발한 기술은 사유물이 아니다. 더구나 기술개발에 투입된 연구자의 지적 능력도 전적으로 그 자신만의 것이라고는 할 수 없다. 상당한 부분 그 사회가 지닌 지적 능력 내지는 인류가 지닌 지적 능력을 활용해서 이룩한 것이다. 그러므로 지능정보기술은 상당한 정도 사회 전체의 공유물이 되어야 한다. 한 가지 방안은 정부가 공공의 자금으로 지능정보기술 개발을 지원하고 그 결과물을 시장가치를 주고 구입해서 모든 사람이 사용할 수 있도록 하는 것이다.

지능정보시대가 전개되면서 사유의 원칙이 약화될 또 다른 가능성은, 이 분야에서 유행하는 시나리오대로 인공지능을 탑재한 기기가 인간의 노동을 완전히 대체하는 상황이 전개될 때 공유에 대한 요구가 빗발치듯 일어날 것이기 때문이다. 이제껏 사람이 하던 모든 일을 사람보다 능력이 뛰어난 인공지능 기기가 도맡아 하는 세상이 되면 어떤 일이 벌어질까? 사람들이 '지긋지긋한' 일에서 해방되었으니 좋은 일인가? 아니면 일자리를 모두 빼앗겼으니 문제인가? 아마도 사람들이 원하는 대답은, '땀 흘려 일하지 않고서도 사람답게 살 수 있다면 얼마나 좋은가'일 것이다.

인공지능을 탑재한 자동화기기가 생산과 유통 등 거의 모든 경제활동을 도맡아 하는 세상에서 일하지 않고서도 사람답게 살고자 하는 욕망을 충족하려면 기계가 생산한 것을 기계의 주인이 아닌 사람들과도 나누어 갖든지 모든 사람이 기계의 주인이 되어야 한다. 어떤 방식으로 과실을 나누어 갖고 어떤 방식으로 인공지능기기의 주인이 되는지에 관해서 우리는 아직 아무것도 모른다. 인류사회가 또다시 공유경제로 회귀할 수도 있고 사유를 유지하되 공유의 영역을 지금보다 넓힐 수도 있다.

지능정보시대가 되더라도 응용기술이나 그것을 구현한 제품은 민간기업이 개발하고 판매하게 될 것이다. 그러므로 이 분야에서는 사유의 원칙이 제한되어야 할 이유가 없다. 범용 지능정보기술을 개발하는 데는 정부가 중요한 역할을 담당하게 되므로 그 결과물을 합당한 대가를 지불한 연후에 공유재산으로 만드는 것이 정당화되지만, 민간기업이 개발하는 응용기술이나 그것을 구현한 지능정보기기의 영역에서는 사유의 원칙을 침해할 근거가 약하다.

10.4.2 자유

지능정보기술이 발전하면 우리가 더 자유로워질까? 인류사회를 변화시켜온 중요한 동력이 속박에서 자유로워지고 싶은 욕망이다. 자연이 주는 제약을 극복하고자 수렵채취사회에서 농경목축사회로 이행했으며, 인본주의 운동은 신의 엄격한 지배를 벗어나려는 인간의 몸부림이었고, 시민혁명은 전제군주로부터의 해방을 도모하는 것이었다. 산업혁명은 수십만 년 동안 지속되어온 정체상태를 탈피하려는 몸부림의 발로이고, 세계화는 국가의 울타리를 벗어나려는 시도이다. 교통정보통신혁명은 시간과 공간이 주는 제약을 극복하려는 노력의 산물이다. 지능정보기술의 발전은 인간의 육체와 마음과 정신과 지능의 한계를 벗어나려는 시도의 산물이다. 이러한 시도가 인간을 더 자유롭게 만들 것인지는 확실하지 않다. 시간과 공간이 주는 제약을 더 잘 극복하게 해주고, 지식과 정보를 자유자재로 활용할 수 있게 해주며, 육체적 능력과 지적 능력을 보완하고 증강시켜주는 일은 분명히 자유 신장에 도움이 된다.

그러나 스마트기기 없이 살아가기 힘든 세상이 된다는 것은 그만큼 우리가 기계 의존적인 삶을 영위하게 될 것임을 의미한다. 이미 다양한 영역에서 스마트기기가 인간을 대신해서 중요한 결정을 내리고 있다. 무슨 상품을 살지, 무슨 영화를 볼지, 어떤 길로 갈지, 누구를 만날지, 진학할 학교와 전공을 어떻게 정할지, 어떤 배우자를 고를지, 어떤 직장을 택할지, 어떤 병원에서 누구에게 진료를 받을지 등을 결정할 때 스마트기기의 도움을 받는다. 어떤 상품을 누구에게 어떤 조건으로 팔지, 어떤 관객을 대상으로 하는 영화를 제작할지, 어떤 학생을 선발할지, 어떤 직원을 선발할지, 어떤 의료서비스를 제공할지 등도 스마트기기의 도움을 받아서 정한다.

지능정보기술의 발전이 우리를 더 자유롭게 만들지 아니면 기계에 종속되는 삶을 살게 할지는 우리 자신의 선택에 달린 문제이다. 스마트기기의 도움으로 얻게 되는 시간, 공간, 체력, 정력, 지력의 '여유'를 어떤 일을 하는 데 쓰느냐에 따라서 결과가 달라질 것이다. 그것들을 자신과 그가 몸담고 있는 공동체의 삶을 가치 있게 만드는 일에 사용하면 좋겠지만, 스마트기기 사용시간이 점점 늘어나는 것을 보면 기계 의존도가 심화되는 것으로 판단된다.

전 항에서 고려한 사유와 관련된 사항 즉, 기계가 인간노동을 완전하게 대체하는 세상이 되고 그때 기계가 번 소득이나 기계 소유주가 번 소득에 세금을 매겨서 일자리가 없어진 사람에게 나누어주거나, 기계에 대한 소유권을 나누어 주어서 기계가 벌어주는 소득으로 살아가는 세상이 되면, 사람들은 노동에서 완전히 해방된다.[14] 이렇게 먹고살 걱정이 다 사라진 상태에서 노동에서 온전하게 해방되면 그래서 하루 24시간을 온전히 자기가 원하는 대로 사용하는 세상이 오면 과연 우리가 행복해질까? 자유라는 측면에서 보면 그보다 더 자유로운 세상이 있을 수 있을까?

일하지 않고 살아가는 세상은 천국이 아니라 지옥이다. 우리가 일을 하는 것은 먹고살기만 위한 것이 아니다. 먹고사는 문제를 다 해결한다는 일도 쉽지 않지만 설령 그게 가능하다 하더라도 인간의 욕망은 끝이 없으므로 기계가

14 인공지능기기를 설계하고 만들고 가동하며 유지하고 보수하며 교체하는 등의 일도 모두 인공지능기기가 하는 것으로 상정한다.

생산한 것을 나누어 먹는 데도 한계가 없다. 아마도 서로 많이 가지려는 투쟁이 전개될 것이다. 투쟁의 결과 모든 사람이 똑같은 크기의 소득을 가지면 문제가 해결될까? 사람들의 선호가 다르고 능력이 다르며 처지가 같지 않으므로 균등하게 나누어 갖는 게 불공평하다는 사람이 나타나게 마련이다. 남아도는 시간을 어떻게 사용할 것인지도 문제다. 지금도 남는 시간을 어떻게 쓸지 몰라서 우왕좌왕하는 사람들이, 일하지 않아도 되는 세상이 되어서 평균적으로 하루 10시간 정도의 '공짜' 시간을 갖게 되면, 과연 그것을 '보람된' 일에 쓰게 될까? 노예들을 부려서 얻은 물자로 호화롭게 살던 귀족들이 사치와 향락에 빠져서 몰락한 전철을 밟을 가능성이 크다.

기계가 생산한 것을 나누어 주거나 기계의 소유권을 나누어 주는 일을 누가 하게 될 것인가도 문제다. 그 일조차 기계에게 맡길 수 있을까? 아마도 그럴 것이다. 그러나 공동체를 '통치'하는 사람들이 필요해질 수도 있다. 이를 계기로 해서 공동체의 구성원이 다스리는 사람과 다스림을 받는 사람으로 나뉘게 되고 결국에는 새로운 계급사회가 출현할 수도 있다. 그 대안으로서 기계에게 공동체를 다스리는 일까지 시킬 수도 있을 것이다. 그렇지만 그렇게 되면 인간은 기계가 시키는 대로 살아가야 하는 처지로 전락하고 인간의 존엄성은 더 이상 존재하지 않게 된다.

10.4.3 경쟁

지능정보화의 진전이 경쟁을 촉진시킬 수도 있고 저해할 수도 있다. 지능정보기술이 발달함에 따라서 거래비용이 낮아진다. 여기에서 거래비용이라 함은 수수료만을 말하는 것이 아니다. 잠재적인 수요자와 공급자를 찾아 양자를 연결시키고, 거래하려는 상품의 속성을 파악하고, 판매자들이 제시하는 가격조건을 비교하고, 상품을 구매하여 설치하고 사후조치를 하는 데 소요되는 비용 등이 모두 거래비용에 포함된다. 지능정보기술이 발전하면 이러한 비용이 줄어든다. 전에는 가전제품에 대한 서비스를 받으려면 기술자가 가정을 방문해서 수리해주고 수고비를 받아갔다. 기계가 고장 난 것이 아니고 조작 실수로 가동되지 않은 경우에도 기술자가 방문하면 출장비를 지불해야 했다. 또한 약속 시간에 누군가가 대기하고 있어야 했다. 그런데 가전제품이 지능화되자 이제는 원격으로 점검해서 조작미숙으로 인한 잔고장은 원격으로 고치는 세상이 되었다. 이 경우 주인의 동의를 받으면 사람이 현장에 있을 필요도 없다. 단지 가전제품들이 무선통신망에 연결만 되어 있으면 된다. 분명히 거래비용이 줄어든 사례라 하겠다.

지능정보기술이 발달함에 따라서 진입장벽이 낮아진다. 그 대표적인 사례가 경제적인 관점에서 본 국가와 국가 간의 경계소멸현상이다. 지금은 우리나라 소비자가 스마트기기를 활용해서 전 세계 어떤 나라 상인과도 거래할 수 있는 세상이 되었다. 아직은 수송비와 관세가 있어서 거래비용이 만만치 않지만 이것도 앞으로 많이 낮아질 것이다. 우리나라 상품과 서비스를 판매하는데도 이제 국경이 넘기 어려운 장애물이 아닌 세상이 되었다. 우리나라의 앱개발자가 국내 시장뿐만이 아니라, 예를 들면, 중국시장을 상대로 제품을 판매하는 게 별반 어렵지 않다. 값싸고 품질이 좋은 데다 중국인들이 좋아 하는 물건이면 그것을 팔아줄 중국 포털업체가 아주 많다.

이처럼 거래비용이 낮아지고 진입장벽이 낮아진다는 것은 지능정보기술의 발전이 경쟁을 촉진하게 될 것임을 의미한다. 경쟁하기가 쉬워지고 경쟁자가 많아지기 때문에 그렇게 된다.

그러나 그 반대의 힘이 작용할 수도 있어서 문제가 된다. 기술이나 데이터를 독점한 사업자가 시장지배력을 오용하거나 남용할 가능성이 있는 것이다. 즉, 지능정보시대가 된다고 해서 독과점의 문제가 사라지는 것은 아니라는 데 유념해야 한다. 좀 더 까다로운 경우는, 이미 방대한 양의 고객 데이터를 확보한 기존의 사업자가 신규 사업자에 대해 갖는 경쟁우위의 문제이다. 예를 들어서 전력시장을 개방한다고 할 때 기존 사업자인 한국전력이 보유한 방대한 데이터도 함께 개방하지 않는다면 신규사업자는 매우 불리한 처지에 놓일 수밖에 없다. 한국전력은, 당연한 일이지만, 그동안 축적해온 데이터가 자기들이 지닌 가장 중요한 자산인데 어떻게 그것을 공유물로 내 놓으라고 하느냐고 반발할 것이다. 아주 민감한 개인정보를 포함하고 있기 때문에 공개할 수 없다는 주장도 펼 수 있다. 모두 일리 있는 주장이다.

10.4.4 변화와 혁신

지능정보기술의 발전은 변화와 혁신을 촉진시킨다. 지능정보기술이 지닌 창조적 파괴의 능력이 크기 때문이다. 지능정보기술이 발전하면서 기존기술에 안주하다가 도태되는 일이 빈번하게 일어난다. 또한 지능정보기술은 시간과 공간의 장애를 없애주므로 경쟁자가 등장하는 것을 아주 쉽게 만든다. 인사이더들이 현실에 안주할 수 없게 만드는 것이다.

지능정보기술이 발전함에 따라서 국경을 넘나드는 거래가 매우 용이해졌다. 이는 당연히 기득권에 안주하는 국내의 인사이더들에게 강력한 경고가 된다. 그러나 규제와 관세 등 무역장벽이 유용한 거래를 막는 경우에는 사정이 다르다.

승용자동차를 예로 들면 현재 국내에서 시판되는 외제자동차는 생산지국가에서 파는 것보다 매우 비싸다. 고가정책이 수입차 업자의 판매 전략의 일환인 면도 있고 국내 완성차 업체를 자극하지 않으려는 의도도 있겠지만, 소비자로서는 매우 '억울한' 게 사실이다. 해외에서 자동차를 사 오는 것을 어렵게 만드는 규제가 없다면, 발달된 지능정보기술을 활용해서 소비자가 원하는 자동차를 '착한 가격'에 구매할 수 있을 것이다. 메이커 지정 정비소에서 행하는 사후서비스나 유지·관리·수리 등에 대해 차등대우를 없애면 반드시 국내 딜러에게 살 필요가 없을 것이다. 이런 일이 벌어지면 국내의 수입차 사업자가 가격차별정책을 사용하기 어려워질 것이고 자동차 수입이 용이해지므로 국내 완성차 업계가 긴장하게 된다. 어떤 정책보다도 이것이 국내 완성차 사업자를, 예를 들면 현대기아자동차를, 환골탈태시키는 가장 효과적인 길이 될 것이다.

창조적 파괴능력이 막강하며 진입장벽을 허무는 힘을 지닌 지능정보기술이 발전함에 따라서 변화와 혁신이 촉진될 가능성이 높아지고 실제로 많은 경우에 변화와 혁신을 촉진할 것이다. 그러나 기존사업자가 정부규제의 힘을 빌리거나 기술에서의 독점적 우위를 무기로 해서 새로운 경쟁자가 출현하는 것을 방해하는 경우에는 지능정보기술이 발달해도 변화와 혁신을 촉진하는 본래의 효과가 반감될 수밖에 없다. 지능정보시대가 되어도 정부가 해야 할 경쟁촉진 정책은 계속해서 유효하다.

10.5 소결론

지능정보시대에도 대한민국 경제가 발전을 지속하게 하려면, 지능정보기술과 지능정보기기들이 사유, 자유, 경쟁, 변화와 혁신으로 대표되는 경제발전의 원동력을 보완하고 보강해 주는 방향으로 발달하도록 유도하는 게 좋다. 동어반복이 될 수도 있지만 지능정보기술과 지능정보기기들이 사유, 자유, 경쟁, 변화와 혁신에 저해되는 방향으로 나아가지 않도록 경계하는 것도 중요하다. 특히 지능정보기술의 발달이 사유의 원칙을 훼손하지 않도록 유념하는 게 중요하다.

지능정보시대가 전개되면서 발생할 수도 있는 부작용에 대해서 선제적인 대응책을 강구하는 한편 문제가 발생할 때 그것을 합리적인 방향으로 해결할 수 있는 지혜를 강구해야 한다.

지능정보시대를 맞아서 가장 크게 대두되는 문제는 우리들이 가진 생각 그리고 그것이 표출되어서 나타나는 이념, 체제, 제도, 기구, 규범, 정책 등 국가의 근간이 시대의 변화를 따라가지 못하고 있다는 사실에 있다. 하나의 예를 들자면 우리나라의 정치나 정책은 여전히 과거의 패러다임에 머물러 있다. 민간 즉 시장에 맡겨 두어야 할 경제를 정치인과 관료가 주도하겠다는 생각이 강하며, 소프트파워가 중요해지는 시대가 되고 있는데도 우리들의 인식은 여전히 하드파워를 중시하는 데 머물러 있다.

세계적인 대기업조차 사정이 어려워지면 가장 먼저 희생시키는 것이 인적자원 관련 조치들인 데서 그런 사정을 엿볼 수 있다. 기업체들이 대학교를 지원함에 있어서도 교수와 학생의 연구를 지원하는 데는 인색하지만 건물을 짓는 데는 열성적인 것을 보면 우리가 소프트인프라보다 하드인프라를 얼마나 선호하는지 알 수 있다. 매년 예산심의 때 지역구에 하드인프라를 유치하고 건설하기 위해서 동분서주하는 의원들은 보았어도 지역 주민들의 인적자본을 확충하는 예산을 확보하기 위해 노력하는 의원은 별로 보지 못했다.

지능정보시대에도 더욱 성공하는 대한민국을 만들고자 하면 우리들이 지닌 이러한 편향된 의식을 시정해야 한다.

제11장

더 흥성하는 대한민국

대한민국은 성공한 나라다. 산업혁명의 선봉이었던 영국과 현재 세계 1위의 경제대국인 미국이 200년 넘는 기간에 이룩한 경제발전을 대한민국은 60년[1] 정도의 기간에 이룩하였다. 그 결과 50년 미만의 평균수명을 지닌 인구 2,000만 명이 살아가던 나라가 80년의 평균수명을 지닌 인구 5,000만 명이 사는 나라로 변화되었다. 이는 한국인의 총생존기간(total living years)이 10억 년에서 40억 년으로 증가했음을 나타낸다. 현재의 구매력으로 계산하면 1960년대 초에 약 1,700달러이던 1인당소득이 지금은 약 3만 6,570달러가 되어 이 기간 중 21.5배 증가했다. 생명 1년의 가치가 1인당소득에 비례해서 정해진다면, 한국인의 총생존기간이 네 배 그리고 1인당소득이 21.5배 증가했으므로 한국인의 총가치(total value)가 1960년대 초 이래 최소한 86배 증가되었다.

그러나 우리가 이룩한 성과가 모든 면에서 만족스러운 것은 아니다. 소득증가만 놓고 보더라도 비슷한 처지에서 출발했던 싱가포르가 1980년대에 우리를 추월한 후 지금은 우리보다 2.3배나 많은 1인당소득을 지니고 있음에 견주어 보면 우리의 성공이 그리 대단한 것도 아니라는 생각이 든다. 한국인들이 타이완을 낮추어보는 경향이 있으나 구매력기준 1인당소득에서 1990년도에 이미 우리나라를 앞섰으며 2016년에는 4만 8,095달러 대 3만 6,570달러로 타이완이 우리나라보다 32% 정도 더 많다.[2] 오랫동안 영국의 식민지배를 받았던 아일랜드가 지금은 영국보다 훨씬 더 잘사는 나라가 된 데 그치지 않고 몇 년 안에 미국마저 추월할 것이 확실하다는 사실도 미국을 따라잡는 것은 고사하고 일본조차 뛰어넘지 못하고 있는 우리나라를 부끄럽게 한다.

소득증가의 크기만 남만 못한 게 아니다. 경제의 성장능력과 고용창출능력이 약화되고 있으며, 산업경쟁력이 약화되고 있는 가운데, 소득 및 자산의 분배상태가 열악해졌다는 비판의 목소리가 높으며, 환경의 질이 높지 않고 수입화석연료에 대한 의존도가 지나치게 높다. 경제사회 운영이 비효율적이며, 고

1 이는 1960년대 초를 경제발전의 시발점으로 보는 관점을 나타낸다. 그러나 1950년대 또는 그보다 훨씬 전인 일제강점기나 조선 말기까지 올라가려는 시도도 있다.

2 시장 환율로는 2016년에 2만 7,600달러 대 2만 2,453달러로 우리나라가 더 크다.

령화에 대한 대응이 미흡하고, 미래 세대를 배려하는 마음이 부족하다는 평가를 받는다. 북한과의 첨예한 대립상황이 여전하며, 인류의 보편가치 증진에 대해 기여하는 바가 작다. 지능정보시대가 빠르게 전개되고 있으나 그에 대응하고 그것을 선도할 자세나 능력이 약하다.

우리가 가진 문제가 미국이나 일본 등 경제발전에 성공한 다른 국가들도 지닌 문제이기는 하지만 그렇다고 해서 가볍게 여길 수 없다. 우리의 문제가 서구 선진국이나 일본이 지닌 것보다 더 심각한 것은, 그들이 100~200년에 걸쳐 이룩해온 경제발전을 50년 정도의 기간에 이룩해온 '단축성장' 때문이다. 경제선진화를 달성하겠다는 목표를 향해 숨 가쁘게 달려오느라고 내실을 제대로 다지지 못한 것이 오늘날의 어려움을 낳고 있다. 무엇보다도 문제가 되는 것은 앞만 보고 빨리 달려오느라 과정과 절차의 공정성을 훼손하는 일이 빈번했다는 사실이다. 미국이나 일본도 그러한 단계를 거친 것은 맞다. 그러나 그들은 잘못하는 점들을 비교적 철저하게 시정하면서 경제발전을 이루어 왔지만 우리는 그렇지 못했다. 개혁을 통해 잘못을 시정하려는 노력을 기울이다가 경제가 잘 돌아가니까 중도에서 게을리한 것이 문제를 키운 원인이라고 판단된다.

더 나은 미래를 갖고자 한다면 그동안의 성취에 도취되어 나태에 빠지는 일을 경계해야 한다. 혁신하고 또 혁신하지 않고서는 더 나은 미래를 만들 수 없다. 그 첫걸음은 우리에게 부족하거나 미흡한 점들을 찾아서 시정함으로써 우리나라가 올바른 방향으로 나아가도록 하는 것이다. 체제와 이념, 규범과 관행, 제도와 기구 등 나라의 근간(根幹, fundamentals)을 바로 세우고 그것이 효과적으로 작동하는 데 도움이 되는 정책을 입안해서 시행해 나가야 한다. 이제 몇 가지 우리가 해야 할 일들에 관하여 생각해보기로 하자.

11.1 국가흥성의 조건들

무엇보다도 경제발전을 향한 의지 즉, 경제발전의지를 굳건히 해야 한다. 우리나라가 외환위기 이후 저성장궤도로 진입하게 된 데에는 '경제성장 이제 그만하면 되었다. 다 잘살자고 하는 일 아니냐. 이제 좀 즐기면서 살자'라는 풍조가 일면서 성장과 발전을 향한 의욕이 저하된 탓이 크다. 잘살게 되면서 이러한 태도변화를 보이는 게 자연스러운 현상이기는 하지만 아직 가야할 길이 멀다.

약화된 근면성실한 삶의 자세를 바로잡는 일도 시급을 요한다. 건강한 나라의 근본은 근면성실함에 있다. 나태하고 불성실한 사람들이 다수를 이루는 나라가 잘될 수 없다. 이제 좀 살 만해졌으니 즐기면서 살자는 풍조가 생기면서 근면성실함의 중요성이 약화되고 있다. 소득이 증가하면 노동시간이 주는 것은 자연스러운 현상이지만 성실함까지 약화되어서는 곤란하다. 일은 덜 하면서 보상은 더 많이 받으려 드니 문제이다.

퇴조하는 자조자립정신을 되살려야 한다. 근래에 들어와서 우리 국민들의 태도가 부지불식간에 타인 의존적인 것으로 바뀌고 있다. 어떻게 해서든 자기 힘으로 살아보려고 애쓰던 자립자조정신이 사라지고 있는 것이다. 남에게 손을 벌리느니 차라리 굶는 게 낫다고 생각하던 사람들이 이제는 남의 도움을 받는 게 아무렇지도 않은 세상이 되고 있다. 그렇게 된 데에는 도움을 주는 주체가 '친척'이나 '이웃'이라는 비교적 가까운 존재에서 자신과 직접적인 연관이 적은 '국가'로 바뀐 게 기여한 바가 크다. 나에 대해 잘 아는 친척이나 이웃에게서 도움을 받는 것은 부끄러운 일이지만[3] 국가에게서 도움을 받는 것은 아무렇지도 않게 된 것이다.

국가로부터 도움을 받는 것이 시혜가 아니라 권리라는 생각이 널리 퍼지고 있어 염려스럽다. 당연히 받아야 할 것을 받는 것이니 더 많이 요구하라고 부

3 게다가 친척이나 이웃은 도움을 주면서 아니꼬운 언사로 모욕을 주기도 한다.

추기기도 한다. 일이 이렇게 된 것은 국가가 주는 것은 공짜라고 착각하기 때문이다. 나랏돈이라고 해서 저절로 생겨날 리가 없는데도 그런 착각을 범한다. 나랏돈이라는 것도 대부분 누군가의 호주머니에서 나오는 것이다. 그러므로 내가 나라로부터 받는 것은 누군가가 낸 세금이다. 그렇게 생각하면 내가 국가로부터 받는 것이 바로 내 이웃 누군가가 낸 세금에서 나오는 것이므로 사실은 그에게서 도움을 받는 것이다. 그런데도 부끄러워하지도 않고 고마워하지도 않는다.

남에게서 도움을 받는 것을 부끄러워하기는커녕 도움을 받는 게 아니라 원래 내 것이었던 것을 되찾아 오는 것이라고 생각하는 사람도 늘고 있다. 본래 모두의 것이어야 할 것을 소수가 자기 몫 이상으로 많이 가진 때문에 내가 남들보다 못사는 것이니 많이 가진 자의 것을 나누어 갖는 게 사회정의를 실천하는 것이라고 생각한다. 이렇게 우리 마음속에는 아주 강한 공유의식이 남아 있다.

남을 탓하는 사람들이 늘어나는 것도 문제다. 원하는 대학에 못가는 것이 입시제도가 잘못된 탓이고, 원하는 직장에 들어가지 못하는 것이 학벌을 중시하는 채용제도 때문이며, 결혼하지 못하는 것이 부모를 잘못 둔 탓이고, 집을 사지 못하는 게 투기꾼 때문이며, 아이를 낳아 키우기 힘든 게 나라 탓이라고 주장한다. 무엇하나 남 탓 아닌 것이 없다. 그렇게 되도록 방치해둔 국가를 원망하고 국가더러 내가 입은 손해를 보상하라고 요구하기도 한다. '내 탓이요. 내 탓이요. 내 큰 탓이로소이다'라고 하면 바보 같은 소리 하지 말라는 말을 듣기 십상이다.

이래 가지고는 나라가 제대로 될 수가 없다. 더 나은 미래를 만들려는 의욕을 상실하고, 매사에 근면하고 성실하게 임하던 자세가 흐트러지며, 강인하던 자조자립정신이 의타적이고 책임전가적인 자세로 바뀌는데 어찌 잘되기를 바라겠는가? 우리가 성공한 나라를 만들고자 하면 근면성실한 삶의 태도를 굳건히 하고 매사를 스스로의 힘으로 해결해나가려는 자조자립정신을 길러야 한다.

발전의 주역은 우리 자신이다. 누가 대신해 줄 수 없으며 대신해 준다고 하더라도 그것은 참된 발전이 되지 못한다. 미국이나 일본 또는 중국이 우리나라의 발전을 대신해 줄 수 없다는 데 대해서는 누구나 쉽게 수긍할 것이다. 그런데 정치인이나 관료가 경제발전의 주역이 아니라는 데 이르면 많은 사람들이 고개를 갸우뚱한다. 바로 그것이 문제다. 1960년대 초반 이래 익숙해져온 정부주도형 경제운용방식에 너무나 길들여져서 우리들은 부지불식간에 경제란 정부가 움직이는 것이라는 착각 속에서 살아간다. 정부는 경제운영의 주역이 될 수 없으며 또한 그렇게 되어서도 안 된다. 그저 보조자이고 보완자일 뿐이다. 경제를 움직이는 주역은 어디까지나 우리 자신이다. 말하자면 정부가 아니라 민간이 경제운영의 주역이다. 그런데도 우리는 무슨 일만 생기면 정부더러 해결하라고 요구한다. 모든 게 다 정부가 할 일이라고 착각하기 때문에 그런 일이 일어난다.

개방형 자유시장경제를 지향하는 나라 가운데서 대한민국처럼 정부의 힘이 센 나라도 많지 않다. 민간부문의 역량이 충분하게 축적되지 못했던 시절에는 정부가 주도하는 게 효과적이었을지 모르지만 민간부문의 역량 즉, 시장의 역량이 대폭 강화된 지금은 더 이상 그런 시대가 아니다. 그런데도 여전히 과거의 성공 프레임에서 헤어나지 못한다. 정치인이나 관료는 이러한 현상을 내심으로 반긴다. 그들의 힘과 영향력을 유지할 수 있기 때문이다. 사실 정치인이나 관료들 중에서 그들이 설계하고 인도하는 대로 따라오는 국민들을 보면서 좋아하지 않을 사람은 별로 많지 않을 것이다. 우리나라는 아직도 훈민정음 제정 당시의 사고 즉, 나라님이 어리석은 백성을 불쌍히 여겨서 올바른 길로 인도한다는 생각이 힘을 발휘하고 있다.

나랏 말ᄊᆞ미 中듕國귁에 달아 文문字ᄍᆞᆼ와로 서르 ᄉᆞᄆᆞᆺ디 아니ᄒᆞᆯᄊᆡ
이런 젼ᄎᆞ로 어린 百ᄇᆡᆨ姓셩이 니르고져 홇 배 이셔도
ᄆᆞᄎᆞᆷ내 제 ᄠᅳ들 시러 펴디 몯홇 노미 하니라
내 이ᄅᆞᆯ 爲윙ᄒᆞ야 어엿비 너겨 새로 스믈 여듧字ᄍᆞᆼᄅᆞᆯ ᄆᆡᇰᄀᆞ노니
사ᄅᆞᆷ마다 ᄒᆡᅇᅧ 수ᄫᅵ 니겨 날로 ᄡᅮ메 便뼌安한킈 ᄒᆞ고져 홇 ᄯᆞᄅᆞ미니라

세종대왕의 말씀은 당시로서는 대단히 획기적인 것이었다. 그러나 현대는 세종대왕의 시대가 아니다. 국가나 정부가 '어리석은 백성'을 훈육하는 능력 있는 부모가 아니다. 백성이 어리석지도 않으며 나라님보다 더 잘 알고 능력이 뛰어나고 문제를 잘 해결한다. 정치인이나 관료가 '국민을 편안하게 만들려는' 선한 목적에서 행동하는지도 확실하지 않다. 대한민국이 잘 되려면 세종대왕 시대의 생각과 관행 즉, 가부장적 정부의 틀에서 벗어나야 한다.

11.2 흔들리는 한국 경제

우리가 이룩한 경제발전에도 불구하고 많은 사람들이 나라의 미래에 대해 비관적인 인식을 갖고 있다. 그들에게는 한국경제가 이룩한 것이 만족스럽지 않다. 대한민국의 발전상을 경이로운 눈으로 바라보는 외국인들에게는 우리들의 그러한 자아비판이 생소하게 느껴지는 모양이다.[4] 그렇지만 절망할 정도로 비관하지만 않는다면 자신을 비판적으로 되돌아보는 일은 더 나은 내일을 향한 우리의 각오를 다지는 일이기도 하다.

11.2.1 성장능력 약화와 일자리 부족

세계은행 자료를 보면 대한민국의 구매력기준 1인당소득은 2016년에 3만 6,570달러가 된다. 3만 6,600달러에 달하는 1인당소득이 대단한 것이기는 하지만 현재 선진국으로 분류되는 나라들과 견주어본 다면 우리나라의 1인당소득도 현재의 구매력기준으로 4만 달러는 넘어야 한다. 즉, 아직 갈 길이 멀다. 우리나라와 비슷한 처지에서 출발한 싱가포르와 홍콩과 타이완이 지금(2016

4 그런가 하면 북한이 미사일을 발사하고 핵실험을 하는 등 눈앞에 닥친 위험을 보고서도 태연하게 일상을 살아가는 게 한국인이기도 하다.

[그림 11-1] 우리나라의 실질경제성장률 추이(1954~2016년)

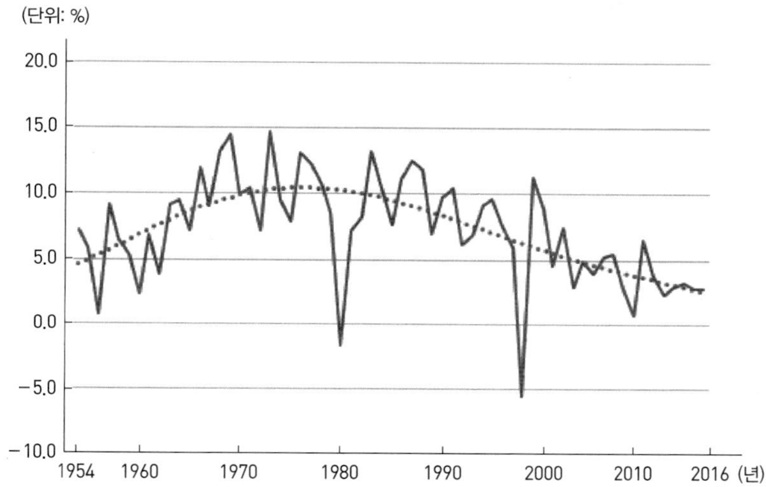

출처: 한국은행, 「경제통계시스템」, http://ecos.bok.or.kr

년)은 구매력기준으로 8만 5,020달러, 6만 90달러, 4만 8,095달러[5]의 1인당소득을 기록했음에 견주어 보면, 동일한 통계로, 3만 6,570달러의 1인당소득을 기록한 대한민국의 성적은 상대적으로 초라한 것이다. 여러 가지 측면에서 우리가 부러워하는 미국, 캐나다, 독일, 스웨덴 등이 모두 5만 달러 이상의 구매력기준 1인당소득을 지니고 있다.

소득수준이 참다운 선진국이 되기에 미흡한 것보다 더 우려되는 것은 경제성장률 둔화 현상이다. [그림 11-1]에 우리나라의 실질경제성장률의 변화추이가 나타나 있다. 그림에서 점선은 추세를 나타낸다. 이를 보면 우리나라 경제성장률의 추세가 아주 둥근 역 U자형의 움직임을 보이고 있음을 알 수 있다. 즉, 1954년 부터 1980년대 중반까지 상승하던 추세가 그 이후 반전되어서 현재에 이르기까지 하락하고 있다. 2010년대의 수치는 1950년대의 그것보다 낮다.

5 타이완은 1인당 GDP임.

이러한 사실은 제1장의 [표 1-3]에서도 확인한 바 있다. 우리나라의 1인당소득 증가율은 1961~1997년 기간에 연 7.5%로 세계에서 중국 다음으로 높았었다. 그러나 외환위기 이후인 1998~2016년 기간에는 연 3.45%로 외환위기 이전에 기록했던 연 7.5%의 1/2 이하로 하락하였다. 2011~2016년에는 연 2.40%를 보여서 최근으로 올수록 경제성장률이 낮아지고 있음을 알 수 있다.

우리 경제는 무슨 연유에서인지 외환위기 이전에 가졌던 경제성장의 비결을 잃어 가고 있다. 앞으로 지속적으로 팽창할 것으로 예상되는 복지수요, 조만간에 필요하게 될지도 모를 막대한 규모의 남북한 통합 비용, 젊은이와 고령자를 위한 일자리 창출의 필요성 등을 고려하면 앞으로도 경제성장을 지속해야 한다.

경제성장률의 하락은 일자리 문제로 직결된다. 경제가 성장하지 않는데도 좋은 일자리가 생기는 법은 좀체 없다. 우리나라가 1960년대 초에 800만 명에 불과하던 고용을 현재의 약 2,500만 명으로 증가시켜올 수 있었던 것은 경제가 성장하지 않았으면 불가능한 일이었다. 그러나 외환위기 이후 위에서 경제성장률이 그 전에 비해서 반 토막이 나자 일자리 문제가 심각해졌다. 청년의 취업난이 보통이 아니며, 50대 중반경에 직장을 떠난 '젊은' 은퇴자들의 재취업난이 심각한 수준이다. 경제활동을 하고자 하는 여성들의 욕구를 제대로 충족시키지 못하고 있으며, 건강수명의 연장으로 '일할 수 있고 일하고자 하는' 고령자들의 희망을 들어주지 못하고 있다. 문제를 더 어렵게 만드는 것은 소위 고용 없는 성장 현상이다. 그렇지 않아도 성장률이 낮아져서 예전처럼 일자리가 늘어나지 않는데 설상가상으로 사람을 별로 필요로 하지 않는 경제활동이 차지하는 비중이 커지고 있다.

11.2.2 팽창하는 재분배 요구

우리나라의 가처분소득 기준 지니계수는 2016년에 0.304로 나타나는데 이는 1990년대 중반의 0.26보다 높아진 것이며, 비교 가능한 연도의 OECD 회원국 35개 중 18위에 해당된다(2014년도의 수치를 보면 아이슬란드가 0.246으로 가장 낮고 코스타리카가 0.491로 가장 높다). 소득 5분위배율은 1995년의 3.68배에서 2016년의 5.45배로 높아졌으며, 중산층 비중은 1995년의 75.3%에서 2016년의 65.7%로 낮아졌다.

분배에 관한 이러한 지표는 국제적인 기준에서 볼 때 아주 나쁜 것은 아니다. 세계은행(1993)이 우리나라가 이룩한 경제발전을 '나누어 가진 성장(shared growth)'이라고 평가한 것은 그러한 연유에서이다. 그러나 외환위기 이후에 소득분배 상태가 악화되고 부자와 가난한 사람 사이의 소득차가 확대되면서 인식이 달라지기 시작하였다. 분배 상태에 대해 불만을 가진 사람이 많아진 것이다.

GDP를 창출하는 데 들어간 '비용'을 피용자보수(노동의 대가), 기업소득 및 재산소득(자산에 대한 대가), 고정자본소모(감가상각충당금), 생산세·수입세·보조금(정부부분 운영비용), 국외순수취(대외부문과의 거래에 따르

[그림 11-2] 요소별 비용이 GDP에서 차지하는 비중

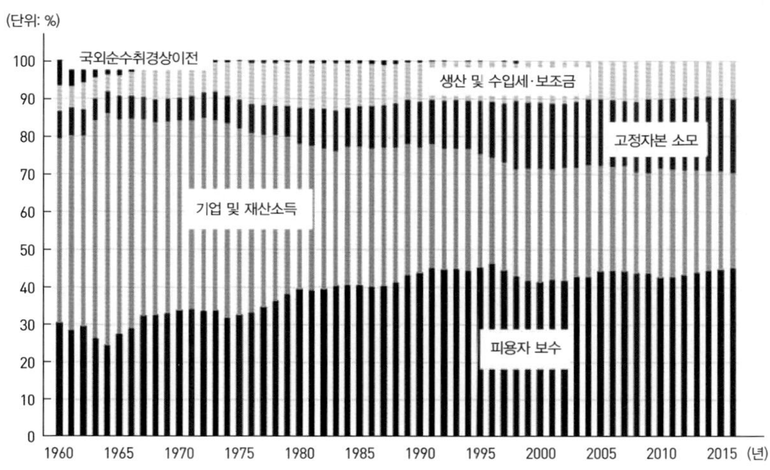

출처: 한국은행, 국민계정(http://ecos.bok.or.kr).

는 순비용)로 나누어서 각 항목이 GDP에서 차지하는 비중을 나타내면 [그림 11-2]와 같다. 이를 보면 2015년 현재 국내총생산에서 차지하는 비중이 피용자보수 45%, 기업소득 및 재산소득 25%, 고정자본소모 20%, 정부부문 10%로 되어 있음을 알 수 있다. 민간부문의 소득 가운데 64%가 노동의 대가이고 36%가 자본의 대가이다. 민간소득 가운데 노동소득의 비중이 80%에 이르는 미국과 견주어 보면 우리나라에서는 아직도 자본의 대가가 상당히 크다. 아마도 이것이 많은 사람들이 분배 상태에 대해서 가지는 불단의 원인인 듯하다.

그런데 노동소득과 자본소득의 비중이 변화해온 추이를 보면 사정이 다르다. 노동소득이 GDP에서 차지하는 비중이 1960년대 전반에는 27~30%에 불과했다가 그동안 꾸준하게 상승해서 2015년에는 45%에 이르고 있다. 또한 기업 및 재산소득의 비중은 1960년대 전반의 50~60%에서 꾸준하게 하락하여 2015년에는 25%가 되었다. 이를 보면 노동소득의 비중은 꾸준하게 상승하고 자본소득의 비중은 꾸준하게 하락하였음을 알 수 있다. 이는 그 반대의 움직임을 보인 미국의 경우와는 완연하게 다른 결과이다.

실상이 이러한데도 불만을 가진 사람이 많다. 그렇게 된 데는 우리나라가 이룩해온 경제발전의 과정이 공정하거나 공평하지 않았다는 생각이 팽배해 있기 때문이다. 단시일 내에 급격하게 성장해오는 과정에서 과정과 절차의 공정성을 경시한 채 규범을 어기면서 달려온 경우가 많았던 것이 문제의 원인이다. 누군가의 파울 플레이 때문에 지금의 내 처지가 어렵게 되었다는 인식이 일반화되어 있다. 그것이 가진 자와 배운 자와 힘센 자 등 소위 기득권층에 대한 반발로 나타나는 것이다. 일이 이렇게 된 데에는 정경유착과 부정부패의 고리를 끊지 못한 잘못이 크다. 아시아의 최고 부자 나라인 싱가포르의 경제발전 뒤에는 세계에서 가장 깨끗하고 유능한 정부가 있다는 사실을 주목해야 한다.

그런데 여기에 큰 아이러니가 있다. 문제를 낳은 원인이 정경유착과 부정부패에 있으며, 정경유착과 부정부패가 만연되는 근본적인 이유가 경제에 정치나 정부가 지나치게 간섭하고 개입하기 때문임에도 불구하고, 사람들은 정부

[표 11-1] 외환위기 전후의 성장, 분배, 정책기조

	외환위기 이전(1962~1997년)	외환위기 이후(1998~2016년)
1인당소득 증가율	7.50%	3.46%
재분배 이후 GINI 계수	0.257(1996년)	0.278(2016년)
경제정책기조	성장 위주	재분배 중시

출처: 1인당소득 증가율=[표 1-2], GINI=[그림 5-1]

더러 이 문제를 해결하라고 주문하고 있다. 우리나라 사람들은 왜 이렇게 정치인이나 정부에 거는 기대가 클까? 그것은 한마디로 말해 아직도 세종대왕 시대의 멘탈리티를 갖고 있기 때문이다. '성군'이 우리 어리석은 백성을 잘 다스려 달라는 것이다.

우리가 제5장에서 알아본 바대로 외환위기 전후의 성장, 분배, 정책기조 간의 관계를 아주 단순화해서 [표 11-1]과 같이 정리할 수 있다.

경제성장을 중시하고 재분배를 경시했다는 평가를 듣는 외환위기 이전에는 1인당소득 증가율이 연평균 7.5%로 매우 높은 가운데 재분배 이후의 지니계수는 매우 높은 상태에서 지속적으로 낮아져서 1996년에 0.257을 기록하였다. 분배상태가 크게 개선된 것이다. 반면에 경제성장보다는 재분배를 중시했다는 평가를 듣는 외환위기 이후에는 1인당소득 증가율이 연평균 3.46%로 낮아진 가운데 재분배 이후의 지니계수는 2016년의 0.278로 높아졌다. 분배상태가 악화되었다.

이러한 변화를 우연으로 돌려야 할까? 위의 사실을 놓고 적어도 네 가지 주장을 펼칠 수 있다. '성장 위주 정책을 펼친 결과 분배가 개선되었다', '성장 위주 정책을 펼쳤음에도 불구하고 분배가 개선되었다', '재분배를 중시하는 정책을 펼친 결과 성장률이 낮아지고 분배가 악화되었다', '재분배를 중시하는 정책을 펼쳤음에도 분배가 악화되었다' 네 가지 중 어느 것이 참인지 필자의 능력으로는 밝힐 수가 없다. 다만 '좋은 일자리를 창출하는 경제성장이 최선의 복지다'라는 말에는 동의한다.

11.2.3 과다한 화석연료 의존

우리나라의 경제구조는 화석연료 의존도가 높다. 현재의 수출 주력산업인 반도체, 액정표시장치, 스마트기기, 자동차, 철강, 선박, 석유화학 등은 모두 에너지 다소비 업종이며, 우리나라의 주 에너지원은 원자력, 석탄, 가스, 석유 등이다. 그동안 전력 생산의 30% 정도를 담당하던 원자력은 이제 탈원전 정책으로 인해 뒤로 물러날 처지이고, 태양광과 풍력 등 비화석연료원은 아직 경제성이 확보되지 않아서 앞으로도 아주 오랜 동안 석탄과 가스와 석유가 계속해서 주 에너지원이 될 전망이다. 이는 앞으로도 이산화탄소를 비롯한 온실가스배출량이 계속해서 늘어날 것임을 말해준다.

우리나라가 온실가스 다(多)배출국으로 남아 있는 것은 결코 지속가능한 해법이 아니다. 화석연료를 전량 수입하는 데서 오는 시장불안과 안보 위험도 문제이지만, 세계 7대 온실가스배출국으로서 날로 강해지는 온실가스 감축을 향한 국제적 압력을 견딜 수 없는 것이 더 큰 문제이다. 온실가스 감축은 우리가 하고 싶으면 하는 선택 사항이 아니다. 하고 싶지 않아도 또 하기 어려워도 해야 하는 필수 사항이 되고 있다.

우리나라는 이미 국제사회에 2030년까지 연간 온실가스배출량을 37% 감축하겠다고 약속하였다. 그러나 현재와 같은 다량의 온실가스 배출 경제구조를 그대로 두고서는 약속한 바를 충실하게 이행할 방도가 없다. 우리가 살아온 그리고 현재 살아가는 방식을 완전히 뜯어고쳐야 한다. 필자는 이를 가리켜서 우리가 반세기 이상에 걸쳐서 유지해오던 '갈색경제패러다임'을 '녹색경제패러다임'으로 전환하는 개혁이라고 표현한 바 있다.

11.2.4 국가전략 부재

전략의 대가인 송병락(2015)은 미국과 독일과 중국과 일본의 경제발전사를 엄밀하게 점검한 후에 한국의 최대 약점 가운데 하나가 국가의 100년 앞을 내다보는 장기 계획이나 전략이 없는 점이라고 설파한다. 필자도 이 견해에 동의한다.

박정희 시대에는 경제건설, 전두환·노태우 시대는 민주화라는 국민 다수가 동의하는 국가의 목표가 있어서 그것을 향해 국민적 역량을 결집해왔다. 그러나 김영삼 시대 이후에는 국가의 진행방향에 대한 뚜렷한 목표를 상실한 채 매 5년마다 바뀌는 정권 아래서 길어야 3년 정도의 기간을 내다보는 단기 전략 위주로 국가를 경영해오고 있다.[6]

김영삼 정부의 신경제 100일 정책, 김대중 정부의 햇볕정책, 노무현 정부의 탈권위정책, 이명박 정부의 녹색성장, 박근혜 정부의 창조경제 등 어느 것 하나 10년 앞도 기약할 수 없는 단기 정책이었다. 국가의 영향력이 매우 강한 대한민국에서 단기 목표 위주로 국정이 운영되다 보니 민간부문도 그것에 영향을 받아서 단기성과 위주로 행동하게 되었다. 아마도 이것이 우리나라의 경제성장률이 하향추세를 보이게 된 하나의 원인인 것 같다. 장기 비전 없이 그때그때 당면한 문제 처리에 골몰하다 보니 우왕좌왕하게 되고 일관된 방향성을 상실한 결과 경제발전의 엔진이 힘을 잃고 있는 것으로 보인다.

11.2.5 경제의 정치·사회화

정치인이 경제에 개입하고 간섭하는 정도가 심해지고 있다. 정경분리 원칙은 사라진 지 오래되었다. 경제를 정치 논리로 풀면 안 된다는 생각이 경제도 사람과 사람 사이의 일이니만큼 정치의 대상이라는 인식으로 바뀌고 있다. 경제 관련 의원입법 건수가 대폭적으로 늘어난 데서 그런 경향을 볼 수 있다. 20대 국회 출범 이후 1년 사이에 2,450건의 의원입법안이 제출되었는데 이는 19대 국회에서 제출된 의원입법의 두 배에 달하는 수준이다. 행정부안은 규제개혁위원회의 심사를 거치도록 되어 있으나 의원입법안은 그렇지 않다. 의원입법안의 태반이 규제심사를 회피하기 위한 정부로부터 의뢰받은 것이라는 지적도 있다.

6 소위 레임덕 현상 때문에 어떤 정책도 5년 내내 지속하기가 어렵다.

이와 관련해서 한국개발연구원(2017)이 '의원발의 법안이 전체의 94%에 이르지만 사전 영향평가가 의무화되어 있지 않아서 규제가 무분별하게 늘어나는 결과를 초래하고 있다'고 지적한 것을 귀담아들어야 한다. OECD(2017c)가 '국회에 규제영향 분석을 의무화하고 규제품질관리기구를 설치하도록 권고'한 것도 경제의 정치화 현상에 대한 우려를 나타낸 것이다.

경제의 사회화 현상 역시 큰 문제이다. 사회주의경제로 번영을 이룩한 나라가 하나도 없고, 경제의 사회화를 추진하다가 쇠망한 나라가 한둘이 아닌데도 우리나라에서는 경제를 사회화하고자 하는 열망이 매우 강하다. 경제의 사회화란 단순화해서 말하자면 사유를 제한하고 공유의 영역을 넓히자는 주장이다. 우리가 이미 제7장에서 고찰한 바 있듯이 공유를 향한 인류의 열망은 거의 본능적이라서 억제하기가 매우 어렵다. 그럼에도 불구하고 공유는 경제가 쇠퇴하는 지름길이다. 인류 역사에서 공유를 바탕으로 해서 경제발전에 성공한 사례는 하나도 없다. 그러나 공유의 길로 들어섰다가 경제를 망친 나라는 수없이 많다. 그런데도 불구하고 공유를 향한 열정은 식을 줄 모른다.

우리나라에서 사회적으로 존경받는 지식인들은 거의 100% 공유의 영역을 확대하자는 데 찬성한다. 그런 분들이 참 지식인이요 참 스승으로 존경받는다. 존경받는 지식인들이 그러한 사상을 지니고 있으니 그에 영향을 받은 관료, 언론인, 정치인, 법조인들도 경제의 사회화 즉, 공유를 지향하는 강한 성향을 지니는 게 이상하지 않다. 여론 주도층이 그런 생각을 갖고 있다 보니 부지불식간에 다수의 보통 사람들도 경제의 사회화를 바람직한 것으로 인식하게 되었다. 한국인들이 중국인들보다 더 사회주의적이라는 평가가 그냥 나오는 게 아니다.

11.3 더 흥성하는 나라가 되기 위한 조건들

11.3.1 경제발전의 원동력 강화

한 나라의 경제규모는 노동의 양과 질, 물적자본의 양과 질, 교육과 훈련의 양과 질, 기술개발의 속도, 자연자본의 양과 질 그리고 경제사회 운영의 효율성 등에 의해 정해진다. 당연한 이야기이지만, 더 많은 사람들이 더 많은 시간을 더 열심히 일하고, 더 많은 기업들이 더 많은 투자를 더 효율적으로 수행하고, 기술개발과 혁신이 더 활발하게 이루어지고, 자연자본이 더 건강하게 유지되고 나라가 더 효율적으로 돌아가는 나라는 잘살고 그렇지 못한 나라는 못산다.

물적자본을 늘리고, 인적자본을 늘리며, 기술을 개발하려면 막대한 재원이 필요하다. 그것을 조달하는 원천이 저축이다. 저축된 재원이 가장 효율적인 투자 프로젝트로 흘러가야 한다. 즉, 저축과 투자가 양과 질 모든 면에서 더 많이 더 잘 이루어져야 한다. 그런데 저축과 투자를 연결시켜 주는 것은 금융의 역할이므로 금융이 발달해야 나라가 잘살게 된다.

그렇다면 더 많은 사람들이 더 많은 시간을 들여서 더 열성적으로 일하고, 배우고, 발명하고, 생산하고, 저축하고, 투자하고, 혁신하고, 개선하게 만드는 것은 무엇인가? 왜 어떤 사람은 또는 어떤 나라는 국민들이 열심히 일하고, 배우고, 발명하고, 생산하고, 저축하고, 투자하고, 혁신하며, 개선하는데 다른 사람이나 다른 나라는 그렇지 못한가? 그것은 국가의 근간이 사람들로 하여금 최선을 다해 일하고 저축하고 투자하고 배우고 발명하고 혁신하고 개선하게 만드는지 여부에 달려 있다.

경제의 근간이 잘되어 있는 나라는 잘살고 그렇지 못한 나라는 가난하다. 경제의 근간이 잘되어 있는 나라는 발전하고 경제의 근간이 부실한 나라는 정체되거나 퇴보한다. 그러므로 나라가 발전하려면 경제의 근간을 바로 세워야 한다.

경제의 근간이란 개방의 정도, 금융발달의 정도, 사회융합의 정도, 정부의 형태와 정책, 체제와 이념, 역사와 문화, 환경과 자원과 기후 등 경제사회를 지탱하는 요인들을 지칭한다.

한 나라의 경제적 근간이 그 나라 사람들로 하여금 더 열심히 그리고 더 많은 시간 일하도록 유도하고, 창출된 소득의 더 많은 몫을 저축하게 만들며, 저축한 재원을 낭비하지 않고 자본(물적자본, 인적자본, 자연자본, 사회자본)을 축적하고 기술을 발전시키는 데 효과적으로 투자하도록 유도하고, 금융발전과 개혁과 개방 그리고 형평성 증진을 통해 경제사회 운영의 효율성을 높여나가는 데 성공하도록 되어 있으면 발전하고 그렇지 못하면 정체된다.

경제발전의 요체를 소비와 투자 또는 생산과 약탈과 보호라는 관점에서 이해할 수도 있다. 소비는 당장의 만족을 위해 자원을 사용하는 것이고 투자는 소득창출능력을 확충하는 데 자원을 사용하는 것이다. 소비보다 투자를 중요시하면 점점 더 잘살게 되고 투자보다 소비를 더 중요시하면 점점 더 못살게 된다.

법질서와 치안이 제대로 유지되어서 누구나 안심하고 생업에 종사할 수 있는 나라는 국민의 다수가 생산활동에 전념할 수 있다. 약탈하는 사람이 없으므로 더 많은 시간을 생산활동에 투입할 수가 있고 또한 마음 놓고 생업에 종사하게 되므로 생산성도 높아진다. 그 결과 많은 사람이 부유해진다. 반면에 법질서가 제대로 유지되지 않아서 약탈이 횡행하는 나라에서는 국민들이 마음 놓고 생업에 종사할 수가 없다. 따라서 생산활동이 위축된다. 그뿐만 아니라 약탈이 횡행하게 되면 자기 것을 빼앗기지 않기 위해 보호활동에 시간과 정력을 쏟게 된다. 그 결과 생산활동에 종사할 시간적 여유가 적어진다. 결국 약탈행위가 만연된 경제에서는 생산활동에 종사할 시간이 적어지고 능률이 떨어지므로 생산량이 작아진다. 그 결과 많은 사람이 가난해진다.

이러한 관점에서 보면 국민들로 하여금 소비보다는 투자에 더 열성적이 되도록 유도하고, 법질서를 유지하는 데 성공해서 보다 많은 국민들이 안심하고 생업에 종사할 수 있게 만들면 어떤 나라이건 점점 더 잘살 수 있다는 결론을 얻게 된다. 반면에 아무리 잘사는 나라라도 그 국민들이 투자보다 소비를 중요시하고, 스스로 생산하기보다는 남이 생산한 것을 빼앗는 데 치중하기 시작하면 그 나라는 점점 더 가난해지게 마련이다.

많은 학자들의 연구를 보면, 개혁과 개방을 통해 사유재산을 확실하게 보호하고 건전한 경쟁을 통해 모든 사람들이 최선을 다해서 경제활동에 전념하도록 유도하고, 창출한 소득의 더 많은 몫을 저축해서 적재적소에 투자하도록 유도하고, 그것을 통해 물적자본과 인적자본과 자연자본 그리고 사회자본을 지속적으로 늘려나가는 일과 기술을 지속적으로 발전시켜 나가는 일과 경제사회 운영의 효율성을 높여나가는 데 성공하면 경제발전을 이룩할 수 있음을 알 수 있다.

성장률 둔화 현상을, 경제가 성숙단계에 접어들면서 일어나는 자연스러운 현상으로 이해해야 할까? 대부분의 우리나라 경제학자들은 그렇게 생각하는 것으로 판단된다. 경제성장이론을 빌려서 얘기하자면, 어느 경제이건 그 경제의 장기적 정상상태를 향해 나아가는 과정에서는 고율의 성장을 경험할 수 있지만, (초기상태가 정상상태보다 멀리 있을수록 성장률이 더 높다), 정상상태에 가까이 갈수록 성장률이 하락하다가 정상상태에 이르면 그 경제 고유의 생산성 향상 속도만큼만 성장하게 된다는 것이다. 이 견해에 따르면, 우리나라 경제는 이제 정상상태에 거의 도달하였고 따라서 더 이상 고율의 경제성장률을 기대할 수 없다고 한다.

위의 주장은, 한 나라의 장기균제상태(longrun steady state)가 고정되어 있는 경우에는 타당하다. 그러나 장기균제상태 자체를 변화시킬 수 있는 경우에는 사정이 다르다. 예를 들어 우리나라의 장기균제상상태가 1인당소득 3만 5,000달러에 해당하고 그것이 고정 불변이라면, 그리고 우리나라의 생산성 향상 속도가 연 2%라면, 장기균제상태에 도달하기 훨씬 전에는 비교적 빠르게 성장하다가 성장률이 점차 하락해서 3만 5,000달러에 도달한 이후에는 연 2% 정도의 성장률밖에는 기대할 수 없다. 그러나 경제의 장기균제상태를 1인당소득 5만 달러로 변화시키는 데 성공한다면 사정이 달라진다. 3만 5,000달러에서 5만 달러를 향해 나가는 과정에서 또다시 고율의 경제성장을 경험할 수 있게 된다.

우리나라의 구매력기준 1인당소득은 2016년 현재 약 3만 6,600달러이다. 이를 보면 현재의 여건하에서 우리나라의 장기균제상태는 많아야 4만 달러 정도일 것으로 추정된다.[7] 이것을, 예로 들어서, 6만 달러 정도의 장기균제상태로 만들 수 있을까? 우리가 그렇게 하는 데 성공한다면 우리 경제는 앞으로도 상당한 기간 동안 장기생산성 향상속도보다 빠르게 성장할 수 있다. 그러나 장기균제상태를 긍정적인 방향으로 변화시키는 일은 결코 쉽지 않다. 그렇지만 전혀 불가능한 일도 아니다. 우리나라가 1960년대 초에 현재의 달러가치로 1인당소득 약 2,000달러 수준의 정상상태를 갖고 있다가, 개혁과 개방의 길로 나서면서 수차례에 걸친 업그레이드 과정을 거쳐서 현재와 같은 1인당소득 4만 달러 정도의 균제상태로 변화시키는 데 성공한 것이 바로 그런 가능성을 입증한다.

우리나라 경제가 1960년대 초반에 이미 1인당소득 4만 달러의 장기균제상태를 지니고 있었다고 주장할 사람은 아무도 없을 것이다. 어떤 측면에서 고찰하건 그것은 이치에 맞지 않는다. 그것보다는 저축과 투자율 증가, 수출촉진, 중화학공업화, 수입자유화, OECD 가입, 금융개혁 등을 통해 우리 경제의 장기균제상태를 여러 차례에 걸쳐서 확대시켜오는 데 성공했기에 2,000달러 경제가 4만 달러 경제로 변모되었다고 보는 것이 옳을 것이다.

반복적으로 균제상태를 변화시켜온 우리의 경험은 또다시 균제상태를 변화시킬 수 있음을 시사한다. 균제상태를 한 단계 더 업그레이드 시키는 작업 즉, 발전의 원동력을 강화하는 작업에서 우리가 관심을 두고 해결해야 할 과제에는 다음과 같은 것들이 있다.

---

7 이는 2016년의 약 3만 6,600달러인 구매력기준 1인당소득이 아직은 균제상태에 도달하지 않은 것으로 가정한 것이다.

11.3.2 발전하려는 의지 회복

경제발전은 사람이 하는 일이니만큼 우리가 발전하려는 의지를 갖지 않고서는 발전을 이룩할 수 없다. 우리는 과연 발전하기를 진심으로 원하는가? 근래에 전개되고 있는 여러 가지 사태를 보면 이 물음에 대해 부정적인 견해를 가진 사람이 많아 보인다.

적지 않은 사람들이 대한민국의 역사를 부끄럽게 여기며, 발전을 희생하더라도 과거의 잘못을 시정하자고 한다. 개방형 자본주의 시장경제체제가 양극화를 낳는 주범이므로 사회주의 혼합경제체제로 가야 한다고 주장한다. 개방은 미국을 위시한 제국주의자들만 이롭게 할 뿐이고 자유를 확대하는 개혁은 부자만 살찌운다고 말한다. 빠른 속도의 기술발전은 배운 자와 가진 자에게 더 많은 혜택을 주므로 절제함이 마땅하고, 교육수준별 임금격차가 점점 더 커지고 있으니 고등교육도 평준화하자고 주장한다. 대기업이 잘되는 것은 중소기업을 못살게 굴어서 그런 것이므로 그들의 횡포를 막아야 하고, 부자와 빈자 간의 소득차가 벌어지는 것은 부익부 빈익빈의 생리를 지닌 자본주의의 병폐이므로 시정해야 한다고 한다. 그 방안으로는 소득이 많은 자와 학력이 높은 자와 기술이 앞선 자와 자산이 많은 자들에게서 지금보다 훨씬 더 많은 세금을 걷는 한편, 고소득자와 자산가와 고학력자와 첨단기술보유자와 대기업의 경제행위를 규제하자고 한다.

이러한 비판에 귀 기울일 필요가 있다. 그러면서도 그러한 비판이 갖는 불합리한 측면을 제대로 인지해야 한다. 위에서 열거한 비판들은 대부분 경제발전의 이치에 맞지 않는다. 결코 그대로 따라 할 일이 아니다. 우리에게 필요한 것은 끊임없는 변화와 혁신을 통해 경제발전을 이룩하겠다는 의지를 굳건하게 갖는 일이다. 개혁과 개방이라는 기본 방향을 확고하게 견지하되 그 순서나 방식을 현명하게 선택함으로써 부작용을 줄여나가는 것이 옳지 개혁과 개방 그 자체를 포기해서는 안 된다.

공평한 기회 보장, 과정과 절차의 공정성 유지, 사유재산권의 보호, 경제적 자유의 전면적인 허용, 공정하고 치열한 경쟁유도, 변화와 혁신 촉진, 민간부문에 대한 보조자로서의 정부의 역할 강화 등 경제활동의 외적 근간이 바로 서면, 저축, 투자, 근로, 교육, 금융, 연구개발 등 경제활동의 내적 근간과 관련된 일들도 바로 서게 된다. 그러므로 체제, 제도, 이념, 기구, 관행, 규범, 정책 등 경제활동의 외부적 근간 즉, 경제의 초석들을 바로 세우는 일이 지금 우리가 해야 할 일이다.

이와 관련해서 우리가 반성해야 할 점은 다음과 같다. 우리는 과연 모든 이에게 실질적인 측면에서 공평하게 기회를 보장해왔는가? 명목으로만 공평을 주장했지 실질에서는 불공평했던 것은 아닌가? 모든 경제활동의 과정과 절차가 공명정대한가? 돈 있고 힘 있는 사람에게만 유리한 적은 없는가? 필요 없이 경제적 자유를 억제하지는 않는가? 공정하고도 치열한 경쟁을 유발하는 데 소홀하지 않았는가? 새로운 시장진입자의 출현을 방해하지는 않았는가? 기득권자를 보호하기 위해서 변화와 혁신을 거부하지 않는가? 정부가 과도하게 개입하고 간섭하지 않는가? 민간부문이 해야 할 일을 정부가 하지는 않았는가? 투자보다는 소비를 장려하는 정책을 펴고 있지는 않는가? 근로의욕을 저해하는 정책을 펴고 있지는 않는가? 절약하는 정신을 약화시키는 정책을 펴고 있지는 않는가? 자조·자립정신을 약화시키는 정책을 집행하고 있는 것은 아닌가? 경제성이 떨어지는 공공투자 활동을 정치적 목적에서 무리하게 집행하고 있지는 않는가? 미래 세대에게 짐을 떠넘기는 일인 줄 알면서도 당장 급하다고 자원을 함부로 쓰는 일은 없는가? 어느 누구도 아니다 하고 답하기 어려운 문제들이다. 늦었지만 지금부터라도 철저하게 반성하고 개선해 나가야 한다.

11.3.3 인재강국 건설

세계 일류 국가를 만들려면 자원과 돈과 기술도 필요하지만 더 중요한 것은 인재 즉, 인적자원이다. 우리나라 사람들이 이 세상에서 가장 열심히 일하고, 똑똑하며, 창의적이고, 좋은 교육을 받고, 긍정적이고 건강하며, 기술이 좋고 경험이 많다면, 돈, 자원, 기술, 노하우, 경영능력 등 다른 생산요소가 부족하더라도 시간의 문제일 뿐 부족한 부분을 채워 넣을 수 있다. 그러나 인적자원의 양이 적고 수준이 저급하다면 그러한 일은 불가능하다.

우리나라 사람들은 현재 세계 최고의 인재들인가? 일부는 그렇지만 대부분은 그렇지 못하다. 그렇지만 누구나 최고인재가 될 자질은 충분한 것으로 판단된다. 최빈국을 초기 선진국으로 발전시킴으로써 우리도 할 수 있다는 것을 증명했을 뿐 아니라, 어떤 역경이라도 극복하고 다시 일어서는 끈기, 세계를 누비고 다니는 도전정신, 기업 활동과 스포츠 그리고 예술 활동에서 세계 최고의 실력을 보이는 인재의 등장 등 긍정적인 요소가 많다.

문제는 그런 좋은 자원을 최고의 인재로 육성하는 시스템이 취약하다는 데 있다. 올바른 내용을 잘 배우고 잘 가르치는 효율적인 전인 교육 시스템을 구축하지 않고서는 더 큰 발전을 이룩하기 어렵다. 교육 시스템을 혁신하는 길 역시 교육에 참여하는 모든 당사자들이 누가 시키지 않아도 스스로 더 잘하게 만들고, 잘할 의지가 있는 사람이 실제로 교육을 잘 받을 수 있는 기회를 제공하고, 동시에 끊임없이 잘하지 않으면 더 잘하는 사람에게 밀려날 수도 있는 가능성을 열어 두는 것이 최선인 듯하다. 무엇보다도 수월성을 포기하면 제대로 된 인재를 육성하기 어렵다.

교육을 혁신하고 개방함으로써 세계만방에서 유능한 인재들이 우리나라로 몰려오도록 해야 함은 물론 더 중요하게는 똑똑하고 유능한 인재들이 우리나라를 떠나가게 만들어서는 안 된다. 인종과 민족과 성별 등 그 어떤 것도 가리지 말고 유능한 인재들이 우리나라에 와서 경제활동을 영위할 수 있도록 이민제도를 만들고 개선해야 한다. 세계의 최고급 인재들에게 우리나라가 이 세상 그 어떤 나라보다 일하기 좋고 살기 좋은 나라라는 확신을 심어줄 수 있도록 미비한 점을 고쳐나가야 한다.

최고급 인재를 확보함에 있어서 '어떤 분야에서 세계 최고가 될 것인가'를 결정하는 일이 전략적으로 중요한 선택이 된다. 이런 견지에서 보면 과학기술 분야에서 최고급 인재를 양성하고 확보하는 일이 중요하다. 연구개발 활동의 성과물은 많은 경우 공공재로서의 성격을 지니므로 민간부문의 자유로운 경쟁에만 맡겨두어서는 바람직한 수준만큼의 연구개발이 이루어지지 않는다. 그러므로 이 분야에서는 정부의 역할이 특히 중요하게 요구된다. 지적재산을 합리적으로 보호하고, 연구개발 시스템의 효율성을 높이며, 연구개발 활동에 대한 재정적 지원을 확충하고, 연구개발 인력에 대한 합당한 보상체계 구축을 통해 기술발전을 촉진해야 할 것이다.

창의성이 큰 인재를 양성하는 일은 하루아침에 이루어지지 않는다. 필요하면 수입해서라도 활용해야 한다. 그러므로 세계 최고 수준의 과학기술 인재들이 국내에 들어와서 그 재능을 마음껏 발휘할 수 있는 기회를 대폭 확대할 필요가 있다. 물론 그것과 병행해서 우리나라 자체의 인재를 양성하는 프로그램도 강화해 나가야 한다.

이와 관련해서 21세기는 지능정보시대라는 사실을 명심해야 한다. 자라나는 세대를 지능정보시대에 걸맞은 인재로 양성할 수 있어야 한다. 아울러 기성세대를 지능정보시대에 적합한 인재로 거듭나게 유도해야 한다. 이를 위해서 학교교육, 기능기술교육, 직장교육, 평생교육 등 생애 전주기에 걸친 교육과 훈련 프로그램을 지능정보시대에 부합하는 것으로 혁신해야 한다.

11.3.4 흔들림 없는 시장경제 창달

나라의 경쟁력을 평가하는 여러 자료를 보면 우리나라의 경쟁력을 떨어뜨리는 가장 큰 요인이 경제사회운영의 비효율성이라고 한다. 이는 금융의 비효율성, 기업과 기업 간 관계의 비효율성, 노사관계의 비효율성, 정부와 공기업의 비효율성 그리고 정치의 비효율성 등을 지칭한다. 생산요소축적, 기술개발, 효율성제고 등 경제발전의 삼대 요소 중 우리나라가 가장 못하는 것이 효율성을 높이는 일이다. 사회 곳곳에 비효율적인 요소가 산재해 있다. 이들을 획기적으로 뜯어고치지 못하면 진정한 선진국으로의 발전은 불가능하다.

금융, 기업 간 관계, 노사관계, 정부와 공공부문과 정치가 비효율적인 이유는 무엇인가? 여러 가지 요인이 있겠지만 그들을 위협할 만한 유효한 경쟁자가 없다는 것이 가장 중요한 원인이다. 금융, 기업 간 관계, 노사관계 등은 제도와 정책 개선을 통해 비교적 용이하게 경쟁을 강화할 수 있는 분야이다. 그러나 우리의 현실은 이와는 거리가 있다. 금융, 기업 간 관계, 노사관계 등이 경쟁적이지 못하게 만드는 제도적이며 정책적인 장애물들이 많다. 30년 이상 길들여져 온 관치금융의 잔재를 완전하게 청산하지 못하고 있고 노동조합의 일탈적 행위를 제어하지 못하고 있다.

공정경쟁 질서를 깨뜨리는 기업들의 부당행위도 여전히 끊이질 않는다. 이에는 정치적인 요소도 개재되어 있어서 이를 시정하기가 쉽지 않다. 우리나라에서는 대기업들의 횡포가 심하다는 인식이 널리 퍼져 있는데 그런 측면이 없지 않지만 세계시장에서 경쟁해야 하는 일류기업들은 국제적인 규범을 준수해야 하므로 부당행위나 불법행위를 할 유인이 적다. 그들이 그렇게 한다면 대부분 정치권이나 정부와 결탁하기 때문이므로 무엇보다도 정경유착의 고리를 끊어야 한다.

기업이 상행위의 기본질서를 준수하면서 합법적이고도 정당한 방법으로 경영을 잘해서 소비자들에게 환영을 받는 게 죄악인가? 우리나라에서는 그러한 기업을 경쟁자를 도태시키는 악덕기업이라고 매도하는 경향이 있다. 잘하는 사람을 칭찬하는 게 아니라 잘못하는 사람을 배려해서 너무 잘하지 말라 하고 다그친다. 경쟁력이 없는 기업이 도태되는 것이 시장의 이치이다. 그들을 도와줄 필요는 있지만 잘하는 기업이 너무 잘하지 못하도록 압력을 넣어서 잘못하는 기업을 도와주는 것은 결코 좋은 방법이 아니다. 정치권과 정부의 이러한 정책이 비효율을 낳는 아주 중요한 요인이 되고 있다.

정부, 공기업, 정치권에서 벌어지는 비효율적인 행동은 경쟁을 통해서 시정하기가 어렵다. 이 부문은 원천적으로 경쟁이 제한되기 때문이다. 그런 가운데서도 정부와 공기업은 많은 분야에서 민간부문이나 해외부문과 경쟁해야 하므로 개선의 여지가 있다. 가령 앞으로 중국 경제가 더욱 강해지고, 북한이 개혁과 개방을 통해 경쟁자로 발전해 나가며, 일본이 우리 경제를 위협하는 상황이 전개되면 정부와 공기업도 효율성을 높이지 않을 수 없게 될 것이다. 즉, 민간경제의 성숙과 세계경제의 압력이 정부와 공기업의 효율성을 높이는 계기가 될 것이다. 어떤 부문보다도 비효율적이라는 정치의 효율성을 높이는 일은 현재로서는 기대하기 어렵다.

경제를 비효율적이게 만드는 가장 큰 요인은 경제발전의 궁극적 동인인 사유, 자유, 경쟁, 변화와 혁신에 반하는 이념이 사회를 지배한 결과 체제와 제도와 규범과 관행과 정책이 경제발전을 적대시하는 속성을 지니게 되는 데 있다. 사유보다는 공유를 중시하고, 개인의 자유보다는 공동체를 내세운 통제를 선호하고, 수월성을 추구하는 경쟁보다는 획일화를 지향하고, 현 체제에 위험을 줄 변화와 혁신을 거부하는 것이 사회의 주류 이념이 되면 그러한 나라는 틀림없이 쇠퇴하게 된다. 그런 이념이 지배적인 사회에서는 가지고 있는 자원과 기술을 효율적으로 사용하지 못하게 될 뿐 아니라 자원을 축적하고 기술을 발전시키는 일이 잘 일어나지 않는다. 스스로 땀 흘려 열심히 일하기보다는 남이 만들어 놓은 것을 나누어 갖는 것을 정당화하는 이념이 지배하는 사회가 잘될 리가 없다.

효율성을 높이는 일과 관련해서 가장 시급한 것이 우리 경제의 운영방식을 혁신하는 일이다. 우리나라의 경제사회 운영 방식은 1960년대 초반 이래 세 차례의 커다란 변화를 겪어오고 있다. 1980년대 중반까지는 국가주도형 발전전략 즉, 국가자본주의를 근간으로 해서 경제를 운영해오다가 1980년대 중반부터 외환위기 직전까지는 민간주도형 발전전략 즉, 시장자본주의로의 변화를 시도한 바 있다. 그러나 외환위기를 겪으면서 다시금 국가가 주도하는 운영방식으로 돌아가고 있다. 그런데 최근의 국가주도는 전문 관료들이 아니라 정부가 시민사회의 의견을 따르는, 정부와 시민단체가 주도하는 국정운영이라는 새로운 방식을 따르고 있다는 특징을 지닌다.

경제운영을 가이드하는 일에서 시장과 관료집단과 시민운동가들 중 누가 가장 효율적이고 생산적일까? 경제학자에게 이 질문을 던지면 아마도 90% 이상이 시장이라고 답할 것이다. 전문 관료라고 답하는 사람이 10% 정도 되고 시민운동가라고 답하는 사람은 적을 것이다.

인류의 역사에서 가장 큰 해악을 끼친 것은 언제나 소수 엘리트가 그들이 원하는 바대로 사회를 운영하고자 시도할 때였다. 영국의 크롬웰, 프랑스의 로베스피에르, 러시아의 볼셰비키, 독일의 히틀러, 아르헨티나의 페로니스트, 중국 마오쩌둥 시대에 문화역명을 주도했던 홍위병, 쿠바의 카스트로, 베네수엘라의 차베스 등 그러한 사례가 매우 많다. 그들이 악한 의도를 지녔던 것 같지는 않다. 도대체 무엇이 그들로 하여금 대실패를 낳게 만들었을까?

엘리트에 의한 경제 운영이 위험한 것은 그들이 모든 것을 알고, 모든 것을 할 수 있으며, 그들이 하는 일이 틀릴 수 없다는 생각을 갖고 있기 때문이다. 무지렁이인 일반 민중에게 맡겨 둘 수 없으며, 탐욕의 화신인 시장에 맡길 수 없으며, 기득권자들에게 사로잡힌 관료들에게 맡길 수도 없다는 것이다. 이는 오만이고 망상이다. 이렇게 된 것은 우리나라의 지식인들이 그리스 철학자들이 설파한 현인정치나 공자가 가르친 성인이 나라를 다스려야 한다는 사상에 매료되었기 때문이다.

우리가 택해야 할 유일한 대안은 시장자본주의로 돌아가는 것이다. 경제사회 운영의 80% 정도는 시장에 맡겨두고 나머지 20% 정도를 정부가 맡아서 시장의 부족한 점을 채워 넣으면 된다. 대부분의 경제운영을 시장이 주도하도록 하되, 남의 권익을 손상하지 않는 범위 내에서, 자기가 한 일에 대해서는 모든 책임을 지며, 자기가 하는 일에 소요되는 비용은 자기가 부담한다는 전제하에서 개인의 자유를 중시하는 고전적 자유주의가 만개하도록 하는 것이 대한민국이 나아갈 방향이다.

11.4 나눔과 배려를 통한 함께 가기

더 흥성하는 대한민국 건설에 대해 반대할 사람은 많지 않을 것이다. 그러나 대한민국이 흥성한다고 해서 그게 반드시 다수의 행복증진으로 귀결될지에 대해서 의구심을 갖는 사람들은 많다. 나라가 흥성하려면 각자가 노력한 것에 비례해서 정해지는 보상 즉, 신상필벌의 원칙이 지켜져야 하는데 그리되면 능력이 뛰어난 사람과 그렇지 못한 사람 사이에 빈부차가 시간이 갈수록 확대될 가능성이 있다. 아마도 대부분의 사람들은 자유로운 시장경제체제가 낳을 수도 있는 이러한 불균등이 정의롭지 않다고 생각하는 것 같다.

사적 이익을 추구하면서 살아가는 게 본성이지만 우리에게는 이기심을 충족하려는 심성 이외에도 우리가 가진 것을 이웃과 나누어 갖고자 하는 배려심도 있다. 그래서 우리들은 누구나 많이 가진 자와 적게 가진 자 사이의 간극이 지나치게 커지는 것을 우려한다. 많이 가진 자의 것을 뜯어서 적게 가진 자에게 주자는 주장이 그래서 설득력을 갖게 된다.

재산이나 소득의 지나친 불평등과 거기에서 연유되는 부익부 빈익빈 현상을 치유하는 방안에는 크게 두 가지가 있다. 하나는 많이 가진 자의 것을 강제로 빼앗아서 적게 가진 자에게 나누어 주는 것이고, 다른 하나는 많이 가진 사람이 스스로 자기가 가진 것을 나누도록 장려하는 것이다.

복지국가를 지향하는 현대 국가는 거의 예외 없이 각종 조세 장치를 통해서 많이 가진 자의 것을 국가에 내놓도록 하고 그것을 국가가 판단하기에 타당하다고 생각하는 사람들에게 나누어준다. 미국과 캐나다 그리고 서유럽과 일본 등의 예를 보면 정부 예산의 반 정도가 복지 예산이다. 이들 국가에서 정부 지출이 GDP에서 차지하는 비중이 40% 내외이므로, GDP의 20% 정도가 복지 예산인 셈이다. 그런데 복지지출은 있는 자에게서 세금을 거둬서 없는 자에게 이전하는 것이므로, 소위 있는 자가 부담하는 복지세율은 20%를 훨씬 넘는다.

국가가 많이 가진 자의 것을 강제로 거두어서 적게 가진 자에게 나누어 주는 게 무엇이 문제인가? 많이 가진 자가 많이 가지게 된 것은 그만큼 국가의 혜택을 더 크게 받은 결과가 아닌가? 그렇다면 많이 가진 자가 많이 내놓는 게 당연한 일이다. 이러한 생각에는 한 가지 착시 현상이 개입되어 있다. 누구나 그가 번 소득의 20%를 세금으로 낸다고 할 때, 과세표준 소득으로 1년에 1억원을 번 사람은 2,000만원을 세금으로 내고 1년에 1,000만원을 번 사람은 200만원을 세금으로 내게 된다. 소득이 10배이면 세금도 10배로 내는 것이다. 그런데 현실은 이와 다르다. 1년에 1,000만원을 번 사람은 60만원을 내고 1년에 1억원을 번 사람은 2,028만원을 내는 게 현실이다. 소득은 10배인데 세금은 34배를 내게 된다.[8]

사정이 이러한데도 사람들은 많이 가진 자에게서 세금을 더 많이 걷자고 주장한다. 이러한 주장을 펴게 되는 것은 아마도 우리들 마음속에 남아 있는 수렵채취시대 즉, 공유경제의 습성이 남아 있기 때문인 듯하다. 공동노동·균등분배의 관행을 따라 살아온 것이 호모 사피엔스 20만 년의 역사에서 19만 년도 더 되는 기간이었으니, 사람들이 그렇게 생각하는 게 충분히 이해된다. 그러나 우리가 이 책을 통해서 반복해서 관찰했듯이 공동노동·균등분배의 원칙을 따른 국가는 예외 없이 정체하거나 쇠락하였다. 그러므로 우리가 많이 가진 자의 것을 더 많이 '빼앗아서' 적게 가진 자에게 나누어주려는 유혹에 넘어가면 국가가 정체되고 쇠락하는 사태를 막지 못하게 된다.

재산이나 소득의 지나친 불평등과 거기에서 연유하는 부익부 빈익빈 현상을 치유하는 두 번째 방안이 우리가 고려할 만한 것이다. 이 방안은 가진 사람들이 자발적으로 자가기 가진 것을 나누도록 장려하는 것이다. 즉, 부와 소득을 창출하는 데 있어서는 신상필벌의 원칙을 적용함으로써 잘하는 사람들이 더 많은 가치를 창출하도록 유도하되 그들이 그렇게 창출한 가치의 더 큰 몫을 이웃을 위해 사용하도록 유도하는 방안이다. 이때 많이 가진 자가 그들의 것을 이웃을 위해 사용하도록 유도하는 가장 좋은 방안은 그들 스스로가 그렇

8 이는 2017년 종합소득세율표를 바탕으로 계산한 값이다.

게 하고 싶게 만드는 유인책을 제시하는 것이다. 타인을 위해 자기 몫을 내놓는 행위가 사회적으로 칭송을 받는 일이 되도록 만들고, 이웃과 나누기 위해 내놓는 몫의 크기에 비례해서 포상하거나 세금을 감면해 주는 게 그런 유인책의 사례가 된다.

이 두 번째 방안의 장점은 무엇인가? 가장 큰 장점은 그것이 사람들에게서 매사에 최선을 다하려는 의욕을 빼앗아 가지 않는 다는 것이다. 더 많은 가치를 창출해서 더 많이 나누는 게 그렇게 하는 사람의 '효용' 증진과 직결되도록 하면, 국가 번영의 기틀을 유지하면서도 나눔과 배려를 통해서 '모든 이가 함께 가는' 목표를 달성할 수 있다.

자발적인 나눔과 배려를 통해서 모든 문제를 해결하는 데는 한계가 있다. 그러므로 GDP의 25% 정도는 세금을 거둬서 국가의 필수적인 기능을 수행하는 데 사용하고, 그것을 넘어서는 부분은 자기가 가진 것을 자발적으로 내놓도록 유도하는 게 바람직해 보인다. 이를 위해서는 많이 가진 자가 그가 가진 것의 더 많은 몫을 내놓는 게 그의 사적 이익에 부합하도록 제도를 설계하는 지혜가 필요하다.

대한민국에서는 아직 나눔과 배려의 기풍이 크게 일지 않고 있다. 우리나라 사람들이 특별히 더 이기적이거나 인색해서 그렇게 된 것 같지는 않다. 나누고 베풀고 배려하는 일을 생소하게 느낄 정도로 그런 행동을 장려하는 장치들이 제대로 갖추어져 있지 않은 게 문제다. 또 다른 걸림돌은 '많이 가진 자의 것을 나누어 갖는 게 정의로운 일'이라는 생각이 부지불식간에 우리들 마음속에 자리 잡고 있다는 사실이다. 사실 우리 사회에서는 많은 사람들이, 자신이 약자의 편이라고 주장하는 사람들은 특히 더, '부자가 가진 것을 가난한 이에게 나누어주는 일'에 대해서 정당성을 부여한다. 필자 역시 부자가 자기 것을 가난한 사람에게 나누어 주면 좋다고 생각한다. 다만 필자는 부자가 기꺼운 마음에서 스스로 그렇게 하는 게 좋다고 생각할 뿐 강제로 빼앗아서 나누어주는 게 좋다고 생각하지는 않는다. 자발적으로 나누는 일이 보편화되더라도 경제발전의 궁극적인 힘은 약화되지 않으므로 국가가 흥성하는 데 걸림돌이 되지 않는다. 그러나 강제로 나누는 일이 보편화되면 국가가 정체와 쇠락의 길로 빠져드는 것을 막기가 매우 어렵다.

11.5 소결론: 지능정보시대의 대한민국

21세기는 지능정보시대이다. 우리 생활의 많은 부분들이 지능화되고 자동화될 것이다. 지능정보기술이 지능정보시대를 움직이는 핵심 동력이다. 지능정보기술에서 앞선 나라가 21세기의 주인공이 된다. 대한민국이 21세기에도 성공한 나라가 되려면 지능정보기술 및 그것을 구현한 하드웨어와 소프트웨어를 개발하고 생산하고 활용하는 분야에서 남다른 실적을 올려야 한다.

현재의 상황을 보면 지능정보기술에서도 미국이 최선두가 될 전망이다. 일본의 기술수준도 상당히 높은 편이며, 후발주자인 중국이 지능정보기술에서는 선두주자가 되려고 분발하고 있다. 영국과 독일도 이 분야에 국가의 에너지를 집중해서 투자하고 있다. 사정이 이러한데도 우리나라는 지능정보기술의 발전이나 지능정보산업의 진흥을 위한 노력에서 경쟁국들에게 선두 자리를 내어주고 있다.

기술의 측면에서 보면 지금까지 대한민국은 세상에서 제일 앞선 '돌파'기술(breakthrough)을 개발하고 그것을 무기로 해서 세계시장을 석권하는 전략보다는, 남이 만들어 놓은 기술을 가장 효율적으로 구현한 제품을 생산하는 것을 통해서 세계시장을 석권하는 전략을 구사해오고 있다. 일찍부터 이 전략의 한계를 인식하고 자체기술을 개발하려고 노력 중이기도 하지만 아직까지는 해외의 선진기술을 응용하고 구현하는 제조분야에서 더 큰 업적을 내고 있다. 국내의 성공하는 기업들은 제조기술 또는 제조 노하우에서는 세계 제일의 실력을 보이고 있다.

21세기 지능정보시대에도 이러한 전략이 유효할 것인가? 아마도 상당한 기간 동안은 그럴 것이다. 그러나 그 효용성은 시간이 경과할수록 떨어질 것이다. 원천기술이나 킬러기술을 소유하지 못한 기업이 응용기술과 제조기술만 갖고 영업이익의 측면에서 선두자리를 유지하던 시대가 종언을 예고하고 있다. 더 큰 위험은 우리가 해오던 방식을 답습해서 우리보다 더 잘할 수 있는 경쟁자가 출현하는 것이다. 중국은 이미 여러 분야에서 우리를 바짝 추격하고 있다. 중국기업들이 앞으로 더 강력한 기술력을 갖게 될 것을 전제로 해서 대응해야 한다. 그러려면 중국기업들이 모방할 수 없는 기술과 노하우를 갖추어야 한다. 중국은 이미 지능정보분야에서 세계 최고가 되겠다는 목표를 담은 계획들을 실천에 옮기고 있다. 몇몇 분야에서 우리에게 선두를 빼앗겼던 일본의 반격에도 대응해야 하며 미국과 서유럽의 초일류기업들과도 경쟁해야 한다.

경제발전 성공전략이 지능정보시대라고 해서 달라지지 않는다. 핵심은 우리나라의 모든 경제주체들이 언제나 그리고 모든 일에서 최선을 다하게 유도하는 것이다. 그 일은 사유, 자유, 경쟁, 변화와 혁신으로 대표되는 경제발전의 궁극적인 힘들이 아무런 방해도 받지 않고 그것들이 지닌 힘을 마음껏 발휘할 수 있는 여건을 조성하는 것이다. 그러면 경제주체들이 알아서 그리고 경제주체들이 모인 거래의 장인 시장이 자율적으로 거의 모든 문제를 원만하게 해결할 것이다.

정치권이나 정부가 해야 할 첫 번째 일은 대한민국의 근간인 이념, 규범과 관행, 체제와 제도, 기구와 기관 그리고 정책이 발전친화적인 방향으로 진화발전하도록 도와주는 것이다. 공동체를 배려하는 사유를 존중하고, 공동체의 규범을 준수하고 자기가 한 일에 대해 책임을 지며 자기가 하는 일의 비용을 본인이 부담한다는 전제하에서의 자유를 허용하며, 건전하고 공정하면서도 치열하게 전개되는 경쟁을 촉진하고, 기득권에 안주하려는 유혹을 떨쳐 버리고 변화하고 혁신하도록 유도하면 된다.

근간을 튼튼하게 다져 나가면서 민간부문이 못하거나 잘하지 못하는 일을 골라서 하는 게 정부의 두 번째 책무다. 이를 지능정보시대와 관련지어 말하자면, 경제주체들에게 지능정보시대에 관한 유용한 정보를 제공하고, 민간부문에서 잘 하지 않는 기초연구를 지원하며, 자라나는 세대를 지능정보시대를 살아갈 유능한 인재로 키우는 데 일익을 담당하며, 기성세대가 지능정보시대에 적응하는 데 도움이 되는 재교육·재훈련·평생교육 프로그램을 가동하고, 지능정보시대에 적응하지 못하고 탈락하는 사람들을 지원하는 게 그런 일들이다. 지능정보기술이 윤리에 반하거나 도덕률을 어기는 방향으로 발전하지 않도록 계도하고, 지능정보기술이 개인의 사생활이나 인권을 침해하지 않도록 규율하고, 지능정보기술을 오용하거나 남용하는 일을 방지하는 것 역시 정부가 해야 할 일이다.

세상이 어떻게 변화하건 경제를 움직이는 것은 사람이다. 올바른 윤리도덕관을 지니고 있으며 능력이 뛰어나고 심신이 건강하며 공동체를 배려하는 마음이 큰 인재들이 다수를 이루는 사회라면 어떠한 상황변화에도 슬기롭게 대처할 수 있다. 설령 결과가 마음에 들지 않더라도 그게 우리가 할 수 있는 최선의 결과라면 겸손한 자세로 우리의 한계를 인정하면 된다. 그러한 바탕 위에서 더 나은 길을 찾아 나가면 된다. 모든 일을 다 잘할 수 있다는 오만도 버려야 하지만, 시도해보지도 않고서 우리나라는 안 된다는 자기비하에 빠져서도 안 된다.

에필로그

우리나라는 20세기 후반부에 시작해서 지금까지 꾸준하게 경제를 발전시켜 오는 데 성공했다. 그 결과 1954년에만 해도 대다수의 국민들이 아주 어렵게 살아가야 했던 최빈국이 지금은 대다수가 잘사는 비교적 풍요로운 초기 선진국으로 변모되었다. 소득만 증가한 것이 아니라 평균수명, 성평등, 교육의 양과 질, 보건·위생·의료, 주거·환경, 교통·통신, 문화·여가·오락·스포츠 등 우리 생활의 모든 측면에서 삶의 질이 크게 개선되었다. 이런 사실을 보면 1960년대 초반 이래 근 60년 동안 대한민국 경제흥성을 지속해왔음을 알 수 있다.

현재의 상황에 대해서 불만을 표하는 사람들이 많은 것을 보면 그동안에 대한민국 경제가 흥성해온 과정과 결과가 우리나라 사람들을 아주 행복하게 만든 것 같지는 않다. 행복이란 주관적이고 상대적인 것이어서 평균소득이 수십 배 증가하더라도 행복감은 같은 비율로 증가하지 않는다. 유엔의 자료를 보면 조사대상 149개국 중에서 우리나라의 행복지수 순위는 45위로 나타난다. 그러나 응답자 간의 편차에서는 96위가 되어 행복하다고 생각하는 사람과 불행하다고 하는 사람 사이의 차이가 매우 크다.[1] 이러한 결과를 낳은 이유 가운데 하나는 우리가 이룩한 경제발전에 부족한 면이 있기 때문일 것이다.

우리나라 사람들이 불행하다고 생각하게 된 원인 가운데 하나는 경제의 성

1 이는 2016년도 조사 자료이다. 상세한 사항은 유엔지속가능네트워크 (2017). 「세계행복보고서」를 참조하라.

장속도가 현저하게 낮아진 데 있다. 경제가 고속성장하고 일자리가 빠른 속도로 늘 때는 일자리를 크게 걱정하지 않으면서도 해마다 살림이 좋아졌다. 살기 바빠서 남이 어떻게 사는지 관심이 적었고 그래서 남과 비교하는 데서 오는 불행도 적었다.

그러나 외환위기를 겪으면서 사정이 달라졌다. 평생직장의 개념이 사라지고 있는데 경제의 성장속도가 떨어지니 안정적인 일자리를 구하기가 어려워진 게 치명적이다. 고용불안 그리고 그 연장선상에서의 노후불안이 심화되는 현실을 경험하면서 불행해하지 않을 사람은 많지 않다. 게다가 외환위기 이후 세계화와 기술진보가 빠른 속도로 일어나면서 승자독식의 슈퍼스타 보상 현상이 전개되고 고학력·고기술 편향의 임금체계가 형성되면서 거기에 동참하지 못한 사람들의 상대적 박탈감이 커졌다. 그런 형편이니 많은 사람들이 불행해하는 것도 이해가 된다.

우리나라가 지속적인 경제성장을 이루어온 것은 사실이지만 성장의 과정이나 결과에 대해서 모든 사람들이 다 같이 만족해하는 것은 아니다. 경제성장의 대열에서 소외되었다고 여기는 사람들이 많다. 성장의 과정이 공정하지 않고 과실 배분이 공평하지 않다고 생각하는 사람들이 많아진 것이다. 아마도 어느 정도는 그러한 평가가 사실일 것이다. 영국, 미국, 일본 등이 100년에서 260여 년에 걸쳐서 이룩한 경제발전의 성과를 60년 내외의 짧은 기간에 따라잡는 과정에서 공정성이나 공평성을 훼손한 일이 많았다. 그러나 외환위기를 겪으면서 그러한 구시대의 유산은 이제 많이 정리되었다. 오늘의 대한민국은 외환위기 이전의 시기에 비하면 훨씬 더 공정하고 공평하며 투명하다. 그럼에도 불구하고 구시대의 상처를 치유하려면 앞으로도 상당한 시간이 필요해 보인다. 사정이 그러하니 사람들이 지닌 불만감이 앞으로도 꽤 오랜 동안 유지될 것이다.

근년에 들어와서 땀 흘려 일하고 절약해서 투자하던 우리나라 사람들의 건실하며 미래지향적이던 풍토가 향락적이고 소비지향적인 것으로 바뀌는 조짐을 보이고 있으며, 모든 것을 스스로 해결하겠다던 자조·자립정신이 약화되고 있으며 자신에게 닥친 문제들을 걸핏하면 남 탓으로 돌리는 경향이 강해지고 있다.

이러한 경향을 바로잡지 않으면 우리나라가 더 크게 흥성하기는 쉽지 않다. 60여 년간 흥성해온 관성이 있어서 하루아침에 쇠락하지는 않겠지만 최근에 들어와서 계속해서 낮아지고 있는 경제의 성장 속도를 끌어올리지 못한 채 국가가 우왕좌왕하는 상태가 전개될 가능성이 있다.

그래도 괜찮다고 생각하는 사람들이 적지 않다는 게 놀랍다. 3만 달러 정도의 1인당소득이면 꽤 괜찮게 살 만한 수준이므로 그걸 더 키우려고 노력하는 것보다는 많게 가진 자와 적게 가진 자 사이의 차이를 없애서 모든 사람이 3만 달러의 소득을 갖는 세상을 만드는 게 옳은 일이라고 한다. 모든 이가 3만 달러의 소득을 가지는 나라가 어떤 사람은 100만 달러를 갖고 어떤 사람은 몇천달러밖에 갖지 못하는 사회보다 훨씬 더 정의롭고 공평하다는 것이다.

세계를 둘러보면 평등사회 건설을 표방하다가 쇠락하거나 쇠락할 뻔했던 나라가 많음을 알 수 있다. 이 일에서는 소위 선진국이라고 해서 예외가 되지 않는다. 대처리즘 덕분에 회생했지만 한때 쇠퇴의 길을 걷던 영국이나, 위대한 사회를 건설하겠다며 무리수를 두다가 시름시름 앓던 미국이 레이건 대통령을 만나 회생의 길로 들어선 것이나, 복지병을 치유하지 못해서 선진국 대열에서 이탈한 조짐을 보이는 스페인과 그리스의 경우가 좋은 사례가 된다. 선진국이 이 지경이니 그보다 사정이 나쁜 나라들은 더 말할 것도 없다. 아르헨티나, 베네수엘라, 쿠바, 북한, 마오쩌둥 치하의 중국 등은 극단적인 평등주의인 공동소유제도를 따른 결과 국가 쇠락의 길을 밟게 된 사례를 보여준다.

근래에 들어와서 우리나라에서 진행 중인 경제의 정치·사회화 현상을 되돌려 놓지 못하면 우리의 미래는 밝지 않을 것이다. 급선무는 현재의 단계에서 우리 경제가 더 이상 정치·사회화되지 않도록 하는 일이다. 그러나 결코 쉽지 않다. 경제의 정치화에는 반대하지만 사회화에는 찬동하는 사람들이 의외로 많다. 아무리 어렵더라도 경제의 사회화 추세를 멈추게 해야 한다. 경제의 사회화가 왜 나쁜지 설득하고 이해시키려는 노력이 더 많이 필요하다.

그러나 그것만 갖고는 안 된다. 경제의 탈정치화와 탈사회화 즉, 시장경제로의 이행 작업을 적극적으로 추진해야 한다. 더욱 성공하는 대한민국을 만드는 유일한 길은 참된 의미의 시장경제를 구축하는 것이다.

이 시점에서 우리가 추구해야 할 최우선의 과제는 경제발전의 원동력을 다시금 강화하는 일이다. 사유, 자유, 경쟁 그리고 변화와 혁신 등 성장 동력이 갖고 있는 잠재 역량을 모두 다 발휘할 수 있도록 국가의 근간을 바로 세워야 한다.

경제발전에 성공한 나라와 실패한 나라의 경험을 살펴보면 성공의 비결이 의외로 단순하다는 데 놀란다.

구성원 누구나가 근면성실하게 생업에 몰두하고, 각자가 생업을 통해 창출한 소득을 건실하게 사용하고, 절약을 통해 형성한 자원을 지금보다 나은 미래를 만드는 일에 사용하면 경제는 발전하게 마련이다. 그러므로 근면성실, 근검절약, 활발한 투자가 성공의 핵심이다. 경제성장에 성공하는 비결은, 사람들로 하여금 모든 일에 최선을 다해서 열심히 일하고 싶어 하도록 만들고, 누구든지 하고자 하면 실제로 전심전력을 다해 원하는 바를 추구할 수 있는 자유와 기회를 보장하며, 누구라도 매 순간 최선을 다해 노력하는 동시에 끊임없이 변화하고 혁신하지 않으면 살아남기 어렵게 만들면 된다. 즉, 그러한 방향으로 국가의 근간을 세우면 된다.

이를 한마디로 표현하자면 철저한 시장경제화가 우리가 추구해야 할 목표가 된다. 개혁과 개방을 통해서 발전친화적인 국가의 근간을 튼튼하게 세운 시장경제국가는 틀림없이 경제발전에 성공한다. 반면에 구성원들이 열심히 일할 유인을 갖지 못하고, 열심히 일하고자 해도 그럴 자유와 기회가 제약되며, 열심히 일하지 않아도 살아가는 데 별 지장이 없고 또한 더 잘하는 사람에 의해서 도태될 위험을 갖지 않는 나라는 필연코 퇴보한다.

사람들은 그가 노력해서 얻은 과실을 대부분 자기가 향유할 수 있다는 확신을 가질 때 가장 열성적으로 경제활동에 임한다. 사유재산권을 보호해주는 것이 그래서 필요하다. 열심히 해 보려는 동기가 아무리 강하더라도 실제로 그렇게 할 수 있는 자유가 주어지지 않으면 아무런 소용이 없다. 그러므로 경제적 자유를 보장해야 한다. 하고 싶고 할 수 있다 하더라도 나보다 잘하는 사람이 출현할 수도 있다는 위협이 주어지지 않으면 계속해서 잘하기가 매우 어렵다. 건전하지만 치열한 경쟁이 필요한 까닭이다. 끊임없이 변화하고 혁신하지 않으면 생존할 수 없게 만들어야 기득권에 안주하지 않는다.

개혁을 통한 사유재산권 보호와 경제적 자유 허용 그리고 개방을 통한 경쟁환경 조성과 변화와 혁신을 장려하는 것이 경제발전의 요체가 된다. 철저한 개혁과 현명한 개방만이 우리가 살 길이다. 다른 말로 표현하자면 시장경제체제를 확고하게 정착시키는 것이 대한민국이 계속해서 성공할 수 있는 유일한 길이다. 정부가 본연의 역할에 충실해야 하며, 경제가 정치화되고 사회화되는 흐름을 막아야 한다.

후기

이 책에서 필자가 다룬 주제들은 경제학의 극히 일부분에 해당된다. 논의의 초점은 사유, 자유, 경쟁, 변화와 혁신이 경제발전의 원동력임을 밝히는 것이었다.

작은 주제들을 다루면서도 문제의 밑바닥까지 철저하게 파고들지 못하였다. 지나친 단순화와 논리적 비약을 회피하지 못하였으며 철학적 사유가 결여된 데다 인류 역사에 대한 무지를 드러내고 있다.

무엇이 진정한 발전이고 성공인지, 발전하거나 성공하면 인간이 행복해지는 것인지와 같은 근본적인 물음들을 외면하였다. 사유, 자유, 경쟁, 변화와 혁신을 근간으로 하는 인간자본 위주의 시장경제질서를 더욱 공고히 하자고 주장하면서도 현재의 자본주의체제에 대해서 끊임없이 제기되고 있는 비판들에 대해서 유구무언이었다.

신과 인간, 자연과 인간, 인간과 인간 그리고 인간과 기계 사이의 변화되는 관계를 제대로 설명하지 못하며 무엇이 이들 사이의 바람직한 관계인지에 관해서 논의하지 못하고 있다.

인공지능과 생명공학 분야에서 절대자의 영역을 넘보다가 신의 분노를 사서 인류가 모두 멸망하는 것은 아닐까? 호모 사피엔스가 지구상에 출현한 지 20만 년 만에 드디어 자연을 정복했다며 기고만장해 하던 인류가 측량할 수 없는 대자연의 힘 앞에 또다시 무릎을 꿇게 되는 것은 아닐까? 머슴이나 보조자에 지나지 않던 기계가 인간을 조종하는 시대가 오는 것은 아닐까?

신과 자연과 인간과 기계 사이의 변화하는 관계에 관해서 제기되는 무수히 많은 질문에 대해 답을 찾는 일은 거의 틀림없이 필자의 지능을 넘어서는 작업일 것이다.

인간의 마음은 참으로 기묘하게 작동하는 것 같다. 무모한 일이라고 생각하니까 더욱더 도전해보고 싶은 마음이 인다. 이 책의 후속 편을 통해서 지난한 주제를 붙들고 씨름하게 될 저자의 학문 여정을 기록으로 남길 수 있기를 기대한다.

[부표] 세계 각국의 1인당소득(시장 환율 및 구매력기준)

국가	(미국 달러)
맨섬	82,650
스위스	82,090
노르웨이	81,980
카타르	75,660
룩셈부르크	71,590
마카오	65,130
덴마크	56,990
미국	56,850
아이슬란드	56,760
스웨덴	54,770
호주	54,230
아일랜드	53,970
싱가포르	51,880
네덜란드	46,610
오스트리아	45,880
핀란드	45,040
독일	43,940
캐나다	43,880
홍콩	42,940
벨기에	42,610
영국	42,370
아랍에미리트	40,480
프랑스	38,720
뉴질랜드	38,640
일본	38,000
이스라엘	36,250
쿠웨이트	34,890
브루나이	32,860
이탈리아	31,700
한국	27,600
스페인	27,580
바하마	26,490

국가	(구매력 달러)
카타르	124,760
마카오	96,570
싱가포르	85,020
쿠웨이트	83,150
브루나이	83,010
아랍에미리트	72,830
룩셈부르크	69,640
스위스	64,480
노르웨이	61,620
홍콩	60,090
아일랜드	59,070
미국	58,700
사우디아라비아	55,750
아이슬란드	51,170
오스트리아	50,530
덴마크	50,270
네덜란드	49,930
독일	49,690
스웨덴	49,680
벨기에	46,720
호주	45,210
바레인	44,170
캐나다	43,230
핀란드	43,720
일본	43,630
프랑스	42,000
영국	41,640
오만	41,330
이탈리아	38,460
뉴질랜드	37,190
이스라엘	36,810
한국	36,570

국가	(미국 달러)
키프로스	24,320
몰타	24,190
사우디아라비아	21,720
슬로베니아	21,700
바레인	21,660
포르투갈	19,870
푸에르토리코	19,430
그리스	18,880
에스토니아	17,830
체코	17,630
슬로바키아	17,010
트리니다드 토바고	16,240
오만	16,080
세인트 키츠 네비스	15,690
세이셸	15,410
우루과이	15,230
바베이도스	15,210
리투아니아	14,790
라트비아	14,570
앤티가 바부다	13,560
칠레	13,540
폴란드	12,680
헝가리	12,570
팔라우	12,330
파나마	12,140
크로아티아	12,130
아르헨티나	11,97
터키	11,130
코스타리카	10,840
나우루	10,750
몰디브	10,380
말레이시아	9,860
모리셔스	9,770

국가	(구매력 달러)
스페인	36,300
몰타	35,710
체코	32,530
키프로스	32,530
슬로베니아	31,810
트리니다드 토바고	31,770
슬로바키아	30,030
포르투갈	29,940
에스토니아	29,160
리투아니아	28,680
세이셸	28,380
그리스	26,920
말레이시아	26,900
폴란드	26,300
세인트 키츠 네비스	25,640
라트비아	25,530
헝가리	25,360
푸에르토리코	25,200
터키	24,980
러시아	24,120
카자흐스탄	22,930
크로아티아	22,630
칠레	22,540
루마니아	22,370
앤티가 바부다	21,840
바하마	21,640
우루과이	21,090
모리셔스	20,990
파나마	20,980
이란	20,010
아르헨티나	19,500
불가리아	19,190
적도 기니	18,290

국가	(미국 달러)
러시아	9,720
루마니아	9,480
그레나다	9,100
멕시코	9,040
브라질	8,840
카자흐스탄	8,810
세인트루시아	8,400
중국	8,250
레바논	7,980
불가리아	7,580
가봉	7,210
적도 기니	7,180
몬테네그로	7,120
도미니카	7,110
수리남	6,990
세인트 빈센트 그레나딘	6,770
보츠와나	6,750
투르크메니스탄	6,670
도미니카	6,390
콜롬비아	6,310
페루	5,950
에콰도르	5,800
태국	5,640
벨로루시	5,600
남아프리카공화국	5,480
이란	5,470
이라크	5,420
세르비아	5,310
투발루	5,090
마케도니아	4,980
보스니아	4,940
피지	4,780
아제르바이잔	4,760

국가	(구매력 달러)
몬테네그로	17,870
나우루	17,510
벨로루시	17,220
이라크	17,210
바베이도스	17,180
멕시코	17,160
가봉	16,720
몰디브	16,710
보츠와나	16,680
아제르바이잔	16,130
태국	16,070
투르크메니스탄	16,060
코스타리카	15,750
중국	15,470
팔라우	14,840
브라질	14,810
도미니카	14,480
수리남	14,460
알제리	14,390
마케도니아	14,310
레바논	14,070
콜롬비아	13,900
그레나다	13,720
세르비아	13,700
남아프리카공화국	12,830
페루	12,480
보스니아	12,190
세인트루시아	12,030
스리랑카	11,970
몽골	11,420
세인트 빈센트 그러나딘	11,380
알바니아	11,350
인도네시아	11,220

국가	(미국 달러)
나미비아	4,640
자메이카	4,630
마셜제도	4,630
벨리즈	4,360
가이아나	4,240
알제리	4,220
알바니아	4,180
사모아	4,120
파라과이	4,060
통가	4,060
엘살바도르	3,920
요르단	3,920
코소보	3,850
조지아	3,830
과테말라	3,790
스리랑카	3,780
아르메니아	3,770
튀니지	3,690
몽골	3,590
필리핀	3,580
미크로네시아	3,550
앙골라	3,450
이집트	3,410
인도네시아	3,400
가자	3,230
바누아투	3,170
볼리비아	3,070
카보베르데	2,970
스와질란드	2,960
모로코	2,680
파푸아뉴기니	2,680
부탄	2,510
나이지리아	2,450

국가	(구매력 달러)
튀니지	11,150
에콰도르	11,030
이집트	10,980
도미니카	10,620
나미비아	10,380
코소보	10,200
조지아	9,510
필리핀	9,390
파라과이	9,050
아르메니아	9,020
요르단	8,980
피지	8,710
자메이카	8,450
스와질란드	8,310
엘살바도르	8,220
우크라이나	8,190
부탄	8,160
벨리즈	7,930
가이아나	7,800
과테말라	7,750
모로코	7,710
볼리비아	7,100
우즈베키스탄	6,640
인디아	6,490
라오스	6,270
사모아	6,230
카보베르데	6,220
앙골라	6,090
베트남	6,040
투발루	5,920
통가	5,780
나이지리아	5,740
웨스트뱅크 가자	5,680

국가	(미국 달러)
우크라이나	2,310
키리바시	2,270
우즈베키스탄	2,220
온두라스	2,150
라오스	2,150
수단	2,140
몰도바	2,120
니카라과	2,100
동티모르	2,060
베트남	2,060
솔로몬제도	1,880
상투메 프린시페	1,720
콩고공화국	1,710
인디아	1,670
코트디부아르	1,520
파키스탄	1,500
카메룬	1,400
가나	1,380
케냐	1,380
잠비아	1,360
방글라데시	1,330
레소토	1,270
미얀마	1,190
캄보디아	1,140
모리타니	1,130
타지키스탄	1,110
키르기스스탄	1,100
예멘	1,040
세네갈	950
탄자니아	900
짐바브웨	890
베냉	820
아이티	780

국가	(구매력 달러)
몰도바	5,670
파키스탄	5,560
미얀마	5,530
니카라과	5,530
콩고공화국	5,380
마셜제도	5,370
온두라스	4,410
수단	4,290
가나	4,150
파푸아뉴기니	4,140
미크로네시0-	4,090
잠비아	3,850
방글라데시	3,790
모리타니	3,760
코트디부아르	3,590
카메룬	3,540
캄보디아	3,510
타지키스탄	3,500
키르기스스탄	3,410
동 티모르	3,380
레소토	3,340
상투메 프린시데	3,250
케냐	3,120
바누아투	3,050
키리바시	3,050
탄자니아	2,740
네팔	2,520
예멘	2,490
세네갈	2,480
베냉	2,170
솔로몬제도	2,050
말리	2,050
아프가니스탄	1,970

국가	(미국 달러)
코모로	770
말리	770
네팔	730
차드	720
르완다	700
기니	670
에티오피아	660
우간다	630
부르키나파소	620
기니비사우	600
아프가니스탄	580
토고	540
시에라리온	490
모잠비크	480
콩고민주공화국	460
감비아	430
남수단공화국	420
마다가스카르	400
중앙아프리카공화국	370
라이베리아	370
니제르	370
말라위	320
부룬디	280
타이완*	22,453
북한*	1,255

국가	(구매력 달러)
차드	1,950
르완다	1,860
남수단공화국	1,850
기니	1,840
짐바브웨	1,810
아이티	1,790
우간다	1,790
부르키나파소	1,730
에티오피아	1,730
감비아	1,630
기니비사우	1,550
코모로	1,540
마다가스카르	1,440
토고	1,370
시에라리온	1,320
모잠비크	1,190
말라위	1,140
니제르	970
콩고민주공화국	780
부룬디	770
중앙아프리카공화국	700
라이베리아	700
타이완*	48,095
북한**	1,662

주: 회색망이 있는 칸의 나라는 한국보다 부자인 나라를 나타냄. 볼드체는 산유국 및 홍콩, 마카오, 아이슬란드 제외한 나라들임.

* 타이완은 국제통화기금의 1인당GDP 자료이고 북한은 한국은행자료를 바탕으로 계산한 것임.

출처: 세계은행. (2017). 「세계개발지표」.

참고문헌

[국문]

김병연. 「북한의 국민소득: 추정치와 평가」. 『수은북한경제』, 2008, 가을호.

농림축산식품부. (2015). 「유기농 식품산업, 시장개방 두렵지 않다」, 보도자료, (2015.3.11.)

농림축산식품부. (2016). 「2016 농림축산식품 주요통계」.

다이아몬드, 재레드. (1997). 『총, 균, 쇠』. (김진준 옮김). 문학사상사.

박지향. (2007). 『영국사』. 까치.

성낙인. (2013). 「대한민국 경제헌법사 소고 – 편제와 내용의 연속성의 관점에서」. 『서울대학교 법학』. 제54권 제3호.

송병락. (2015). 『전략의 신』. 쌤 앤 파커스.

신동균. (2010). 「교육투자 수익률 분석」. 『경제학연구』. Vol.58 No.3: 221-254. (한국경제학회).

아산정책연구원. (2016). 「한국인의 대북·통일인식 변화」.

에너지경제연구원. (2015). 「에너지복지 정책 및 사업의 성과평가방안 개발을 위한 선행연구」.

온실가스종합정보센터. (2016). 「2016 국가 온실가스 인벤토리 보고서」.

이지순. (2007). 「정부와 경제성장: 이론적 고찰」. 국회예산정책처 연구보고서.

______. (2012). 「경제발전이론의 연구동향과 쟁점」. 대한민국 학술원, 『학문연구의 동향과 쟁점 – 경제학』: 145-196.

______. (2013). 「시뮬레이션을 통한 녹색성장 정책 효과분석」. 『경제논집』. 52.2: 149-180.

______. (2016a). 「경제성장의 원동력 모색」. 『경제학연구』. 64권 1호, 한국경제학회.

______. (2016b). 「지속가능한 녹색성장을 통한 기후변화 대응과 적응」. 『경제논집』. 55. 2.

정학균·이혜진·김창길. (2016). 「2016 국내외 친환경농산물 생산실태 및 시장전망」. 『농정포커스』. 한국농촌경제연구원, 제131호.

통일교육원. (2017). 「2017 북한이해」.

통계청. 「e-나라지표」.

하라리, 유발. (2015). 『사피엔스(2011)』. 조현욱 옮김.

__________. (2017). 『호모데우스: 미래의 역사』. 김병주 역.

한국개발연구원. (2017). KDI-OECD 공동연구 결과 발표회: 규제거버넌스의 동향과 개선방향.

한국은행 경제통계시스템.「한눈에 보는 우리나라 100대 통계지표」.

현대경제연구원. (2015).「2015년도 북한 1인당 명목 GDP추정」. 현안과 과제.

[영문]

Acemoglu, Daron, & James Robinson. (2012). *Why Nations Fail?* New York: Crown Publishing Group.

Amodei, D., C. Olah, J. Steinhardt, P. Christiano, J. Schulman, & D. Mané. (2016). "Concrete Problems in AI Safety," arXiv: 1606.06565v2.

Arntz, M., T. Gregory, & U. Zierahn. (2016). "The Risk of Automation for Jobs in OECD Countries: A Comparative Analysis", OECD Social, Employment and Migration Working Papers, No. 189, OECD Publishing, Paris.

Autor, David H., Frank Levy, & Richard J. Murnane. (2003). "The skill content of recent technological change: An empirical exploration," *The Quarterly Journal of Economics*.

Becker, Gary S. (1964). *Human Capital*, Chicago: University of Chicago Press.

Bjornskov, Christian. "Social Trust and Economic Growth," Forthcoming in Eric M. Uslaner (Ed.). Oxford Handbook of Social and Political Trust. Oxford: Oxford University Press.

Carson, C. (2002). The Silent Spring: Anniversary Edition. Houghton Mifflin Company. Original Edition(1962).

Coleman, James S. (1988). "Social Capital in the Creation of Human Capital." *American Journal of Sociology*, 94(S):S95-S120.

Daugherty Paul & Mark Purdy. (2016). "Why AI is the Future Growth." Accenture.

Dawkins, Richard. (2006). The Selfish Gene: 30th Anniversary Edition. Oxford University Press.

Deaton, Angus. (2013). *The Great Escape*. Princeton University Press.

De Soto, Hernando. (2000). *The Mystery of Capital: Why Capitalism Triumphs in the West and fails Everywhere*. Basic Books.

Executive Office of the President. (2016). Artificial Intelligence, Automation, and the Economy.

Ehrlich, Paul R. (1968). *The Population Bomb*. Buccaneer Books, New York

Frey, C. B. & M. Osborne. "The Future of Employment: How Susceptible Are Jobs to Computerisation?" Oxford Martin School Working Paper 2013.

Friedman, Milton. (1957). *A Theory of Consumption Function*, Princeton University Press.

Graetz, Georg & Guy Michaels. (2015). Robots at Work. CEP Discussion Paper.

Grossman, Gene M., & Elhanan Helpman. (1991). "Quality Ladders in the Theory of Growth." *Review of Economic Studies*, Vol. 58, No. 1: 43-61.

Hancock, Graham. (2001). *Fingerprints of Gods*. Century.

IPCC. (2015). Climate Change 2014: Synthesis Report.

Jones, C. I., & D. Volrath. (2013). *Introduction to Economic Growth*, 3ed. Norton.

Kremer, Michael. (1993). "Population Growth and Technological Change: One Million BC to 1900." *Quarterly Journal of Economics*, 108(August): 681-716.

Krueger, Ann O. (1975). The Benefits and Costs of Import Substitution in India. University of Minnesota Press.

Landes, David S. (1998). *The Wealth and Poverty of Nations: Why Some Are So Rich and Some So Poor*. New York: W. W. Norton.

Lee, Byungwook. (2015). An Investigation into Saemaul Movement: Economic Growth Perspectives, (SNU Ph.D. Thesis).

Lee, Jisoon & Lee, Byungwook. (2016). "From a Disaster to a Miracle: Suggestions for North Korea." *Seoul Journal of Economics*, Vol. 29, No. 4(Winter): 439-456.

Levine, Ross. (2005). "Finance and Growth: Theory and Evidence." In Handbook of Economic Growth, edited by Philippe Aghion and Steven Durlauf. Amsterdam: Elsevier Science,

Lindbeck, Assar. (1995). "Hazardous Welfare－State Dynamics." *American Economic Review*, Papers and Proceedings, 85. 2.

Lomborg, Bjorn. (2001). *The Skeptical Environmentalist*. Cambridge University Press

Lucas, Robert E. Jr. (1988). "On the Mechanics of Economic Development." *Journal of Monetary Economics*, 22(July): 3-42.

________________. (2002). *Lectures on Economic Growth*. Boston: Harvard University Press.

Lucas, Robert E. Jr., & Nancy Stokey. (1989). *Recursive Methods in Economic Dynamics*, Harvard University Press.

Maddison, Angus. (2007). Contours of the World Economy 1-2030 AD. Paris: OECD.

Malthus, Thomas R. (1798). *An Essay on the Principle of Population*, 6th edition(1826). London: J. Murray.

Meadows, Donnela H., Jorgen Randers, & Dennis L. Meadows.(2004). Limits to Growth: The 30-Year Update. White River Junction: Chelsea Green.

Narayan, Deepa, & Lant Pritchett. (1999). "Cents and Sociability: Household Income and Social Capital in Rural Tanzania." *Economic Development and Cultural Change*, 47(July): 871-897.

National Science & Technology Council. (2016a). National Artificial Intelligence R&D Strategic Plan.

________________________________. (2016b). Preparing for the Future of Artificial Intelligence.

NCD Risk Factor Collaboration (NCD-RisC). & Markey, O. (2016). "A century of trends in adult human height." *eLIFE*, 5(e13410).

OECD. (2007). OECD Insights, Human Capital: How what you know shapes your life.

_____. (2016). Education at a Glance.

_____. (2017a). OECD Economic Indicators. Paris.

_____. (2017b). Research & Development Statistics.

_____. (2017c). Regulatory Policy in Korea: Towards Better Regulation

Putnam, Robert D. (1995). "Tuning In, Tuning Out: The Strange Disappearance of Social Capital in America." *Political Science and Politics*, Vol. 28, No. 4(American Political Science Association).

Putnam, Robert D., Robert Leonardi, & Raffella Y. Nanetti. (1993). *Making Democracy Work: Civic Tradition in Modern Italy*. Princeton: Princeton University Press.

Romer, Paul M. (1986). "Increasing Returns and Long-Run Growth." *Journal of Political Economy*, 94(October): 1002-1037.

____________. (1987). "Growth Based on Increasing Returns Due to Specialization." *American Economic Review*, 77(May): 56-62.

___________. (1990). "Endogenous Technological Change." *Journal of Political Economy*, 98(October): S71-S102.

Rosen, Sherwin. (1981). "The Economics of Super Stars." *American Economic Review*, 71(December): 845-858.

Sachs, Jeffrey D. & Andres M. Warner. (2001). "The Curse of Natural Resources." *European Economic Review*, 45(May): 827-838.

Schultz, Theodore. (1963). *The Economic Value of Education*. New York: Columbia University Press.

Schumpeter, Joseph A. (1944). *Capitalism, Socialism, and Democracy*, 1st. ed., Harper & Bros. Reissued in 2008 as paper back with an Introduction by Thomas K. McCraw, Harper Collins.

Simon, Julian L. (1981). *The Ultimate Resource*. Princeton: Princeton University Press.

Smith, Adam. (1776). *An Inquiry into the Nature and Causes of Wealth of Nations*. New York: Random House(1937).

Snijders, Tom A. B. (1999). "Prologue to the Measurement of Social Capital." *The Tocqueville Review*, Vol. 20.

Solow, Robert M. (1956). "A Contribution to the Theory of Economic Growth." *Quarterly Journal of Economics*, 70(February): 65-94.

______________. (1957). "Technical and the Aggregate Production Function." *Review of Economics and Statistics*, 39(August): 312-320.

______________ ed. (2001). *Landmark Papers in Economic Growth*, Edward Elgar.

Swan, Trevor W. (1956). "Economic Growth and Capital Accumulation." *Economic Record*, 32(November): 334-361.

UNDP. Annual. Human Development Report. New York: UN.

UN FAO. (2015) Statistical Pocketbook.

UN Population Division. (2002). *World Population Prospects: The 2002 Revision of Population Data Base*.

UN FAO. (2003). FAOSTAT Database. Rome: Food and Agriculture Program of UN.

UN SDN. (2017). World Happiness Report 2017.

Weil, David. N. (2013). *Economic Growth*, 3rd ed., Pearson International.

World Bank. (1993). *East Asian Miracle.*

World Bank. (2016). *Taking on Inequality*.

[주요 웹사이트]

국제통화기금. 「세계경제전망」, www.imf.org
북한정보포털, http://nkinfo.unikorea.go.kr
세계은행. 「세계개발지표」, http://data.worldbank.or
한국은행. 「경제통계시스템」, http://ecos.bok.or.kr
e 나라지표, www.index.go.kr

Happiness, http://worldhappiness.report
Maddison Project, www.ggdc.net/maddison/maddison-project
NASA, http://climate.nasa.gov
OECD, Research & Development Statistics, 2017. http://stats.oecd.org
Our World in Data, www.ourworldindata.com
Penn World Table, www.rug.nl/ggdc/productivity/pwt/
UNFCC, http://unfcc.int

찾아보기

ㄱ

ㄴ

ㄷ

ㄹ

ㅁ

ㅂ

ㅅ

ㅇ

ㅎ

지은이

이지순 李之舜

서울대학교(학사),
뉴욕주립대학교–스토니부룩(석사),
시카고대학교(박사)에서 배움.

1983년에 미국 브라운대학교에서 교수생활을 시작한 이래 1985년에 서울대학교로 자리를 옮겨서 2015년까지 경제학부 교수로 재직 후 정년을 맞음.

현재 서울대학교 명예교수 및 대한민국학술원 회원으로 활동하고 있음. 광릉수목원 인근에서 텃밭을 가꾸어 온 세월이 스무 해에 이르는 '게으른 농부'이기도 함.

국가경제의 흥망성쇠

1판 인쇄 2018년 8월 17일
1판 발행 2018년 8월 27일

지은이 이지순
펴낸이 김영훈
편집인 전영완
펴낸곳 도서출판 문우사
주소 경기도 고양시 일산동구 정발산로 24, T2-814호(장항동, 웨스턴돔타워)
전화 031) 901-6542, 070) 4200-6542 **팩스** 031) 906-6542
홈페이지 www.munu.co.kr **대표메일** moonwoosa@hanmail.net
출판신고번호 제396-2013-000113호

ISBN 979-11-85994-55-0 93320

값 30,000원